HISTOIRE GÉNÉRALE DE PARIS

COLLECTION DE DOCUMENTS

FONDÉE

AVEC L'APPROBATION DE L'EMPEREUR

PAR M. LE BARON **HAUSSMANN**, SÉNATEUR

PRÉFET DE LA SEINE

ET PUBLIÉE SOUS LES AUSPICES DU CONSEIL MUNICIPAL

LES ANCIENNES BIBLIOTHÈQUES

DES

ÉGLISES, MONASTÈRES, COLLÉGES, ETC.

HISTOIRE GÉNÉRALE DE PARIS

LES

ANCIENNES BIBLIOTHÈQUES DE PARIS

ÉGLISES, MONASTÈRES, COLLÉGES, ETC.

PAR

ALFRED FRANKLIN

DE LA BIBLIOTHÈQUE MAZARINE

TOME PREMIER

PARIS

IMPRIMERIE IMPÉRIALE

M DCCC LXVII

AVANT-PROPOS.

Cet ouvrage renferme l'histoire des bibliothèques qui ont existé à Paris depuis le xe siècle jusqu'à la Révolution. Je dis ailleurs quelles réflexions fait naître cette étude, quels enseignements on en peut retirer; je ne veux ici qu'indiquer en quelques mots le but que je me suis proposé et la marche que j'ai suivie.

L'histoire littéraire de Paris est encore à faire. Le passé de notre vieille cité offre des aspects si nombreux et si variés, tant d'objets sollicitaient simultanément l'attention des écrivains et des chercheurs, que tous ont négligé ce côté pourtant si glorieux de nos annales. La Commission des Travaux historiques de la Ville de Paris a pensé que, à raison même de l'oubli où elle a été laissée jusqu'ici, notre histoire littéraire devait de bonne heure être représentée dans la collection qui se publie aujourd'hui sous les auspices de l'Administration municipale. De là, l'honneur qu'a ce modeste ouvrage d'y figurer un des premiers.

L'amour et le besoin de l'étude ne commencent à se manifester chez un peuple que quand sa civilisation a acquis un certain développement. Presque insaisissables à Paris avant le ixe siècle, c'est sous Charlemagne qu'apparaissent les premiers symptômes de ces aspirations élevées par lesquelles une nation prouve qu'elle est définitivement sortie de l'enfance. Charlemagne, pour lui-même et pour sa famille, crée l'école palatine; mais il n'entend pas se réserver le monopole de l'instruction : des circulaires adressées aux évêques et aux abbés leur prescrivent d'organiser dans les églises et les monastères des cours publics et gratuits; un peu plus tard, Remi d'Auxerre ouvre à Paris la première école privée qui y ait existé. Voilà le début, l'humble berceau au moins, de notre célèbre Université parisienne. Elle résiste aux orages qui bouleversent la France sous les successeurs de Charlemagne; et, dès que le calme est revenu, elle reparaît pleine de force et de vie. Au XIIe siècle, Paris est déjà le centre de l'instruction; une véritable soif d'apprendre tourmente tous les esprits, on se passionne pour les grandes querelles du réalisme et du nominalisme, on se presse aux éloquentes leçons du cloître de Notre-Dame, où professent tour à tour les hommes les plus instruits de l'époque. Puis, le mouvement s'étend, les abbayes se fondent, les ordres mendiants, Dominicains et Franciscains, luttent avec Saint-Victor, Sainte-Geneviève, Saint-Germain-des-Prés, et se disputent l'honneur de répandre gratuitement la science; tout à l'heure un collége, la Sorbonne, va s'établir.

Mais les triomphes mêmes de la parole ne font que mieux démontrer son insuffisance. Comment éterniser le vague souvenir qu'elle laisse aux auditeurs? Comment la transmettre à ceux qui n'ont pu l'entendre? Il lui faut l'écriture, le livre pour auxiliaire. De toutes parts on se préoccupe d'en réunir, et l'on encourage la copie des manuscrits; ceux-ci constituent une vraie richesse, à la fois intellectuelle et matérielle, et jamais peut-être le livre ne fut plus et mieux aimé. Dans les inventaires, on le mentionne aussitôt après l'or et les bijoux précieux. Mais c'est là un trésor à part, et qu'il serait honteux de garder pour soi seul; ceux qui le possèdent ne le laissent pas à leur famille, ils le lèguent aux établissements d'instruction, et ces derniers, dès le XIIIe siècle, ouvrent à tous les bibliothèques qu'ils ont ainsi pu acquérir, prêtent généreusement à tous ceux qui veulent s'instruire ces manuscrits rassemblés avec tant de zèle et d'amour. Les écrivains sont rares encore, et le procédé bien lent; mais l'ardeur est extrême. Depuis l'évêque jusqu'à l'étudiant, chacun veut apporter sa pierre à l'édifice, et les bibliothèques se multiplient. Toute église, tout couvent, tout collége qui se fonde tient à avoir la sienne; il la conserve avec un soin pieux, car la bibliothèque alors, c'est, aux termes du règlement de la Sorbonne, un lieu *sacer et augustus*, où l'on ne pénètre qu'avec respect; elle s'augmente peu à peu, par suite des donations, des legs qui lui sont faits, jusqu'au jour où l'imprimerie vient lui donner un nouvel et rapide essor.

Ces petites collections, si modestes à leur début, arrivèrent ainsi à posséder plus d'un million de volumes. La Révolution s'en empara, y joignit les livres saisis chez les émigrés, et partagea le tout entre les trois seules bibliothèques qu'elle conserva : celle du Roi, celle du collége Mazarin et celle de l'abbaye de Sainte-Geneviève.

L'origine de chacune de ces anciennes collections, leurs accroissements, leurs vicissitudes, le souvenir des personnages éminents, des hommes dévoués qui les ont créées, enrichies ou illustrées, voilà donc ce que l'on doit rencontrer dans ce livre. Le sujet est restreint, et j'ai tenu à ne point m'en écarter. S'il remplit tant de pages, c'est qu'il avait été laissé jusqu'ici dans un oubli complet : tout était à retrouver, mais tout aussi était à dire; ce sera à la fois mon excuse pour les erreurs que j'ai pu commettre, et ma justification auprès de ceux qui me reprocheraient d'avoir trop insisté sur ce chapitre si humble de l'histoire littéraire de Paris. Il est facile de s'en convaincre, mes notices sur les plus célèbres même des grandes bibliothèques universitaires ou conventuelles, celles, par exemple, de l'église Notre-Dame, de la Faculté de médecine, de l'abbaye de Saint-Victor, de la Sorbonne, ont été écrites presque exclusivement d'après des documents inédits.

Pas un fait, cependant, qui ne s'appuie sur une autorité de ce genre, ou sur un *fac-simile*, toutes les fois que cela est utile. Nul n'avait songé non plus à recueillir les estampilles, les inscriptions, les *ex libris*, les marques bibliographiques qu'avaient adoptés les anciennes bibliothèques de Paris. La Commission des Travaux historiques de la Ville, loin de reculer devant les frais considérables qu'exigeait la reproduction de ces curieux témoignages du passé, me pressait d'être aussi complet que possible. En pareille matière, il est interdit de s'engager à rien, puisque le hasard seul sert de guide; j'ai donné du moins tout ce que dix années de recherches dans nos bibliothèques actuelles m'ont permis de découvrir.

Ces reproductions, faites avec un soin extrême et une minutieuse fidélité, contribuent certainement pour une large part à l'intérêt que peut présenter cet ouvrage; je tiens donc à citer ici les habiles artistes que la Ville de Paris a généreusement mis à ma disposition, et qui ont bien voulu se charger d'exécuter sous ma direction tous les *fac-simile* que le texte réclamait.

Parmi ces dévoués et utiles collaborateurs, il est juste de citer en première ligne le soleil. Grâce aux progrès que MM. Durand et Le Maire, Placet, Baroux, Piedcoq ont fait faire à l'héliographie, la parfaite exactitude de nos dessins est incontestable, car tous ont été photographiés soit sur acier, soit sur bois, et gravés ensuite d'après ces esquisses. Les grandes planches sur bois sont, entre autres, l'œuvre de M. E. Deschamps. Les fleurons qui figurent en tête de chaque chapitre ont été empruntés aux anciens plans de Paris, dont les exemplaires deviennent de plus en plus rares, et directement reproduits en relief par les procédés de MM. Durand et Le Maire. MM. E. Lebel et E. Tavernier se sont partagé l'exécution des planches sur acier; ce dernier a, en outre, surveillé la gravure des trois cents bois qui sont intercalés dans le texte.

Mais ma gratitude doit remonter plus haut. Je ne saurais oublier que, si cet ouvrage existe sous sa forme actuelle, si j'ai pu le compléter par la photographie et la gravure, s'il se présente dans des conditions de luxe qu'à coup sûr je n'avais pas d'abord rêvées pour lui, j'en suis redevable au Conseil municipal de Paris, qui fournit si libéralement les moyens d'édifier la grande œuvre historique entreprise sur l'initiative de M. le Préfet de la Seine. Qu'il me soit permis aussi d'adresser de bien sincères remercîments aux membres de la Sous-Commission des Travaux historiques, auprès desquels j'ai trouvé, pendant tout le temps qu'a duré l'impression de ce livre, l'appui et le concours le plus bienveillants.

SOMMAIRES.

SOMMAIRES.

Sorbon, Géraud d'Abbeville, Gérard de Reims, Siger de Courtray, Guillaume de Montmorency, Étienne d'Abbeville, Godefroy Desfontaines, Étienne de Besançon, Pierre de Limoges, Raymond Lulle, Durand de Saint-Pourçain, etc. — Analyse du règlement appliqué à la bibliothèque en 1321. — Il est revu et complété. — La bibliothèque était-elle publique au XIIIe siècle? — Nouveau catalogue dressé en 1338. — Autres donations : Jacques de Padoue, Étienne de Chaumont, Pierre Plaru ou Plaoul, Henri Goethals, etc. — Le *Regestum bibliothecæ*. — Rigueur avec laquelle était alors appliqué le règlement. — Il est modifié en 1431. — Peines prononcées contre des docteurs qui avaient laissé ouverte la porte de la bibliothèque, contre le prieur qui avait quitté Paris sans restituer des volumes à lui prêtés. — La succession d'Alard Palenc. — Nouvelles peines disciplinaires contre les bibliothécaires et les docteurs. — Vol dans la bibliothèque. — On vend des livres inutiles, et l'on décide qu'un autre catalogue sera dressé. — Donation faite par Guill. Pomier. — L'évêque de Beauvais demande à emprunter un volume; conditions qui lui sont imposées. — On songe à reconstruire la bibliothèque. — Générosité du cardinal J. Rolin. — Le maçon Guillaume Bigner. — Jean de Martigny offre des poutres au collége. — «Honteuse» conduite du maçon. — Le bibliothécaire perd une des clefs de la bibliothèque. — Restitution de livres volés. — L'imprimerie à Paris. — Premiers livres imprimés à la Sorbonne. — Ulric Gering est reçu *Hospes*. — Sa mort, son testament. — Nouvelles donations. — Opinion de Luther sur la Sorbonne. — On achète encore des chaînes pour les livres. — Jacques de Cueilly. — La Sorbonne renonce à l'usage des chaînes. — Elle fait relier ses catalogues primitifs. — Le relieur du collége. — Claude Morel nommé bibliothécaire. — On accorde une clef de la bibliothèque à tous les *Socii*. — Le cardinal de Richelieu nommé *Hospes*, *Socius*, puis proviseur. — Il entreprend de faire reconstruire l'établissement. — Michel Le Masle et sa bibliothèque. — Il la donne à la Sorbonne. — Dans quelle forme et sous quelles conditions. — Discussions entre la Sorbonne et la duchesse d'Aiguillon, héritière de Richelieu. — On la menace d'un procès. — Reconstruction de la bibliothèque. — Legs de Ch. Fr. Talon. — La bibliothèque du cardinal de Richelieu. — Son testament. — Inventaires de cette collection. — Le Parlement l'attribue à la Sorbonne. — Mobilier qu'elle renfermait. — Marques que portaient les volumes. — Agrandissements faits à la bibliothèque du collége. — Nouvelle organisation qui lui est donnée. — Les bibliothécaires Gaudin et Chevillier. — Donations de Pierre de Blanger et de Pierre Rouillié. — Dispositions relatives au prêt des livres. — Incendie à la Sorbonne. — Nouveau règlement pour la bibliothèque. — Vente de livres déclarés inutiles. — Mort de Chevillier. — Ses successeurs. — Comptes de la bibliothèque depuis 1713 jusqu'à 1765. — L'*Antiquité expliquée* de Montfaucon. — La bibliothèque est restaurée. — Ouvrages qu'elle achetait par souscription en 1722. — Ce qu'elle possédait alors de volumes. — Son budget. — L'ambassadeur de Russie, puis le roi de Danemark, viennent la visiter. — Derniers bienfaiteurs de la Sorbonne. — Liste des bibliothécaires, de 1431 à 1792. — Gayet de Sansale. — Description de la bibliothèque, sa composition. — Les docteurs refusent de l'ouvrir au public. — La municipalité de Paris y fait apposer les scellés. — Catalogues. — Inscriptions, marques et estampilles qui se rencontrent sur les volumes. — La bibliothèque de l'Université. — Préface et table

ORIGINE

DES

SUJETS GRAVÉS SUR BOIS ET SUR ACIER.

ÉGLISE CATHÉDRALE DE NOTRE-DAME.

ABBAYE DE SAINTE-GENEVIÈVE.

PRIEURÉ DE SAINT-MARTIN-DES-CHAMPS.

ABBAYE DE SAINT-GERMAIN-DES-PRÉS.

ABBAYE DE SAINT-VICTOR.

COLLÉGE DE SORBONNE.

LES

ANCIENNES BIBLIOTHÈQUES

DE PARIS

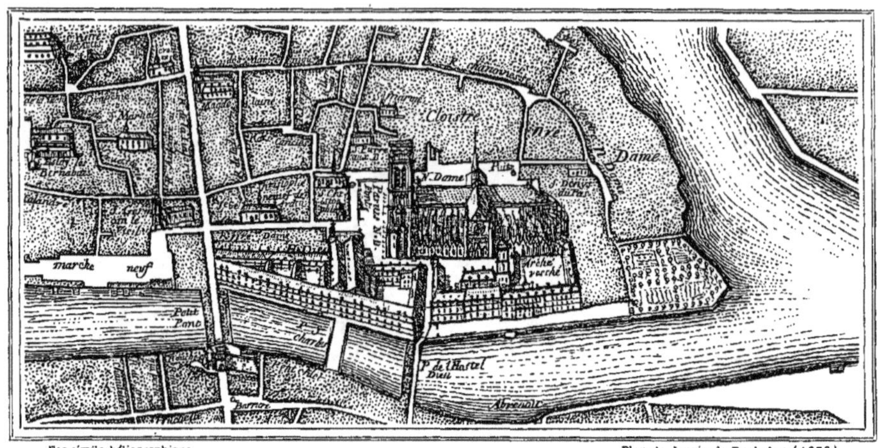

Fac-simile héliographique — Plan de Jouvin de Rochefort (1676).

ÉGLISE CATHÉDRALE DE NOTRE-DAME.

Charlemagne, revenant d'Italie en 781, rencontra à Parme l'esprit le plus vaste et le plus actif du VIIIe siècle, le célèbre Alcuin, disciple de Hechbert; c'était un Anglo-Saxon, né dans la ville d'York, résidence habituelle des rois de Northumbrie, et fameuse déjà par son école et sa riche bibliothèque. Charlemagne, qui depuis longtemps songeait à restaurer les lettres en Gaule, se laissa guider dans cette voie par Alcuin, qu'il s'attacha intimement. Leur influence se fit aussitôt sentir : en même temps que s'organisaient les *écoles palatines*, classes ambulantes qui accompagnaient partout le monarque, et où lui-même ne dédaignait pas de s'asseoir avec ses fils et ses filles, des circulaires adressées aux évêques et aux abbés leur prescrivaient d'établir dans les églises et dans les monastères des écoles où chacun pût être admis[1]. C'est sans doute de cette époque que date l'origine de l'enseignement au cloître Notre-Dame. Nous n'avons aucun détail sur son organisation primitive, mais nous savons que ces humbles écoles, berceau

[1] D. Bouquet, *Rerum gallicarum scriptores*, t. V, p. 621. — J.J. Ampère, *Histoire littéraire de la France avant le XIIe siècle*, t. III, p. 230.

de l'Université de Paris, furent soutenues par le zèle de quelques hommes dévoués au milieu des luttes et des malheurs de ce temps. Pendant plusieurs siècles, le cloître de l'église métropolitaine fut, pour ainsi dire, le centre de l'instruction publique. Lorsque, sorti de l'enfance, l'enseignement eut pris possession du plateau de Sainte-Geneviève, c'est à Notre-Dame qu'avaient encore lieu les réunions solennelles de chaque Faculté. Plus tard, au XVIe siècle, quand les différents quartiers de Paris furent pourvus de ce qu'on appela les *petites écoles*, celles-ci dépendirent encore du Chapitre de Notre-Dame : le chantre seul avait le droit de les autoriser, c'est à lui qu'elles achetaient la permission d'exister. Enfin, jusqu'à la fin du XVIIIe siècle, le chancelier de Notre-Dame fut en même temps l'un des deux chanceliers de l'Université.

Vers l'an 796, Alcuin quitta la Cour et se retira à l'abbaye de Saint-Martin de Tours, retraite opulente où il passa le reste de ses jours dans l'étude, au milieu d'une précieuse bibliothèque[1]. Clément l'Hibernien, Claude, Aldric, Amalaire, Pierre de Pise, Paul Diacre, Jean Scot Érigène et Mannon continuèrent, sous les successeurs de Charlemagne, à diriger l'école palatine; puis, vers le milieu du IXe siècle, Remi d'Auxerre ouvrit à Paris la première école vraiment publique qui y ait existé[2].

Au siècle suivant, les ténèbres envahissent de nouveau la France. Les monuments littéraires de l'antiquité ressuscités sous Charlemagne sont retombés dans l'oubli, la philosophie s'est éteinte avec Jean Scot, l'école palatine a disparu; les écoles établies dans quelques monastères et dans quelques églises subsistent seules encore. Celles du cloître Notre-Dame sont du nombre, car c'est vers l'an 1100 qu'on y vit arriver, comme écolier, un jeune homme de vingt ans à peine, beau, éloquent, profond, annonçant déjà une de ces intelligences faites pour charmer et dominer une époque : il se nommait Pierre Abélard.

La cathédrale de Paris, *sacrosancta ecclesia civitatis Parisiorum*, se composait alors de deux églises distinctes, dont l'une était consacrée à saint Étienne, l'autre à la Vierge[3]; le monument que nous admirons aujourd'hui fut commencé vers 1163 par l'évêque Maurice de Sully, et terminé vers la fin du XIIIe siècle. Le cloître, avec ses dépendances, s'étendit au nord et à l'est de l'église, jusqu'au bord de la Seine; la rue actuelle du Cloître-Notre-Dame occupe une partie de cet emplacement : au XIVe siècle, il renfermait déjà trente-sept maisons, qui servaient d'habitations à autant de chanoines[4]. L'école fut d'abord installée au sein même du

[1] J. Bale, *Illustrium majoris Britanniæ scriptorum summarium*, centurie II, chap. XV.

[2] Voyez *Histoire littéraire de la France, par les Bénédictins*, t. IV, p. 99, 225 et 226, et t. VI, p. 100. — B. Hauréau, *Histoire de la philosophie scolastique*, t. I, p. 143 et suiv.

[3] Le Beuf, *Hist. de la ville et du dioc. de Paris*, I, 9.

[4] Chacun de ces chanoines possédait sa maison en propre, avec faculté de la vendre ou de la donner, pourvu que ce fût à un autre chanoine de la même église. Quand le propriétaire mourait, la maison était vendue par licitation sur la mise à prix

cloître, dans la partie nommée *Tresantiæ*, et les écoliers avaient le droit de loger dans les maisons claustrales. Cette faculté leur ayant été retirée vers l'an 1127, à la suite d'un accord fait entre l'évêque et le Chapitre [1], l'évêque Étienne de Senlis choisit, pour y établir les écoles, un emplacement qu'il fit couvrir et qui était situé dans l'enceinte du cloître, à côté de la cour épiscopale [2]. Quelques chanoines continuèrent cependant, mais par exception, à donner des leçons dans leurs propres maisons [3].

Nous avons dit que le goût de l'instruction s'était réveillé vers la fin du xe siècle. Des professeurs suivis d'une foule d'auditeurs de tout âge et de toute condition parcouraient les provinces, donnant des leçons sur les places publiques et même en pleine campagne. Au xiie siècle, l'enseignement se concentra surtout dans Paris, qui, sous la parole éloquente d'Anselme, de Guillaume de Champeaux, et surtout d'Abélard, devint rapidement le foyer intellectuel de l'Europe. A Notre-Dame, à Saint-Victor, à Sainte-Geneviève affluaient des milliers d'étudiants, venus non-seulement des provinces de France, mais encore d'Italie, d'Angleterre et des autres États du Nord [4].

Malheureusement les livres étaient fort rares et fort chers, et presque tous les écoliers devaient se contenter des cahiers qu'ils rédigeaient en classe, sous la dictée de leurs professeurs [5]. On s'efforça donc, dès l'origine, de rassembler quelques

fixée par le Chapitre. (Voy. *Parvum Pastorale ecclesiæ Parisiensis* : charte du 17 juin 911; *Magnum Pastorale ecclesiæ Parisiensis : Statutum de venditione domorum claustri Parisiensis;* et J. Dubreul, *Theatre des antiquitez de la ville de Paris,* p. 42.)

[1] Jusqu'à la création de la Sorbonne (1250), aucun collége spécial n'existait à Paris pour les étudiants en théologie. Le nombre immense d'écoliers qui suivait les cours de la capitale ne pouvait donc se loger que chez des bourgeois, et il en résulta souvent de graves désordres. Jacques de Vitry s'en était plaint énergiquement : «Dans une «même maison, dit-il, au premier étage sont des «écoles, et au rez-de-chaussée des lieux de dé«bauche.» Ajoutons que les propriétaires abusaient parfois de la nécessité où étaient les écoliers de venir habiter chez eux. L'Université dut alors se charger de taxer les loyers; mais les propriétaires réclamèrent, et il fallut une bulle pontificale pour régler la question : Grégoire IX ordonna que le prix des logements serait fixé au sein d'une commission composée de deux maîtres de l'Université et de deux bourgeois élus par leurs confrères. (Voyez Duboulay, *Historia Universitatis Parisiensis,* t. II, p. 687, et t. III, p. 82; — Crevier, *Histoire de l'Université de Paris,* t. Ier, p. 358.)

[2] «Discreta etenim providentia tam venerabilis «Stephani, Parisiensis episcopi, quam conventus «Parisiensis ecclesie, evitando molestiam et inquie«tationem claustro inferri, statuendo concessit, ut «neque scolares extranei in domibus claustri ulte«rius hospitarentur, neque in illa parte claustri quæ «vulgo Tresantiæ nominantur deinceps legerent «neque scole haberentur; sed amore et gratia domni «Stephani presulis, infra ambitum claustri, quidam «locus adherens episcopali curie, per quam introi«tum et exitum scolares habebant, ex communi as«sensu episcopi et Capituli electus et coopertus est, «in quo scole ecclesie deinceps tenerentur et rege«rentur.» (*Parvum Pastorale ecclesiæ Parisiensis : De pace reformata inter domnum Stephanum, Parisiensem episcopum, et Beate Marie Parisiensis ecclesie Capitulum.*)

[3] Cl. Joly, *Des écoles épiscopales et ecclésiastiques,* p. 215. — Grancolas, *Histoire de l'Église et de l'Université de Paris,* t. Ier, p. 469.

[4] Nous en avons retrouvé la trace dans les nécrologes de plusieurs abbayes. (Voyez ci-après nos notices sur la bibliothèque de Sainte-Geneviève et sur celle de Saint-Victor.)

[5] Crevier, *Histoire de l'Université de Paris,* t. II, p. 47.

volumes aux écoles du cloître; et la lecture des différents documents qui composent le cartulaire de Notre-Dame nous a révélé, à cet égard, une circonstance qui n'a pas été remarquée jusqu'ici, c'est que les livres composant la bibliothèque de l'église furent, au moins depuis le XIIIe siècle, mis à la disposition des écoliers sans fortune. Nous reviendrons tout à l'heure sur ce point.

La bibliothèque du cloître Notre-Dame dut se former lentement, par une multitude de petites donations particulières. On sait que les étudiants eux-mêmes s'efforçaient de faire des copies, et reconnaissaient parfois de cette manière les soins apportés à leur instruction.

Il est, au reste, tout à fait impossible de déterminer d'une manière positive les commencements de la collection rassemblée à Notre-Dame. Nous trouvons bien, dans le nécrologe, à la date du 4 février (991), la mention suivante: «Obijt «Gilebertus, episcopus, qui dedit nobis casulam et duas capas pallij, cum BIBLIO-«THECA[1],» mais, à cette époque, le mot *bibliotheca* désignait presque toujours la *Bible;* et la donation de ce Gilbert, qui fut le soixantième évêque de Paris, était évidemment destinée plutôt au service de l'église qu'à l'accroissement d'une collection de livres, qui, suivant toute apparence, n'existait pas encore. On peut en dire autant de toutes les libéralités de la même nature qui se succédèrent jusqu'à la fin du XIIe siècle; il n'y est guère question d'ailleurs que d'ouvrages liturgiques. Le 8 janvier 1157, Thibaud, soixante et onzième évêque de Paris, laisse à son église trois volumes de ce genre[2]. Le 3 mai 1160, le célèbre Pierre Lom-

[1] *Necrologium ecclesiæ Parisiensis*, II nonas februarij, fol. 154. — Mentionné aussi dans le *Gallia christiana*, t. VII, col. 42.

Le nécrologe de Notre Dame de Paris est aujourd'hui conservé à la Bibliothèque impériale, fonds latin, n° 5185 CC. C'est un bel in-folio sur vélin, dont les feuillets sont numérotés de 1 à 358. L'écriture nous a paru dater de la fin du XIIIe siècle, mais il y a de nombreuses additions, dont quelques-unes sont évidemment du XVe siècle. Le volume renferme d'abord un calendrier, les canons de prime et un martyrologe; vient ensuite le nécrologe, qui est suivi de plusieurs règlements relatifs à l'église.

La Bibliothèque impériale possède encore dans le fonds latin, n° 5658 B, in-12, vélin, de 188 pages, un autre nécrologe de Notre-Dame, mais beaucoup moins complet que le précédent. On trouve enfin des extraits assez étendus du nécrologe de l'église de Paris dans deux manuscrits de la même bibliothèque : le premier est dans le fonds de l'Oratoire, n° 248, in-8°; le second dans le fonds de la Sorbonne, n° 1105, in-folio.

[2] «Obijt Theobaldus, Parisiensis episcopus, «qui dedit nobis... tres libros, duos passionales, et «unum qui dicitur Martinellus.» (*Necrologium ecclesiæ Parisiensis*, VI id. januarij, fol. 143. — Mentionné aussi dans le *Gallia christiana*, t. VII, col. 67.)

Nous avons vainement fait de longues recherches pour découvrir quel était l'ouvrage désigné au XIIe et au XIIIe siècle sous ces titres : *Martinellus*, *Martinulus* ou *Martinetus*. Suivant Ducange, on indiquait ainsi la *Chronique des Papes* de Martin le Polonais; on lit en effet dans le *Glossarium infimæ latinitatis*, au mot *Martiniana* : «Chronicon Martini «Poloni, idem qui Martinulus dicitur in Indice li-«brorum ad calcem antiquissimi Pontificalis literis «Saxonicis exarati, et Martinellus in Necrologio «ms. eccl. Paris. VI id. jan. : Dedit etiam tres li-«bros, duos passionales, et unum qui dicitur Mar-«tinellus.» C'est donc bien évidemment à l'ouvrage dont il est ici question que Ducange fait allusion; mais l'examen des dates rend son explication tout à fait inadmissible. La donation rapportée ici est du 8 janvier 1157, et il ne saurait y avoir aucun doute à cet égard, car, suivant toutes les chronolo-

bard, ancien élève du cloître et parvenu, malgré l'obscurité de sa naissance, jusqu'à la dignité d'évêque, lègue à Notre-Dame tous ses livres, qui, sauf un exemplaire de ses fameuses *Sentences* et un du *Decretum* de Gratien, sont exclusivement des extraits commentés de la sainte Bible [1]. Vingt ans après, un chantre [2], nommé Aubert, donne encore neuf volumes de liturgie [3]. En décembre 1182, nouvelle libéralité très-importante, faite par le doyen Barbedor [4]. Enfin, le 13 juillet 1208, Eudes de Sully, soixante et quatorzième évêque de Paris, qui eut

gies des évêques de Paris, Thibaud ne vécut que jusqu'en 1157; il eût donc pu donner ces livres plus tôt, mais non plus tard. D'un autre côté, on ignore quand naquit Martin le Polonais, mais on sait qu'il vivait encore en 1278, puisqu'il fut alors nommé à l'archevêché de Gnesne; or, en supposant, ce qui est probable, qu'il soit mort pendant cette année-là, un espace de cent vingt et un ans le séparerait encore du jour où fut faite la donation de Thibaud. — Nous avons rencontré à la Bibliothèque impériale deux manuscrits du XIVe siècle qui sont certainement de Martin le Polonais, mais qui portent des titres assez différents du nôtre pour qu'on puisse s'étonner de l'erreur de Ducange à cet égard. Le premier (fonds de Saint-Victor, n° 625) est intitulé *Liber dictus opus* MARTIANI; le second (fonds de Saint-Victor, n° 345) a un titre beaucoup plus explicite : *Liber dictus* MARTINIANA *de concordantia decretorum et decretalium, a Fr. Martino, de ordine fratrum prædicatorum.* Martin le Polonais était en effet de l'ordre des dominicains; constatons pourtant que nulle part nous ne lui avons vu attribuer ce dernier ouvrage.

[1] «Obijt magister Petrus episcopus, pro cuius «anima habuimus... omnes libros eius glosatos, sci«licet: Novum Testamentum totum in Veteri Testa«mento, Psalterium, quinque libros Moysi, quatuor «majores prophetas, duodecim minores, Cantica, «Job, Hester, Thobiam, Judith, librum Sapientie, «Ecclesiasticum, Sententias eiusdem et decreta Gra«tiani.» (*Necrologium ecclesiæ Parisiensis*, v nonas maij, fol. 197.)

[2] Le chantre était le second dignitaire du Chapitre, qui se composait ainsi : le doyen, le chantre, les trois archidiacres, le sous-chantre, le chancelier et le pénitencier; venaient ensuite cinquante-deux prébendiers.

[3] Obijt Albertus precentor, qui dedit nobis... «missale, lectionarium, antiphonarium, gradale, «psalterium cum hymnis, duos troperios, duos «versarios.» (*Necrologium ecclesiæ Parisiensis*, IX kalendas augusti.) — Il fit également de grandes libéralités au couvent de Saint-Martin des Champs. (Voyez *Necrologium Sancti Martini a campis*, fol. 180; Bibliothèque impériale, manuscrits, fonds de Saint-Martin, n° 22.)

Voici quelques détails sur les ouvrages liturgiques dont les titres se rencontrent le plus fréquemment dans les chartes du XIIe et du XIIIe siècle :

Le MISSEL (*Missale*) est bien connu; il contient la liturgie de la messe. Son nom est fort ancien, car on le trouve déjà en 831, dans l'inventaire des livres de l'abbaye de Saint-Riquier (Picardie). (Voyez le tome II du *Spicilége* de d'Achéry.)

L'ANTIPHONAIRE (*Antiphonarius*) est attribué à saint Grégoire; tout l'office du soir s'y trouve noté. Comme il comprend aussi les *répons* et les *versets*, on le désigne parfois sous le titre de *Responsorium*.

Le COLLECTAIRE (*Collectarium*) était le recueil des *collectes*, et on appelle ainsi l'oraison que le prêtre récite avant l'épître, et qui sert de conclusion aux petites heures et à vêpres.

Le GRADUEL (*Gradale*) est un livre de chant qui renferme les messes notées et tout l'office du matin.

Le PASSIONNAIRE (*Passionarius*) ou PASSIONNAL (*Passionalis*) était lu aux fêtes des martyrs.

Le LECTIONNAIRE (*Lectionarius*) contenait les *leçons* qui se récitent pendant l'office, et les actes des apôtres; aussi lui donne-t-on parfois le nom d'*épistolier*, ou même de *légendaire*, qui pourtant s'applique aussi à un autre ouvrage liturgique.

Le PASTORAL (*Pastorale*) ou PONTIFICAL (*Pontificale*) fut composé par saint Grégoire pour indiquer aux évêques leurs fonctions et leurs devoirs.

Le TROPAIRE (*Troperius*) renfermait les *tropes*, c'est-à-dire les intercalations dont les morceaux de chant étaient entremêlés. On appelait aussi *tropes* les *séquences* ou *proses*.

[4] «Obijt Barbedaurus, decanus et sacerdos, «qui dedit nobis... librum in quo leguntur evan«gelia, et librum in quo leguntur epistole, et dear-

la gloire de contribuer pour une large part à l'achèvement de la cathédrale actuelle [1], laissa en mourant un missel qu'il destina au grand autel et un psautier pour le service du chœur [2].

Il est probable qu'à l'époque de cette dernière donation, on avait commencé à organiser une bibliothèque dans le cloître. Le soin même que prend Eudes de Sully de déterminer l'usage qui doit être fait de ses livres pourrait donner à penser que des volumes, compris dans quelque donation antérieure, n'avaient pas été exclusivement appliqués à la célébration de l'office divin. Cette supposition, si elle était fondée, ne reculerait d'ailleurs pour nous que d'une dizaine d'années tout au plus l'origine de la bibliothèque; car, à partir d'octobre 1215, nous avons une preuve inattaquable de son existence. On lit, en effet, dans un contrat passé à cette date entre le Chapitre et le chancelier de Notre-Dame, que celui-ci est tenu de corriger, de faire relier et de conserver en bon état les livres de l'église de Paris, à l'exception des livres de chant [3].

Trois ans après, en 1218, Pierre de Nemours, soixante et quinzième évêque de Paris [4], au moment de partir pour la Palestine, partagea ses ornements sacerdotaux et ses livres entre divers établissements religieux. Il donna à l'abbaye de Saint-Victor sa grande Bible [5]; à l'abbaye d'Olivet son psautier avec glose, les épîtres de saint Paul, accompagnées d'une paraphrase, et les *Sentences* de Pierre Lombard. Les savants auteurs de l'*Histoire littéraire de la France* ont écrit un peu légèrement qu'il avait légué à l'église de Paris tout le reste de ses livres [6]. Si l'on

«gentavit eos tribus marchis argenti; et fecit fieri «vitream, quindecim libris comparatam... Donavit «preterea predicte ecclesie missale in tribus volu«minibus, quod ne inde amoveatur, nisi imminente «periculo, sub anathemate est interdictum.» (*Necrologium ecclesiæ Parisiensis*, xiij kalend. januarij, fol. 323 et 324.) — Sur ce Barbedor, voyez le *Gallia christiana*, t. VII, col. 196.

[1] Voyez J. Dubreul, *Theatre des antiquitez de Paris*, p. 7, 9 et 11.

[2] «Obijt Odo, Parisiensis episcopus, in pre«senti sepultus ecclesia, qui nobis dedit... missale «ad servicium majoris altaris, et psalterium ad ser«vicium chori.» (*Necrologium ecclesiæ Parisiensis*, iij nonas julij, fol. 241. — Reproduit dans le *Gallia christiana*, t. VII, col. 85.)

[3] «Libros quidem Parisiensis ecclesie sine cantu «corrigere, ligare et in bono statu cancellarius te«nebitur conservare, et talem instituere magistrum «in claustro qui sufficiens sit ad scolarum regi«men...» (*De compositione facta inter Capitulum Parisiense et cancellarium super sigillo; Parvum Pastorale ecclesiæ Parisiensis*, lib. IV.)

[4] Pierre de Nemours (*Petrus de Nemosio*) est le même que Pierre Chambellan (*Petrus Cambellanus*); car le successeur d'Eudes de Sully (*Odo de Solliaco*) est désigné sous ces deux noms dans les différentes chronologies des évêques de Paris. Suivant celle que fournit Dubreul (*Theatre des antiquitez de Paris*, p. 53), qui, très-probablement, a copié celle qui se trouve à la fin du *Petit Pastoral* de Notre-Dame, et suivant une note du *nécrologe* de Saint-Victor, Pierre Chambellan ou Pierre de Nemours serait le soixante et douzième évêque de Paris; en réalité, il fut le soixante et quinzième. La meilleure nomenclature est celle qu'ont donnée les auteurs du *Gallia christiana*, t. VII, col. 86.

[5] On lit en effet dans le nécrologe de Saint-Victor : «Anniversarium solemne pie memorie venera«bilis patris nostri domni Petri, Parisiensis epi«scopi, de cujus beneficio habuimus bibliothecam «xviij librarum.» (*Necrologium Sancti Victoris*, i idibus decembris; Bibliothèque impériale, manuscrits, fonds de Saint-Victor, n° 15, in-folio.)

[6] *Histoire littéraire de la France*, t. XVI, p. 35.

recourt au texte même du testament, qui se trouve dans le *Grand Pastoral* de Notre-Dame, on voit Pierre de Nemours ordonner, au contraire, que tous ceux de ses livres et de ses meubles qui ne sont pas compris dans les dispositions précédentes seront vendus, et il indique très-clairement l'emploi à faire des fonds qui en proviendront [1].

Un des successeurs de Pierre de Nemours, l'évêque Barthélemy, qui mourut le 20 octobre 1227, laissa encore à la cathédrale quatre ouvrages liturgiques [2].

Bien que le soin de veiller sur les livres, qui était dévolu aux chanceliers, fût regardé comme un des plus honorables priviléges de leurs fonctions [3], ils s'en acquittèrent avec une telle négligence, qu'au milieu du XIIIe siècle on avait déjà constaté la disparition d'un certain nombre de volumes. Du reste, le chancelier semble avoir été chargé plutôt de la surveillance générale de la bibliothèque que de la conservation matérielle des manuscrits. Cette dernière prérogative paraît avoir appartenu au chevecier [4]. Nous voyons, en effet, Simon de Chécy, appelé à ces fonctions vers 1268, donner, le 1er septembre de la même année, un reçu de divers objets destinés au culte, et d'une vingtaine de volumes qui avaient été donnés à l'église par l'abbesse d'Yères [5]. Dans le nombre figurent une Bible en quatre

(1) «Petrus, Dei gratia Parisiorum episcopus, «omnibus præsentes litteras inspecturis salutem in «Domino. Notum facimus quod nos Hierosolymam «peregre profecturi, nostrum ita ordinavimus tes«tamentum, sicut est inferius annotatum, volentes «quod ita semper servetur, nisi per nos fuerit im«mutatum. Legamus autem ecclesiæ B. Mariæ Pa«risiensis capam nostram brodatam...; ecclesiæ S. «Victoris infulam, dalmaticam, et tunicam rubeas, «et bibliothecam magnam...; abbatiæ Oliveti psalte«rium glossatum, et epistolas Pauli de glossatura «majori, et sententias... Item, ecclesia Paris. faciet «anniversarium nostrum sicut ordinatum est per «litteras Capituli et nostras. Item, omnes libri nos«tri quos nondum assignavimus alicui, et ustensilia «nostra, ubicumque sint, quæ nondum dedimus, «scilicet ferrata, dolia, et cupas quæ emimus, ven«dentur; de quorum pretio et de omnibus redditibus «et proventibus totius episcopatus, quos debemus «habere per triennum, secundum constitutionem «concilij generalis, debita nostra solventur, et ser«vientes nostri remunerabuntur, secundum quod «plus vel minus servierunt, et secundum quod «plus vel minus habuerunt. Totum autem residuum «per eleemosynarios nostros erogetur pauperi«bus, pro anima nostra... Actum anno Domini «M.CC.XVIII, mense junio.» (*Magnum Pastorale ecclesiæ Parisiensis*. — Reproduit dans le *Gallia christiana*, t. VII, instrum. col. 89; et par G. Dubois, *Historia ecclesiæ Parisiensis*, t. II, p. 265.)

(2) «Obijt Bartholomeus, episcopus Parisiensis, «qui dedit nobis missale in tribus voluminibus, «et unum ordinarium episcopale.» (*Necrologium ecclesiæ Parisiensis*, xiij kalendas novembris, fol. 287.)

(3) «Neque vilem putes hanc partem muneris «cancellario demendati, qua ille in librorum con«servatione vigilaret : qui cum summam dignita«tem in re literaria obtineret, gymnasioque pre«esset, eius tutelæ commendari libros oportuit, «quibus eruditio literarumque cultus contineretur, «cuius ille promus condus haberetur.» (Cl. Héméré, *De academia Parisiensi*, p. 53.) — Le chancelier de Notre-Dame avait la garde du sceau du Chapitre, et était chargé de rédiger les actes tant du Chapitre que des églises qui en dépendaient.

(4) «C'estoit le chancelier de l'église de Paris qui «avoit le soin de la librairie; non pas qu'il la gar«dast luy-mesme, car elle estoit entre les mains du «chevecier, comme l'on voit par un inventaire de «Simon de Cheri (*sic*).» (Cl. Joly, *Des écoles épiscopales et ecclésiastiques*, p. 242.)

(5) Yères (*Edera*) est un petit village du dépar-

volumes, les vies des saints, un nouveau et un ancien pastoral, cinq psautiers, deux antiphonaires, un collectaire, un graduel, un missel, etc. et trois tablettes d'ivoire [1].

Mentionnons aussi le don de sept volumes fait à la cathédrale, le 23 mai 1270, par Pierre de Lagny, chanoine de Saint-Germain l'Auxerrois [2].

Mais l'année suivante l'église Notre-Dame fut l'objet d'une libéralité bien autrement importante de la part d'un archidiacre de Cantorbéry, nommé Étienne. Il avait légué tous ses livres à l'église, sous la condition que, par l'entremise du chancelier, ils seraient tenus à la disposition des pauvres étudiants en théologie des écoles de Paris [3]. On trouve dans le *Grand Pastoral* l'acte, daté du 28 octobre 1271, par lequel Jean d'Orléans, chanoine et chancelier de Notre-Dame, déclare avoir reçu de Nicolas, son prédécesseur à la chancellerie, tous les livres légués par Étienne [4]. La pensée du donateur y est plusieurs fois très-nettement exposée. Dans les considérations qui précèdent l'acte, Jean d'Orléans reconnaît que ces livres sont destinés à être prêtés aux pauvres écoliers en théologie [5]. Il cite enfin un fragment du testament d'Étienne, où il est dit que le chancelier sera tenu de prêter ces livres aux pauvres écoliers en théologie qui en auraient besoin pour leurs études; le testateur exige que les volumes soient repris chaque année à ceux qui s'en seront servi, et aussitôt prêtés à d'autres : « Je veux, dit-il, et je prescris que mes livres de théologie soient remis au chancelier de Paris, lequel, dans une

tement de Seine-et-Oise. On y voyait une abbaye de bénédictines qui avait été fondée en 1122 par une sœur de Louis le Gros. (Voyez le *Gallia christiana*, t. VII, col. 603.) L'abbesse d'Yères, en 1268, se nommait Marguerite.

[1] « Universis presentes litteras inspecturis..... « notum facimus quod, coram nobis constitutus, « dominus Symon de Checiaco, capicerius eccle- « sie Parisiensis, recognovit coram nobis se habuisse « et recepisse a religiosa domina abbatissa de Edera, « per manus domini Stephani, quondam capicerij « ecclesie Parisiensis predicte, res inferius annota- « tas, videlicet... : bibliothecam in quatuor volumi- « nibus; item, quinque volumina librorum, scilicet « Vitam sanctorum et Exposiciones; item, Martine- « tum; item, Pastorale novum et vetus, et Colleca- « rium (*collectarium*); item, tres tabulas eburneas; « item, quinque psalteria et duo antiphonaria; item, « missale, gradale, epistolas et euvangelia de capi- « cerio Beate Marie Parisiensis. In cujus rei.... Datum « anno Domini MCCLXVIII, die sabbati, in festo sanc- « torum Egidij et Lupi. » (*Magnum Pastorale ecclesiæ Parisiensis*, lib. XX.)

[2] « Obijt Petrus de Latigniaco, presbiter, cano- « nicus et perpetuus vicarius Sancti Germani Autis- « siodorensis, in ecclesia Parisiensi; qui dedit nobis « Bibliam in quatuor voluminibus, et missale in tri- « bus voluminibus. » (*Necrologium ecclesiæ Parisiensis*, x kalend. junij, fol. 204.)

[3] « Nomina librorum theologie quos bone me- « morie magister Stephanus, quondam archidiaco- « nus Cantuariensis, legavit acomodandos pauperi- « bus scolaribus Parisius in theologia studentibus « et indigentibus, per manus cancellarij Parisiensis, « qui pro tempore fuerit. » (*Magnum Pastorale ecclesiæ Parisiensis.*)

[4] « Notum facimus quod, in nostra presentia « constitutus, magister Johannes de Aurelianis, ca- « nonicus et cancellarius Parisiensis, recognoscit et « confitetur se recepisse et habuisse a venerabili viro « magistro Nicolao, ecclesie Parisiensis archidia- « cono, quondam predicte ecclesie Parisiensis can- « cellario, libros inferius annotatos. » (*Magnum Pastorale ecclesiæ Parisiensis*, lib. XX.)

[5] « ..... Libros tradendos et recuperandos pau- « peribus scolaribus in theologia studentibus, secun- « dum quod in quadam clausula testamenti bone « memorie magistri Stephani, quondam archidia- « coni Cantuariensis, presenti instrumento inserta. » (*Magnum Pastorale ecclesiæ Parisiensis*, l. XX)

intention pieuse, les prêtera aux écoliers pauvres étudiant la théologie à Paris, qui manqueraient des livres nécessaires à leurs travaux; je veux que le chancelier en exercice réclame ces livres à la fin de chaque année, et, les ayant recouvrés, les prête de nouveau, pour l'année suivante, aux écoliers pauvres qui lui sembleront en avoir besoin [1]. »

Ces dispositions généreuses en faveur des étudiants étaient sans doute en vigueur avant qu'Étienne de Cantorbéry en eût fait une des conditions formelles de sa donation. Nous n'en avons aucune preuve authentique; mais Claude Héméré, qui écrivait, il est vrai, au XVIIe siècle, nous dit que l'église de Paris eut de bonne heure une bibliothèque *in usus studiorum* [2]. Dans la même page, parlant du reçu donné en 1268 par Simon de Chécy, il ajoute que les livres qu'il vient de citer avaient été rassemblés *in publicos usus*. Remarquons, d'ailleurs, que Cl. Héméré, docteur et bibliothécaire de Sorbonne, écrivait vers 1635, c'est-à-dire à une époque où la bibliothèque de la cathédrale existait encore et pouvait être facilement consultée.

L'acte officiel qui nous a révélé le legs d'Étienne nous fournit le catalogue des ouvrages qui le composaient, c'étaient [3] :

La Bible complète, sans glose;
La Genèse et l'Exode, avec glose, en un volume;
Le livre de Salomon, avec glose, en un volume;
L'Exode, commenté *per se;*

[1] «Volo etiam et precipio quod libri mei theologie cancellario Parisiensi tradantur, qui eos pauperibus scolaribus in theologia studentibus Parisius, et libris indigentibus ad studendum, acomodet, intuitu pietatis; ita tamen quod cancellarius, qui pro tempore fuerit, quolibet anno dictos libros recuperet, et recuperatos iterum retradat et comodet annuatim pauperibus scolaribus, quibus viderit expedire.» (*Magnum Pastorale ecclesiæ Parisiensis,* lib. XX.)

[2] «Habuit autem suam (*bibliothecam*), eamque pro ætate locupletem, in usus studiorum, curæ tutelæque capiceriorum commissam... Illi ecclesiæ libri, in publicos usus comparati...» (Cl. Héméré, *De academia Parisiensi,* p. 52.) La Bibliothèque impériale possède parmi ses manuscrits (fonds de la Sorbonne, n° 1112) un bel exemplaire de cet ouvrage, avec de nombreuses additions d'un docteur de Sorbonne, nommé Petit-Pied.

[3] «Nomina vero librorum sunt hec, videlicet : Biblia sine glosa, completa. Item, Genesis et Exodus, glosati, in uno volumine. Item, libri Salomonis, glosati, in uno volumine. Item, Exodus, glosatus per se. Item, Job, glosatus per se. Item, Ezechiel, glosatus per se. Item, Evangelia, glosata, in uno volumine, per se. Item, Phsalterium, glosatum, completum. Item, quatuor libri Sententiarum. Item, libri Numerorum. Item, Josue, Judicum, Ruth, Deuteronomii, glosatus, in uno volumine. Item, quatuor libri Regum, Paralipomenon primus et secundus. Item, Esdras, Machabeorum primus et secundus, Ammos, glosati, in uno volumine. Item, XII prophete, glosati, in uno volumine. Item, Phsalterium, glosatum et completum. Item, Epistole Pauli, glosate. Item, Job, glosatus. Item, Summa de viciis. Item, Epistole Pauli, glosate. Item, Phsalterium, glosatum et completum. Item, Ystorie scolastice. Item, quatuor Evangelia, glosata. Item, Epistole Pauli, glosate, cum minori glosa. Item, Psaltherium, glosatum et completum. Item, liber Machabeorum, primus et secundus, usque ad decimum capitulum glosatus. Item, evangelium Marchi, Evangelia glosata... Datum anno Domini millesimo CC° LXX° primo, die mercurij, in festo apostolorum Symonis et Jude.» (*Magnum Pastorale ecclesiæ Parisiensis,* lib. XX.)

Job, commenté *per se;*
Ézéchiel, commenté *per se;*
Les Évangiles, commentés, en un volume, *per se;*
Le Psautier complet, sans glose;
Les quatre livres des Sentences;
Les Nombres;
Josué, les Juges, Ruth, le Deutéronome, avec glose, en un volume;
Les quatre livres des Rois;
Les deux livres des Paralipomènes;
Esdras, les deux livres des Macchabées, Amos, avec glose, en un volume;
Les douze petits Prophètes, avec glose, en un volume;
Le Psautier complet, avec glose;
Les Épîtres de Paul, avec glose;
Job, avec glose;
La Somme des vices;
Les Épîtres de Paul, avec la petite glose;
Le Psautier complet, avec glose;
Les Histoires scolastiques;
Les quatre Évangiles, avec glose;
Les Épîtres de Paul, avec glose;
Le Psautier complet, avec glose;
Les deux livres des Macchabées, avec commentaires jusqu'au dixième chapitre;
L'Évangile de Marc;
Les Évangiles, avec glose [1].

Il faut ajouter à cette liste une Bible annotée en deux volumes, qui fut donnée par Étienne Tempier, et l'original des fameuses *Sentences* de Pierre Lombard [2]; ce précieux manuscrit était, nous dit-on, couvert d'une peau de veau déjà presque dégarnie de ses poils, avec des clous ronds de cuivre enfoncés dans le bois [3].

Étienne Tempier, que nous venons de citer, fut élu évêque de Paris en 1268 et mourut le 3 novembre 1279. Par son testament, il laissa encore à la cathédrale un certain nombre de volumes, tous, d'ailleurs, relatifs à la liturgie [4].

[1] Sur les *Sentences*, la *Somme des vices* et l'*Histoire scolastique*, voyez plus loin les notes qui accompagnent le catalogue des livres que possédait l'église en 1297.

[2] Ce titre de *Livre des Sentences* jouit longtemps d'une grande vogue. Anselme de Laon, Guillaume de Champeaux, Hugues de Saint-Victor composèrent des ouvrages sous ce titre : on en attribua même un à Abélard. C'étaient des collections de sentences ou pensées, extraites de l'Écriture sainte et des Pères, et classées méthodiquement. Pendant plusieurs siècles les professeurs des écoles de Paris furent divisés en deux classes : les *Biblici*, qui commentaient la Bible, et les *Sententiarii*, qui expliquaient les différents livres des Sentences. (Voyez Cl. Joly, *Des écoles épiscopales et ecclésiastiques*, p. 218.)

[3] «Item, Biblia postillata, in duobus voluminibus, quam contulit episcopus Stephanus. Item, originale Sententiarum magistri Petri Lumbardi, in quodam libro cooperto de corio vitulino, jam quasi depilito, cum clavis rotundis de cupro in asseribus.» (*Magnum Pastorale ecclesiæ Parisiensis*, lib. XX.)

[4] «Anno Domini millesimo ducentesimo septuagesimo nono, dominica post festum sanctorum Egidij et Lupi, obijt bone memorie Stephanus dictus Tempier, oriendus de Aurelianis, Parisien-

Outre les livres compris dans ces derniers legs [1], la bibliothèque de l'église de Paris possédait encore, *in communem usum*[2], à l'époque où nous sommes parvenus, quarante-deux volumes annotés, dont nous trouvons la liste dans le *Petit Pastoral* [3]; c'étaient, sauf un *Livre des Sentences* et les *Questions* de Pierre de Poitiers, des extraits commentés des livres saints, qui, par leur réunion, formaient un texte à peu près complet de la Bible [4].

Malheureusement, les vols continuaient à la bibliothèque de Notre-Dame. Le *Livre noir* (dernière partie du cartulaire de la cathédrale) nous fournit le catalogue des ouvrages que possédait l'église en août 1296, c'est-à-dire à la suite d'un laps de près de vingt ans, et le nombre des volumes semble avoir diminué, malgré les donations qui ont certainement eu lieu entre ces deux dates. Ces soustractions de livres doivent-elles être attribuées à l'organisation spéciale de la bibliothèque, et peut-on en accuser les écoliers? Nous ne le pensons pas, car le Chapitre ne parut nullement songer à restreindre les facilités jusque-là

«sis episcopus; qui dedit ecclesie Parisiensi... libros episcopatui Parisiensi et episcopis successoris, ad officium ecclesie pertinentes, videlicet duo missalia, evangelium et epistolas in duobus voluminibus, tria gradalia, ordinarium episcopale; item, unum collectarium; item, unum troperium; item, unum breviarium grosse littere, ad usum Parisiensem; item, unum breviarium in duobus voluminibus, coopertum corio viridi; item, unum breviarium parvum; item, duo ordinaria de ordinacione servicii...» (*Necrologium ecclesiæ Parisiensis*, iiij non. novembris, fol. 294.)

[1] Voici encore trois donations, sans doute du XIIIe siècle, qui nous sont fournies par le *nécrologe* de Notre-Dame, et auxquelles nous ne pouvons assigner de dates certaines :

«Obijt magister Guimondus, Carnotensis, concanonicus noster, qui dedit nobis... quandam bibliothecam bonam et pulcherrimam, valentem trigenta libras Parisiensium et plus.» (iij non. januarij.) Un Guimond, chanoine de Paris, figure dans une charte du *Grand Pastoral*, datée de mars 1276.

«Obijt magister Gilebertus de Saana, canonicus Parisiensis, qui dedit ecclesie Parisiensi... unum missale ad usum ecclesie Parisiensis.» (ij kal. aprilis, fol. 174.) Le *Cartulaire de Notre-Dame* et le *Gallia christiana* font mention d'un grand nombre de Gilebert ou Gilbert, mais aucun d'eux ne porte l'épithète *de Saana* (de Sedana).

«Obijt Rogerus, sacerdos, qui dedit nobis domum in claustro... et archam cum libris suis.» (VI non. julij, fol. 230.) Peut-être Roger *de Arminiaco* (d'Armagnac), qui est nommé dans une charte de décembre 1308.

[2] Cl. Héméré, *De academia Parisiensi*, p. 56.

[3] «Hec sunt nomina librorum qui sunt de armario Beate Marie Parisiensis... Isti libri de Biblia, qui hic intitulantur, sunt glosati.» (*Parvum Pastorale ecclesiæ Parisiensis*, lib. IX.)

[4] «Genesis, in uno volumine. Exodus, in uno volumine. Leviticus, in uno volumine. Numeri, in uno volumine. Deuteronomius, in uno volumine. Hester cum Thobia, in uno volumine. Judith cum Esdra, in uno volumine. Ysaias propheta, in uno volumine. Jeremias propheta, in uno volumine. Lamentationes Jeremie, in uno volumine. Ezechiel propheta, in uno volumine. Daniel propheta, duo paria. Duodecim prophete, in uno volumine. Parabole cum Ecclesiaste, in uno volumine. Cantica canticorum, in uno volumine. Liber Sapientie cum Ecclesiastico, in uno volumine. Job, tria paria. Psalterium majoris glossature, in uno volumine. Psalteria minoris glossature, duo. Epistole Pauli majoris glossature, in volumine uno. Epistole Pauli minoris glossature, in uno volumine. Matheus, in uno volumine. Marcus, tria paria. Lucas, quatuor. Johannes, in uno volumine. Actus apostolorum, in uno volumine. Epistole canonice, duo paria. Apocalipsis, duo paria. Item, Cantica canticorum cum Apocalipsi, in volumine uno. Sententie, in uno volumine. Questiones magistri Petri Pictavensis, in uno volumine.» (*Parvum Pastorale ecclesiæ Parisiensis*, lib. IX.)

accordées aux étudiants. Le catalogue dont nous venons de parler est en effet le reçu donné par le chancelier Pierre de Saint-Omer, qui, au moment d'entrer en charge, reconnaît que les chanoines G. Chaucon et Étienne de Guiberville lui ont délivré, comme à ses prédécesseurs, les ouvrages composant la bibliothèque de la cathédrale; or, en tête même de ce reçu, le nouveau chancelier déclare encore que ces livres sont destinés à être prêtés aux pauvres écoliers en théologie qui étudient à Paris [1].

Moins d'une année après, en septembre 1297, toutes les pertes qu'avait éprouvées la bibliothèque furent largement compensées par la libéralité de Pierre de Joigny, qui lui légua sa très-nombreuse bibliothèque. Un fait remarquable, et qui vient à l'appui de ce que nous disions tout à l'heure, c'est que Pierre de Joigny laissa ses livres, non plus, comme le faisaient les précédents donateurs, à l'église de Paris pour le service des étudiants, mais directement aux étudiants eux-mêmes, à charge par le chancelier d'en être dépositaire [2].

Le *Livre noir* nous transmet l'énumération des ouvrages qui faisaient partie de ce dernier legs; si nous y ajoutons les volumes compris dans le reçu donné l'année précédente par Pierre de Saint-Omer, nous posséderons évidemment la liste de tous les livres qui composaient alors la librairie de l'église de Paris. Nous avons donc, — à six cents ans de distance, — tous les éléments nécessaires pour reconstituer un catalogue complet de la bibliothèque de Notre-Dame de Paris, telle qu'elle était à la fin du XIIIe siècle.

Nous allons reproduire textuellement les titres que nous fournissent ces deux documents; nous nous bornerons à y mettre un peu d'ordre, en les classant suivant les différentes matières qu'ils traitent, et à éclaircir, autant que possible, les obscurités qu'ils présentent.

[1] «Isti sunt libri theologie quos cancellarius «Parisiensis custodit, per manum suam acomodan- «dos pauperibus scolaribus Parisius in facultate «theologie studentibus; quos libros magister Petrus «de Sancto Audomaro, cancellarius Parisiensis, re- «cepit a Capitulo per manus magistrorum G. Chau- «con et Stephani de Guibervilla, canonicorum Pa- «risiensium, anno Domini MCC nonagesimo sexto, «die jovis, in crastino festi decollationis beati Jo- «hannis Baptiste.»

[2] «Isti sunt libri quos legavit magister Petrus «de Joingniaco pauperibus scolaribus studentibus in «theologia, tradendi eisdem per manum cancellarij «qui eos custodiet; quos recepit predictus magister «Petrus cancellarius a Capitulo, anno Domini mille- «simo CC° nonagesimo septimo, mense septembri.»

CATALOGUE DES LIVRES

COMPOSANT

LA BIBLIOTHÈQUE DE L'ÉGLISE NOTRE-DAME DE PARIS

EN 1297.

TEXTES DE L'ÉCRITURE SAINTE AVEC OU SANS COMMENTAIRES.

Biblia sine glosa, completa;
Biblia postillata, in duobus voluminibus[1];
Genesis et Exodus, glosati, in uno volumine;
Exodus, glosatus;
Liber Numerorum, Josue, Judicum, Ruth, Deuteronomij, cum glosis, in uno volumine;
Quatuor libri Regum, et duo libri Paralipomenum, glosati; Esdras, Machabeorum primus et secundus, glosati, in uno volumine;
Duo libri Machabeorum usque ad decimum capitulum glosati, in uno volumine;
Job, glosatus;
Job, glosatus;
Psalterium, glosatum et completum;
Psalterium, glosatum et completum;
Psalterium, glosatum et completum;
Psalterium, glosatum et completum;
Libri Salomonis, glosati, in uno volumine;
Liber Ysaie, cum parvis glosis;
Ezechiel, glosatus;
Duodecim Prophete, glosati in uno volumine;
Quatuor evangelia, glosata, in uno volumine;
Evangelia, glosata, in uno volumine;
Evangelium Marci, glosatum, in uno volumine;
Evangelia Luce et Johannis, glosata;
Evangelium Johannis, glosatum;
Actus Apostolorum, Epistole canonice et Apocalipsis, glosati;
Epistole Pauli, glosate;
Epistole Pauli, glosate;
Epistole Pauli, glosate;
Epistole Pauli, cum minori glosa.

[1] Il n'y avait encore, en 1297, que deux gloses complètes sur la Bible. Le premier travail de ce genre est dû à Hugues de Saint-Cher, mort en 1263, qui fit en outre une excellente révision du texte de tous les livres saints : «Fuit primus postillator totius «Bibliæ, et eam tam excellenter postillavit, quod «hucusque parem non habuit.» Cet éloge se trouve dans un abrégé de l'histoire de l'ordre de Saint-Dominique, qui a été reproduit par Martène dans son *Veterum scriptorum et monumentorum historicorum, dogmaticorum et moralium amplissima collectio*, t. VI, p. 355. — Nicolas de Lyre, qui mourut en 1340, a aussi annoté toute la Bible; son épitaphe, placée dans le couvent des Cordeliers de Paris, portait ces mots : «Postillavit enim Bibliam ad litteram, «a principio usque ad finem.» Reproduite par Piganiol de la Force, *Description de Paris*, t. VII, p. 38.

COMMENTATEURS SACRÉS.

Ysidorus, super Vetus Testamentum[1];
Liber Augustini super Geneses, ad litteram[2];
Augustinus, super Geneses, ad litteram;
Postille super Geneses et sequentes libros plures Veteris Testamenti[3];
Postille super Job et librum Sapientie[4];
Postille super quinque libros Salomonis;
Postille super parvos Prophetas[5];
Postille super Matheum;
Augustinus, postille super Johannem[6];
Quedam postille super Evangelium Johannis;
Postille Hugonis super Lucam[7];
Expositiones super Lucam[8];
Augustinus, de Oratione Dominica[9];
Ricardus, super Apochalipsim sex libri[10].

LITURGIE.

Pastoralis Gregorij[11];
Gregorij Pastoralis.

THÉOLOGIENS.

Augustinus, de Doctrina christiana, cum viginti tribus libris originalibus ejusdem[12];
Disputatio Petri christiani cum Moyse christiano de Fide christiana[13];

(1) Isidore de Séville, dont il est certainement question ici, a commenté le Pentateuque, les Juges, les Rois et le Cantique des cantiques.

(2) Saint Augustin a composé treize livres sur la Genèse; il en examine tous les mots, et soulève ainsi une multitude de questions qu'il s'étudie à résoudre.

(3) Peut-être d'Origène; il a beaucoup travaillé sur la Genèse et sur d'autres livres de l'Ancien Testament.

(4) Saint Thomas, Pierre de Blois et Pierre de Chartres ont fait sur Job des commentaires qui jouirent longtemps d'une grande vogue.

(5) Très-probablement d'Origène; ses notes sur les petits prophètes étaient fort répandues au XIIIe siècle.

(6) On trouve dans le t. III des *Œuvres complètes de saint Augustin* cent vingt-quatre traités sur l'évangile de saint Jean; ce sont, en général, des homélies prononcées de 416 à 417, et où, s'appuyant sur le texte de l'évangéliste, saint Augustin attaque les ariens, les donatistes et les pélagiens.

(7) Ces notes peuvent être attribuées à Hugues de Saint-Victor († 1141), à Hugues d'Ostie († 1158) et à Hugues de Saint-Cher († 1263), qui tous trois ont fait sur saint Luc des commentaires célèbres.

(8) Origène a écrit sur l'évangile de saint Luc un commentaire qui a été traduit par saint Jérôme.

(9) C'est la deuxième partie de l'ouvrage où saint Augustin explique le sermon de Jésus-Christ sur la montagne. Il fut écrit vers 393.

(10) Richard de Saint-Victor.

(11) Le *Pastoral* de saint Grégoire le Grand fut rédigé vers 590. Il est divisé en quatre parties ainsi composées : 1° sur la vocation à l'épiscopat, 2° sur les devoirs d'un pasteur, 3° sur les instructions qu'il doit donner à son troupeau, 4° sur les réflexions fréquentes qu'il est obligé de faire relativement à sa propre conduite.

(12) Saint Augustin écrivit son traité de la *Doctrine chrétienne* peu de temps après son élection à l'épiscopat. Quant aux vingt-trois livres dont il est question ensuite, nous ne savons à quel ouvrage les appliquer; peut-être a-t-on voulu désigner ainsi la *Cité de Dieu*, qui cependant est presque toujours divisée en vingt-deux livres seulement.

(13) Substituer le mot *Judæo* au mot *Christiano* (Pierre le Chrétien contre Moïse le Juif).

Quidam parvus liber qui incipit : « Sequitur de articulis fidei[1] ; »
Ricardus, de Trinitate[2] ;
Quidam libri Boecij, scilicet de Trinitate, et Unitate et Uno[3] ;
Hugo, de Sacramentis[4] ;
Augustinus, de Fide ad Petrum[5] ;
Augustinus, de Moribus Ecclesie[6] ;
Ricardus, de Statu interioris hominis, de Exterminatione mali et promotione boni, de Spiritu blasphemie[7] ;
Augustinus, de sancta Viduitate[8] ;
Summa Raymundi, cum glosis[9] ;
Questiones theologice que incipiunt « Queritur, » cum quibusdam principijs theologie[10] ;
Liber Jeronimi contra Jovinianum[11] ;
Augustinus, contra Donatistas, cum quibusdam alijs libris ejusdem[12] ;
Liber contra hereses Catharorum[13].

SERMONNAIRES.

Omelie Gregorij super Prophetas et Euangelia[14] ;
Sermo Johannis Crisostomi[15] ;
Sermones Petri Abalardi que incipiunt : « Ascendat puteus[16] ; »
Summa sermonum magistri Johannis de Abbatis Villa[17] ;
Sermones de festis sanctorum et dominicis, qui incipiunt : « Vidi turbam ; »
Sermones qui incipiunt : « Preparate ; »

[1] Un des chapitres de la *Somme des vices*, dont nous parlerons plus loin, est intitulé *De articulis fidei.*

[2] Richard de Saint-Victor, *Desuper divina Trinitate theologicum opus.* Cet ouvrage a été imprimé en 1510 par H. Estienne.

[3] Voici les véritables titres de ces deux ouvrages, qui, d'ailleurs, sont aujourd'hui fort contestés à Boèce : *De sancta Trinitate, ad Symmachum ; — De Unitate et Uno.* — On attribue aussi à Boèce un traité intitulé : *De duabus naturis et una persona Christi, adversus Eutychen et Nestorium.*

[4] C'est le principal ouvrage de Hugues de Saint-Victor.

[5] Selon toute apparence, on veut désigner ainsi l'une des dix homélies sur l'épître de saint Jean, où saint Augustin développe ces paroles de Jésus-Christ à saint Pierre : « Tu es Pierre, et sur cette pierre je bâtirai mon Église. »

[6] Traité composé à Rome en 387. C'est une opposition entre les mœurs des manichéens et celles des vrais disciples de Jésus-Christ.

[7] Titres très-exacts de trois ouvrages de Richard de Saint-Victor.

[8] Petit traité écrit en 414, et où saint Augustin cherche à empêcher les secondes noces.

[9] *Summa de pœnitentia et matrimonio*, par saint Raimond, qui mourut en 1275, dans sa centième année. Il a fait aussi une somme des cas de conscience, mais elle eut peu de succès.

[10] Peut-être le volume de Pierre de Poitiers dont nous avons parlé plus haut. — Plusieurs ouvrages de saint Thomas ont pour titre *Questiones theologicæ.*

[11] Saint Jérôme, *Adversus Jovinianum libri II*, composés vers 393.

[12] Saint Augustin a beaucoup écrit contre les donatistes ; il est probablement question ici du traité qu'il leur adressa en 424, après la conférence de Carthage.

[13] Peut-être le livre de saint Cyprien, *De unitate ecclesiæ*, qui est dirigé contre Novat.

[14] Saint Grégoire le Grand a composé vingt-deux homélies sur le prophète Ézéchiel et quarante sur les évangiles.

[15] L'édition des œuvres complètes de saint Jean Chrysostôme renferme un grand nombre de sermons.

[16] *Abelardi sermones XXXII in festis.*

[17] Ce Jean d'Abbeville, dont le vrai nom est Jean Algrin ou Halgrin, fut successivement doyen d'Amiens, professeur de théologie à Paris, évêque de

Quidam sermones;

Quidam sermones.

PHILOSOPHIE.

Flores philosophorum, excerpti de libro Macrobij Saturnaliorum[1];

Liber Anselmi de Veritate, cum quindecim aliis libris ejusdem[2];

Liber de Anima, cum quibusdam aliis libris naturalibus antique translationis[3];

Ysidorus, de Differentijs, de Spiritu et Anima[4];

Tractatus Hugonis de Fructibus corporis et anime, cum quibusdam alijs Hugonis et Richardi;

Summa de vicijs et virtutibus[5];

Summa de vicijs;

Quidam libri Heticorum[6];

Seneca, de Institutione morum[7];

Boecius, de Disciplina scolarium[8];

Originale Sentenciarum magistri Petri Lombardi, in quodam libro cooperto corio vitulino, jam quasi depilato, cum clavis rotundis de cupro[9];

Besançon, puis cardinal. Il mourut en 1236, le 23 septembre d'après le nécrologe de Besançon, le 28 du même mois suivant le nécrologe d'Amiens, et le 4 octobre si l'on en croit celui de l'abbaye de Saint-Victor, dans laquelle il avait plusieurs parents. Il a écrit un grand nombre de sermons et une explication du Cantique des cantiques. (Voyez *Histoire de l'abbaye de Saint-Victor,* bibliothèque Mazarine, manuscrits, n° H 2873, livre III, p. 20.)

[1] Les *Saturnales* de Macrobe ont eu sur les études au moyen âge une influence incontestable. Ces dialogues, où les interlocuteurs soutiennent avec habileté le pour et le contre de chaque question, ont été pour beaucoup dans la naissance de cette dialectique dont les théologiens firent un si grand abus.

[2] On doit, en effet, à saint Anselme un *Dialogus de veritate,* mais ses œuvres ne contiennent aucun ouvrage divisé en quinze livres.

[3] Évidemment une traduction du traité *De anima* d'Aristote. — On donnait le nom de *Parva naturalia* à d'autres petits traités d'Aristote, pleins d'importance aujourd'hui pour l'histoire de la physiologie.

[4] La dissertation *De spiritu et anima* forme une des divisions du traité *De differentiis spiritualibus,* qui est lui-même le deuxième livre de l'ouvrage d'Isidore de Séville intitulé *De differentiis sive proprietate verborum.*

[5] Peu d'ouvrages furent plus répandus que celui-ci au XIIIe siècle; on le trouve cité presque partout à cette époque, et on en connaît une multitude de manuscrits : la Bibliothèque impériale à elle seule en possède plus de vingt-quatre. Il fut imprimé à Paris, en 1502, par Ant. Vérard; mais cette édition est aujourd'hui presque introuvable. L'auteur de ce célèbre ouvrage était un docteur de l'ordre des frères prêcheurs, nommé Lorens ou plus exactement Laurent, qui fut confesseur de Philippe le Hardi, et mourut en 1285. Il s'est inspiré du traité également fort apprécié d'Aristote et qui porte le même titre : Περὶ ἀρετῶν καὶ κακιῶν.

[6] Très-certainement une traduction des *Éthiques* d'Aristote, ouvrage qui d'ailleurs lui a été contesté. Walter Burley, qui professa à Paris au milieu du XIIe siècle, a écrit : *Expositiones super decem libros Ethicorum Aristotelis;* et l'on doit à Abélard un traité intitulé : *Ethica, seu scito te ipsum.*

[7] C'est son *Liber de moribus.*

[8] Ce traité, qui, pendant tout le moyen âge, fut attribué à Boèce, est en réalité de Thomas Brabantinus.

[9] Nous avons dit plus haut quelques mots de ce travail de Pierre Lombard. Suivant M. Hauréau, c'est «un ouvrage savant qui porte la vive empreinte «d'un esprit à la fois sagace, ferme et ingénieux.» Quant à ce précieux exemplaire original, nous avons vu qu'il faisait déjà partie de la bibliothèque de l'église de Paris en 1271 (voyez p. 10); c'était, selon toute apparence, un don de l'auteur lui-même, qui, comme on sait, légua tous ses livres à la cathédrale (voyez p. 5). Ce curieux manuscrit doit exister aujourd'hui dans quelque bibliothèque, car,

Quatuor libri Sententiarum;
Scripta super primum Sententiarum, que sic incipiunt : «Profunda fluviorum[1]; »
Scripta super tercium Sententiarum, que incipiunt : «Deus autem qui dives est; »
Liber Scintillarum Bede[2];
Tractatus de testamento et de tribulacione[3];
Comentum super Boecium de Consolatione, imperfectum[4];
Liber Avicobron Fontis Vite, cum quibusdam alijs[5];
Ricardus, de Potestate ligandi, de Potestate judiciaria[6];
Liber de Doctrina cordis, qui incipit : «Disposuit testamentum[7]. »

HISTOIRE.

Flores et Dictis sanctorum;
Gregorij dialogus[8];
Historie scolastice[9].

MÉLANGES.

Quedam Concordantie imperfecte[10];

en 1770, il était encore à Notre-Dame de Paris. Voici, en effet, ce qu'on lit à la page 23 d'une brochure fort rare qui a pour titre *Éloge historique de l'Université de Paris, discours prononcé aux écoles de médecine le XI octobre 1770* : « On garde le livre « de Pierre Lombard en original dans la bibliothèque « du Chapitre de Notre-Dame. Il est couvert d'une « peau de veau usée, arrêtée avec des clous de cuivre « à tête ronde, enfoncés dans la couverture. »

[1] On compte jusqu'à deux cent cinquante auteurs qui ont commenté les *Sentences* de Pierre Lombard; il est donc absolument impossible de savoir quels sont ceux qu'on a voulu désigner ici. Disons seulement que les commentaires les plus célèbres sont ceux de Duns Scot, de saint Thomas d'Aquin et de saint Bonaventure. (Voyez le *Gallia christiana*, t. VII, p. 69.)

[2] C'est un petit traité qui a pour titre *Scintillæ, sive loci communes*. Au XIIIe siècle, on donnait le nom de *scintillaris, scintillarius*, à toute réunion de pensées ou de fragments extraits de l'Écriture et des Pères.

[3] Gérard de Liége a fait un traité intitulé *De testamento Christi*, et l'on doit à Pierre de Blois un travail ayant pour titre *De utilitate tribulationum*.

[4] Très-probablement le commentaire de saint Thomas d'Aquin.

[5] Il faudrait Avicebron et non Avicobron; c'est un philosophe arabe qui mourut vers 1070, et qui est fréquemment cité par les scolastiques du XIIIe siècle. M. Munk a découvert à la Bibliothèque impériale, il y a peu d'années, une traduction latine de son traité intitulé *La Source de la vie*.

[6] Ces deux ouvrages sont de Richard de Saint-Victor; le titre du premier serait complet ainsi : *De potestate ligandi et solvendi*.

[7] Ouvrage très-répandu au XIIIe siècle; il a été imprimé et même traduit en français. L'auteur, Gérard de Liége, était dominicain et mourut vers 1270.

[8] Les *Dialogues* ont été contestés à saint Grégoire. Ce sont des récits d'histoires miraculeuses arrivées à différents saints.

[9] Voici le véritable titre du livre qui est désigné ici : *Scholastica historia super Novum Testamentum*; il est dédié à Guillaume de Sens, et a été imprimé à Paris en 1471, édition aujourd'hui presque introuvable. C'est une paraphrase de l'histoire sainte depuis la Genèse jusqu'aux Actes des apôtres. Peu d'ouvrages ont joui d'une plus grande vogue au XIIIe siècle; on prétendait qu'en connaissant bien ce livre, les *Sentences* de Pierre Lombard et le *Decretum* de Gratien, on possédait toute la science de la théologie scolastique. L'auteur est Pierre Comestor, qui fut chancelier de l'église de Paris, et y enseigna la philosophie; il mourut en 1198. Nous avons trouvé à la Bibliothèque impériale, dans le seul fonds de Saint-Victor, vingt-deux manuscrits de cet ouvrage faits au XIIIe siècle.

[10] Il est impossible de déterminer à quelles concordances il est fait allusion ici; on pourrait, avec une égale vraisemblance, les attribuer à Conrad de Halberstat, à saint Grégoire, à Clément et à Pierre Lombard.

Una tabula que incipit : « Abstinentia [1] ; »
Liber qui dicitur Itinerarium Clementis [2] ;
Questiones de quolibet Geraldi, que incipiunt : « Quesitum est de rebus [3] ; »
Compotus qui incipit : « Licet modo [4] ; »
Regule sancti Benedicti, Augustini et fratrum domus Dei Parisiensis [5] ;
Quedam regula que incipit : « Hec precepta. »

Cette petite collection s'augmente peu à peu par suite de donations particulières, dont quelques-unes sont mentionnées dans le nécrologe de la cathédrale. Simon de Bucy, quatre-vingt-troisième évêque de Paris, meurt le 22 juin 1304, et lègue à l'église tous ses livres liturgiques [6]. Le 24 mars 1320, l'archidiacre Girard, seigneur de Courlandon, laisse à Notre-Dame, par testament, un missel [7]. Enfin, le 29 novembre 1334, Jean de Lausanne, curé de Saint-Christophe [8], donne encore à la cathédrale, mais spécialement pour l'usage des enfants de chœur, une Bible sur vélin [9], qui tôt ou tard finit par prendre place dans la bibliothèque.

Ces libéralités furent certainement suivies de beaucoup d'autres, dont le souvenir ne nous a pas été conservé; et, vers la fin du XIVe siècle, le Chapitre s'occupa

[1] Gérard d'Anvers a écrit une *Biblia tabulata* dont on connaît d'ailleurs peu de manuscrits. — Nicolas de Lyre est l'auteur d'un *Glossarium in universa Biblia*, qui a été imprimé en 1472.

[2] Voici la véritable explication de ce titre : On a longtemps attribué au pape saint Clément un livre intitulé *les Reconnaissances ;* c'est un récit de l'apostolat de saint Pierre, où tous ses voyages sont racontés; aussi appelait-on parfois cet ouvrage *Itinerarium sancti Petri.* — On donnait alors et l'on donne encore aujourd'hui le titre d'*Itinerarium* à un livre qui renferme les oraisons et les prières qu'on avait coutume de réciter avant d'entreprendre un voyage. — Saint Bonaventure est l'auteur d'un *Itinerarium mentis.*

[3] Sans doute un des nombreux ouvrages de Gérard de Crémone.

[4] *Compotus* et *computus* étaient fréquemment employés dans le même sens au XIIIe siècle. Il s'agirait donc peut-être ici d'un traité sur le comput ecclésiastique, science alors regardée comme très-utile; dès le VIIIe siècle, on enseignait le comput dans les écoles de Paris. (Voyez les *Capitulaires* de Charlemagne, lib. I, cap. LXVIII). Bède le Vénérable a fait un livre intitulé *De variis computus regulis.*

[5] On a imprimé à Venise, en 1505, in-folio, gothique : *Regulæ ordinis S. Benedicti, S. Augustini, S. Francisci, collectæ et ordinatæ per J. F. Brixianum, monachum S. Justinæ ord. S. B. de observantia.* — On doit à Hugues de Saint-Victor une *Expositio super regulam B. Augustini.* — Par ces mots « fratres domus Dei, » il faut entendre les frères desservants de l'Hôtel-Dieu près de Notre-Dame; cet hôpital existait, à ce qu'on croit, dès le VIIe siècle.

[6] « Obijt bone memorie et pie recordationis pater « dominus Symon de Buciaco... ecclesie Parisiensis « episcopus et illustrissimi regis Francorum consilia-« rius, qui nobis dedit... omnes libros capelle, ad « usum Parisiensis ecclesie. » (*Necrologium ecclesiæ Parisiensis*, X kal. julij, fol. 224 et 225.)

[7] « Obijt magister Girardus, dominus de Col-« laudano, archidyaconus in ecclesia nostra Pari-« siensi, qui dedit nobis... unum missale sine nota. » (*Necrologium ecclesiæ Parisiensis*, IX kal. aprilis, fol. 170.)

[8] L'église Saint-Christophe, qu'on trouve mentionnée dès le VIIe siècle, était située devant Notre-Dame. Elle a été rasée en 1745 pour l'agrandissement de la place du Parvis.

[9] « Anno Domini M. CCC. XXXIIIJ, vir venera-« bilis et discretus magister Johannes de Losanna, « curatus ecclesie Sancti Christophori Parisiensis, « dedit, erogavit et contulit, intuitu pietatis, ad opus « puerorum chori, quamdam bibliam, scriptam in « pergameno caprino, ligatam inter duas asseres, « coopertam de corio rubro. » (*Necrologium ecclesiæ Parisiensis*, IIIJ, kal. januarij, fol. 326.) — Jean de Lausanne légua à la Sorbonne un certain nombre

sérieusement de loger et d'organiser la bibliothèque de l'église [1]. On prit des mesures sévères contre ceux qui dégradaient les volumes déposés dans le chœur, ou qui cherchaient à rompre les chaînes dont ils étaient munis. Enfin le chancelier [2], qui sans doute avait depuis quelques années fort négligé ses fonctions de garde des manuscrits, s'engagea à veiller désormais sur leur conservation. Il promit en même temps de s'occuper du choix d'un local convenable pour y établir la collection; et le Chapitre, de son côté, offrit de faire tous les frais de l'installation.

Après plus d'une année de recherches, on se décida à placer la bibliothèque au-dessus de la petite chapelle de Saint-Aignan [3] : les personnes déléguées par le chancelier y avaient trouvé une salle qui paraissait remplir toutes les conditions désirables.

Il est cependant probable que cette décision n'eut pas de suite; car ceci se passait en 1370, et, en 1393, nous voyons le Chapitre ordonner encore une fois qu'une bibliothèque sera établie et charger le chantre de l'organiser. Des commissaires furent de nouveau désignés, dans trois assemblées successives, pour chercher un endroit propre à cet effet. L'évêque de Paris, Pierre d'Orgemont, zélé bibliophile, promit de donner plusieurs volumes à la librairie, dès que celle-ci serait définitivement installée [4]; et le Chapitre arrêta que l'argent nécessaire serait fourni par le trésor de l'église, qui verrait à remplacer ces fonds en établissant une taille sur qui de droit.

Cette fois, les efforts réunis de l'évêque et du Chapitre furent couronnés de succès. On trouva, nous ne savons malheureusement pas où, une salle convenable; la librairie y fut placée, et deux commissaires se chargèrent de régler le compte des dépenses qu'avait entraînées cette installation. On fit faire plusieurs clefs de la bibliothèque, et, le 9 août 1402, on en distribua quatre de la manière suivante : une au doyen de l'église [5], une au chantre, une à l'archidiacre de Brie [6], et la qua-

de très-beaux manuscrits; voyez, entre autres, à la Bibliothèque impériale, dans le fonds de la Sorbonne, les nos 116 et 269.

(1) A partir de ce moment, tous les faits qui ne s'appuient pas sur une autorité citée en note sont extraits des documents manuscrits que nous reproduisons à la fin de cette notice. Nous y renvoyons également pour une foule de petits détails qui ne pouvaient trouver place dans notre récit.

(2) C'était alors Me Grimier Boniface; il avait été nommé chancelier le 5 octobre 1360, et il conserva cette charge jusqu'en juin 1372.

(3) La chapelle de Saint-Aignan fut fondée en 1118, dans le cloître même de la cathédrale (voy. Grancolas, *Histoire de l'Église et de l'Université de Paris*, t. Ier, p. 376; l'abbé Lebeuf, *Histoire de la ville et du diocèse de Paris*, t. Ier, p. 33; et la *Revue archéologique*, t. IV, p. 166), et les bâtiments qui s'élevèrent peu à peu autour d'elle finirent par la masquer entièrement. Elle fut démolie vers 1795, et remplacée par une maison particulière qui fait aujourd'hui partie de la rue Chanoinesse.

(4) On trouve à la Bibliothèque impériale, dans le fonds de Notre-Dame, plusieurs beaux manuscrits qui ont appartenu à Pierre d'Orgemont; quelques-uns sont ornés de ses armes : *d'azur à trois épis d'orge d'or*. La bibliothèque Mazarine possède son missel, bel in-quarto sur vélin dont le premier feuillet porte ces mots: *Missale Petri de Ordeomonte, episcopi Parisiensis, anno circiter 1384.*

(5) Le doyen de l'église de Paris était alors Me Pierre de Passy (*Petrus IV de Passiaco*).

(6) L'archidiacre de Brie était alors *Reginaldus de Neomio*.

trième au doyen de Tours. On s'occupa aussi de dresser l'inventaire des livres, travail qui exigea plusieurs mois. Déjà Pierre d'Orgemont avait tenu sa promesse et offert à l'église une Bible annotée en seize volumes, un traité de médecine, un *Lectura*[1] de Nicolas de Lyre, un cours de droit civil, comprenant les deux *Digestes* et l'*Infortiat;* enfin un cours de droit canonique composé du *Decretum* de Gratien et des *Clémentines*. Les chanoines, pour reconnaître cette libéralité, décidèrent que, par une faveur toute spéciale, *de gratia speciali*, l'évêque recevrait désormais deux pains de Chapitre[2] chaque jour, lorsqu'il résiderait dans la maison épiscopale.

La bibliothèque était-elle encore à cette époque mise au service des étudiants? Nous n'avons à cet égard aucun renseignement certain; nous croyons cependant pouvoir conclure de deux phrases de nos manuscrits qu'il y avait alors à la cathédrale deux bibliothèques distinctes, la bibliothèque de l'église et celle des écoliers[3], composée sans doute des ouvrages qui avaient été expressément légués pour eux. Si cette hypothèse est fondée, il y a lieu de penser que cette seconde collection était restée fidèle à son organisation primitive. Ce qui est certain, c'est que l'église prêtait des livres non-seulement à des ecclésiastiques étrangers à la cathédrale, au trésorier de la chapelle de Bourges par exemple, mais encore à ses prisonniers; nous voyons, en effet, à la date du 13 décembre 1409, les chanoines ordonner la mise en liberté d'un sieur Jean de Montigni, alors détenu dans les prisons du Chapitre[4], en spécifiant qu'il devra auparavant restituer en bon état un ouvrage qui lui avait été confié.

Pendant l'année 1412, la bibliothèque, qui venait d'acheter le commentaire de saint Bonaventure sur les *Sentences* de Pierre Lombard, changea encore une fois de local. Déjà, en 1405, il avait été question de la déplacer, et l'on avait alors songé à la transporter dans l'église même, au-dessous de la chapelle du doyen de Tours; mais cette idée paraît avoir été promptement abandonnée, et les livres furent enfin installés dans les combles de l'église, au-dessus des voûtes, *supra testudines seu voltas;* on y arrivait par l'escalier que contient la tour de gauche.

[1] On donnait à cette époque le nom de *Lectura* à tout commentaire détaillé sur un ouvrage quelconque.

[2] On sait quelle réputation avaient autrefois les petits pains appelés *panes canonici* ou *panes capitulares*.

[3] Il semble même qu'il y ait eu alors une petite collection spécialement affectée à l'usage du chancelier; voyez plus loin le manuscrit de la bibliothèque de l'Arsenal, *2 julij 1449* et *21 augusti 1458*.

[4] Il y avait deux prisons à Notre-Dame, celle de l'Officialité et celle du Chapitre. La première consistait en une haute tour enclavée entre la sacristie et la chapelle du palais épiscopal. Elle existait déjà au XIVe siècle; on lit, en effet, dans une charte de 1374, que «plusieurs prisonniers qui estoient condampnés à la peine de oubliete et autres se sont eschapez de la geole de la court de l'official de Paris.» (Ducange, *Glossarium infimæ latinitatis*, au mot *Oblivium*, t. IV, p. 681.) La situation des prisons du Chapitre est aujourd'hui fort difficile à préciser; il est cependant probable qu'elles touchaient la rue Saint-Pierre-aux-Bœufs et le cul-de-sac Sainte-Marine. Sur un fait odieux qui s'y passa en 1252, voyez l'abbé Lebeuf, *Histoire de la ville et du diocèse de Paris*, t. IX, p. 367.

L'évêque de Paris avait son échelle et son pilori sur la place du Parvis; ceux du Chapitre de Notre-Dame étaient près du port Saint-Landry.

En 1416, Nicolas d'Orgemont, chanoine de Notre-Dame, archidiacre d'Amiens[1], et sans doute parent de l'évêque de Paris, légua à la cathédrale plusieurs manuscrits, parmi lesquels figurait un beau missel, qui porte cette inscription : « Ce « messel est de l'église de Paris a cause des biens feu maistre Nicole d'Orgomont, « chanoine d'icelle église à son vivant[2]. »

Quatre ans après, en septembre 1420, mourait l'évêque Girard de Montaigu (*Girardus de Monteacuto*), qui laissait à l'église son propre missel, superbe manuscrit in-folio que nous avons retrouvé à la bibliothèque Mazarine[3].

(1) Anselme, *Histoire généalogique de la Maison de France*, t. VI, p. 337.

(2) Bibliothèque Mazarine, manuscrits, n° 737. On lit à la fin :

(3) Ce legs n'est mentionné ni dans le manuscrit de la bibliothèque de l'Arsenal, ni dans celui des Archives, ni dans le *Gallia christiana*, ni dans le *Nécrologe de Notre-Dame*, mais il nous paraît suffi-

Vers cette époque, le trésorier de la Sainte-Chapelle [1] demanda à posséder une des clefs de la bibliothèque. Le Chapitre s'assembla, et, après délibération, lui accorda cette faveur, en raison de son titre de chanoine de Notre-Dame; mais il statua en même temps que, si lui ou ses successeurs venaient à perdre cette qualité, la clef serait aussitôt retirée. En présence de si minutieuses précautions, on croirait que la bibliothèque de l'église de Paris était surveillée avec un soin extrême; on se tromperait étrangement, et il ne faut voir sans doute dans ces formalités que l'intention bien arrêtée du Chapitre de faire respecter toutes ses prérogatives. Nous savons, en effet, qu'à cette époque des voleurs s'introduisirent dans la librairie, et enlevèrent une partie des précieux manuscrits qu'elle renfermait.

Le Chapitre finit par s'émouvoir; car nous le voyons, en 1429, ordonner l'achat de nouvelles chaînes pour fixer plus solidement les livres sur les tables; il prononça même la peine de l'excommunication contre les détenteurs d'ouvrages appartenant à l'église et qui n'auraient pas été restitués avant une époque déterminée, *intra proximum festum Purificationis* (2 février). Ces menaces restèrent sans effet, et on les renouvela, probablement sans plus de succès, le 10 février, puis le 7 mars. La bibliothèque était cependant alors placée sous la garde spéciale du chanoine G. Perrière, qui en avait dressé un triple inventaire; il crut devoir résigner ses fonctions et fut remplacé par un autre chanoine nommé Le Moustardier.

Mais les soustractions n'en continuèrent pas moins, et il vint un moment où les chanoines s'aperçurent que la collection allait bientôt se trouver entièrement dispersée [2]. Ils s'adressèrent au cardinal de Sainte-Croix de Jérusalem [3], alors en légation à Paris, et implorèrent des sentences pontificales contre les voleurs et les détenteurs de livres appartenant à l'église [4].

samment établi par l'examen du volume. On lit sur le dos :

MISSALE GIRARDI. 1409.

M. S.

Puis sur le premier fol.

«Istum librum legavit huic Parisiensi ecclesie «bone memorie defunctus reverendus in Christo «pater ac dominus Dominus Girardus de Monte-«acuto, divina providencia episcopus Parisiensis.

«Hic liber traditus fuit in custodia dominis de «Capitulo ecclesie Beatissimj Martinj Turonensis per «magistrum Robertum de Fa[lso Dumo], canoni-«cum Parisiensem, pro et nomine Capituli ecclesie «Parisiensis. Anno Dominj millesimo... undecima «die septembris. DEFAULXBUISSON.

«Iste liber traditus est in custodia, ut supra quem «dictum,... restitui prefato de Falso Dumo, vel de-«cano Parisiensi et Capitulo ejusdem seu eorum-«dem certo mandato litteras quittanciæ eorum-«dem Parisiensi predicte asportando magno sigillo «Capituli predicti. Datum die et anno predictis. «P. DE BRUERIA.»

Nous n'avons aucun renseignement sur de Faux-Buisson, ni sur ce Pierre de la Bruyère. Les mots que nous avons remplacés par des points sont illisibles sur le manuscrit.

[1] C'était alors Jacques de Bourbon; il abandonna cette charge à la fin de 1416 pour se marier. Sa femme mourut quatre ans après, et il se retira au couvent des Célestins, où il mourut en 1429. (Voyez le *Gallia christiana*, t. VII, col. 244.)

[2] «Videreturque tandem exhaurienda bibliotheca libris suis.» (Cl. Héméré, *De academia Parisiensi*, p. 58.)

[3] Nicolas Albergati; il mourut vers 1439, et fut canonisé en 1745 par Benoît XIV.

[4] «Eam ob causam canonici Parisienses impetrarunt a cardinale S. Crucis in Hierusalem, le-

On s'efforça de combler les vides qui avaient été ainsi faits dans la librairie. Le Moustardier mourut en 1435, et eut pour successeur le chanoine J. Guillaume, qui dut faire serment de conserver fidèlement les clefs de la bibliothèque et de s'acquitter de ses fonctions le mieux possible, *juravit claves fideliter servare et de libris debitum suum facere ut melius poterit;* c'est la première fois que nous voyons le Chapitre faire précéder de cette formalité l'installation d'un bibliothécaire.

En 1438, un chanoine, nommé Clément de Faulquenbergue, laissa quelques ouvrages à l'église [1]. Mais il y a toute apparence que de nouvelles soustractions eurent lieu; car, en février 1444, deux chanoines furent chargés de faire une enquête à ce sujet; et, l'année suivante, le Chapitre désigna trois de ses membres pour dresser l'inventaire des livres qui restaient dans la bibliothèque et pour opérer le recouvrement de ceux qui pourraient être retrouvés. Il arrêta aussi que les chanoines seuls posséderaient, à l'avenir, une clef de la librairie, et le clerc de la fabrique dut reprendre celles qui avaient été confiées à d'autres personnes. Il était temps d'adopter des mesures énergiques : le chancelier, qui, nous l'avons dit, était responsable des manuscrits de l'église [2], commençait à regarder cette charge comme fort lourde, et mettait à l'accomplir beaucoup de mauvaise volonté. Le désordre, d'ailleurs, était extrême, car, autant qu'on peut le conclure d'une phrase assez obscure du manuscrit cité à la fin de ce chapitre, on retrouva dans l'église même des livres qu'on supposait avoir été dérobés.

A partir de cette époque, nous voyons cependant le Chapitre demander assez fréquemment des inventaires, et tenir la main à ce que les volumes soient, autant que possible, tous enchaînés dans la librairie. Au reste, les donations continuaient. En 1458, l'ex-chancelier Robert Cibole [3] léguait à l'église les œuvres de saint Thomas, celles de saint Bernard et deux autres volumes, parmi lesquels se trou-

«gato Apostolicæ Sedis, tabulas diræ proscriptio«nis censuræque pontificiæ, anno 1433, 29 julij, «quibus raptores detentoresque librorum aliarum«que rerum ecclesiæ Parisiensis christianis sacris «interdicerentur.» (Cl. Héméré, *De academia Parisiensi,* p. 58.) — Ce fait est rapporté aussi par Cl. Joly, dans son *Traité des écoles épiscopales,* p. 243.

[1] Ce legs n'est mentionné nulle part, mais nous avons trouvé la note suivante sur quelques manuscrits du fonds de Notre-Dame à la Bibliothèque impériale : «En 1438, Clément de Falcaberga, chanoine, a légué ce livre à l'église de Paris.»

[2] Les autres biens appartenant à la cathédrale étaient plus spécialement confiés à la garde de l'évêque. En 1268, on avait dérobé dans l'église deux chandeliers d'argent, et cette affaire avait excité de graves démêlés entre le Chapitre et l'évêque, auquel on prétendait faire payer les objets volés : «... orta «esset materia questionis super hoc, quod ipsi de«canus et Capitulum dicebant ornamenta, vasa, et «alias res ecclesie Parisiensis, existentia sive exis«tentes in capicio ecclesie Parisiensis, pertinere ad «custodiam ipsius episcopi; et ideo, cum nuper, de «sex lampadarijs argenteis existentibus in dicto capi«cio, duo lampadaria argentea amissa seu subtracta «fuissent, peterent ipsi decanus et Capitulum, ut «dictus episcopus dicta duo lampadaria redderet aut «reddi faceret . . .» (*Parvum Pastorale ecclesiæ Parisiensis.*)

[3] En 1452, il avait renoncé à la chancellerie, et était devenu camérier de Nicolas V, puis doyen d'Évreux. Il fut un des légistes consultés sur la réhabilitation de Jeanne d'Arc, et donna un avis favorable. (Voy. Duboulay, *Historia universitatis Parisiensis,* t. V, p. 600.)

vait certainement un manuscrit dont nous parlerons plus tard, et qui renfermait toutes les pièces authentiques relatives à la réhabilitation de Jeanne d'Arc. Presque à la même époque, Guillaume Evrard, curé de Saint-Gervais et chanoine de Notre-Dame, léguait encore à la cathédrale le commentaire de Nicolas de Lyre sur la Bible, en huit volumes, qui furent aussitôt enchaînés dans la bibliothèque sur une table nouvelle que fournirent les exécuteurs testamentaires [1].

On songea enfin à faire construire un bâtiment spécial pour y établir la bibliothèque de l'église; mais le Chapitre procéda ici encore avec une extrême lenteur. La décision fut prise le 10 novembre 1462; dix-huit mois après, les travaux n'étaient même pas commencés, car on déléguait le chantre et cinq autres personnes pour s'entendre avec les maçons et les charpentiers. Ils finirent cependant par se mettre à l'œuvre; mais on s'aperçut alors que l'argent manquait, et, dit notre texte, on ne savait absolument comment s'en procurer. Voici à quel expédient on eut recours : La bibliothèque possédait deux exemplaires des œuvres de Nicolas de Lyre; les chanoines arrêtèrent que le moins beau des deux serait vendu aux enchères, mais en secret, et autant que possible à un chanoine, afin d'éviter les propos auxquels cette vente pourrait donner lieu, *propter rumores qui oriri possent*. La mise à prix fut fixée à deux cents écus, et les surenchères durent être notifiées au secrétaire du Chapitre jusqu'au mercredi 6 août. Ce jour-là, on adjugea au chanoine Eustache Lhuillier, moyennant deux cent six écus d'or, l'exemplaire en trois volumes des œuvres de Nicolas de Lyre qui avait été légué à l'église par un chanoine nommé Philippe Aymenon [2].

Les travaux purent alors être repris, et, en février 1465, il ne restait plus à poser que les fenêtres et les ferrures. Enfin, en juillet, le bâtiment était entièrement terminé, et on y réunissait tous les livres et tous les papiers appartenant à l'église.

Il est impossible d'établir d'une manière certaine la situation du nouveau local affecté à la bibliothèque. Cependant un passage du manuscrit de l'Arsenal [3] pour-

[1] «Obitus pro magistro Guillelmo Eurardi, in «theologia professore, quondam canonico Parisiensi, «qui dedit nobis sex viginti scuta auri... una cum «Expositione magistri Nicolai de Lira, in octo voluminibus, super bibliam, scripta in pargameno in «litera forme. Que quidem volumina fuerunt posita «et incathenata in libraria ecclesie, in una bancha nova, sumptibus execucionis dicti defuncti.» (*Necrologium ecclesiæ Parisiensis*, I non. octobris, fol. 282.) — Ce legs a été mentionné par l'abbé Lebeuf dans son *Histoire de la ville et du diocèse de Paris*, t. Ier, p. 133.

[2] Le nécrologe de Notre-Dame ne parle pas de cette donation. On y a cependant enregistré la mort de Philippe Aymenon, le II des nones de décembre; on la trouve mentionnée aussi dans le nécrologe de la Sainte-Chapelle, où Aymenon est qualifié de «regis «Karoli sexti quondam eleemosinarius et sacrosancte «capelle canonicus.» (Voy. *Les obitz fondez en la saincte chappelle du palays royal*, à la date du VI des ides de janvier; Bibliothèque impériale, manuscrits, fonds de la Sainte-Chapelle, n° 2.) — Suivant le *Gallia christiana*, t. VII, col. 233, c'est le 8 octobre 1422 qu'Aymenon fut fait grand aumônier.

[3] «Provideat camerarius seris librariæ et ostij «Sti Dionysij de Passu, adeo quod nulli possint «intrare claustrum Capituli.» 15 junij 1492. — (Voyez plus loin, p. 33.)

rait faire supposer que la librairie et l'église Saint-Denis du Pas[1] se touchaient; or cette église était située au chevet de Notre-Dame.

Les manuscrits que nous citons sautent de 1465 à 1475; il semble donc que, pendant ces dix années, le Chapitre n'ait pris, au sujet de la bibliothèque, aucune décision importante. L'église avait cependant reçu, dans l'intervalle, deux donations qui méritent d'être mentionnées. L'évêque de Paris, Guillaume Chartier, de Bayeux, mourut le 1er mai 1472, et légua à la cathédrale treize manuscrits très-beaux, *pulcherrima*, savoir : un dictionnaire complet en quatre volumes; les homélies d'Origène sur la Genèse, l'Exode, le Lévitique, les Nombres et Ézéchiel, 2 vol.; les lettres de saint Jérôme, 1 vol.; les sermons de Bertrand de la Tour sur les épîtres et les évangiles, 5 vol.; enfin un recueil contenant tout le procès de la Pucelle d'Orléans. Martial d'Auvergne dit dans ses *Vigilles de Charles VII :*

Ledit procès est enchesné
En la librairie Nostre-Dame
De Paris ; et fut là donné
Par l'évesque, dont Dieu ayt l'ame[2].

Il faut se souvenir que Guillaume Chartier avait été un des commissaires délégués par le pape pour poursuivre la réhabilitation de Jeanne d'Arc, et l'on sait que les évêques qui siégèrent dans cette affaire reçurent chacun un exemplaire authentique de toutes les pièces de la procédure[3]. Les treize volumes légués par Chartier furent placés dans la librairie et enchaînés sur deux tables ornées des armes du prélat[4]. Deux ans après, le 21 novembre 1474, un chanoine de Chartres, nommé Guillaume Grelier, laissa encore à la cathédrale une Bible et un bréviaire[5].

Le Chapitre employa les années 1475 et 1476 à faire exécuter des réparations

[1] Cette petite église, antérieure au IXe siècle, fut reconstruite en 1142. La Révolution l'affecta au service de l'Hôtel-Dieu, et elle fut démolie peu de temps après.

[2] Édit. Coustelier, t. Ier, p. 122.

[3] Nicaise Delorme, trente-troisième abbé de Saint-Victor, avait formé un recueil semblable qu'il légua à son abbaye. (Voyez notre notice sur cette bibliothèque.)

[4] «Obijt reverendus in Christo pater dominus «Guillermus Charretier de Baiocis... qui per cer«tam et specialem clausulam sui testamenti legavit «ecclesie nostre Parisiensi, ad opus librarie ipsius, «duodecim pulcherrima volumina librorum, sci«licet : dictionarium completum in quatuor volu«minibus; item, omelias Origenis super libros «Genesis, Exodi, Levitici et Numerorum; item, «omelias ipsius Origenis super Ezechielem; item, «epistolas Ieronimi; item, sermones fratris Ber«trandi de Turre, ordinis minorum, super Epistolas, «in tribus voluminibus; item, sermones ejusdem Ber«trandi super Euvangelia, in duobus voluminibus. «Que duodecim librorum volumina, cum quodam «alio, in papiro et pargameno, continente processum «Puelle Aurelianensis, executores dicti reverendi «in Christo patris nobis expediverunt et actualiter «tradiderunt; reponique fecimus in eadem libraria «et alligari in duobus pulpitris ligneis, ad arma «ejusdem reverendi patris.» (*Necrologium ecclesiæ Parisiensis*, prima die mensis maij, fol. 190 à 193.)

[5] «Hac die, fit festum solenne fundatum per «Guillermum Grelier, de Aurelianis oriundum... «qui pro dicta solennitate dedit nobis... quandam «bibliam in parvo volumine, et unum breviarium «ad usum ecclesie Carnotensis.» (*Necrolog. eccl. Parisiensis*, XXI mensis novembris, fol. 307.)

dans la bibliothèque. En 1480, les donations reprennent : le 16 février, un chanoine nommé Thomas Troussel lègue à l'église six volumes, parmi lesquels figure un exemplaire de la *Cité de Dieu* de saint Augustin, qui se trouve aujourd'hui à la Bibliothèque impériale et sur lequel on lit : « Deffunctus bone memorie magister « Thomas Troussel, doctissimus sacre theologie professor, penitenciarius et canoni- « cus Parisiensis, legavit hunc librum ecclesie Parisiensi. Anno M° CCCC° octogesimo, « mense februario. Cujus anima requiescat in pace [1]. » En octobre 1483, l'archidiacre de Josas, Me Jean de Courcelles, — frère du fameux Thomas de Courcelles, qui lut à Jeanne d'Arc l'acte d'accusation dressé contre elle, vota pour sa mort et assista à son supplice [2], — offrit au Chapitre le *Lectura* de Henri Bouhic sur les *Décrétales* [3]. Trois ans plus tard, on déposa encore dans la librairie, après de longues formalités, des livres, des lettres et des titres relatifs à la chancellerie, et qui étaient restés, nous ne savons pourquoi, en la possession de l'archidiacre de Notre-Dame.

Jusqu'en 1492 nous n'avons aucune donation nouvelle à mentionner. En revanche, nous savons que les chanoines, toujours aussi insouciants du soin des livres, avaient laissé transformer la bibliothèque en grenier à blé. On finit par la faire nettoyer, et le Chapitre ordonna même alors au trésorier de s'assurer si les serrures étaient en bon état. Les termes dans lesquels est conçue cette injonction nous montrent d'ailleurs que les chanoines n'avaient pas pour but de protéger les livres, mais bien d'interdire au public l'entrée du cloître, où l'on sait que leurs maisons étaient situées. Cette année fut cependant pour la bibliothèque une des plus fructueuses que nous ayons encore rencontrées. Le 14 janvier, le doyen [4] offrit à l'église un volume contenant la liturgie de la communion; il s'en réservait seulement l'usage sa vie durant. Puis le 4 juillet mourut l'évêque Louis de Beaumont, homme d'un rare mérite, qui laissa à la cathédrale une partie de ses biens, et

[1] Fonds de Notre-Dame, n° 217. On lit à la fin de ce volume :

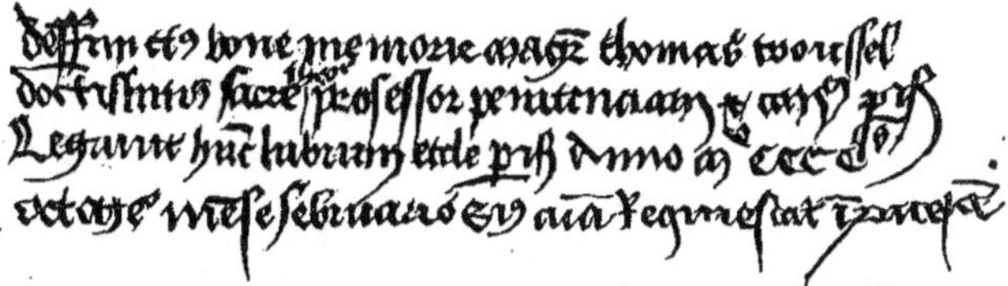

On rencontre une mention semblable sur un autre volume du même fonds qui porte le n° 72. — Un missel du XVe siècle, qui est classé dans le fonds de la Sorbonne, n° 384, porte une note indiquant qu'il a été légué en 1480, par Thomas Troussel, à l'église de Saint-Marcel. (Voyez encore dans le même fonds les nos 682 et 683.)

[2] J. Quicherat, *Procès de Jeanne d'Arc*, t. Ier, p. 466. Ce Thomas de Courcelles avait été installé à Notre-Dame, comme pénitencier, le 21 mai 1451. (Voyez l'édition de Cl. Héméré, avec les notes de Petit-Pied, Bibliothèque impériale, manuscrits, fonds de la Sorbonne, n° 1112.)

[3] Il a été imprimé, en 1498, sous ce titre : *Opus distinctionum super quinque decretalium libris*, Lyon, J. Silbert, 2 vol. in-folio.

[4] C'était alors Jean VII Lhuillier. (*Gallia christiana*, t. VII, col. 215.)

entre autres sa bibliothèque[1]. Le nécrologe de Notre-Dame nous a conservé la quittance que le Chapitre remit le 8 août à ses exécuteurs testamentaires[2]. Cette quittance est rédigée en français, et contient l'énumération de tous les ouvrages légués par le prélat. Nous avons pensé que ce fragment méritait d'être reproduit; il nous montre, en effet, et avec les plus minutieux détails, quels ouvrages composaient au xve siècle la bibliothèque de l'évêque de Paris, un des ecclésiastiques les plus distingués et les plus éclairés qu'eût alors la France.

Voici cette liste[3] :

Ung pontifical a lusaige de Paris, escrit en parchemin, lettre de forme, relié entre deux aiz, historié aux armes dudit defunct, en deux volumes. Le premier volume commançant ou second fueillet apres la table, *smia* (*sic*), et l'autre volume commançant ou second fueillet après la table, *mediater* (*sic*);

Ung autre liure contenant *pontificale de ordinibus*, escrit en parchemin, lectre de forme, relié entre deux aiz, commançant ou second fueillet, *litatis* (*sic*);

Ung autre pontifical *de ordinibus*, en petit volume, escrit en parchemin, lectre de impression, relié entre deux aiz de papier collé, commançant ou second fueillet, *Johannes;*

Ung autre pontifical imprimé en papier, relié entre deux aiz de papier collé, commançant ou second fueillet, *rationi;*

Ung autre pontifical a lusaige de Paris, escrit en parchemin, lectre de forme, par cayers, en cinq petiz volumes, non reliez ne enluminez;

Ung collectaire par cayers, escrit en parchemin, lectre de forme, commançant ou second fueillet après le kalendrier, *quitas;*

Ung messel noté, escrit en parchemin, lectre de forme, relié entre deux aiz, fermant a deux fermouers dargent a tringles dor;

Ung autre messel a lusaige de Paris, escrit en parchemin, lectre de forme, relié entre deux aiz, fermant a deux fermouers dargent doré;

Ung autre petit messel a lusaige de Paris, escrit en papier, lectre de impression, relié entre deux aiz, fermant a deux fermouers dargent doré;

Ung autre petit messel a lusaige de Paris, escrit en parchemin, lettre de forme, relié entre deux aiz, couvert de cuir rouge garni dune chemisete de chevrotin rouge, fermant a deux fermouers dargent doré;

Ung psaultier escrit en parchemin, lettre de forme, relié entre deux aiz, couvert de cuir rouge, fermant a deux fermouers dargent doré;

(1) «Anno Domini millesimo cccc° nonagesimo «secundo, die quarta julij, obijt bone memorie «dominus Ludovicus de Bellomonte, hujus eccle«sie Parisiensis episcopus et singularis benefac«tor, ut continetur in licteris hic descriptis.» (*Necrologium ecclesiæ Parisiensis,* iij nonas julij, fol. 233.)

(2) C'étaient deux chanoines de Notre-Dame, Me Jean Boucard et Me Nicole de Hacqueville; celui-ci était en outre conseiller du roi et abbé de Livry en l'Aulnoy. (Voyez le *Gallia christiana,* t. VII, col. 154 et 836.)

(3) Cette pièce curieuse commence ainsi : «Nous, «Doien et Chapitre de leglise de Paris, certifions a «tous a qui il appartient, avoir eu et receu des «biens de feu reverend pere en Dieu monsieur «Loys de Beaumont, en son vivant evesque de «Paris, par les mains de venerables et discretes «personnes maistres Nicolle de Hacqueville, con«seiller du roy, et Jehan Boucard, noz freres et «co-chanoines, executeurs dudit defunct, les biens «qui sensuivent, contenuz et declairez en l'inven«taire fait des biens dudit defunct, apres son trespas. «C'est assavoir : troys nappes dautel...»

Ung psaultier et ung commun garny dun kalendrier, escrit en papier, lettre de impression, reliez entre deux aiz, fermant a deux crochetz dargent;

Ung pontifical en petit volume, escrit en parchemin, lettre ronde, relié entre deux aiz, couvert de cuir emprint, fermant a deux fermouers dargent doré;

Ung breviaire a lusaige de Paris, escrit en papier, lettre d'impression, relié entre deux aiz de cuir emprint, fermant a deux crochetz;

Ung petit messel escrit en papier, lettre de impression, relié entre deux aiz, couvert de rouge, fermant a deux crochetz de leton;

Ung autre messel escrit en parchemin, lettre de forme, par cayers, complect, commançant ou second fueillet, *ut non;*

Ung autre petit breviaire a lusaige de Paris, escrit en parchemin, lettre ronde, relié entre deux aiz de papier collé, fermant a esguillettes;

Ung petit journal escrit en parchemin, lettre ronde, relié entre deux aiz de papier collé, fermant a esguillettes, couuert de cuir rouge;

Ung autre petit journal a lusaige de Paris, escrit en parchemin, lettre de forme, relié entre deux aiz, fermant a deux fermouers dargent doré, garny dune chemise de drap de damas vermeil, doublé de taffetas;

Ung petit livre de devocions, escrit en papier, lettre ronde, fermant a deux crochetz dargent doré, relié entre deux aiz, couvert de cuir rouge;

Ung autre livre contenant recommandaces, escrit en papier, lettre de forme, relié entre deux aiz, fermant a ung crochet dargent doré;

Ung breviaire contenant seullement le nocturnal, tout en cayers, en papier, en lettre de forme, contenant *lxxiiij* cayers;

Ung breviaire a lusaige de Paris, escrit en parchemin, lettre de forme, par cayers, contenant *iiij*^{xx} cayers;

Ung psaultier auecques le commun des sainctz, escrit en parchemin, lettre ronde, contenant *xx* cayers;

Ung messel complect a lusaige de Paris, escrit en parchemin, lettre romainne, en caiers, commançant ou second fueillet apres le kalendrier, *salutifere;*

Ung autre breviaire a lusaige de Paris, escrit en parchemin, lettre ronde petite, par caiers, et contenant en nombre soixante caiers, et sen fault dudit breviaire depuis la feste saint Cosme et saint Damian jusques a la fin;

Ung breviaire a lusaige de Paris, par caiers, escrit en parchemin, lettre ronde, imparfaict, contenant en nombre *xliij* caiers [1].

Le 2 avril 1494, l'archidiacre de Josas, Jean de Courcelles, dont nous avons parlé plus haut, offrit à l'église, au nom de son neveu Claude Odangest, un manuscrit contenant tous les actes du concile de Bâle [2]. Ce précieux recueil, qui fut aussitôt déposé dans la bibliothèque, renfermait entre autres pièces : les discussions relatives à l'autorité du concile sur le pape [3], au fait des indulgences et

[1] *Necrologium ecclesiæ Parisiensis*, iiij julij, fol. 234 à 238.

[2] Convoqué en 1431 par Eugène IV. La première session eut lieu le 14 décembre de la même année, et la dernière en mai 1443.

[3] On sait que le concile de Bâle manifesta les opinions les plus opposées à la suprématie pontificale. Il confirma les deux célèbres décrets du concile de Constance, qui déclaraient qu'un concile régulièrement assemblé tenait son pouvoir de Jésus-

au temporel de l'Église, la réponse adressée aux députés de la Bohême touchant l'élection éventuelle d'un nouveau pape, les principales décisions prises contre les Hussites, et les décrets tendant à la punition des pécheurs[1].

Il paraît que, vers cette époque, on avait constaté la nécessité de faire des réparations dans la bibliothèque où, nous dit-on, les fenêtres tombaient en ruine, *pro majori parte cadunt in ruinam.* Le Chapitre agit, cette fois encore, avec sa lenteur ordinaire : le 11 octobre 1497, il mentionne l'urgence des travaux, et ces travaux ne sont achevés que le 22 septembre 1507.

Les chanoines n'hésitèrent pas aussi longtemps pour adopter deux mesures qui eussent demandé peut-être un examen plus sérieux. Ils consentirent à vendre quelques-uns des volumes qui avaient été légués à la bibliothèque par Louis de Beaumont; c'étaient probablement des doubles, mais rien ne l'indique. L'archidiacre de Paris, qui était neveu du donateur, acquit ainsi un bréviaire et un missel. Un autre missel fut cédé, moyennant quatre écus, au doyen Jean Lhuillier.

Le Chapitre consentit également à prêter au dehors le précieux manuscrit qui renfermait tout le procès de la Pucelle. La première décision de ce genre fut prise en faveur de l'abbé de Saint-Victor, Nicaise Delorme, grand ami des livres, et qui avait beaucoup contribué à enrichir la bibliothèque de son couvent[2]. Il conserva d'ailleurs peu de temps cet ouvrage, car, en 1503, on le confia à un membre du Parlement, au président Thibaud Baillet[3]. Celui-ci, grâce à l'incurie des chanoines, le garda pendant vingt-sept ans; il ne fut, en effet, restitué à l'église qu'en août 1530. Le président Baillet avait cependant, dès 1516, offert de le rendre, pourvu qu'on lui représentât le reçu qu'il en avait donné.

Dans l'intervalle, deux donations avaient été faites à l'église. Le 7 mai 1516, les exécuteurs testamentaires du pénitencier Thomas Briquot offrirent au Chapitre deux bréviaires que le défunt avait reçus à charge de les transmettre à la bibliothèque. Puis, le 21 décembre de la même année, mourut le doyen David Chambellan[4], qui légua à Notre-Dame des manuscrits hébreux et grecs. Nous n'avons aucun détail sur cette libéralité; il est cependant probable qu'elle avait une certaine valeur, car les héritiers du défunt obtinrent que, en considération de ce legs, le Chapitre réduirait de trois cent seize à deux cents livres parisis les réparations

Christ, et que toute personne, quelle que fût sa dignité, et le pape lui-même, étaient tenus de se soumettre à ses sentences. Eugène protesta, fut cité à comparaître devant le concile, s'y décida après deux ans d'hésitation, et approuva toutes les résolutions de l'assemblée. Revenu en Italie, il chercha à dissoudre le concile, qui le déposa et élut un autre pape (Félix V).

[1] Un recueil semblable existait déjà dans la bibliothèque de la Sorbonne. (Voyez Jordan, *Histoire d'un voyage littéraire*, p. 112.)

[2] « Ædem adornandæ bibliothecæ exædificavit. » dit le *Gallia christiana*, t. VII, col. 687. (Voyez la notice qui est consacrée à cette bibliothèque.)

[3] Sa sœur était abbesse de l'abbaye de Saint-Antoine, et mourut le 7 juin 1502. (*Gallia christiana*, t. VII, col. 904.)

[4] Il fut fait chanoine le 26 octobre 1496 (voyez à la Bibliothèque impériale le manuscrit de Petit-Pied, fonds de la Sorbonne, n° 1112), et devint doyen le 8 janvier 1511. (*Gallia christiana*, t. VII, col. 215.)

à faire dans la maison claustrale qu'avait habitée le donateur[1]. Un des chanoines fut à cette occasion chargé de visiter avec soin la librairie, et de vérifier si tous les livres portés sur l'inventaire étaient en place. Plus tard, en août 1530, le Chapitre ordonna la confection d'un nouveau catalogue.

Trois ans après, une personne dont le nom ne nous a pas été conservé offrit à l'église un grand nombre de volumes imprimés et manuscrits, représentant une valeur de mille écus d'or. Le Chapitre constata que la bibliothèque était trop petite pour qu'on pût y placer une donation si considérable; il délégua en même temps deux de ses membres pour chercher un endroit plus vaste et susceptible d'être converti en librairie. Comme bien d'autres décisions des chanoines, celle-ci ne fut pas exécutée, et dans les procès-verbaux suivants il n'est plus question ni de cette libéralité, ni d'un changement de local pour la bibliothèque. En revanche, de 1525 à 1538, on s'occupa d'y faire quelques réparations, on remit à neuf un vitrage qui, sans doute, la recouvrait; on entreprit aussi de restaurer les tablettes et les armoires.

L'église avait déjà, depuis plusieurs années, un écrivain et un enlumineur qui semblent avoir été attachés à la bibliothèque d'une manière permanente. Le premier se nommait Pierre Blondeau; il est, sur les registres, qualifié de *scriptor librorum ecclesiæ;* dans sa séance du 2 mars 1528, le Chapitre lui permit de s'installer, pour écrire, dans une petite galerie située entre la panneterie et la librairie. L'enlumineur, *illuminator librorum,* s'appelait Étienne Courault; en 1534, on lui donna une somme de trente-six sols pour avoir orné de lettres dorées quatre manuscrits appartenant à la cathédrale. Disons ici qu'en 1538 les chanoines arrêtèrent que l'église ferait imprimer un manuscrit qui renfermait le commentaire de Pierre Lombard sur le psautier[2].

Pendant les années qui suivirent, le Chapitre s'efforça de faire rentrer dans la librairie des volumes qui avaient été soit prêtés, soit détournés. Déjà, en 1522, il avait ordonné un monitoire général contre ceux qui avaient enlevé le *Légendaire* de l'église. En 1541, M. de Gaigny, confesseur du roi, possédait depuis plusieurs années le traité de saint Prosper *De vita contemplativa,* qui lui avait été prêté; un professeur de grammaire, nommé Guillaume, avait également emprunté un manuscrit grec et hébreu provenant du legs de David Chambellan. La garde

[1] Il s'était installé, le 16 novembre 1510, dans la maison claustrale auparavant occupée par Jean de Pierrepont, évêque de Meaux. (*Gallia christiana,* t. VII, col. 215.) Quand un chanoine logé dans le cloître venait à mourir, la maison qu'il avait habitée était laissée pendant quinze jours à la disposition de sa famille; elle était ensuite visitée par un délégué du Chapitre, et les réparations qui paraissaient nécessaires étaient aussitôt entreprises aux frais de la succession du défunt. La maison, une fois restaurée, était vendue à un autre chanoine.

[2] Ce travail jouit pendant longtemps d'une vogue presque égale à celle des *Sentences.* On en connaît une multitude de manuscrits; ils portent les noms de *Catena, Magna Glossa, etc.* C'est en effet une interprétation très-étendue, et beaucoup plus complète que celle d'Anselme de Laon, qui était classique avant le travail de Pierre Lombard.

de la librairie et le soin des clefs, qui avaient été refaites en 1523, furent confiés au pénitencier, avec ordre de veiller au recouvrement des volumes absents; le Chapitre menaça même d'excommunication toute personne, quelle que fût sa qualité, qui oserait enlever des livres de la bibliothèque.

Une donation, dont nous ne connaissons pas exactement la valeur, vint combler quelques-uns des vides que les prêts au dehors et la mauvaise administration du Chapitre avaient faits dans la bibliothèque. Jacques Merlin[1], grand vicaire de l'évêque de Paris, mourut le 26 septembre 1541, et laissa à la cathédrale une certaine quantité de livres qui, en mai 1542, furent placés dans la librairie. Ce qui tendrait à faire croire que ce legs avait quelque importance, c'est qu'on songea presque aussitôt à acheter de nouveaux pupitres; le Chapitre chargea, dans cette intention, deux de ses membres d'aller examiner ceux qui garnissaient la bibliothèque du couvent des Minimes[2]. Il est même certain qu'on fit faire quelques pupitres sur ce modèle; car, un peu plus tard, les chanoines en donnèrent deux à l'église de Saint-Cloud, qui relevait directement de Notre-Dame.

De 1543 à 1549, le Chapitre ne s'occupa de la bibliothèque que pour y ordonner des réparations; il revint sur une idée émise déjà en mai 1542, et qui consistait à transformer la librairie en une salle destinée aux réunions des chanoines. Le 25 juin 1549, il décida que la bibliothèque serait déplacée, et le doyen[3] se chargea de trouver un local convenable pour l'installer. Il est probable que ses recherches ne furent pas couronnées de succès; car, huit ans après, le 25 juin 1557[4], on se décida à les recommencer. Elles restèrent encore infructueuses. Le Chapitre ordonna, en attendant, la rédaction d'un nouvel inventaire, et fit de louables efforts pour obtenir la restitution des livres absents. De ce nombre étaient une Bible prêtée à un chanoine nommé Maillard, un Tite-Live et un Suétone qui avaient été empruntés par un sieur Hesselin. Enfin, en 1672, le chantre et deux chanoines furent invités à réclamer les livres appartenant à l'église, et que l'on croyait (*dicuntur*) être alors dans la bibliothèque de M. de Thou[5].

[1] Il avait été successivement curé de Montmartre, chanoine de Notre-Dame et grand pénitencier de la même église. En 1525, il fut un des trois députés choisis par l'Hôtel de ville pour délibérer avec la régente sur les moyens de racheter le roi prisonnier à Madrid. (*Gallia christiana*, t. VII, instrum. col. 252.) Éloigné de Paris en 1527, il y rentra en 1530, devint curé et archiprêtre de la Madeleine, puis grand-vicaire de l'évêque de Paris.

[2] Il ne s'agit pas ici du grand couvent de la place Royale, car les Minimes n'y furent installés qu'au commencement du XVIIe siècle. A l'époque qui nous occupe, ils possédaient deux maisons aux environs de Paris, l'une à Vincennes et l'autre à Chaillot. Cette dernière eut de bonne heure une bibliothèque, qui, en 1787, renfermait environ dix mille volumes.

[3] Antoine Le Cirier, élu doyen le 7 janvier 1548; il résigna ces fonctions en faveur de son neveu le 14 janvier 1575, mourut trois jours après, et fut enterré dans la cathédrale. (*Gallia christiana*, t. VII, col. 216.)

[4] Voyez aussi le manuscrit de la bibliothèque de l'Arsenal, à la date du 11 mai 1557.

[5] C'était l'abbé de Thou, petit-fils de l'illustre premier président.

Cette dernière phrase montre suffisamment quel désordre s'était introduit, depuis une quarantaine d'années, dans la bibliothèque de l'église; mais nous en avons d'autres preuves encore. Le Père L. Jacob, qui écrivait vers 1642, constate que l'église de Paris «a possedé une splendide bibliotheque[1];» trente ans après, un chanoine de la cathédrale nous dit qu'«il y avoit autrefois en l'église de Nostre-«Dame une bonne biblioteque, dont l'inscription se voit encore dans une chambre «qui est sur les cloistres de S.-Denis-du-Pas[2].» Ces témoignages, rapprochés du silence des autres auteurs, semblent bien indiquer que la collection était tombée dans l'oubli au XVIIe siècle. Elle conservait cependant plusieurs des anciens manuscrits qui l'avaient illustrée, et un savant ecclésiastique allait lui rendre pour un moment une partie de sa célébrité.

La séance que tint le Chapitre de Notre-Dame le 19 juillet 1680 fut pour la bibliothèque une des plus importantes que nous ayons encore rencontrées. Le chancelier[3] fit d'abord connaître que le très-illustre et très-révérend seigneur archevêque de Paris[4] avait donné au Chapitre huit volumes des actes du clergé de France. Cet exemple eut aussitôt des imitateurs : un des chanoines, nommé Lefèvre, et le chantre Claude Joly, promirent tous deux de léguer leur bibliothèque à l'église. Nous n'avons aucun détail sur la première de ces donations, nous savons seulement que les livres qui composaient la bibliothèque de Lefèvre avaient été rassemblés par ses oncles Coqueley. Elle était, d'ailleurs, beaucoup moins riche que celle de Claude Joly. Celui-ci, petit-fils du fameux Antoine Loisel, étudia le droit, se fit recevoir avocat, et plaida quelque temps avec succès; il renonça tout à coup au barreau, obtint, en 1631, un canonicat à l'église de Paris, et devint chantre en 1671[5]. Loisel, en mourant, lui laissa tous ses livres[6]. Claude Joly, érudit distingué et auteur de plusieurs ouvrages estimés, s'appliqua à augmenter ce premier fonds et finit par rassembler une bibliothèque extrêmement précieuse.

[1] L. Jacob, *Traicté des plus belles bibliotheques*, p. 585.

[2] Cl. Joly, *Des écoles ecclésiastiques et épiscopales*, p. 242.

[3] C'était alors Nicolas Coquelin, qui fut chancelier du 27 avril 1679 au 27 janvier 1693.

[4] François de Harlay-Chanvallon, qui fut fait archevêque de Rouen à vingt-six ans. Il ne sut se faire estimer ni de ses diocésains ni des dissidents. Il persécuta les protestants avec une haine que la révocation de l'édit de Nantes parvint à peine à satisfaire, en même temps que le scandale de sa vie privée permettait à Tallemant des Réaux de le faire figurer dans plus d'une anecdote fort peu édifiante. Il fut nommé archevêque de Paris le 3 janvier 1671, partagea avec le P. Lachaise la confiance de Louis XIV, et mourut d'un accès d'épilepsie (Saint-Simon, *Mémoires*, t. Ier, p. 290), le 6 août 1695.

Madame de Coulanges, écrivant à madame de Sévigné, raconte que le clergé se trouva dans un grand embarras pour faire l'éloge du défunt : «Il «n'y a, dit-elle, que deux petites bagatelles qui «rendent cet ouvrage difficile, c'est la vie et la «mort.» (*Lettre* du 12 août 1695, à la suite des lettres de madame de Sévigné.)

[5] Niceron, *Mémoires pour servir à l'histoire des hommes illustres de la république des lettres*, t. IX, p. 116 et 118. — Cl. Joly, *Des écoles épiscopales et ecclésiastiques*, p. 592.

[6] «Tous les anciens manuscrits contenus dans «le catalogue cy dessus ont appartenu à M. Loi-«sel, avocat, celebre frondeur. A sa mort, ils «passerent à M. Joly, chantre de cette eglise.»

Comme bien d'autres bibliophiles que nous aurons l'occasion de citer, Joly mettait fréquemment sur ses livres sa signature, à la suite de laquelle il mentionnait l'époque de l'acquisition du volume :

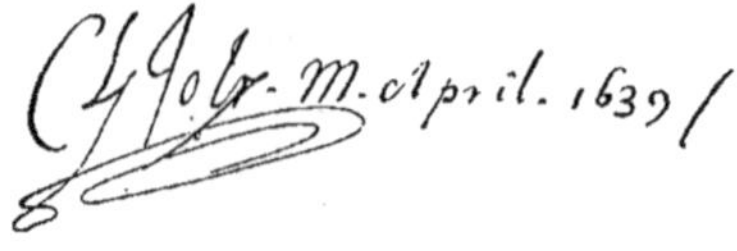

Dans son *Traité des écoles ecclésiastiques*, Claude Joly cite plus d'une fois les vieux registres qui forment le cartulaire de Notre-Dame, et il y avait pu voir que la librairie primitive de l'église avait été autrefois mise à la disposition de quelques hommes d'études. Il eut l'idée de raviver cette tradition. Aussi, quand il offrit ses livres au Chapitre, le 19 juillet 1680, stipula-t-il que le public serait admis à les consulter, *dixit apud se statuisse suam bibliothecam* IN PUBLICUM USUM *Capitulo largiri;* il ordonna, dit Germain Brice qui écrivait quelques années après, que sa collection «seroit publique, et que toutes sortes de personnes y pourroient étudier librement[1].» Lefèvre suivit cet exemple, il déclara *se suam bibliothecam* IN EUMDEM USUM *esse largiturum.* Mais une pareille générosité déplut sans doute au Chapitre; car, trois jours après, quand Joly vint solennellement ratifier le don de ses livres, la formule est déjà modifiée : il demande bien encore que sa bibliothèque soit publique, mais pour les chanoines seulement, *dat et donat suam bibliothecam* IN USUM PUBLICUM DOMINORUM*;* recommandation d'où l'on peut inférer que la publicité de la bibliothèque avait été jusque-là assez restreinte[2].

Au reste, cette séance du 22 juillet mérite d'être reproduite en détail. Claude Joly prit la parole; il dit qu'ayant réfléchi au projet dont il avait entretenu le Chapitre dans la dernière réunion, ses idées à cet égard avaient changé, et qu'il préférait voir exécuter de son vivant et sous ses yeux les dispositions qui, suivant sa première pensée, n'auraient été accomplies qu'après sa mort et en vertu de son testament. Il offre donc dès aujourd'hui au Chapitre, afin qu'elle soit à l'usage commun de messieurs les chanoines, ou à tel autre usage qu'ils jugeraient préférable, sa bibliothèque, c'est-à-dire tous ses livres tant sacrés que profanes, tant imprimés que manuscrits, relatifs soit aux arts, soit aux sciences, en quelque langue qu'ils soient écrits et sans aucune exception. Il entend en outre comprendre

(*Catalogue des livres de l'Église de Paris*, bibliothèque de l'Arsenal, manuscrits, n° 839 F, p. 207.

[1] G. Brice, *Nouvelle description de la ville de Paris,* t. IV, p. 241.

[2] Il ajoute cependant ces mots : «prout ipsis «melius videbitur,» qui autorisent les donataires à revenir au besoin sur cette décision. Le chanoine Legendre, dans son éloge de Claude Joly, dit seulement : «Bibliothecam opulentissimam, quam ex «omni disciplinarum genere collegerat, cujusque «libros passim sua manu notis consignaverat, ec«clesiæ Parisiensi addixit...» (L. Legendre, *Claudii Joly præcentoris ac canonici laudatio,* p. 14.)

dans cette donation les rayons en bois qui supportent ses livres, et un certain nombre de portraits d'hommes illustres. Il demande qu'il soit fait un catalogue des volumes et un inventaire des objets qu'il vient de mentionner. Il veut enfin que l'on sache que cette libéralité est faite par reconnaissance pour l'église de Paris, qui fut sa mère et sa nourrice pendant quarante-neuf ans. Il n'impose d'ailleurs, en retour, à la cathédrale, qu'une seule condition, c'est que, lorsqu'il plaira à Dieu de le retirer du nombre des vivants, son nom soit inscrit sur le nécrologe; afin que, au jour anniversaire, des prières soient dites en sa faveur, comme on a coutume de le faire pour les bienfaiteurs de l'église. «Dès ce moment, «ajoute un document que nous n'avons pas eu encore l'occasion de citer, Joly «voulut qu'il fût dit et écrit dans les regitres qu'il n'avoit chés lui sa bibliothèque «que comme un dépôt qui lui étoit confié, jusqu'à ce que le Chapitre eût fait dis«poser un lieu pour la placer. Rien n'est plus généreux ni plus modeste que la «manière dont il parla pour faire cette donation [1] ».

Le zèle de Claude Joly se communiqua pour un moment à tout le Chapitre, qui parut vouloir sortir de son incurie accoutumée. Il ordonna qu'on rechercherait dans les anciens titres de l'église quels étaient les devoirs du chancelier relativement à la bibliothèque; enfin, le local qui la renfermait étant devenu tout à fait insuffisant, il fut arrêté que l'on s'occuperait aussitôt d'en disposer un autre. Moins d'un an après l'endroit était trouvé, et l'on prenait des mesures pour l'approprier à sa nouvelle destination. Le lieu qui venait d'être choisi était situé au premier étage d'une maison qui servait d'entrée au cloître, et qui avait été auparavant occupée par un chanoine nommé de Ventadour. La bibliothèque de Notre-Dame ne devait plus avoir d'autre asile; car c'est là qu'un siècle plus tard la Révolution la trouva établie [2].

Les travaux qu'il fallut alors exécuter dans la bibliothèque furent confiés à un maître menuisier nommé Nicolas Bellay; ils furent terminés au mois de novembre, et la dépense totale s'éleva à quinze cents livres, qui furent payées en mars 1682 [3].

Dans l'intervalle, on s'était occupé (mai 1681) de rédiger un règlement pour assurer la conservation et l'accroissement de la collection. Mais le Chapitre était déjà à bout d'énergie; le chancelier donna lecture, un an après, d'un projet de règlement dont l'approbation fut renvoyée à une prochaine séance, et il n'en fut plus question.

Claude Joly mourut plein de jours le 15 janvier 1700, après avoir été soixante-neuf ans chanoine, dont vingt-neuf ans comme chantre, et cinq ans comme offi-

[1] Bibliothèque de l'Arsenal, manuscrits, in-fol. n° 853, p. IX.

[2] Voyez p. 44.

[3] «Mémoire des ouvrages et journées et bois «quj ont esté employés pour faire la biblioteque «de messieurs du Chapitre de l'Eglise de Paris «par Nicollas Bellay, maistre menuizier a Paris.» (Archives de l'Empire, série L, n° 530⁷.)

cial[1]. Il avait montré dans l'exercice de ces différentes fonctions un zèle que ni l'âge ni les infirmités ne purent affaiblir[2]. Les chanoines de Notre-Dame placèrent son portrait dans la bibliothèque, avec une inscription qui rappelait le souvenir de sa libéralité, et où il était qualifié de

BIBLIOTHECOS (*sic*) INSTAURATOR
ANNO 1681, ÆTATIS 71, MENSIBUS 7[3].

Après la mort de Joly[4], la bibliothèque fut confiée par le Chapitre au sieur J. B. de Boucart, qui, depuis dix ans, travaillait à mettre en ordre les titres et les papiers de l'église[5]. Il ne garda cette position que quelques jours, car, en février 1700, elle fut donnée au chanoine Armand-Victor Guichon, qui eut sous sa direction, comme bibliothécaire adjoint, le sous-chantre Pierre de la Chasse. Le Chapitre adopta en même temps des mesures pour régulariser le prêt des livres : les chanoines seuls purent jouir de cette faveur, et on créa un registre spécial où la signature de l'emprunteur devait accompagner la mention de l'ouvrage prêté.

Guichon prit ses fonctions au sérieux. Dès la première année de son exercice, des donations nombreuses vinrent enrichir la librairie de l'église. Nous citerons d'abord le docteur de Sorbonne Nicolas Petit-Pied, qui, de conseiller au Châtelet, devint curé de Saint-Martial, puis sous-chantre et chanoine de Notre-Dame; il semble avoir possédé une bibliothèque fort nombreuse, dont il laissa la plus grande partie à la Sorbonne. Nous mentionnerons ensuite, en suivant l'ordre chronologique des donations, le chanoine J. B. Duhamel, savant prédécesseur de Fontenelle à l'Académie des sciences (31 juillet 1705); madame Paule-Françoise Marguerite de Gondy de Retz, veuve d'Emmanuel de Bonne de Créqui, duc de Lesdiguières : elle donna l'histoire généalogique de sa Maison, par J. Corbinelli (2 janvier 1706). L'archidiacre Claude Ameline donna la Bible polyglotte de Walton (12 novembre 1708); Claude Chastelain, un martyrologe, *exquisito labore*, dont il était l'auteur (27 mars 1709); le chanoine Phélipeaux, agent général du clergé, *cleri gallicani actor*, deux volumes des procès-verbaux de l'as-

[1] *Dictionnaire historique des auteurs ecclésiastiques*, t. III, p. 74.

[2] « Quamvis longe emeritus, non minus sedulo, « diurnis horis, solemnibusque sacris aderat... « Chorum ita religiose frequentabat, ut ne semel qui- « dem, sæviente etiam hieme, ni abesset Parisiis, « aut in lecto detineretur, precibus matutinis de- « fuerit quæ media nocte in ecclesia Parisiensi de- « cantantur... » (L. Legendre, *Cl. Joly laudatio*, p. 8) — Cette pièce a été traduite en français sous ce titre : *Éloge et épitaphe de Claude Joly, chantre, chanoine et official de l'Église de Paris*. Un très-beau manuscrit de cette traduction se trouve à la Bibliothèque impériale, fonds de l'Oratoire, n° 274, in-folio, dernière pièce du recueil.

[3] Moréri, *Dictionnaire historique*, t. VI, p. 360.

[4] Le manuscrit de la bibliothèque de l'Arsenal s'arrête à l'année 1682. A partir de cette date, tous les faits dont nous n'indiquons pas la source en note sont extraits du recueil inédit de Sarrazin, qui est conservé aux Archives de l'Empire. (Voyez plus bas l'introduction que nous avons mise en tête de ces documents.)

[5] Sur les archives de Notre-Dame, voyez aux Archives de l'Empire la liasse cotée M 797.

semblée du clergé en 1705 (16 juin 1710); le pénitencier François Vivant, deux de ses ouvrages, *De re beneficiaria* (3 décembre 1710) et un traité sur la réunion de l'Église anglicane au catholicisme (2 juin 1728). Le chancelier Edme Pirot, collaborateur de Fénelon, donna le Glossaire de Ducange et la Bible en dix volumes *ex typographia regia* (5 août 1713); Maupeou, six volumes relatifs au clergé de France (22 décembre 1717); le chanoine Legendre, son *Histoire de France* (23 février 1718) et sa *Vie de Harlay* (4 janvier 1720). Les carmes déchaussés envoyèrent à Notre-Dame la *Vie de Saint-Jean de la Croix*, par le P. Dosithée de Saint-Alexis (5 mai 1727); les chanoines de l'église du Saint-Sépulcre, un volume intitulé *Officium sancti sepulchri Domini* (20 juin 1727); le duc d'Antin[1], *duo parva volumina in-18, hircino corio violaceo compacta*, dont l'un renferme les œuvres d'Horace et l'autre celles de Phèdre (31 juillet 1733).

A cette époque, Guichon offrit au Chapitre de faire un récolement complet et un nouveau catalogue de la librairie; on lui adjoignit, pour ce travail, un vicaire de Saint-Germain-l'Auxerrois, nommé Leperruquier, qui avait été longtemps sous-bibliothécaire à l'abbaye de Saint-Victor. Guichon eut alors l'idée de refondre entièrement la bibliothèque. Il fit observer aux chanoines qu'elle «étoit diminuée «considérablement, soit par la perte de nombreux ouvrages, soit par les nou«velles éditions faites depuis soixante ans;» qu'en outre «il étoit nécessaire de «relier à neuf plusieurs livres dont les couvertures étoient mangez des vers, et «endommageoient les autres.» Il obtint aussitôt l'autorisation de mettre à part un certain nombre de volumes destinés à être vendus.

Dans le cours de ce travail, Guichon remarqua des lacunes regrettables, surtout relativement à la théologie et à l'histoire ecclésiastique; il s'efforça de les combler en plaçant dans la librairie de l'église des ouvrages modernes[2] qu'il tirait de sa propre bibliothèque. Ces donations successives atteignirent le chiffre de sept cents volumes, avant que Guichon eût songé même à en instruire le Chapitre; ce fait fut révélé par Pierre de la Chasse, et d'unanimes remercîments furent adressés au généreux bibliothécaire.

Guichon songea encore à protéger la bibliothèque contre la négligence possible de ses successeurs, et il fit accepter par le Chapitre, dans la séance du 28 juillet 1734, le règlement suivant :

1° A l'avenir, et jusqu'à ce qu'autrement il en ait été ordonné par le Chapitre, il sera compris dans les tables des petits-vins, lots et ventes et profits des fiefs une portion de chanoine, laquelle sera affectée à la bibliothèque. Et dans les tables de la distribution des sommes prove-

[1] Louis-Antoine de Pardaillan de Gondrin, qui fut surintendant des bâtiments de la couronne, et est connu sous le nom de duc d'Antin.

[2] «Les (volumes) très-modernes ont été mis «par M. Guichon, chanoine de cette église, qui «avoit inspection sur la bibliothèque.» (*Catalogue des livres de l'Église de Paris*, bibliothèque de l'Arsenal, manuscrits, in-folio, n° 839 F, p. 207.)

nantes de la vente des maisons canoniales, il sera pareillement compris une portion simple de chanoine, laquelle sera affectée à la bibliothèque.

2° Le nouveau catalogue de la bibliothèque sera remis entre les mains du secrétaire du Chapitre, qui sera chargé de tous les livres de la bibliothèque et des manuscrits.

3° Ledit secrétaire sera tenu de loger au cloître de l'église, pour être à portée de veiller à la conservation des livres et de les fournir à ceux qui en auront besoin.

4° Le secrétaire ne poura prêter aucun des livres de la bibliothèque à Messieurs, aux vicaires, bénéficiers et habitués de l'église, sans avoir fait signer sur un registre un récépissé du livre prêté, dans lequel récépissé seront exactement énoncés le titre du livre, ensemble la cotte et le numéro d'icelui.

5° On ne pourra prêter aucun livre aux personnes demeurantes hors du cloître, sans une expresse permission de M. l'intendant de la bibliothèque.

6° Le secrétaire sera tenu de représenter tous les huit jours audit sieur intendant le registre contenant les livres prêtés, et de recevoir ses ordres pour la remise ou recouvrement des livres prêtés, dans les tems qui lui seront prescrits.

7° Au mois de juin de chaque année, il sera fait un récollement général de tous les livres et manuscrits de la bibliothèque, en présence de M. le chambrier et de M. l'intendant; et avant ledit récollement, le secrétaire aura soin de faire rapporter tous les livres prêtés, et de remplacer ceux qui pourroient avoir été divertis ou égarés.

D'autres donations particulières contribuaient d'ailleurs encore à enrichir la bibliothèque. En 1735, M. de la Jarrière, curé de Saint-Jean-le-Rond, donnait une histoire romaine en 19 volumes (13 juillet), l'*Histoire d'Angleterre* de Rapin-Thoiras (19 septembre), et une description de la Chine en quatre volumes in-folio (25 mai 1736). Puis l'église recevait successivement : du duc d'Harcourt, l'histoire généalogique de sa Maison, par A. de la Roque (19 octobre 1735); des religieux de Saint-Martin-des-Champs, un *Breviarium et missale monasticum ad usum ordinis Cluniacensis* (21 novembre 1735); de l'abbé Lebeuf, ses *Éclaircissements sur l'histoire de France* (31 mars 1738), ses *Dissertations sur l'histoire ecclésiastique de Paris* (12 novembre 1739), et son *Traité historique sur le chant sacré* (24 mai 1741).

Guichon fut remplacé dans sa charge par un autre chanoine, Jean-Omer Joly de Fleury, fils du célèbre avocat général. Nous avons retrouvé aux Archives de l'Empire son compte de gestion; il porte pour titre *Compte de la recette et depense qu'a fait M. l'abbé de Fleury comme bibliotequaire du Chapitre*, et il commence ainsi : « 1748. Le 24 may, le Chapitre m'a nommé intendant de la biblioteque; les clefs « m'ont été remises par M. l'abbé d'Eaubonne, executeur testamentaire de M. l'abbé « Guichon, qui avoit la biblioteque[1]. » Joly fit acheter, en 1755, soixante et dix-sept manuscrits qui avaient été rassemblés par le sieur de Chevannes, de Dijon, et qui allaient être dispersés par ses héritiers[2]. Ce fut d'ailleurs là un des derniers actes de son administration, car il mourut le 27 novembre 1755. Le 12 décembre,

[1] Archives de l'Empire. série L, n° 530[13].

[2] *Catalogue des livres de l'Église de Paris*, bibl. de l'Arsenal, manuscrits, n° 839 F, p. 207 et 213. Les Chevannes descendaient d'une famille de robe établie depuis longtemps à Dijon; c'est donc à tort que le manuscrit qui nous a servi de guide écrit *Chavannes*.

le Chapitre lui donna pour successeur Jean-Baptiste-Antoine de Malherbe, sous qui commença le démembrement de la bibliothèque. On autorisa d'abord Malherbe à faire une seconde vente des ouvrages qui se trouvaient en double dans la collection; le choix en fut laissé, dit le procès-verbal, *gustui erudito domini de Malherbe*, mais ceci n'était rien. Constatons pourtant ici que Malherbe fit dresser avec beaucoup de soin un nouveau catalogue, qui est conservé aujourd'hui à la bibliothèque de l'Arsenal[1]. C'est un bel in-folio relié en parchemin vert, avec deux fermoirs de cuivre; il porte le titre suivant écrit en encre rouge : *Catalogue alphabétique de la bibliothèque de l'église de Paris, avec l'histoire abrégée de cette bibliothèque.* On trouve sur le premier feuillet une *Histoire abrégée de la bibliothèque de l'église métropolitaine de Paris, extraite des délibérations capitulaires de cette église;* ce résumé, qui commence à l'année 1400, ne comprend que quelques pages sans valeur.

Reprenons notre analyse chronologique.

Le Chapitre de Notre-Dame songeait depuis plusieurs années à entreprendre la reconstruction de l'ancienne sacristie, qui menaçait ruine; mais l'argent manquait. Pour s'en procurer, les chanoines n'hésitèrent pas à aliéner une partie de leur bibliothèque. Ils vendirent au roi, moyennant une somme de cinquante mille livres, leurs plus admirables manuscrits. Pour connaître la vérité sur cette affaire, il faut consulter d'autres documents que les procès-verbaux officiels, car on s'efforça d'y présenter l'opération comme une générosité toute gratuite. Des offres furent donc faites secrètement à M. d'Argenson; quand elles eurent été acceptées, le Chapitre fut convoqué en séance extraordinaire le 24 mars 1756, et, la parole ayant été donnée au chambrier, «il dit que la compagnie étoit instruite que M. le comte «d'Argenson, ministre et secretaire d'Etat de la guerre, ayant le departement de «Paris, informé que la bibliotheque du Chapitre de l'Eglise de Paris possedoit un «assés grand nombre de manuscrits, parmi lesquels il s'en trouvoit de tres pre«cieux, qui, placés à la Bibliotheque du Roy, seroient plus à portée des sçavants «qui y ont toujours un libre accés, et deviendroient plus utiles à la republique «des lettres, le ministre, par une suite de son zele pour multiplier les richesses «de la Bibliotheque de Sa Majesté, auroit chargé M. l'abbé Sallier et M. Melot, «gardes de ladite bibliotheque, de voir M. le Doyen, à l'effet de lui representer «que le Chapitre feroit chose agreable au Roy s'il pouvoit se determiner à ceder «ses manuscrits à la Bibliotheque de Sa Majesté; que M. le Doyen, en ayant «fait la proposition à une chambre tenüe à ce sujet, et ensuite au Chapitre de sa«medy dernier, le vœu general de Messieurs avoit été de saisir avec empresse«ment l'occasion de faire au Roy un sacrifice qui pouvoit lui plaire, et de donner «à Sa Majesté une nouvelle marque de reconnoissance pour des bienfaits dont le «Chapitre a deja consacré la memoire, en fondant le jour de St Louis une messe «annuelle pour la conservation d'un monarque si cher à la nation. Sur quoi, après

[1] Manuscrits, n° 853.

« en avoir deliberé, Messieurs voulant donner au Roy une preuve de leur profond « respect et de leur tendre attachement pour sa personne sacrée, ainsi que de la « vive reconnoissance qu'ils ont de la protection particulière dont Sa Majesté ho- « nore l'Eglise de Paris, ils ont fait et font don au Roy des manuscrits de la Biblio- « theque de l'Eglise de Paris detaillés au catalogue mis sur le bureau, pour lesdits « manuscrits être incessamment remis par M. le chambrier et M. de Malherbe, « intendant de la bibliotheque, à mesdits sieurs abbé Sallier et Melot, et par « eux être placés dans la Bibliotheque de Sa Majesté. Et pour faire part de la « presente deliberation à M. le comte d'Argenson et le prier d'en rendre compte « au Roy, la compagnie a nommé et deputé MM. de Saint-Exupery, doyen, « Thierry, chancelier et chambrier, d'Agouth et de Malherbe, tous chanoines de « l'Eglise de Paris. »

A la suite de cette délibération, le bibliothécaire Malherbe et le chancelier Nicolas Thierry, signèrent, le 3 avril, l'acte qui enlevait à la cathédrale trois cents manuscrits d'une valeur inestimable. Voici le texte de la décharge qui leur fut remise au nom de la Bibliothèque du Roi :

Nous soussignés, gardes de la Bibliotheque du Roy, reconnoissons qu'en execution de la conclusion du Chapitre general de l'Eglise de Paris du vingt-quatre du mois dernier, Messieurs Thierry et de Malherbe, intendant de la bibliothèque de l'Eglise de Paris, nous ont remis, au nombre de trois cent un, les manuscrits de ladite bibliotheque dont le Chapitre a fait don au Roy par làdite conclusion. A Paris, le trois avril mil sept cent cinquante-six.

SALLIER, MELOT.

Presque tous les manuscrits dont l'église venait de se défaire ainsi dataient du xe au xve siècle. On y remarquait surtout deux admirables textes sur vélin de la chronique de Grégoire de Tours : le premier, écrit en onciales pendant le viie siècle, provenait de la donation faite par Claude Joly; le second datait du viiie siècle[1]. On trouve encore sur le catalogue qui fut alors dressé : *Le Roman de la rose*, manuscrit de 1320[2]; *Tite-Live traduit en françois par Pierre Berceure, prieur de Saint-Éloy, dédié au roi Jean*, xve siècle, in-folio, sur vélin[3]; *Ce sont les chevaliers qui durent aler avec saint Louis outre mer, et les convenances, etc.* xive siècle, revêtu de velours vert et relié aux armes de d'Urfé[4]; enfin un recueil de pièces sur Jeanne d'Arc, écrit au xve siècle, et qui semble avoir formé la suite de celui que Guillaume Chartier avait légué à l'église en 1472; c'est l'instruction faite pour obtenir la réhabilitation de la mémoire de Jeanne d'Arc. La sentence de réhabilitation qui se trouve à la fin du volume est datée du 7 juillet 1456; elle a été rendue par Jean, archevêque de Reims, Guillaume, évêque de Paris, Richard, archevêque de

(1) Ils sont ainsi cotés aujourd'hui à la Bibliothèque impériale : fonds de Notre-Dame, n°s 132 et 132 *bis*.

(2) Bibl. imp. mss. fonds de Notre-Dame, n° 196.

(3) *Idem*, n° 180.

(4) *Idem*, n° 150.

Constance, et Jean Bréhal, jacobin. Toutes ces pièces sont authentiques et ont été délivrées juridiquement par le greffier, qui a contre-signé chaque page [1].

La bibliothèque de l'Arsenal possède la liste de tous les ouvrages qui firent partie de cette vente; on lit sur la première page du registre : *Catalogue des manuscrits de l'Eglise de Paris donnez par le Chapitre de cette église à la Bibliotheque Royale au mois d'avril 1756, après la mort de M. l'abbé Joly de Fleury, l'un des chanoines, chargé du soin de la bibliotheque du Chapitre, arrivée au mois de novembre 1755. Le roy, en récompense de ce don, leur a fait donner sur les économats cinquante mille livres pour construire la nouvelle sacristie de leur église, et en outre un exemplaire de tout ce qui s'imprimera au Louvre* [2].

Outre les cinquante mille livres convenues, qui permirent à l'église de faire réparer et recarreler la bibliothèque, le Chapitre eut encore l'avantage de pouvoir transcrire sur ses registres la lettre suivante qui lui fut adressée au nom du roi :

Versailles, le 12 avril 1756.

Messieurs,

Rien ne pouvoit me causer une joie plus sensible que d'avoir a rendre compte au Roi de l'empressement avec lequel vous avez saisi les vuës que je vous ai communiquées comme chose capable de lui plaire. Sa Majesté a reconnu, dans la cession que vous avez faite à sa Bibliotheque des trois cents manuscrits qui enrichissoient la votre, la suite constante d'un attachement qui a toujours répondu de la maniere la plus digne à ses bienfaits et à la protection particulière dont elle honore votre Compagnie; et la nouvelle preuve que vous en donnez aujourd'hui vient de retracer à ses yeux tout le mérite des précédentes. Vous pouvez juger de là, Messieurs, combien elle a été agréable au Roi; aussi Sa Majesté m'a-t-elle chargé de vous en marquer de sa part la satisfaction qu'elle en ressent, et c'est un ordre que je me fais un vrai plaisir d'executer.

La dignité de votre don n'a pas besoin sans doute d'être relevée par des réflexions particulières, puisque les dispositions dans lesquelles le Roi l'accepte forment un éloge infiniment superieur à tout autre. Qu'il me soit permis, cependant, d'exprimer icy ce que j'en pense; et la façon dont vous avez reçu les ouvertures qui vous ont été faites par mon ministère sur la cession dont il s'agit semble m'en avoir acquis le droit. En procurant un accroissement de raretés à la Bibliotheque du Roi, établissement le plus célèbre de cette espèce qui soit dans le monde, vous avez à la fois contribué à la gloire de Sa Majesté, à l'honneur de la nation et au progrès des lettres. Plus votre don est précieux en lui-même, plus les sçavans qui trouvent toujours libre accès dans cette bibliotheque applaudiront à votre zèle, et la mémoire en sera consignée dans l'ouvrage qui doit transmettre à l'étranger comme à la postérité la plus reculée un monument de la grandeur et de la magnificence de ce même établissement.

Je suis très-parfaitement, Messieurs, votre très-humble et très-obéissant serviteur.

D'ARGENSON [3].

Cependant la bibliothèque avait conservé ses imprimés, et Malherbe proposa au Chapitre d'en publier le catalogue. On l'autorisa à prendre sur les revenus de la bibliothèque les six cents livres que devait coûter ce travail. C'est un petit in-octavo, sans date, de 130 pages, et qui, en réalité, revint à neuf cents

[1] Bibliothèque impériale, manuscrits, fonds de Notre-Dame, n° 138.

[2] Bibl. de l'Arsenal, manuscrits, in-fol. n° 839 F.

[3] Archives de l'Empire, série L, n° 530[3].

livres, comme le constate cette note extraite du compte des dépenses de 1762 : «Payé à Barrois, libraire, pour l'impression du catalogue et arrangement des «livres de la bibliothèque, suivant deux quittances des 14 mars 1760 et 2 mars «1762, neuf cents livres.»

Mentionnons deux acquisitions importantes qui furent faites à cette époque. Le 13 janvier 1758, Malherbe fit acheter, moyennant 1,360 livres, chez les frères de Tournes, à Lyon, la collection des Bollandistes. Puis, en 1760, René-Josué Valin, de Rouen, qui fut successivement avocat et procureur du roi, donna à l'église une partie de sa bibliothèque; son nom est écrit à la main sur presque tous les volumes qui lui ont appartenu.

Les comptes de l'administration de Malherbe sont conservés aux Archives de l'Empire; ils ont pour titre : *Compte de la bibliotheque de l'Eglise de Paris, tant en recette que depense, rendu au Chapitre de l'Eglise de Paris par M. de Malherbe, chanoine de ladite eglise, et intendant de la bibliotheque pendant les années 1755 à 1761*[1].

Malherbe eut pour successeur Jeanson, qui était sous-chantre et chanoine. Dès la première année de sa gestion, la bibliothèque acquit un grand nombre de manuscrits qui lui furent légués par Pierre Lemerre, avocat au Parlement et longtemps chargé des affaires du clergé; cette collection se composait de 61 volumes in-folio, 83 in-quarto, 15 in-douze, et 68 cartons contenant des mémoires, factums, etc.[2]

Le compte des dépenses faites pendant l'exercice de Jeanson ne renferme aucun détail remarquable. Nous y voyons cependant que le frottage de la bibliothèque coûtait alors douze livres par année; on y trouve aussi parmi les dépenses diverses :

Un cornet, un ganif et de l'encre	18 s.
De la grosse ficelle pour les armoires	6 s.
De la petite ficelle pour lier des brochures	2 s. 6 d.
De la poudre, sciure de buis	1 s. 6 d.[3]

Les revenus de la bibliothèque s'élevaient alors, année moyenne, à mille livres environ, qui provenaient des sources suivantes : 1° des legs assez fréquents faits par les chanoines; 2° d'une somme de six cents livres due chaque année par le receveur des censives, suivant un arrêté capitulaire du 8 février 1775; 3° d'une part proportionnelle sur le revenu des maisons canoniales; 4° d'une somme de quarante livres que chaque chanoine était tenu de verser, le jour de son installation, entre les mains du bibliothécaire; 5° enfin de la retenue ordonnée le 28 juillet 1734[4] sur les lots, ventes et profits des fiefs[5].

Jeanson mourut en 1768, et nous ignorons par qui il fut remplacé. Le cha-

(1) Archives de l'Empire, série L, n° 530 [2].

(2) *Idem*, n° 530 [6].

(3) *Idem*, n° 530 [11].

(4) Voyez plus haut, page 36.

(5) Archives de l'Empire, série L, carton numéro 530 [30].

noine Adhenet fut pourvu de cette charge le 4 février 1780, et il assista aux derniers moments de la bibliothèque. C'est lui qui fit graver les premières estampilles en cuivre dont on se servit pour timbrer les livres de l'église. On lit dans une liasse conservée aux Archives de l'Empire que, le 26 mai 1786, M. Adhenet «présenta à la compagnie des estampilles gravées pour l'usage de la biblio-«thèque, conformément à la conclusion du 18 novembre 1785; sçavoir : deux de «différentes grandeurs pour marquer les livres de différents formats que la biblio-«thèque a acquis et acquiert journellement, et deux autres pareillement de diffé-«rentes grandeurs pour marquer les livres qu'il conviendra de vendre. Sur quoi, «Messieurs ont agréé lesdites estampilles, et ont ordonné que les deux premières «seront déposées à la bibliothèque, et les deux autres aux archives et sous clef[1].» Dans le carton qui renferme cette liasse, se trouve encore le timbre en cuivre qui servait à estampiller les doubles.

En 1787, la bibliothèque de l'église de Paris avait environ douze mille volumes imprimés qui étaient conservés au premier étage du bâtiment situé «près de la «porte du cloître[2].» Ces livres eurent le sort de tous ceux que possédaient les églises et les abbayes supprimées par l'Assemblée nationale : ils allèrent enrichir les différents dépôts qui venaient d'être établis pour centraliser les richesses bibliographiques provenant soit des maisons ecclésiastiques, soit des émigrés, soit des pays conquis.

L'église dut donc fournir, en 1790, un inventaire de tous les ouvrages qu'elle possédait. Le Chapitre donna le catalogue qui avait été imprimé en 1760, et y ajouta, pour les acquisitions postérieures à cette date, quatre suppléments manuscrits, qui forment cinq cahiers in-folio, attachés avec des faveurs bleues. On lit à la fin de chacun d'eux :

Je soussigné, secrétaire du Chapitre de l'église de Paris, certifie que le présent état est exacte[3], et que tous les livres y détaillés sont à la bibliothèque du Chapitre à Paris.

Ce vingt-six février mil sept cent quatre-vingt-dix.

BUÉE, *secrétaire du Chapitre*[4].

Enfin, lorsque les livres furent enlevés, le directoire de Paris fit dresser un état des meubles qui existaient alors «dans les salles de la bibliothèque et au secréta-«riat du Chapitre;» nous le reproduisons textuellement :

DANS LA BIBLIOTHÈQUE.

1° Un grand bureau de bois de chêne, avec son pupitre;
2° Un autre grand bureau très-ancien;
3° Deux vieilles tables couvertes de maroquin, dont une grande et une petite;
4° Une autre table moyenne, de bois de chêne;

[1] Archives de l'Empire, série L, carton numéro 530[11].

[2] Thiéry, *Guide des amateurs et des étrangers voyageurs à Paris* (1787), t. II, p. 119 et 120.

[3] Cette faute est répétée sur les cinq cahiers.

[4] Archives de l'Empire, série L, n° 530[11*].

5° Trois échelles de bibliothèque, dont deux neuves et une très-mauvaise;
6° Deux marche-pieds;
7° Cinq vieux fauteuils couverts de maroquin, dont trois très-mauvais;
8° Onze vieilles chaises couvertes de maroquin, dont plusieurs en très-mauvais état;
9° Une presse pour imprimer le sceau du Chapitre;
10° Un tableau de cheminée, représentant M. le cardinal de Noailles en prière;
11° Sept portraits et deux dessus de porte.

DANS LA SALLE CAPITULAIRE.

1° Cinq grands tableaux de Champagne, représentant divers sujets relatifs à la vie de la sainte Vierge;
2° Quatre autres tableaux en camayeu, représentant les quatre Pères de l'Église latine;
3° Un christ de bronze, en cadre;
4° Deux bureaux et un pupitre couverts d'une tapisserie à fleurs de lis, ainsi que les siéges de l'enceinte capitulaire;
5° Un grand plan de Paris[1].

En 1811, les chanoines de Paris écrivirent au ministre de l'intérieur pour être autorisés à faire des recherches dans les dépôts littéraires, «afin de former «une bibliothèque à l'usage du clergé de la métropole.» La permission fut aussitôt accordée; et le chanoine Coriolis, délégué par le Chapitre, eut ordre de faire un choix parmi les nombreux ouvrages théologiques que la Révolution avait enlevés aux maisons religieuses[2].

Les volumes qui ont appartenu à l'église Notre-Dame sont encore aujourd'hui faciles à reconnaître. Sur les plus anciens manuscrits, on lit presque toujours, en tête de la première page, l'indication suivante :

EX BIBLIOTHECA ECCLESIÆ PARISIENSIS.

Sur d'autres, principalement sur les in-folio, le milieu du feuillet de vélin blanc, qui sert de garde, porte ces mots d'une belle et ferme écriture :

A LA BIBLIOTHÈQUE DE L'ÉGLISE DE PARIS.

Parfois, mais rarement, on rencontre à la fin du volume cette mention, qui, au contraire, se trouve sur presque tous les manuscrits émanant de l'abbaye de Saint-Victor :

ISTE LIBER EST ECCLESIE PARISIENSIS; QUICUMQUE EUM FURATUS FUERIT, VEL CELAVERIT, VEL TITULUM ISTUM DELEVERIT, ANATHEMA SIT. AMEN.

Quant aux imprimés, ils présentent en général, au milieu du titre, cette inscription :

A L'ÉGLISE DE PARIS.

[1] Archives de l'Empire, série L, n° 530⁶. — [2] Archives de l'Empire, carton F[17] 1204.

Il existe quelques ouvrages qui ont, au milieu des plats, la marque de l'église sur fond semé de fleurs de lis, et surmontée de cette inscription : *Capitulum ecclesiæ Parisiensis.*

Ces livres, qui sont en petit nombre, étaient presque tous destinés à être donnés en prix aux enfants de chœur.

Enfin nous avons dit comment, en 1786, l'église Notre-Dame adopta les deux estampilles que nous reproduisons,

et qui furent dès lors appliquées l'une sur les in-folio, l'autre sur les volumes de plus petits formats. Les deux estampilles qui servaient à marquer les livres vendus par la bibliothèque sont exactement semblables à celles-ci.

EXTRAITS DES ANCIENS REGISTRES
DU
CHAPITRE DE NOTRE-DAME DE PARIS
RELATIFS
À LA BIBLIOTHÈQUE DE CETTE ÉGLISE.

Les curieux documents que nous allons reproduire sont extraits de deux manuscrits inédits.

Le premier[1], conservé à la bibliothèque de l'Arsenal, a pour titre : *Extraits des registres de l'Eglise de Paris touchant l'ancienne librairie;* il forme dans l'original trente-huit pages in-4°, qui sont reliées avec le premier volume du catalogue in-folio de la bibliothèque de Notre-Dame. L'écriture est de la fin du XVIIe siècle, et offre peu d'abréviations; mais le texte est fort mutilé. Le copiste a évidemment cherché presque partout à terminer les mots qui étaient restés incomplets dans les anciens registres du Chapitre, et cette tentative n'a pas toujours été heureuse. Nous avons cependant cru devoir respecter en général les erreurs de notre guide; nous nous sommes donc borné à restituer avec soin la ponctuation, et à remanier les phrases que des fautes de grammaire ou d'évidentes altérations rendaient tout à fait inintelligibles.

Cette précieuse compilation commence précisément à l'époque où le *nécrologe* de la cathédrale et les nombreuses chartes qui composent le *cartulaire* de cette église devenaient pour nous des guides fort insuffisants. Mais elle s'arrête à l'année 1682, et présente des lacunes importantes que nous nous sommes efforcé de combler. Nous avons été assez heureux pour rencontrer aux Archives de l'Empire un second manuscrit, qui semble précisément fait pour compléter celui de l'Arsenal.

Un chanoine de Notre-Dame, nommé *Sarrazin*, entreprit, vers le milieu du XVIIIe siècle, de relever sur les registres de l'église toutes les délibérations importantes du Chapitre, et de les classer suivant les matières auxquelles elles se rapportaient. Ce travail immense forme quatre-vingt-six volumes in-folio, qui sont cotés LL 336 à 421[2]. On y trouve au mot *Libraria* un certain nombre de décisions capitulaires; et, par un hasard assez étrange, elles sont presque toutes

[1] Bibliothèque de l'Arsenal, manuscrits, n° 852, in-folio.

[2] Ce recueil ne porte pas de titre, mais on lit en tête du premier volume : *Index verborum in hoc volumine contentorum sub quibus a domino Sarrazin, olim canonico Parisiensi, varia fuerunt excerpta monumenta e bullis, chartis, titulis et registris conclusionum Capituli ecclesiæ Parisiensis.*

différentes de celles qui avaient été recueillies par le compilateur auquel on doit le manuscrit de l'Arsenal[1].

Pour distinguer ce qui appartient à chacun de ces recueils, nous avons guillemeté les extraits tirés du travail de Sarrazin; sauf cependant depuis l'année 1682, où il ne peut plus y avoir doute, puisque le document de l'Arsenal ne va que jusqu'à cette époque. Nous n'avons d'ailleurs pas reproduit tous les textes cités par Sarrazin. A partir de 1700, la plupart offrent fort peu d'intérêt, car ce sont en général des donations individuelles sans importance; nous les avons enregistrées dans notre analyse, mais nous n'avons donné ici que les extraits qui avaient une liaison plus intime avec l'histoire de la bibliothèque.

Les notes historiques, biographiques et philologiques que réclamaient ces deux manuscrits, se trouvent presque toutes jointes à notre résumé; nous y avons donc renvoyé le lecteur toutes les fois qu'il doit y trouver, fondues avec le récit, les explications relatives soit au texte, soit aux nombreux personnages qui y sont mentionnés.

---

18 OCTOBRIS 1362[2].

Mercurii in festo beati Lucæ.

Dominus cancellarius[3] obtulit se ad reparationes librorum, prout ad suum officium pertinebit.

7 NOVEMBRIS 1368.

«Feratur sententia, et ponatur in choro, in fractores librorum existentium in choro, etiam «contra illos qui amovebunt cathenas de dictis libris, monitione tamen præmissa.»

16 NOVEMBRIS 1368.

Ad ordinandum super loco Librariæ domini cancellarius et Reginaldus[4].

2 JULII 1369.

In quinta et ultima die capituli generalis.

Fuit insuper confirmatum statutum factum alias, et de novo etiam ordinatum, quod fiat Libraria, dum tamen reperiatur locus aptus; et fiet de pecunia fabricæ. Et ad advisandum de

[1] Voici les seuls extraits qui soient communs aux deux recueils : 18 octobris 1362. — 16 novembris 1368. — 2 julii 1369. — 2 septembris 1370. — 28 augusti 1393. — 5 novembris 1400. — 16 novembris 1400. — Die jovis 1401. — 10 januarii 1401. — 9 augusti 1402. — 27 octobris 1402. — 9 januarii 1403. — 11 martii 1405. — 5 augusti 1412. — 10 februarii 1416. — 9 septembris 1541. — 19 julii 1680. — 22 julii 1680. — 27 novembris 1680. — 18 martii 1681. — 11 aprilis 1681. — 21 maii 1681. — 3 aprilis 1682.

[2] L'auteur du manuscrit auquel nous empruntons ces extraits semble avoir généralement conservé, pour les dates, l'ancien style.

[3] Mᵉ Grimier Boniface. (Voyez plus haut, note 2, page 19.)

[4] Sans doute *deputati* ou *commissi sunt.*

loco hujusmodi Librariæ domini cancellarius et R. de Neomio [1], archidiaconus Briæ, fuerunt deputati, vocato secum magistro Raimondo de Templo.

2 SEPTEMBRIS 1370.

Fuit ordinatum quod fiat Libraria in ecclesia Parisiensi, videlicet supra capellaniam Sti Aniani [2]; visus est locus hujusmodi per dominos ad hoc deputatos.

2 NOVEMBRIS 1392.

«Donavit ecclesiæ Parisiensi dominus Johan. Canardi [3], canonicus Parisiensis, recipiendo «licentiam a Capitulo, unum pulcrum grossum Breviarium ad usum ecclesiæ Parisiensis, ut «ponatur in choro dictæ ecclesiæ pro pauperibus proprium non habentibus, videlicet in duobus «voluminibus, quorum unum volumen tradit in promptu, et reliquum nondum perfectum tra«det circa festum sanct. Andr. rogans capitulum eum recommendatum, et offerendo se....»

3 JULII 1393.

«Placet Dominis quod fabrica ecclesiæ emat duo psalteria.»

28 AUGUSTI 1393.

Fiat Libraria in ecclesia sumptibus fabricæ; et dominus succentor [4] ordinabit eam.

7 FEBRUARII 1400.

«Deputatus est magister H. Blancheti una cum magistro Rob. de Lorriaco [5], pro Libraria ec«clesiæ facienda.»

5 NOVEMBRIS 1400.

Deputati sunt ad visitandum locum ubi poterit fieri Libraria in ecclesia Parisiensi, magistri Henr. Blancheti, Rob. de Lorriaco et Johan. de Sanctis.

15 NOVEMBRIS 1400.

«Onerati sunt magistri Rob. de Lorriaco, Henric. Blancheti, N. de Ordeomonte, Johan. de «Sanctis et duo domini fabricæ, de facienda fieri Libraria ecclesiæ secundum ipsorum discre«tionem et prudentiam.»

16 NOVEMBRIS 1400.

Quarta et ultima capituli generalis.

Quia dominus (Petrus de Ordeomonte [6]), episcopus Parisiensis, affectat et intendit dare

[1] C'est le même que le Reginald dont il est parlé dans le paragraphe précédent. Il était chanoine de Notre-Dame et archidiacre de Brie; il figure dans une charte sans date du *Grand Pastoral.*

[2] Voyez la note 3, page 19.

[3] L'obit de ce chanoine, que nous avons trouvé dans le nécrologe de la Sorbonne, nous apprend qu'il avait été évêque d'Arras: «Obitus pro domino «Johanne Canard, quondam episcopo Atrebatense, «qui legavit domui ..» (*Necrologium Sorbonæ*, 2 julij. Bibliothèque impériale, manuscrits, fonds de la Sorbonne, n° 1280.) Il figure également dans le nécrologe des Célestins de Paris, mais à la date du xv des calendes de novembre.

[4] Voyez la note 2, page 5, et page 67.

[5] C'est le même Robert de Lorris dont il est parlé ci-dessous, le 5 et le 15 novembre 1400, le 10 janvier et le 2 mai 1401. Il est cité dans le *Gallia christ.* t. VII, col. 825, où on lui donne le titre de *miles.*

[6] Voyez la note 4, page 19.

libros ecclesiæ Parisiensi, dum tamen esset Libraria in ecclesia, eligat dictus dominus episcopus locum quem maluerit pro dicta Libraria facienda.

10 JANUARII 1401.

Fiat Libraria secundum ordinationem quam hodie tradidit magister Rob. de Lorriaco, et accipiantur pecuniæ existentes in thesauro ex excrescentia reddituum acquisitorum ad tempus, et restituantur ex tallia facienda super quemlibet, secundum ordinationem faciendam in festo purificationis beatæ Mariæ proxime futuro.

2 MAII 1401.

Deputati sunt ad visitandum locum in quo poterit fieri virula pro Libraria ecclesiæ magistri Stephanus Pernelli et Robertus de Lorriaco.

DIE JOVIS

in festo commemorationis sancti Pauli, quarta capituli generalis S[ti] Joannis Baptistæ, 1401.

Pro Libraria perficienda capiantur quinquaginta libræ quas ego Guillelmus Picardi habeo penes me a vicedomino Ambianensi.

7 JULII 1402.

Dati sunt commissarii ad audiendum compota Librariæ magistri Simon de Bourieh et Ph. de Saliceya.

9 AUGUSTI 1402.

Distributæ sunt claves Librariæ, videlicet : domino decano Parisiensi una [(1)],
Domino cantori alia,
Domino archidiacono Briæ alia [(2)],
Domino decano Turonensi alia,
Et cæteræ sunt distribuendæ.

27 OCTOBRIS 1402.

Capitulum generale die veneris in vigilia SS. Simonis et Judæ.

Hodie reverendus in Christo pater dominus Petrus [(3)], miseratione divina Parisiensis episcopus, præsentavit certos libros pro Libraria, videlicet : unam bibliam glossatam in sexdecim volumina; «cursum juris civilis, videlicet codicem digestum vetus, digestum novum, Infortiatum; «item, cursum juris canonici, videlicet Decretum et Clementinas; item, unum comentum medicinæ vitæ brevis; item, Nicolaum de Lira, in tribus voluminibus.»

EODEM DIE.

Placet Dominis, de gratia speciali, per modum liberalitatis, quod reverendus in Christo pater et dominus dominus Petrus de Ordeomonte, Parisiensis episcopus, habeat duos panes Capituli [(4)] qualibet die, quandiu erit in domo sua episcopali, per modum doni, non autem distributionis; attenta singulari affectione quam habet ad Ecclesiam, et attentis bonis quæ fecit Ecclesiæ, et quæ sperantur fieri per eum in futurum.

(1) Voyez la note 5, page 19.
(2) Voyez la note 6, page 19.
(3) Pierre d'Orgemont.
(4) Voyez la note 2, page 20.

DIE MARTIS

post festum beati Martini, secunda capituli generalis.

Dominus episcopus Parisiensis regratiatus fuit Dominos de pane capitulari eidem gratiose concesso per Dominos; et ulterius requisivit Dominos quatenus nollent recipere M. Guillelmum Cardonelli eo modo quo petit.

9 JANUARII 1403.

Exhibito per magistrum Joannem de Justinis inventario librorum existentium in Libraria ecclesiæ, una cum clavibus.

XI MARTII 1405.

De Libraria hujus ecclesiæ transferenda in ecclesia, placet Dominis quod transferatur in ecclesia subtus capella domini decani Turonensis; et in loco ubi est nunc Libraria erunt scolæ.

ULTIMA JULII 1406.

Hodie reverendus pater dominus Joannes [1], Parisiensis episcopus, dedit ecclesiæ Lecturam [2] magistri Nicolai de Lyra in tribus voluminibus, et unam capam ad spicas, ordes, et arma sua.

22 JULII 1409.

Libri, et alia ad capiceriam ecclesiæ Parisiensis spectantia, posita sunt in manibus capicerii ab abbatissa de Hedera [3] nominati.

13 DECEMBRIS 1409.

Placet Dominis quod dominus Joannes de Montigniaco, presbyter, detentus prisionnarius in carceribus Capituli [4], expediatur; dum tamen magister Thomas Dannoy faciat reddi librum pastoralem in statu debito.

5ª ET ULTIMA

capituli generalis S. Joannis Baptistæ, 1412.

Ordinatum est quod vendatur Lectura de Lyra quam habuit ecclesia a defuncto domino magistro Galerano [5] de Pandorf, cantore quondam hujus ecclesiæ, et emantur alii libri theologiæ.

XI JULII 1412.

Hodie magister Joannes de Gersonio, cancellarius hujus ecclesiæ, tradidit triginta francos

(1) Il y a évidemment ici une erreur. L'évêque de Paris était encore Pierre d'Orgemont, qui, suivant le *Gallia christiana*, le *Cartulaire de Notre-Dame* et Cl. Héméré, resta en fonctions jusqu'au 16 juillet 1409; on ne peut avoir fait confusion avec son successeur, car ce fut Girard de Montaigu. Il est donc vraisemblable que l'on a voulu parler ici de Jean Gerson, qui était alors chancelier de l'église de Paris.

(2) Voyez la note 1, page 20.

(3) En juillet 1409, l'abbesse d'Yères était Marguerite VI de Montaglant (*Gallia christiana*, t. VII, col. 609). C'est la seconde fois que nous voyons l'abbesse d'Yères intervenir dans l'administration de la cathédrale (voyez page 7); il nous a été impossible de découvrir en vertu de quel droit elle agissait dans ces deux circonstances.

(4) Voyez la note 4, page 20.

(5) Il est fréquemment question de ce Galeran dans le *Cartulaire de Notre-Dame*. Le nécrologe mentionne sa mort le 12 octobre 1390, mais il ne dit rien de la donation dont il est parlé ici.

magistro Joanni Durandi, in præsentia et de consensu Capituli, per modum mutui recipiendi super pecunia venditionis Postillæ de Lyra quæ est de Libraria ejusdem ecclesiæ, et pro solvendo duo volumina Bonaventuræ super *Sententias* [1], quod reservetur in eadem Libraria, sicut deliberatum fuit sabbato 5ª et ultima capituli generalis beati Joannis Baptistæ.

5 AUGUSTI 1412.

Conclusum est quod in turri ecclesiæ de sinistro latere, per quam fit ascensus ad Librariam, de novo ordinatam supra testudines seu voltas ejusdem ecclesiæ, fiat claritas major, tam per apertionem seu dilatationem fenestrarum jam factarum, quam per operationes unius fenestræ novæ in loco bassiori.

14 AUGUSTI 1415.

« Ordinatum est quod fiat unum collectarium [2] novum in bono pergameno et in forma alterius libri cooperti argento. »

10 FEBRUARII 1416.

Domino thesaurario sacræ Capellæ palatii regii [3], qui nunc est canonicus Parisiensis, concessa est una clavis Librariæ ecclesiæ Parisiensis; sic quod si desierit esse canonicus Parisiensis, reddet clavem Capitulo.

2 JULII 1417.

« Magistro Radulpho Belini, thesaurario capellæ Bituricensis, commodabitur unum antiphonarium [4], et recipietur ab eo cedula recognitionis et restitutionis. »

9 JUNII 1418.

« Ordinatum est quod omnes habentes claves Librariæ restituant eas Capitulo. »

12 JULII 1424.

« Ordinatum est quod dominus G. Aleaume, clericus fabricæ, faciat fieri sex claves novas ad ostium Librariæ. »

16 AUGUSTI 1424.

« Nic. Fraillon [5], canonicus Parisiensis, habuit unam clavem Librariæ per notarium traditam Petro Fabri [6], clerico suo. »

18 JANUARII 1429.

« Clericus fabricæ mutuabit pro nunc, et recuperabit ut citius poterit a camerario clerico, pecunias quas decustabunt cathenæ per M. Gerard Perriere canon. Paris. fieri factæ pro libros ecclesiæ in Libraria incathenandis, et pro mundando ipsam Librariam. »

[1] Voyez pages 10, 17 et 18.
[2] Voyez la note 3, page 5.
[3] Voyez la note 1, page 22.
[4] Voyez la note 3, page 5.
[5] Nicolas Fraillon fut élu évêque de Paris en 1426, mais il n'exerça pas, et mourut en 1446. (*Gallia christiana*, t. VII, col. 146 et 149.)
[6] Un Petrus Fabry figure, sans aucun titre spécial, dans une charte du 18 avril 1450. (*Gallia christiana*, t. VIII, instrum. col. 400.)

20 JANUARII 1429.

« Placet Dominis quod, post prandium, incathenentur libri ecclesiæ in Libraria, præsentibus « Dominis qui voluerint interesse.

« Fiat monitio contra detentores librorum ecclesiæ, ut restituant eos intra proximum festum « Purificationis, sub pœna excommunicationis. »

10 FEBRUARII 1429.

« Publicata est monitio facta pro restitutione librorum ecclesiæ, quæ non publicabitur ulterius, « donec fuerint visa privilegia ecclesiæ. »

7 MARTII 1429.

« Præceptum est notario quod ipse publicet, dominica proxima, monitionem de qua supra « pro libris restituendis. »

14 DECEMBRIS 1429.

« Dominus archidiaconus Parisiensis restituit libros ecclesiæ nostræ per defunctum D. G. Alerni « in ipsius domini archidiaconi custodia positos. Scilicet :

« Quamdam Bibliam;

« Summam de virtutibus (1);

« Summam de vitiis;

« Librum de proprietatibus (2);

« Quatuor parvos quaternos papiri, in quibus continentur aliqua de facto ecclesiæ, edita tem- « pore subtractionis per D. Gebenn. cameracen. episcopum; continentes 36 parva folia in toto;

« Quoddam volumen papireum scriptum, ut fertur, de manu propria D. Joh. Breviscoxæ « Gebenn. episcopi (3), in quo continentur quædam excerpta a libro *De civitate Dei;*

« Summam B. Thomæ de Aquino, et librum nuncupatum 2ª 2dæ (4);

« Unum missale ad usum Parisiensem;

« Librum nuncupatum Postille N. de Lira super evangeliis;

« Psalterium glosatum;

« Qui quidem libri erant in thesauro ecclesiæ.

« Item, unam aliam Bibliam;

« Item, quemdam parvum et antiquum librum Salustii;

« Item, quoddam speculum historiale. »

(1) Voyez la note 5, page 16.

(2) Soit l'ouvrage d'Isidore de Séville *De differentiis sive proprietate verborum,* soit le traité *De proprietate rerum,* par Barth. de Glanville.

(3) Ce Jean de Courtecuisse fut fait grand aumônier de France en 1409, et chancelier de l'Université en 1418. Élu évêque de Paris le 16 juin 1421, les Anglais, alors maîtres de la capitale, le forcèrent d'abandonner ce siége, et Martin V le nomma évêque de Genève. (Voy. le *Gallia christiana,* t. VII, col. 144, 145, 233 et 263). Jean de Courtecuisse mourut le 4 mars 1422, et légua à Notre-Dame un grand nombre de maisons qu'il possédait dans Paris (*Nécrologe de Notre-Dame,* III nonas martij et XV kalendas octobris), et un certain nombre de volumes. On trouve, en effet, sur plusieurs manuscrits provenant de la bibliothèque de la cathédrale, la note suivante : « D. Ioh. Brevis legavit ecclesiæ Parisiensi. » Voyez, entre autres, à la bibliothèque impériale, dans le fonds de Notre-Dame, les nos 226, 227 et 266.

(4) La *seconde* SECONDE de saint Thomas d'Aquin.

1 MARTII 1430.

«P. de Chacy supplicavit quod sibi tradatur una clavis de Libraria, et habebit eam.»

5 AUGUSTI 1430.

«Magister G. Perriere attulit in Capitulo librum continentem tres primas decades Titi Livii, «quem attulit de Libraria ecclesiæ; et placet Dominis quod tradatur, titulo commodati, magistro «Rolando scriptori medico, canonico Capellæ palatii regalis Parisiensis, pro corrigendo unum «suum similem librum, pro quo tradet vadium competens et cedulam de restitutione intra quin«decim dies.»

16 AUGUSTI 1430.

«Ordinatum est quod, cum alter magistrorum G. Perriere et Clementis de Faulquenbergue[1], «deputatorum per Capitulum ad inventarium librorum ecclesiæ in Libraria existentium, fuerit «absens, M. Petrus de Chacy negotietur cum eorum altero præsente.»

13 AUGUSTI 1431.

«Domini Villers, Aymenon[2] et Chacy, aut duo ex ipsis, deputati sunt ad visitandam Libra«riam ecclesiæ et refferendum.»

7 DECEMBRIS 1431.

«Gerardus Perriere, canonicus Parisiensis, oneratus est de custodia librorum Librariæ de «quibus ipse requisivit exonerari; cui responsum est quod ipse primo reddat compotum de in«ventario dictorum librorum.»

20 MAII 1433.

«Gerardus Perriere, canonicus Parisiensis, exhibuit hic tria inventaria librorum thesauri ec«clesiæ Parisiensis, per ipsum et Clementem de Falcabergia, canonicum Parisiensem, facta; «quorum unum ipse importavit secum, et alia duo dimisit : unum videlicet, quod est in majori «volumine, ad ponendum in Libraria, et aliud in thesauro ad conservationem ipsius.»

7 NOVEMBRIS 1435.

«Domini mei Ordeimonte et Chacy visitabunt libros Librariæ ecclesiæ, de qua Libraria ma«gister le Moustardier, nuper defunctus, dum viveret, habebat claves et custodiam, et compare«bunt hodie in dicta Libraria inter 12am et 1am horas post prandium, et ibidem erit presens «dominus archidiaconus Parisiensis, si ipse vult esse ibidem quod sic factum est; et tradidit «claves M. G. de Algia præfatis DD. commissis.»

15 NOVEMBRIS 1435.

«Claves Librariæ ecclesiæ Parisiensis, quas habebat nuper, dum viveret, defunctus Jos. le «Moustardier, canonicus Parisiensis, per G. de Algia ipsius nepotem et alterum executorum ejus«dem restitutæ, traditæ sunt per Capitulum, cum custodia librorum ejusdem Librariæ, magistro «J. Guilleaume, canonico et camerario clerico ejusdem ecclesiæ, qui ipsas recepit et juravit ipsas «fideliter servare, et de ipsis debitum suum facere ut melius poterit.»

[1] Il mourut en 1438, et légua plusieurs volumes à Notre-Dame. (Voyez p. 23.) — [2] Voyez note 2, p. 24.

5 JULII 1437.

« Camerarius Barre deputatur ad videndum libros de choro ecclesiæ Parisiensis, et ad providendum de et super eorum reparationibus. »

23 FEBRUARII 1444.

Dicatur Cajal quod faciat diligentiam de sollicitando magistros Rob. Cibole[1] et Sanct. de Mondidier, commissos pro facto clavium et sacci de veteri Libraria, ut faciant informacionem et referant.

ULTIMA MAII 1445.

Pœnitentiarius, Charetier[2] et Cibole, aut duo ipsorum, commissi sunt ad custodiam librorum Librariæ ecclesiæ, et ad faciendum inventarium eorumdem, et ad recuperanda ea quæ fuerunt recuperanda, et ad facienda alia circa hæc necessaria.

II AUGUSTI 1447.

« Ordinatum est quod nullus habeat claves Librariæ, nisi sit canonicus Parisiensis. Sed si « quis alterius voluerit ibidem ire, hoc poterit facere de consensu dicti canonici qui habebit « ipsas claves, ita quod solum ibidem remaneat quandiu ipse canonicus ibidem erit presens; « et dicatur clerico fabricæ quod faciat diligentiam de recuperando clave ab ipsis qui non sunt « canonici qui ipsas claves habent. »

2 JULII 1449.

Quia, prout hic volatum est, dominus cancellarius ecclesiæ, videlicet magister Johannes Chuffart[3], non vult se onerare de certis libris repertis in una parva camera existente in Libraria ecclesiæ, ad hujusmodi officium cancellariæ pertinentibus, intitulatis *De cancellaria*... ordinatum est quod, casu quo ipse se noluerit onerare de ipsis, et acceptare ad usum ad quem ordinati sunt, quod illi qui poterunt, gallice *être enchaînés, soyent enchaînés;* et de residuo dominus pœnitentiarius ad præsens habebit custodiam ad usum prædictum, et fiet de ipsis inventarium.

XI AUGUSTI 1451.

Domini Gerson[4] et Moneti[5], cum domino camerario, deputantur ad recolendum inventarium librorum Librariæ ecclesiæ, et ad providendum super amissione sive perditione nonnullorum ipsorum.

19 AUGUSTI 1454.

Hodie camerarius laïcus apportavit raportum reparationum Capituli et veteris Librariæ, cui injunctum est faciat murum in ecclesia, prout alias fecit.

(1) Voyez la note 3, p. 23.

(2) Sans doute Guillaume VI Chartier, qui devint évêque de Paris deux ans après, et mourut en mai 1472.

(3) Jean Chuffart était chancelier depuis le 20 mai 1433. Sa mort est inscrite à la date du 8 mai 1451 dans le nécrologe de Notre-Dame.

(4) Il ne s'agit plus ici du fameux Jean Gerson, car il était mort depuis 1429. On veut certainement parler de son neveu Thomas de Gerson, qui mourut en 1475 chanoine de la Sainte-Chapelle, et chantre de Saint-Martin de Tours.

(5) Il y a un Andreas Moneta cité dans le nécrologe de Notre-Dame, IX kalendas aprilis.

21 AUGUSTI 1458.

Domini pœnitentiarius, Evrardi[1] et Munier committuntur ad ponendum libros cancellariæ[2] in Libraria, et ad incatenandum.

20 OCTOBRIS 1458.

Ponantur in Libraria, et incatenentur sex libri de quibus hic locutus est dominus pœnitentiarius, alter provisorum fabricæ : videlicet quatuor de cancellaria, qui sunt videlicet S. Thomæ, S. Bernardi, et duo alii legati per defunctum mag^um Robertum Cibole cancellarium[3].

10 NOVEMBRIS 1462.

Magister operum ecclesiæ, præsentibus dominis decano, succentore, et qui voluerint interesse, videant et advisent locum ad Librariam ecclesiæ ædificandam.

15 APRILIS 1463.

Placet quod magister Hue, canonicus Parisiensis, faciat mundari Librariam et libros ejusdem.

19 SEPTEMBRIS 1463.

Domini succentor, J. Luillier[4], Parentii et Montignii videant modum quo possit ædificari Libraria, et locum aptiorem prope capitulum.

13 APRILIS 1464.

Domini succentor, de Croces, Monet, Parentii, Grelier[5] et Hue conferant cum lathomiis et carpentariis, variis vicibus iteratis, super modo ædificandæ Librariæ ecclesiæ, et referant.

6 JULII 1464.

Quia non sunt pecuniæ pro Libraria perficienda, nec scitur inveniri modus habendi, conclusum est quod venditioni exponatur alter librorum Nicolai de Lyra existens in Libraria ecclesiæ, non tamen melior, et expediatur plus offerenti; et quod illi qui voluerint apponere pretium, notificent secreto propter rumores qui oriri possent; et non vendatur alicui qui non sit canonicus, si possit fieri.

25 JULII 1464.

Ponatur in licitatione alter liber Nicolai *de Lyra* sub pretio ducentorum scutorum, et durabit licitatio usque ad octavam; et qui voluerint super apponere pretium, vadant secreto erga notarium Capituli.

30 JULII 1464.

Licitatio venditionis libri Nicolai *de Lyra* continuatur ad Veneris proximam, ordinabitur sub pretio ducentorum sex scutorum.

(1) Voyez la note 1, p. 24.

(2) Voyez la note 3, p. 20.

(3) Voyez ci-dessus, 23 februarii 1444.

(4) C'est, sans doute, Jean VI Lhuillier, qui devint doyen de Notre-Dame le 15 novembre 1469. (Voyez le *Gallia christiana*, t. VII, col. 215.)

(5) Sans doute Guillaume Grelier, qui devint chanoine de Chartres, et qui, dix ans après, laissa en mourant quelques volumes à la cathédrale. (Voyez *Necrologium ecclesiæ Parisiensis*, XXI novembris.)

6 AUGUSTI 1464.

Liber Nicolai *de Lyra* in tribus voluminibus traditus ecclesiæ per magistrum Philippum Aymenon [1], canonicum Parisiensem, ex ordinatione Capituli, fuit commutatus ad ædificationem unius Librariæ, facta prius licitatione, quæ ad diem hodiernam continuata fuerat pro omni dilatione, ad hoc ut expediretur uni canonicorum qui majus pretium offerret, finaliter remansit magistro Eustachio Luillier, canonico Parisiensi, pro pretio ducentorum et sex scutorum auri, tanquam plus offerenti et ultimo incarisanti; et sibi expeditus fuit die Mercurii sequentis, mediante dicta summa quam realiter solvit.

8 FEBRUARII 1465.

Audita relatione commissariorum ad visitandum compotum reparationum et ædificationum Librariæ noviter ædificatæ, compertum est quod debentur magistro Joanni Hue [2], qui hujusmodi compotum reddidit, viginti octo libræ, decem quatuor asses et quatuor denarii. Et quod adhuc restant aliquæ fenestræ et ferraturæ faciendæ, ordinatum est, quod tam pro solvendo dictum magistrum Joannem Hue, quam ad perficiendum ea quæ restant, capientur trigenta duæ libræ parisienses, videlicet : super officio cameræ sexdecim libræ parisienses, et super officio panis sexdecim libræ parisienses.

8 JULII 1465.

Transferantur coffri existentes prope ostium capituli in Libraria noviter ædificata, et illi de antiqua Libraria, in quibus sunt plures quittanciæ et alia plura inutilia.

21 JULII 1475.

Reparetur Libraria ecclesiæ quam citius fieri poterit, audita relatione juratorum.

4 AUGUSTI 1475.

Domini cantor, Sohier, de Caigneux, et Hue advisent modum providendi super facto reparationum Librariæ.

XI OCTOBRIS 1476.

Reparetur Libraria quantocius fieri poterit.

16 FEBRUARII 1480.

Fiat quittancia executoribus defuncti domini pœnitentiarii, videlicet magistri Thomæ Troussel [3], de sex voluminibus librorum per ipsum in suo testamento legatorum ecclesiæ : primum, Augustini *De civitate Dei*, *etc.* Qui quidem libri incatenati sunt in Libraria ecclesiæ.

28 OCTOBRIS 1483.

Hodie magister Johannes de Courcellis, decretorum doctor, archidiaconus de Josayo in ecclesia Parisiensi, exhibuit et præsentavit in capitulo Lecturam Henrici Bouhic [4] super quinque

[1] Voyez ci-dessus, 13 augusti 1431.

[2] Ce Jean Hue était chanoine de Notre-Dame. On trouve son nom dans le nécrologe.

[3] Voyez la note 1, page 26.

[4] Henri Bouhic ou Bohic, l'un des plus célèbres jurisconsultes du XIVe siècle; il professa le droit à Paris vers 1335. Son commentaire sur les décrétales a été fréquemment réimprimé.

libris decretalium, in duobus voluminibus scriptis ad manum in pergameno, coopertis corio rubeo, etc. Quam Lecturam dedit ecclesiæ pro incarcerando et reponendo in Libraria ipsius ecclesiæ, prout pridem promiserat, ut dicebat, inter cætera dictæ ecclesiæ donata et legata, ratione fundationis certorum anniversariorum et missarum celebrandarum [1] in capella sanctorum Martini et Annæ in dicta Parisiensi ecclesia, in qua ipse et defunctus magister Thomas de Courcelles [2], ejus frater, dum viveret ejusdem ecclesiæ decanus, sepulturam suam elegerunt. Quod donum fuit gratanter acceptum, cum gratiarum actionibus eidem domino archidiacono relatis; et fuit ordinatum quod fiat ei littera seu quittancia.

13 OCTOBRIS 1484.

Placet quod magister Cosmas Guinnie, capellanus ecclesiæ, habeat unam clavem ecclesiæ Librariæ.

3 JUNII 1485.

D. archidiaconus Parisiensis declaravit quod ipse habet certos libros, ac litteras, et cartas spectantes cancellariæ; et requisivit quod Capitulus committat aliquos ad videndum et inventoriandum dictos libros et titulos, et quod ipse habeat quittanciam a Capitulo; et significetur magistris Joanni Hue [3] et Ambrosio de Cambray [4] adducere contendentium de cancellaria; et fuit commissus notarius ad faciendum inventarium.

8 MAII 1486.

Committuntur D. Luchat et Quentin [5] ad recipiendum a domino archidiacono Parisiensi cartas et libros cancellariæ ecclesiæ Parisiensis spectantes.

24 MAII 1486.

Arca in qua positi fuerunt libri cancellariæ qui erant penes dominum archidiaconum Parisiensem ponatur in thesauro, et habeat cancellarius unam clavem, et succentor aliam.

XI AUGUSTI 1488.

Committitur magister Joannes Quentin ad faciendum poni extra Librariam bladum in ea positum, expensis Capituli.

15 JUNII 1492.

Provideat camerarius seris Librariæ et ostii S^ti Dionysii de Passu [6], adeo quod nulli possint intrare claustrum Capituli.

14 JANUARII 1492.

Hodie dominus decanus [7] exhibuit in Capitulo unum librum continentem officium diei Jovis

[1] Cette fondation est mentionnée dans le *Gallia christiana*, t. VII, col. 215.

[2] Voyez page 26.

[3] Voyez la note 2, page 55.

[4] Ambroise de Cambrai fut plus tard le quarante-huitième doyen de l'église de Meaux. (*Gallia christiana*, t. VII, col. 1668.)

[5] Jean Quentin était pénitencier de Notre-Dame; il mourut au commencement de l'année 1502 (*Gallia christiana*, t. VII, col. 838), après avoir fait profession à l'abbaye de Saint-Victor de Paris. (Voy. *Histoire manuscrite de l'abbaye de Saint-Victor*, bibliothèque Mazarine, n° 2873, liv. III, p. 26.)

[6] Voyez page 25, et la note 1.

[7] Voyez la note 4, page 26.

in cœna Domini ad conficiendum chrisma more Parisiensis ecclesiæ, quem dedit ecclesiæ, retento usu quandiu erit de ecclesia.

JOVIS 2 APRILIS 1494.

Hodie venerabilis et circumspectus vir dominus et magister Joannes de Courcellis, archidiaconus de Josaïo, canonicus Parisiensis, dedit, et per mandatum magistri Claudii Odangest, decretorum doctoris, ejus nepotis, Librariæ in Capitulo Parisiensis ecclesiæ, unum librum in papyro, littera currenti scriptum, religatum inter duos asseres, et coopertum corio rubro impresso [1], cum quadam catena ferrea, continentem decreta et cætera gesta in concilio Basyleensi [2];

Tractatum de auctoritate concilii supra papam [3];

Duos tractatus super declaratione autoritatis concilii generalis in facto indulgentiarum;

Tractatum de temporalitate ecclesiæ;

Responsionem factam Bohemis supra articulo de coronatione;

Tractatum contra articulos principales Hussitarum;

Tractatum de punitione peccatorum;

Et alia multa quæ patent in tabulis ejusdem libri.

Et ordinavit ipsum poni in Librariam ecclesiæ.

De quo quidem libro Domini de Capitulo ipsi domino de Josayo regratiati fuerunt.

XI OCTOBRIS 1497.

Hic locutum est de vitrariis Librariæ Capituli, quæ pro majori parte cadunt in ruinam; sed nihil conclusum est.

5 MAII 1501.

Placuit Dominis accommodare processum Puellæ (*Aurelianensis*) in Libraria Capituli existentem domino abbati Sancti Victoris [4], tradendo cedulam suam.

15 JANUARII 1503.

Super requesta domini archidiaconi Parisiensis petentis quod placeret Dominis sibi tradere certum breviarium imperfectum, quod est inter libros quos defunctus dominus Ludovicus de Bellomonte, ejus avunculus, episcopus Parisiensis, legavit ecclesiæ; et hoc pro pretio contento in appretiatione dictorum librorum; commissi sunt domini decanus [5] et Saulay [6] ad videndum dictos libros, et referendum de libro quem petit ipse dominus archidiaconus.

9 MARTII 1503.

Placuit Dominis mutuare domino præsidenti Baillet [7] processum Puellæ in Libraria ecclesiæ existentem, tradendo per eum cedulam suam de restituendo eum processum. Nota quod dominus pœnitentiarius habuit dictum processum pro tradendo et recuperando cedulam [8].

[1] «Impresso» désigne vraisemblablement ici des ornements frappés à froid sur la couverture de cuir.

[2] Voyez la note 2, page 28.

[3] Voyez la note 3, page 28.

[4] Voyez page 25.

[5] C'était encore Jean VII Lhuillier.

[6] Jean Saulay était un des chanoines de l'église. (*Gallia christiana*, t. VII, col. 837.)

[7] Voyez page 29, et la note 3.

[8] Voyez 26 maii 1516, 24 julii 1525, et 30 augusti 1530.

15 JANUARII 1506.

Præceptum est domino Louet, camerario clerico, de reparari faciendo vitrarias Capituli et Librariæ ecclesiæ.

30 AUGUSTI 1507.

Ordinatum est quod dominus Lenfant[1], camerarius clericus, reparari faciat vitrarias Librariæ ecclesiæ Parisiensis, et de ipsis reparationibus satisfaciat.

22 SEPTEMBRIS 1507.

DD. pœnitentiarius et de Launay commissi fuerunt ad videndum particulas[2] reparationum quas fieri fecit dominus Lenfant, camerarius clericus, de mandato Capituli, in Libraria ecclesiæ, et ordinandum de ipsis.

18 JULII 1508.

D. archidiacono Parisiensi concessum est parvum missale legatum ecclesiæ a domino Ludovico[3], episcopo Parisiensi, ejus avunculo, mediante appretiatione alias ipsi facta, nondum religatum, sed per codices, et non illuminatum.

31 JULII 1508.

Placuit Dominis quod dominus decanus[4] habeat missale, hic exhibitum per codices et non illuminatum, repertum inter libros defuncti domini de Bellomonte, episcopi Parisiensis, quos legavit ecclesiæ, pro quatuor scutis quæ obtulit.

7 MAII 1516.

Magister Philippus Infantis, alter executorum testamenti defuncti magistri Thomæ Briquot, dum viveret pœnitentiarii Parisiensis, attulit in Capitulo duo breviaria in parvo volumine, scripta ad manum in pergameno, alias eidem defuncto, ut dicebat ab eo audivisse, tradita pro dando ecclesiæ. Quæ remanserunt super burellum, et fuit eidem injunctum ut ipse faciat diligentiam de recuperando et reponendo in Libraria ecclesiæ processum Puellæ.

26 MAII 1516.

Quia relatum est quod dominus præsidens de Baillet habet librum processus Puellæ extractum a Libraria ecclesiæ, et offert illum restituere, sibi tradendo quittanciam, ordinatum est quod notarius occuperet dictum librum, et tradat quittanciam.

Dominus Allegrin[5] accepit librum dudum datum per defunctum dominum Joannem de Courcellis, archidiaconum de Josayo, qui continet ordinationes concilii Basyleensis, et alia similia.

[1] Le nécrologe de Notre-Dame mentionne la mort d'un sous-diacre nommé *Hugo Infans*. (Voyez le VI des ides de novembre.)

[2] D'où le vieux mot français *parties* que nous ne croyons point avoir vu employé depuis Molière. (Voyez *le Malade imaginaire*, acte Ier, scène 1re; et ci-dessous, 24 julii 1525, 3 septembris 1538 et 8 februarii 1543.)

[3] Louis de Beaumont.

[4] Voyez page 29.

[5] Jean Allegrin, nommé chanoine de Notre-Dame en 1501. (*Gallia christiana*, t. VII, col. 157.)

4 JANUARII 1517.

Super supplicatione domini Consiliani Longuejoe, executoris testamenti defuncti magistri David Chambellan[1], dum viveret decani et canonici Parisiensis, petentis manum levatam bonorum ipsius defuncti sibi fieri, cum moderatione taxæ reparationum domus claustralis ipsius defuncti[2]; offerens cum effectu pedem calicis auri dudum eidem defuncto venditum, et per eumdem defunctum legatum ecclesiæ, ac satisfacere de dictis reparationibus juxta ordinationem Dominorum, ac de libris hæbreis et græcis, ac aliis per dictum defunctum legatis ecclesiæ. Habita super hoc per Dominos deliberatione, placuit Dominis dare eidem executori manum levatam et expeditionem bonorum ipsius defuncti, solvendo summam ducentarum librarum parisiensium, ad quas summas moderaverunt reparationes taxatas ad summam trecentarum sexdecim librarum turonensium; et alia legata per dictum defunctum, et quod hujusmodi manum levatam habeat per camerarium laïcum, solemnitatibus in talibus requisitis prius factis et observatis. Quam quidem summam ducentarum librarum parisiensium solvit ipse executor cum effectu, una cum vigenti scutis ad coronam legatis officio mandeti; tradiditque et expedivit libros hæbreos et græcos legatos per dictum defunctum, ponendos in Libraria ecclesiæ, nec non dictum pedem calicis auri, de quibus habuit quittantiam.

VI JUNII 1517.

3ª die capituli generalis S. Jª Baptistæ.

Ordinatum est quod dominus Capel habeat onus Librariæ ecclesiæ, ad videndum si sit completa, juxta inventarium seu tabulam ejusdem.

18 SEPTEMBRIS 1521.

Domini succentor, Allegrain, Mouton et Vivier committuntur ad visitandum quemdam librum quem dominus decanus[3] fieri fecit, continentem omnia beneficia ad collationem et præsentationem Capituli spectantia, una cum revenuta capellaniarum ecclesiæ Parisiensis, et in quo seu quibus turnis debent conferri, et de ipso collationes faciendum cum antiquis registris, et referendum.

19 MARTII 1522.

Fiat monitio generalis contra detinentes Legendarium ecclesiæ, in quo continentur legendæ Annunciationis Beatæ Mariæ, Stæ Gertrudis et Sancti Benedicti, cum aliis pluribus.

6 JULII 1523.

Ordinatum est quod fiant claves Librariæ, et tradatur domino Merlin[4] una illarum, et super hoc provideat dominus camerarius.

24 JULII 1525.

Videat D. Tappereau[5] particulas Johannis Marchand, coopertoris domorum, de reparationibus quas fecit de novo super Libraria et graneriis Capituli, et referat ad primum Capitulum.

(1) Voyez page 29, et la note 4.

(2) Voyez la note 1, page 30.

(3) Guillaume III Hue, qui fut doyen du 15 février 1517 au 31 juillet 1522, jour de sa mort. (*Gallia christiana*, t. VII, col. 216.)

(4) Ce Jacques Merlin avait, en 1524, le titre de vicaire de l'évêque de Paris. (*Gallia christiana*, t. VII, instrum. col. 252.) Voyez ci-dessous 12 decembris 1541.

(5) Le nécrologe de Notre-Dame de Paris mentionne, à la date du 27 juin, la mort d'un chanoine nommé *Pierre Tappereau*.

24 JULII 1525.

Dominus Merlin oneratus est de recuperando processu Puellæ, alias concesso domino præsidenti de Baillet, ad ipsum reponendum in Libraria ecclesiæ.

2 MARTII 1528.

Videant domini Liger et Gontier galeriam quæ est inter pannetariam et Librariam ecclesiæ, quam magister Petrus Blondeau, scriptor librorum ecclesiæ, petit sibi distribui pro scribendo, et, si sit apta, placet quod illam habeat.

17 AUGUSTI 1530.

Ordinatum est quod pecia clausuræ chori cupreæ, quæ in vigilia festi Assumptionis mole multitudinis populi compressa cecidit, reponatur in galeria quæ est in introïtu Librariæ ecclesiæ, quæ sit bene et secure firmata, donec fuerit ordinatum per Capitulum quid erit agendum de hujusmodi clausura.

30 AUGUSTI 1530.

Ad visitandam Librariam ecclesiæ, et recuperandos libros ab eadem extractos, ac fieri faciendum inventarium ipsorum librorum, deputati sunt domini pœnitentiarius, Mouton et Bertoul; dictus vero Merlin dixit se recuperasse processum Puellæ, quem habet apud se pro reponendo in dicta Libraria.

23 JULII 1533.

Recitato in Capitulo quod quidam, motus amore decoris ecclesiæ et Librariæ ejusdem, dare vult magnam copiam librorum et voluminum, sub æstimatione mille scutorum auri. Et quia, ut ibi relatum, locus Librariæ dictæ ecclesiæ non est aptus nec capax tantorum voluminum, commissi sunt domini pœnitentiarius et Mazurier ad visitandum hujusmodi Librariam, et referendum.

23 DECEMBRIS 1534.

Solvat officiarius anniversariorum Stephano Courault, illuminatori librorum, triginta sex solidos, pro duobus codicibus prosarum, additis duobus libris græcis ecclesiæ, per scriptorem de novo factis, et per dictum Courault litteris aureis illuminatis.

30 OCTOBRIS 1538.

Videbunt domini decanus[1] et pœnitentiarius reparationes faciendas in vittrinis Bibliothecæ ecclesiæ, et referant.

Curent domini Mazurier, Ricard, Louchigny et Hodoard, sacræ theologiæ professores, imprimendum librum domini Petri Lombardi super psalterium[2] existentem in Bibliotheca ecclesiæ.

Recuperabunt supradicti domini a domino de Gaigny[3] librum Prosperi *De vita contemplativa*, et a magistro Guillelmo Vilico, nuper præceptore grammatices puerorum chori ecclesiæ, Vetus

[1] Jean VIII du Drac, qui avait été élu doyen le 15 septembre 1522. (Voyez le *Gallia christiana*, t. VII, col. 216.)

[2] Voyez la note 2, page 30.

[3] Il était confesseur du roi. (Voyez plus loin, à la date du 7 septembre 1541.)

et Novum Testamentum hebræis et græcis litteris conscriptum, per defunctum quondam bonæ memoriæ Davidem Cambellanum, insignis ecclesiæ Parisiensis decanum, Bibliothecæ ejusdem ecclesiæ legatum.

EADEM DIE.

Providebunt domini pœnitentiarius et Pelour de recolligendo toto processu Puellæ tam Parisiis quam Rothomagi et alibi facto, ut in integrum in Libraria ecclesiæ reponatur.

20 NOVEMBRIS 1538.

Committuntur domini decanus [1], pœnitentiarius et Courchon, ad fieri faciendum vitra Librariæ ecclesiæ.

3 SEPTEMBRIS 1538.

Videant domini des Avenelles et Morin particulas Petri Labbe super ejus opera scraviæ per eum factæ in armariolis noviter factis in Libraria ecclesiæ, et referant.

7 SEPTEMBRIS 1541.

Auferat geolarius Capituli certas suas res et negotia ab ingressu Librariæ ejusdem ecclesiæ, et locum mundari faciat, ut dominis illic transeuntibus honestior pateat via.

Committuntur domini Bouchigny et Hodoard recuperaturi a domino de Gaigny, confessore regis, librum Prosperi *De vita contemplativa*, quem dudum cepit in Bibliotheca ecclesiæ.

9 SEPTEMBRIS 1541.

Committitur dominus pœnitentiarius custos Bibliothecæ ecclesiæ et clavium ejusdem, et easdem claves accipiat a magistro Joanne Polly, geolario Capituli, et ab aliis illas habentibus; et nemini, cujuscumque conditionis fuerit, liceat aliquem librum a dicta Bibliotheca, sub pœna excommunicationis latæ sententiæ, extrahere seu transferre, sed ablati reponantur. Et hic bonum visum fuit aliquam honestam Librariam honestorum librorum ad decorem ecclesiæ constituere; et propter hoc nonnulli ex Dominis promiserunt in promptu magna librorum copia munire et decorare.

12 DECEMBRIS 1541.

Recipiant domini pœnitentiarius et alii magistri nostri doctores theologi libros quos legavit ecclesiæ defunctus dominus Merlin [2], ponendos intra Librariam ejusdem ecclesiæ.

20 FEBRUARII 1541.

Ad relationem domini pœnitentiarii Mazurier, tradat notarius Capituli executoribus testamenti defuncti domini Merlin certificationem deliberationis per eos factæ ipsi Capitulo librorum quos idem defunctus ad opus Librariæ ecclesiæ Parisiensis legavit.

7 MARTII 1542.

Videbunt domini decanus, pœnitentiarius, Gontier et Verjus locum ingressus Librariæ si conducet ad illic faciendum prætorium jurisdictionis temporalis et spiritualis ecclesiæ.

Mundata Libraria ecclesiæ, ponantur in ea cum libris ejusdem libri quos legavit ecclesiæ

[1] C'était encore Jean VIII du Drac. — [2] Sur ce Jacques Merlin, voyez la note 1, page 31.

prædictæ defunctus dominus Merlin, quos recepit dominus Mazurier ab executoribus et hæredibus dicti defuncti.

24 MAII 1542.

Videbunt domini Croisard et Verjus ea quæ dominus pœnitentiarius in Libraria ecclesiæ supplicat fieri, tam de pulpitis faciendis, quam augenda hujusmodi Libraria in ingressu ejusdem, et referent.

12 JULII 1542.

Tradat dominus camerarius Verjus domino Hesselin mutuo libros Suetonii et Titi Livii de Libraria ecclesiæ Parisiensis, ad onus illos restituendi ipsi Librariæ.

25 SEPTEMBRIS 1542.

Ibunt, quando vacabit, domini pœnitentiarius et Verjus ad Librariam fratrum Minimitanorum[1] Sancti Francisci de Paula, visuri pulpita ejusdem Librariæ, ut instar illorum fiant illa Librariæ ecclesiæ Parisiensis; ac propter hoc pecunias necessarias furniat idem dominus Verjus.

7 JANUARII 1543.

Ponantur in camera compotorum ecclesiæ hic per dominum Gontier exhibiti sacci processuum ejusdem ecclesiæ, quos dixit recuperavisse ab hæredibus defuncti magistri Remundi Bourgeois; et curent domini archidiaconus de Josayo, pœnitentiarius et ipse Gontier fieri et poni *des rateliers* ad suspendendos hujusmodi saccos et alios processuum dictæ ecclesiæ; similiter strari et ornari Librariam ejusdem.

8 FEBRUARII 1543.

Solvantur per dominum camerarium clericum ecclesiæ, scilicet vitriarium pro suis particulis vitrarum, et Petrus Labbe serarius pro virgis ferreis Librariæ dictæ Parisiensis ecclesiæ.

14 NOVEMBRIS 1547.

Committuntur domini archidiaconus de Josayo et camerarius clericus ecclesiæ videre in Libraria aptum locum ædificandi honestam cameram, in qua Domini congregari possint pro tractandis negotiis ecclesiæ occurrentibus, et maxime pro directione et intelligentia processuum dictæ ecclesiæ.

15 NOVEMBRIS 1547.

Ordinatum est fieri cameram novam in Libraria ecclesiæ juxta discretionem et opinionem domini archidiaconi de Josayo, et impensis cameræ, cui dominus archidiaconus et camerarius providebunt.

25 JUNII 1549.

Committitur dominus decanus[2], secum assumptis aliquibus dominis, visitare locum supra Capitulum ædificandi Bibliothecam, pro cujus initio offert dominus pœnitentiarius vigenti scuta auri ad solem.

(1) Voyez la note 2, page 31. — (2) Voyez la note 1, page 31.

6 FEBRUARII 1551.

Habeat dominus Maillard, hoc requirens, Bibliam in Libraria ecclesiæ existentem, et posthac Capitulo illam reddat.

16 DECEMBRIS 1556.

Sumantur asseres Librariæ ecclesiæ pro prætorio et aliis reparandis in domo ipsius ecclesiæ prope S^tum^ Laurentium in dominio Villetæ S^ti^ Lazari (1).

XI MAII 1557.

Videbunt domini decanus (2) et cancellarius (3) aptum locum ad erigendam Librariam librorum ecclesiæ, et referent.

25 JUNII 1557.

DD. decanus, cancellarius et Le Cocq (4) perquirant aptum locum Librariæ faciendæ librorum ecclesiæ, et huic diligenter intendant.

5 JANUARII 1559.

Fiat inventarium omnium librorum ecclesiæ in Libraria ejusdem existentium, quo in decenti statu reponantur; et huic provideant domini cancellarius, pœnitentiarius, ac camerarius clericus, cum domino decano.

26 JUNII 1570.

Conceduntur ecclesiæ Sancti Clodoaldi duo pulpita de Libraria ecclesiæ Parisiensis, per dominos de camera deliberanda canonicis dictæ ecclesiæ S^ti^ Clodoaldi in choro ejusdem ecclesiæ ponenda, ex dono et gratia Capituli, ac favore domini archidiaconi dictæ ecclesiæ decani id requirentis.

15 JULII 1672.

DD. cantor, de Bongueret et Chatelain, canonici Parisienses, antehac commissi rogati ut quosdam libros ad ecclesiam pertinentes a domino De Thou (5), in cujus bibliotheca esse dicuntur, repetant.

VENERIS 19 JULII 1680.

D. cancellarius (6) exposuit illustrissimum ac reverendissimum dominum archiepiscopum Parisiensem (*Franciscum Harlæum* (7)) dono dedisse Dominis de Capitulo sex majores libros, duosque

(1) Saint-Lazare était alors une léproserie; on ignore à quelle époque remonte la fondation de cette maison, mais Louis VII y fit une visite en 1147 avant de partir pour la croisade. Cet hôpital avait une église qui fut élevée sur l'emplacement de l'ancienne basilique de Saint-Laurent. Quant aux droits de la cathédrale sur Saint-Lazare, voyez G. Dubois, *Historia ecclesiæ Parisiensis,* t. II, p. 454 et suiv. et, dans le *Cartulaire de l'évêque de Paris,* les chartes suivantes : *Litteræ Reginaldi, Parisiensis episcopi* (2 juin 1263); *De domo Sancti Lazari prope Parisius* (27 avril 1270); *Litteræ quibus Samson de Cristolio, presbyter, institutus est magister leprosorum Sancti Lazari Parisiensis* (6 mai 1270).

(2) Antoine Le Cirier, doyen du 7 janvier 1548 au 14 janvier 1575.

(3) Antoine du Vivier, chancelier du 2 juillet 1549 au 24 décembre 1580.

(4) Jean Le Cocq était chanoine de Paris et curé de Saint-Eustache; il mourut le 26 juin 1568.

(5) Voyez la note 5, page 31.

(6) Voyez la note 3, page 32.

(7) Voyez la note 4, page 32.

minores, qui Acta cleri gallicani nuncupantur. De quibus visum fuit Dominis habendas esse gratias præfato domino archiepiscopo; ac commissi sunt rogati domini Gaudin [1] ac Franc. Bochart, canonici Parisienses, qui una cum dicto domino cancellario, istud exequantur. Conclusum autem fuit libros prædictos esse penes dominum cancellarium reponendos [2].

Occasione hujusmodi, dominus cantor [3] dixit apud se statuisse, a pluribus annis, suam bibliothecam in publicum usum Capitulo largiri, paratumque se quemlibet actum super hoc necessarium inire.

Pari etiam affectu ductus, dominus Lefevre [4], canonicus Parisiensis, dixit se suam quoque bibliothecam, a defunctis dominis Cocleii [5], canonicis Parisiensibus, suis avunculis, sibi relictam, in eumdem usum esse largiturum. Quod Dominis acceptissimum fuit, ac extemplo publicæ gratiæ dictis dominis pro tam insigni dono actæ fuerunt.

Rogati sunt autem dictus dominus cancellarius, ac domini ab ædificiis, qui de loco Bibliothecæ adornandæ apto et idoneo inquirant. Signatum Cl. Joly.

22 JULII 1680.

D. cantor dixit se animo perpendisse quæ superiori Capitulo de sua bibliotheca Capitulo Parisiensi donanda egerat; sibique in mentem venisse, satius sibi fore si quæ testamento ordinanda reservarat per alios in executionem mittenda, vivens ipse vidensque exequeretur.

Quapropter velle jam dictam suam bibliothecam, scilicet suos omnes libros tam sacros quam profanos, impressos quam manu exaratos, cujuscumque artis vel scientiæ, quocumque idiomate scriptos, nullo excepto, dicto Capitulo titulo donationis dare, prout ex nunc jam in præsenti dat et donat in usum publicum Dominorum, prout ipsis melius videbitur. Vult etiam præfatus dominus cantor ut eo dono comprehendantur tabulæ ligneæ sustinendis libris aptatæ, imo et tabellæ virorum illustrium quas penes se habet non paucas. Eaque omnia de facto tradit Dominis, ut jam et in posterum ipsorum sint precaria; tantum sibi earum possessionem retinens, donec facto librorum catalogo et aliarum rerum donatarum inventario, in alium locum a Capitulo designandum omnia transferantur. Eamque donationem facere erga ecclesiam Parisiensem matrem suam et altricem a quadraginta novem annis; grati animi ergo, nulloque onere Capitulo propter ea imposito, nisi ut cum Deo jubente e vivis excesserit, in necrologium ecclesiæ seu in album defunctorum ad diem vitæ suæ extremum referatur, ut eo die in officio Capituli pro eo, sicut pro cæteris solet benefactoribus, solemnes preces fundantur; super quibus omnibus quemcumque actum, si opus sit, ex abundanti initurum se pollicitus est. Quæ omnia et singula Domini grata et accepta habuerunt, ac illico singuli gratias eidem domino cantori retulerunt amplissimas. Signatum Cl. Joly.

EADEM DIE.

Commissi sunt rogati domini archidiaconus Parisiensis, succentor, cancellarius [6], et Gaudin camerarius, qui examinent tum ex registris Capituli, tum ex aliis, an et quam curam gereret cancellarius Parisiensis Librariæ seu Bibliothecæ Parisiensi pro munere suæ cancellariæ dignitatis.

[1] Jean Gaudin, docteur en théologie de la Maison de Sorbonne, chanoine et official de l'église de Paris; il est cité dans une charte de l'année 1665. (Voyez le *Gallia christiana*, t. VII, instrum. col. 214.)

[2] Voyez XI septembris 1682.

[3] C'était Claude Joly. (Voyez p. 32 et suiv.)

[4] Charles Lefèvre.

[5] En français Coqueley.

[6] C'était encore Nicolas Coquelin.

27 NOVEMBRIS 1680.

Commissi sunt rogati domini cantor, succentor[1], cancellarius, Gaudin camerarius, et Franciscus de Bongueret, canonici Parisienses, qui de loco bibliothecæ per præfatum dominum cantorem dono datæ quam primum adornandæ inquirant.

18 MARTII 1681.

Rogati sunt domini cantor, succentor, cancellarius, Gaudin camerarius, et Lorenchet ab ædificiis alter, canonici Parisienses, antehac commissi ad locum aptum et idoneum bibliothecæ per præfatum dominum cantorem dono datæ adornandæ causa inquirendum, huic negotio vacare.

VENERIS XI APRILIS POST PASCHA 1681.

Auditis dominis cantore, succentore, cancellario, et Gaudin camerario, commissis rogatis ad seligendum locum collocandæ bibliothecæ per præfatum cantorem dono datæ idoneum; eisdemque dominis referentibus, se postquam cubicula in anteriori parte domus geolæ Capituli per defunctum dominum de Ventadour, canonicum Parisiensem, antehac occupata visitaverint, nullum ad dictam bibliothecam adornandam locum aptiorem invenisse quam cubicula prædicta. Super quo, habita deliberatione, conclusum fuit hæcce cubicula esse ad id quam primum adaptanda, dictamque bibliothecam illuc post modum transportandam. Remissum autem fuit studio et diligentiæ ejusmodi domini succentoris, necnon etiam duorum dominorum deputatorum ad id rogatorum præsentem deliberationem executioni demandari facere.

MERCURII 21 MAII 1681.

Exposuit D. succentor libros omnes bibliothecæ per dominum cantorem anno superiori datæ, cum ipsis nidis, vulgo *tablettes*, ac pluribus tabellis depictis virorum illustrium, in locum ad id in loco geolæ selectum et adaptatum seu adaptandum ipso domino cantore istud in promissorum liberationem promovente fuisse asportatos. Cujus quidem doni Domini gratias amplissimas rursus exhibuerunt, ipsique plurimos et auspiciatissimos dies precati sunt. Commissi sunt autem præfati domini cantor et succentor, qui una cum domino cancellario leges ad hanc bibliothecam conservandam et amplificandam præscribere velint per Dominos approbandas.

1 AUGUSTI 1681.

«Domini grati ac benememores erga D. cantorem ob bibliothecam per ipsum nuper tradi«tam, ordinaverunt ejus tabellam depingi, in augustiori loco Bibliothecæ postea collocandam.»

3 APRILIS 1682.

In capitulo generali post pascha.

Lectæ fuerunt leges pro novæ Bibliothecæ conservatione per dominum cancellarium directæ. Quæ relegentur in proximo capitulo generali per Dominos approbandæ.

Eodem die, remissum fuit studio dominorum pro adornanda dicta Bibliotheca commissorum ad seligenda loca pro reponendis libris extantibus necessaria, ac pro nidis, vulgo *tablettes*, ad id quoque necessariis confici curandis.

[1] Le *succentor* prenait rang après le *præcentor*, qui, le plus souvent, était simplement appelé *cantor*; au-dessous du *succentor* venait encore le *concentor*.

XI SEPTEMBRIS 1682.

Exposuit D. cantor dominum cancellarium heri remisisse sex magnos libros, duosque minores qui Acta cleri gallicani nuncupantur, ab Illmo et R^{mo} domino archiepiscopo Parisiensi Dominis de Capitulo antehac dono dati, quos præfatus dominus cancellarius, per conclusionem Capituli de 19 julii anni 1680, penes se servaverat, eosque in nova Bibliotheca fuisse repositos. De quibus actæ fuerunt ipso domino cancellario gratiæ.

21 AUGUSTI 1686 [1].

Institutus est in custodem novæ Bibliothecæ J. B. de Boucart, a decem annis ordinandis seu exprebendis titulis et cartis ecclesiæ operam dans; ad ejusmodi novum officium exercendum quamdiu Dominis placuerit.

2 MARTII 1696.

D. succentor camerarius dixit dominum Petitpied [2], canonicum Parisiensem, dono dedisse constitutiones presbyterorum congregationis Oratorii Domini Jesu, asservandas in Bibliotheca Capituli. De quibus actæ sunt ipso domino Petitpied gratiæ.

3 FEBRUARII 1700.

Commissus est dominus Guichon, canonicus Parisiensis, ut curam habeat Bibliothecæ Capituli, quam acceptavit libenter.

22 FEBRUARI 1700.

Nulli commodetur e Bibliotheca liber, nisi sit de gremio ecclesiæ; et nemo etiam ex ecclesia aliquem assumat ex his libris, ut apud se deferat, nisi sub cautione singraphi sui in registro ad id parato appositi.

25 JUNII 1701.

Ad Bibliothecam D. Armandus Guichon continuatus est.

12 JULII 1726.

Audito domino Guichon, canonico Parisiensi, super statum Bibliothecæ Capituli, Domini ordinaverunt novum ordinem dictæ Bibliothecæ esse adhibendum, novumque cathalogum meliori forma esse dirigendum. Ordinaverunt insuper statuta dictæ Bibliothecæ per Capitulum edicta esse requirenda, ut omnibus nota deinceps serventur.

20 MARTII 1734.

M. le chambrier ayant representé l'etat present de la Bibliotheque du Chapitre, et ouï M. Guichon, chanoine de Paris, chargé du soin de la Bibliotheque, Messieurs ont ordonné qu'il sera fait incessamment un recollement de tous les livres qui y sont sur le catalogue d'icelle, et qu'en même temps on les fera battre et netoyer. A cet effet, Messieurs ont nommé et prié M. Le Per-

[1] Le manuscrit de la bibliothèque de l'Arsenal s'arrête à l'année 1682. Toutes les citations qui suivent sont donc extraites du recueil de Sarrazin; nous croyons dès lors inutile de continuer à les guillemeter.

[2] Voyez page 37.

ruquier, vicaire de Saint-Germain-l'Auxerrois en l'eglise de Paris (cy-devant bibliotecaire[1] de Saint-Victor de Paris), pour faire ledit recollement; ensemble faire la separation des livres inutiles à garder...

12 MAII 1734.

M. le chambrier a dit qu'en execution de la conclusion du 20 mars dernier, touchant la Bibliotheque du Chapitre, il a fait avec MM. Guichon et Le Perruquier le recollement de tous les livres, et la separation des livres inutiles à garder, dont il s'est trouvé un grand nombre; que cette separation, qui étoit indispensable, met dans la necessité de faire un nouveau catalogue; et qu'il est encore necessaire de relier à neuf plusieurs des livres reservés, dont les couvertures sont mangez des vers et endommagent les autres. Sur quoi, Messieurs ont ordonné que tous les livres separez comme inutiles seront vendus au meilleur prix qu'il sera possible; que mesdits sieurs les commissaires continueront leurs soins pour faire faire un catalogue exact de tous les livres et les faire ranger dans un nouvel ordre...

28 JULII 1734.

Messieurs, en consideration des peines et des soins qu'a pris M. Le Perruquier pour l'arrangement et le bon ordre de la Bibliotheque du Chapitre, ont prié M. Guichon, chanoine-intendant de la Bibliotheque, de luy faire un present de livres de la valeur de 150 livres.

4 JUNII 1734.

Dixit D. camerarius D. Guichon, canonicum Parisiensem, Bibliothecæ Capituli præfectum, dono dedisse plures libros maxime perutiles, propriis sumptibus comparatos, in eadem Bibliotheca asservandos; qui quidem libri de conciliis, historia ecclesiastica, dogmatibus theologicis, ad numerum septingentorum circiter voluminum ascendunt. De quo munificentissimo dono Domini gratum animum significare volentes, commissos rogaverunt dominos decanum, cantorem et succentorem qui præfatum dominum Guichon conveniant, ipsique nomine Capituli pro ejus erga ecclesiam studio et beneficentia gratulentur. Simulque hortati sunt, ut pro conficiendo catalogo librisque accurate et ordine debito disponendis operam adhibeant.

14 JULII 1734.

Solvat receptor Capituli domino Guichon, canonico Parisiensi ad Bibliothecam præposito, summam 150 lib. pro variis impensis ab ipso factis.

22 JANUARII 1740.

Secretarius mox eligendus Bibliothecæ administrationi invigilare tenebitur, sub oculis et mandatis domini Guichon, bibliothecarii primarii, necnon dictæ Bibliothecæ benefactoris munificentissimi.

24 MAII 1748.

Vacante per obitum defuncti domini Armandi Victoris Guichon, canonici Parisiensis, præfecti Bibliothecæ Capituli munere, Domini, habita deliberatione, dominum Joannem Audomarum Joly de Fleury, canonicum Parisiensem, dicti muneris functiones et exercitium suscipere rogaverunt.

[1] Il n'eut jamais que le titre de sous-bibliothécaire.

12 DECEMBRIS 1755.

Vacante per obitum domini Joannis Audomari Joly de Fleury, canonici Parisiensis, præfecti Bibliothecæ Capituli munere, Domini, habita deliberatione, dominum Joannem Baptistam Antonium de Malherbe, canonicum Parisiensem, dicti muneris functiones et exercitium suscipere rogaverunt.

24 MARTII 1756.

Retulit dominus camerarius actum esse in camera die 20ª hujus mensis habita, de articulis qui ad Bibliothecam Capituli pertinent; quibus quidem articulis per dominum camerarium expositis, audito insuper domino de Malherbe, canonico ecclesiæ Parisiensis, dictæ Bibliothecæ præfecto; Domini, habita deliberatione, statuerunt ut sequitur . . . Quæ sunt in Bibliotheca ecclesiæ Parisiensis dupla exemplaria librorum ea vendentur quamprimum, nisi forte dupla illa exemplaria aliqua in re forent eximia, aut essent editiones selectæ ac singulares; quod quidem dicti domini de Malherbe gustui erudito relinquitur ac promittitur. Pretium ex illa venditione duplorum librorum proventurum per dictum dominum de Malherbe impeditur in libros emendos, quos ipse aptiores utilioresque esse judicabit erudiendis instituendisque, vel ad doctrinam, vel ad pietatem, et ecclesiasticos mores, beneficiatis et cantoribus ecclesiæ Parisiensis; qui quidem libri in Bibliotheca ecclesiæ Parisiensis collocabuntur, recludenturque in armariis seu forulis peculiaribus. Gratiæ amplissimæ actæ sunt dicto D. de Malherbe de illo suo studio, tum in administranda Bibliotheca, tum in inveniendis quoque ac Capitulo suadendis quæ Bibliothecæ administrationem laudabiliorem utilioremque efficere possint.

30 APRILIS 1756.

Messieurs ont donné pouvoir à messieurs les intendants des batiments de faire relever et aggrandir les armoires de la Bibliotheque, en supprimant les deux basses armoires du milieu; comme aussi de faire baisser les appuis des trois croisées de la premiere piece de ladite Bibliotheque dont les chassis ne peuvent plus servir, attendu leur vetusté.

10 MAII 1756.

Monsieur le doyen ayant dit à la compagnie qu'un particulier etoit sur le point de faire imprimer un livre contenant l'histoire de l'eglise de Paris, Messieurs, apres en avoir deliberé, ont prié monsieur le doyen de voir M. de Malherbe pour le prier d'en arreter l'impression jusqu'à ce que l'ouvrage ait été communiqué au Chapitre.

9 AUGUSTI 1756.

Messieurs ont authorisé messieurs les intendants des batiments à faire recarreler à neuf en grands carreaux la Bibliotheque du Chapitre.

22 JUNII 1756.

Solvat magister Loyau, Capituli receptor, pro variis reparationibus tum in Bibliotheca Capituli, tum in aliis locis ex eadem domo dependentibus, anno 1756 factis, 2189 lib.

14 OCTOBRIS 1757.

Le sieur Loyau, receveur du Chapitre, payera au sieur Pontrain, maitre espinglier à Paris, la somme de vingt-deux livres neuf deniers pour des ouvrages de fil de fer par lui faits dans la Bibliotheque du Chapitre en la presente année 1757.

11 DECEMBRIS 1758.

M. de Malherbe, chanoine de l'église de Paris, intendant de la Bibliothèque du Chapitre, ayant representé que, pour rendre ladite Bibliothèque le plus utile qu'il se peut, il seroit à propos d'en faire imprimer un catalogue, en refondant dans un seul volume et dans un nouvel ordre les catalogues manuscrits qui sont dejà faits, lequel catalogue imprimé seroit distribué à chacun de Messieurs, et que la depense qu'il en pourroit couter, et qui n'excederoit pas la somme de six cent livres[1], pourroit être prise sur les fonds en deniers actuels de la Bibliothèque : Messieurs, après en avoir deliberé, ont authorisé M. de Malherbe à faire rediger et imprimer ledit catalogue conformement à sa representation et à payer cette depense des deniers de la Bibliothèque.

16 APRILIS 1762.

Deposito per dominum de Malherbe, canonicum Parisiensem, præfecti Bibliothecæ capituli munere, Domini, post gratias ipsi actas, dominum Jeanson, succentorem et canonicum Parisiensem, præfecti Bibliothecæ functiones et exercitium suscipere rogaverunt.

19 APRILIS 1762.

Messieurs ont ordonné au secretaire de demander à chacun de Messieurs qui auroient pris sous recepissé aucuns livres de la Bibliothèque la remise desdits livres, pour faciliter à M. l'intendant de la Bibliothèque un recolement complet, sauf à mesdits sieurs de redemander dans quelque temps, sous nouveau recepissé, ceux des livres qu'ils desireroient.

10 DECEMBRIS 1762.

D. succentor, nomine et ex parte D. Gervaise, S. F. P.[2] doctoris et sindicæ, obtulit Capitulo duo volumina in-4°, quorum uni titulus est *Determinatio sacræ Facultatis Parisiensis* super libro gallice *Histoire du peuple de Dieu;* alteri *Determinatio sacræ Facultatis Parisiensis* super libro cui titulus *Emile ou de l'Education*[3].

[1] Voyez cependant p. 42.

[2] *Sacræ Facultatis Parisiensis,* c'était le titre que prenait la Faculté de théologie; la Faculté de droit avait adopté l'épithète de *consultissima,* et la Faculté de médecine celle de *saluberrima.*

[3] Il existe, aux Archives de l'Empire, une volumineuse collection qui comprend les registres capitulaires de Notre-Dame de Paris, les cartulaires, les chartes originales, etc. Quant aux livres et manuscrits ayant fait partie de l'ancienne bibliothèque de Notre-Dame, ils sont pour la plupart conservés à la Bibliothèque impériale (dép. des manuscrits).

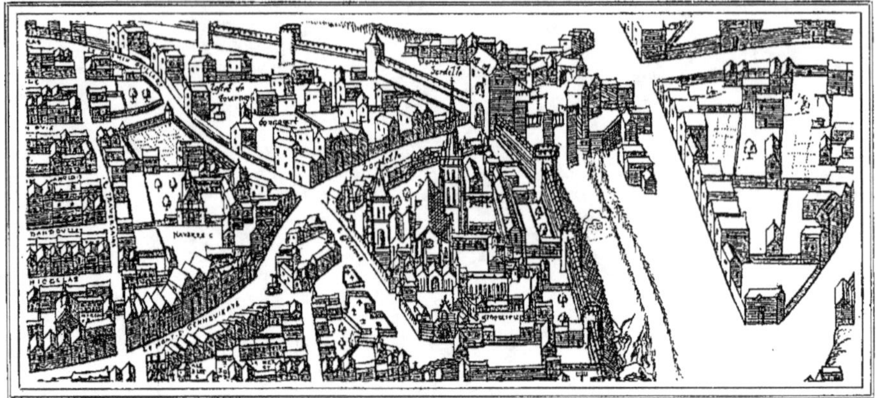

Fac-simile héliographique. Plan dit de Ducerceau, vers 1560.

ABBAYE DE SAINTE-GENEVIÈVE.

On connaît la jolie légende de sainte Geneviève. Grégoire de Tours dit que ce fut à la sollicitation de cette «sainte fillette,» comme l'appelle Dubreul, que Clovis et Clotilde, sa femme, fondèrent sur le mont Leucotitius[1] la basilique des apôtres saint Pierre et saint Paul[2]. Le roi, la reine et la sainte y furent tous trois ensevelis.

L'église, promptement transformée en abbaye, fut, du IXe au XIe siècle, ruinée plusieurs fois par les Normands[3], qui saccagèrent toutes les tombes et jetèrent au vent tous les ossements; Étienne de Tournay, alors abbé de la Maison, affirme positivement, dans une lettre à son évêque, que «les barbares n'épargnèrent ni «le lieu sacré, ni la bienheureuse vierge, ni les autres saints[4].» Robert fit relever les bâtiments, qui se mirent vers cette époque sous la protection de sainte Geneviève. La montagne ne tarda pas à adopter le même nom; et bientôt l'Université de Paris, trop à l'étroit dans le cloître Notre-Dame, vint poser sa tente

(1) Voyez Le Beuf, *Histoire du diocèse de Paris*, édit. Cocheris, t. II, p. 570.

(2) Grégoire de Tours, *Hist. Francorum*, lib. II, cap. XLIII.

(3) Voyez J. Dubreul, *Theatre des antiquitez de Paris*, p. 203.

(4) «Inter alias, quod sine suspirio ac singultu «referre non possumus aut debemus, ecclesiam «apostolorum Petri et Pauli, in qua B. virgo Ge«novefa requiescit in corpore, regali ope et opere «constructam, musivo intus et extra, sicut reliquiæ «adhuc testantur, ornatam et depictam, miserabili «cremarunt incendio, nec sacro loco parcentes, «nec beatæ virgini aliisque sanctis, qui ibi re«quiescunt, venerationem exhibentes.» Dom Bouquet, *Rerum gallicarum scriptores*, t. VII, col. 72, note D. — La châsse et les cendres de sainte Geneviève, anéanties de nouveau en 1793 (voyez le *Moniteur* du 19 brumaire an II), sont aujourd'hui à l'église Saint-Étienne-du-Mont.

sur ce plateau[1], encore aujourd'hui point central du quartier des écoles, et où Guillaume de Champeaux et l'illustre Abélard inaugurèrent le haut enseignement.

L'abbaye de Sainte-Geneviève possédait-elle déjà une bibliothèque? Tout porte à le croire, mais nous n'en avons aucune preuve positive. Un manuscrit anonyme conservé à la bibliothèque Sainte-Geneviève, et qui renferme des détails curieux sur l'histoire du couvent, est, à cet égard, réduit comme nous aux suppositions : « L'abbayë de Sainte Genevieve, y lit-on, ayant eu de toute antiquité « des escholes tres celebres, et ayant esté gouvernée par plusieurs abbez dont le « merite a esté honnoré du tiltre de docteur, il ne faut pas douter que ces sçavans « personnages, qui avoient l'estude des bonnes lettres en si grande recommanda- « tion, n'ayent eu le soin de composer une nombreuse bibliotheque et d'amasser « un grand nombre de volumes pour les cultiver, autant que les temps leur per- « mettoit[2]. » L'abbé Le Beuf déclare, sans d'ailleurs citer aucune source, « que le « chancelier de Sainte-Geneviève étoit, comme à Notre-Dame, celui qui avoit « soin de la bibliothèque[3]. »

Le nécrologe de Sainte-Geneviève[4] fournit peu de renseignements sur cette collection; il est à cet égard beaucoup moins riche que ceux de l'église Notre-Dame et de l'abbaye de Saint-Victor. La plus ancienne mention que nous y ayons trouvée se rapporte à un certain Eudes ou Odon, abbé de Sainte-Geneviève, qui, suivant le *Gallia christiana*, mourut en mai 1173[5]; il donna ou du moins fit donner au couvent deux missels[6]. Nous entrons ensuite dans le XIIIe siècle avec deux frères, Barthélemy et Étienne Bérout, tous deux chanoines de la Maison, et qui figurent à divers titres dans le cartulaire de Notre-Dame de Paris : le premier donna à l'abbaye un psautier avec glose[7]; le second, outre des libéralités plus considérables, lui laissa un psautier et les quatre évangiles commentés[8]. A la même époque, un autre chanoine, nommé Robert, enrichit la bibliothèque de plusieurs ouvrages : un psautier avec commentaire, les quatre évangiles, l'*Histoire ecclésiastique*[9]

[1] *Gallia christiana*, t. VII, col. 703. — Cf. Héméré, *De academia Parisiensi*, p. 39.

[2] *Histoire de Sainte Geneviéve et de son église royale et apostolique à Paris, divisée en sept livres, etc.* bibliothèque Sainte-Geneviève, manuscrits, in-folio, vélin, n° H^f^ 21^2^, p. 879.

[3] Lebeuf, *Histoire du diocèse de Paris*, édit. Cocheris, t. II, p. 576.

[4] In-folio, velin, bibliothèque Sainte-Geneviève, manuscrits, n° BB^1^ 42^2^.

[5] *Gallia christiana*, t. VII, col. 715.

[6] « Anniversarium bone memorie Odonis. . . « qui duo missalia ecclesie nostre dari fecit. » (*Necrologium sanctæ Genovefæ*, iij nonas maij.)

[7] « Obiit magister Bartholomeus dictus Berout, « qui dedit nobis unum psalterium glossatum. » (*Necrologium Sanctæ Genovefæ*, ij kalendas augusti.)

[8] « Obiit frater Stephanus Berout, quondam « decanus Laudunensis, sacerdos et canonicus nos- « ter, qui inter cetera bona que nobis contulit, de- « dit nobis psalterium glossatum et iiij evangelistas « glossatos in duobus voluminibus. » (*Necrologium Sanctæ Genovefæ*, xviij kalendas junij.) — Un autre Étienne Bérout fut le treizième doyen de Saint-Germain-l'Auxerrois, et mourut le 18 juin 1235. (*Gallia christiana*, t. VII, col. 258.)

[9] Nous traduisons ainsi le mot *Hystorias*. (Voyez ci-dessus p. 17, note 9.)

de Pierre Comestor, un exemplaire des *Sentences*, et cinq livres de Salomon [1]. Le siècle suivant nous fournit deux noms seulement : Nicolas de Danemark (*Nicholaus de Dania*), et *Johannes Dacus* [2], qui tous deux sont mentionnés dans une histoire manuscrite de Saint-Victor [3]. L'un légua au couvent de Sainte-Geneviève un psautier et les épîtres de saint Paul avec commentaires [4]; l'autre lui donna un Avicenne et différents traités de médecine, estimés environ 40 livres parisis [5].

Selon toute apparence, cette bibliothèque, comme celles des autres abbayes, continua à s'augmenter peu à peu par suite de donations et de legs; mais la manière déplorable dont elle fut administrée à la fin du XVIe siècle amena l'anéantissement complet des richesses bibliographiques qui y avaient été amassées. A l'époque où tous les couvents considéraient leur bibliothèque comme un trésor inestimable et multipliaient les règlements pour en assurer la conservation, l'abbé Benjamin de Brichanteau laissait la collection de Sainte-Geneviève dans le désordre et l'oubli, et finissait par en tolérer la vente [6]. Nous lisons en effet dans le manuscrit que nous avons déjà cité : « Mais je ne puis que je ne deplore la perte « que nous avons faite, de son temps, de plusieurs manuscripts considerables qui « estoient gardés en une gallerie de cette abbaye; car un de ses aumosniers qui « n'en connoissoit pas le prix, les voyant negligez, abandonnez et comme inutiles, « les donna au poids à des libraires, pour avoir des livres de chant dont on avoit « besoin, affin d'espargner la bourse de son maistre. Plusieurs bibliotheques s'en « sont accommodées; j'en ay trouvé quelqu'uns en celle du cardinal Mazarin, et « j'en ay rencontré d'autres chez des libraires, que j'ay racheptez [7]. »

(1) « Obiit magister Robertus, diaconus, canonicus noster, qui dedit psalterium glossatum et « quatuor Evangelistas, et Hystorias, et Sententias, « et V libros Salomonis. » (*Necrologium Sanctæ Genovefæ*, IV nonas julij.)

(2) L'abbaye de Sainte-Geneviève ayant envoyé une colonie de ses chanoines en Danemark, où Absalon, évêque de Roeskild, voulait fonder un couvent de chanoines réguliers, il en résulta naturellement une liaison et un commerce plus intimes entre ce royaume et la France; les Danois bâtirent même sur la montagne Sainte-Geneviève un hospice pour les malades de leur nation. *Johannes Dacus*, dont nous venons de parler, légua au couvent, outre ses livres, une maison destinée aux écoliers danois. (Voyez le *Gallia christiana*, t. VII, col. 743, et l'*Histoire littéraire de la France*, t. XXIV, p. 524.)

(3) *Hist. de l'abbaye de Saint-Victor*; bibliothèque Mazarine, manuscrits, n° H 2873, livre III, p. 52.

(4) « Obiit Nicholaus de Dania, qui nobis dedit « unum psalterium glosatum et epistolas Pauli « glosatas. » (*Necrologium Sanctæ Genovefæ*, V idus martij.)

(5) « Obiit magister Johannes Dacus, qui dedit « nobis Avicennam cum quibusdam aliis libris me- « dicinalibus ad valorem quadraginta librarum pa- « risiensium. » (*Necrologium Sanctæ Genovefæ*, VJ nonas octobris.)

(6) Le Beuf, *Histoire de la ville et du diocèse de Paris*, t. I, p. 385. — « L'ignorance de ceux qui « vivoient icy durant les desordres du siecle passé, « ayans beaucoup negligé ce tresor dont ils ne con- « noissoient pas le prix, l'ont laissé dissiper et passer « dans des mains estrangeres; en sorte qu'on vendit « les manuscrits à la livre pour avoir des livres de « chant pour l'eglise. » (*Histoire manuscrite de Sainte-Geneviève et de son église royale*, p. 879.)

(7) *Histoire manuscrite de Sainte-Geneviève et de son église royale*, p. 432.

Brichanteau mourut en 1619. Son administration avait été si mauvaise sous tous les rapports, que Richelieu refusa de confirmer le choix du Chapitre, qui avait élu pour abbé Philibert, neveu du défunt. Les religieux «s'estoient en effet «très fort relaschez de leur regle[1], » et l'abbaye avait besoin d'une réforme complète; le cardinal François de la Rochefoucauld fut chargé de l'opérer. Le cardinal avait été quelque temps évêque de Senlis, où une abbaye, placée sous l'invocation de saint Vincent, était citée pour la rigidité de sa discipline : il y envoya plusieurs religieux de Sainte-Geneviève, et les remplaça à Paris par des moines de Saint-Vincent[2]; au nombre de ces derniers était le P. Faure, qui devint plus tard supérieur général de la congrégation. Quand ils arrivèrent à Sainte-Geneviève, ils trouvèrent la bibliothèque absolument vide; pas un seul volume n'avait été conservé[3]. Fr. de la Rochefoucauld, zélé protecteur des lettres malgré ses excentricités théologiques, fit prendre dans sa propre bibliothèque cinq ou six cents volumes qui servirent de premier fonds à la collection actuelle; «cette «maison, dit notre chroniqueur anonyme, se trouva si depourveuë de livres im«primez lors que M. le cardinal de la Rochefoucault y mit la reforme en 1624, «qu'il n'y en avoit pas un seul, ce qui obligea ce prelat d'en envoyer cinq ou six «cens de sa propre bibliotheque pour l'usage et l'entretien des nouveaux religieux «qu'il avoit fait venir de Saint Vincent de Senlis; et c'est ce qui a servy de fon«dement à la bibliotheque de Sainte Genevieve[4]. » Plus tard le cardinal laissa par testament à l'abbaye tous ses livres[5].

La Rochefoucauld fut d'ailleurs merveilleusement secondé dans ses vues bibliographiques par le P. Fronteau, qui, en 1634, fut appelé à l'abbaye pour y professer la philosophie. C'était un homme instruit; Élie Dupin prétend qu'il parlait neuf langues avec facilité. Bibliophile passionné, il accueillit avec enthousiasme la pensée de son chef, et se mit à l'œuvre sur-le-champ. Disgracié en 1661, à cause de son attachement au jansénisme, il eut pour successeur le P. Lallemant, qui hérita de son zèle. Ces deux religieux doivent en réalité être regardés comme les véritables créateurs de la bibliothèque Sainte-Geneviève; on a calculé qu'en moins de quarante ans ils réunirent près de huit mille volumes[6]. Parmi les bienfaiteurs de la bibliothèque pendant cette période figure un prêtre grec nommé Athanase, qui mourut à l'abbaye et lui légua ses livres[7]. D. Maichel cite aussi Gabriel Naudé[8]; cette dernière allégation, que nous n'avons vue repro-

[1] J. Dubreul, *Theatre des antiquitez de Paris*, p. 304.

[2] Cl. Malingre, *Antiquités de Paris*, p. 159. — *Gallia christiana*, t. VII, col. 774.

[3] *Journal des savants*, année 1692, p. 277.

[4] *Histoire manuscrite de Sainte-Geneviève et de son église royale*, p. 880.

[5] *Gallia christiana*, t. VII, col. 780.

[6] Piganiol de la Force, *Description historique de la ville de Paris*, t. VI, p. 82. — *Journal des savants*, année 1692, p. 277.

[7] *Gallia christiana*, t. VII, col. 813.

[8] Maichelius, *Introductio ad historiam literariam de præcipuis bibliothecis*, p. 87.

p. 75

A. Franklin dir. E. Tavernier sc.

VUE DE L'UNE DES TRAVÉES

DE LA BIBLIOTHÈQUE SAINTE GENEVIÈVE.

1692

duite nulle part, nous semble peu vraisemblable, car, depuis 1643, Naudé était bibliothécaire de Mazarin et tout dévoué à la collection qu'il fondait. Il résulte cependant d'une pièce publiée par Naudé lui-même qu'il demeurait, vers 1651, « dans la cour de l'abbaye Sainte Geneviefve[1]. » Ce voisinage et les relations qu'il suppose ont pu porter Naudé à faire quelques dons à l'abbaye; le fait est même prouvé par l'examen d'un volume que nous avons rencontré à la bibliothèque Mazarine, et sur lequel on lit:

Catalogo librorum S. Genovefæ in monte Parisiensi ascriptus; ex legatis D. G. Naudæi[2].

Il est douteux pourtant que Naudé ait jamais mérité le titre de bienfaiteur de cette collection.

Le P. Lallemant mourut en 1673, et sa place fut donnée à Claude Dumolinet. La bibliothèque prit, sous sa direction, un si rapide accroissement, qu'il fallut songer à l'établir dans un plus vaste local. Dès 1675[3], on pratiqua dans la partie supérieure de l'abbaye, sous les combles du cloître[4], une galerie de trente toises de long sur quatre de large[5], bien éclairée et ornée d'armoires sculptées avec soin[6]. « Le lieu où elle est renfermée est une grande galerie sur la chapelle du « cloistre; elle est percée des quatre costez, regardant des deux boutz sur le jardin « et sur la cour d'entrée. Sa voute est de plastre, enrichie de sculptures et de cadres « pour y enchâsser des tableaux et des portraictz d'hommes illustres; et tout le « long est revestu de tablettes de bois de chesne, orné de pilastres, corniches et « autres ornemens de sculptures, avec trente-six bustes de figures d'autheurs, « posez sur leurs scabellons et adossez contre les pilastres, qui font un fort bel « effet[7]. »

L'abbaye commença, vers cette époque, à avoir une collection d'estampes; elle la dut à la générosité d'un sieur Accard, qui avait passé sa vie à en réunir, et qui les partagea, à sa mort, entre les abbayes de Saint-Victor, de Saint-Germain-des-Prés et de Sainte-Geneviève[8]. A la même époque, M. de Flecelles, conseiller au Parlement, qui habitait un petit logement dans la cour de l'abbaye, légua tous ses livres à la bibliothèque[9].

Dumolinet, désormais sûr de pouvoir classer ses richesses, redoublait de zèle,

[1] G. Naudé, *Remise de la bibliothèque de Mgr le cardinal Mazarin par le sieur Naudé entre les mains de M. Tubeuf.*

[2] Bibliothèque Mazarine, *incunables*, n° 12066 A.

[3] Dumolinet, *Le cabinet de la bibliothèque Sainte-Geneviève*, préface, p. 1.

[4] G. Brice, *Description de la ville de Paris*, t. II, p. 509.

[5] Piganiol de la Force, *Description historique de la ville de Paris*, t. VI, p. 88.

[6] J. C. Nemeitz, *Le séjour de Paris, c'est-à-dire instructions fidèles pour les voyageurs de condition*, t. I, p. 257.

[7] *Histoire manuscrite de Sainte-Geneviève et de son église royale*, p. 881. (Voyez les planches qui accompagnent l'ouvrage de Dumolinet.)

[8] G. Brice, *Description de la ville de Paris*, t. II, p. 511.

[9] Maichelius, *Introductio ad historiam literariam de præcipuis bibliothecis*, p. 87.

et achetait des livres, des manuscrits, des médailles et des raretés de toutes sortes. Ces dernières acquisitions donnèrent naissance au cabinet de curiosités qui devint si fameux dans le siècle suivant, et sur lequel nous aurons à revenir. Dumolinet fut assez heureux pour l'enrichir d'une partie de l'admirable musée de Peiresc[1], qui avait mis à contribution l'Italie et l'Orient. Il est vrai qu'en revanche les Génovéfains furent alors forcés «d'offrir généreusement» à la bibliothèque du roi trois cents médailles de bronze[2]. Cette perte ne découragea pas Dumolinet, et, voulant se consacrer tout entier à l'organisation de son cabinet d'antiquités, il demanda qu'on lui adjoignît pour la bibliothèque le P. Lebossu. Celui-ci mourut trois ans après, en 1680, à l'abbaye de Saint-Jean de Chartres, dont il était devenu prieur. Dumolinet lui survécut seulement sept années, et on lui donna pour successeur le P. Sarrebourse. La bibliothèque possédait alors environ vingt mille volumes imprimés et quatre cents manuscrits. Laissons encore parler l'historien de l'abbaye: «Quoyque, comme j'ay desja dit, les anciens manuscrits de cette maison ayent esté «dissipez; on en a neantmoins depuis trente ans recouvert quelqu'uns de ceux-la «qui se sont rencontrez chez des libraires et ailleurs, et on en a acquis encore «d'autres[3].» Quant aux imprimés, «ils sont, tant grands que petits, de toutes les «facultés, tres bien conditionnez, et de belles editions. Les matieres les plus amples «et les plus mieux fourniës sont les Bibles, les interpretes de l'escriture sainte, «les conciles. . . On a dessein d'augmenter ces facultez le plus qu'il se pourra, et «d'avoir tous les bons livres des autres dont on a desja un nombre fort conside-«rable.» La bibliothèque possédait encore à cette époque «les globes celeste et «terrestre les plus grands et les plus exacts, les spheres des sistemes differents de «Ptolemée, de Copernique, comme aussy ceux des conjonctions des planetes[4].»

Les richesses de la bibliothèque Sainte-Geneviève allaient être subitement presque doublées par une généreuse donation. Charles-Maurice Letellier, archevêque de Reims, fils du célèbre chancelier, avait réuni une admirable bibliothèque, «choix riche et exquis de ce qu'il y avoit de meilleur en livres[5],» et qui fut longtemps sous la direction de Philippe Dubois[6]. Craignant qu'elle ne fût dissipée après sa mort[7], le prélat la légua à l'abbaye de Sainte-Geneviève: «..... Ma «premiere intention, dit-il dans son testament[8], étoit de donner a mondit ne-«veu l'abbé de Louvois ma bibliotheque; mais, reflection faite, j'ay cru qu'elle

[1] Jacquemart, *Remarques sur les abbayes, collégiales, etc. supprimées*, p. 102.

[2] Leprince, *Essai historique sur la bibliothèque du roi*, p. 275.

[3] *Histoire manuscrite de Sainte-Geneviève et de son église royale* (1687), p. 882.

[4] *Histoire manuscrite de Sainte-Geneviève et de son église*, p. 911.

[5] Piganiol de la Force, *Description de Paris*, t. VI, p. 82.

[6] Niceron, *Mémoires pour servir à l'histoire des hommes illustres dans la république des lettres*, t. XVI.

[7] Maichelius, *Introductio ad historiam literariam de præcipuis bibliothecis*, p. 88.

[8] Il est daté du 5 novembre 1709.

«lui seroit inutile et même a charge, a cause de l'honneur qu'il a d'etre bibliothe-«quaire du Roy[1]. Ce recueil de livres est grand et tres curieux. Je l'ay fait avec «beaucoup de depence et de plaisir, car je n'ay pas cessé d'en achepter pendant «pres de cinquante ans; ce seroit grand dommage que ces livres fussent dissipés, «comme il est indubitable qu'ils le seroient apres ma mort. C'est ce qui m'a per-«suadé que je les devois donner a une communauté capable de s'en servir, d'en «ayder le public et de les bien conserver. Je les donne donc et je les legue à la «Maison des Religieux de l'Abbaye de Sainte Geneviéve au Mont de cette ville de «Paris, chanoines reguliers de l'ordre de Saint Augustin, de la congregation de «France. J'estime cette congregation autant qu'elle merite de l'estre, et je suis bien «aise de luy donner cette marque de l'amitié que j'ay pour elle et pour le Pere «Polinier, presentement son tres digne general.

«Je prie ledit Pere Polinier et le Pere de Riberolles, actuellement Prieur de «ladite abbaye de Sainte Geneviéve, ou ceux qui leur succederont dans ces em-«plois, de faire mettre immediatement apres mon deceds tous les livres de madite «bibliotheque tous ensemble dans la seconde partie de leur bibliotheque, dont «toutes les tablettes et la menuiserie ont été faites par les soins dudit Polinier dans «le dernier triennal pendant lequel il a été Prieur de ladite abbaye.

«Je prie celuy qui sera abbé lors de mon deceds de faire prier Dieu dans «toute sa congregation pour le repos de mon ame.

«Je donne le buste de marbre de feu monsieur le chancelier, mon pere, avec son «scabellon, ausdits religieux de Sainte Geneviéve, pour être par eux placé et con-«servé dans le même lieu ou je viens de dire que je desire que tous mes livres «soient mis. Ce buste est dans la premiere piece de mon grand apartement de «cette ville[2].»

Longtemps avant sa mort, Letellier avait chargé Nicolas Clément de dresser le catalogue de sa bibliothèque[3], et il avait fait précéder ce travail d'une introduction dans laquelle il racontait lui-même tous les soins qu'il avait pris pour former sa collection[4]. L'abbaye de Sainte-Geneviève n'hérita guère, du reste, que des

[1] Il fut nommé en 1684, et conserva cette position jusqu'à sa mort, arrivée en 1718.

[2] Archives de l'Empire, série S, carton n° 1540.

[3] *Bibliotheca Telleriana, sive Catalogus librorum bibliothecæ Illustrissimi ac Reverendissimi D. D. Caroli Mauritii Le Tellier, archiepiscopi ducis Remensis. Parisiis, ex typographia regia*, 1693, in-folio.

[4] «... Plures equidem alios bibliothecarum ca-«talogos majorem longe forsan voluminum aucto-«rumque multitudinem exhibentes reperiri posse «non dubitamus; haud tamen veremur affirmare, «vix ullum alium haberi, qui præcellentiorum in «quavis disciplina librorum exquisitiori numero, «accuratiori delectu, ordine meliori, sit jure huic «anteponendus. Nunquam enim nos infinitæ copiæ, «aut majori librorum numero, aut innumeris volu-«minibus temere congerendis curam impendimus; «sed semper commendatissimis potissimum et lec-«tissimis in quacumque arte ac disciplina scripto-«ribus et indagandis et evolvendis, pro nostro or-«dine et vitæ instituto, incubuimus: adeo ut vix «pauci aut fere nulli ex optimis quibusque a nobis «possint desiderari. Sed qualiscumque tandem sit «noster ille librorum auctorumque delectus, non «sine cura magnoque labore ac studio potuit com-«parari. Et vero, ut a natura ita instituti sumus,

livres imprimés; car Letellier avait déjà donné presque tous les manuscrits à la bibliothèque du roi[1]; mais les imprimés composaient à eux seuls un total de seize mille volumes «presque tous rares et recherchés[2]» et «tres bien condi-«tionnez[3].» Un grand nombre d'entre eux étaient en effet recouverts de maroquin rouge, et ornés sur les plats des armes du prélat, qui portait: d'azur à trois lézards d'argent posés en pal, au chef cousu de gueules, chargé de trois étoiles d'or.

La théologie y dominait; on y trouvait aussi une précieuse série de spécimens typographiques du XVIe siècle, et le beau recueil d'éditions Aldines qui fait encore l'orgueil de la bibliothèque actuelle. Les religieux se montrèrent recon-

«ut maxime erga libros ac litteras litteratosque a «puero simus affecti; ubi primum res theologicas «attigimus, a viro in optimis scriptoribus investi-«gandis diligendisque supra fidem solerte et cu-«rioso exquisitam librorum supellectilem, sancto-«rum præsertim Ecclesiæ Patrum operibus elegan-«tissime editis instructam, quæ nostræ bibliothecæ «dedit originem, anno 1662 comparavimus....» (*Carolus Mauritius Le Tellier, miseratione divina archiepiscopus dux Remensis, lectori benevolo.*)

[1] Leprince, *Essai historique sur la bibliothèque du roi*, p. 70 et 71.

[2] Antonini, *Mémorial de Paris et de ses environs*, t. I, p. 193.

[3] G. Brice, *Description de la ville de Paris*, t. II, p. 511.

naissants : ils commandèrent à Coysevox un buste en marbre du prélat[1], et placèrent sur tous les volumes qui provenaient de son legs une étiquette ainsi conçue :

> Ex Bibliothecâ
> quam 16000. Voll. conſtantem
> huic Abbatiæ S. Genoveſæ Pariſ.
> Teſtamento legavit Car. Maurit.
> Le Tellier Archiep. Remenſis.
> Obiit anno 1710.

M. Alfred de Bougy[2] prétend que, cette même année, les Génovéfains mirent leur collection à la disposition du public; il cite à l'appui de cette assertion un passage qu'il dit avoir pris dans l'*Almanach royal* de 1710, et que nous y avons vainement cherché. Nous verrons que cette date doit être reculée de près de cinquante ans. Cependant, dès 1716, un *Guide dans Paris* rendait ce témoignage à la bibliothèque Sainte-Geneviève : « Le bibliotéquaire est fort affable, et en permet « volontiers l'entrée aux honnêtes gens qui la lui demandent[3]. » Ce bibliothécaire si affable était le P. Louis-Joachim Gillet, qui avait succédé au P. Sarrebourse; il fut, en 1717, nommé curé de Mahon, près Saint-Malo[4], et remplacé par Pierre-François Lecourrayer.

Nous avons dit que le legs de Letellier avait presque doublé le nombre des volumes que possédait la bibliothèque. Le local qui leur était destiné s'était donc trouvé tout à coup insuffisant, et, dix-sept ans après la mort du prélat, « ses livres « n'étoient pas encore tous mis en ordre faute d'espace[5]. » On avait cependant commencé déjà les travaux d'agrandissement. On allongea d'abord, presque de moitié, la galerie primitive; puis on ouvrit une nouvelle salle, qui traversa l'ancienne de manière à donner à l'ensemble du vaisseau la forme d'une croix[6]. Au point d'intersection se trouvait un dôme vitré qui répandait partout la lumière[7]. La décoration de la coupole avait été exécutée par J. Restout[8] : elle représentait l'évêque d'Hippone entouré d'anges et de chérubins qui l'enlevaient au ciel; saint Augustin tenait une plume d'une main et un livre de l'autre; à ses côtés, deux

[1] *Gallia christiana*, t. VII, col. 813.

[2] *Histoire de la bibliothèque Sainte-Geneviève*, p. 105.

[3] *Le voyageur fidèle, etc.* (1716), p. 319.

[4] Isambert, dans la *Nouvelle biographie générale*, t. XX, p. 549.

[5] J. C. Nemeitz, *Le séjour de Paris*, t. I, p. 257.

[6] Jugler, *Bibliotheca historiæ litterariæ*, I, 223.

[7] Maichelius, *Introductio ad historiam literariam de præcipuis bibliothecis*, p. 88. — Voyez à la bibliothèque Sainte-Geneviève, manuscrits, W 376[1] (731), une pièce intitulée : *Plans, profil et élévation d'un dôme pour éclairer le milieu de la bibliothèque de l'abbaye royale de Sainte-Geneviève.*

[8] Antonini, *Mémorial de Paris et de ses environs*, t. I, p. 194.

anges portaient, l'un sa crosse, et l'autre sa mitre; à ses pieds étaient les ouvrages de Pélage, de Manès, de Donat et d'autres hérésiarques, la foudre tombant des nuées venait les réduire en poussière[1]. La branche de la croix qui se dirigeait du côté de l'église s'était trouvée plus courte que les autres; et, pour dissimuler cette irrégularité, Lajoue avait peint sur le mur du fond un salon ovale qui semblait faire suite à la galerie[2]. La bibliothèque était entièrement garnie de belles armoires en chêne sculpté, larges de quinze pieds[3] et ornées de cent six bustes sculptés par Caffieri, Girardon, Coysevox, Coustou, etc. On remarquait surtout ceux de Letellier, de Colbert, de Louvois, de Mansart et d'Antoine Arnauld[4]. « L'étendue majestueuse de ce vaisseau, dit un *Guide* de 1736, éblouit quiconque « y entre. De quelque côté qu'on se tourne, la noble simplicité de la décoration « s'y fait admirer à chaque pas[5]. »

Ces travaux, qui avaient été commencés vers 1726[6], ne furent achevés qu'en 1733; la bibliothèque possédait alors environ quarante-cinq mille volumes[7], et c'était, dit Nemeitz, qui d'ailleurs exagère un peu, « la meilleure et la plus com« plète après celle du roi[8]. » Lecourrayer n'était plus bibliothécaire; son attachement au jansénisme, et surtout ses hardiesses hétérodoxes, l'avaient fait excommunier, et il avait dû, en 1726, fuir en Angleterre[9]. On lui donna pour successeur le P. Claude Prévost, « homme doux et poli, » dit Jordan; il fit deux voyages bibliographiques en Hollande pour enrichir la collection de l'abbaye[10]. Gillet, qui, comme on l'a vu, s'était retiré à Mahon, revint à Sainte-Geneviève au bout de vingt-trois ans, et reprit sa place de bibliothécaire : le P. Prévost n'eut plus dès lors que le second rang. La bibliothèque continuait à tenir ses livres à la disposition des savants; il semble même qu'il y ait eu déjà quelques tendances vers une publicité plus complète. Nous lisons, en effet, dans un ouvrage imprimé en 1735 : « On observe de l'ouvrir tous les jours à certaines heures pour recevoir les per« sonnes connues qui souhaitent prendre communication des livres qui leur man« quent[11]. » Et l'année suivante : « Quoique cette bibliotèque ne soit pas absolument

[1] Piganiol de la Force, *Description historique de Paris*, t. VI, p. 89.

[2] Thiéry, *Guide des amateurs et des étrangers voyageurs à Paris*, t. II, p. 239.

[3] G. Brice, *Description de Paris*, t. II, p. 510.

[4] L'énumération de ces cent six bustes se trouve aux Archives de l'Empire, série S, carton 1540, dans une pièce intitulée : *État de la bibliothèque de Sainte-Geneviève*. (Voy. plus bas, p. 93.)

[5] S. de Valhebert, *L'agenda du voyageur à Paris*, p. 73. (Voyez la planche qui fut gravée en 1773 par de la Gardette.)

[6] *Gallia christiana*, t. VII, p. 814.

[7] Piganiol de la Force, *Description historique de la ville de Paris*, t. VI, p. 88. — G. Brice, *Description de la ville de Paris*, t. II, p. 510. — Jordan, qui écrivait vers 1732, donne le chiffre de quarante-deux mille volumes (*Histoire d'un voyage littéraire*, p. 62). — Nous ne savons comment concilier ces assertions avec celle de G. Wallin, *Lutetia Parisiorum erudita sui temporis* (1722), p. 118, qui dit que la bibliothèque possédait alors soixante mille volumes.

[8] J. C. Nemeitz, *Le séjour de Paris*, t. I, p. 257.

[9] E. Haag, *La France protestante*.

[10] Jordan, *Histoire d'un voyage littéraire*, p. 62.

[11] D'Auvigny, etc. *Histoire de Paris*, t. V, p. 488.

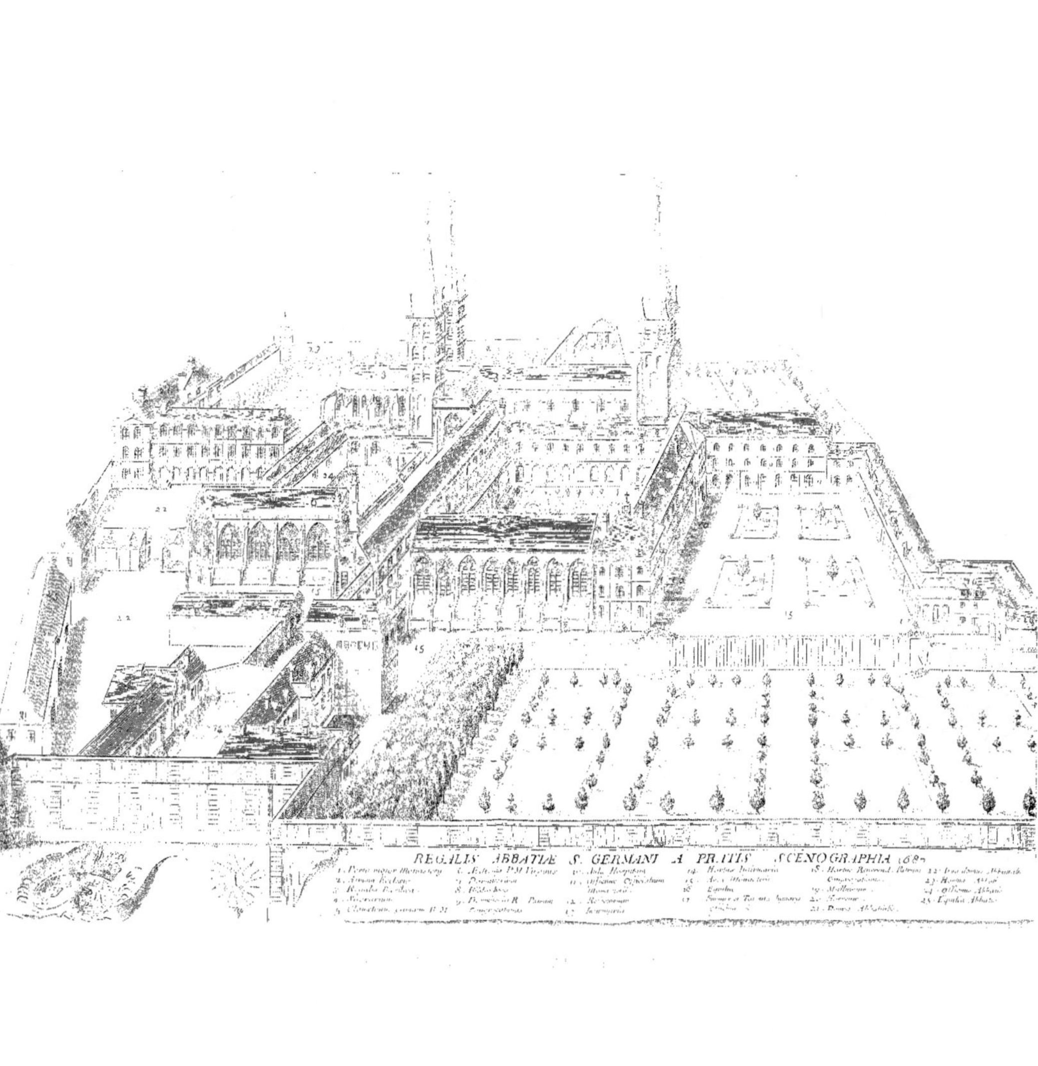
REGALIS ABBATIÆ S. GERMANI A PRATIS SCENOGRAPHIA

«publique, elle ne laisse pas de l'être en quelque sorte, par les manières gracieuses «et prévenantes dont on y est reçu par ceux qui en ont le soin [1]. »

La première pierre des nouveaux bâtiments destinés à la bibliothèque avait été posée par le duc Louis d'Orléans, fils du Régent [2]. Disons à la suite de quelles circonstances.

En 1726, après deux années d'une union sans nuages, le duc d'Orléans perdit sa femme, et cette mort prématurée frappa de terreur son esprit très-impressionnable. Il prit bientôt la résolution de renoncer au monde pour se préparer à paraître plus sûrement devant Dieu. Il se démit peu à peu de toutes ses charges, et accepta un logement à l'abbaye de Sainte-Geneviève; et, en 1742, il s'y installa définitivement [3] dans une maison qu'il fit construire et qui est aujourd'hui le presbytère du curé de Saint-Étienne-du-Mont. Il vécut là au milieu d'un cercle intime d'hommes instruits, le P. Gillet et le P. Prévost, le naturaliste Guettard, et Étienne de Silhouette, qui lui servait de secrétaire. Le duc s'était réservé un revenu de un million huit cent mille livres, qui passait presque en entier en bonnes œuvres. Quant à son temps, il l'employait en mortifications de tout genre et en entretiens pieux; il y joignait la composition d'innombrables ouvrages théologiques que, par modestie, il ne voulait pas faire imprimer, et le public n'y perdait guère. Ajoutons qu'il s'occupait à réunir une nombreuse bibliothèque, un cabinet d'histoire naturelle, et une collection de pierres gravées qui devint précieuse. La raison déjà affaiblie du prince se troublait de plus en plus dans le chaos théologique au sein duquel il vivait. Pour mieux comprendre l'Écriture sainte, il entreprit d'apprendre le grec, le syriaque, l'hébreu et le chaldéen : il ne réussit qu'à se procurer de véritables hallucinations. Son testament, dont la bibliothèque Sainte-Geneviève possède encore l'original, contient une foule de dispositions étranges que nous passerons sous silence; constatons seulement qu'il légua à la bibliothèque ses meubles, ses médailles et ses pierres gravées [4], son cabinet

[1] S. de Valhebert, *L'agenda du voyageur à Paris* (1736), p. 74.

[2] *Gallia christiana*, t. VII, p. 814.

[3] Piganiol de la Force, *Description historique de Paris*, t. VI, p. 87.

[4] «Je donne et legue aux PP. de Sainte Genevieve, chez qui je demeure, tous les meubles qui «se trouveront, au jour de mon decèds, dans les «deux maisons que j'occupe sur leur terrain. Dans «ces meubles je comprends spécialement le me«dailler qui est placé entre les deux fenestres de la «bibliotecque avec touttes les medailles et pières gra«vées qui y sont contenues et dont les catalogues «manuscrits sont dans ma biblioteque. Je leur «laisse pareillement les dits catalogues. Je com«prends encore dans ce legs des meubles tous les «ustanciles du laboratoire; spécialement la machine «pour faire le sel du comte de La Garaye qu'on «pourroit croire apartenir à la phisique parce qu'elle «sert à l'electricité, mais elle est necessaire pour «tirer les sels des minéraux dans lesquels il y a des «medicamens, tel que le sel de soulphre. J'y com«prends de plus les medicamens qui pourroient y «avoir été composés ou qui pourroient avoir été «acheptés pour servir aux operations. J'en excepte «les tableaux que j'aurois pu faire venir au Palais «Royal pour les faire copier, et qui ne seroient pas «mis en place pour servir à l'ornement de la mai«son, et les choses appartenantes à l'histoire natu«relle..... Aussitôt après l'ouverture de mon tes-

d'histoire naturelle à Guettard, et ses livres aux Jacobins de Paris. Ce dernier vœu fut seul exaucé, encore donna-t-il lieu à de vifs démêlés entre les religieux de Saint-Dominique[1]. Quant aux médailles et aux pierres gravées, elles furent, paraît-il, réellement classées à l'abbaye[2], mais presque aussitôt le fils du duc d'Orléans les reprit[3]; enfin Guettard remit de lui-même les collections d'histoire naturelle au prince, les rangea dans des salles du Palais-Royal, et en devint conservateur.

Le duc d'Orléans était mort le 4 février 1752. La même année, le P. Prévost s'éteignit au milieu de ses travaux[4], et, l'année suivante, l'abbaye perdit son collègue, le P. Gillet. Alexandre-Gui Pingré lui succéda, et Barthélemy Mercier remplaça Prévost comme sous-bibliothécaire; on nomma en même temps le P. Pière conservateur du cabinet de curiosités. Nous n'avons aucun renseignement sur ce dernier. Mais Pingré a laissé un nom estimé dans l'histoire de l'astronomie; les Génovéfains firent pour lui ce qu'avait obtenu Lacaille au collége des Quatre-Nations : ils lui élevèrent un petit observatoire sur les toits de l'abbaye[5]. Pour Mercier, un des plus savants bibliographes qu'ait eus la France, disons seulement ici qu'il prit une grande part à la rédaction du catalogue général de la bibliothèque, auquel on travaillait depuis 1732[6].

Nous touchons à l'époque où la bibliothèque Sainte-Geneviève va devenir absolument publique, dans le sens que nous attachons aujourd'hui à ce mot. En 1758, Durey de Noinville écrivait encore qu'elle était ouverte aux «personnes «connues[7].» L'année suivante l'*Almanach royal* supprime toute distinction, et déclare que «ceux qui veulent y étudier la trouveront ouverte, l'après-midi seule-«ment, les lundis, mercredis et vendredis, depuis deux heures jusqu'à cinq, ex-«cepté les dimanches et fêtes, et le temps des vacances[8].» D'un autre côté, nous trouvons cette note dans un ouvrage publié en 1760 : «Quoique cette biblio-«thèque ne soit pas publique, elle est ouverte à ceux qui veulent y étudier[9].» En 1763, Deharme dit que «la bibliothèque publique de Sainte-Geneviève est ou-«verte, etc.[10].» Pour ne plus revenir sur cette question, ajoutons que Leprince, en mesure cependant d'être bien informé, écrivait encore en 1782 : «Quoique

«tament, on fera avertir le Père de Sainte Genevieve, «et on lui remettra la clef du medailler.» (*Testament de tres haut, tres puissant et tres excellent prince Monseigneur Loüis d'Orléans, premier prince du sang, etc.* Bibliothèque Sainte-Geneviève, manuscrits.)

[1] *Journal des savants*, n° de décembre 1782. (Voyez plus loin nos notices sur les bibliothèques des Jacobins.)

[2] Diderot et d'Alembert, *Encyclopédie*, t. II, p. 237. — Piganiol de la Force, *Description historique de Paris*, t. VI, p. 87.

[3] Thiéry, *Guide des amateurs et des étrangers voyageurs à Paris*, t. I, p. 263.

[4] *Journal de Verdun*, n° de février 1753.

[5] A. F. *Recherches historiques sur le collége des Quatre-Nations*, p. 98.

[6] Jordan, *Histoire d'un voyage littéraire*, p. 62.

[7] Durey de Noinville, *Dissertation sur les bibliothèques*, p. 49.

[8] *Almanach royal*, année 1759, p. 376.

[9] Jèze, *État ou tableau de la ville de Paris*, p. 197.

[10] Deharme, *Plan de Paris*, légende.

« cette bibliothèque ne soit pas publique, MM. de Sainte-Geneviève se font un honneur et un devoir d'en communiquer les richesses aux savans : ceux qui veulent « y étudier pourront s'y présenter les, etc.[1]. » Nous croyons qu'on doit conclure de ces affirmations contradictoires, qui ne sont pas rares dans l'histoire des bibliothèques de Paris, que les Génovéfains de cette époque, comme les Bénédictins de Saint-Germain-des-Prés, tenaient à ce que leur collection ne fût pas regardée comme publique de droit, mais qu'en fait ils l'ouvraient à tout le monde. Louis XV vint la visiter en 1764, et y passa près d'une heure[2].

Le développement qu'avait pris la bibliothèque, et surtout l'admission désormais générale du public, nécessitèrent une augmentation du personnel. Mercier, nommé abbé de Saint-Léger, avait quitté l'abbaye en 1772; il eut pour successeur le P. Mauriceau. Pingré était encore bibliothécaire en chef, et avait sous lui le P. Peyraud, qui était entré à la bibliothèque en 1764. Le P. Mauriceau ne conserva que deux ans ses fonctions; il fut remplacé par Viallon, qui resta sous-bibliothécaire jusqu'à sa mort, arrivée en 1805; enfin un archéologue distingué, le P. Antoine Mongez, fut nommé conservateur du cabinet d'antiquités. Cette précieuse collection, qui avait été longtemps reléguée « dans une espèce de « galetas[3], » fut transportée en 1753 dans un local magnifique dont l'entrée se trouvait à l'extrémité de la bibliothèque[4]. On sait que Dumolinet a publié un catalogue très-complet des curiosités qui y étaient conservées[5].

A cette époque, la nouvelle église Sainte-Geneviève commençait à s'élever en face de l'abbaye. En 1754, les religieux s'étaient plaints du peu d'étendue de leur église, devenue insuffisante, disaient-ils, pour le nombre des fidèles qui la fréquentaient. Mais, le couvent n'étant pas en état de supporter les frais d'une réédification, « l'abbé s'adressa à la piété du roi pour y pourvoir de la façon la plus « convenable. » Les finances royales n'étaient guère plus prospères que celles de l'abbaye; afin de se procurer de l'argent, on éleva de quatre sous le prix des billets de la loterie, et ces quatre sous d'augmentation furent accordés à l'abbé de Sainte-Geneviève pour être employés à la construction de son église[6]. Ils produisirent quatre cent mille livres par an, ce qui permit d'inaugurer les travaux dès 1757.

Soufflot, qui avait dessiné les plans, fut enterré en 1781 dans l'ancienne

[1] Leprince, *Essai historique sur la bibliothèque du roi*, p. 347.

[2] *Mémoires secrets dits de Bachaumont*, 6 septembre 1764, t. II, p. 89.

[3] Piganiol de la Force, *Description historique de Paris*, t. VI, p. 87.

[4] Lemaire, *Paris ancien et nouveau*, t. I, p. 225.

[5] *Le Cabinet de la bibliothèque Sainte-Geneviève, divisé en deux parties, contenant les antiquitez de la religion des chrétiens, des Égyptiens et des Romains; des tombeaux, des poids, des médailles, des monnoies, pierres antiques gravées, lampes antiques, animaux rares et singuliers; des coquilles, des fruits étrangers et quelques plantes exquises*, par Claude du Molinet. Paris, 1692, in-folio, orné de planches très-curieuses.

[6] Piganiol de la Force, *Description historique de Paris*, t. VI, p. 99.

église; la nouvelle n'était pas encore terminée quand éclata la Révolution. Voyons quel était à ce moment l'état de la bibliothèque.

Elle renfermait 58,107 volumes imprimés, 2,013 manuscrits[1], et était ouverte au public les lundis, mercredis et vendredis, de deux à cinq heures, excepté les jours de fête et le temps des vacances, qui duraient du 15 août au 11 novembre.

Pingré était toujours bibliothécaire et Viallon sous-bibliothécaire; mais le grand âge du premier lui avait fait adjoindre, en 1786, le botaniste Étienne-Pierre Ventenat.

Le cabinet de curiosités était également public, mais les lundis et mercredis seulement[2]. Voici, d'après l'Histoire manuscrite de l'abbaye, un résumé des principales pièces qu'il renfermait :

Ceux qui ont travaillé à former la bibliotheque de Sainte Geneviève ont veu qu'ils feroient une chose qui ne contribuëroit peu à son ornement et à son utilité, s'ils l'accompagnoient d'un cabinet de pieces rares et curieuses qui regardent l'estude et peuvent servir aux belles lettres et à l'histoire. C'est ce qu'ils ont consideré dans le choix des curiositez qu'ils y ont amassez, et ont tasché de n'en point acquerir qui ne fussent utiles aux sciences, comme aux mathematiques, à l'astronomie et à l'optique, et à l'histoire, soit ancienne, soit moderne, soit naturelle. C'est à quoy on s'est precisement attaché.

Le lieu du cabinet est contigu à la bibliotheque. Il est long d'environ quatre toises et large de deux. On y voit en face une espece d'alcove d'architecture, entre les deux fenestres qui l'esclairent, dans laquelle il y a plusieurs sortes d'armes des pays etrangers, comme des Turcs, Perses, Indiens et Americains; au-dessus sont trois gradins garnis d'urnes, de lampes, de vases et de figures antiques. Cette alcove est accompagnée de deux buffetz garnis de tablettes sur lesquelles sont des petrifications, des oyseaux des Indes, des ornemens, des chaussures des Americains, etc. Ils portent aussy deux gradins sur lesquels sont des figures et des vases de la Chine, avec des branches de corail de toutes les couleurs et diverses croissances de mer. Les trois autres costez sont ornez de douze cabinets de bois de noyer posez sur leurs pieds à colonnes torses, sçavoir, de quatre grands accompagnez chacun de deux petits. Dans le premier, sont les suittes de medailles du grand et du moyen bronze, parmy lesquelles il y en a d'assez rares et curieuses. La suitte du grand, qui est distingué par classes, est d'environ trois cens medailles, et celle du moyen, qui est rangée par l'ordre des empereurs, en comprend bien six cens. Le second grand cabinet a aussy deux suittes de medailles antiques, l'une de petit bronze, tant du haut que du bas empire, qui a plus de six cens medailles, et l'autre d'argent, qui a en teste cent cinquante deitez tant en argent qu'en cuivre. Elle comprend ensuitte le haut et le bas empire en six cens medailles, ce qui fait en tout environ deux mil deux cens medailles antiques. Le troisieme des grands cabinetz a les mesures, les poids et les monnoyes antiques des Romains,

(1) On en trouve le détail par matières et par formats dans un *État de la bibliothèque Sainte-Geneviève* qui fut fourni à l'Assemblée nationale en 1790; il est certifié par le P. Rousselet, alors abbé de Sainte-Geneviève, et par les bibliothécaires Pingré, Viallon et Ventenat. (Archives de l'Empire, série S, carton n° 1540.) Cependant, lors du recensement qui fut fait dans les dépôts littéraires, ce chiffre se trouva porté à 61.122 volumes, tant imprimés que manuscrits. (Voyez aux Archives de l'Empire : *Recensement détaillé des livres des bibliothèques du département de Paris,* série M, carton 797.)

(2) Thiéry, *Guide des amateurs et des étrangers voyageurs à Paris,* t. II, p. 239.

les monnoyes d'argent des Grecs, et des talismans en pierres et en metaux, tant anciens que modernes. Le quatrieme renferme les instrumens des sacrifices, les lampes, et d'autres ustancilles antiques, romaines, grecques et ægyptiennes, fort singulieres.

Dans les huit petits cabinets sont, au premier, les medailles de cuivre des papes, depuis Martin V, en 1420, jusqu'à Innocent XI, au nombre de trois cens, et une centaine de medailles des cardinaux. Le deuxieme a cent quarrez d'acier gravez en creux de medailles antiques et modernes, de la main de Cauvin, padoüan, excellent graveur qui vivoit il y a environ cent ans, entre lesquelles sont les empreintes des empereurs romains, depuis Jules Cæsar jusqu'à Elogabale, avec leurs revers. Ce sont ces matrices si estimées qui ont servy à faire les medailles appellées communement des padoüans, repanduës dans tous les cabinetz de l'Europe. Le troisieme contient les medailles des Roys de France, aussy en cuivre, depuis Charles VII jusqu'à Louis XIV dit le Grand, comme aussy celles des Reines, des Princes, des chanceliers et des Illustres de tous les Estatz de ce Royaume. Le quatrieme a celles des Rois, des Princes, et des Illustres estrangers; sçavoir : des Empereurs, des Roys d'Espagne, d'Angleterre, du Nord, des Princes d'Italie et de plusieurs autres royaumes. Le cinquieme est celuy des monnoyes, où l'on voit celles de France depuis le commancement de la monarchie jusqu'à ce jour, celles des royaumes de la Chine, du Japon, du Mogol, de Siam, etc. et enfin celles des autres Roys et Princes de l'Europe. Le sixieme est pour les gettons de France, où l'on en voit une suitte de plus de six cens, depuis François premier et au delà, jusqu'à ce temps, où sont des devises qui marquent les plus belles actions, comme aussy ceux des Reynes, des Princes, des familles, et plusieurs autres qui ont du raport à l'histoire. Le septieme est pour les instrumens de mathematique, les lunettes d'aproche, microscopes, pierres d'aymant, et autres choses de cette nature. Dans le huitieme sont les pierres gravées, au nombre d'environ mil, les coquilles, les marcassites et mineraux.

On voit dessus et dessous tous ces cabinetz diverses sortes d'animaux etrangers, des poissons rares, des pieces d'optique, et d'autres choses curieuses. La corniche qui regne à l'entour du cabinet est ornée des portraitz en pastel des vingt-deux derniers Roys de France depuis saint Louis, tirez au naturel sur les originaux les plus fideles qui se sont peu rencontrer dans Paris. Enfin les murailles des quatre costez sont aussy ornées de portraitz, de tableaux et d'habits différents des Americains.

Au reste, on peut attribuer à un bonheur singulier de ce que le riche et fameux cabinet de l'illustre Monsieur de Peiresc, conseiller au Parlement d'Aix, qu'il avoit amassé dedans Rome et dedans le Levant, avec tant de soin et de depense, dont Gassendj et d'autres autheurs ont parlé avec tant d'eloges, soit passé à Sainte Genevieve, pour venir fonder et composer celuy cy [1].

On voyait encore dans ce cabinet deux pièces curieuses : un modèle de corvette et un plan de Rome, qui, ainsi que les pastels, ont été conservés par la bibliothèque actuelle. Leur origine est ainsi décrite dans l'*État* fourni en 1790 à l'Assemblée nationale :

Modèle d'une corvette construite aux frais de M. le Marquis de Courtanveaux, en 1765, au Havre, pour observer les montres marines de M. Le Roi et le megamètre de M. de Charnière. Ce modèle a été executé en 1768 par un maître d'équipage de la marine du roi; il a cinq pieds de longueur, et il est enfermé dans une cage vitrée en verre de Bohême.

Plan en relief de la ville de Rome, de quatorze pieds de longueur sur douze pieds de largeur.

[1] *Histoire de Sainte-Geneviève et de son église royale et apostolique.* Bibliothèque Sainte-Geneviève, manuscrits, in-folio vélin, n° H^{f} 21^{2}, pages 912 et suivantes.

Ce plan a été fait à Rome par un nommé Germani, et acheté des deniers dont le garde du cabinet des antiques a la manutention, lequel l'a fait rétablir dans l'état où il est, et l'a fait enfermer dans une cage vitrée [1].

Comme toutes les communautés religieuses, l'abbaye de Sainte-Geneviève fut supprimée en 1790, et la bibliothèque devint propriété de l'État. Un décret consacra la nouvelle église à la sépulture des grands hommes (4 avril 1791); l'ancienne, transformée en temple de la Raison, fut dépouillée de la châsse de sainte Geneviève, qu'on déposa en 1792 à Saint-Étienne-du-Mont et qui, l'année suivante, fut transportée à la Monnaie. La même année, des voleurs s'introduisirent dans le cabinet de curiosités et cherchèrent à s'emparer des médailles. Une commission, composée de Leblond, Barthélemy et Cointreau, constata que l'abbaye possédait 842 médailles d'or, 1,625 médailles d'argent, et d'autres en cuivre, formant un total de 17,000 pièces qui furent attribuées à la Bibliothèque nationale [2].

Le service de la bibliothèque Sainte-Geneviève ne paraît pas avoir été sérieusement interrompu pendant la période révolutionnaire, car nous voyons nommer, en 1793, un nouveau sous-bibliothécaire, M. Blanchet. Pingré mourut en 1796, et fut remplacé par Guillaume-Antoine Lemonnier, qui eut, l'année suivante, M. Daunou pour successeur. Voici donc la liste complète des administrateurs de la bibliothèque depuis sa fondation; les noms en italiques indiquent les sous-bibliothécaires :

1634 à 1661,
JEAN FRONTEAU.

1661 à 1673,
PIERRE LALLEMANT.

1673 à 1687,
CLAUDE DUMOLINET.

1676 à 1679,
RENÉ LEBOSSU.

1687 à ....
SARREBOURSE.

.... à 1717,
LOUIS-JOACHIM GILLET.

1717 à 1726,
PIERRE-FRANÇOIS LECOURRAYER.

1722 à 1752,
CLAUDE PRÉVOST.

[1] *État de la bibliothèque de Sainte-Geneviève.* Archives de l'Empire, série S, carton n° 1540. Voyez encore le *Journal des savants*, année 1692, p. 278 et suivantes. — [2] Marion Dumersan, *Histoire du cabinet des médailles de la bibliothèque royale*, p. 167 et 172.

1740 à 1753,
LOUIS-JOACHIM GILLET.

1753 à 1760,
ALEXANDRE-GUI PINGRÉ.

1754 à 1772,
BARTHÉLEMY MERCIER.

1754 à ....
PIÈRE.

1764 à 1773,
PEYRAUD.

1772 à 1796,
ALEXANDRE-GUI PINGRÉ.

1772 à 1774,
MAURICEAU.

1774 à 1805,
JEAN-MARIE VIALLON.

1779 à ....
ANTOINE MONGEZ.

1786 à 1808,
ÉTIENNE-PIERRE VENTENAT.

1793 à 1841,
BLANCHET.

1796 à 1797,
GUILLAUME-ANTOINE LEMONNIER.

1797 à 1806,
P.-CL.-FR. DAUNOU.

Nous rappellerons maintenant, en un mot, les vicissitudes qu'a traversées la bibliothèque Sainte-Geneviève depuis le commencement du XIXe siècle. Les bâtiments de l'abbaye furent, sous l'Empire, affectés à l'établissement du lycée Napoléon, et le réfectoire des Génovéfains servit longtemps de chapelle aux écoliers. L'ancienne église fut abattue en 1807; on ne conserva que le clocher, jolie tour carrée qui se trouve encore engagée dans les constructions actuelles. La bibliothèque était restée tout à fait indépendante du lycée, mais celui-ci, devenu collége Henri IV, convoitait les jolies galeries décorées par Restout. On répandit le bruit qu'elles étaient dans un état de délabrement qui menaçait les salles situées au-dessous et qu'on avait converties en dortoirs. Après d'assez vives discussions, une ordonnance du 22 juin 1842 arrêta que la bibliothèque abandonnerait son local primitif, et serait provisoirement transportée place du Panthéon, dans les bâtiments de l'ancien collége de Montaigu. On entreprit presque aussitôt la construction des bâtiments actuels, où la bibliothèque a été installée en 1850. La bibliothèque Sainte-Geneviève, qui acquit, sous la Révolution, plus de 20,000 volumes tirés des dépôts littéraires, possède aujourd'hui environ 150,000 imprimés et 5,000 manuscrits[1].

Le premier catalogue complet de la bibliothèque Sainte-Geneviève date de 1754; il forme neuf volumes in-folio qui ont pour titre : *Catalogue de la Bibliotheque de l'Abbaïe royale de Sainte-Geneviève de Paris.* Les commissaires délégués en 1790 par la municipalité se firent représenter ce document. «MM. les Bibliothé«quaires, lit-on dans le procès-verbal, nous ont exposé qu'ils avoient fait com«mencer un catalogue général et par ordre alphabétique, par noms d'auteurs et «d'anonymes, de tous les ouvrages dont la bibliothèque est composée; que ce «catalogue, relativement aux ouvrages in-f° et in-4°, est complet quant à la pre«mière rédaction, qui a été faite sur des cartes carrées, dans le même ordre, et «dont il ne s'agit plus que de faire la transcription; qu'il ne reste, pour complet«ter cet ouvrage intéressant, qu'à faire dans le même ordre la partie des in-8° et «des in-12; mais que, ne sachant à cet égard quelles étoient les intentions de «l'Assemblée nationale et de la municipalité, MM. les Bibliothéquaires avoient sur«sis à toute opération ultérieure; que néanmoins, dévoués entièrement et par «état à tout ce qui peut intéresser le bien et l'ordre public, ils étoient disposés à «redoubler de soins et de zèle, si la municipalité le désire..... La vérification «des manuscrits nous paroissant également importante, nous nous sommes trans«portés avec MM. les Bibliothéquaires dans une salle particulière attenant à la «Bibliothèque, que nous avons trouvée garnie de tablettes tout à l'entour, et de«puis le bas jusques au plafond; lesdites tablettes remplies d'ouvrages reliés de «différentes manières, tous manuscrits, partie en papier, partie en parchemin, «lesquels nous ont paru dans le meilleur ordre, et tous infiniment rares et pré«cieux. L'inventaire détaillé de ce cabinet nous ayant encore paru exiger un tra«vail trop long et trop pénible, nous nous sommes bornés à nous faire représenter «le catalogue sur lequel tous ces manuscrits sont énoncés. Il consiste en un petit «volume in-folio, couvert en peau et relié en carton, contenant cent quatorze «pages, en marge de la première et de la dernière desquelles nous avons fait «mention de notre mission, comme sur le catalogue de la Bibliothèque. MM. les «Bibliothéquaires nous ont, en outre, représenté un manuscrit in-folio, relié en «veau, contenant quatre-vingt-six pages, ayant pour titre *Inventaire des princi«paux manuscrits de la Bibliothèque de l'Abbaye de Sainte-Geneviève.* Dans cet ouvrage, «on trouve spécialement les manuscrits anciens hébreux, grecs et latins, les ma«nuscrits anciens françois et italiens, les manuscrits modernes latins depuis

[1] L. Lacour, *Annuaire du bibliophile,* année 1860, p. 35.

« 1500, les manuscrits françois depuis 1500, les manuscrits anciens des langues « orientales et grecques, les manuscrits anciens latins in-4°, les manuscrits latins « modernes in-4° depuis 1500, les manuscrits modernes italiens in-4° depuis « 1500, les manuscrits françois in-4°, les manuscrits des langues orientales et « grecques in-8°, les manuscrits latins in-8°, et les manuscrits françois in-8°, avec « des vignettes à la main qui indiquent celles des ouvrages indiqués dans ledit in- « ventaire..... »

Quand les commissaires de la municipalité passèrent dans le cabinet des curiosités, Mongez, qui ne semble pas avoir eu d'abord une idée bien nette de la situation, commença par demander s'il ne pourrait pas obtenir, afin de compléter la collection de médailles, deux coins du Padouan, que possédait la bibliothèque du roi, et les monnaies frappées au nom du Charles X de la Ligue (le cardinal de Bourbon) qui étaient conservées au greffe de la Tournelle. La réponse fut naturellement peu satisfaisante, et Mongez se contenta alors de « faire observer que, le « cabinet dont il étoit chargé renfermant une des collections les plus précieuses « et les plus complètes dans tous les genres, et la seule collection d'antiques dans « le royaume qui fût ouverte au public, il étoit à désirer pour l'intérêt des sciences « qu'elle fût conservée dans son entier; qu'il espéroit que l'Assemblée nationale et « la municipalité de Paris se réuniroient pour conserver et perpétuer un monu- « ment aussi précieux; qu'il le désiroit et que son unique vœu, dans ce cas, seroit « d'en conserver la direction et la garde, avec tels émolumens que la municipalité « jugeroit à propos d'y attacher, soit qu'il reste dans l'abbaye de Sainte-Geneviève « comme chanoine séculier, soit que, la Maison n'existant plus, il prenne le parti « d'user de la liberté que lui donne le décret de l'Assemblée nationale [1]. » Nous avons dit que toutes les médailles de l'abbaye furent transportées à la Bibliothèque nationale; le second vœu exprimé par Mongez ne fut pas réalisé non plus : Mongez, privé de sa chère collection, rentra dans la vie laïque, se maria, se lia avec les conventionnels les plus ardents, et mourut, en juillet 1835, membre de l'Institut.

La Bibliothèque impériale possède parmi ses manuscrits deux volumes intitulés : *Cahier contenant le titre des livres liturgiques de la Bibliotheque de Sainte-Genevieve de Paris* [2]. On trouve, en outre, quelques extraits des manuscrits de cette collection dans un recueil conservé à la bibliothèque de l'Arsenal [3].

Les Génovéfains écrivaient à la quarantième page de chacun de leurs volumes ces mots :

B. STÆ. GEN. PAR.

[1] Archives de l'Empire, série S, carton n° 1540.

[2] Bibliothèque impériale, manuscrits, fonds de Saint-Magloire, n°s 84 et 94.

[3] Biblioth. de l'Arsenal, manuscrits, n° 839 F, p. 385.

qui parfois même sont beaucoup plus abrégés. On rencontre encore sur le titre ou sur le feuillet de garde :

EX LIBRIS BIBLIOTHECÆ SANCTÆ GENOVEFÆ PARISIENSIS.
SANCTÆ GENOVEFÆ.
EX BIBLIOTHECA SANCTÆ GENOVEFÆ PARISIENSIS.
CATAL. LIBR. SANCTÆ GENOVEFÆ PARIS. ASCRIPTUS.

Peu de bibliothèques ont eu un aussi grand nombre d'estampilles. Les plus anciennes portent un écusson orné de trois fleurs de lis et surmonté d'une mitre et d'une crosse :

Cette dernière servait également, comme marque, sur le dos des volumes, où l'on trouve aussi ces deux fers :

Au moment où éclata la Révolution, l'abbaye venait de faire graver une nouvelle estampille dont la légende est en français, mais qui d'ailleurs reproduit la disposition des anciennes,

Pour obéir aux nécessités du moment, on se contenta de supprimer la mitre, la crosse et les fleurs de lis, et l'on eut ainsi cet étrange modèle,

qui, lorsque l'établissement eut pris le titre de Bibliothèque du Panthéon, fut remplacé par celui-ci,

en même temps que l'on appliquait sur le dos des volumes un P et un B entrelacés.

Sous la Restauration, la bibliothèque reprit les trois fleurs de lis, et adopta un timbre rond très-simple, avec cette légende : Bibliothèque de Sainte-Geneviève.

Depuis cette époque, on ne vit plus figurer, dans les volumes comme sur les plats, que l'S et le G entrelacés, ou l'aigle impériale :

Un timbre sec, conforme à ce dernier modèle, est en outre aujourd'hui frappé sur le titre des volumes.

ÉTAT
DE
LA BIBLIOTHÈQUE DE SAINTE-GENEVIÈVE[1].

La bibliothèque de Sainte-Geneviève forme une croix dont la plus grande longueur a 350 pieds, et la moindre 310 pieds. La largeur de chaque partie est de 18 pieds sur 30 de hauteur. Ce vaisseau est éclairé principalement par un dôme dont la peinture est de Restout, et il est décoré dans son étendue par 106 bustes, sçavoir, ceux de

François Ier.
Henri IV.
Sully, *terre cuite de Lemoine.*
Louis XIII.
Richelieu.
Louis XIV.
Colbert.
Philippe d'Orléans, le Régent.
Louis XV.
Le maréchal de Saxe, *terre cuite de Caffieri.*
Jean de Rotrou, *terre cuite de Caffieri.*
Pierre Corneille, *terre cuite de Caffieri.*
Thomas Corneille, *terre cuite de Caffieri.*
Le Président de Lamoignon.
Achilles de Harlai.
Nicolas Boileau, *terre cuite de Caffieri.*
Jean de la Fontaine, *terre cuite de Caffieri.*
Alexis Piron, *terre cuite de Caffieri.*
Jean-Baptiste Rousseau, *terre cuite de Caffieri.*
Petau, *terre cuite de Caffieri.*
Quinault, *terre cuite de Caffieri.*
Rameau, *en terre cuite, de Caffieri.*
Santeuil.
Le P. Dumolinet, bibliothécaire de Sainte Geneviève.
Dominique Cassini, *terre cuite de Caffieri.*
Pingré, bibliothécaire de Sainte-Geneviève, *terre cuite de Caffieri.*
Robert de Cotte, *en marbre.*
Antoine Arnaud, *en marbre.*
Mansart, *en marbre.*
Charles Lebrun, *en terre cuite.*
Descartes.
Bossuet.
Félibien.
Le Nain de Tillemont.

[1] Archives de l'Empire, série S, carton n° 1540.

Héraclite.
Démocrite.
Pythagore.
Socrate.
Pittacus.
Thalès.
Platon.
Aristote.
Épicure.
Zénon.
Théocrite.
Possidonius.
Hippocrate.
Homère.
Hésiode.
Pindare.
Euripide.
Æschiles.
Soufflot.
Daubenton.
Noël Alexandre.
Le cardinal de la Rochefoucaut.
Le Tellier, chancelier de France, *en marbre.*
Maurice Le Tellier, archevêque de Reims, *en marbre.*
Le Tellier, marquis de Louvois.
Le Tellier, marquis de Courtanvaux, *en marbre.*
Pompeia Cæsaris, *buste antique en marbre.*
Faustina Marci Aurelii, *buste antique en marbre.*
Nero, *buste antique en marbre.*
Scipio Africanus, *buste antique en marbre.*
Caracalla, *buste antique en marbre.*
Hadrianus, *buste antique en marbre.*
Jules César.
Marius.
Geta.
Pupienus.
Lysias.
Oreste.
Caton le Censeur.
Demosthenes.
Theophrastes.
Chrysippe.
Antistène.
Auguste.
Marcellus.
Antinoüs.
Tibère.

Drusus.
Germanicus.
Claudius.
Brutus.
Galba.
Mecène.
Tite.
Domitien.
Cicéron.
Marc-Aurèle.
Commode.
Vespasien.
Lucius Verus.
Seneque.
Terence.
Pline le Jeune.
Quintilien.
Boëce.
Tite-Live.
Ovide.
Virgile.
Bacchus.
Caracalla.
Annibal.
Architas.

Tous ces bustes sont en plâtre, à l'exception de ceux marqués ci-dessus comme en marbre et en terre cuite.

. . . .

PLAN GÉNÉRAL
DU
CATALOGUE DES LIVRES DE LA BIBLIOTHÈQUE DE SAINTE-GENEVIÈVE
ET LEUR NOMBRE.

Bibles sans commentaires.

In-folio	284	1,035 volumes.
In-quarto	155	
In-douze	596	

Bibles avec des commentaires.

In-folio	633	1,826 volumes.
In-quarto	457	
In-douze	736	

Liturgies anciennes, modernes et étrangères, pontificaux, cérémoniaux, missels, bréviaires et heures de prières.

In-folio	224	1,687 volumes.
In-quarto	343	
In-douze	1,120	

Conciles tant généraux que particuliers, constitutions synodales, synodes de différents pays et en diverses langues.

In-folio	329	877 volumes.
In-quarto	421	
In-douze	127	

Pères de l'Église et anciens écrivains ecclésiastiques.

In-folio	609	1,534 volumes.
In-quarto	239	
In-douze	686	

Théologiens généraux et particuliers, catholiques et hérétiques.

In-folio	1,188	9,783 volumes.
In-quarto	1,966	
In-douze	6,629	

Droit canonique dans toutes ses parties.

In-folio	513	2,416 volumes.
In-quarto	837	
In-douze	1,066	

Droit civil, ancien et moderne.

In-folio	431	1,658 volumes.
In-quarto	596	
In-douze	631	

Cosmographie, géographie, voyages, topographie, chronologie, chronographie, généalogies, armoiries.

In-folio	364	1,827 volumes.
In-quarto	540	
In-douze	923	

Histoire ecclésiastique sous l'Ancien et le Nouveau Testament, générale et particulière.

In-folio	921	3,961 volumes.
In-quarto	1,359	
In-douze	1,681	

Histoire des empires.

In-folio	201	885 volumes.
In-quarto	205	
In-douze	479	

Histoire d'Italie moderne.

In-folio	185	624 volumes.
In-quarto	263	
In-douze	176	

Histoire générale et particulière du royaume de France.

In-folio	408	2,282 volumes.
In-quarto	594	
In-douze	1,280	

Histoire générale et particulière de l'Allemagne.

In-folio	219	804 volumes.
In-quarto	298	
In-douze	287	

Histoire des royaumes et des États du Nord.

In-folio	45	272 volumes.
In-quarto	85	
In-douze	142	

Histoire générale et particulière de la Grande-Bretagne et de l'Irlande.

In-folio	54	367 volumes.
In-quarto	82	
In-douze	231	

Histoire générale et particulière d'Espagne et de Portugal, diplomatiques, négociations et traités de paix.

In-folio	110	297 volumes.
In-quarto	92	
In-douze	95	

Mélanges, savoir : histoire des hommes et femmes illustres de la république des lettres, des universités et des académies, journaux littéraires, bibliothèques et catalogues.

In folio	360	4,405 volumes.
In-quarto	844	
In-douze	3,201	

Philosophie et ses quatre parties. Magie, divination, alchimie, astrologie, secrets.

In-folio	306	2,622 volumes.
In-quarto	1,012	
In-douze	1,304	

Histoire naturelle, générale et particulière.

In-folio	203	1,019 volumes.
In-quarto	347	
In-douze	469	

Anatomie, chirurgie, botanique, pharmacie, chimie, médecine générale et particulière.

In-folio	197	2,633 volumes.
In-quarto	542	
In-douze	1,894	

Les sciences mathématiques et celles qui y ont rapport.

In-folio	391	2,591 volumes.
In-quarto	1,137	
In-douze	1,063	

Grammaires, rhétoriques et orateurs de toutes les nations.

In-folio	260	1,681 volumes.
In-quarto	477	
In-douze	944	

Poésies : poëtes grecs, poëtes latins, anciens et modernes, poëtes françois, italiens, espagnols, etc. etc.

In-folio	174	2,117 volumes.
In-quarto	456	
In-douze	1,487	

Philologie, mélanges, critiques d'ouvrages de belles-lettres.

In-folio	215	1,876 volumes.
In-quarto	420	
In-douze	1,241	

Antiquités, monnoies, médailles, gymnastiques.

In-folio	296	824 volumes.
In-quarto	320	
In-douze	208	

Cartes, estampes, devises et fables. (Dans cette partie se trouvent plusieurs portefeuilles originaux des grands maîtres d'Italie et d'autres écoles.)

In-folio	293	622 volumes.
In-quarto	234	
In-douze	95	

Autres livres séparés.

Grand in-folio	42	2,031 volumes.
Petit in-douze	155	
In-quarto	207	
Livres à l'index	158	
Brochures	849	
Miscellanea in-quarto	120	
Miscellanea in-octavo et in-douze	500	

Livres doubles	3,590 volumes.
Total général des livres imprimés	58,107 volumes.

MANUSCRITS.

Je n'entrerai pas dans le détail des manuscrits de cette bibliothèque. Il y en a de rares. Nos catalogues les rapportent en détail, et il s'en trouve un qui mériteroit d'être imprimé et les dessins des vignettes d'être gravés. Il nous suffira de présenter ici leur nombre d'après leur division particulière :

Le nombre des manuscrits in-folio est de	767	2,013 manuscrits.
Le nombre des manuscrits in-quarto est de............	639	
Le nombre des manuscrits in-octavo et in-douze est de...	607	

Vingt-quatre cartons marqués par les lettres alphabétiques, contenant des manuscrits dont plusieurs sont précieux.

La totalité des livres de la bibliothèque de Sainte-Geneviève, tant imprimés que manuscrits, est de soixante mille cent vingt volumes.

Nous certifions l'état ci-dessus aussi exact qu'il nous a été possible de le faire dresser.

A Paris, ce vingt-quatre février mil sept cent quatre-vingt-dix.

Rousselet, *abbé de Sainte-Geneviève.*
Pingré, *bibliothécaire.*
Viallon.
Ventenat.

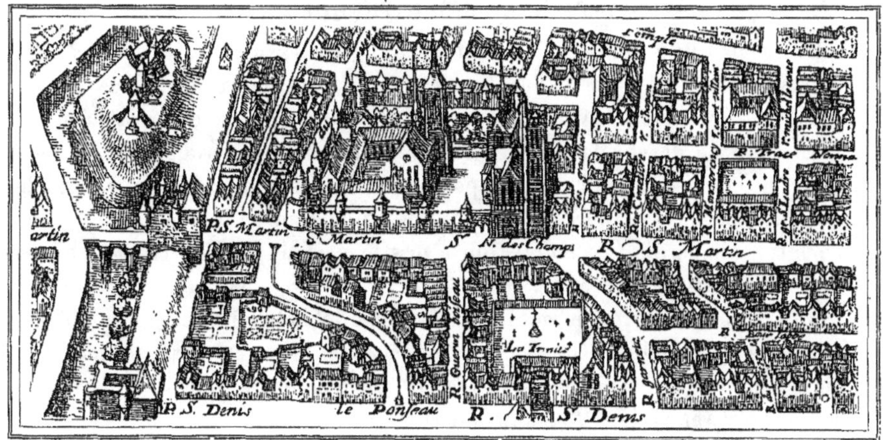

Fac-simile héliographique

Plan de Mat. Mérian, 1651.

PRIEURÉ

DE SAINT-MARTIN-DES-CHAMPS.

L'abbaye de Saint-Martin-des-Champs s'élevait sur l'emplacement qu'occupe aujourd'hui le Conservatoire des Arts et Métiers. Son origine remonte aux premiers temps de la monarchie, mais les Normands la détruisirent dans une de leurs excursions. Henri Ier, par une charte datée de 1056 [1], en autorisa la reconstruction au même endroit, « ante Parisiacæ urbis portam [2], » sans doute la porte qui était près de Saint-Merri et que Dagobert avait donnée aux religieux de Saint-Denis.

Desservie d'abord par des chanoines réguliers [3], cette Maison fut, avec leur consentement, donnée par Philippe Ier à l'ordre de Cluny. D'abbaye elle devint ainsi prieuré; mais celui-ci compta bientôt parmi les couvents les plus considérables de Paris. Il couvrait alors un espace de quatorze arpents, et était entouré de fortes murailles reliées entre elles par de hautes tours qui subsistaient encore au milieu du XVIIIe siècle. Sa situation était aussi imposante que pittoresque : pour limite au nord, elle avait un bois de chênes qu'a remplacé la rue du Vert-Bois, et une éminence couverte de moulins qui est devenue la rue Meslay; au couchant, un ruisseau, sur lequel a été construite la rue du Ponceau, traversait un vallon

(1) J. Dubreul, *Theatre des antiquitez de Paris*, p. 632.

(2) *Gallia christiana*, t. VII, col. 515.

(3) Le Beuf, *Histoire de la ville et du diocèse de Paris*, t. Ier, p. 305.

qui s'étendait jusqu'au grand couvent des Filles-Dieu; au midi, les villages champêtres de Bourg-l'Abbé et de Beaubourg; et, au levant, de vastes prairies arrosées par des sources d'eau vive. A l'ombre du monastère commençait à se former un village qui est devenu le quartier Saint-Martin. Le prieur avait droit de haute, moyenne et basse justice[1] sur une population de trente mille feux, et son échelle, qui en était le signe représentatif, se dressait au coin de la rue Saint-Martin et de la rue Aumaire[2] (*au Maire*), qui a pris le nom de l'officier chargé de juger les vassaux du couvent.

Dès le XIIIe siècle, ce prieuré possédait une bibliothèque, et, ce qui est plus rare, des fonds étaient déjà affectés à son entretien. Nous voyons, en effet, Milon de Vergy, vingtième prieur de la Maison, augmenter de vingt sols parisis, en 1261, les revenus de cette petite collection[3].

Le nécrologe de l'établissement date du XVe siècle, et est conservé à la Bibliothèque impériale[4]; il contient cinq mentions relatives à des donations de livres pour la bibliothèque. Il est malheureusement impossible aujourd'hui de trouver aucun renseignement sur la personne de ces premiers bienfaiteurs :

XVI KALENDAS JANUARIJ.

Obijt Johannes de Fiscampno[5], qui scripsit vetus martyrologium.

IIJ KALENDAS FEBRUARIJ.

Obijt Moyses, qui dedit nobis evangelium glosatum, quedam decreta et unum calicem.

XVIJ KALENDAS APRILIS.

Obijt Petrus, qui dedit nobis unum antiphonarium, collectarium, graduale et psalterium.

I NONAS APRILIS.

Obijt Martellus, doctor in sacra pagina, qui dedit nobis suos libros.

VJ IDUS JULIJ.

Obijt prior Johannes Aruernentius[6], qui fecit fieri gradualia et antiphonaria et multa alia bona.

Nous ne trouvons plus cette collection mentionnée nulle part jusqu'au milieu

[1] D. H. I. *Supplément aux antiquitez de Paris de J. Dubreul*, p. 60.

[2] F. Maillard, *Le gibet de Montfaucon*, p. 5.

[3] «Milo de Vergiaco, anno 1261, armarii Sancti «Martini de Campis adauxit reditus viginti solidis «parisiensibus.» (*Gallia christiana*, t. VII, col. 529.) — Mentionné aussi par Martène, *Veterum scriptorum collectio amplissima*, t. V, p. 1136.

[4] Manuscrits, fonds de Saint-Martin, n° 58, in-folio, vélin. Une copie moins ancienne, également in-folio et sur vélin, est conservée dans le même fonds, n° 22.

[5] *Fiscampno* pour *Fiscanno*, Fécamp.

[6] Sans doute Jean, Ve du nom, 38e prieur de de la Maison, mort en 1417. (Voyez le *Gallia christiana*, t. VII, col. 535.)

du XVIIIe siècle, où le P. Pernot, son bibliothécaire, *diligentissimus bibliothecæ custos*[1], appela pour un moment l'attention sur elle[2]. Il l'enrichit d'un nombre considérable de chartes et de pièces originales[3], que les religieux cédèrent plus tard, ainsi que plusieurs précieux manuscrits, à la bibliothèque du roi[4].

La bibliothèque de Saint-Martin-des-Champs était située au rez-de-chaussée, au-dessous du dortoir du noviciat, et avait vue sur le jardin de la sacristie. C'était une vaste galerie, précédée d'un vestibule et ornée de boiseries remarquables. On y voyait deux beaux globes de Coronelli et deux immenses tables formées d'un seul bloc de pierre de liais qui avait été scié dans le sens de l'épaisseur; pour faire l'économie d'un tapis, on les avait recouvertes d'une couche de peinture noire[5].

Au moment de la Révolution, cette collection avait pour bibliothécaire le P. Adam. Bien qu'il existât alors au moins 40,000 volumes dans le couvent[6], la bibliothèque n'en renfermait que 9,264, savoir: 2,015 in-folio, 1,667 in-4°, 5,335 in-8°, et 247 manuscrits[7]. Les religieux, espérant sans doute ainsi dérober une partie de leurs livres à la confiscation, les avaient disséminés dans leurs cellules. Dans l'une d'elles on trouva 308 volumes, 411 dans une autre, 400 dans la chambre du prieur. La Maison possédait aussi un cabinet de titres généalogiques; mais le P. Pravas déclara aux commissaires délégués par la Commune que «ces titres «avoient été acquis par les religieux individuellement, que c'étoit un objet plus «curieux qu'utile, et qu'il croyoit devoir, tant en son nom qu'au nom de ses con«frères, en faire la réclamation.» On citait surtout, parmi les manuscrits qu'avait

[1] *Gallia christiana*, t. VII, col. 526.

[2] Le Beuf, *Histoire de la ville et du diocèse de Paris*, édit. Cocheris, t. II, p. 305. — Piganiol de la Force, *Description historique de Paris*, t. III, p. 416.

[3] Mercier de Saint-Léger, *Mémoire pour la conservation des bibliothèques des communautés religieuses*, p. 10.

[4] Piganiol de la Force, *Description historique de Paris*, t. IV, p. 36.

[5] Leprince, *Essai historique sur la bibliothèque du roi*, p. 359.

[6] Thiéry, *Guide des amateurs et des étrangers*, t. I, p. 543.

[7] «La bibliothèque renferme :

IN-FOLIO.

Gallerie	1,637 volumes.
Armoires	43 —
Cabinet	335 —
Total	2,015 volumes.

IN-QUARTO.

Gallerie	1,089 volumes.
Armoires	107 —
Cabinet	471 —
Total	1,667 volumes.

IN-OCTAVO.

Gallerie	3,997 volumes.
Armoires	231 —
Cabinet	1,107 —
Total	5,335 volumes.

Manuscrits reliés, dans une armoire située dans le cabinet :

In-folio	133 volumes.
In-quarto	114 —

Liasses et paquets de cartes géographiques, titres et mémoires, en différentes places dans le cabinet ou vestibule, 39.»

(*État des revenus, charges, effets mobiliers et immobiliers du prieuré de Saint-Martin-des-Champs.* Archives de l'Empire, série S, carton n° 1332.)

conservés cette Maison, une traduction des évangiles écrite en lettres d'or sur vélin et qui remontait au IXe siècle [1].

Probablement encore pour préserver la collection du couvent, le prieur déclara, en 1790, qu'il n'existait qu'un catalogue incomplet; on en trouve cependant deux fort volumineux à la bibliothèque de l'Arsenal. Le plus ancien n'a pas de titre; c'est un grand in-folio rédigé par ordre de matières; la reliure est assez belle, et le dos semé de fleurs de lis [2]. Le second date de 1774, il est intitulé *Bibliotheca Martiniana, sive catalogus librorum bibliothecæ Sancti Martini a Campis, incœptus anno salutis 1774* [3]. On conserve enfin aux Archives de l'Empire un travail très-incomplet, qui comprend à peine 500 volumes, et en tête duquel on lit: *Inventaire des livres de la cy devant maison de Saint Martin des Champs, même rue, transportés au dépôt de la rue de Thorigny le 25 pluviôse an IV* [4].

Nous ne connaissons aucune estampille du prieuré de Saint-Martin-des-Champs. Le fer qui figure sur les volumes porte, au-dessous des armoiries de l'ordre de

[1] Leprince, *Essai historique sur la bibliothèque du roi*, p. 359. — Piganiol de la Force, *Description historique de Paris*, t. IV, p. 36.

[2] Bibliothèque de l'Arsenal, manuscrits in-folio, n° 844.

[3] Bibliothèque de l'Arsenal, manuscrits in-folio, n° 843. — M. H. Cocheris, dans son excellent travail sur Saint-Martin-des-Champs (Le Beuf, *Hist. du diocèse de Paris*, t. II, p. 403), cite par erreur comme provenant de ce prieuré un troisième catalogue, qui en réalité appartenait au couvent des Mathurins.

[4] Archives de l'Empire, n° F17 1200.

Cluny, la marque particulière du couvent qui représente saint Martin coupant son manteau en deux pour le partager avec un pauvre.

Le même dessin, imprimé sans aucun soin sur un carré de papier, était parfois collé sur les plats des volumes, des manuscrits surtout, qui ne sont le plus souvent recouverts que d'une demi-reliure fort laide. On le rencontre aussi, mais il est alors réduit, frappé en or sur le dos de quelques ouvrages précieux.

Les inscriptions manuscrites sont très-nombreuses et présentent une grande variété, voici les plus fréquentes :

EX LIBRIS S. MARTINI A CAMPIS, ORDINIS CLUNIACENSIS, CATALOGO INSCRIPTUS.

MONAST. S. M. A CAMPIS CONG. S. BENED. CATALOGO INSCRIPTUS.

EX LIBRIS SANCTI MARTINI A CAMPIS, ORDINIS ET OBSERVANT. CLUNIACENSIS, CATALOGO INSCRIPTUS.

Presque tous les bâtiments qui composaient le prieuré de Saint-Martin-des-Champs ont été démolis; mais on en a conservé et restauré le réfectoire, œuvre admirable attribuée à Pierre de Montereau, et où est installée aujourd'hui la bibliothèque du Conservatoire des Arts et Métiers.

Fac-simile héliographique. Plan de Séb. Munster. (1548.)

ABBAYE DE SAINT-GERMAIN-DES-PRÉS.

Grégoire de Tours raconte [1] que les habitants de Saragosse, assiégés en 542 par Childebert, recoururent à un singulier moyen pour se défendre : ils se revêtirent de cilices, et firent plusieurs fois le tour de la ville, en chantant des cantiques et en portant devant eux la tunique du bienheureux saint Vincent. Childebert, frappé d'étonnement, emmena son armée, alla ravager une autre partie de l'Espagne, et revint en France chargé de dépouilles. Aimoin [2] ajoute que Childebert, avant de lever le siége de Saragosse, exigea des Espagnols qu'ils lui remissent la précieuse tunique. Aussitôt de retour, il ordonna l'érection d'une église qu'il dota richement, et qui fut nommée basilique de Sainte-Croix et de Saint-Vincent, « basilica Sanctæ Crucis et Domni Vincentii [3]. »

Cette création avait eu lieu sur les conseils de saint Germain, alors évêque de Paris, « una cum consensu et voluntate Francorum et Neustrasiorum et exhortatione sanctissimi Germani, Parisiorum urbis pontificis, » et l'église s'éleva, dit encore la charte de fondation, « in urbe Parisiaca, prope muros civitatis, in terra « quæ adspicit ad fiscum Isciacensem, in loco qui appellatur Lucotitie [4]. »

Saint Germain, qui jouissait d'une grande faveur auprès de Childebert, travailla d'abord à accroître le domaine de l'église ; puis, après la mort du roi, il

[1] Grégoire de Tours, *Historia Francorum*, lib. III, cap. XXIX.

[2] Aimoin. *De gestis Francorum*, lib. II, cap. XX.

[3] *Gallia christiana*, t. VII, col. 416.

[4] Cette charte a été publiée dans le *Gallia christiana*, t. VII, instrumenta, col. 1, et par J. Dubreul, *Theatre des antiquitez de Paris*, p. 222. Mais M. Jules Quicherat a prouvé qu'elle était apocryphe, et avait été, comme tant d'autres, écrite vers l'an 1000. (Voyez J. Quicherat, *Critique des deux plus anciennes chartes de l'abbaye de Saint-Germain-des-Prés*.)

y joignit un monastère auquel il fit accorder les priviléges les plus étendus [1], et qui ne tarda pas à prendre son nom.

Cette abbaye avait déjà, à ce qu'il semble, un commencement de bibliothèque; c'est du moins ce qui ressort d'une phrase que nous trouvons dans une ancienne chronique manuscrite. On y lit que, sous Droctovée, deuxième abbé de Saint-Germain-des-Prés [2], un incendie allumé par les Normands dévora un grand nombre de titres et de livres de la bibliothèque [3].

Tout porte à croire qu'il ne restait plus rien de cette collection au xe siècle; car, dans l'intervalle, l'abbaye avait été encore deux fois ravagée par les Normands. Elle fut en grande partie reconstruite, sous le règne de Robert, par l'abbé Morard; ce fait est constaté dans le *Nécrologe* [4], qui ne nous dit pas si l'on s'occupa alors de réorganiser la bibliothèque.

La Bibliothèque impériale possède deux nécrologes de Saint-Germain-des-Prés, dont l'un est évidemment une copie de l'autre; ils portent, dans le fonds *Saint-Germain latin*, les numéros 480 et 481; tous deux sont in-folio et sur vélin. L'histoire primitive des bibliothèques formées dans les couvents ne peut, en général, être reconstruite qu'au moyen de ces précieuses annales, où, après le décès des religieux, on inscrivait brièvement les maisons, l'argent ou les livres qu'ils laissaient à l'abbaye; nous avons ainsi rétabli d'une manière assez sûre l'origine des bibliothèques établies à l'église Notre-Dame de Paris, à Saint-Victor, à Sainte-Geneviève, etc. Mais le nécrologe de Saint-Germain-des-Prés, rédigé avec fort peu de soin, ne contient aucune mention de ce genre : on se contentait d'y enregistrer, sans autre détail, le nom des bienfaiteurs de l'abbaye; à peine y rencontre-t-on dix ou douze indications de legs, et dans aucune il n'est question de livres. P. Carpentier, dans son Supplément au *Glossaire* de Du Cange, cite un manuscrit que nous n'avons pu retrouver, et qui serait intitulé *Liber anniversariorum S. Germani a Pratis;* il dit y avoir extrait d'une charte de 1348 les lignes suivantes : «Frère Guillaume de Paris, à présent prieur de nostre église, de sa bonne pour-«véance et du bien de lui, nous a loiaument acheté et acquis un livre ou volume «appellé Somme des confesseurs, en deux volumes, translaté de latin en françois «par maistre Gieffroy des Néefs [5].» L'abbaye songeait donc alors à reconstituer sa

[1] Piganiol de la Force, *Description historique de Paris*, t. VIII, p. 3.

[2] C'est le premier, suivant le *Gallia christiana*, t. VII, col. 419, qui ne compte pas saint Germain.

[3] «Sanctus Droctoveus abbas 2 hujus monasterij «a Clotario primo, Francorum rege, et B. Germano «instituitur... Danorum id est Nortmannorum tem-«poribus, cum multis bibliothecæ libris archivorum-«que privilegiis, incendio periit.» (J. Dubreul, *Chronica cœnobii D. Germanj a Pratis*, p. 50; Bibl. imp. manuscrits, fonds Saint-Germain latin, n°. 438.)

[4] «Anniversarium Morardi abbatis, qui ecclе-«siam istam a paganis incensam evertens, a funda-«mentis novam reedificavit, turrimque cum signo «multaque alia ibi construxit.» (*Necrologium Sancti Germani a Pratis*, 1 kal. aprilis. — Voyez aussi Dubreul, *Chronica cœnobii D. Germanj a Pratis*, p. 95, et le *Gallia christiana*, t. VII, col. 434.)

[5] *Glossarium mediæ et infimæ latinitatis*, ed. Didot, verbo *Summa*, t. VI, col. 433.

bibliothèque. Mais nous manquons ensuite de renseignements jusqu'au XVIe siècle.

En 1513, Guillaume Briçonnet, fils aîné du célèbre cardinal, fut chargé d'opérer une réforme complète chez les religieux de Saint-Germain, qui s'étaient jetés dans le désordre et la débauche[1]. Le couvent d'ailleurs avait déjà acquis une grande importance. Cette « maison inclyte, royalle et premiere de France, » comme l'appelle Dubreul[2], tenait sous sa puissance féodale une grande moitié de la partie méridionale de Paris, et avait sur tout le faubourg Saint-Germain la double juridiction temporelle et spirituelle; son échelle et son pilori s'élevaient sur la place Sainte-Marguerite[3]; l'abbé prétendait même être indépendant du roi et ne relever que du pape.

Briçonnet comprit que le meilleur moyen d'opérer une réforme sérieuse dans l'abbaye, dont on venait de lui donner la direction, était d'y substituer au désœuvrement le travail. Il y rassembla donc un certain nombre de volumes[4] qui composèrent les éléments d'une excellente bibliothèque. Dom Dubreul continua son œuvre[5]; il acheta une grande quantité d'anciennes éditions et d'ouvrages rares[6], sur lesquels on rencontre parfois sa signature :

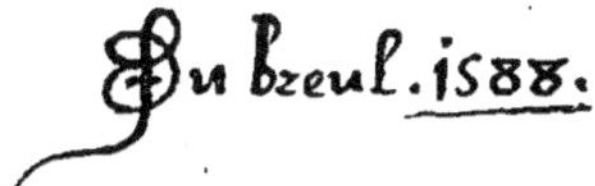

Enfin, en 1655, le supérieur général, Grégoire Sarisse, ayant fait terminer la partie du cloître contiguë à l'église, la bibliothèque, déjà fort riche, fut installée dans ces nouvelles constructions[7], qui, entreprises depuis longtemps, avaient été abandonnées faute d'argent[8].

Les religieux commencèrent alors à s'intéresser vivement à leur collection, et l'entretinrent avec un grand zèle[9]. Le supérieur général continuait à les encourager dans cette voie, et s'efforçait de faire appliquer les prescriptions du chapitre fort sage que la Règle de la congrégation de Saint-Maur avait consacré aux devoirs du bibliothécaire. Ce chapitre est divisé en trois articles ainsi conçus :

[1] *Gallia christiana*, t. VII, col. 465. — Piganiol de la Force, *Description de Paris*, t. VIII, p. 77.

[2] J. Dubreul, *Theatre des antiquitez de Paris*, p. 251.

[3] F. Maillard, *Le gibet de Montfaucon*, p. 3.

[4] L. Jacob, *Traicté des plus belles bibliothèques*, p. 510.

[5] Thiéry, *Guide des amateurs et des étrangers voyageurs à Paris*, t. II, p. 514.

[6] Maichelius, *Introductio ad historiam literariam de præcipuis bibliothecis*, p. 63.

[7] D. Tassin, *Histoire littéraire de la congrégation de Saint-Maur*, préface, p. IX.

[8] « Eodem anno (1555), in mense novembri, « pars claustri quæ ecclesiæ adjacet, extrui ædifi- « carique cœpit; ita quidem ut in superioribus bi- « bliotheca esset. Fuerant jam a multis annis hujus « ædificij jacta fundamenta, atque etiam extra solum « producta. sed, deficientibus pecunijs, quæ, auctore « Aristotele, sunt instrumenta rerum agendarum, « imperfecta remanserant. » (J. Dubreul, *Chronica cœnobii D. Germanj a Pratis*, p. 178.) A la page 226 du même manuscrit, on trouve le détail de toutes les sommes payées par le prieur pour cette construction.

[9] Jugler, *Bibliotheca historiæ litterariæ*, t. I, 229.

DU BIBLIOTHÉCAIRE [1].

I. On préposera à la bibliothèque un religieux versé dans les sciences et la bibliographie. Il rassemblera tous les livres relatifs au monastère et y inscrira le nom du couvent; il les répartira par classes. Lorsqu'il en prêtera, de l'avis du Supérieur, il les inscrira sur un registre où signera l'emprunteur. Il ne confiera des volumes aux étrangers que très-rarement, jamais sans l'ordre du Supérieur et le dépôt d'une caution.

II. Les livres dangereux et défendus seront gardés par le Supérieur dans une armoire fermée à clef, et personne ne sera admis à les lire sans son autorisation. Les manuscrits seront conservés dans une armoire semblable et fermée à clef. On achètera tous les ans, selon les ressources du couvent, les livres relatifs à l'état et aux études monastiques. Le Supérieur veillera à ce que les ouvrages composés par des religieux de notre ordre figurent dans nos monastères.

III. Le bibliothécaire rédigera deux catalogues de tous les livres, ou revisera les anciens, sur lesquels il inscrira les volumes nouvellement achetés. L'un de ces catalogues sera rédigé par ordre de matières et l'autre par ordre alphabétique. A chaque visite, il montrera au Visiteur, en présence du Supérieur et des Anciens, le catalogue des livres récemment acquis, et même les livres eux-mêmes, si on le lui demande.

L'abbaye de Corbie, qui dépendait de la congrégation de Saint-Maur, possédait une admirable bibliothèque, fondée, dit-on, vers l'an 820, et soigneusement entretenue depuis. Dès le XIe siècle, l'abbé Marcherard avait ordonné que chaque novice, en faisant profession, y mettrait un livre [2]. Aussi, quand cette ville fut reprise sur les Espagnols, en 1636, les religieux s'efforcèrent de protéger leurs trésors bibliographiques, et firent même murer les portes de la bibliothèque [3]. Cette précaution ne suffit pas, car plusieurs manuscrits furent enlevés et portés

[1] DE BIBLIOTHECÆ PRÆFECTO.

«I. Bibliothecæ præficiatur frater aliquis in scientiis et bibliographia versatus; item omnes de monasterio libros colliget, non inscriptos monasterii nomine inscribet; in classes distribuet; et quos, de licentia Superioris cuique tradiderit, annotabit in codice, quem subsignabit librum recipiens. Extraneis rarissime, nunquam sine Superioris jussu et debita cautione, commodare sit licitum.

«II. Noxii libri et vetiti in pluteo clave obsignato custodiantur a Superiore; nec cuiquam, sine ipsius licentia, legi permittantur. In simili pluteo clave obsignato manuscripti codices asserventur. Quotannis, pro monasterii facultate, comparabuntur libri statui et studiis monasticis consentanei. Editos a fratribus nostris libros nostris deesse monasteriis non patiatur Superior.

«III. Duos omnium librorum catalogos conscribat bibliothecarius, aut jam confectos recognoscat, quos libris de novo emptis augebit. Alterum catalogum, juxta materiarum ordinem digestum; alterum vero ordine alphabetico dispositum, elaborabit. Singulis visitationibus emptorum recens librorum catalogum exhibebit Visitatori, coram Superiore et Senioribus : quin et ipsos libros, si requiratur.»

(*Regula S. P. Benedicti et Constitutiones congregationis Sancti Mauri*, cap. XII, p. 225.)

[2] «Ut quivis novitius in die professionis suæ etiam librum donaret bibliothecæ utilem et alicujus pretii.»

[3] D. Tassin, *Histoire littéraire de la congrégation de Saint-Maur*, préface, p. X.

en Flandre; mais Dom Sarisse fit déposer à Saint-Germain-des-Prés tous ceux qui restaient[1]. Ainsi administrée, la bibliothèque de l'abbaye s'accrut rapidement, et au commencement du XVIIe siècle elle passait déjà pour « une des plus « considérables de Paris[2]. »

De nombreuses donations particulières vinrent successivement l'augmenter. Le jurisconsulte Jean Dartis, professeur à la Faculté de droit et lecteur au Collége de France, était l'ami intime de Sarisse[3]; il laissa par testament, en avril 1651, à l'abbaye de Saint-Germain-des-Prés sa bibliothèque[4], très-riche en ouvrages de jurisprudence[5]. Nous rencontrerons, chemin faisant, des preuves fréquentes de l'attention que mirent les Bénédictins à conserver le nom des personnes généreuses qui contribuèrent à la fondation de leur bibliothèque; constatons déjà que, sur un grand nombre de volumes provenant de l'abbaye, on lit en haut du titre ces mots:

EX DONO C. V. JOANNIS DARTIS, 1651.

Quelquefois les donateurs eux-mêmes prenaient soin de perpétuer ainsi le souvenir de leur libéralité; nous avons trouvé la mention suivante en tête de deux beaux exemplaires du bréviaire romain, qui portent sur leur riche reliure un L couronné: « Ce livre servoit au Roy de France et de Navarre Louis le Juste, « treizieme du nom. M. Lucas, abbé de S. Hilaire, a donné ce brevier à la bi« bliotheque de S. Germain des Prez, de la congregation de S. Maur, 1658[6]. » Quelques années après, un sieur Accart, passionné collectionneur d'estampes, partagea son riche cabinet entre les bibliothèques de Saint-Germain-des-Prés, de Saint-Victor et de Sainte-Geneviève[7].

Devenue rapidement « grande, belle et universelle, » ce sont les expressions mêmes de Marolles[8], la bibliothèque de Saint-Germain-des-Prés eut alors successivement deux bibliothécaires d'une rare érudition, et qui, avec un zèle extrême, s'efforcèrent d'organiser et d'enrichir le dépôt qui leur était confié[9]. Dom Jean-Luc d'Achéry dressa le catalogue de tous les volumes dont il avait la

(1) Sauval, *Histoire de Paris*, t. I, p. 339. — La bibliothèque de Corbie se releva plus tard. La Bibliothèque impériale en possède deux catalogues, tous deux in-folio et rédigés par ordre de matières. Le premier, qui a été dressé en 1639, est intitulé *Catalogus librorum bibliothecæ Sancti Petri Corbiensis.* Le second date de 1662 et a pour titre *Catalogus omnium librorum tam manu-scriptorum quam impressorum bibliothecæ regalis monasterij Sancti Petri Corbeiensis, ordinis Sancti Benedicti congregationis Sancti Mauri, 1662, 27 julij.* (Biblioth. imp. mss. fonds de Corbie, nos 32 et 33.)

(2) L. Jacob, *Traicté des plus belles bibliothèques* (1644), p. 510.

(3) D. Tassin, *Histoire littéraire de la congrégation de Saint-Maur*, p. 52.

(4) E. Dupin, *Bibliothèque des auteurs ecclésiastiques*, XVIIe siècle, t. II, p. 238. — Jugler, *Bibliotheca historiæ litterariæ*, t. I, p. 229. — Maichelius, *Introductio ad historiam literariam*, p. 63.

(5) D'Auvigny, etc. *Hist. de Paris*, t. V, p. 487.

(6) A. F. *Histoire de la bibliothèque Mazarine*, p. 178.

(7) G. Brice, *Description de Paris*, t. II, p. 511.

(8) Mich. de Marolles, *Paris, ou description succincte, etc.* p. 46.

(9) Thiéry, *Guide des amateurs et des étrangers voyageurs à Paris*, t. II, p. 514.

garde [1], et publia un grand nombre de manuscrits. Il mourut plein de jours en 1685 [2], et fut enseveli près de la bibliothèque dont il avait eu tant de soin pendant sa vie [3]. «On peut, dit Dom Tassin, le regarder comme le père des études «dans la congrégation de Saint-Maur [4].» Il fut remplacé successivement par Robert Morel, homme excellent, dont le P. Tassin a dit: «Sa mal-propreté extérieure «ne gâtoit rien de la beauté de son intérieur [5];» et par David-Placide Porcheron, très-habile numismate, qui jeta les fondements d'un cabinet de médailles [6], devenu plus tard fort important. L'entrée en fonctions de Dom Porcheron fut inaugurée par un nouveau legs en faveur du couvent. Noël Vaillant, médecin de Mlle de Guise, mourut le 19 octobre 1685, laissant à l'abbaye de Saint-Germain-des-Prés tous ses livres [7], qui se composaient des meilleurs ouvrages sur l'art médical [8]. Les religieux ne se montrèrent point ingrats : des prières furent dites pour le repos de l'âme du généreux donateur, et un service solennel fut célébré à la même intention le 19 octobre de l'année suivante [9]. On mit en outre cette inscription sur presque tous ses volumes :

EX DONO D. VAILLANT, 1685.

Après le décès de Dom Porcheron, les fonctions de bibliothécaire furent remplies par Claude Guesnié, par Antoine Beaugendre [10], puis par Denis de Sainte-Marthe [11], qui ne les conserva qu'une année, et eut pour successeurs Dom Barthélemy de la Croix [12], puis Pierre Guarin. B. de Montfaucon prit en même temps la direction du cabinet des médailles. Pendant cette période, la bibliothèque fit des acquisitions très-considérables. Le géographe Michel-Antoine Baudrand, qui mourut le 29 mai 1700, légua à l'abbaye de Saint-Germain-des-Prés sa bibliothèque, riche de onze mille volumes [13], tous ses travaux manuscrits et sa collection alors sans égale de cartes géographiques [14]. Baudrand avait fait sa rhétorique sous le P. Briet, lui-même géographe distingué, et qui cumula, au collége de Clermont, les fonctions de professeur et de bibliothécaire. Ce fut, dit-on, en

(1) E. Dupin, *Bibliothèque des auteurs ecclésiastiques*, XVIIe siècle, 3e partie, p. 434.

(2) G. Brice, *Description de Paris*, t. III, p. 306.

(3) *Nouvelle biographie générale*, t. I, p. 182.

(4) D. Tassin, *Histoire littéraire de la congrégation de Saint-Maur*, p. 105.

(5) D. Tassin, *Histoire littéraire de la congrégation de Saint-Maur*, p. 502.

(6) Lemaire, *Paris ancien et nouveau*, t. I, p. 274.

(7) Piganiol de la Force, *Description historique de Paris*, t. VIII, p. 73. — Jugler, *Bibliotheca historiæ litterariæ*, t. I, p. 229.

(8) D'Auvigny, etc. *Histoire de Paris*, t. V, p. 487.

(9) Piganiol de la Force, *Description historique de Paris*, t. VIII, p. 73.

(10) D. Tassin, *Histoire littéraire de la congrégation de Saint-Maur*, p. 429 et 270.

(11) Niceron, *Mémoires pour servir à l'histoire des hommes illustres, etc.* t. V, p. 90.

(12) D. Tassin, *Histoire littéraire de la congrégation de Saint-Maur*, p. 448 et 449.

(13) D. Tassin, *Histoire littéraire de la congrégation de Saint-Maur*, préface, p. x.

(14) Maichelius, *Introductio ad historiam literariam de præcipuis bibliothecis*, p. 63. — G. Brice, *Description de Paris*, t. II, p. 142. — Antonini, *Mémorial de Paris et de ses environs*, t. I, p. 198.

corrigeant les épreuves d'un ouvrage de son maître, le *Parallela geographiæ veteris et novæ*, que Baudrand prit le goût de la géographie. Il entra dans cette voie avec une extrême ardeur; et, aussitôt libre, il alla parcourir l'Italie, l'Allemagne et l'Angleterre, recueillant partout des documents précieux, et rapportant de chacune de ces contrées toutes les cartes géographiques et tous les plans qu'il pouvait se procurer [1]. Il réunit ainsi une magnifique collection, composée d'au moins trois mille pièces, qui, suivant Vigneul-Marville, représentaient la presque totalité des cartes alors publiées [2]. Baudrand, en léguant sa collection à Saint-Germain-des-Prés, stipula que son frère la conserverait jusqu'à l'entier achèvement du grand dictionnaire géographique que sa mort allait laisser imparfait, et qu'il le priait de continuer [3]. Mais celui-ci n'usa pas du droit qui lui était réservé : l'année même il délivra la bibliothèque tout entière aux religieux [4]. La plupart des volumes qui ont appartenu à Baudrand portent au verso de la couverture son *ex libris*, avec ses armes et sa devise :

Les Bénédictins n'en inscrivirent pas moins en tête du titre cette mention :

EX DONO V. C. D. BAUDRAND,

[1] Piganiol de la Force, *Description de Paris*, t. VIII, p. 73.

[2] Vigneul-Marville (Bonav. d'Argonne), *Mélanges d'histoire et de littérature*, t. II, p. 376.

[3] *Nouvelle biographie générale*, t. IV, p. 792. Le dictionnaire de Baudrand parut en 1705, sous ce titre : *Dictionnaire géographique et historique*, 2 vol. in-fol.

[4] Piganiol de la Force, *Description de Paris*, t. VIII, p. 73.

qui est quelquefois aussi conçue en ces termes :

EX DONO D. MICH. ANT. BAUDRAND.

A la fin de l'année 1709, un chanoine de la Rochelle, nommé Petit, légua à Saint-Germain-des-Prés tous ses manuscrits, parmi lesquels se trouvait un recueil de pièces historiques fort rares[1]. Puis, en 1715, Jean Guerrier, curé de Saint-Jean-d'Angély, ayant acquis de Mme Périer les manuscrits de Pascal, les envoya à l'abbaye; il ne se réserva que l'original des *Pensées*[2]. L'année suivante, la bibliothèque s'enrichit encore des manuscrits que possédait le couvent de Saint-Maur-des-Fossés; il avait été sécularisé, et les chanoines, qui s'intéressaient fort peu à leur collection, la livrèrent aux Bénédictins de Saint-Germain, moyennant une somme d'argent et « un soleil d'or orné de pierreries pour exposer le Saint Sacrement[3] ».

Deux ans après, Jean d'Estrées, archevêque de Cambrai, laissa aussi aux religieux de Saint-Germain sa riche bibliothèque. Il la tenait de son oncle César d'Estrées[4], qui mourut, en 1714, cardinal, abbé de Saint-Germain-des-Prés et doyen de l'Académie française. Suivant Saint-Simon, ce cardinal vivait « avec ses « religieux comme un père, et tous les soirs il avoit deux, trois ou quatre moines « savants qui venoient l'entretenir de leurs ouvrages jusqu'à son coucher[5]. »

Jean d'Estrées avait été employé quelque temps comme ambassadeur, et il remplaça Boileau à l'Académie. En 1716, il fut désigné pour l'archevêché de Cambrai, et mourut le 3 mars 1718 sans avoir été sacré. Sa bibliothèque, à sa

[1] D. Tassin, *Histoire littéraire de la congrégation de Saint-Maur*, préface, p. x.

[2] D. Tassin, *Histoire littéraire de la congrégation de Saint-Maur*, p. 786, et préface, p. xiij.

[3] D. Tassin, *Histoire littéraire de la congrégation de Saint-Maur*, préface, p. xj.

[4] César d'Estrées était neveu de la belle Gabrielle; Marolles a dit de lui, dans son poëme sur les bibliothèques de Paris :

> Les cardinaux de Retz, de Boüillon et d'Estrées,
> Dans les livres prisez aiment les bons autheurs;
> De tous les beaux esprits ils sont les protecteurs,
> Et sur un haut degré leur vertu s'est montrée.

Notons en passant que ce n'est point de sa tante que le cardinal d'Estrées tenait ces goûts de bibliophile; la bibliothèque de Gabrielle se composait en effet d'un seul volume, son livre d'Heures. César d'Estrées cultivait la poésie, car on lui attribue une des petites pièces de la *Guirlande de Julie* (la Violette); mais la protection qu'il accorda à quelques savants lui sera certainement une recommandation beaucoup plus puissante auprès de la postérité. Le jeune Vincent Coronelli, à son arrivée en France, fut accueilli par lui avec une extrême bonté. Il encouragea ses travaux et lui commanda les deux immenses globes qu'on voit aujourd'hui à la Bibliothèque impériale; on sait qu'ils ont près de douze pieds de diamètre et sont de précieux monuments de l'état des sciences géographiques à la fin du XVIIe siècle. Sur la bibliothèque de César d'Estrées, voyez : Mich. de Marolles, *Paris, ou description succincte, etc.* p. 43. — L'inventaire manuscrit des biens de Gabrielle d'Estrées, qui est conservé aux Archives de l'Empire. — Jourdain, *Mémoire historique sur la bibliothèque du roy*, p. LXXI. — Thiéry, *Guide des amateurs et des étrangers voyageurs à Paris*, t. I, p. 111. — Ph. de la Hire, *Description et explication des globes qui sont placés dans le pavillon du château de Marly*, Paris, 1704, in-8°. Il n'a été tiré que quelques exemplaires de cet ouvrage, composé par ordre de Louis XIV et pour lui. — Leprince, *Essai historique sur la bibliothèque du roi*, avertissement, p. xiij.

[5] Saint-Simon, *Mémoires*, t. XI, p. 265.

mort, contenait de 20 [1] à 22,000 [2] volumes, et était riche surtout en ouvrages relatifs à l'histoire de France [3]. Elle renfermait, entre autres curiosités, un des livres les plus rares qui existent [4] : c'est le célèbre traité de Geoffroy Vallée, sieur de La Planchette, brochure in-8° de 16 pages, sans date, sans indication de ville ni d'imprimeur, et qui a pour titre : *La béatitude des chrestiens ou le fleo de la foy, par Geoffroy Vallée, natif d'Orléans, fils de feu Geoffroy Vallée et de Girarde le Berruyer*..... L'auteur, qui y fait l'apologie du déisme, fut pendu et brûlé en place de Grève le 9 février 1573 [5]; quant à l'ouvrage, il fut supprimé avec tant de soin, que le seul exemplaire que l'on connaisse [6], très-probablement celui que possédait d'Estrées, paraît avoir servi pour l'instruction du procès [7]. Jean d'Estrées, qui avait longtemps habité avec son oncle l'abbaye de Saint-Germain-des-Prés, légua, nous l'avons dit, sa bibliothèque aux religieux [8]. Ceux-ci collèrent aussitôt dans chaque volume une bande de papier sur laquelle ils avaient fait imprimer ces mots :

Ex Bibliotheca illuſtriſſimi JOHANNIS D'ESTRÉES,
Cameracenſis Archiepiſcopi deſignati, quam Monaſterio
S. Germani à Pratis legavit anno 1718.

[1] Antonini, *Mémorial de Paris et de ses environs*, t. I, p. 198.

[2] Jugler, *Bibliotheca historiæ litterariæ*, t. I, p. 229. — G. Brice, *Description de Paris*, t. III, p. 301. — Piganiol de la Force, *Description de Paris*, t. VIII, p. 74.

[3] Nemeitz, *Le séjour de Paris, ou instructions fidèles pour les personnes de condition*, t. I, p. 278.

[4] *Menagiana*, t. IV, p. 311.

[5] Lestoile, *Journal de Henri III*, 26 décembre 1574.

[6] De la première édition, car il a été réimprimé vers 1770.

[7] Voyez le *Bulletin du bibliophile*, année 1852, p. 612, et la *Nouvelle biographie générale*, t. XLV, p. 886.

[8] Saint-Simon, *Mémoires*, t. XV, p. 301. — *Encyclopédie*, t. II, p. 236. — Leprince, *Essai historique sur la bibliothèque du roi*, p. 345. — Durey de Noinville, *Dissertation sur les bibliothèques*, p. 48. — D. Tassin, *Histoire littéraire de la congrégation de Saint-Maur*, préface, p. xij. — Il y avait encore dans la famille d'Estrées une autre bibliothèque précieuse : celle du second neveu du cardinal, Victor-Marie d'Estrées, maréchal et vice-amiral de France. Celui-ci offre l'exemple assez rare d'un marin qui, bien qu'astreint au service le plus actif, livrant de nombreux combats, allant sans cesse de la métropole aux colonies, eut cependant le goût des lettres et trouva le loisir de les cultiver. Il eut la passion des livres et forma une bibliothèque qui fut longtemps célèbre. Tout le temps qu'il passait à terre, il l'employait à réunir dans son bel hôtel de la place Vendôme, et plus tard chez sa sœur, à l'hôtel Louvois, des cartes, des plans, des estampes, des tableaux, des statues, des bas-reliefs antiques, des pierres gravées, des bronzes, des étoffes, des porcelaines, des médailles, de la musique, et surtout des livres, car il amassa près de 60,000 volumes. «Il alloit toujours brocantant,» dit Saint-Simon. On trouve deux marques différentes sur les livres provenant de V. M. d'Estrées, toutes deux à peu près semblables à l'*ex libris* de son frère. La première n'en diffère que par les deux ancres qui sont passées en sautoir derrière l'écu; sur la seconde, deux bâtons de maréchal remplacent les ancres, qui pendent alors de chaque côté de l'écu. (Voyez : Saint-Simon, *Mémoires*, t. IV, p. 83. — G. Brice, *Description de Paris*, t. I, p. 311. — Nemeitz, *Séjour de Paris*, t. I, p. 279. — *Journal des savants*, année 1740, p. 319.) — Le libraire Guérin a publié, en 1740, le catalogue des richesses bibliographiques, artistiques et numismatiques amassées par V. M. d'Estrées. Son éloge a été écrit par de Boze, et se trouve dans le tome VII des *Mémoires de l'Académie des inscriptions*.

L'*ex libris* de Jean d'Estrées, exécuté cependant avec beaucoup de soin, ne figure que sur un très-petit nombre de volumes.

La bibliothèque de l'abbaye était à cette époque sous la direction de Jacques Loyau, travailleur infatigable, qui rédigea le catalogue des principales matières contenues dans les livres imprimés dont il avait la garde. Cette compilation forme 22 volumes in-folio, et a pour titre : *Catalogus materiarum insignium quæ in libris impressis continentur, ordine alphabetico dispositus, ad usum bibliothecæ Sancti Germani a Pratis* [1].

Presque aussitôt (1er septembre 1720) mourut l'académicien Eusèbe Renaudot, le petit-fils du célèbre fondateur de la *Gazette de France*. C'était un savant distingué, qui s'était appliqué surtout à l'étude de l'histoire et de la littérature orientales. Il légua à l'abbaye de Saint-Germain-des-Prés, outre les originaux de ses propres ouvrages, sa bibliothèque [2], composée de 9,000 volumes

[1] D. Tassin, *Histoire littéraire de la congrégation de Saint-Maur*, p. 650.

[2] D. Tassin, *Histoire littéraire de la congrégation de Saint-Maur*, préface, p. xij.

choisis[1], et d'un grand nombre de précieux manuscrits grecs, latins et orientaux[2] qu'il avait pendant toute sa vie travaillé à recueillir[3]. Ces derniers sont aujourd'hui à la Bibliothèque impériale. Comme pour la donation précédente, les Bénédictins firent coller sur la garde de chaque volume une bande de papier qui portait ces mots imprimés :

Ex Bibliotheca V. Cl. Eusebii RENAUDOT
quam Monasterio sancti Germani à Pratis
legavit anno Domini 1720.

La signature de Renaudot se trouve en outre sur le titre de quelques ouvrages.

E Renaudot

Grâce à ces généreuses donations, la bibliothèque de Saint-Germain-des-Prés était arrivée, vers 1720, à posséder près de 40,000 volumes et 1,200 manuscrits[4]; on la regardait comme la plus nombreuse de Paris, après celle du roi et celle de Colbert[5]. Antoine de la Prade et Dom Martin Bouquet étaient alors bibliothécaires[6]. Nous n'avons aucun renseignement sur le premier; quant au second, c'est l'auteur du célèbre *Recueil des historiens des Gaules* que l'Académie des inscriptions a entrepris de terminer. Tous deux, d'ailleurs, gardèrent peu de temps cette position. Vers 1730, Antoine de la Prade fut remplacé par le P. Lemeraut, « religieux savant et poli[7]; » quelques années plus tard Dom Bouquet par Dom Duval[8], et ce dernier par Mathieu Mesange, qui mourut en 1758[9].

Dans l'intervalle, la bibliothèque de Saint-Germain-des-Prés s'était enrichie d'une des collections les plus précieuses de la capitale, celle que le chancelier Séguier avait rassemblée[10]. Après sa mort, cette bibliothèque avait été transmise

[1] Jugler, *Bibliotheca historiæ litterariæ*, t. I, p. 229. — Piganiol de la Force, *Description historique de Paris*, t. VIII, p. 74.

[2] Thiéry, *Guide des amateurs et des étrangers voyageurs à Paris*, t. II, p. 514.

[3] G. Brice, *Description de Paris*, t. III, p. 302.

[4] Maichelius, *Introductio ad historiam literariam de præcipuis bibliothecis*, p. 63. — Nous rencontrons, ici encore, de grands dissentiments entre les autorités qui seules peuvent nous servir de guides. Nemeitz, *Le séjour de Paris, ou instructions fidèles pour les personnes de condition*, t. I, p. 259 (1727), accorde à cette bibliothèque 40,000 volumes et 1,200 manuscrits; tandis que Sauval, *Histoire de Paris*, t. I, p. 339 (1724), d'ailleurs coutumier du fait, donne le chiffre, évidemment inexact, de 6,000 volumes et de 700 manuscrits. Enfin, en 1722, G. Wallin, *Lutetia Parisiorum erudita sui temporis*, p. 118, lui attribuait déjà 35,000 imprimés et 6,000 manuscrits.

[5] Maichelius, *Introductio ad historiam literariam*, p. 62. — G. Brice, *Description de Paris*, t. III, p. 299.

[6] Nemeitz, *Le séjour de Paris, ou instructions fidèles pour les personnes de condition*, t. I, p. 259.

[7] Jordan, *Histoire d'un voyage littéraire*, p. 73.

[8] *Mémorial de Paris et de ses environs*, t. Ier, p. 199. Il mourut en 1742.

[9] Millin, *Antiquités nationales*, t. III.

[10] Le chancelier Séguier acheta, en 1633, un

par héritage à sa fille Marie, qui épousa Pierre-César, marquis de Coislin, colonel

bel hôtel, qui avait successivement appartenu aux ducs de Montpensier et de Bellegarde, et était situé rue de Grenelle-Saint-Honoré. Il y joignit bientôt une autre maison donnant sur la rue Coquillière et sur la rue du Bouloi, et qui provenait de Nicolas de Mouy de Riberpré, marquis de Bauve. Les deux corps de logis étaient séparés par des jardins dans lesquels le chancelier fit construire un vaste bâtiment, qui forma deux longues galeries placées l'une sur l'autre, et qui, en 1638, furent décorées par Simon Vouet. La première servit d'abord de serre pour les orangers; elle fut ensuite convertie en une espèce de musée où «sous des figures allé«goriques» étaient représentées les «actions héroï«ques» de Louis XIII et du cardinal de Richelieu. La galerie supérieure renfermait la «magnifique» bibliothèque que le chancelier avait réunie. La voûte était ornée avec luxe; une riche mosaïque sur fond d'or encadrait plusieurs peintures dont les sujets étaient si bien en harmonie avec la destination de la salle, que Michel Dorigny (gendre de Simon Vouet) les a gravées, et qu'Isaac Habert, évêque de Vabres, les a commentées en vers latins. Cette bibliothèque était confiée aux soins de P. Blaise. Elle contenait près de 24,000 volumes et 3,000 manuscrits (Nemeitz dit 4,000), estimés au moins 100,000 livres. Quelque grande que fût la galerie, elle ne suffisait pas pour abriter une si nombreuse collection; l'histoire seule avait pu y trouver place. Les sciences, les registres du Parlement, du Châtelet, de la Chambre des comptes et de l'Hôtel de Ville, étaient placés dans trois vastes chambres attenantes à la galerie principale. Enfin les manuscrits grecs, latins, turcs, arabes, éthiopiens, syriaques, chaldaïques et hébreux occupaient une salle qui dépendait de l'ancien hôtel de Bauve. Le catalogue de cette riche collection a été publié en 1685 sous ce titre: *Bibliothecæ Seguerianæ catalogus*, in-12, et Melchisédec Thévenot donna, l'année suivante, le *Catalogue des manuscrits françois, latins, italiens, grecs, arabes, etc. de la bibliothèque de défunt Monseigneur le chancelier Séguier*, in-12.

général des Suisses. Ce dernier mourut en 1641, et laissa la bibliothèque à son fils, Pierre de Coislin, évêque d'Orléans[1] et abbé commendataire de Saint-Victor[2].

Zélé protecteur des lettres, le chancelier Séguier fut un des premiers fondateurs de l'Académie française, dont il avait fourni l'idée et le plan au cardinal de Richelieu; et, pendant trente ans, c'est dans son hôtel de la rue de Grenelle qu'eurent lieu les réunions de la célèbre compagnie. Cette splendide demeure fut vendue dans la suite; on la dépouilla de son caractère, et elle devint le bureau central des fermes. Pierre Séguier mourut en 1672. Sa veuve conserva pieusement cette belle bibliothèque, qui passa ensuite à sa fille. Séguier portait : d'azur au chevron d'or, accompagné en chef de deux étoiles d'or et en pointe d'un mouton passant d'argent. Ces armoiries se trouvent sur la marque qui orne la plupart de ses volumes (voyez au bas de la page précédente). Elles figurent fréquemment, en outre, sur le dos, entre chacun des nerfs de la reliure,

ou elles alternent avec le monogramme

de l'éminent bibliophile. Sur la bibliothèque du chancelier Séguier, consulter : Tallemant des Réaux, *Historiettes*, t. I, p. 316. — Sauval, *Histoire de Paris*, t. III, p. 52, et t. II, p. 197. — Michel de Marolles, *Paris, ou description succincte, et néantmoins assez ample, de cette grande ville*, p. 43. — D. H. I. *Supplément aux antiquitez de Paris de J. Dubreul*, p. 65. — G. Brice, *Description de Paris*, t. I, p. 430. — L. Jacob, *Traicté des plus belles bibliothèques publiques et particulières*, p. 495. — Piganiol de la Force, *Description historique de Paris*, t. III, p. 250, et t. VIII, p. 74. — Nemeitz, *Le séjour de Paris, ou instructions fidèles pour les personnes de condition*, t. I, p. 278. — Jugler, *Bibliotheca historiæ litterariæ*, t. I, p. 229. — Le Gallois, *Traicté des plus belles bibliothèques de l'Europe*, p. 126. — Pelisson, *Histoire de l'Académie françoise*, édition de 1717, p. 50. — *Journal des savants*, année 1715, p. 449. — *Bibliothèque de l'École des chartes*, 5e série, t. IV (1862), p. 97. — Struvius, *Introductio ad notitiam rei litterariæ*, p. 94. — Bibliothèque impériale, manuscrits, fonds français, n° 13018.

[1] Il était, en outre, premier aumônier du roi, grand aumônier de France, et cardinal. On a souvent cité la généreuse conduite qu'il tint, vis-à-vis des protestants, lors de la révocation de l'édit de Nantes. Sur sa frugalité, sa modestie et sa charité, on peut consulter les *Mémoires de Saint-Simon*, t. I et t. V.

[2] Sa mort est ainsi enregistrée sur le nécrologe de l'abbaye : «Obiit eminentissimus dominus S. «Romanæ Ecclesiæ presbiter cardinalis Petrus du «Cambout de Coislin, Aurelianensis episcopus, «summus Franciæ eleemosinarius, hujus Ecclesiæ «abbas commendatarius, 1706.» (*Necrologium Sancti Victoris*, I nonas februarij.)

Bien qu'on rencontre les armoiries de ce dernier[1] sur les plats d'un certain nombre de volumes richement reliés en maroquin,

il semble avoir peu compris l'importance du legs qu'il venait de recueillir, car, à sa mort, les manuscrits presque seuls existaient encore. Ils passèrent à son neveu, Henri-Charles de Cambout, duc de Coislin, qui, s'en trouvant embarrassé et ne se souciant guère de les conserver, les plaça à Saint-Germain-des-Prés « comme dans un des plus commodes et des plus sûrs dépôts de la république des « lettres[2]. » B. de Montfaucon profita de l'occasion pour dresser le catalogue des manuscrits grecs[3], qui en faisaient la principale richesse[4]. Le duc de Coislin mourut le 28 novembre 1732, et laissa la collection à l'abbaye[5]. Au bas du premier feuillet de chacun de ces manuscrits, les religieux collèrent l'inscription suivante, qu'ils avaient fait imprimer sur une petite bande de papier :

Ex Bibliotheca MSS. **COISLINIANA**, olim SEGUERIANA, quam Illuft. **HENRICUS DU CAMBOUT**; Dux **DE COISLIN**, Par Franciæ, Epifcopus Metenfis, &c. Monafterio S. Germani à Praris legavit. An. M. DCC. XXXII.

[1] De gueules, à trois fasces échiquetées d'azur et d'argent de deux traits chacune.

[2] D. Tassin, *Histoire littéraire de la congrégation de Saint-Maur,* p. 601.

[3] *Bibliotheca Coisliniana, olim Segueriana, sive manuscriptorum omnium græcorum quæ in ea continentur accurata descriptio; ubi operum singulorum notitia datur, ætas cujusque manuscripti indicatur, vetustiorum specimina exhibentur, aliaque multa annotantur quæ ad palæographiam pertinent. Accedunt anecdota bene multa ex eadem bibliotheca desumpta, cum interpretatione latina.* Parisiis, 1715, in-folio.

[4] *Encyclopédie* de Diderot, t. II, p. 236. — Jugler. *Bibliotheca historiæ litterariæ,* t. I, p. 229.

[5] Lelong et Fontette, *Bibliothèque historique de la France,* t. II, p. 72, n° 15945. — Piganiol de la Force, *Description historique de Paris,* t. III, p. 251. — D. Tassin, *Histoire littéraire de la congrégation de Saint-Maur,* préface, p. xij.

L'exemple du duc de Coislin fut suivi, huit ans après, par Léon Potier de Gesvres, évêque de Bourges et cardinal, qui, en 1744, légua tous ses livres à l'abbaye[1]; il mit seulement pour condition que la bibliothèque serait ouverte au public un jour par semaine[2].

Depuis longtemps, on avait commencé à y «recevoir avec beaucoup d'honnê-«teté ceux qui avoient besoin de secours[3];» mais la clause insérée dans le testament du cardinal de Gesvres rendit obligatoire ce qui n'avait été jusqu'alors qu'un acte de complaisance de la part des religieux. Cette bibliothèque ne fut cependant jamais regardée comme vraiment publique, dans le sens que nous attachons aujourd'hui à ce mot; «quoiqu'elle ne soit pas absolument à l'usage du «public, disait Durey de Noinville en 1758, elle est aussi fréquentée qu'aucune «autre, par le libre accès que les gens de lettres y trouvent[4].» Nous rencontrons la confirmation du même fait dans un ouvrage publié en 1760, et celui-ci annonce pourtant que cette bibliothèque «ouvre tous les jours, excepté les «dimanches et fêtes, et qu'on y entre depuis neuf heures jusqu'à onze heures du «matin[5];» l'auteur oublie d'ajouter qu'on y entrait aussi dans l'après-midi[6], de trois à cinq heures[7]. Ces facilités avaient été encore étendues à l'époque de la Révolution; la bibliothèque était toujours considérée comme «non assujettie au «service public,» mais «les gens de lettres continuoient à y trouver le plus facile «accès, et le bibliothécaire se faisoit un plaisir d'y faciliter les recherches et d'en «communiquer les richesses[8].» Constatons cependant que, dans leur *Déclaration de 1790*, les religieux disent seulement que leur bibliothèque «est publique de «droit un jour par semaine, le matin et l'après-midy, en conséquence du legs du «cardinal de Gesvres, archevêque de Bourges, accepté en 1745[9].» Néanmoins la collection de Saint-Germain-des-Prés ouvrait alors le matin de neuf à onze heures, et le soir de deux à cinq heures, tous les jours excepté le jeudi. Pendant les vacances, qui duraient du 9 septembre au 14 novembre, on pouvait encore y venir travailler le matin[10].

Par suite du legs du cardinal de Gesvres, la collection de Saint-Germain-des-Prés se trouva posséder plus de 40,000 volumes imprimés et 5,000 manuscrits

[1] D. Tassin, *Histoire littéraire de la congrégation de Saint-Maur*, préface, p. xiij.

[2] *Encyclopédie*, t. II, p. 236. — Leprince, *Essai hist. sur la biblioth. du roi*, p. 345. — Durey de Noinville, *Dissertation sur les bibliothèques*, p. 48.

[3] *Almanach royal*, année 1709, p. 219. — D'Auvigny, etc. *Histoire de Paris*, t. IV, p. 89. — Antonini, *Mémorial de Paris et de ses environs*, t. I, p. 199.

[4] Durey de Noinville, *Dissertation sur les bibliothèques*, p. 49.

[5] Jèze, *État ou tableau de la ville de Paris*, p. 196.

[6] *Almanach parisien en faveur des étrangers*, (1763), 2e partie, p. 37.

[7] Leprince, *Essai historique sur la bibliothèque du roi* (1781), p. 345.

[8] Thiéry, *Guide des amateurs et des étrangers voyageurs à Paris* (1787), t. II, p. 514.

[9] *Déclaration des charges de la mense conventuelle de l'abbaye Saint-Germain-des-Prés, présentée à la municipalité de Paris le 27 février 1790*. Archives de l'Empire, série S, carton n° 2858.

[10] Thiéry, *Guide des amateurs et des étrangers*, t. II, p. 515.

environ, bien que la plupart des ouvrages contemporains lui en attribuent 20,000[1]. C'était néanmoins «l'une des plus considérables de l'Europe, après «celles du roi et du Vatican[2].»

Elle fut augmentée, en 1755, par un conseiller de la Cour des aides, nommé Bernard Boulin, qui légua à l'abbaye son médailler et sa bibliothèque[3].

Enfin, en 1762, une dernière collection vint l'enrichir encore. Achille de Harlay, quatrième du nom[4], arrière-petit-fils de l'illustre premier président, avait hérité de sa bibliothèque[5], et il mit tous ses soins à l'augmenter. Elle renfermait, lorsqu'il mourut, de 20[6] à 22,000[7] volumes imprimés, un nombre

[1] Antonini, *Mémorial de Paris et de ses environs*, t. I, p. 198. — *État ou tableau de la ville de Paris*, p. 196. — Mais voyez la *Déclaration de 1790*, contrôlée par la municipalité.

[2] Durey de Noinville, *Dissertation sur les bibliothèques*, p. 58.

[3] D. Tassin, *Histoire littéraire de la congrégation de Saint-Maur*, préface, p. xiij.

[4] L. Jacob, *Traicté des bibliothèques*, p. 514.

[5] La famille de Harlay, qui pendant près de deux cents ans occupa les charges les plus élevées dans la magistrature, a laissé un nom célèbre surtout par ses lumières, par son amour pour les livres et par la protection qu'elle accorda toujours aux lettres et aux savants. Cette Maison entra au parlement de Paris avec Christophe de Harlay, qui fut conseiller en 1531; mais elle doit surtout son illustration au grand Achille de Harlay, dont on connaît l'intrépide conduite pendant la Ligue. Il était beau-frère de J.-A. de Thou, le bibliophile le plus instruit du XVIIe siècle, et, comme lui, il avait réuni une belle bibliothèque. Il la transmit à son petit-fils, Achille II, sous lequel le catalogue en fut publié (*Catalogus bibliothecæ Harleianæ*, Londres, 1643, 2 vol. in-8) et qui eut pour bibliothécaire le célèbre P. Jacob. «Celui-«ci avoit, dit le *Menagiana*, un logement chez lui, «mais ne s'y plaisoit pas, et se plaignoit de ce «qu'on le méprisoit, quoiqu'il mangeast à la table «de M. de Harlay.» Elle passa ensuite à Achille IV, celui dont il est question plus haut. — Parmi les autres membres de la même famille dont le nom doit figurer dans une galerie de bibliophiles, nous citerons: Achille de Harlay, comte de Beaumont, arrière-petit-fils du grand magistrat, et qui fut, comme lui, premier président du Parlement (Michel de Marolles parle de sa bibliothèque avec éloge); — François de Harlay, d'abord abbé de Saint-Victor, puis archevêque de Rouen, qui fit ouvrir au public la bibliothèque du Chapitre de la cathédrale de cette ville; — enfin Achille de Harlay, baron de Sancy. Il fut pendant près de dix ans notre ambassadeur à Constantinople; plein d'érudition et de zèle, il mit ce long séjour à profit pour réunir, au prix des plus grands sacrifices, une admirable collection de manuscrits orientaux. Compromis dans quelques tentatives faites en faveur de l'usurpateur Mustapha, Harlay demanda son rappel, se fit Oratorien, et donna à la bibliothèque de cette congrégation les manuscrits qu'il rapportait. Nommé, douze ans après, à l'évêché de Saint-Malo, il dut quitter les Oratoriens, qui placèrent son portrait dans leur bibliothèque. Sur les bibliothèques formées par les différents membres de la famille de Harlay, voyez: *Menagiana*, p. 407. — Fr. Pommeraye, *Histoire des archevesques de Rouen*, p. 655. — Sc. de Sainte-Marthe, *Gallorum doctrina illustrium qui nostra memoria floruere elogia*, lib. II, p. 54. — G. Brice, *Description de Paris*, t. III, p. 69 et 222; t. IV, p. 202. — L. Jacob, *Traicté des plus belles bibliothèques*, p. 514 et 550. — Piganiol de la Force, *Description de Paris*, t. II, p. 297. — Leprince, *Essai historique sur la bibliothèque du roi*, p. 274 et 276. — Thiéry, *Guide des amateurs et des étrangers*, t. I, p. 325. — Mich. de Marolles, *Paris, ou description succincte, etc.* p. 44. — Durey de Noinville, *Dissertation sur les bibliothèques*, p. 51. — D'Auvigny, *Histoire de Paris*, t. I, p. 489. — J. Duchesne, *Description des estampes exposées, etc.* avertissement, p. VII. — *Mémoires secrets dits de Bachaumont*, 23 janvier 1764, t. II, p. 11.

[6] Antonini, *Mémorial de Paris et de ses environs*, t. I, p. 197.

[7] Piganiol de la Force, *Description historique de Paris*, t. V, p. 423. — G. Brice, *Description de Paris*, t. III, p. 69. — Maichelius, *Introductio ad*

considérable de manuscrits, et était riche surtout en ouvrages de jurisprudence[1]. En 1717, A. de Harlay disposa par testament de cette magnifique collection. Il laissa à la bibliothèque du collége Louis-le-Grand tous les imprimés[2], et les manuscrits à M. de Chauvelin[3], qui fut successivement garde des sceaux et ministre des affaires étrangères. Celui-ci, à son tour, légua tous ces manuscrits à l'abbaye de Saint-Germain-des-Prés[4]. Ils étaient alors au nombre de 1,559[5], et M. de Chauvelin y ajouta une centaine de volumes achetés par lui.

Mentionnons encore ici deux donations dont nous ne connaissons pas l'importance : l'une provenant d'une demoiselle de Joncoux, l'autre du sr Alexis des Essarts[6].

C'est vers cette époque que furent nommés deux nouveaux bibliothécaires, Dom Pater et Dom Lièble[7], qui étaient destinés à assister aux derniers moments de la congrégation. Philippe-Louis Lièble, paléographe d'un grand mérite, était entré de bonne heure dans l'ordre de Saint-Benoît; bientôt admis à Saint-Germain-des-Prés, la régularité de sa conduite, son assiduité au travail et le succès d'un de ses livres, dans lequel il recherchait quelles avaient été les limites de l'empire de Charlemagne, le firent choisir pour bibliothécaire. Dans cette situation, il rendit, par son érudition et son inépuisable complaisance, d'immenses services à ses confrères et aux savants qui venaient mettre à profit les richesses bibliographiques de l'abbaye.

La Révolution supprima l'ordre de Saint-Benoît en même temps que les autres communautés religieuses; mais la bibliothèque de Saint-Germain-des-Prés ne fut point fermée; Dom Lièble en conserva la direction. Son zèle l'entraîna même trop loin à cette époque. Dom Levaux, son ami, qui travaillait à la continuation du *Gallia christiana*, avait emporté chez lui 150 volumes et quelques manuscrits appartenant à la bibliothèque, et il résistait aux instances de Dom Lièble, qui le pressait de les restituer. Sur son refus obstiné, celui-ci publia contre son confrère un pamphlet intitulé *La mauvaise chance ou le petit bossu*. La police ainsi prévenue intervint et opéra une saisie chez Dom Levaux. Les livres rentrèrent donc à l'abbaye, où les attendait un incendie à jamais déplorable. Le 2 fructidor an II (19 août 1794), le feu prit au milieu d'un magasin de salpêtre qu'on avait eu l'imprudence d'établir précisément au-dessous de la bibliothèque[8]. Dans les bâti-

historiam literariam, p. 94, et Jugler, *Bibliotheca historiæ litterariæ*, t. I, p. 224, donnent le chiffre évidemment inexact de 1,000 volumes.

(1) Sauval, *Histoire de Paris*, t. III, p. 52.

(2) Maichelius, *Introductio ad historiam literariam*, p. 94.—D'Auvigny, etc. *Hist. de Paris*, t. I, p. 489.

(3) Piganiol de la Force, *Description historique de Paris*, t. V, p. 423.

(4) Thiéry, *Guide des amateurs et des étrangers*, t. II, p. 514.

(5) *Déclaration des biens mobiliers des religieux de l'abbaye royale de Saint-Germain-des-Prés, présentée en 1790*. Archives de l'Empire, série S, carton no 2858.

(6) D. Tassin, *Histoire littéraire de la congrégation de Saint-Maur*, préface, p. xiij.

(7) Jacquemart, *Recherches sur les abbayes, collégiales, etc.* p. 112. — Leprince, *Essai historique sur la bibliothèque du roi*, p. 345.

(8) Duval, *Souvenirs thermidoriens*, t. I, p. 269.

ments qui l'entouraient se trouvait encore un énorme amas de charbon de terre; la flamme rencontra ainsi dès le début de tels aliments, que l'on dut songer seulement à préserver les maisons voisines. On put cependant sauver quelques volumes imprimés et une partie des manuscrits les plus précieux. Quelques jours avant cet événement, un membre de la Convention était monté à la tribune et avait proposé de brûler la bibliothèque de la rue Richelieu, «parce qu'elle avait «été souillée du nom de Bibliothèque du Roi;» cette coïncidence fit attribuer l'incendie de Saint-Germain-des-Prés à la malveillance. Il semble établi aujourd'hui qu'il n'en fut rien. La Convention crut cependant devoir aussitôt rendre un décret qui défendit d'installer aucun magasin ou atelier dans le voisinage des bibliothèques. Pendant plusieurs mois, Dom Poirier, aidé par Van Praet, passèrent leurs journées dans les caves humides où l'on avait jeté pêle-mêle tout ce qu'il avait été possible d'arracher aux flammes [1]. Ils parvinrent ainsi à exhumer près de dix mille manuscrits que l'eau des pompes n'avait que faiblement endommagés. Ces précieux volumes furent déposés dans une des salles de l'abbaye, sous la garde de Dom Poirier, qui devint plus tard bibliothécaire à l'Arsenal. Il les y conserva jusqu'à l'année suivante, et ils furent alors transportés à la Bibliothèque nationale [2], où ils forment encore aujourd'hui un fonds spécial. Malheureusement, bien des volumes avaient disparu, car dans le tumulte de l'incendie plus d'un misérable s'était mêlé aux personnes qui apportaient du secours. Grâce à cette circonstance, un secrétaire de l'ambassade russe, Pierre Dubrowski, collectionneur infatigable, put renouveler ici ce qu'il avait fait lors du pillage de la Bastille; il acheta par centaines des liasses précieuses, des recueils de lettres originales et des manuscrits, qui sont aujourd'hui à la bibliothèque impériale de Saint-Pétersbourg [3].

Au moment de cet incendie, la bibliothèque de Saint-Germain-des-Prés renfermait 49,387 volumes imprimés, qui se divisent ainsi :

9,356	volumes	in-folio.
11,747	—	in-quarto.
28,284	—	in-octavo et in-douze.

Les manuscrits étaient au nombre de 7,072, et répartis de cette manière :

Manuscrits	orientaux	634	volumes.
—	grecs	452	—
—	latins	1,644	—
—	français	2,783	—
—	du fonds de Harlay	1,559	— [4].

[1] Magnin, dans la *Biographie universelle*, t. LXXVIII, p. 19.

[2] *Mémoires de l'Institut, classe d'histoire et de littérature*, t. I (1815), p. 295.

[3] H. de la Ferrière, *Deux années de mission à Saint-Pétersbourg*, p. 2.

[4] *État général des livres de soixante-deux maisons ecclésiastiques et religieuses du département de Paris.* Archives de l'Empire, série M, carton n° 797. — *Déclaration des biens mobiliers des religieux de l'abbaye royale de Saint-Germain-des-Prés en 1790.* Archives de l'Empire, série S, carton n° 2858.

Les dépenses de la bibliothèque s'élevaient alors, en moyenne, à 2,000 livres; voici comment elles se décomposent pour 1789 :

Au commis de la bibliothèque [1]	200 livres.
Pour sa nourriture, estimée	700 —
Pour achat de livres, reliures et autres frais d'entretien	1,200 — [2].

Dom Lièble, réduit à la misère, fut compris dans la liste des gens de lettres auxquels la Convention, par son décret du 16 avril 1795, accordait une somme de 1,500 livres.

Nous résumerons donc ainsi la liste des seuls bibliothécaires que nous connaissions de l'abbaye de Saint-Germain-des-Prés :

DIX-SEPTIÈME SIÈCLE.

J. DUBREUL.
Luc D'ACHÉRY.
Robert MOREL.
Placide PORCHERON.
Claude GUESNIER.
Antoine BEAUGENDRE.

DIX-HUITIÈME SIÈCLE.

Bernard DE MONTFAUCON.
Denis DE SAINTE-MARTHE.
Barthélemy DE LA CROIX.
Pierre GUARIN.
Jacob LOYAU.
Philibert GIRARDET.
Antoine DE LA PRADE.
Martin BOUQUET.
Louis LEMERAUT.
Étienne DUVAL.
Mathieu MESANGE.
PATER.
Ph. L. LIÈBLE.

La bibliothèque, qui d'abord régnait au-dessus de deux ailes du cloître, était bientôt devenue trop étroite pour contenir les nombreuses collections qui s'étaient ajoutées au fonds primitif. En 1713, Charles Petey de l'Hostallerie, vicaire général de la congrégation, fit commencer la construction d'une vaste salle, suffisante pour placer au moins 40,000 volumes [3]. Les travaux furent poussés assez vite,

[1] Le bibliothécaire était toujours un religieux de la Maison, et ne recevait point d'appointements.

[2] *Déclaration des charges de la mense conventuelle de l'abbaye Saint-Germain-des-Prés, présentée à la municipalité de Paris le 27 février 1790.* Archives de l'Empire, série S, carton n° 2858.

[3] J. C. Nemeitz, *Le séjour de Paris, c'est-à-dire*

car, au mois de septembre 1714, Montfaucon écrivait à son ami Quirini : « Nous « sommes ici parmi les maçons et les architectes; notre bibliothèque est presque « finie sur le réfectoire et sur l'endroit du petit dortoir où étoit votre chambre [1]. »

J. Bouillard a donné, dans son histoire de Saint-Germain-des-Prés, plusieurs plans de l'abbaye. Sur le premier, qui la représente en 1368, la situation de la bibliothèque n'est point indiquée. Sur le second, qui date de 1640, elle occupe la partie supérieure d'un bâtiment parallèle à l'église [2].

Le grand plan que nous reproduisons prouve qu'elle n'avait pas encore changé de place en 1687. Mais, sur celui qui sert de frontispice à l'ouvrage de D. Bouillard, et qui date de 1724, la bibliothèque règne dans toute la longueur d'un corps de logis perpendiculaire à l'église, et qui est ainsi distribué :

Rez-de-chaussée, cuisines.
Premier étage, dortoir des hôtes.
Deuxième étage, bibliothèque.

Elle se prolonge ensuite à gauche au-dessus du réfectoire.

Ces dernières constructions furent faites avec beaucoup de luxe. Le premier étage reposait sur une série de pilastres doriques au-dessus desquels s'élevaient des colonnes d'ordre ionique [3]. La galerie destinée à la bibliothèque avait 160 pieds de long [4], et était éclairée par onze fenêtres correspondant à un même nombre d'arcades qui supportaient ce côté du cloître [5]. Autour de la pièce étaient établies des armoires en bois de chêne, sculptées avec soin et surmontées d'un grand nombre de portraits représentant les personnages les plus remarquables de l'ordre de Saint-Benoît. On y voyait aussi des tableaux, des bas-reliefs, des bustes, entre autres celui de Boileau et celui d'Antoine Arnauld par Girardon [6]; un bas-relief en marbre, du même artiste, avec une inscription qui rappelait les découvertes du comte de Caylus relatives à la peinture chez les anciens; un modèle de la statue de Louis XV par Bouchardon, et la mort d'Abel, beau tableau de Lebrun [7]. L'entrée de cette galerie était fort élégante : « elle étoit décorée « d'une excellente menuiserie en pilastres qui soutenoient une corniche d'une « bonne proportion et d'un fort beau profil; de chaque côté, il y avoit plusieurs « espaces, qui étoient comme autant de bibliothèques séparées, où il pouvoit « tenir beaucoup de livres [8]. » Dans la même antichambre se trouvait l'entrée du cabinet d'antiquités. A l'extrémité de la grande galerie [9], les manuscrits étaient

instructions fidèles pour les voyageurs de condition, t. I, p. 259.

(1) *Correspondance inédite de Mabillon et de Montfaucon*, t. III, p. 205.

(2) J. Bouillard, *Histoire de l'abbaye royale de Saint-Germain-des-Prés*, p. 160.

(3) Sauval, *Histoire de Paris*, t. I, p. 339.

(4) G. Brice, *Description de Paris*, t. III, p. 302.

(5) Sauval, *Histoire de Paris*, t. I, p. 339.

(6) Thiéry, *Guide des amateurs et des étrangers voyageurs à Paris*, t. II, p. 515.

(7) Leprince, *Essai historique sur la bibliothèque du roi*, p. 346.

(8) G. Brice, *Nouvelle description de Paris*, t. III, p. 303.

(9) Lemaire, *Paris ancien et nouveau*, t. I, p. 271.

p. 107.

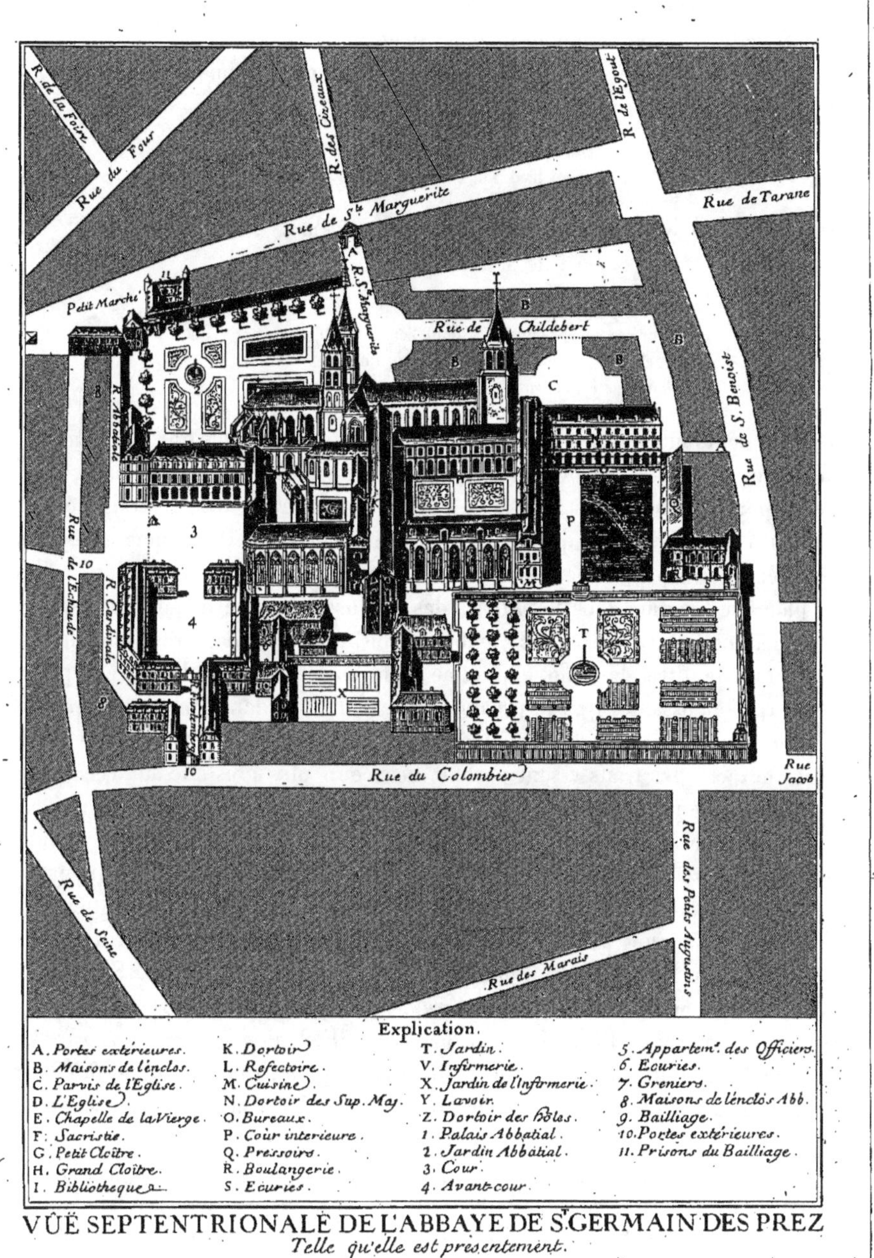

A. Franklin dir. E. Lebel sc.

L'ABBAYE DE SAINT GERMAIN DES PRÉS. 1724.

FRONTISPICE DE L'OUVRAGE DE D. BOUILLARD.

Imp. Ch. Chardon aîné, Paris.

conservés dans la salle spéciale située au-dessus du réfectoire[1], et qui «en «étoit toute remplie depuis le haut jusqu'en bas[2].»

Cette merveilleuse collection rendait réellement inestimable la bibliothèque de Saint-Germain-des-Prés.

Saint Germain, Saint Victor
Vallent bien plus que de l'or,

dit la *Rymaille sur les plus célèbres bibliotières de Paris*[3].

Michel de Marolles écrit de son côté :

Celle de Saint Germain des Prez est grande et belle,
Pour ses vieux manuscrits dont l'on a profité;
Quelques uns sont sortis de son sein limité :
Pour une estude vaste, elle est universelle[4].

On y comptait, suivant Lerouge, près de mille manuscrits qui remontaient au moins au IXe siècle[5]. Le plus ancien de tous était un Psautier, provenant, dit-on, des dépouilles rapportées d'Espagne par Childebert vers 542. Il avait été donné par lui à saint Germain, qui s'en servait habituellement. Ce volume est écrit sur parchemin pourpre, en lettres onciales d'argent, qui ont pris une teinte noirâtre et plombée, comme dans la plupart des manuscrits où ce métal a été employé; mais les mots Deus et Dominus, toutes les fois qu'ils se rencontrent dans le texte, ainsi que le titre de chaque psaume, sont en lettres d'or demeurées presque aussi resplendissantes que le premier jour. Mabillon, dans son traité *De re diplomatica*[6], a fait graver les premières lignes du cantique 131, mais d'une manière fort inexacte; les traits y sont partout beaucoup plus gros que sur l'original; le *fac-simile* que nous reproduisons est d'une rigoureuse fidélité. «Ce Psaultier, dit «Dubreul, qui l'avait soigneusement étudié, ne convient avec la version commune, «ains plustost à la romaine et ancienne, de laquelle a usé sainct Augustin et «plusieurs autres, devant que sainct Hierosme eut corrigé le Psaultier. Il y a «toutesfois d'aucuns passages qui ne s'accordent avec les autres versions, quant «aux dictions. Desquels j'en rapporteray un seulement, du psalme 78 de l'edition «commune, où il y a *Posuerunt Hierusalem in pomorum custodiam,* et en nostre «Psaultier de sainct Germain il y a *Posuerunt Hierusalem in casam pomarij*. Quant «à l'orthographie, ou pour mieux dire Cacographie, souvent il met un V pour «un B et un B pour un V, qui me fait conjecturer qu'on dictoit à l'escrivain, et

[1] D. Tassin, *Histoire littéraire de la congrégation de Saint-Maur*, préface, p. xj.

[2] G. Brice, *Description de Paris*, t. III, p. 299.

[3] Vers 9 et 10.

[4] Mich. de Marolles, *Paris, ou description succincte, etc.* p. 46.

[5] Lerouge, *Curiosités de Paris*, t. II, p. 116. — M. L. Delisle a publié dans la *Bibliothèque de l'École des chartes* (numéro de janvier 1865), mais sans l'accompagner d'aucune note, l'*Inventaire des manuscrits latins de Saint-Germain-des-Prés*.

[6] Page 357.

« qu'il estoit Gascon : pource que ceste nation, en prononçant, confond ces deux « lettres...... Ce Psaultier anciennement se gardoit à l'eglise avec les reliques « et jouyaux precieux : comme il appert par le denombrement et inventaire qu'en « rendit frere Alexandre, secretain et chevecier, en l'an 1269, où ledit Psaultier

CXXXI · CANTICUM GRADUUM ·
MEMENTO DOMINE DAUID
ET OMNIS MODESTIAE EJUS
SICUT IURAUIT DOMNO
UOUIT DO S · IACOB
SI INTRABO IN TABERNACULO
DOMUS MEAE
SI ASCENDERO IN LECTUM
STRATUS MEI

« est mentionné; mais, pour satisfaire plus promptement au desir des studieux, « il a été mis en l'armoire de la Librairie[1]. »

Parmi les manuscrits les plus curieux, on remarquait encore :

Un extrait des Évangiles de saint Matthieu et de saint Marc, écrit en lettres d'or sur parchemin violet[2]. L'Évangile de saint Matthieu était complet, sauf les

[1] Sur ce psautier, qui est aujourd'hui conservé à la Bibliothèque impériale (fonds Saint-Germain latin, n° 661, réserve), voyez : J. Dubreul, *Theatre des antiquitez de Paris*, p. 287. — Lomeir, *De bibliothecis liber*, p. 308. — Legallois, *Traitté des bibliothèques*, p. 135. — L. Bouchel, *Bibliothèque du droict françois*, t. I, p. 364. Il reproduit textuellement la description de Dubreul. — Sauval, *Histoire de Paris*, t. I, p. 339. — Leprince, *Essai historique sur la biblioth. du roi*, p. 346. — L. Jacob, *Traicté des bibliothèques*, p. 511. — Lemaire, *Paris ancien et nouveau*, t. I, p. 274. — Lerouge, *Curiosités de Paris*, t. II, p. 116. — Thiéry, *Guide des amateurs et des étrangers*, t. II, p. 515. — *Mémorial de Paris et de ses environs*, t. I, p. 198. — Piganiol de la Force, *Description de Paris*, t. VIII, p. 72. — B. G. Struvius, *Introductio ad notitiam rei litterariæ et usum bibliothecarum*, p. 91. — Guillaume du Peyrat, *Histoire ecclésiastique de la cour*, p. 524. — N. de Wailly, *Traité de paléographie*, t. II, p. 277.

[2] Les anciens connaissaient les encres d'or et d'argent; sous le Bas-Empire, les écrivains en or formaient une classe particulière, les *chrysographes*. On possède très-peu de manuscrits en encre d'argent; le plus célèbre est le psautier de saint Germain que nous venons de citer.

cinq premiers chapitres et une partie du sixième; celui de saint Marc commençait au chapitre VI seulement [1].

Le Missel de saint Éloy [2].

Un Psautier qui, suivant Dubreul, était « escrit en notes signifiant chacune « une diction entiere [3]. » Ce système fort élémentaire de sténographie est appelé écriture tironienne, et les exemples n'en sont pas fort rares. Bien qu'elle ait été appelée ainsi de Tiron, affranchi de Cicéron, qui la perfectionna, elle était employée avant cette époque; car Diogène Laerce raconte que Xénophon s'en servit pour recueillir les discours de Socrate. Ce Psautier avait, dit-on, appartenu à saint Cyprien [4].

On voyait encore à Saint-Germain-des-Prés un autre monument de ce singulier procédé d'écriture : c'était un manuscrit contenant plusieurs fragments de Virgile, et où presque chaque mot était rendu par une seule lettre. Ainsi,

Tityre t p r s t f

signifiait

Tityre, tu patulæ recubans sub tegmine fagi [5].

Ce palimpseste, connu sous le nom de *Virgile d'Asper*, est aujourd'hui à la Bibliothèque impériale [6].

« La saincte Bible convertie en carmes, et avec le sens moral et allegories, par « Maistre Pierre de Riga [7]. » Pierre de Riga était chanoine de Saint-Denis; son livre n'est qu'une paraphrase rimée, qui ne manque d'ailleurs pas de mérite. Il est intitulé *Aurora* ou *Bibliotheca;* la Bibliothèque impériale possède, dit-on, quinze manuscrits de cet ouvrage [8], dont le continuateur de Guillaume le Breton a parlé dans sa *Philippiade* [9]; quelques fragments ont été publiés par Oudin, par Gaspard Barth et par Fabricius.

[1] Aujourd'hui à la Bibliothèque impériale, fonds Saint-Germain latin, n° 663.

[2] Sauval, *Histoire de Paris*, t. I, p. 339.

[3] J. Dubreul, *Theatre des antiq. de Paris*, p. 288.

[4] Aujourd'hui à la Bibliothèque impériale, fonds Saint-Germain latin, n° 661². Struvius décrit ainsi ce volume : « Liber caracteribus plenus, cujus auctor « esse putatur Cicero, et quo ipse Cyprianus usus esse « dicitur. » (*Introductio ad notitiam rei litterar.* p. 91.)

[5] Citons le passage suivant d'une édition de la Logique d'Occam, imprimée à Paris en 1488, in-folio, et qui existe aujourd'hui à la bibliothèque Mazarine (n° 3591 B) :

« Sic hic e fal sm qd ad simplr a e pducibile a « deo g a e et silr hic a n e g a n e pducibile a do », qu'il faut lire ainsi :

« Sicut hic est fallacia secundum quid ad simpliciter. A est producibile a Deo. Ergo A est. Et similiter hic : A non est. Ergo A non est producibile « a Deo. » — Voyez : A. Chevillier, *De l'origine de l'imprimerie de Paris*, p. 110. — J. Gruter, *Notæ Tyronis et Annæi Senecæ, sive characteres quibus utebantur Romani veteres in scriptura compendiaria.* — N. de Wailly, *Traité de paléographie*, t. I, p. 40. — Aulu-Gelle, *Noctes atticæ*, lib. VII, cap. III. — Eusèbe, *Chronique*, olymp. 193, an. 4. — Martial, *Epigrammata*, lib. IV. — Mabillon, *De re diplomatica*, p. 48. — *Modus legendi abbreviaturas in utroque jure*, 1498, in-8°, très-rare.

[6] Fonds Saint-Germain latin, n° 12161.

[7] J. Dubreul, *Theatre des antiq. de Paris*, p. 289.

[8] A. Barbier, dans la *Biographie universelle* de Beauvais, p. 2570.

[9] *Anno* 1223.

Une très-belle Bible latine in-folio, qui avait, dit-on, été envoyée par l'empereur Justinien à Childebert [1].

Une Bible grecque du VIe siècle, in-folio, écrite en lettres onciales sur vélin.

Deux Bibles latines du IXe siècle. La fameuse phrase *Et hi tres unum sunt* [2] se trouvait, paraît-il, dans l'une et n'existait pas dans l'autre [3].

Le célèbre *Polyptyque* ou livre censier de Saint-Germain-des-Prés au IXe siècle, par Irminon, un des abbés de ce monastère. M. B. Guérard l'a récemment publié.

Une collection très-nombreuse d'ouvrages écrits par de savants Bénédictins et donnés par eux à la bibliothèque de l'abbaye [4].

Quatre volumes de sermons, que l'on croit de la main de François de Sales [5].

Deux grands volumes qu'Ant. Arnaud fit venir de Constantinople par le crédit du marquis de Nointel, alors ambassadeur à la Porte. Ils sont remplis d'attestations de plusieurs évêques grecs, relatives à la transsubstantiation. Arnauld s'en servit pour établir que l'Église grecque ne partage pas sur ce point la doctrine de Calvin [6].

La correspondance de Luc d'Achéry avec la plupart des savants de son temps [7].

Le manuscrit original des Pensées de Pascal, écrites sur de petits carrés de papier et réunies en un volume in-folio; il avait été donné à l'abbaye par M. Périer, oncle de Pascal [8], et il est aujourd'hui à la Bibliothèque impériale. C'est sur ce manuscrit que Condorcet prépara l'édition de 1776.

Quelques traités de saint Augustin sur papyrus. Pour garantir les feuilles, on avait enfermé chacune d'elles dans une enveloppe de parchemin; ce manuscrit remontait au VIe siècle [9], et la France n'avait « rien en ce genre de plus précieux « et de mieux conservé [10]. » Il faut, selon toute apparence, reconnaître sous cette description un manuscrit qui est aujourd'hui à la Bibliothèque impériale [11] et qui provient de Saint-Germain-des-Prés. Il est en papier d'écorce, et c'est, suivant le *Nouveau traité de diplomatique*, le seul monument de cette nature qui existe encore. On croit qu'il renfermait des manuscrits d'empereurs romains; mais l'écri-

(1) J. C. Nemeitz, *Le séjour de Paris*, t. I, p. 259. — Maichelius, *Introductio ad historiam literariam*, p. 64.

(2) Première épitre de saint Jean, chap. v, verset 7.

(3) Sauval, *Histoire de Paris*, t. I, p. 339. — Piganiol de la Force, *Description de Paris*, t. VIII, p. 73.

(4) Lerouge, *Curiosités de Paris*, t. I, p. 116.

(5) Le quatrième volume existe à la Bibliothèque impériale, fonds Saint-Germain français, n° 2054.

(6) Lemaire, *Paris ancien et nouveau*, t. I, p. 276. — G. Brice, *Description de Paris*, t. III, p. 301.

(7) *Nouvelle biographie générale*, t. I, p. 182.

(8) Thiéry, *Guide des amateurs et des étrangers*, t. II, p. 517.

(9) Legallois, *Traitté des bibliothèques*, p. 135. — Lomeir, *De bibliothecis liber*, p. 308.

(10) Leprince, *Essai historique sur la bibliothèque du roi*, p. 346.

(11) Fonds Saint-Germain latin, n° 664³, réserve. On peut consulter sur ce curieux volume le *Nouveau traité de diplomatique* (1750), t. I, p. 512, et t. III, p. 302, et N. de Wailly, *Traité de paléographie*, t. II, p. 245.

ture est devenue à peu près illisible. Nous n'avons pu avoir communication de ce volume. Le *fac-simile* que nous en donnons ci-dessous est donc extrait du *Nouveau traité de diplomatique;* on ne saurait d'ailleurs attribuer aucun sens à ces cinq lignes, où l'on distingue seulement ces mots : « Usibus forte subseruit. . . . man- « daverint negotium ei et illa charta nos dictum procuratorem. . . . de rebus suis « po. . . or ipse se de. . . . procuravit donum de rebus suis. »

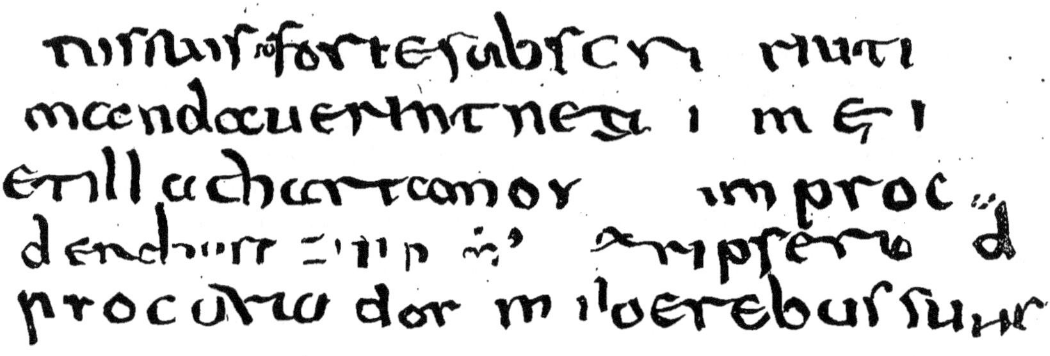

Des tablettes de bois, enduites de cire. « Il y a, dit Dubreul, huict tablettes « de bois, longues chacune de treize pousses et larges de cinq, cirées des deux « costez. Et sur la cire, de l'escriture faite avec le poinson ou burin proprement « dit *graphium.* De laquelle une partie se peut encore lire. Qui nous monstre « *quomodo veteres scribebant in ceratis tabulis* [1]. » Ces précieuses tablettes renferment l'itinéraire de Philippe le Bel depuis le mois de janvier jusqu'en juillet 1307; elles ont été publiées par M. Natalis de Wailly, et le *fac-simile* de l'une d'elles a été reproduit dans le *Nouveau traité de diplomatique* [2].

La bibliothèque de Saint-Germain-des-Prés possédait encore une quantité considérable « d'estampes choisies des plus célèbres maîtres, et les recueils les plus « étendus [3] ». Enfin une collection sans égale de cartes géographiques; le legs de Baudrand en avait formé le premier fonds, et il avait été tenu au courant avec le plus grand soin [4].

On remarquait parmi les imprimés presque tous les ouvrages publiés par les religieux de l'ordre [5]; eux-mêmes, conformément à l'article II du règlement de la bibliothèque, les donnaient en général à l'abbaye. Les éditions datant du XVe siècle

(1) J. Dubreul, *Theatre des antiquitez de Paris*, p. 289.

(2) T. Ier, p. 468. — Voyez encore une dissertation de l'abbé Le Beuf, dans les *Mémoires de l'Académie des inscriptions*, t. XXXIII de l'édition in-12.

(3) G. Brice, *Description de Paris*, t. III, p. 299.

(4) D'Auvigny, etc. *Histoire de Paris*, t. V, p. 487.

(5) Thiéry, *Guide des amateurs et des étrangers voyageurs à Paris*, t. II, p. 215.

y étaient fort nombreuses [1]. On y montrait aussi la Bible dont Théodore de Bèze et le cardinal de Lorraine s'étaient, dit-on, servis au colloque de Poissy [2].

Bernard de Montfaucon avait formé à l'abbaye un cabinet d'antiquités qui renfermait une collection très-complète de médailles [3] et quelques sceaux du moyen âge [4]. Le P. Mathurin Genest y avait joint de nombreuses curiosités. On citait surtout un grand nombre de divinités égyptiennes, étrusques, gauloises, grecques et romaines [5]; des bonzes indiens et chinois [6]; une idole de bois rapportée du Canada par un missionnaire français, « qui a dit que les peuples de ce pays l'avoient « adorée [7]; » des lampes sépulcrales, des pierres gravées; un *talent*, « poids dont se « servoient les Romains et qu'on assure n'avoir jamais été vu ailleurs que là [8]. »

A la suite de cette galerie se trouvait un cabinet d'histoire naturelle très-beau et très-complet [9].

Les catalogues de la bibliothèque sont relativement peu nombreux. Outre ceux que nous avons mentionnés déjà, nous citerons un catalogue des imprimés, par ordre de matières, qui ne porte point de titre et qui forme quatre volumes in-folio [10]; puis un triple catalogue des manuscrits, travail très-précieux, rédigé sans doute par Luc d'Achéry, et qui mérite une mention spéciale.

Il a pour titre :

Catalogi tres manuscriptorum codicum qui in bibliotheca monasterii S. Germani a Pratis, anno Domini 1677, reperti sunt.

Primus mss. codicum ordinem et omnia in eis contenta exhibet.

Secundus eadem omnia ordine alphabetico digesta representat.

Tertius mss. codicum quantitatem seu amplitudinem et scripturæ ætatem indicat.

On lit au milieu du feuillet suivant ces mots:

Lectori studioso et in recensendis antiquorum operibus versato.

En tête du premier feuillet :

Catalogus librorum manuscriptorum bibliothecæ monasterii S. Germani a Pratis apud Parisios.

Catalogus primus complectens omnia quæ in quolibet ms. codice continentur, referens et notans eodem cifro alphabetico quo ipsi codices ordinati sunt.

[1] Jèze, *État ou tableau de la ville de Paris, relativement au nécessaire, etc.* p. 196. — Voyez aussi Jordan, *Histoire d'un voyage littéraire*, p. 73 et suiv. et A. Chevillier, *De l'origine de l'imprimerie de Paris*, p. 56 et 61.

[2] Lomeir, *De bibliothecis liber*, p. 308. — Leprince, *Essai historique sur la bibliothèque du roi*, p. 346.

[3] Antonini, *Mémorial de Paris et de ses environs*, t. I, p. 207.

[4] G. Brice, *Description de Paris*, t. III, p. 313. — S. de Valhebert, *L'agenda du voyageur à Paris*, p. 80.

[5] Piganiol de la Force, *Description historique de Paris*, t. VIII, p. 75.

[6] Leprince, *Essai historique sur la bibliothèque du roi*, p. 347.

[7] Nemeitz, *Le séjour de Paris*, t. I, p. 260.

[8] Piganiol de la Force, *Description historique de Paris*, t. VIII, p. 76.

[9] *Déclaration des biens mobiliers des religieux de l'abbaye royale de Saint-Germain-des-Prés.* Archives de l'Empire. série S, n° 2858. — Leprince, *Essai historique sur la bibliothèque du roi*, p. 347.

[10] Bibliothèque impériale, manuscrits, résidu du fonds de Saint-Germain, nos 1418 à 1421.

Feuillet 217 :

Catalogus secundus mss. codicum bibliothecæ S. Germani a Pratis, alphabetico ordine digestus.

Feuillet 409 :

Catalogus 3us mss. codicum qui in bibliotheca S. Germani a Pratis reperiuntur anno 1677, eorum codicum mss. quantitatem seu amplitudinem et scripturæ ætatem indicans.

Feuillet 458 :

Codices ante annos mille manu exarati.

. . . .

Dans cette section, rédigée par ordre de dates, chaque ouvrage est représenté seulement par son numéro d'ordre; on ne reproduit pas le titre.

Feuillet 461 :

Codices speciali charactere chronologico notati [1].

Un autre catalogue des manuscrits fut dressé par Dom Poirier pendant la Révolution. Il se compose de deux volumes in-folio qui ont pour titre :

Catalogue des manuscrits latins du grand fonds de la bibliotheque St Germain des Prés, fait sur le relevé des cartes et autres renseignements [2].

Catalogue des manuscrits de la ci-devant abbaye de St Germain [3].

Ce dernier comprend les manuscrits français, italiens, espagnols et portugais.

On trouve quelques extraits des manuscrits de Saint-Germain-des-Prés dans un volume aujourd'hui conservé à la bibliothèque de l'Arsenal [4].

Les armes de l'abbaye de Saint-Germain-des-Prés étaient : d'azur à trois fleurs de lis d'or, et sur le tout de sable à trois besants d'argent. Les fleurs de lis indiquaient une fondation royale; quant aux trois besants d'argent, c'étaient, dit Dubreul, « les armoiries propres de nostre S. Germain [5]. » Les armes de l'abbaye se trouvent reproduites sur les estampilles employées par les religieux. Nous en connaissons quatre qui diffèrent peu entre elles, et dont il est impossible de déterminer l'ordre chronologique :

[1] Bibliothèque impériale, manuscrits, fonds des catalogues, n° 290.

[2] *Ibid.* n° 292¹.

[3] *Ibid.* n° 292².

[4] Bibliothèque de l'Arsenal, manuscrits, histoire, in-4°, n° F 839 (F).

[5] J. Dubreul, *Theatre des antiquitez de Paris*, p. 223.

Un seul fer paraît avoir été exécuté.

Il figure tantôt sur les plats des volumes de petits formats, tantôt sur le dos des in-folio.

Quant aux marques manuscrites, elles sont peu variées; nous citerons les trois qui nous ont paru le plus fréquemment employées :

> *MONASTERII S. GERM. A PRATIS CONG. S. MAURI.*
> *EX LIBRIS S. GERMANJ CONGREG. S. MAURJ.*
> *EX LIBRIS MONASTERIJ SANCTI GERMANI A PATRIS PARIS. CONGREG[NIS] S. MAURI ORD[IS] S. BENEDICTI.*

Les bâtiments de l'abbaye de Saint-Germain-des-Prés ont été vendus et sont aujourd'hui presque tous détruits.

Fac-simile héliographique. Plan de Mat. Mérian (1615).

ABBAYE DE SAINT-VICTOR.

La fondation de l'abbaye de Saint-Victor se rattache, d'une manière intime, aux premiers développements de l'instruction publique à Paris. On sait quelle puissante impulsion fut donnée aux lettres par Charlemagne, quels obstacles s'opposèrent à la réalisation complète de ses idées, et quelles vicissitudes elles durent traverser pendant les siècles suivants[1]. La première injonction faite aux évêques d'avoir à établir dans leurs cathédrales des écoles publiques et gratuites date de l'assemblée d'Aix-la-Chapelle, en 789; elle fut renouvelée, dans des termes presque identiques, en 1179, par le troisième concile général de Latran. Il n'y avait d'ailleurs eu encore aucune tentative de réglementation pour l'enseignement : tout homme qui se croyait en état d'argumenter se proclamait professeur et ouvrait une école[2]. Le concile de Rouen en 1074, celui de Londres en 1138, s'efforcèrent de limiter le nombre toujours croissant de ces petits établissements, et de centraliser l'étude au sein des églises et des abbayes. Dès lors, le droit d'enseigner devint un privilége qui ne fut plus accordé qu'après examen, et dont disposèrent, chacun sur son territoire respectif, les chefs des deux plus célèbres écoles de cette époque : le chancelier de Notre-Dame et l'écolâtre de Sainte-Geneviève[3]. On comprend que ceux-ci cherchèrent à dimi-

[1] Voyez ci-dessus, p. 1 et suiv.

[2] J. A. Hazon, *Éloge historique de l'Université de Paris*, p. 53.

[3] *Histoire de sainte Geneviève et de son église royale et apostolique.* Bibliothèque Sainte-Geneviève, manuscrits, n° H^f 21^2, p. 575.

nuer une concurrence qui, plus d'une fois déjà, les avait alarmés, et qu'ils ne tardèrent pas à posséder presque exclusivement le monopole de l'enseignement.

Au début du XIIe siècle, l'école la plus ancienne et la plus célèbre était celle du cloître de l'église Notre-Dame, où avaient tour à tour professé avec éclat l'Anglais Adam, d'abord professeur d'une école située au Petit-Pont[1], Pierre Comestor, Michel de Corbeil et Pierre le Chantre; sa gloire s'était encore accrue depuis qu'à sa tête se trouvait le savant Guillaume de Champeaux (*Guillelmus Campellensis*), archidiacre de l'église de Paris[2]. C'est à ce moment qu'on y vit arriver Abélard. Guillaume pressentit bien vite l'avenir de son nouveau disciple; et, soit prudence, soit sympathie réelle, il s'attacha à le traiter en ami et lui offrit même un logement dans sa propre demeure[3]. Cette entente fut de courte durée. Abélard apprit rapidement le *trivium* et le *quadrivium*, l'encyclopédie des sciences de cette époque[4], et l'élève de Guillaume de Champeaux ne tarda pas à devenir son rival.

La question du réalisme et du nominalisme, qui fut le point de départ de la philosophie scolastique, passionnait alors tous les esprits cultivés : on était nécessairement pour l'un ou pour l'autre. Guillaume de Champeaux soutenait la première thèse; Abélard, qui avait d'abord eu pour maître le nominaliste Jean Roscelin, défendait la seconde; il la modifia cependant assez pour créer un système particulier, qui prit le nom de *conceptualisme*[5]. Abélard entrait donc déjà dans la voie qui devait, dix ans plus tard, après la défaite d'Anselme de Laon, faire de lui un immortel chef d'école, et le fondateur de ce que nous appelons aujourd'hui le rationalisme[6].

Abélard quitte Paris et transporte sa chaire à Melun, où résidait alors Philippe-Auguste; puis il se rapproche et s'établit à Corbeil, d'où il attaque ouvertement l'école de Notre-Dame. Sa célébrité grandit chaque jour; Guillaume de Champeaux voit le vide se faire autour de lui, ses disciples le quittent en foule pour courir aux leçons d'Abélard.

Sur une partie du vaste emplacement qu'occupe aujourd'hui l'Entrepôt des vins, on voyait alors une petite chapelle dédiée à saint Victor, et qui venait d'être érigée en prieuré[7]; c'est là que Guillaume de Champeaux alla cacher son désespoir et la honte de sa défaite[8].

(1) Duboulay, *Historia Universitatis Parisiensis*, t. II, p. 717.

(2) Crevier, *Histoire de l'Université de Paris*, t. Ier, p. 116.

(3) *Histoire littéraire de la France, etc.* t. XII, p. 88.

(4) Le *trivium* comprenait la rhétorique, la grammaire et la dialectique; et le *quadrivium*, l'arithmétique, la géométrie, l'astronomie et la musique. (Voyez B. Hauréau, *Histoire de la philosophie scolastique*, t. Ier, p. 19 et suiv.)

(5) B. Hauréau, *Histoire de la philosophie scolastique*, t. Ier, *passim*.

(6) Voyez V. Cousin, *Introduction aux œuvres inédites d'Abélard*, p. II.

(7) *De fundatione Sancti Victoris*. Bibliothèque impériale, manuscrits, fonds de Saint-Victor, n° 473.

(8) *Gallia christiana*, t. VII, col. 657.

Il y eut un moment de trêve entre les deux adversaires. Quelques élèves de Guillaume de Champeaux l'avaient suivi à Saint-Victor; le célèbre réaliste y ouvrit des cours[1], et Abélard redevint volontairement une seconde fois son disciple. Mais l'influence de ce grand esprit se fit de nouveau sentir : on le pressa de reprendre son enseignement, le successeur de Guillaume de Champeaux à Notre-Dame descendit de sa chaire et la lui offrit[2]. L'irritation de l'archidiacre fut au comble; battu sur le terrain de la dialectique, il eut recours à d'autres armes, et, appuyé sur la faveur du roi, il força Abélard à s'éloigner.

Tranquille de ce côté, il s'occupa d'organiser le prieuré de Saint-Victor; il y établit un chapitre de chanoines réguliers, et obtint de Louis VI, en 1113, une charte qui lui conférait le titre d'abbaye[3]. Mais, ayant été nommé, la même année, évêque de Châlons-sur-Marne[4], Gilduin, son disciple, fut le premier abbé de Saint-Victor[5]. Louis le Gros conserva sa protection à cette Maison, qui devint rapidement riche et florissante. « Elle fut si féconde, dit l'abbé Le Beuf; et « il en sortit tant de rejettons, que, s'étant étendus sur la montagne voisine, ils « formèrent ce que, dans le siècle suivant, on appella l'Université[6]. » Parmi les sujets que cette célèbre école avait formés, on comptait déjà, au XIIe siècle, sept cardinaux, deux archevêques, six évêques et cinquante-quatre abbés[7].

Les religieux songèrent presque aussitôt à se créer une bibliothèque[8]. On peut suivre le développement de cette collection à ses débuts dans le nécrologe de l'abbaye, qui est très-détaillé à cet égard, et enregistre avec soin les différentes donations dues à des religieux ou à des amis de l'établissement. Il y eut même longtemps à Saint-Victor des copistes payés avec les fonds du couvent, et qui contribuèrent pour une large part à la renommée qu'acquit cette bibliothèque[9].

Le nécrologe de Saint-Victor est aujourd'hui conservé à la Bibliothèque impériale; c'est un beau volume in-folio, sur vélin, qui porte le numéro 15 dans le fonds de Saint-Victor[10]; il n'existe pas d'autre guide pour l'histoire de la biblio-

[1] *Histoire littéraire de la France*, t. X, p. 308.

[2] *Histoire littéraire de la France*, t. XII, p. 89.

[3] *De fundatione Sancti Victoris, etc.* — *Gallia christiana*, t. VII, col. 657. — Cf. Héméré, *De academia Parisiensi*, p. 39. — Cette charte a été publiée en entier par Dubreul, dans son *Theatre des antiquitez de Paris*, p. 308, et dans le *Gallia christiana*, t. VII, instrumenta, col. 46.

[4] Fleury, *Histoire ecclésiastique*, t. XIV, p. 176.

[5] *Histoire littéraire de la France*, t. X, p. 310.

[6] Le Beuf, *De l'état des sciences en France depuis la mort du roi Robert*, p. 11.

[7] Chomel, *Essai historique sur la médecine en France*, p. 66.

[8] Le Beuf, *Histoire de la ville et du diocèse de Paris*, t. Ier, p. 552.

[9] « Nec tantum canonici nostri aut scriptores con« ductitii bibliothecam nostram libris auxerunt, sed « etiam varii viri illustres in consortium nostrum ad« missi, aut alii erga nos bene affecti, plures codices « manuscriptos variis temporibus nobis largiti sunt, « quorum beneficio excrevit et illustrata est biblio« theca Victorina. » (Jean de Toulouse, *Antiquitatum regalis abbatiæ S. Victoris libri XII*, Bibl. imp. manuscrits, fonds de Saint-Victor, n° 1039, t. II, p. 181.)

[10] Une très-belle copie de ce document, également sur vélin et in-folio, est inscrite dans le même fonds sous le numéro 988.

thèque jusqu'au xvie siècle; aussi les écrivains qui ne l'ont pas consulté sont-ils tombés dans d'étranges erreurs : Legallois, par exemple, prétend que les religieux de Saint-Victor n'eurent une bibliothèque qu'à partir du règne de François Ier[1].

Une grande difficulté se présente d'ailleurs quand on veut écrire l'histoire des anciennes abbayes d'après leur nécrologe. Les religieux y étaient inscrits au jour de leur mort, sans aucune indication d'année, et, en général, sous leurs prénoms seulement : il s'agit donc d'abord de se reconnaître au milieu de tant de prénoms semblables; ensuite, et c'est là le plus embarrassant, d'assigner une date à chaque personnage. On verra qu'il nous a été parfois impossible d'y parvenir.

La plus ancienne donation que nous ayons trouvée remonte au commencement du xiie siècle. Le nécrologe constate, le 22 septembre, que Thibaud, archidiacre de Notre-Dame, qui avait réuni avec beaucoup de soin tous les éléments d'une Bible complète, légua à l'abbaye différents livres de l'Ancien et du Nouveau Testament[2]; or, d'après une histoire manuscrite de Saint-Victor, qui est conservée à la bibliothèque Mazarine, ce Thibaud, contemporain de Gilduin, mourut en 1133[3].

Sept ans après, en 1140, Étienne de Senlis, soixante-septième évêque de Paris, laissa aussi d'excellents livres à la Maison de Saint-Victor[4], où il voulut être enterré. Son épitaphe, qui se trouvait dans le chœur même de l'église, mentionnait ainsi cette donation :

> Hic jacet inter oves Stephanus, qui Parisiensis
> Extitit Ecclesiæ pastor, et hujus ovis[5].
> Hanc inopem, parvamque, novamque pius Pater auxit,
> Extulit, ornavit rebus, honore, libris[6].
> . . . .

Le nécrologe de l'abbaye constate, à la date du 19 février, que le médecin Obizon légua aux religieux des livres de l'Ancien et du Nouveau Testament avec commentaires et en bon état[7]. Cet Obizon, qui n'a d'article ni dans la *Biographie*

[1] Legallois, *Traitté des plus belles bibliothèques de l'Europe*, p. 134.

[2] «Anniversarium solemne Theobaldi, archidyaconi Parisiensis ecclesie, et nostri canonici, qui Bibliothecam, quam sibi magna diligentia paraverat, libros scilicet Veteris ac Novi Testamenti, nobis reliquit.» (*Necrologium Sancti Victoris*, x kalendas octobris.) — La mort de ce Thibaud est également mentionnée dans l'obituaire de Notre-Dame de Paris, mais le ix des calendes d'octobre.

[3] *Histoire de l'abbaye de Saint-Victor de Paris*, bibliothèque Mazarine, manuscrits, n° 2873; t. III, p. 22.

[4] «Anniversarium pie recordationis domini Stephani, Parisiensis episcopi... libros optimos, quos sibi paraverat, moriens nobis dereliquit.» (*Necrologium Sancti Victoris*, iv kalendas augusti.) — Pour les évêques de Paris, la date est toujours facile à déterminer: le *Petit Pastoral* de Notre-Dame en contient une chronologie assez exacte, qui a été reproduite par Dubreul dans son *Theatre des antiquitez de Paris*, p. 53, et complétée par les auteurs du *Gallia christiana*, t. VII, col. 4.

[5] Étienne de Senlis renonça à l'évêché pour se faire religieux de Saint-Victor.

[6] J. Dubreul, *Theatre des antiquitez de Paris*, p. 323.

[7] «Anniversarium solemne Obizonis medici, nostri canonici, qui, ob perennem sui in oratione memoriam, dedit nobis libros Novi et Veteris Testamenti glosatos et bene paratos.» (*Necrologium Sancti Victoris*, xi kalendas marcij.)

universelle, ni dans la *Nouvelle biographie générale*, fut premier médecin de Louis le Gros [1]; il se retira ensuite à Saint-Victor [2], et mourut au milieu du XIIe siècle [3].

Le 3 août 1182 [4], Arnoul, quinzième évêque de Lisieux, laissa encore plusieurs volumes au couvent [5].

Nous rencontrons ensuite trois personnages auxquels nous n'avons pu assigner une date rigoureuse, mais dont nous savons que la mort remonte à la fin du XIIe siècle. Ce sont : le diacre Jacques, dont l'abbaye eut plusieurs volumes, parmi lesquels les quatre Évangiles commentés [6]; le chanoine Jean Lombard, qui mourut le 31 janvier, laissant à la bibliothèque le Pentateuque, des gloses sur l'Ancien et le Nouveau Testament, et quelques autres ouvrages [7]; enfin le chanoine François d'Ast, descendant de la célèbre famille de ce nom, qui fit de grandes libéralités à Saint-Victor : le nécrologe constate qu'il lui légua, entre autres objets, des livres de droit canonique et de droit civil [8].

Au commencement du XIIIe siècle, le chanoine Adam de Montereau [9] donne au couvent une Bible estimée 14 livres [10]. En 1205 ou 1206 [11], l'abbaye acquiert encore 20 volumes par le legs de Pierre de Poitiers, chancelier de l'Église de Paris [12].

Nous voyons figurer ensuite, parmi les bienfaiteurs de l'abbaye, un homme que nous avons mentionné au même titre dans notre notice sur la bibliothèque de

(1) J. Riolan, *Curieuses recherches sur les escholes en médecine*, p. 91.

(2) G. Naudé, *De antiquitate et dignitate scholæ medicæ Parisiensis*, p. 33. L'épitaphe d'Obizon est reproduite dans le même ouvrage, p. 175.

(3) Hazon, *Notice des hommes les plus célèbres de la Faculté de médecine de Paris*, p. 7. — Chomel, *Essai historique sur la médecine en France*, p. 257.

(4) La date nous est fournie par le *Glossarium mediæ et infimæ latinitatis* de Du Cange, t. VII, p. 372. Nous citons toujours l'édition de Didot, 1848, 7 vol. in-4°. Suivant le *Gallia christiana*, t. XI, col. 774, Arnoul mourut en 1181.

(5) «Anniversarium solemne patris nostri pie «recordationis Arnulphi, Lexoviensis episcopi, qui «dedit nobis, in quibusdam vasis argenteis et libris «quibusdam legalibus, centum libras parisienses, ad «emendos redditus. Preterea meliorum quorumdam «librorum legalium sex volumina et alios diversi ge«neris libros, ad retinendum in armario nobis dedit.» (*Necrologium Sancti Victoris*, II kalendas septembris.)

(6) «Obiit magister Jacobus, dyaconus, noster ca«nonicus, de cujus beneficio habuimus IIIIor Evan«gelistas bene glosatos, et quosdam alios libros.» (*Necrologium Sancti Victoris*, XI kalendas aprilis.) — La date nous est fournie par l'*Histoire manuscrite de l'abbaye de Saint-Victor*, liv. II, p. 228.

(7) «Anniversarium magistri Joannis Lombardi, «nostri canonici, de cujus beneficio habuimus Pen«tatheucum bene glosatum, et glossas super Vetus «et Novum Testamentum, et quosdam alios libros.» (*Necrologium Sancti Victoris*, XI kal. februarij.) — *Histoire manuscrite de Saint-Victor*, liv. II, p. 228.)

(8) «Anniversarium solemne fratris Francisci de «Ast, canonici nostri, a quo habuimus libros juris «canonici et civilis.» (*Necrologium Sancti Victoris*, II nonas marcij. — *Histoire manuscrite de Saint-Victor*, liv. II, p. 227.)

(9) Il figure dans deux chartes de cette époque, qui font partie du *Cartulaire de l'évêque de Paris*.

(10) «Anniversarium magistri Ade de Monsterolio, «canonici nostri ad succurrendum, qui dedit nobis «Bibliothecam valentem XIIII libras.» (*Necrologium Sancti Victoris*, I idibus januarij.)

(11) *Histoire manuscrite de Saint-Victor*, liv. III, p. 48.

(12) «Commemoratio parentum et benefactorum «fratris Petri Pictavensis, de cujus beneficio ha«buimus viginti volumina librorum» (*Necrologium Sancti Victoris*, V nonas octobris.) — Il est également inscrit sur le *Nécrologe de Notre-Dame*, mais le 3 des nones de septembre.

l'église Notre-Dame [1], c'est l'évêque de Paris, Pierre Chambellan ou de Nemours; avant de partir pour la Terre sainte, il partagea ses biens entre différents établissements religieux : Saint-Victor eut sa grande Bible, qui valait 17 livres [2].

Vers 1219, un Anglais nommé Gervais [3], qui paraît avoir fort aimé les livres, donna à l'abbaye une Bible complète, sauf les Paralipomènes, puis les *Sentences* de Pierre Lombard, et l'*Histoire ecclésiastique* de Pierre Comestor [4]. Quelques années après, nouvelle donation d'ouvrages estimés 70 livres, faite par les parents de Jean Halgrin ou Jean d'Abbeville, mort cardinal en 1236 [5]. Un ancien doyen de Senlis, Robert de Deuil (*Robertus de Diogilo*) laissa aussi au couvent, en 1245 [6], une Bible complète [7].

Le règne de saint Louis nous fournit deux autres libéralités de la même espèce. La première n'est pas mentionnée dans le nécrologe : elle est due à la reine Blanche, mère du roi, qui donna à l'abbaye une Bible in-folio; nous avons trouvé ce volume à la Bibliothèque impériale, dans le fonds de Saint-Victor, et en tête existe une note qui indique son origine [8] :

Iste liber est sancti victoris parisiensis. Quicumque eum furatus fuerit vel celaverit vel ipsa titulum istum deleverit anathema sit. Amen. Hanc bibliothecam dedit ecclesie sancti victoris parisiensis Blancha illustris regina francie. mater regis ludowici.

[1] Voyez page 6.

[2] «Anniversarium solemne pie memorie venerabilis patris nostri domni Petri, Parisiensis episcopi, de cujus beneficio habuimus Bibliothecam «xviii librarum.» (*Necrologium Sancti Victoris*, i idibus decembris.) — Son testament, extrait du *Grand Pastoral* de Notre-Dame, est reproduit en entier dans le *Gallia christiana*, t. VII, instrumenta, col. 89; on y lit : «Legamus ecclesiæ Sancti Victoris «infulam, dalmaticam et tunicam rubeas, et Bibliothecam magnam ...» (Voyez aussi G. Dubois, *Historia ecclesiæ Parisiensis*, t. II, p. 265.)

[3] La date est très-difficile à établir. Nous connaissons parmi les religieux du xe au xiiie siècle sept Anglais du nom de Gervais qui vécurent en France; nous croyons cependant ne pas nous tromper en regardant celui qui est désigné ici comme étant Gervasius Melkeleius, qui fut quelque temps chanoine de Saint-Victor. (Voyez Du Cange, *Glossarium*, t. VII, p. 386.)

[4] Sur ces deux ouvrages, voyez ci-dessus p. 16 et 17. — «Anniversarium magistri Gervasij Anglici, «qui dedit nobis omnes libros Veteris et Novi Testamenti glosatos, excepto libro Paralipomenon. «Dedit etiam nobis Sententias magistri Petri, et «Hystorias scolasticas.» (*Necrologium Sancti Victoris*, xiii kalendas octobris.)

[5] «Anniversarium patris et matris fratris Joannis de Abbatis Villa, canonici nostri, et avunculi «sui fratris Ægidij, quondam abbatis Sancti Valerici supra mare; qui dedit nobis, pro animabus «eorum et pro anima sua, libros valentes lxx libras parisienses.» (*Necrologium Sancti Victoris*, iv idibus julij. — *Histoire manuscrite de Saint-Victor*, liv. III, p. 20.)

[6] *Gallia christiana*, t. X, col. 1458.

[7] «Anniversarium solemne magistri Roberti de «Diogilo, fratris nostri, quondam decani Silvanectensis, de cujus beneficio habuimus Bibliothecam «ad opus conventus.» (*Necrologium Sancti Victoris*, xiii kalendas julij.)

[8] Bibliothèque impériale, manuscrits, fonds de Saint-Victor, n° 303 *bis*. — Mabillon, dans son traité *De re diplomatica*, p. 370, a reproduit cette

A la même époque, un évêque nommé Hugues, qui était resté longtemps auprès de saint Louis, laissa au couvent 25 livres parisis destinées à l'achat de revenus pour la Maison et de volumes pour la bibliothèque [1]. En 1281, Gaurin ou Guérin, neveu de Girard, autrefois doyen de Beauvais, puis chanoine de Saint-Victor, légua des volumes valant 40 livres parisis [2]. Deux ans après, le chanoine Girard de Granville, qui avait aussi été doyen de Beauvais, donna plusieurs volumes à la bibliothèque [3]. Elle acquit encore une bonne Bible de Benoît de Moret, chanoine de Nevers et de Saint-Spire de Corbeil, qui mourut le 1er mars 1293 [4]; mais la donation avait été faite de son vivant [5]. Il faut reporter à la même date un legs d'ouvrages estimés 15 livres, et provenant de Thibaut de Corbeil, sous-chantre de Notre-Dame [6]. Enfin un neveu du pape Grégoire IX, Adenulfe d'Anagni, successivement chanoine de la cathédrale, prévôt de Saint-Omer, puis évêque de Paris, résigna cette dignité pour se retirer à Saint-Victor [7], où il mourut le 2 avril 1290 [8]; l'abbaye lui dut, outre de curieuses reliques, un certain nombre de volumes qui, dit le nécrologe, comprenaient presque tout l'Ancien et le Nouveau Testament [9]. Mais le nécrologe ici n'est pas complet. Parmi les livres donnés par Adenulfe figuraient en outre : la glose d'Al-

inscription d'une manière tout à fait inexacte; l'artiste a dénaturé le caractère de l'écriture, qui est représentée beaucoup plus maigre que sur l'original. Notre *fac-simile* est d'une rigoureuse fidélité.

(1) «Anniversarium D. Hugonis, quondam Apprensis episcopi, qui longo tempore mansit apud Parisius in domo regis; hic dedit nobis xxv libras parisienses ad emendos libros et redditus.» (*Necrologium Sancti Victoris*, I idibus octobris. — Jean de Toulouse, *Antiquitatum regalis abbatiæ Sancti Victoris libri XII*, t. Ier, p. 107.)

(2) «Anniversarium magistri Garini, quondam canonici de Nigella, nepotis fratris Gerardi, quondam decani Belvacensis, qui dedit nobis libros valentes XL libras parisienses.» (*Necrologium Sancti Victoris*, II nonas octobris.) — Nous avons trouvé la mention suivante à la fin d'un manuscrit du commentaire de Pierre Lombard sur les Psaumes : «Hic liber est Sancti Victoris Parisiensis... quem dedit nobis magister Guerinus, nepos fratris Girardi, quondam decani Belvacensis, canonici nostri. Qui obiit anno Christi 1281, sepultus in claustro Sancti Victoris Parisiensis ante Capitulum.»

(3) «Anniversarium magistri Girardi de Grandivilla, quondam decani Belvacensis, qui dedit nobis plures libros.» (*Necrologium Sancti Victoris*, VIII kalendas marcij.) — La date de 1283 est écrite en marge sur le nécrologe.

(4) *Hist. manuscrite de Saint-Victor*, liv. III, p. 52.

(5) «Anniversarium magistri Benedicti de Moreto, canonici Nivernensis et Sancti Exuperij de Corbolio, qui dedit nobis, dum adhuc viveret, Bibliothecam bonam ad opus conventus.» (*Necrologium Sancti Victoris*, I kalendas marcij.)

(6) «Anniversarium magistri Theobaldi de Corbolio, quondam succentoris ecclesie Beate Marie Parisiensis, de cujus beneficio habuimus libros valentes XV libras parisienses.» (*Necrologium Sancti Victoris*, XVII kalendas junij.) — Ce Thibaut est inscrit aussi sur le nécrologe de Notre-Dame de Paris, mais le 7 des ides de juillet.

(7) Il fit aussi partie de la Maison de Sorbonne, où il figure du vivant même du fondateur. (Voyez à la Bibliothèque impériale, fonds de la Sorbonne, n° 1247, le manuscrit intitulé : *Robertus de Sorbona, doctor devotus, primus provisor*, par Cl. Héméré.)

(8) *Gallia christiana*, t. VII, col. 680.

(9) «Anniversarium solemne pie memorie venerabilis magistri Adenulphi, quondam prepositi Sancti Audomari, electi episcopi Parisiensis ecclesie, qui dum adhuc viveret dedit nobis libros optimos, quos sibi summo studio paraverat, fere super totum Vetus et Novum Testamentum.» (*Necrologium Sancti Victoris*, IIII nonas aprilis.) — Il est inscrit sur le nécrologe de Notre-Dame le 7 des calendes d'avril.

bert le Grand sur la Sagesse et les Psaumes(1), un commentaire sur les Sentences de Pierre Lombard(2), et un précieux volume renfermant des concordances sur la Bible(3). De ces ouvrages, les deux premiers sont aujourd'hui à la Bibliothèque impériale, et le troisième à la bibliothèque Mazarine.

De 1290 nous passons sans transition à l'année 1336, où le couvent acquiert une magnifique Bible en français, du prix de cent vingt francs; elle lui fut donnée par Pierre de Villenay, qui figure, en décembre 1336, avec le titre d'archidiacre, dans une charte du *Petit Pastoral* de Notre-Dame(4). Plus de quarante ans après, un chanoine de Paris, nommé Jean Beauce, qui devint grand vicaire sous le règne de Charles V(5), laissa encore au couvent quelques volumes(6).

Nous rencontrons ensuite parmi les bienfaiteurs de l'abbaye Jean Auchier(7), procureur au Parlement de Paris; il mourut le 18 février 1389(8), et la bibliothèque de Saint-Victor lui dut une bonne Bible estimée trente-deux francs(9), et qui est conservée aujourd'hui à la Bibliothèque impériale(10). Enfin un conseiller au Parlement(11), nommé Jean Pastourel ou Pastoureau, qui mourut le 18 novembre 1395(12), donna au couvent, en 1392, plusieurs ouvrages, parmi lesquels on trouve le *Repertorium morale* de Pierre Berchoire, en six volumes in-folio, et un bréviaire à l'usage de Saint-Victor, qu'il avait fait transcrire à ses frais(13).

(1) Deux volumes in-folio; Bibliothèque impériale, manuscrits, fonds de Saint-Victor, n° 160. On lit au verso du premier feuillet : «Istum librum «dedit monasterio Sancti Victoris pater bone me-«morie magister Adenulphus de Anagnia, quondam «prepositus Sancti Audomari... »

(2) Deux volumes in-folio; Bibliothèque impériale, manuscrits, fonds de Saint-Victor, n° 54. On lit à la fin : «Adenulphus de Anania dedit ecclesie «Sancti Victoris Parisiensis.»

(3) In-folio; bibliothèque Mazarine, manuscrits, n° 129. On lit à la fin : «Istum librum dedit mo-«nasterio Sancti Victoris Parisiensis bone memorie «magister Adenulphus de Anania, quondam pre-«positus Sancti Audomari et canonicus atque electus «ecclesie Parisiensis; sub tali conditione quod abbas «et conventus ejusdem monasterij non possint illum «alienare vel vendere.» (Voyez plus bas, p. 147.)

(4) «Anniversarium solemne Petri de Villenay et «Marie uxoris ejus, de quorum beneficio habuimus «unam optimam Bibliam in gallico, precij sex vi-«ginti francorum.» (*Necrologium Sancti Victoris*, VII idibus novembris.)

(5) *Histoire manuscrite de Saint-Victor*, liv. III, p. 33.

(6) «Obiit Joannes Beauce, qui dedit nobis libros.» (*Necrologium Sancti Victoris*, XI kalendas januarij.)

(7) C'est par erreur que le nécrologe écrit *Aucher*.

(8) *Histoire manuscrite de Saint-Victor*, liv. III, p. 69.

(9) «Anniversarium solemne magistri Joannis «Aucher, quondam procuratoris regis in suo Par-«lamento, qui dedit nobis, in fine suo, unam bo-«nam Bibliam, valentem XXXII francos.» (*Necrologium Sancti Victoris*, XIJ kalendas marcij.)

(10) *Biblia sacra cum interpretationibus hebraicorum nominum*, in-folio, sur vélin. On lit à la fin du volume : «Hæc Byblia, precii triginta francorum, «est ecclesiæ Sancti Victoris Parisiensis, quam lega-«vit eidem ecclesiæ magister Johannes Auchier.» Bibliothèque impériale, manuscrits, fonds de Saint-Victor, n° 368.

(11) *Gallia christiana*, t. VII, col. 684.

(12) Jean de Toulouse, *Antiquitatum regalis abbatiæ Sancti Victoris libri XII*, t. Ier, p. 130.

(13) Ces deux ouvrages sont aujourd'hui à la Bibliothèque impériale. Une note placée à la fin du premier indique qu'il fut donné au couvent de Saint-Victor le jour de la fête de saint Michel, année 1392, par Jean Pastorelli, conseiller du roi. (Fonds de Saint-Victor, n° 183.) On lit sur le second : «Bre-«viarium ad usum ecclesiæ Sancti Victoris, scrip-«tum expensis Joan. Pastorelli, 1392.» (Fonds de Saint-Victor, n° 329.)

Voici maintenant la liste complète des autres donations mentionnées dans le nécrologe de Saint-Victor, et auxquelles il nous a été impossible d'assigner une date, mais qui nous paraissent toutes antérieures au xve siècle :

XJ KALENDAS FEBRUARIJ.

Anniversarium solemne magistri Johannis Daim, hujus ecclesiæ specialis amici et nostri canonici ad succurrendum, qui, apud nos moriens, dedit, nobis Bibliotecam bonam et bene paratam, valentem xx libras.

Item, anniversarium magistri Hugonis Picardi, de cujus beneficio habuimus libros Augustini et Richardi [1], valentes xiiij libras parisienses.

XIIJ KALENDAS FEBRUARIJ.

Anniversarium magistri Iohannis de Canteu, canonici Morinensis, de cujus beneficio habuimus libros valentes xiv libras parisienses.

IIIJ NONAS FEBRUARIJ.

Anniversarium magistri Iohannis Aurelianensis [2], dicti de Porterello, de cujus beneficio habuimus x libras parisienses et unam Bibliothecam valentem xij libras parisienses, ad usum conventus.

IIJ NONAS FEBRUARIJ.

Obiit magister Brocardus, canonicus de Augusta, de quo habuimus Ysaiam glosatum.

IDIBUS FEBRUARIJ.

Commemoratio solemnis domini Iohannis Marine, necnon parentum et omnium amicorum et benefactorum ipsius, de cujus beneficio habuimus in pecunia, libris, domibus, terris et vineis usque ad valorem quadringentarum librarum et amplius.

XVJ KALENDAS MARCIJ.

Anniversarium solemne venerabilis viri domini Jacobi, dicti de Castanea de Tornaco, professoris legum et archidyaconi Leodyensis, de cujus beneficio habuimus totum Corpus librorum legalium, cum Summa Azonis [3], quorum pretium erat estimatio lx librarum parisiensium.

VIJ KALENDAS MARCIJ.

Anniversarium solemne magistri Johannis de Ravigniaco, regis consiliarii in suo Parlamento, et in pluribus ecclesiis beneficiati; in fine suo, unum optimum librum Decretorum nobis legavit.

V KALENDAS MARCIJ.

Anniversarium solemne bone memorie magistri Stephani de Sancto Petro subtus Virliacum, fratris nostri, de cujus beneficio habuimus libros nonnullos.

(1) Donation évidemment postérieure à 1173, époque de la mort de Richard de Saint-Victor, dont il est question ici. On ne peut donc l'attribuer à Hugues d'Amiens, archevêque de Rouen, car il mourut en novembre 1154.

(2) Il y a eu un Jean d'Orléans, chanoine de Paris, qui mourut en 1200, mais qui figure sur le *Nécrologe* de Notre-Dame le 5 des calendes de mai. On trouve un autre Jean, évêque d'Orléans, dans une charte de 1108 du *Cartulaire de l'évêque de Paris*.

(3) Le jurisconsulte Azon mourut en 1200.

VIIJ IDUS MARCIJ.

Anniversarium magistri Iohannis Rousse, doctoris in theologia, qui nobis dedit libros.

IDIBUS APRILIS.

Obiit magister Bertoldus, de cujus beneficio habuimus Bibliotecam et Hystorias scolasticas[1].

XVIIJ KALENDAS MAIJ.

Anniversarium fratris Ade de Ysiaco, sacerdotis, et fratris Reginaldi de Lyricantu, quondam hujus ecclesie supprioris, pro quibus habuimus quosdam libros.

XJ KALENDAS MAIJ.

Anniversarium magistri Symonis de Vincellis, de cujus beneficio habuimus quasdam Decretales[2] valentes IX libras parisienses.

V NONAS MAIJ.

Anniversarium domini Bertoldi, archidiaconi Hibbipolensis, de cujus beneficio habuimus XX^{ti} volumina librorum, quos omnes dedit ad usum scolarium.

VJ IDUS MAIJ.

Anniversarium magistri Arnulphi Le Bescoche, canonici Silvanectensis, doctoris in theologia, quondam magistri nostri, qui dedit Psalterium Lumbardi[3], valens decem libras.

NONIS JUNIJ.

Commemoratio solemnis domini Iohannis Marine, de cujus beneficio habuimus quosdam libros.

VJ IDIBUS JUNIJ.

Obiit Thomas de Bosco[4], qui dedit nobis IIIJ^{or} libras, et libros naturales.

IDIBUS JUNIJ.

Obiit magister Rogerus Carnotensis, noster canonicus, de cujus beneficio habuimus Hystorias scolasticas.

NONIS JULIJ.

Anniversarium solemne magistri Reginaldi de Monte Beligardo, fratris nostri, ac parentum suorum, de cujus beneficio habuimus libros utriusque juris canonici et civilis.

IX KALENDAS AUGUSTI.

Obiit Reimbaldus, clericus, qui dedit nobis Bibliothecam valentem VIJ libras.

KALENDAS AUGUSTI.

Anniversarium magistri Petri de Valencia, qui dedit nobis libros valentes XXX libras.

(1) Ouvrage de Pierre Comestor, qui mourut en 1180.

(2) Grégoire IX mourut en 1241.

(3) Les Psaumes avec le célèbre commentaire de Pierre Lombard, qui mourut dans l'année 1164.

(4) Un Thomas Dubois, chanoine de Chartres, figure dans une charte de 1450 publiée par le *Gallia christiana*, t. VII, instrum. col. 400.

NONIS SEPTEMBRIS.

Anniversarium Volmari, clerici, qui dedit nobis Psalterium Lombardi et Epistolas Pauli.

IJ IDUS SEPTEMBRIS.

Obiit magister Hugo[1], canonicus ad succurrendum, qui dedit nobis Sentencias magistri Petri.

XIIJ KALENDAS OCTOBRIS.

Obiit magister Adam[2], qui dedit nobis Psalterium glosatum et Decreta Graciani[3].

X KALENDAS OCTOBRIS.

Anniversarium magistri Anselmi, qui dedit nobis Decreta Graciani.

IIIJ NONAS OCTOBRIS.

Anniversarium Onulfi, dyaconi, canonici nostri ad succurrendum, qui dedit nobis Sentencias, Psalterium et Epistolas Pauli, de glossatura magistri Petri Lumbardi.

IJ NONAS OCTOBRIS.

Obiit magister Ricardus[4], qui dedit nobis Epistolas Pauli glosatas.

XVIJ KALENDAS NOVEMBRIS.

Obiit magister Philippus de Bosco Communi[5], canonicus Laudunensis et noster, qui dedit nobis Bibliothecam optimam ad opus conventus.

VIJ KALENDAS NOVEMBRIS.

Anniversarium solemne domini Iohannis Marine[6], quondam capicerii S. Opportunæ, qui dedit nobis libros.

IJ NONAS NOVEMBRIS.

Obiit magister Radulphus[7], de cujus beneficio habuimus Decreta Graciani.

XVIJ KALENDAS DECEMBRIS.

Anniversarium Petri, clerici Lugdunensis, et Benedicti, fratris ejus, de quorum beneficio habuimus Bibliothecam bonam.

XIIJ KALENDAS DECEMBRIS.

Obiit Assaldus, clericus, de cujus beneficio habuimus Decreta Graciani.

(1) Nous avons compté, dans le nécrologe de Saint-Victor, seize chanoines nommés Hugues, qu'aucune désignation spéciale ne peut faire distinguer les uns des autres.

(2) Ce n'est pas le fameux Adam de Saint-Victor, car il mourut en juillet.

(3) Le *Decretum* de Gratien fut composé vers 1151.

(4) Le célèbre Richard de Saint-Victor mourut en 1173; mais ce n'est certainement pas de lui qu'il est question ici.

(5) Cité dans l'*Histoire manuscrite de Saint-Victor,* liv. III, p. 34, qui n'indique pas la date de sa mort.

(6) L'*Histoire manuscrite de Saint-Victor* donne quelques détails sur lui, liv. III, p. 51 et 52; mais elle a négligé d'enregistrer l'année de sa mort.

(7) C'est le nom du onzième abbé de Saint-Victor, qui mourut en 1248; mais il devrait figurer

VIJ KALENDAS DECEMBRIS.

Anniversarium solemne domini Iohannis, quondam episcopi Ostiensis, et magistri Iohannis de Crepone, de quorum beneficio habuimus libros [1].

XIX KALENDAS JANUARIJ.

Anniversarium magistri Nicholai, ecclesiæ Meldensis canonici [2], de cujus beneficio habuimus quinquaginta libras et Decreta Graciani.

XVIIJ KALENDAS JANUARIJ.

Obiit Gillebertus, clericus de Cruncio, qui dedit nobis XIJ Prophetas.

IX KALENDAS JANUARIJ.

Anniversarium domini Bonifacij, legum professoris, qui dedit nobis Bibliotecam bonam, ad usum conventus.

VIIJ KALENDAS JANUARIJ.

Obiit Hylarius, clericus, canonicus ad succurrendum, de cujus beneficio habuimus Psalterium glosatum.

Nous ajouterons à cette liste la mention suivante, que nous avons trouvée sur deux manuscrits du XIIIe siècle provenant de Saint-Victor : « Ex legato bone me« morie deffuncti magistri Petri de Brena, quondam doctoris in decretis [3]. »

L'abbé Lamasse, trentième abbé de Saint-Victor, qui mourut en mai 1458 [4], contribua beaucoup à enrichir cette collection [5], « comme tesmoignent, dit « Dubreul, les livres qu'il a achetez de son temps, et mis en la librairie [6]. » Nous avons rencontré en effet, sur plusieurs manuscrits anciens provenant de Saint-Victor, la note suivante [7] :

Hunc librum acquisivit monasterio sancti victoris prope parisius frater Johannes Lamasse dum esset prior claustralis ecclesie.

sur l'obituaire le 6 des ides de novembre. (Voyez le *Gallia christiana*, t. VII, col. 677.) — Sur un grand nombre d'anciens manuscrits provenant de Saint-Victor, on lit : « Istum librum dedit nobis frater Pe« trus de Castro Radulfi. »

[1] Un de ces volumes est aujourd'hui à la bibliothèque Mazarine. On lit à la fin : « Hunc librum « dederunt nobis executores deffuncti magistri Jo« hannis de Crepone, quondam decretorum doctoris, « de bonis ipsius deffuncti ; tali conditione quod nun« quam vendatur aut alicui ex quoquomodo conce« datur. » Bibliothèque Mazarine, manuscrits, n° J 18.

[2] Peut-être Nicolas Grenier, chanoine de Meaux, qui mourut le 6 janvier 1570. (Voyez le *Gallia christiana*, t. VII, col. 695.)

[3] Bibliothèque Mazarine, manuscrits, n^os T 110 et J 459.

[4] *Gallia christiana*, t. VII, col. 685.

[5] *Histoire manuscrite de Saint-Victor*, liv. III, p. 64.

[6] J. Dubreul, *Theatre des antiquitez de Paris*, p. 319.

[7] Voyez, entre autres, à la bibliothèque Mazarine, les manuscrits cotés T 1061 et P 483.

Iste liber est victoris paris. Quicumque eum furatus fuerit vel celaverit, vel titulum istum deleverit anathema sit.
Istum librum dedit monasterio sancti victoris paris. bone memorie magister Adenulphus de anania quondam prepositus sancti audomari et canonicus atque electus ecclesie paris. sub tali condicione quod abbas et conventus eiusdem monasterii non possunt illum alienare vel vendere.

Iste liber est sancti victoris parisiensis. Quicumque eum furatus fuerit vel alienaverit aut titulum istum deleverit anathema sit. Amen. Hunc librum dederunt nobis executores defuncti magistri Johannis de Trepone quondam decretorum doctoris de bonis ipsius defuncti. Tali condicione quod nunquam vendatur aut alienetur ex quoquomodo concedatur.

ABBAYE DE SAINT-VICTOR.

Enfin l'imprimerie fut de bonne heure représentée dans la bibliothèque du couvent; car le nécrologe nous apprend que, vers le milieu du xve siècle, P. Schœfer, Conrad Henlif et Jean Fust cédèrent à l'abbaye, moyennant douze écus d'or, un exemplaire sur vélin des *Lettres* de saint Jérôme qui venaient d'être publiées par eux [1].

La bibliothèque paraît avoir occupé, jusqu'à cette époque, une salle attenante au cloître et située entre l'église et le dortoir. Vers 1501, ce bâtiment tombait en ruine, et l'abbé Nicaise Delorme (*Nicasius de Ulmo*) entreprit de le relever [2]. Grâce à l'activité et au zèle du chanoine Guillaume Tupin ou Turpin [3], la nouvelle construction se trouva terminée en 1508 [4]. Delorme s'occupa aussitôt d'y installer les livres, puis Claude de Grandrue (*Claudius de Grandivico*) fut chargé de les classer par noms d'auteurs sur des pupitres disposés à cet effet, de les y attacher avec des chaînes de fer et d'en dresser le catalogue [5]. Une note placée en tête de ce travail nous apprend que Claude de Grandrue, le premier bibliothécaire réel de Saint-Victor, était entré au couvent en 1480, et avait été fait prêtre huit ans plus tard; il se voua tout entier, nous dit-on, au classement de la bibliothèque et à la rédaction d'un double catalogue, alphabétique et méthodique [6]. Tous deux existent encore. Le premier est conservé à la bibliothèque Mazarine; c'est un in-quarto sur papier qui porte le numéro 1358, et qui a pour titre :

Index novus eorum que in bibliotheca cenobii sancti victoris continentur a fratre Claudio collectus auxiliante deo feliciter incipit.

[1] «Anniversarium honorabilium virorum Petri «Scofer et Conrardi Henlif, ac Johannis Fust, ci«vium de Moguntia, impressorum librorum... qui «dederunt nobis Epistolas beati Jhieronimi, impres«sas in pergameno, excepta tamen summa duode«cim scutorum auri, quam prefati impressores re«ceperunt per manus domini Johannis, abbatis «hujus ecclesie.» (*Necrologium Sancti Victoris*, iij kalendas novembris.)

[2] «Sed cum post tria sæcula ædificia vetustate «corruerent, Nicasius de l'Orme, 33us abbas nos«ter, veterem bibliothecam in novum transtulit ædi«ficium, sua cura extructum.» (Jean de Toulouse, *Antiquit. abbatiæ S. Victoris libri XII*, t. II, p. 180.)

[3] Jean de Toulouse, *Antiquitatum abbatiæ Sancti Victoris libri XII*, t. I, p. 319.

[4] «Eodem anno 1508 ædificata est nova libra«ria in domo nostra Sancti Victoris, et sacristia sub «ea, et quasi totus ille locus renovatus est totali«ter, expensis ecclesiæ.» (Jean de Toulouse, *Antiquitatum abbatiæ Sancti Victoris libri XII*, t. II, p. 185.) — «Anno 1509, vetus libraria pulchrior et «ornatior exculta fuit bibliotheca, in qua postmodum «dispositi sunt codices manuscripti.» Letonnelier, *Annales ecclesiæ Sancti Victoris Parisiensis*, p. 89; Bibliothèque impériale, manuscrits, fonds de Saint-Victor, n° 1005.

[5] «Libros manuscriptos super pulpitis cum ca«tenis constrictos, trino alphabetico per fratrem «Claudium de Grandivico distingui et ordinari cu«ravit.» (Jean de Toulouse, *Antiquitatum Sancti Victoris libri XII*, t. II, p. 180.)

[6] «Claudius de Grandivico, Parisinus, inter «canonicos Sancti Victoris scriptus anno 1480,

On lit à la fin :

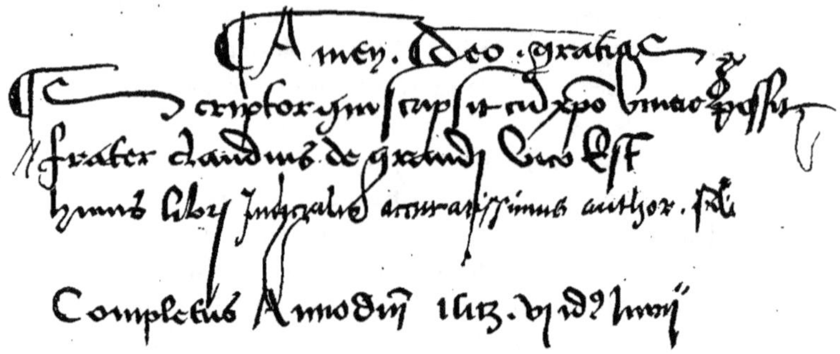

Enfin, sur la feuille de garde, une main plus moderne a écrit une longue note latine relative à l'histoire de la bibliothèque, et dont nous avons déjà cité quelques extraits [1]. Le catalogue méthodique est à la Bibliothèque impériale, dans le fonds de Saint-Victor, sous le numéro 1122; c'est un in-quarto, moitié papier, moitié vélin; il n'avait pas de titre dans l'origine, mais on lui a plus tard donné celui-ci :

Catalogus Typographicum. — Bibliothecæ Manuscriptæ S^ti Victoris a Claudio de grandrueo Canonico eiusdem Abbatiæ ordinatus anno 1514

La feuille de garde renferme la même mention que le volume précédent, avec quelques variantes pourtant dans le texte. Ce sont évidemment là les originaux des deux catalogues dressés par Claude de Grandrue. Une copie, relativement récente, du premier est conservée à la Bibliothèque impériale [2]; le titre est le même que celui de l'original.

Nicaise Delorme mourut en janvier 1516 [3], et Claude de Grandrue à la fin de décembre 1520 [4]. L'abbaye, qui avait pris alors un développement considérable,

«Germano Le Moyne tunc abbate, sacerdos ordinatus sub ejus successore abbate Nicasio de Lorme anno 1488. Se totum bibliothecæ manuscriptæ recensendæ et ordinandæ dedit, in singulis codicibus primum indices singulari studio conscripsit. Deinde cum abbas Nicasius de Lorme, curante Guillelmo Turpin camerario, novum ædificium bibliothecæ manuscriptæ reponendæ a fundamentis extrui fecisset, ipse de Grandivico libros super pulpita ordinavit, et catalogos, hunc scilicet alphabeticum et alterum typographicum, confecit. Tum denique ad calcem catalogi typographici libros qui ex antiquis inventariis deficere videbantur, et tractatus qui ex variis voluminibus avulsi fuerant, notavit.» (*Index eorum que in bibliotheca Sancti Victoris continentur, etc.* Bibliothèque Mazarine, manuscrits, n° 1358.)

[1] Sur ce catalogue, voyez à la fin de cette notice, p. 174 et suiv.

[2] Fonds de Saint-Victor, n° 1123; auparavant dans l'ancien fonds français, n° 10284. — Comment M. P. Lacroix a-t-il pu prendre cette copie pour l'original? (Voyez son *Catalogue de la bibliothèque de l'abbaye de Saint-Victor au XVIe siècle,* p. 8.) L'examen seul de l'écriture eût dû le détromper.

[3] *Gallia christiana,* t. VII, col. 687.

[4] *Necrologium Sancti Victoris,* VIII nonas januarij. — Il était alors prieur de Puiseux, car on lit en marge de la note manuscrite qui est en tête du catalogue alphabétique : «Obiit prior de Putheolis.»

fut presque entièrement reconstruite sous François Ier; on ne conserva des anciens bâtiments que l'entrée, le clocher et la chapelle souterraine. La bibliothèque était aussi en grande réputation, « estimabatur tum ob præstantiores editiones, tum ob « varios manuscriptos quæ in ea extabant[1]. » C'était incontestablement alors la plus importante de France; et déjà, en même temps qu'elle excitait bien des admirations, elle soulevait quelques critiques. Joseph Scaliger a prétendu qu'elle ne contenait « rien qui vaille[2]. » Rabelais s'en est moqué aussi; il a donné un long catalogue d'ouvrages qui y étaient conservés, mais dont il a, à dessein, travesti les titres sous des dénominations équivoques et railleuses[3] : « Et apres quelque es- « pace de temps qu'il (*Pantagruel*) y eut demouré (*à Paris*) et fort bien estudié en « tous les sept arts liberaulx, il disoit que c'estoit une bonne ville pour vivre, mais « non pour mourir; car les guenaulx de Sainct-Innocent se chauffoient le cul des « ossemens des morts. Et trouva la librairie de Sainct-Victor fort magnifique mes- « mement d'aulcuns livres qu'il y trouva, desquelz s'ensuit le repertoire[4] ..... »

Le chantre de l'abbaye semble avoir longtemps joint à ces fonctions celles de bibliothécaire, et c'est à ce titre seulement que nous pouvons mentionner, comme successeurs de Grandrue, Jacques de Lyons et Guillaume Cotin. Mais tout doute cesse relativement à Jean Picard, qui fit, en 1604, un nouvel inventaire de la collection dont il avait la garde[5].

Quant au règlement même de la bibliothèque, il était compris dans la Règle générale de Saint-Victor, et renfermait les dispositions suivantes : Le bibliothécaire a sous sa garde tous les livres de l'église (c'est-à-dire de la maison ou de l'abbaye, ou, si l'on veut, de la communauté). Il doit en posséder une liste nominale, et au moins deux ou trois fois par an les feuilleter, en faire l'inventaire, et examiner soigneusement s'il ne s'y trouve ni vers qui les ronge ni rien qui les salisse. La bibliothèque doit être intérieurement garnie de boiseries, de peur que l'humidité des murailles ne se communique aux manuscrits et ne les détériore. Les pupitres ne doivent être ni trop rapprochés ni trop éloignés les uns des autres; et les livres qui y sont placés ne seront ni trop serrés, ce qui pourrait nuire à leur conservation, ni trop écartés, ce qui pourrait y amener de la confusion et entraver les recherches. Le bibliothécaire tiendra à la disposition de tous les livres qui sont nécessaires pour le travail de chaque jour, de même que

[1] Maichelius, *Introductio ad historiam literariam de præcipuis bibliothecis*, p. 99.

[2] *Scaligerana*, au mot *Bibliothèque*, p. 60.

[3] Voyez l'ingénieux et savant ouvrage de M. Paul Lacroix, intitulé *Catalogue de la bibliothèque de l'abbaye de Saint-Victor au seizième siècle, rédigé par Fr. Rabelais et commenté par le bibliophile Jacob*, Paris, Techener, 1862, in-8°.

[4] Rabelais, *Pantagruel*, liv. II, ch. VII.

[5] « Catalogos autem Claudij de Grandivico et « libros in illis expressos revisit primum Johannes « Picardus, ejusdem abbatiæ canonicus, anno 1604, « et libros qui deficerent ex pulpitis, tractatusque « ex voluminibus vi et furto avulsos annotavit ad « margines catalogorum. » (*Index eorum que in bibliotheca Sancti Victoris continentur, a fratre Claudio collectus, etc.* Bibliothèque Mazarine, manuscrits, n° 1358.)

ceux qu'il juge plus spécialement applicables à l'instruction et à l'édification des religieux : tels sont les Bibles, les Vies des Pères et les principaux commentateurs sacrés. Quant aux autres ouvrages, qui sont d'un usage moins général, ils resteront toujours dans la bibliothèque, et le bibliothécaire ne s'en dessaisira que sur la demande formelle d'un religieux; dans ce cas, il prendra aussitôt note des livres prêtés, afin qu'il lui soit toujours facile de savoir quels ouvrages possède chaque religieux. Ceux qui empruntent des livres doivent les conserver avec beaucoup de soin, ne pas les confier à d'autres personnes, et, quand ils n'en ont plus besoin, les remettre au bibliothécaire[1].

Le règlement s'occupe ensuite des prescriptions relatives à la copie des manuscrits. Le bibliothécaire est chargé de tout ce qui regarde la fourniture du parchemin et des autres objets nécessaires à l'écriture; il choisit et surveille les copistes du dedans et du dehors; ceux-ci ne peuvent rien transcrire sans son consentement; il les établit dans un lieu spécial, au sein de l'abbaye, mais tranquille et écarté, afin qu'ils se livrent au travail loin du bruit et des distractions; il veille à la pureté des textes, à la ponctuation, à la reliure. Toutes ces prescriptions furent observées jusqu'à la découverte de l'imprimerie[2].

[1] «Armarius omnes libros ecclesiæ (id est domus vel abbatiæ, si mavis aut familiæ) in custodia sua habet, quos omnes nominibus propriis sigillatim annotatos habere debet, et per singulos annos, ad minus bis aut ter, eos exponere et recensere, et ne in eis aliquid vel tinea vel alia qualibet corruptela infectum vel exesum sit, diligenter considerare. Ipsa autem armaria intrinsecus ligno vestita esse debent, ne humor parietum membranas rubigineque aliqua sive humectatione aliqua inficiat : in quo etiam diversi ordines seorsum ac seorsum distincti et convenienter coaptati esse debent, in quibus libri separatim ita collocari possint et distingui ab invicem, ne vel nimia compressio ipsis libris noceat, vel confusio aliquid specialiter in eis quærenti moram afferat, vel impedimentum. Debet etiam Armarius inter hos libros qui ad quotidianum officium ecclesiæ necessarii sunt, etiam de aliis aliquot, quos ad instructionem vel ad edificationem fratrum magis commodos et necessarios esse perspexerit, in commune proponere : quales sunt Bibliæ sacræ et majores Expositores et Passionarii, et Vitæ Patrum et Homiliarii. Cæteros autem, id est minores omnes et quotidianos, nunquam extra armarium exponere debet, vel relinquere, nisi specialiter ab aliquo fratrum requirantur; sed et tunc quoque quoscumque exposuerit in brevi annotare debet, ut sciat quos vel quot unicuique dederit. Illi vero qui ab Armario aliquos specialiter libros accipiunt, quamdiu eos habent, diligenter apud se custodiant, nec alibi exponant, vel relinquant, et cum expleverint in eis quod volunt, iterum Armario servandos reddant.»

[2] «Omnes scripturæ, quæ in ecclesia, sive intus, sive foris, fiunt, ad ejus officium pertinent, ut ipse scriptoribus pergamena et cætera quæ ad scribendum necessaria sunt, provideat, et eos, qui pro pretio scribunt, ipse conducat. Quicumque de fratribus intra claustrum scriptores sunt, et quibus officium scribendi ab abbate injunctum est, omnibus his Armarius providere debet, quid scribant et quæ ad scribendum necessaria sunt præbere; nec quisquam eorum aliud scribere quam ille præceperit, vel in ipsa scriptura præter ejus voluntatem et dispositionem quisquam agere præsumat. Loca etiam determinata ad ejusmodi opus seorsum a conventu, tamen intra claustrum, præparanda sunt, ubi sine perturbatione et strepitu scriptores operi suo quietius intendere possint. Et hæc quidem omnia, quamdiu typographia latuit, exacte satis sunt observata : unde etiam nonnulli codices manu variorum fratrum nostrorum exscripti leguntur.» Ce règlement se trouve dans un grand nombre de manuscrits, dont trois sont conservés à la Bibliothèque impériale et classés dans

Jean Picard mourut de la pierre le 15 juin 1615[1], et légua à l'abbaye une partie de sa bibliothèque. A l'exemple de plusieurs bibliophiles, il inscrivait, sur le titre de presque tous ses livres, son nom d'abord, puis l'époque et le prix de l'acquisition du volume,

Picard eut pour successeur Étienne Reynard, qui, en 1623, entreprit de dresser un nouveau catalogue des livres de l'abbaye. Ce catalogue, alphabétique et méthodique, forme un volume in-4° qui est aujourd'hui conservé à la Bibliothèque impériale[2]. En tête, on lit une introduction assez curieuse, adressée au prieur de la Maison[3], et qu'on trouvera reproduite à la fin de cette notice.

Jean de Toulouse, nommé sous-prieur du couvent en août 1635[4], devint prieur le 10 avril 1636[5], et bibliothécaire en remplacement d'Étienne Reynard. Il s'acquitta de ses fonctions avec un grand zèle, et trouva le temps de rédiger plusieurs ouvrages considérables auxquels nous avons fait de nombreux emprunts. Les plaintes qu'il formule dans l'un d'eux[6] contre l'indélicatesse de certains visiteurs semblent indiquer que l'entrée de cette bibliothèque était accordée à quelques personnes, amis ou parents des religieux. M. Paul Lacroix en a conclu que les écoliers y avaient alors un facile accès: « Ce fut certainement, dit-il, sous le « règne de François Ier que la bibliothèque de Saint-Victor devint publique[7]. » Nous sommes convaincu qu'il se trompe, et qu'il a cédé trop facilement à son désir de faire figurer Rabelais parmi les hôtes habituels de cette bibliothèque. La collection de Saint-Victor fut sans doute publique du XIIe au XIVe siècle[8], mais

le fonds de Saint-Victor : 1° en tête du *Necrologium abbatiæ Sancti Victoris*, in-folio, n° 15, p. XIX; 2° dans le traité *De ecclesia Sancti Victoris*, in-4°, n° 687, cap. XIII, *De armario;* 3° dans l'ouvrage de Jean de Toulouse, *Antiquitatum regalis abbatiæ Sancti Victoris libri XII*, in-folio, n° 1039, t. II, p. 180.

(1) Jean de Toulouse, *Mémorial de Saint-Victor de 1605 à 1656;* Bibliothèque impériale, manuscrits, fonds de Saint-Victor, n° 1042, t. II, p. 3.

(2) Manuscrits, fonds de Saint-Victor, n° 946.

(3) « Reverendo in Christo patri fratri Dionisio « San Germano, Sancti Victoris Parisiensis priori « vigilantissimo, frater Stephanus Regnardus, devo- « tus in Christo filius, obedientiam et humilem in « Domino subjectionem. »

(4) *Gallia christiana*, t. VII, col. 699.

(5) *Histoire manuscrite de Saint-Victor*, liv. II, p. 208. — *Recueil de pièces latines et françoises relatives à l'abbaye de Saint-Victor;* Biblioth. impér. manuscrits, fonds de Saint-Victor, n° 1047, p. 442.

(6) *Antiquitatum abbatiæ Sancti Victoris libri XII*, t. II, p. 193.

(7) *Catalogue de l'abbaye de Saint-Victor au XVIe siècle*, p. 24.

(8) Les différents documents imprimés et manuscrits que nous avons consultés restent absolument muets à cet égard; mais le nécrologe renferme trois mentions qui feraient supposer qu'au XIIIe siècle la bibliothèque de Saint-Victor pouvait, comme celle de l'église de Paris, mettre ses livres à la disposition des étudiants. Voici les trois passages sur lesquels cette assertion s'appuierait : « V NONAS MAII, « anniversarium domini Bertoldi. . . . de cujus be- « neficio habuimus XXti volumina librorum, quos

elle ne l'était certainement déjà plus au XVIe. M. Paul Lacroix n'appuie d'ailleurs son assertion d'aucune autorité; il cite bien quelques lignes extraites de l'ouvrage de Jean de Toulouse, mais elles ne nous paraissent nullement confirmer son opinion. Voici en effet ce qu'y déclare l'auteur, qui ne fait dans la phrase précédente aucune allusion à une publicité antérieure: «Curiosi quique, imo et «doctiores indignabuntur quod libros, tractatus, opuscula, et uno verbo quidquid «in manuscriptis nostris reconditum est, et nedum evulgatum, huc non recen-«suerim, UNDE BIBLIOTHECA VICTORINA POSSIT IN USUS PUBLICOS ALIQUANDO PRODIRE[1].» Un peu plus loin, Jean de Toulouse dit bien que certaines personnes y ont été autrefois «frequentius admissi, benigno favore,» mais on sait que toutes les abbayes ouvraient depuis longtemps les portes de leur bibliothèque à quelques savants ou amis privilégiés; c'était là une faveur et non un droit. On ne pourrait donc en conclure que la bibliothèque eût été alors publique, et les termes mêmes d'une donation dont nous parlerons tout à l'heure suffiraient à le prouver.

Jean de Toulouse venait d'entrer en charge quand l'abbaye décida de donner six beaux manuscrits au noviciat des jésuites récemment installé rue du Pot-de-Fer, dans l'hôtel de Mezières[2]; c'était, selon toute apparence, un premier fonds destiné à former une bibliothèque dans cette Maison. Lors de la suppression des jésuites, en 1760, tous les biens qui leur appartenaient furent mis en vente, et l'abbaye de Saint-Victor racheta, moyennant 49 livres 18 sols, les six manuscrits dont elle s'était dessaisie[3]. Au reste, dès 1641, le couvent avait encore acquis plusieurs volumes à la suite du décès d'un sieur Vlard ou Ulard, sur lequel nous ne possédons d'autres renseignements que ceux qui nous sont fournis par le nécrologe[4].

«omnes dedit AD USUM SCHOLARIUM. — IIIJ IDIBUS JULIJ, «anniversarium... Johannis de Abbatis Villa... et «avunculi sui... qui dedit nobis... libros valentes «LXX libras, AD USUM FRATRUM ET PAUPERUM SCHOLA-«RIUM. — XIIJ KALENDAS OCTOBRIS, anniversarium «Gervasii... qui dedit nobis libros glosatos... HOS «OMNES LIBROS DEDIT AD USUM CLAUSTRALIUM ET PAU-«PERUM SCHOLARIUM.» Nous n'avons trouvé aucune indication de cette nature dans les nécrologes des deux plus grandes abbayes contemporaines de Saint-Victor: Saint-Germain-des-Prés et Sainte-Geneviève.

(1) Jean de Toulouse, *Antiquitatum abbatiæ Sancti Victoris libri XII*, t. II, p. 194.

(2) On lit sur chacun des manuscrits provenant de cette donation: «Hic liber est domus probatio-«nis Societatis Jesu Parisiensis, dono datus a R. P. «priore Sancti Victoris et cæteris canonicis, anno «Domini 1636, die 10 septembris. Religiosi, prior, «et canonici regulares abbatiæ Sancti Victoris Pa-«risiensis, spirituali beneficio affecti a Patribus So-«cietatis Jesu, hunc codicem manuscriptum, cum «quinque aliis sacros libros continentibus, huic «domui probationis dono dederunt et obtulerunt. «mense septembri, anno Christi 1636. J. B. Hu-«BAULT, proprior Victorinæ domus.» (Voyez une liasse jointe au *Catalogue des manuscrits de l'abbaye de Saint-Victor*, bibliothèque Mazarine, manuscrits, n° 1945 M.)

(3) On lit dans les feuilles détachées que nous venons de citer: «Le mardi 19 juillet 1763, l'ab-«baye acheta six manuscrits pour 49 liv. 18 s. à la «vente du noviciat des Jésuites.»

(4) «Obiit D. Antonius Vlart, civis Parisiensis, «qui dedit nobis partem suæ supellectilis Librariæ, «1641.» (*Necrologium Sancti Victoris*, 3 kalendas junij.) — Nous avons trouvé à la bibliothèque Mazarine un volume sur lequel on lit ces mots: «Ex «dono domini Vlart.» Incunables, n° 3626**.

Cette même année 1541 fut marquée par la retraite de Jean de Toulouse, qui mourut peu de temps après[1]; Jacques Bouet de la Noue lui succéda comme bibliothécaire. La collection renfermait alors environ 1,500 manuscrits[2], et de nouvelles libéralités allaient la rendre plus considérable encore. Constatons en passant que la salle qui l'abritait ne commença à être chauffée qu'en 1651[3].

Le 27 mars 1652, Henri du Bouchet, sieur de Bournonville, conseiller au Parlement de Paris, appela auprès de lui, rue Sainte-Croix-de-la-Bretonnerie, Jean le Caron et Philippe Gallois, «nottaires garde-notes du Roy en son Chastelet,» et leur dicta ses dernières volontés. Il désirait être enseveli dans l'église de l'abbaye Saint-Victor, et, pour reconnaître cette hospitalité posthume, il léguait aux religieux ce qui avait été pendant sa vie «ses plus cheres delices, sa bibliotheque, concistant en tous ses livres generalement quelsconques, tant imprimez que manuscriptz, cartes, stampes, tailles-douces, figures, ses deux globes et pieds d'estaux, tablettes, et generalement tout ce qui compose le corps de saditte bibliotheque, sans aucune chose en reserver ny retenir[4]». Du Bouchet avait rassemblé cette collection «avec beaucoup de peine et de soin.» Dix ans avant l'époque qui nous occupe, elle méritait déjà le titre d'«excellente» et renfermait 6,000 volumes[5]; elle avait été assez augmentée depuis pour que Maichelius ait pu appeler ce legs une *insignis donatio*[6]. Mais du Bouchet imposa en même temps aux religieux de Saint-Victor certaines clauses dont l'inexécution pouvait entraîner la nullité du legs. Il n'y avait alors à Paris qu'une seule bibliothèque où le public fût librement admis, c'était celle de Mazarin, ouverte déjà depuis neuf ans[7]; du Bouchet voulut que la sienne offrît les mêmes facilités aux travailleurs, «que les gens d'estude eussent la liberté d'aller estudier en la bibliotheque de ladite abbaye, trois jours de la semaine, trois heures le matin et quatre heures l'apresdiné[8].» De plus, comme elle ne pouvait rendre de services réels qu'à la condition d'être sans cesse tenue au courant des publications nouvelles, le tes-

[1] *Histoire manuscrite de Saint-Victor,* liv. II, p. 208. — Jean de Toulouse a écrit un nombre considérable d'ouvrages relatifs à l'abbaye; ces travaux, encore inédits, sont aujourd'hui conservés à la Bibliothèque impériale, dans le fonds de Saint-Victor. Parmi ceux qui nous ont servi, nous citerons : *Tractatus de fundatione et gestis abbatum Sancti Victoris,* in-folio. — *Congregatio Victorina,* in-folio. — *Antiquitatum regalis abbatiæ Sancti Victoris Parisiensis libri XII,* 2 vol. in-folio. — *Mémorial de 1605 à 1656,* 2 vol. in-folio. — *Annales abbatialis ecclesiæ Sancti Victoris Parisiensis,* 7 vol. in-folio.

[2] L. Jacob, *Traicté des plus belles bibliothèques publiques et particulières* (1644), p. 576.

[3] Le Tonnelier, *Annales ecclesiæ Sancti Victoris Parisiensis,* p. 106.

[4] *Testament de du Bouchet.* (Voyez à la fin de cette notice.)

[5] L. Jacob, *Traicté des plus belles bibliothèques* (1644), p. 501.

[6] Maichelius, *Introductio ad historiam literariam de præcipuis bibliothecis,* p. 99.

[7] Voyez A. F. *Histoire de la bibliothèque Mazarine,* p. 9 et suiv.

[8] *Testament de du Bouchet.* — «Il donna à l'abbaye de Saint-Victor une très-ample bibliothèque, afin de la communiquer à toute la terre trois jours par semaine.» (*Histoire manuscrite de Saint-Victor,* liv. III, p. 69.) — «Suos dedit libros ea lege, a nobis gratanter accepta, quod, tribus in unaquaque hebdomada diebus, instituatur unus canonicus qui studiosis omnibus legendos exhibeat libros sibi ne-

tateur léguait à l'abbaye une rente de 370 livres exclusivement applicable à cet objet; tous les volumes achetés sur cette somme devaient être reliés aux armes du donateur. Une autre rente de 340 livres 1 sol 9 deniers, à prendre sur les gabelles, fut encore laissée par lui, pour servir de traitement au religieux qui remplirait les fonctions de bibliothécaire. Enfin il plaçait sa donation sous la haute surveillance du Parlement, et suppliait «Messieurs les avocats generaux de se «donner la peine, une fois l'année, à leur commodité, de voir l'ordre de ladite «bibliotheque, et passer, s'il leur plaist, une journée avec lesdits religieux, et les «avertir des plaintes, si aucunes leurs estoient faites par les gens d'estude[1].»

Voici au reste les détails que fournit sur cette importante donation un religieux contemporain de l'événement :

Le sabmedy 25e jour d'avril, feste de saint Marc, jour de ma reception en ceste maison, l'an 1605, et par ainsi le premier de ma cinquantiesme année religieuse, sur les neuf heures du soir, fust enterré dans la chappelle Saint Denis proche Monsieur le président Le Maistre, Messire Henry du Bouchet, sieur de Bournonville, conseiller du Roy en sa cour de Parlement et grande chambre d'icelle, decedde en sa maison, size rue Sainte Croix de la Bretonnerie, paroisse Saint Jean en Grève, le jeudy 23 du mesme mois à six heures du matin; lequel avoit faict son testament dès le mercredy 27e mars 1652, pardevant le Carron et Galloys, notaires au Chastellet de Paris; par lequel il donne apres son deceds à nostre abbaye de Saint Victor sa bibliotheque, concistant en tous ses livres generalement quelsconques, tant imprimez que manuscriptz, cartes, stampes, tailles douces, figures, ses deux globes et pieds d'estaux, tablettes, et generalement tout ce qui compose le corps de saditte bibliotheque, à condition que les gens d'estude auront la liberté d'aller estudier en la bibliotheque de Saint Victor, où il ordonne icelle sienne bibliotheque estre conservée au meilleur ordre qu'il se pourra. Et pour cet effect, un des religieux se trouvera, aux jours pour ce designez, pour communiquer et remettre les livres, sans qu'ils puissent estre prestez et transportez hors ledit lieu, encores moins hors la Maison. Et pour aggreer cette charge, il legue et donne trois cens quarante livres un sol neuf deniers de rente à prendre

«cessarios.» (Jean de Toulouse, *Antiquitatum regalis abbatiæ Sancti Victoris libri XII*, t. II, p. 195.) — Voyez aussi l'*Éloge de du Bouchet*, par le bibliothécaire Eustache de Blémur, 1654, in-4°.

[1] Nous avons suivi pas à pas le testament de du Bouchet. On peut consulter encore sur cette donation : Jugler, *Bibliotheca historiæ litterariæ*, t. Ier, p. 225. — Legallois, *Traitté des plus belles bibliothèques de l'Europe*, p. 134. — Piganiol de la Force, *Description historique de Paris*, t. V, p. 285. — Lemaire, *Paris ancien et nouveau*, t. II, p. 405. — D'Auvigny, etc. *Histoire de la ville de Paris*, t. V, p. 484. — Antonini, *Mémorial de Paris et de ses environs*, t. Ier, p. 200. — Lerouge, *Curiosités de Paris et de ses environs*, t. Ier, p. 395. — Jacquemart, *Remarques sur les abbayes, collégiales, etc. supprimées*... p. 143. — G. Brice, *Nouvelle description de Paris*, t. II, p. 370. — Moreri, *Grand dictionnaire historique*, t. II, p. 114. — L'abbé Le Beuf, *Histoire de la ville et de tout le diocèse de Paris*, t. Ier, p. 552. — Jaillot, *Recherches historiques et topographiques sur Paris*, quartier de la place Maubert, p. 34. — La donation de du Bouchet de Bournonville est mentionnée en ces termes sur le nécrologe de l'abbaye : «Obiit clarissimus vir Henricus du «Bouchet, dominus de Bournonville, in suprema «Curia Galliarum senator integerrimus, qui, hanc «domum singulari amore complectens, amplissi«mam bibliothecam quam magno sumptu diu ante «sibi paraverat, insuper et septingentas libras «annui redditus ab ærario publico percipiendas in «novorum librorum emptionem, nobis donavit, «1654.» (*Necrologium abbatiæ Sancti Victoris*, IX kalendas maij.)

sur les gabelles. Et en outre, pour l'entretien de laditte bibliotheque, a aussi legué trois cens soixante et dix livres de rente, à prendre sur le clergé de France en trois parties, désirant que le P. Eustache de Blemur, qu'il tesmoigne estre son amy, et en effect promoteur de ce bienfaict, prenne le soing de ceste bibliotheque tout le temps qu'il sera residant en ceste Maison, et en prenne la direction, nonobstant les reffus humbles qu'il luy avoit faict plusieurs fois de cette grace.

Le corps donques dudit deffunct ayant esté inhumé le jour que dessus, le lendemain apres vespres furent chantez vigilles, et le lundy la grande messe... aux frais et despens pour le dehors des heritiers dudit deffunct, lesquels les mardy, mercredy et jeudy, derniers jours dudit mois, delivrerent laditte bibliotheque et toutes les despendances, qui furent apportées dans des chariots et harnois appropriez.

Et se sont trouvez sept à huict mil volumes de tout ordre dont estoit composée laditte bibliotheque, dont les prix seront faciles à colliger, par le soing qu'a pris ledit sieur de Bournonville de marquer à la pluspart desdits livres la somme qu'il en a payée.

Il ni eust ni scellé ni proceds aucun faict par le deceds dudit testateur, d'autant que Mr Jean Jaques du Bouchet, son frere et heritier, et exequuteur testamentaire, estoit si homme d'honneur que toutes choses furent remises en sa plaine disposition, dont il usa si honorablement que je ne puis.....

Laditte bibliotheque ayant esté promptement mise en quelque sorte d'ordre à estre d'abbord considerée de tous, nous en voulusmes faire la publication par un service tres solennel que nous fismes pour ledit deffunct le jour de la Trinité [1].....

Les Pères de Saint-Victor se montrèrent reconnaissants envers leur bienfaiteur. Comme il l'avait demandé, on l'enterra dans une des chapelles de l'église [2]; Eustache de Blémur prononça un discours latin en son honneur [3]; Santeuil célébra en beaux vers ses vertus et sa générosité [4]; son buste fut placé dans la bibliothèque [5], et l'on fit graver sur le marbre le passage de son testament qui contenait le legs de sa riche collection.

Reproduire ainsi, d'une manière ineffaçable, les conditions imposées par le testateur, c'était prouver qu'on avait l'intention de les exécuter. En effet, l'année même, les portes de la bibliothèque s'ouvrirent pour tous ceux qui voulurent y venir travailler [6]. Les membres du Parlement montrèrent le même respect pour les dernières volontés de leur ancien collègue. Chaque année, ils faisaient une visite solennelle à Saint-Victor; et ce jour-là le bibliothécaire prononçait devant eux un discours latin sur l'utilité des bibliothèques publiques [7].

[1] Jean de Toulouse, *Mémorial de l'abbaye de Saint-Victor*, t. II, p. 57 et 58.

[2] *Histoire manuscrite de l'abbaye de Saint-Victor*, liv. III, p. 69.

[3] Jean de Toulouse, *Mémorial de l'abbaye de Saint-Victor*, t. II, p. 255. — Ce discours a été publié en 1654 chez le libraire Cramoisy.

[4] *San-Victorina gratitudo musarum lachrymis expressa in funere illustrissimi viri Henrici Buchetii, domini de Bournonville, nec non in suprema Galliarum Curia senatoris integerrimi*, dans les *Opera omnia* de Santeuil, t. II, p. 9.

[5] Nemeitz, *Le séjour de Paris, ou instructions fidèles, etc.* t. Ier, p. 268.

[6] Leprince, *Essai historique sur la bibliothèque du roi*, p. 337.

[7] B. d'Argonne, *Mélanges d'histoire et de littérature*, t. III, p. 310.

Toutes les prescriptions de du Bouchet ne furent pourtant pas aussi fidèlement respectées. Il avait ordonné que ses armes,

déjà apposées sur quelques-uns des volumes qui faisaient partie de son legs[1], le fussent non-seulement sur les autres, mais encore sur tous ceux qui seraient achetés avec les fonds qu'il laissait. Les religieux, par économie sans doute, se contentèrent de faire frapper les armoiries du défunt sur de petits carrés de cuir,

et ne craignirent pas de couper sur le dos d'une multitude de volumes la place nécessaire pour y introduire ce singulier ornement.

Ajoutons qu'en dehors des jours consacrés aux séances publiques les étrangers qui venaient au couvent, dans le but de visiter la bibliothèque, risquaient fort de s'en voir refuser l'entrée. Un Hollandais qui fit, en 1657, un voyage à

[1] Du Bouchet, nous l'avons dit, écrivait son nom en tête ou au milieu du titre de tous les ouvrages qui lui appartenaient. Il y joignait presque toujours deux nombres : l'un indiquait le prix que lui avait coûté le volume, l'autre l'année pendant laquelle il l'avait acheté :

Du Bouchet 30
1649

Paris, fut réduit à écrire sur son journal la phrase suivante : « Nous fusmes aussy « à l'abbaye de Saint-Victor pour voir la bibliotheque; mais on ne put pas nous « la monstrer, le Père qui en a les clefs estant allé en ville[1]. »

On a vu qu'Eustache de Blémur, le successeur de de la Noue, avait beaucoup contribué à la détermination prise par du Bouchet; le chroniqueur anonyme de Saint-Victor nous dit encore que celui-ci donna ses livres à l'abbaye « en con- « sidération de ce que ce Père si vertueux étoit bibliothécaire[2]. » Jean de Toulouse ajoute : « La Maison est redevable à son goust pour les belles lettres et à « l'estime qu'il s'étoit attiré des sçavans pendant qu'il fut bibliothéquaire de Saint- « Victor, le riche et important present que fit à la bibliotheque Messire Henry « du Bouchet de Bournonville[3]. » Eustache de Blémur possédait lui-même une petite collection de livres, et il est probable qu'il la légua à l'abbaye, car, sur un certain nombre de volumes qui portent l'estampille de la bibliothèque, on trouve ces mots écrits à la main au milieu du titre :

[illegible] de Blemur

Les livres venaient d'être encore une fois changés de local. En 1651, les eaux de la Seine avaient débordé, et la bibliothèque s'était tout à coup trouvée envahie. Il fallut surélever le bâtiment qui l'abritait, et la collection fut alors installée au second étage[4]. L'escalier qui y conduisait était hardi et commode[5], et la salle pouvait contenir jusqu'à douze cents armoires[6]. On y voyait soixante-sept portraits représentant les religieux de Saint-Victor qui, depuis la fondation de l'Ordre, s'étaient distingués, soit par leurs lumières, soit par leurs vertus[7]. Le milieu de la galerie était occupé par une double rangée de pupitres, offrant à peu

[1] A. P. Faugère, *Journal d'un voyage fait à Paris en 1657*, p. 113.

[2] *Histoire manuscrite de l'abbaye de Saint-Victor*, liv. II, p. 214.

[3] Jean de Toulouse, *Mémorial de l'abbaye de Saint-Victor*, t. II, p. 255.

[4] « Quo post biennium Sequana denuo præter « alveum inundante et fratres nostros ex communi « domicilio deturbante, ipso anno 1651 ædificium « superexelsum fuit, et in superiori loco bibliotheca « translata fuit. » (Jean de Toulouse, *Antiquitatum Sancti Victoris libri XII*, t. II, p. 180.)

[5] Sauval, *Histoire de Paris*, t. I, p. 409.

[6] « .... In armariis numeris ferme mille ducentis consignatis. » (Jean de Toulouse, *Antiquitatum Sancti Victoris libri XII*, t. II, p. 180.)

[7] « Ceste année (1639) nous ornasmes laditte bi- « bliotheque des soixante et sept tableaux des hommes « et Peres les plus illustres de cette maison en di- « gnités, sçavoir et piété, sans toutesfois deroger à « la probité et sainteté de ceux dont les noms nous « sont incogneus et dont nous n'avons pu rien re- « trouver. » (Jean de Toulouse, *Mémorial de l'abbaye de Saint-Victor*, t. I, p. 652.) — Dans un autre ouvrage de Jean de Toulouse se trouve un chapitre qui a pour titre : *Noms des religieux de Saint-Victor, representez és tableaux estant dans la bibliotheque de ladite abbaye.* Nous en extrayons les suivants : Guillaume de Champeaux; Gilduin; Thomas, deuxième prieur; André, Adam et Hugues de Saint-Victor; Étienne, Maurice et Eudes de Sully; Adenulfe d'Anagni; Bernard, archidiacre; Obizon; Yves et Pierre de Saint-Victor; Hugues, cardinal et légat en Angleterre (1184); Thierry, évêque d'Amara en Norvége; Arnoul de Lisieux; Alexis, neveu d'Alexandre III et cardinal; Estienne de Bourges;

près cinquante places. Près de la porte d'entrée, on plaça la plaque de marbre qui contenait l'extrait du testament de du Bouchet, et de l'autre côté le buste du bienfaiteur de l'abbaye, avec l'inscription suivante, qui avait été composée par Eustache de Blémur [1] :

EPITAPHIUM.

SISTE VIATOR.
HIC INTER SANCTORUM, DOCTORUM,
NOBILIUMQUE RELIQUIAS,
MISCENTUR CINERES
V. C. HENRICI DU BOUCHET,
IN SUPREMA GALLIARUM CURIA
SENATORIS;
CUI
NOBILE BUCHETIORUM ELBENÆORUMQUE
GENUS,
SANCTITAS,
INTEGRITAS SINGULARIS IN MUNERE,
DOCTRINA ET ERUDITIO IMMENSA.
CUJUS MONIMENTUM ÆRE PERENNIUS RELIQUIT
IN PRÆCLARO BIBLIOTHECÆ DONO,
QUAM REMP. LITTERARIAM COHONESTAVIT,
IN HAC REGALI ABBATIA,
MUSARUM APOTHECA,
IMMORTALITATEM CONSCIVERE.
TU NE INGRATUS ABSCEDE:
VITA FUNCTO BENE PRECARE, A QUO TU
IMMORTALITATEM NANCISSERE,
ACCEPISTI.
OBIIT ÆRÆ CHRISTI ANN. 1654,
DIE 23ª APRILIS,
ÆTATIS 61 [2].

Eustache de Blémur mourut le 16 septembre 1691 [3]. Longtemps auparavant, il avait eu pour successeur Charles Le Tonnelier, qui fit une révision du catalogue

Henri, archevêque d'Ydrunte en Norvége; Geoffroy de Poissy, évêque de Meaux; Étienne d'Orléans, évêque de Tournay; Pierre Comestor; Pierre de Poitiers; Achard, Garin, Absalon, Jean, Guillaume de Saint-Lô, Pierre Le Duc, abbés de Saint-Victor; Eudes, premier abbé de Sainte-Geneviève; Leonius; Robert de Flamesbure, Godefroy et Richard, sous-prieurs de Saint-Victor; Jean Bouin, Parisien; Girard de Grandvillé, doyen de Beauvais; Pierre de Condé, aumônier de Philippe le Bel; Jean de Montholon; le président Lemaistre; Jean Pastoureau, président de la Cour des comptes; Pierre des Boues, chanoine de Troyes, etc. (Jean de Toulouse, *Abrégé de la fondation de l'abbaye de Saint-Victor lez Paris, succession des abbez, privileges et singularitez d'icelle.*)

(1) Jean de Toulouse, *Mémorial de l'abbaye de Saint-Victor*, t. II, p. 58.

(2) Piganiol de la Force, *Description de Paris*, t. V, p. 284. — G. Brice, *Descript. de Paris*, t. II, p. 370. — Lemaire, *Paris ancien et nouveau*, t. II, p. 413.

(3) Jean de Toulouse, *Mémorial de l'abbaye de Saint-Victor*, t. II, p. 255.

commencé par son prédécesseur, et qui l'acheva en 1677. Ce travail, aujourd'hui conservé à la bibliothèque Mazarine, forme un volume in-folio qui a pour titre :

CATALOGUS BIBLIOTHECÆ VICTORINÆ. OPERA ET STUDIO CAROLI LE TONNELIER, BIBLIOTHECARII. 1677 (1).

Il fut revu, sept ans plus tard, par Bouet de la Noue, redevenu bibliothécaire (2).

Le Tonnelier possédait une bibliothèque assez nombreuse, dont le catalogue fut dressé en 1721 par un des religieux de Saint-Victor (3). Il en laissa sans doute une partie au couvent, car on rencontre assez fréquemment sur des livres qui en proviennent cette mention manuscrite :

EX BIBLIOTH. LE TONNELIER VICT.

La bibliothèque de Saint-Victor, qui, en 1684, renfermait déjà dix-huit mille volumes « bien conditionnés, » et trois mille manuscrits (4), était ouverte au public les lundis, mercredis et samedis, le matin de huit à dix heures, et le soir de deux à quatre (5); « chacun étoit bien reçu à demander les livres dont il pouvoit avoir « besoin, et en tirer sur le lieu telle utilité qu'il lui plaisoit (6). »

Au reste, outre les dons nombreux qui lui arrivaient de toutes parts, la collection de Saint-Victor s'enrichissait encore d'acquisitions faites sur les revenus du couvent. « En 1639, dit Jean de Toulouse, nous augmentasmes notre biblio- « theque d'une douzaine et demie de livres manuscriptz acheptez par les soings « du Père Philippe (7). » Sur un magnifique exemplaire in-folio de la *Vie des saints*, nous avons trouvé la note suivante :

ISTE LIBER EST BIBLIOTHECÆ SANCTI VICTORIS PARISIENSIS, EMPTUS 30 LIB. 1663 E. D. B. (8) (Eustache de Blémur).

Cette bibliothèque, à laquelle Michel de Marolles venait d'appliquer l'épithète de « noble (9), » reçut encore, en 1698, une nouvelle collection. Nicolas de Tra-

(1) Bibliothèque Mazarine, manuscrits, n° 3265.

(2) « Hos revisit tertio Carolus Le Tonnelier, ejus- « dem ecclesiæ canonicus et bibliothecarius, anno « 1664. Denique eosdem iterum catalogos librosque « recensuit idem Boetius bibliothecarius hoc anno « 1684, mense novembri, et quædam volumina « quæ a prima sua recensione defecerunt adnotavit; « plurima vero volumina quæ in iisdem catalogis « non continentur, ab illorum scilicet confectione « acquisita, cum cæteris ad usum ordinavit; de om- « nibus tandem aliquando, Deo dante, novos cata- « logos confecturus. » (Note placée en tête du manuscrit de la bibliothèque Mazarine, n° 1358.)

(3) *Catalogue des livres de M. Le Tonnelier de Saint-Victor, par M. Le Bret de Saint-Victor, divisé en trois parties*, 1721. Bibl. Mazar. mss. n° 3171.

(4) Lemaire, *Paris ancien et nouveau*, t. II, p. 405.

(5) « Tribus per hebdomadem vicibus literatis « patet. Nempe dies lunæ, mercurii atque saturni, « et horis quidem antemeridianis ab octava usque « ad decimam, pomeridianis vero a secunda usque « ad quartam. » (Maichelius, *Introductio ad historiam literariam*, p. 99.)

(6) Lerouge, *Curiosités de Paris et de ses environs*, t. I, p. 95.

(7) Jean de Toulouse, *Mémorial de Saint-Victor*, t. I, p. 652.

(8) Bibliothèque impériale, manuscrits, fonds de Saint-Victor, n° 12.

(9) La Victorine est noble où plusieurs sont fonduës.

(Mich. de Marolles, *Paris, ou description succincte et néantmoins assez ample de cette grande ville*, p. 46.)

lage, conseiller au Parlement et neveu de M. de la Reynie, le fameux lieutenant général de police [1], légua à l'abbaye sa bibliothèque [2], composée presque exclusivement de cartes géographiques et d'estampes [3]. Rassemblée avec un soin extrême et au prix d'immenses sacrifices pécuniaires [4], elle était alors, dans ce genre, la plus belle «qu'il y eût au monde [5];» les estampes à elles seules comprenaient près de trente-trois mille pièces [6]. Les volumes qui ont appartenu à Nicolas de Tralage portent presque tous au verso de la couverture sa signature,

2 tt 3/ De Tralage

au-dessous de laquelle figure un *ex libris* assez élégant,

[1] Durey de Noinville, *Dissertation sur les bibliothèques*, p. 44.

[2] Jugler, *Bibliotheca historiæ litterariæ*, t. I, p. 225. — Jaillot, *Recherches historiques sur Paris*, quartier de la place Maubert, p. 169.

[3] J. Duchesne, *Description des estampes exposées dans la galerie, etc.* avertissement, p. XXI. — D'Auvigny, etc. *Histoire de Paris*, t. V, p. 484.

[4] Jacquemart, *Remarques sur les abbayes, collégiales, etc. supprimées*, p. 144.

[5] Piganiol de la Force, *Description historique de Paris*, t. V, p. 285.

[6] G. Duplessis, *Le cabinet des estampes à la Bibliothèque impériale*, p. 13. — La donation de

et dont il a été fait sans doute plusieurs tirages; car on remarque quelques différences dans les diverses épreuves. Sur un grand nombre d'entre elles on a supprimé le nom du bibliophile, sur d'autres les monogrammes qui l'accompagnent; enfin sur certaines on a apporté aux ornements qui entourent l'écu des modifications assez sensibles.

Quelques années auparavant, un sieur Accart, qui avait passé sa vie à collectionner des estampes, avait divisé son riche cabinet entre les bibliothèques de Saint-Victor, de Saint-Germain-des-Prés et de Sainte-Geneviève [1].

Au commencement du XVIIIe siècle mourut l'académicien Louis Cousin, président de la Cour des Monnaies. «C'étoit, dit Niceron, un homme d'une probité «sans égale, d'une justesse d'esprit admirable, d'un jugement droit et fin [2].» Le temps qu'il dérobait au travail, il le partageait entre l'exercice éclairé de la bienfaisance et le soin de sa riche bibliothèque [3], dont il avait de bonne heure entrepris la formation. Son testament fut le fidèle reflet de toute sa vie. Il fonda, au collége de Beauvais, six bourses en faveur de pauvres écoliers [4], et légua à l'abbaye de Saint-Victor sa bibliothèque [5], avec une rente de mille livres destinée à l'entretenir [6]. Cette libéralité fut soumise à deux conditions : le testateur exigeait que la bibliothèque de Saint-Victor ne cessât jamais d'être ouverte à tous ceux qui y voudraient venir travailler [7], et que tous les ans, au jour anniversaire de sa mort, on célébrât pour lui, dans l'église de l'abbaye, une messe haute, à l'issue de laquelle un chanoine de la Maison prononcerait un discours sur l'utilité des bibliothèques publiques [8]. C'était, on le voit, la reproduction exacte des volontés exprimées un demi-siècle auparavant par du Bouchet de Bournonville. Le nécrologe de l'abbaye enregistra cette nouvelle donation en ces termes : «Obiit dominus «Ludovicus Cousin, in Monetali Curia præses integerrimus, qui in hanc domum «pie affectus, bibliothecam suam, cum mille libris annui redditus in novorum

Nic. de Tralage est consignée sur le nécrologe de l'abbaye en ces termes : «Obiit vir clarissimus «D. Nicolaus de Tralage, Lemovicensis prætor, «qui bibliothecam nostram amplissima librorum «supellectili, insuper et redditibus ad novos emen«dos, peramanter locupletavit, 1698.» (*Necrologium abbatiæ Sancti Victoris*, ij idus novembris.)

(1) G. Brice, *Description de Paris*, t. II, p. 511.

(2) Niceron, *Mémoires pour servir à l'histoire des hommes illustres, etc.* t. XVIII, p. 187.

(3) Félibien, *Histoire de Paris*, t. I, p. 494.

(4) Celui-ci les refusa, et elles furent transportées au collége de Laon. (G. Brice, *Description de Paris*, t. III, p. 201.)

(5) Maichelius, *Introductio ad historiam literariam de præcipuis bibliothecis*, p. 99. — Jugler, *Bibliotheca historiæ litterariæ*, t. I, p. 225. — Antonini, *Mémorial de Paris et de ses environs*, t. I, p. 200. — D'Auvigny, etc. *Histoire de Paris*, t. V, p. 484. — L'abbé Le Beuf, *Histoire de la ville et du diocèse de Paris*, t. I, p. 552. — Maichelius et Jugler fixent la mort de L. Cousin à l'année 1703; c'est une erreur, il mourut le 26 février 1707.

(6) Ladvocat, *Dictionnaire historique*, t. I, p. 361. — Leprince, *Essai historique sur la bibliothèque du roi*, p. 338. — Piganiol de la Force, *Description historique de Paris*, t. VII, p. 105.

(7) Jacquemart, *Remarques sur les abbayes, collégiales, etc. supprimées*, p. 144. — Piganiol de la Force, *Description historique de Paris*, t. V, p. 285.

(8) Durey de Noinville, *Dissertation sur les bibliothèques*, p. 45. — G. Brice, *Description de Paris*, t. II, p. 372.

« librorum emptionem, sub conditionibus in testamento appositis, ipsi legavit [1]. » Il est très-probable que les volumes légués par Cousin ne reçurent aucune marque distinctive. Nous avons en effet retrouvé plusieurs ouvrages qui lui ont certainement appartenu et qui ne portent que l'estampille ordinaire de l'abbaye [2].

Ce dernier legs, en même temps qu'il ajoutait à la bibliothèque de Saint-Victor un nombre considérable d'ouvrages précieux, contribua à la rendre plus accessible encore pour le public, et à en faire régulariser le service intérieur.

Le XVIIIe siècle nous fournit deux autres donations qui sont révélées par le nécrologe de l'abbaye, et sur lesquelles nous ne possédons aucun renseignement. La première date de février 1765. Marguerite-Catherine Boucher, veuve de François-Louis Martinot-Duplessis, offrit à la bibliothèque une horloge d'un grand prix et élégamment travaillée [3]. Le défunt dont il est ici question était sans doute parent du célèbre horloger Henri Martinot qui mourut en 1725. Trois ans après, en mai 1768, Marc-Antoine-Léonard de Malpeines, conseiller au Châtelet et administrateur de l'Hôtel-Dieu, donna à l'abbaye environ six cents volumes *optimæ notæ* [4], provenant à la fois de sa bibliothèque et de celle de son frère.

D'autres libéralités de la même nature, mais sur lesquelles nous n'avons pu nous procurer aucun détail, succédèrent certainement à celle-ci. On trouve, par exemple, sur quelques volumes provenant de Saint-Victor les inscriptions suivantes :

Ex dono D. La Grenée, Victor. 1662.
Ex dono D. D. Margelin, 1744.
Ex dono Auguste, 1777.
Offerebat A. P. Auguste, Parisinus.
Ex dono Th. Christiani.
Ex dono D. Vicard.
Ex dono D. Joannis Martineau.

. . . .

[1] *Necrologium abbatiæ Sancti Victoris*, iiij kalendas marcii.

[2] Voyez, entre autres, à la bibliothèque Mazarine (nouveau fonds, littérature, n° 1124), un volume sur le titre duquel on lit : *Pour M. le président Cousin, de la part de son tres humble serviteur.*

[3] « Obiit Margareta Catharina Boucher, vidua « Francisci Ludovici Martinot Duplessis, quæ nostræ « bibliothecæ reliquit horologium magni pretii et « eleganter elaboratum, 1765. » (*Necrologium abbatiæ Sancti Victoris*, ij nonas februarij.) — Au moment de la Révolution, cette pendule était placée dans les appartements du P. Lagrenée, prieur de la Maison. (*Procès-verbal d'apposition de scellés sur la bibliothèque de Saint-Victor, par M. Hardy, officier municipal, le 18 février 1791*. Archives de l'Empire, série S, n° 2069.) Elle est aujourd'hui dans une des salles de la bibliothèque de l'Arsenal. On lit au-dessous du cadran :

Ex Dono
Dominæ Boucher
Viduæ Duplessis
Anno 1765.

[4] « Obiit dominus Marcus Antonius Leonard de « Malpeines, regi a consiliis in Castelleto Parisiensi, « et nosocomij Domus Dei administrator, vir erudi- « tione clarus, qui ex propria supellectili litteraria, « necnon ex bibliotheca dilectissimi fratris sui Au- « gustinj Martini Leonard, sacerdotis contubernalis « nostri, post decessum ejusdem, dedit nobis circi- « ter sexcenta volumina optimæ notæ, anno 1768. » (*Necrologium abbatiæ Sancti Victoris*, iij nonas maij.)

Les mentions inscrites sur le nécrologe vont maintenant nous permettre de compléter la liste des bibliothécaires de l'abbaye. A Charles Le Tonnelier succéda Paul Vion d'Herouval, qui mourut en février 1719 [1]; l'abbé Noiret, l'abbé Lebrun, l'abbé Lucce et l'abbé Bourbonne eurent cette charge après lui. En 1743, le bibliothécaire de l'abbaye était l'abbé Contet, dont les auteurs du *Gallia christiana* ont fait l'éloge [2]. Viennent ensuite: Camille-Charles Pelissier, qui mourut en 1759 [3]; Martin Lagrenée, qui conserva cette position jusqu'en octobre 1762 [4]; Léonard-Charles Brunet, mort trois ans après [5]; Claude Cerveau, qui décéda en janvier 1767 [6]; Armand Septier [7]; Pierre-Nicolas Lallemant, chanoine de Saint-Cloud et prieur de Saint-Paul-des-Aulnays [8]; il eut pour successeurs les abbés : Mulot, qui, en 1789, fut député à l'Assemblée nationale [9]; Guyot; Laurent, mort en 1805, et Bruelle, qui ne vécut que jusqu'en 1791.

Vers le milieu du XVIIIe siècle, la bibliothèque de l'abbaye de Saint-Victor renfermait environ trente-cinq mille imprimés [10] et trois mille manuscrits [11]. Elle était ouverte de huit à dix heures le matin, et de deux à quatre heures le soir, jusqu'à

(1) «Obiit Paulus Vuion d'Herouval, sac. can. «noster, prof. doctor theologus, quondam armarius et sacrista hujus ecclesiæ, 1719.» (*Necrologium abbatiæ Sancti Victoris*, x kalendas februarij.)

(2) *Gallia christiana*, t. VII, col. 699.

(3) «Obiit P. Camillus Carolus Pelissier, sac. can. «noster, prof. bibliothecarius, in utroque jure «licenciatus, ætatis 45, prof. 20, 1759.» (*Necrologium abbatiæ Sancti Victoris*, viij idibus januarij.)

(4) «Obiit P. Martinus Lagrenée, sac. noster, in «sacra fac. Paris. baccalaureus theologus, biblio«thecarius hujus domus, prior S. Nicolai de Valle«jocosa, prudens et administrator, sexagenarius. «1762.» (*Necrologium abbatiæ Sancti Victoris*, xij kalendas octobris.)

(5) «Obiit Leonardus Carolus Brunet, sac. can. «noster, prof. in sacra facultate Paris. doctor theo«logus, bibliothecarius, cantor, denum prior de Vil«lavibello, ætatis 49. 1765.» (*Necrologium abbatiæ Sancti Victoris*, j nonas marcij.)

(6) «Obiit V. P. Claudius Cerveau, sac. can. «noster, prof. matricularius, magister juvenum, «bibliothecarius, subprior.... anno 1767.» (*Necrologium abbatiæ Sancti Victoris*, vj kalendas januarij.)

(7) Privé de ses bénéfices ecclésiastiques par la Révolution, il passa ses dernières années à organiser la bibliothèque de la ville d'Orléans, et mourut en 1824.

(8) «Obiit Petrus Nicolaus Lallemant, sac. can. «noster, prof. quondam bibliothecarius, canonicus «S. Clodoaldi, et prior S^ti^ Pauli de Alnetis, ad nos «reversus magister juvenum, 1771, ætatis 65.» (*Necrologium abbatiæ Sancti Victoris*, xj kalendas augusti.)

(9) Il fut ensuite envoyé par le département de Paris à l'Assemblée législative, où il ne joua qu'un rôle très-secondaire. Il s'accocia plus tard au culte des théophilanthropes, et fut un des premiers ecclésiastiques qui profitèrent des événements pour renoncer au célibat. Mulot a publié de nombreuses brochures, aujourd'hui fort rares. Nous citerons, entre autres, les deux suivantes, qu'il nous a été impossible de nous procurer : *Requête d'un vieil amateur de la bibliothèque de Saint-Victor à l'évêque d'Autun* (Talleyrand), Paris, 17.. in-8°, et *Mémoire sur l'état actuel de nos bibliothèques*, Paris, 1797, in-8°. Mulot mourut en 1804.

(10) Le *Mémorial de Paris* (1749) se prononce pour quarante mille, t. I, p. 199, et Jugler (1754) pour trente mille, *Bibliotheca historiæ litterariæ*, t. I, p. 225.

(11) *Le Voyageur fidèle* (1716), p. 317.—G. Brice, *Description de Paris*, t. II, p. 369.—D'Auvigny, etc. *Histoire de Paris* (1735), t. V, p. 484. — Sauval (1724) donne le chiffre de douze cents, *Histoire de Paris*, t. I, p. 409. L'inexactitude est évidente. — Jugler dit qu'elle contenait «aliquot millia manu«scriptorum.» — Wallin, *Lutetia Parisiorum erudita sui temporis* (1722), p. 116, se prononce pour trois mille manuscrits.

cinq heures même en été [1], les lundis, mercredis et samedis [2]; et ces dispositions restèrent en vigueur jusqu'à la Révolution [3]. Elle avait chaque année deux mois de vacances, du 15 août à la Saint-Luc [4], qui tombe le 18 octobre. On choisissait toujours pour bibliothécaire un religieux de la Maison [5], et il était aidé par un sous-bibliothécaire qui donnait les livres au public [6]; ce soin fut un peu plus tard confié à un garçon. Enfin, depuis la réduction qui avait été opérée sur les rentes, en 1720, la bibliothèque possédait seulement un revenu de 1,503 livres 9 sols 6 deniers, provenant des différents legs qui lui avaient été faits [7].

Les augmentations considérables que reçut cette bibliothèque nécessitèrent à diverses reprises l'addition de cabinets séparés qui successivement se remplirent de livres. On songeait depuis longtemps à édifier un nouveau bâtiment digne de la magnifique collection de l'abbaye, mais l'argent manquait. Le duc de Fitz-James, abbé de Saint-Victor et évêque de Soissons, étant mort en 1764, les religieux demandèrent au roi l'autorisation de retenir chaque année, pendant seize ans, sur les revenus de ce bénéfice, la somme de dix mille livres, pour l'employer à l'érection d'une bibliothèque. Les chanoines exposaient que le local réservé au public était beaucoup trop restreint et pouvait à peine contenir la moitié des volumes indispensables au service ordinaire. L'autorisation fut accordée, et, après quelques difficultés, les travaux commencèrent vers 1772. Les nouvelles constructions, faites sous la direction de l'architecte Danjou, se composèrent d'un bâtiment central long de vingt-quatre toises et terminé à ses extrémités par un pavillon formant saillie; toute la façade était ornée de balcons, de chambranles et de corniches exécutées avec goût [8]. Le premier étage renfermait les livres; au second, dans un grand cabinet contigu à l'infirmerie, se trouvaient les estampes, les cartes géographiques et les médailles [9]; de là sans doute l'inscription :

EX SUPERIORI BIBLIOTHECA SANCTI VICTORIS,

qui se rencontre sur quelques volumes provenant de l'abbaye. Ces travaux avaient naturellement suspendu le service public; il reprit en 1788 [10], quoique les constructions ne fussent pas entièrement terminées; car, en 1789, le roi accorda

[1] *Almanach royal*, année 1710, p. 211.

[2] La Chesnaye des Bois, *Dictionnaire des mœurs, usages et coutumes des François*, t. I, p. 281. — Vigneul-Marville, *Mélanges d'histoire et de littérature*, t. III, p. 310. — *Le Géographe parisien*, t. I, p. 264.

[3] Leprince, *Essai historique sur la bibliothèque du roi* (1782), p. 337.

[4] S. de Valhebert, *L'agenda du voyageur à Paris* (1736), p. 69. — *Almanach parisien en faveur des étrangers* (1763), p. 165.

[5] *Almanach royal*, année 1709, p. 218.

[6] *Almanach royal*, année 1710, p. 218.

[7] *Déclaration des biens mobiliers et immobiliers dépendant de la mense canoniale de l'abbaye royale de Saint-Victor lez Paris*. Archives de l'Empire, série S, carton n° 2069.

[8] Thiéry, *Guide des amateurs et des étrangers voyageurs à Paris*, t. II, p. 163.

[9] *Procès-verbal d'apposition de scellés sur la bibliothèque de l'abbaye de Saint-Victor, par M. Hardy, officier municipal, le 12 février 1791*, p. 2. Archives de l'Empire, série S, carton n° 2069.

[10] Dulaure, *Histoire de Paris*, t. III, p. 349.

encore aux religieux une somme de cent cinquante mille livres pour l'achèvement de la bibliothèque [1].

La bibliothèque de Saint-Victor, qui ne devait plus avoir que trois années d'existence, possédait alors pour bibliothécaire l'abbé Jean-Charles-Marie Bernard [2], qui fut massacré dans le séminaire de Saint-Firmin, le 3 septembre 1792 [3].

Les seuls bibliothécaires que nous connaissions sont donc, en suivant l'ordre chronologique :

XVIe SIÈCLE.

Claude DE GRANDRUE.
Jacques DE LYONS.
Guillaume COTIN.

XVIIe SIÈCLE.

Jean PICARD.
Étienne REYNARD.
Jean DE TOULOUSE.
Jacques BOUET DE LA NOUE.
Eustache DE BLÉMUR.
Charles LE TONNELIER.

XVIIIe SIÈCLE.

Vion D'HEROUVAL [4].
L'abbé NOIRET.
L'abbé LEBRUN.
L'abbé LUCCE.
L'abbé BOURBONNE.
L'abbé CONTET.
C. Charles PELISSIER.
Martin LAGRENÉE.
L. C. H. BRUNET.
Claude CERVEAU.
Armand SEPTIER.
Nicolas LALLEMANT.
L'abbé MULOT.
Joseph-André GUYOT.
L'abbé LAURENT.
L'abbé BRUELLE.
Jean-Charles-Marie BERNARD.

Nous n'avons retrouvé les noms que de quatre sous-bibliothécaires : Guillaume

[1] *Déclaration des biens mobiliers et immobiliers dépendant de la mense canoniale de l'abbaye royale de Saint-Victor lez Paris* (1791). Archives de l'Empire, série S, carton n° 2069.

[2] *Procès-verbal d'apposition de scellés, etc.* p. 1. Archives de l'Empire, série S, carton n° 2069.

[3] *Martyrologe du clergé français pendant la Révolution*, p. 25.

[4] «Savant ami du président Harlay,» dit Legendre, *Vita Harlæi*, p. 295.

Marcel[1], mort en 1708; Leperruquier, qui était en fonctions en 1711[2]; Bonamy, qui exerçait encore en 1722[3], et l'abbé Dadou, qui probablement lui succéda[4]. Quant aux garçons chargés, sous la surveillance du bibliothécaire, de donner les livres au public, nous n'en pouvons citer qu'un seul, Jean-Antoine Mathieu, qui fut le dernier[5].

Il est très-difficile de déterminer le nombre de volumes que possédait alors l'abbaye. Thiéry, en 1787, prétend qu'il s'y trouvait quarante-cinq mille imprimés et vingt mille manuscrits[6]; mais il y a là une exagération évidente. D'un autre côté, il semble y avoir exagération en sens contraire dans la déclaration officielle faite par le prieur à l'Assemblée nationale, le 11 mars 1790. Aux termes de ce document, la bibliothèque eût alors renfermé :

	5,500	volumes	in-folio.
	8,500	—	in-quarto.
	20,000	—	de petits formats.
Soit	34,000	—	imprimés.
	1,800	manuscrits.	
	170	volumes de géographie et d'atlas.	
	170	cartons remplis de plans et de gravures[7].	

La bibliothèque de Saint-Victor survécut quelque temps à la suppression des maisons ecclésiastiques. Ce fut Pache, devenu ministre, qui ordonna à Ameilhon de la transporter dans un des dépôts littéraires. Ameilhon dut obéir; mais il fit opérer le déménagement en suivant l'ordre indiqué par le catalogue, et il réussit à rétablir dans le nouveau local la bibliothèque complète et classée absolument comme elle l'était à l'abbaye[8].

Les catalogues dont on se servait à Saint-Victor depuis le commencement du XVIIIe siècle sont aujourd'hui conservés parmi les manuscrits de la bibliothèque Mazarine[9]; ils forment 14 volumes in-folio qui se divisent ainsi :

Bibliothecæ Sancti Victoris abbatiæ catalogus. Deux volumes. Ils comprennent les ouvrages in-folio seulement, rangés par formats et par ordre de matières.

[1] *Nouvelle biographie générale*, t. XXIII, p. 443.

[2] *Almanach royal*, année 1711, p. 208. — Vers 1734, Leperruquier fut chargé, avec l'abbé Guichon, de rédiger le catalogue des livres appartenant à la cathédrale de Paris. (Voyez ci-dessus p. 36.)

[3] G. Wallin, *Lutetia Parisiorum erudita sui temporis*, p. 116. — Bonamy fut nommé, en 1760, bibliothécaire de la ville de Paris.

[4] Jordan, *Histoire d'un voyage littéraire*, p. 49.

[5] *Procès-verbal d'apposition de scellés, etc.* p. 2. Archives de l'Empire, série S, carton n° 2069.

[6] Thiéry, *Guide des amateurs et des étrangers voyageurs à Paris*, t. II, p. 162.

[7] *Déclaration des biens mobiliers et immobiliers dépendant de la mense canoniale de l'abbaye royale de Saint-Victor lez Paris.* Archives de l'Empire, série S, carton n° 2069.

[8] Voyez une lettre d'Ameilhon au ministre de l'intérieur, 19 nivôse an V, Archives de l'Empire, n° F17 1203.

[9] Manuscrits in-folio, n°s 1945 à 1945 M.

Catalogus librorum in-quarto bibliothecæ S. Victoris Parisiensis. Absolutus anno Domini M.D.CC.XXXII. Quatre volumes. Ordre de matières.

Catalogue par ordre de matières des ouvrages in-octavo, in douze et in-seize. Deux volumes qui ne portent en tête aucun titre.

Catalogus librorum in-folio secundum autorum cognomina, ordine alphabetico dispositus. Un volume.

Catalogus librorum in-quarto, ordine alphabetico dispositus. Absolutus sub finem mensis martii 1747. Deux volumes.

Catalogus librorum in-octavo et in-douze, ordine alphabetico dispositus, secundum auctorum cognomina. Deux volumes.

Bibliothecæ Sancti Victoris librj manuscriptj. Un volume. A la fin se trouve une liasse qui comprend :

1° L'original d'une lettre adressée par le F. Delannoy, de l'ordre de Cîteaux, à «Le Tonnelier, chanoine régulier et bibliothécaire de l'abbaye de Saint-Victor à Paris.»

2° «Copie des inscriptions qui se trouvèrent sur les six volumes manuscrits achetés à la vente de la bibliothèque du noviciat des Jésuites le mardy dix-neuf juillet 1763.»

3° «Bibliothèque de Saint-Victor. Catalogue des papiers nouvelles et autres mis par pacquets.»

4° Suite du catalogue des manuscrits.

5° Catalogue de quelques ouvrages imprimés pendant le xve siècle.

La bibliothèque de Saint-Victor, comme toutes les grandes collections de cette époque, était riche surtout en ouvrages de théologie, d'histoire ecclésiastique [1] et de jurisprudence; cette dernière branche renfermait à elle seule près de 4,000 volumes [2]. Les incunables étaient très-nombreux; on y remarquait beaucoup d'éditions *princeps* et un magnifique exemplaire sur vélin de la Bible de 1462 [3]. Cette bibliothèque, fondée plus de deux cents ans avant l'invention de l'imprimerie, avait conservé un inestimable cabinet de manuscrits anciens; presque tous les ouvrages composés au moyen âge par des religieux de l'abbaye avaient été donnés par eux à la communauté [4]. On y voyait aussi plusieurs bibles très-anciennes et très-précieuses [5]; un Tite-Live du XIIe siècle; un ancien livre de prières qui avait appartenu à une reine de France, dit Jordan [6]; de nombreux manuscrits orientaux, entre autres un bel exemplaire du Coran [7].

Nous avons donné ailleurs une longue liste de manuscrits curieux provenant de Saint-Victor, et aujourd'hui conservés à la Bibliothèque impériale [8]; nous citerons

(1) Jugler, *Bibliotheca historiæ litterariæ*, t. Ier, p. 225.

(2) Jordan, *Histoire d'un voyage littéraire, etc.* p. 72.

(3) Maichelius, *Introductio ad historiam literariam*, p. 99. — A. Chevillier, *De l'origine de l'imprimerie de Paris*, p. 16.

(4) Legallois, *Traitté des plus belles bibliothèques de l'Europe*, p. 134. — Voyez aussi Dubreul, *Theatre des antiquitez de Paris*, p. 312, 314, 317, 319.

(5) Antonini, *Mémorial de Paris et de ses environs*, t. Ier, p. 200. — Leprince, *Essai historique sur la bibliothèque du roi*, p. 338.

(6) Jordan, *Histoire d'un voyage littéraire*, p. 72.

(7) Thiéry, *Guide des amateurs et des étrangers voyageurs à Paris*, t. II, p. 162.

(8) A. F. *Histoire de la bibliothèque de l'abbaye de Saint-Victor de Paris*, p. 70 à 90.

ici la traduction des *Problèmes* d'Aristote, faite pour le roi Charles V par Évrard de Conty : « Evrardus de Conti, dit G. Naudé, luculentum commentarium Problematum « Aristotelis, in gratiam sui regis, lingua vernacula edidit; qui etiamnum hodie, « in instructissima Sancti Victoris extra muros bibliotheca, inter magni nominis « manuscriptos codices, diligenter asservatur[1]. »

G. Naudé rapporte ailleurs qu'on conservait aussi à l'abbaye de Saint-Victor « un vieil Caton, » sans doute les distiques de Dionysius, et que sur la première page se trouvait la mention suivante, qui montre le prix qu'on attachait alors aux livres, et confirme ce que nous avons dit du zèle que déploya l'abbé Lamasse pour enrichir la bibliothèque de son couvent : « Ego Petrus de Siaco, « rector Montis. . . Parisius commorans, confiteor vendidisse venerabilibus reli- « giosis dominis abbati et conventui Sancti Victoris juxta Parisius hunc præ- « sentem librum pro pretio 20 scutorum, quæ confiteor accepisse per manum « fratris Joannis la Masse, prioris dicti monasterii, die 1. augusti anni 1422, « teste signo meo manuali, promittens eumdem librum defendere et garen- « tisare[2]. »

Peiresc disait avoir vu dans cette bibliothèque un recueil de toutes les pièces de la procédure instruite contre Jeanne d'Arc. Cette collection avait été rassemblée par Nicaise Delorme, abbé de Saint-Victor et contemporain de l'événement[3]; il « demeuroit alors au diocese d'Orleans; il fit trancrire le livre « de Jeanne la Pucelle, son procez fait par les Anglois à Roüen, et sa justification, « et l'apporta à Sainct Victor[4]. »

Mentionnons enfin des tablettes de bois enduites de cire et mieux conservées que celles qui existaient à la bibliothèque de l'abbaye de Saint-Germain-des-Prés. « Ces tablettes, dit Leprince, sont composées de quatorze gros feuillets, y compris « la couverture, dont la partie intérieure fait le commencement et la fin. Elles « sont plus longues et plus larges que celles que l'on voit ailleurs. L'on n'y ren- « contre presque point de lacunes. Elles contiennent les dépenses faites par Phi- « lippe le Bel pendant une partie de ses voyages, depuis le 28 avril 1301 jusqu'au « 31 mars 1302[5]. »

On sait que le poëte Santeuil était religieux de Saint-Victor. Nous avons

[1] G. Naudé, *De antiquitate et dignitate scholæ medicæ Parisiensis*, p. 44.

[2] G. Naudé, *Additions à l'histoire de Louis XI, avec plusieurs pièces, lettres, mémoires, recherches, etc.* p. 43.

[3] Jacquemart, *Remarques historiques sur les abbayes, collégiales, etc. supprimées*, p. 144. — Piganiol de la Force, *Description historique de Paris*, t. V, p. 286. — Tous les évêques qui siégèrent au procès de Jeanne d'Arc reçurent un exemplaire des pièces de la procédure. Nous avons dit ailleurs que Guillaume Chartier, évêque de Paris, légua le sien au Chapitre de son église. (Voyez ci-dessus, p. 25 et 26.)

[4] J. Dubreul, *Theatre des antiquitez de Paris*, p. 319.

[5] Leprince, *Essai historique sur la bibliothèque du roi*, p. 338. — Voyez encore Jordan, *Histoire d'un voyage littéraire*, p. 72, et le *Nouveau traité de diplomatique*, t. Ier, p. 458.

trouvé, à la bibliothèque Mazarine, un charmant exemplaire, réglé et doré sur tranches, de ses poésies. On lit sur la feuille de garde[1] :

Bibliothecæ
Victorinæ
si non multum
addat honoris,
nostri saltem
addet pretium
amoris.

Santolius Victorinus
15 aprilis 1695

La bibliothèque de Saint-Victor renfermait encore, outre les richesses géographiques laissées par Nicolas de Tralage, une «superbe» collection d'estampes[2], dont nous avons fait connaître l'origine.

B. de Montfaucon, dans son *Bibliotheca bibliothecarum*, a donné le catalogue d'une partie des manuscrits que possédait l'abbaye en 1739[3], et un recueil de pièces conservé à la bibliothèque Mazarine[4] fournit des renseignements curieux sur plusieurs d'entre eux[5].

Les Victorins étaient très-prodigues d'inscriptions sur leurs volumes. A la fin des manuscrits, on lit très-fréquemment le nom du religieux qui l'a exécuté, puis des anathèmes contre ceux qui déroberaient le volume, ou des prières de le rapporter. Voici, dans ce cas, la formule la plus usitée; nous l'avons vue répétée jusqu'à quatre fois dans le même manuscrit :

Iste liber est sancti victoris parisiensis quicumque eum furatus fuerit vel celaverit vel titulum istum deleverit anathema sit amen.

(1) Bibliothèque Mazarine, nouveau fonds, littérature, n° 3312.

(2) Thiéry, *Guide des amateurs et des étrangers voyageurs à Paris*, t. II, p. 162.

(3) Tome II, p. 1369.

(4) Manuscrits, n° H 2777, p. 270 et suiv.

(5) Voyez encore Maichelius, *Introductio ad historiam literariam de præcipuis bibliothecis*, p. 99 et suiv. et le catalogue actuel du fonds de Saint-Victor à la Bibliothèque impériale.

La suivante est moins fréquente :

HIC LIBER EST SANCTI VICTORIS PARISIENSIS, QUIS INVENIENS EI REDDAT AMORE DEI.

Au bas du premier feuillet des plus anciens manuscrits, on trouve en général les armes de l'abbaye, assez mal coloriées, avec ces mots :

JESUS, MARIA, S. VICTOR, S. AUGUSTINUS.

Quant aux inscriptions mises sur les volumes imprimés, elles varient peu. La plus commune est celle-ci :

EX BIBLIOTHECA SANCTI VICTORIS PARISIENSIS,

qui s'abrége très-souvent ainsi :

EX BIBL. S. VICT. PAR.

On lit aussi, mais rarement, ces mots :

DE LA BIBLIOTHÈQUE DE S. VICTOR.

La seule estampille qu'ait possédée l'abbaye était fort simple et fort laide; elle se plaçait toujours sur le titre des volumes.

Nous reproduisons ici la grande marque que l'abbaye faisait frapper sur les plats de ses volumes in-folio.

Celle qui servait pour les in-quarto est identiquement semblable, mais moins grande.

On rencontre assez fréquemment sur le dos des volumes, entre chaque nerf, une autre marque, très-petite, et qui est souvent accompagnée des lettres B. S. V.

Parfois encore figurent sur les plats, une S et un V accolés; l'S est surmontée d'une mitre, et le V d'une crosse dont le bâton s'allonge entre les deux jambages de la lettre,

L'abbaye de Saint-Victor fut supprimée en 1792; mais ses bâtiments restèrent debout jusqu'en 1815. Ils furent alors démolis pour faire place à l'entrepôt des vins. Sur une fontaine située au coin de l'un des murs de clôture, on lisait encore, il y a peu d'années, l'inscription suivante, due à la plume élégante de Santeuil :

Qûæ sacros doctrinæ aperit Domus intima fontes,
Civibus exterior dividit urbis aquas.

C'était rappeler en beaux vers la vraie gloire de l'abbaye de Saint-Victor.

EXTRAIT DU CATALOGUE DRESSÉ EN 1513

PAR CLAUDE DE GRANDRUE [1].

IN LAUDEM BIBLIOTHECÆ SANCTI VICTORIS.

AD INTROEUNTEM.

Quj tibi grammaticos, qui rhetora, quique poetas,
Sive Machaonis visere queris opem,
Sive libet sophie textus, seu gesta priorum,
Et legere historias, huc sine fraude veni.
Quicquid Achademij quondam scola protulit orti,
Seneca quicquid agit, seu Plato doctus habet,
Quicquid Herastotenes, Apuleius, et Ptholomeus
Disserit orthigono, tum digito, atque polo,
Quicquid Aristoteles frenandis tradidit Argis,
Seu sacra jura docent, hic reperire licet.
Quid multis teneor fixum tibj pectore serva;
Quod non Victor habet nec regio ulla tenet.
Cresi divitias vincentem Victor abunde
Hic aperit gazam plenus amore suam.
Hoc vel pro tantis contende rependere donis
Ut nichil abripias, nilque perire sinas [2].

Reverendo patri domino Nicasio de Ulmo, sacri cenobij Sancti Victoris juxta Parisios canonicorum Sancti Augustinj religiosissimo abbati, frater Claudius de Grandivico, devotus ejus religiosus, obedientiam et devotam subjectionem.

Injunctum michi onus, tametsi minus sufficienti et idoneo, observandissime pater, de colligendo totius insignis bibliothece religiose domus nostre indice, bene laboribus nostris aspirante Deo, et coadjuvantibus devotorum religiosorum patrum et confratrum meorum precibus, tandem absolvi [3].

Absolutum vero et transcriptum, reverendissime, paternitati tue, tamquam humilis obe-

[1] Voyez ci-dessus, p. 148. Nous reproduisons textuellement les neuf premières pages de ce précieux manuscrit. (Biblioth. Mazarine, n° H 1358.)

[2] Une main plus moderne a ajouté : *Hujus epigrammatis conditor est Cornelius Todensis, canonicus regularis, ut Joannes-Monburnus testatur in Stellario S. Victoris Paris.*

[3] Il n'y a aucun alinéa dans l'original.

Reverendo patri domino nicasio de ulmo sacri cenobij
sancti victoris iuxta parisios (canonicorum sancti augustini)
religiosissimo abbati frater Claudius de grandiruco devotus eius religiosus obedientiam et devotam subiectionem.

Iussionum michi omnis tametsi minus sufficienti et idoneo observandissime pater de colligendo totius insignis bibliothece religiose domus
nostre indice bene laboraturus aspirante deo et coadiuvantibus
devotorum religiosorum primum et confratrum meorum precibus tandem absolui.
Absolutum vero et transcriptum reverendissime paternitati tue tanquam
humilis obedientie filius supplex offero ut benigne tanquam pater
suscipias et vel approbes quod iussisti vel si quid erit augendum,
minuendum, addendum, aut distrahendum id michi cetera tua
benignitate iubeas, ignoscasque tu et venerabiles domini patres si
quid erratum sit aut omissum. Et si placet et ita iudicabitur
bonum: in armario bibliothecarij obtineat locum ad utilitatem
introeuntium ut ipsi ex proposito repertorio citius quod cupient adipiscantur
euadantque voti sui compotes. quam rem scio tibi reverende pater maxime
placituram utque summopere cupis et studes in hoc ipso communi studiosorum consulere bono utilitati atque comodo. Inspecto enim
hoc indice librorum ac repertorio quod in principio habebitur ex authoribus et librorum nominibus ac titulis ordine alphabetico digestis
in signatis pulpitis, cito quod quisque desiderabit comperiet,
habiturus tandem tibi pro hac quam precepisti diligentia gratias.
Ad quod facilius adhuc assequendum huic ad te in ope abs te

Iniuncto prefatiunculae brevem quandam ad faciliorem indicis intelligentiam subnectam annotatiunculam. Vale observandissime pater et vive Christo et in hac vita longevus et in
futura perennis. Anno Christi 1513°.

A. Franklin dir. E. Tavernier sc.

CATALOGUE DE LA BIBLIOTHÈQUE DE SAINT VICTOR, 1513.

PRÉFACE DE CLAUDE DE GRANDRUE.

Imp. Ch. Chardon aîné, Paris.

dientie filius, supplex offero, ut benigne, tamquam pater, suscipias; et vel approbes quod jussisti, vel si quid erit augendum, minuendum, addendum, aut distrahendum, id michi, censura tua et benignitate, jubeas; ignoscasque, et tu et venerabiles domus patres, si quid erratum sit aut omissum.

Et si placet, et ita judicabitur bonum, in armario bibliothecarij obtineat locum, ad utilitatem introeuntium; ut ipsi, ex prompto repertorio, citius que cupient adipiscantur, evadantque voti sui compotes. Quam rem scio tibi, reverende pater, maxime placituram; ut qui summopere cupis et studes in hoc ipso communi studiosorum consulere bono, utilitati atque commodo.

Inspecto enim hoc indice librorum ac repertorio quod in procinctu habebitur ex authoribus et librorum nominibus, ac titulis ordine alphabetico digestis in signatis pulpitis, cito quod quisque desiderabit comperiet; habiturus tandem tibi pro hac quam precepisti diligentia gratias.

Ad quod facilius adhuc assequendum, huic ad te in opere abs te injuncto prefaciuncule, brevem quamdam, ad faciliorem indicis intelligentiam, subnectemus annotaciunculam.

Vale, observandissime pater, et vive Christo, et in hac vita longevus et in futura perennis.

Anno Christi 1513°.

Brevis annotatiuncula quam sequentes bibliothecarios ignorare non oportebit hec est.

Pulpita triplici alphabeto esse signata.

Primus ordo pulpitorum, simplici alphabeto *A. B. C.* et reliquis simplicibus litteris, signatur.

Secundus ordo, duplicato alphabeto, hoc pacto *AA. BB.* et reliquis.

Tercius, ter resumptis litteris, hoc modo *AAA. BBB.* atque ita deinceps.

Et his litteris in unoquoque ordine minori apponuntur *1. 2. 3. 4. 5.* et consequentes, qui ostendunt situm librorum petitorum et inveniendorum.

Invenienda autem hac libraria, secundum ordinem alphabeti, interdum per nomina authorum sunt signata, interdum per nomina librorum; aliquando per materie de qua tractant expressionem, preposita hac prepositione *de;* aliquando etiam per hec vocabula : *liber, tractatus, notabilia, moralia* [1], que invenientur in pulpitis sui alphabeti et in suis numeris cum littera sua.

Verum id non puto scitu difficile aliquantulum in hoc indice versato. Ideo ne videar nimium in docenda Minerva in ipsis foribus velle diutius insistere, satius arbitror ad principalem instituti mei intentionem stilum amodo connectere [2].

INDEX NOVUS EORUM QUE IN BIBLIOTHECA CENOBII SANCTI VICTORIS CONTINENTUR, A FRATRE CLAUDIO COLLECTUS, AUXILIANTE DEO, FELICITER INCIPIT.

DE LITTERA *A* ANTE *B*.

(1) Aucun de ces mots n'est souligné dans l'original.

(2) Toute cette introduction est sur vélin; le reste du manuscrit est en papier.

(3) Le mot *abacus,* dont les sens étaient primitivement très-nombreux, désignait le plus souvent au moyen âge l'arithmétique.

Abbaelardi epistole . . . *bbb.* 17.
Abbaelardj sermo ad virgines Paraclitenses de studio litterarum . . . *bbb.* 19.
Abbaelardj solutio probleumatum Heloisse . . . *bbb.* 19.
Abbaelardi introductiones quedam theologie . . . *hh.* 13.
Abbaelardi scripta logicalia . . . *mmm.* 6.
Abbaelardi introductio Sacre Scripture . . . *bbb.* 18.
Abbaelardi epistola contra asserentes Dyonisium Ariopagitam fuisse Corinthiorum episcopum . . . *eee.* 5.
Abbatis lectura [1] super quinque libros Decretalium . . . *o.* 9.
Abbatis lectura super quinque libros Decretalium . . . *q.* 5.
Absalonis, abbatis Sanctj Victoris [2], sermones . . . *jj.* 10.
Absalonis, abbatis Sanctj Victoris, sermones . . . *jj.* 13.

DE LITTERA *A* ANTE *C*.

Accidentia Donatj . . . *jjj.* 25.
Achab, Helie, Helizer et Naaman, de ipsis quedam . . . *ee.* 20.
Acron super Oratium [3] . . . *kkk.* 25.

DE LITTERA *A* ANTE *D*.

Adam [4] super quatuor libros Sententiarum . . . *m.* 4.
Adam de S. V. de discretione anime, spiritus et mentis . . . *ll.* 7.
Adam de S. V. de discretione anime, spiritus et mentis . . . *jj.* 15.
Adam de S. V. expositio super omnes prologos Biblie . . . *hh.* 14.
Adam de S. V. summa de difficilibus vocabulis in Biblia contentis . . . *hh.* 15.
Adam de S. V. summa de difficilibus vocabulis in Biblia contentis . . . *b.* 11.
Ade de Sancto V. declaratio sive expositio quorumdam vocabulorum secundum ordinem litterarum alphabetj . . . *b.* 11.
Ade de Sancto Victore prose . . . *hh.* 3.
Ade de Sancto Victore prose . . . *bbb.* 11.
Ade de S. V. epitaphium et nomina editorum ab eodem . . . *nnn.* 22.
Adaptatio Sacrarum Scripturarum ad misteria incarnationis Christi . . . *kk.* 16.
Adelardj [5] liber de questionibus naturalibus . . . *lll.* 13.
Adelardj liber de questionibus naturalibus . . . *hhh.* 22.
Adelardj liber de quibusdam questionibus naturalibus . . . *hhh.* 27.
Additiones super codicem . . . *s.* 1.
Ad faciendum diversa vina . . . *ss.* 24.
Admonitiones optime pro religiosis . . . *ss.* 20.
Admonitiones optime pro religiosis . . . *ooo.* 19.
Advisamentum pro modo confessionis . . . *nn.* 4.
Advisamenta super regimine ecclesie gallicane, durante neutralitate . . . *p.* 9.
Advisamenta super regimine ecclesie gallicane, durante neutralitate . . . *p.* 11.

[1] Sur le sens du mot *lectura*, voyez p. 20.

[2] Absalon, septième abbé de Saint-Victor, mourut en 1203. Il a composé cinquante et un sermons qui ont été imprimés à Cologne en 1534.

[3] Ouvrage imprimé dès 1474, à Milan.

[4] Adam de Saint-Victor mourut en 1177; il fut inhumé dans le cloître de l'abbaye. Jusqu'à la Révolution on y lut son épitaphe, qui est aujourd'hui conservée à la bibliothèque Mazarine. (Voyez A. F. *Histoire de la bibliothèque Mazarine*, p. 260.)

[5] Adélard était bénédictin. Vers 1530, il traduisit Euclide en latin.

Advisamenta super regimine ecclesie gallicane, durante neutralitate ... p. 13.
Advisamenta nationis gallicane, presentanda pape Martino quinto, super suis constitutionibus ... p. 11.

DE LITTERA *A* ANTE *I*.

Aimonis super epistolas Pauli. Prima pars ... *bb.* 2.
Aimonis super epistolas Pauli. Secunda pars ... *bb.* 3.
Aimonis liber canonum ... *n.* 5.

DE LITTERA *A* ANTE *L* A SEQUENTE.

Alanus[1] de arte predicandi ... *b.* 8.
Alanus de arte predicandi[2] ... *pp.* 13.
Alanus de complanctu nature[3] ... *pp.* 16.
Alanus de conquestu nature ... *kkk.* 19.
Alanus de conflictu viciorum ... *pp.* 14.
Alani liber dictus Anticlaudianus[4] ... *hhh.* 27.
Alani liber dictus Anticlaudianus ... *kkk.* 9.
Alani liber intitulatus : Quotmodis de diversis vocabulorum significationibus ... *b.* 8.
Alanus de penitentia[5] ... *mmm.* 18.
Alanus de penitentia ... *b.* 8.
Alani penitentiale ... *pp.* 15.
Alanus super cantica canticorum in laudem Virginis Marie[6] ... *pp.* 14.
Albericus Condomensis de expositione fabularum poetarum ... *b.* 6.
Albericus Condomensis de expositione fabularum poetarum ... *hhh.* 11.
Albertani Brixiensis Causidicj de amore Dej liber ... *q.* 17.
Albertani Brixiensis de amore proximj liber ... *q.* 17.
Albertani de amore aliarum rerum corporalium vel incorporalium ... *q.* 17.
Albertanus de amore Dej ... *jj.* 17.
Albertanus de amore proximj ... *jj.* 17.
Albertanus de amore rerum corporalium et incorporalium[7] ... *jj.* 17.
Albertanus de consolatione et consilio[8] ... *jj.* 17.
Albertanus de doctrina dicendj et tacendj[9] ... *q.* 17.
Albertanus de forma vite[10] ... *q.* 17.
Albertanus de dogmate philosophorum ... *bbb.* 5.
Albertanus de officio judicis circa vindictam ... *bbb.* 5.
Albertanus de vindicta facienda, vel vitanda, vel temperanda ... *bbb.* 5.
Albertani sermones quidam ... *jj.* 17.
Albertani quidam sermo ... *q.* 17.

[1] Alain de Lille (*Alanus de Insulis*) mourut vers 1200. Sa vie est très-peu connue.

[2] Cinq exemplaires de cet ouvrage sont inscrits à la suite de ceux-ci.

[3] Imprimé sous ce titre : *De planctu naturæ ad Deum, sive enchiridion de rebus naturæ.*

[4] Poëme encyclopédique qui a été imprimé à Bâle en 1536, sous ce titre : *Anticlaudianus, sive de officio viri boni et perfecti.*

[5] Ce travail est dédié à Henri de Sully, qui fut archevêque de Bourges de l'année 1184 à l'année 1200.

[6] Imprimé à Paris en 1540.

[7] Suivent six mentions semblables.

[8] Suivent deux mentions semblables.

[9] Suivent trois mentions semblables.

[10] Suivent deux mentions semblables.

Alberti magni liber de causis . . . . *h.* 1.
Alberti commentum super libros logice . . . . *b.* 12.
Alberti commentum super librum divisionum Boecij . . . . *b.* 12.
Alberti commentum super librum divisionum Boecij . . . . *b.* 13.
Alberti commentum super libros priorum Aristotelis[1] . . . . *b.* 13.
Alberti commentum super libros posteriorum Aristotelis . . . . *b.* 14.
Alberti commentum super duos libros elenchorum (?) Aristotelis . . . . *b.* 14.
Alberti commentum super octo libros phisicorum Aristotelis . . . . *b.* 15.
Alberti commentum super quatuor libros metheororum Aristotelis . . . . *b.* 17.
Alberti commentum super tredecim libros mechanice Aristotelis . . . . *h.* 6.
Alberti commentum super duos libros de generatione . . . . *h.* 6.
Alberti commentum super octo libros politicorum . . . . *h.* 8.
Alberti commentum super secundum phisicorum, de monstris nature . . . . *lll.* 8.
Alberti commentum super tercium decimum librum mechanice Aristotelis . . . . *lll.* 20.
Alberti commentum super octo topicorum Aristotelis . . . . *b.* 13.
Alberti commentum super libros de celo et mundo . . . . *b.* 16.
Alberti commentum super tres libros de anima . . . . *b.* 18.
Alberti commentum super decem libros ethicorum Aristotelis, cum textu . . . . *h.* 8.
Alberti commentum super decem libros ethicorum Aristotelis . . . . *pp.* 16.
Alberti commentum super decem libros ethicorum Aristotelis, cum textu . . . . *ooo.* 24.
Alberti commentum super librum beatj Dyonisij de celeste iherarchia, cum textu ipsius beati Dionisij . . . . *b.* 5.
Alberti commentum super eumdem de ecclesiastica ierarchia, cum textu . . . . *b.* 5.
Alberti commentum super eumdem de mistica theologia . . . . *b.* 6.
Alberti commentum super decem libros de animalibus Aristotelis . . . . *h.* 4.
Alberti commentum super alios libros Aristotelis de animalibus, cum septem alijs libris ab eodem editis . . . . *h.* 5.
Alberti commentum super decem epistolas Dyonisij . . . . *g.* 6.
Alberti compendium philosophie naturalis . . . . *h.* 2.
Alberti compendium theologie . . . . *g.* 10.
Albertus de corpore Christi . . . . *g.* 4.
Albertus de corpore Christi . . . . *kkk.* 19.
Alberti expositio in librum Dyonisij super celestem iherarchiam . . . . *ooo.* 24.
Alberti expositio topicorum Boecij. Incomplet . . . . *g.* 12.
Alberti expositio super librum de celo et mundo . . . . *lll.* 14.
Alberti expositio super psalterium. Incomplet . . . . *d.* 6.
Alberti tractatus de fato . . . . *fff.* 10.
Albertus de intellectu et intelligibili . . . . *mmm.* 8.
Albertus de intellectu et intelligibili . . . . *h.* 1.
Albertus de immortalitate anime . . . . *h.* 1.
Albertus de juventute et senectute . . . . *h.* 3.
Albertus de immortalitate anime . . . . *lll.* 20.

[1] On sait qu'Albert le Grand fit une partie de ses études à Paris; il y professa ensuite. Ses leçons sur Aristote eurent un tel succès, que, faute de salle assez vaste, il dut, dit-on, les faire en plein air, sur une place à laquelle on donna son nom : *place de Maître-Albert* ou *Aubert*, puis *place Maubert*. Dans les environs se trouve encore aujourd'hui la *rue Maître-Albert*.

Albertus de laudibus Virginis Marie .... *ll.* 6.
Alberti logica .... *g.* 11.
Albertus de memoria et reminiscentia .... *h.* 3.
Albertus de motibus animalium .... *h.* 1.
Albertus de morte et vita .... *g.* 16.
Albertus de natura locorum .... *g.* 16.
Albertus de natura et origine anime .... *h.* 1.
Albertus de muliere fortj .... *ll.* 21.
Albertus de naturis rerum .... *h.* 7.
Albertus de natura locorum .... *fff.* 7.
Albertus de divinis nominibus .... *g.* 9.
Albertus de nutrimento et nutribilj .... *g.* 16.
Albertus de misterijs misse .... *g.* 4.
Albertus de principijs motus progressivj .... *h.* 1.
Albertus de proprietatibus elementorum .... *g.* 16.
Albertus de quatuor coequevis .... *g.* 9.
Albertus de quatuor virtutibus cardinalibus .... *g.* 2.
Albertus de sensu communj et alijs potentijs anime .... (1) *ogo.* 4.
Albertus de sensu et sensato .... *h.* 3.
Albertus de somno et vigilia .... *h.* 1.
Albertus de spiritu et respiratione .... *h.* 3.
Alberti questiones intitulate de homine .... *g.* 18.
Alberti questiones abbreviate librj probleumatum Aristotelis .... *h.* 4.
Albertus super primum sententiarum .... *g.* 2.
Albertus super secundum sententiarum .... *g.* 3.
Albertus super tertium sententiarum .... *g.* 2.
Albertus super quartum sententiarum .... *g.* 2.
Alberti prima pars summe theologice .... *g.* 7.
Alberti secunda pars summe theologice .... *g.* 8.
Albertus de seipso quedam .... *g.* 8.
Albertus de vegetalibus et plantis .... *h.* 3.
Albertj vita et de scriptis ab eodem .... *g.* 13.
Albertj monachi quodlibet .... *m.* 7.
Albini sermones duo de vita sanctj Martinj .... *eee.* 4.
Albumasar astrologj major introductorius .... *fff.* 6.

EXTRAIT DU CATALOGUE DRESSÉ EN 1623

PAR ÉTIENNE REYNARD[2].

Reverendo in Christo patrj fratrj Dionisio San Germano, Sancti Victoris Parisiensis priorj

(1) En marge : *Desideratur.*

(2) Sur ce catalogue, voyez ci-dessus, p. 152. Il est conservé à la Bibliothèque impériale, manuscrits, fonds de Saint-Victor, n° 946. On remarquera, au reste, que cette dédicace n'est qu'une paraphrase assez étrange de l'introduction placée

vigilantissimo, frater Stephanus Regnardus, devotus in Christo filius, obedientiam et humilem in Domino subjectionem.

Susceptum onus, observantissime pater, de hac insigni bibliotheca disponenda, et indice colligendo ac ordinando, tametsi minus idonee et sufficienter, Deo tamen duce et te innuente, tandem absolvi.

Absolutum vero, non sine magno labore, tua paternitati offero, ut benigne suscipias tanquam pater, et approbes quod, te innuente, suscepi. Si quid autem augendum venit, aut minuendum, vel distrahendum, aut corrigendum, censuris tuis ac venerabilium patrum ac fratrum judicio omnino submitto quod erratum est forsitan, aut omissum.

Et si ita visum est in ipso bibliothecæ aditu locum obtineat, venientes et introeuntes, ex prompto repertorio citius quod cupiant adipiscantur, evadantque voti sui compotes. Quam rem scio tibi, reverende pater, maxime placituram; ut qui summopere cupis ac studes in hoc ipso opere communi studiosorum consulere bono, utilitati ac commodo.

Inspecto enim hoc indice librorum et repertorio alphabetico ordine digesto in singulis armarijs, imo in scientijs et tractatibus scientiarum, cito quod quisque desiderabit comperiens, habiturus tandem tibi pro labore nostro immortales gratias.

Vale itaque, observandissime pater, vive Christo, et in hac vita longavivus et in futura perennis.

Tuus dilectus in Christo filius, ac animi studio totus, frater Stephanus Regnardus, canonicorum Victorinorum humilimus.

Anno Domini 1623.

SEQUITUR ORDO LIBRORUM ET TRACTATUUM PROUT IN SINGULIS ARMARIIS SECUNDUM SCIENTIAS ORDINANTUR.

. . . .

. . . .

EXTRAIT

DU

TESTAMENT DE HENRI DU BOUCHET DE BOURNONVILLE[1].

Pardevant Jean le Caron et Philippe Gallois, nottaires garde-notes du Roy Nostre Sire en son Châtelet de Paris, soussignez, fut present en sa personne, Messire Henry du Bouchet, seigneur de Bournoville, conseiller du Roy en sa Cour de Parlement et grand'chambre d'icelle, demeurant ruë Sainte-Croix de la Bretonnerie, paroisse S. Jean en Gréve, lequel estant en quelque indisposition de corps, et trés-sain d'esprit, memoire et entendement; considerant l'incertitude de la durée de nos jours, voulant disposer de ses affaires, a fait, dicté et nommé ausdits

par Claude de Grandrue en tête du catalogue de 1513, et que nous avons reproduite p. 174 et suiv.

[1] Voyez ci-dessus, p. 154 et suiv. Nous reproduisons ce testament tel qu'il a été publié en 1685 par Lemaire, dans son *Paris ancien et nouveau* (t. II, p. 406). Nous avons vainement cherché à nous procurer la minute de cet acte chez MM. Mocquard et Lemaître, qui possèdent aujourd'hui les études de Jean le Caron et de Philippe Gallois.

notaires son Testament et Ordonnance de derniere volonté, en la forme et maniere qui ensuit :

Au nom du Pere, et du Fils, et du S. Esprit.

Premierement, il recommande de tout son cœur son ame à Dieu, suppliant trés-humblement sa divine Majesté.....

Veut son corps mort estre inhumé et enterré en l'église S. Victor, où il élit sa sepulture, à cause du legs qu'il fait cy-aprés de sa bibliotheque aux religieux dudit S. Victor. Et parce que ses livres ont esté ses plus cheres delices, il est bien-aise que son corps soit enfermé en mesme lieu aprés son decés; afin que ceux qui auront l'usage de ses livres pour étudier se souviennent de prier Dieu pour luy. Il desire que sondit corps.....

Item, ayant avec beaucoup de peine et de soin travaillé depuis long-temps à faire une biblioteque, et composé icelle des meilleurs livres qu'il a pû recouvrer, desirant qu'elle soit exactement conservée et entretenuë pour le bien du public à perpetuité, il a estimé ne pouvoir faire un meilleur choix que de la mettre, comme par depost, entre les mains de Messieurs les Chanoines reguliers de l'abbaye dudit S. Victor-lez-Paris, ausquels il fait don et legs de sadite biblioteque, consistant en tous ses livres generalement quelconques, tant imprimez que manuscrits, cartes, stampes, tailles-douces, figures, ses deux globes et pieds-d'estaux, tablettes, et generalement tout ce qui compose le corps de sadite biblioteque, sans aucune chose en reserver ny retenir. Voulant qu'aussi-tost son decés les clefs des lieux où sont sesdits livres, cartes, stampes et globes, soient baillées et mises ès mains desdits religieux, et mesme que le scellé soit apposé sur les serrures et portes desdits lieux, et qu'incontinent delivrance en soit faite ausdits religieux par son dit executeur; lequel il supplie tres-instamment d'en prendre grand soin, et de faire que le tout soit executé avec fidelité et diligence, aux conditions suivantes : qui sont que les gens d'étude auront la liberté d'aller étudier en la biblioteque de ladite abbaye, où lesdits livres seront transportez, mis, et tenus au meilleur ordre qu'il se pourra, trois jours de la semaine, trois heures le matin et quatre heures l'apresdiné, lesquels jours seront le lundy, mercredy, et samedy; et, s'il arrive qu'il soit fête lesdits jours, il sera fait remise aux jours suivans, dont le bibliotequaire donnera avertissement; et à cette fin lesdits religieux seront tenus de faire que l'un d'eux se trouve ausdits jours et heures en ladite biblioteque, pour avoir le soin de bailler et de remettre les livres, aprés que les étudians en auront fait.

Et afin que les absences desdits religieux soient moins à charge à ladite Maison, ledit sieur Testateur donne et legue ausdits religieux trois cens quarante livres un sol neuf deniers de rente, à prendre sur les gabelles, en deux parties à luy appartenant, sçavoir.... pour en joüir par lesdits religieux à perpetuité, à commencer du quartier payable à bureau ouvert lors de son decés, et estre employez aux necessitez desdits religieux.

Et aussi, pour l'entretien de ladite biblioteque, ledit sieur testateur donne et legue ausdits religieux trois cens soixante dix livres de rente, à prendre sur le clergé de France, en trois parties à luy appartenans, l'une..... pour en joüir à commencer du quartier payable à bureau ouvert lors de son dit decés, à la charge qu'ils ne pourront estre divertis ni employez à autres choses qu'à l'achât des livres nouveaux, et reparer ceux qui seront en peril, ou qui en auroient besoin, et aussi à faire mettre les armes dudit sieur Testateur sur tous lesdits livres, et sur ceux qui seront achetez.

Voulant ledit sieur Testateur que la glose qu'il a vuë dans beaucoup de manuscrits desdits religieux soit aussi pour les livres qu'il leur laisse, qui porte : «Ea conditione quod abbas et «conventus non possint alienare vel vendere.» Voulant pareillement que, pour la conservation desdits livres, les conditions qu'il a leuës dans le chapitre 18 de leurs Constitutions soient inviolablement observées, qui portent que : « 1. Armarius omnes libros monasterii in custodia habet. « 2. Omnes propriis nominibus sigillatim annotatos habere debet. 3. Per singulos annos bis « aut ter ad minus eos recensere, et ne in eis aliquid vel a tinea vel aliqua alia corruptela in- « fectum sit, diligenter considerare. 4. Nunquam armarius libros commodare debet foris... » Et, au surplus, afin de memoire perpetuelle de ce legs ainsi fait pour l'utilité du public, lesdits religieux seront tenus de faire faire un tableau où sera inscrit ledit present legs, avec toutes ses charges et conditions, et mettre ledit tableau en un lieu éminent en ladite biblioteque, et le faire rafraîchir et racommoder de temps en temps; en sorte que ce soit un moyen pour donner à connoistre à la posterité l'intention que ledit sieur Testateur a eû de servir au public.

Suppliant iceluy sieur Testateur Messieurs les Avocats Generaux du Parlement de se donner la peine une fois l'année, à leur commodité, de voir l'ordre de ladite biblioteque, et passer, s'il leur plaist, une journée avec lesdits religieux, et les avertir des plaintes, si aucunes leurs estoient faites par les gens d'étude; et à cette fin sera mis és mains desdits sieurs Avocats Generaux un extrait du present Testament concernant lesdits legs et les charges d'iceluy.

Et pour executer ledit present Testament, ledit sieur Testateur a nommé et élû Messire Jean Jacques du Bouchet, seigneur de Ville-Flix, son frere, qu'il supplie....

Ce fut ainsi fait, dicté et nommé par ledit sieur Testateur ausdits notaires, l'an 1652, le 27. jour de mars avant midy.

Et a ledit sieur Testateur signé la minutte des presentes, avec lesdits notaires soussignez, demeuré vers et en la possession dudit Gallois, l'un d'iceux.

Signé LE CARON. GALLOIS.

EXTRAIT DU CATALOGUE DRESSÉ EN 1677.

PAR CHARLES LE TONNELIER[1].

Quelque soin qu'on apporte a ranger les livres d'une biblioteque nombreuse, les différentes matieres des auteurs, jointes aux différentes grandeurs des livres, ne permettent pas d'y apporter un ordre parfaict; si bien que, malgré que l'on en ayt, on est obligé de mesler les matieres les unes avec les autres sans distinction, et d'avoir recours aux catalogues, tant pour faciliter la memoire des bibliotequaires, et donner par ce moyen une cognoissance facile aux estrangers des tresors qui y sont renfermés que pour rectifier ce qui y est defectueux.

Il en fault trois :

Le premier sera selon l'ordre des tablettes,

Le second doit suivre la lettre alphabétique,

Et le troisiesme selon les differentes matieres.

C'est l'ordre que nous avons suivy dans la Biblioteque de St Victor.

Monsieur de Blemur, mon predecesseur, dont les hautes qualités luy ont acquis à justes tiltres les premieres dignités de cette abbaye, et est a present prieur de St Guenault de Corbeil, membre dependant de l'abbaye de St Victor, employé dans toutes les grandes affaires du diocese, a commencé le premier, qui est selon l'ordre des tablettes, et nous, à son imitation, avons continué ce mesme volume, et enfin terminé.

[1] Bibliothèque Mazarine, manuscrits, n° 3265. (Voyez ci-dessus, p. 160.)

Plus, nous avons faict le second, par ordre alphabetique, lequel contient trois volumes in-folio escrits de ma main. Ils ne sont pas dans la derniere exactitude, quoyque j'y aye apporté beaucoup de soin et d'application. La difficulté qu'il y a de conserver plusieurs petits papiers entassés les uns sur les autres pour former cest ordre alphabetique, particulierement pendant la chaleur de l'esté, qu'on est obligé de se donner de l'air; le mesme zephir qui vous resjouit de sa fraischeur a troublé l'ordre qui avoit esté mis dans ces papiers pour executer le dessein qu'on avoit projetté, disgrace qui m'est arrivé trois fois, et qui est cause des fautes qui s'y rencontrent.

Vous remarquerés, s'il vous plaist, que nous avons mis les auteurs sous la premiere lettre de leur surnom, encor que ce soit un nom emprunté, comme il arrive quelque fois. Ceux qui sont anonymes, vous les trouverés sous la lettre de la matiere dont ils traitent : comme s'il traite de la penitence, vous trouverés l'auteur sous la lettre *P;* que si c'est un commentateur, vous le trouverés sous le nom de l'auteur qu'il a commenté.

Chaque volume est coté à deux lettres et un chifre. La premiere est la lettre qui regne tout le long de l'armoire; la seconde est celle de la planche, et le chifre marque le rang que tient ledit auteur sur sa tablette; comme, par exemple, le premier volume de la premiere tablette de la premiere armoire est coté *A. a. 1;* le grand *A* regne tout au long de l'armoire, le petit *a* ne va que le long de la tablette, et le chifre augmente a mesure que les livres avancent en nombre. La seconde tablette est *A. b;* la troisiesme *A. c*, et ainsy du reste. Ce premier alphabet va jusques à la lettre *R*, qui font seize armoires, et commence à gauche en entrant dans la Biblioteque. Le second alphabet, qui est double, commence à la main droite de la Biblioteque, en entrant, et a trois lettres, deux grandes et une petite, *A. A. a. 1*, *B. B. a. 1* et *C*, etc. jusques à *G. G.* qui font sept armoires.

Le troisiesme alphabet est le petit *a*, et commence à main gauche en entrant à la Biblioteque, dessous et dessus les fenestres, et aussi dedans les armoires qui sont au milieu de la Biblioteque, qui ouvrent des deux costés, depuis la lettre *a. a. 1*, jusques à la lettre *r*, qui font seize armoires.

Il y a encor une armoire dans la Biblioteque Manuscripte qui y est au dessus de la porte d'icelle, pleine de petits livres in octavo, qui sont marqués sans lettres, mais seulement par un *1. 2. 3. 4;* ce sont des memoires d'histoires dont j'ay faict un appendix particulier au catalogue, avec les livres de l'impression du Louvre.

Pour ce qui est du troisiesme, qui est selon les matieres, il contiendra plusieurs tomes.

Le premier commence par le texte de la Bible, dont nous en avons plusieurs exemplaires; j'en conte quarente neuf ou cinquante, sans ceux qui sont dans les chambres. . . .

Je finis par les ouvrages des Peres que j'ay mis par ordre chronologique, avec les tables de leurs ouvrages. . . Vous trouverez icy plusieurs auteurs qui ny devroyent point avoir, quoyqu'ils soyent Peres de l'Eglise, parce qu'ils ont travaillé sur des matieres qui ont leur rang en d'autres endroits. Mais j'avois à faire à un escrivain remply de si bonne volonté pour mon service, qu'il y auroit volontiers mis touts les livres de la Biblioteque si je l'eusse voulu laisser faire. . . . .

PROCÈS VERBAL D'APPOSITION DE SCELLÉS SUR LA BIBLIOTÉQUE DE SAINT VICTOR, PAR M. HARDY, OFFICIER MUNICIPAL ET COMMISSAIRE DE L'ADMINISTRATION DES BIENS NATIONAUX ECCLÉSIASTIQUES, LE 18 FÉVRIER 1791 [1].

L'an mil sept cent quatre vingt onze, le vendredy dix huitieme jour de février, dix heures du matin, nous Jacques Joseph Hardy, officier municipal et commissaire à l'administration des biens nationaux, en vertu d'une délibération du corps municipal, nous sommes transporté en la maison des ci devant religieux de l'abbaye de S. Victor, à l'effet d'apposer les scellés tant sur la porte de la bibliotheque renfermée dans le nouveau bâtiment que sur l'ancienne bibliotheque. Après nous être assuré qu'il n'existoit aucune communication avec les bâtimens voisins, et ayant auparavant fait fermer devant nous toutes les fenêtres desdites bibliotheques, à laquelle opération nous avons procédé en présence de MM. Antoine Lagrenée, ci devant prieur de ladite maison de S. Victor, et Jean Charles Marie Bernard, bibliothécaire. Et de suite avons apposé une bande de fil sur la porte d'une des deux bibliotheques faisant la séparation d'icelles; aux extrémités de laquelle bande de fil avons apposé le cachet de la municipalité, dont l'empreinte ci contre [2]. Et de suite avons fermé la principale porte d'entrée desdites deux bibliotheques. Avons également apposé une bande de fil sur la serrure de ladite porte, aux deux bouts de laquelle nous avons également apposé le même cachet; pour la conservation desquelles nous avons requis M. Durand, serrurier, à l'effet d'appliquer une plaque de tole couvrant lesdits scellés. Et de suite nous nous sommes transportés dans le bâtiment dit de l'infirmerie, au second étage où est placé le cabinet renfermant des cartons d'estampes et de géographies, ainsi que le médailler, sur la porte duquel nous avons pareillement apposé une bande de fil sur la serrure de ladite porte, aux deux bouts de laquelle nous avons apposé le même cachet de la municipalité. Avons de suite remis les clefs desdites portes audit sieur Jean Antoine Mathieu, garçon desdites bibliotheques, que nous avons constitué gardien desdits scellés et clefs, au nombre de six; desquelles il s'est chargé, s'obligeant par lui de representer lesdites à la première requisition qui en sera faite de la part de la municipalité. Ce fait, M. Lagrenée nous a représenté que son appartement renfermoit une pendule donnée par Madame Duplessis; que l'on étoit dans l'usage de depenser la somme de deux livres par mois pour les honoraires de l'horloger chargé de l'entretenir et remonter. Ce fait, nous avons clos le présent procès verbal, et ont mesdits sieurs susnommés signés ces presentes.

J. J. HARDY, MATHIEU, LAGRENÉE, BERNARD.

PROCÈS VERBAL DE LEVÉE DES SCELLÉS APPOSÉS SUR LA BIBLIOTHEQUE DE L'ABBAYE DE SAINT VICTOR [3].

L'an mil sept cent quatre vingt onze, le vendredy vingt cinq février, neuf heures du matin,

[1] Archives de l'Empire, série S, carton n° 2069.

[2] Ce cachet est apposé dans la marge, en cire rouge.

[3] Archives de l'Empire, série S, carton numéro 2069.

Nous, Jacques Joseph Hardy, officier municipal et commissaire à l'administration des domaines nationaux, sommes transporté, assisté de M. Ameilhon, bibliothécaire de la municipalité, en la maison des ci devant chanoines réguliers de S. Victor, à l'effet de lever les scellés par nous apposés, le vendredy dix huit du présent, sur les portes tant des deux bibliotheques de la maison que sur celle d'un petit cabinet au second étage renfermant les estampes, cartes géographiques et médailles. Comme nous allions lever les scellés apposés sur ladite porte du petit cabinet, M. Ameilhon nous a observé qu'il désiroit que lesdits scellés restassent sur ladite porte jusqu'à ce que l'on vienne procéder au recollement des médailles inventoriées dans le procès verbal dressé par MM. Dargy, Filleul et Santerre; [et les scellés apposés sur la porte de ladite pièce sont restés, ainsi que les clefs, à la garde dudit sieur Mathieu, gardien cy nommé [1].] Étant arrivés dans ladite maison, nous avons, en présence de MM. Antoine Lagrenée, ci devant prieur, et de Jean Charles Marie Bernard, ci devant bibliothécaire de ladite maison, ensemble du sieur Jean Antoine Mathieu, garçon de ladite bibliotheque, constitué gardien desdits scellés, fait lever la plaque que nous avions fait placer sur la serrure de la principale porte d'entrée de la bibliotheque, pour conservation et sureté desdits scellés. Et de suite après les avoir reconnus, par la vérification que nous en avons faite avec ledit cachet de la municipalité, qu'ils étoient sains et entiers, avons fait ouvrir les portes et avons déclaré à mesdits sieur prieur et bibliothécaire susnommés qu'en exécution des résolutions prises par les comités d'aliénation et des affaires ecclesiastiques de l'Assemblée nationale, mondit sieur Ameilhon susnommé étoit chargé de faire procéder à l'inventaire et confection du catalogue desdites bibliotheques, dont les clefs lui ont été à l'instant remises, ainsi qu'il le reconnoit et s'en charge, le tout pour opérer la décharge dudit sieur Mathieu, gardien. Ce fait, nous avons clos le present procès verbal, et ont mesdits sieurs susnommés signé avec nous commissaire susdit ces presentes.

LAGRENÉE, AMEILHON, MATHIEU, BERNARD, J. J. HARDY.

[1] La phrase mise ici entre deux crochets a été ajoutée en marge sur l'original.

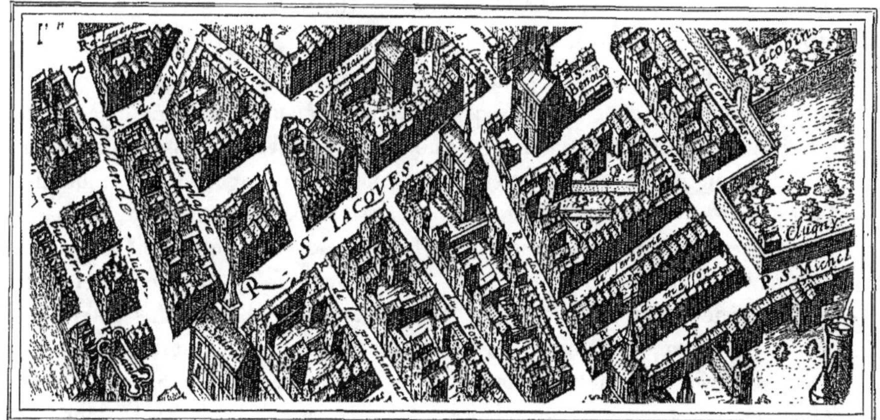
Fac-simile héliographique. Plan de Vassalieu (1609).

MATHURINS.

L'ordre des Mathurins, fondé par Jean de Matha et Félix de Valois, fut approuvé en 1198 par Innocent III, «qui monachos ordinis sanctissimæ Trinitatis «de redemptione captivorum voluit appellari.» Il leur donna aussi un vêtement blanc, avec une croix rouge et azurée sur l'estomac[1] : «Le blanc, qui est le prince «de toutes les couleurs, dit Aub. Lemire, représente le Père; l'azur, le Filz; le «rouge, le feu d'amour du Saint-Esprit[2].» Ces religieux vinrent s'établir à Paris, vers 1209, sur l'emplacement qu'avaient occupé un hôpital et une petite chapelle dédiée à saint Mathurin[3]; un diplôme de Louis le Jeune nous apprend que celle-ci était située «in suburbio Parisiensi juxta locum qui dicitur Thermæ[4].» La rue actuelle des Mathurins existait déjà et s'appelait «vicus Thermarum Cæsaris.» D'après le *Nécrologe* de la Maison, ce serait à la sollicitation de Guillaume d'Auvergne, soixante-treizième évêque de Paris, que les Mathurins auraient obtenu leur installation à Paris; on lit, en effet, à la date du 24 mars : «Obitus bone «memorie Guillermi, quondam episcopi Parisiensis, qui dedit nobis primum lo«cum in quo cepimus habitare et edificare ecclesiam nostram[5].» Le cloître et

(1) C'est, dit-on, avec ce costume et les mains appuyées sur deux captifs, qu'un ange était apparu à Jean de Matha, lorsque celui-ci célébrait sa première messe.

(2) Aubert Lemire, *Histoire de l'origine et institution de divers ordres*, p. 37. Voyez encore Piganiol de la Force, *Description de Paris*, t. VI, p. 283.

(3) Hazon, *Éloge historique de l'université de Paris*, p. 88.

(4) J. Dubreul, *Theatre des antiquitez de Paris*, p. 371. — *Cartulaire de Notre-Dame de Paris*, t. I, p. 415.

(5) *Necrologium*, bibliothèque Mazarine, manuscrits, n° H 1347 A.

24.

l'église furent reconstruits vers 1500 par l'historien Robert Gaguin [1], un des généraux de l'Ordre, et c'est à lui que revient en réalité l'honneur d'avoir créé une bibliothèque dans ce couvent, quoique la Maison possédât déjà un petit nombre de volumes. A une époque que nous ne pouvons préciser, Martin Sénéchal, ancien avocat au Parlement, lui en avait légué quelques-uns; on lit en effet dans le *Nécrologe :* « Oremus pro magistro Martino Senescalli, in utroque « jure licenciato, quondam regis in parlamento advocato, qui dedit nobis multos « libros [2]. » Enfin on trouve la note suivante sur un admirable missel in-folio que possède aujourd'hui la bibliothèque Mazarine : « Reverendus pater fr. Ni-« colaus Musnier, decretorum doctor, major minister totius nostri ordinis sanc-« tissime Trinitatis, dotavit hoc presenti missali ecclesiam Sanctj Mathurini « Parisiensis [3]. » Gaguin, le célèbre bibliothécaire de Louis XI [4], donna plusieurs ouvrages à la Maison, entre autres un très-beau missel in-folio sur vélin, qui avait été longtemps à son usage, comme l'atteste cette inscription [5] :

Mais Robert Gaguin ne se borna pas à offrir des livres. Suivant Jacques Bourgeois, auteur d'une chronique des généraux de l'Ordre, il aurait « fait construire « au dessus du cloistre une belle bibliotheque, garnie de divers livres de bons « docteurs; laquelle, ajoute le chroniqueur, j'ay veuë depuis, à mon grand regret, « despoüillée d'une bonne partie. » Nous ignorons à quel événement il est fait allusion dans cette phrase; mais nous savons qu'au milieu du XVIIe siècle ces religieux conservaient leurs livres « comme un trésor [6], » et qu'à la fin du XVIIIe leur bibliothèque renfermait 5,849 volumes [7], parmi lesquels se trouvaient de magnifiques manuscrits. D'après Thiéry, on y voyait aussi, à cette époque, la tête de R. Gaguin,

(1) D'Auvigny, *Histoire de Paris*, t. V, p. 216.

(2) Bibliothèque Mazarine, manuscrits, numéro H 1347 A.

(3) Bibliothèque Mazarine, manuscrits, n° T 233.

(4) Ce titre lui a été contesté (voy. Leprince, *Essai historique sur la bibliothèque du roi, etc.*), mais à tort; on peut consulter sur ce point : G. Naudé, *Additions à l'histoire de Louis XI*, p. 36. — L. Jacob, *Traicté des plus belles bibliothèques*, p. 448. — G. Brice, *Description de Paris*, t. III, p. 32. — Gaguin mourut, suivant le *Nécrologe* des Mathurins, le 22 mai 1501. Son portrait était exposé dans le cloître, accompagné d'une inscription qui est rapportée par Piganiol de la Force (*Description historique de Paris*, t. VI, p. 293), et qui le qualifie de *selectæ Ludovici XI bibliothecæ author et præfectus.*

(5) Bibliothèque Mazarine, manuscrits, n° 234.

(6) « Les Mathurins en ont gardez comme un tresor. » (Mich. de Marolles, *Paris, ou description succincte de cette grande ville*, p. 47.)

(7) *Déclaration des revenus de la maison des Mathurins de Paris;* Archives de l'Empire, série S, carton n° 4241.

«conservée dans un vase de faïence[1].» Au XVIe siècle, la même relique appartenait à la bibliothèque des Mathurins de Douai; voici, à cet égard, ce que raconte Dubreul : «En l'an 1550, comme l'on faisoit une fosse devant le grand autel, «auprés le sepulchre de Robert Gaguin, fut veu le corps dudit Gaguin encore «entier. Ce qu'entre autres admirant frere Jaques Bourgeois, provincial de Pi-«cardie et ministre du convent de Doüay en Flandre, supplia le R. Pere General «Thibault Musnier de luy en donner la teste. Ce que luy estant accordé, il la «separa du corps, et l'emporta audict convent de Doüay, où elle est en la librairie, «dedans un creux de la muraille, avec une fenestre et un treillis de fer au «devant[2].»

Nous pouvons citer quatre catalogues de la collection des Mathurins. Les deux plus anciens sont conservés à la bibliothèque Mazarine. Le premier est intitulé, *Catalogue des Livres de la Bibliothèque de Saint Mathurin de Paris en 1772*[3]; il est rédigé par ordre de matières, précédé d'un système bibliographique, et suivi d'une table analytique. Le second a pour titre, *Catalogue de la Bibliothèque de Saint Mathurin de Paris en 1772*[4]; c'est un double du précédent. La bibliothèque de l'Arsenal possède, dans ses manuscrits in-folio, le *Catalogue des Livres de la Bibliothèque des chanoines réguliers Trinitaires de la Maison de Saint Mathurin de Paris, 1776*[5].

On trouve enfin aux Archives de l'Empire un catalogue, par ordre de matières, qui semble n'être qu'une copie abrégée du manuscrit de l'Arsenal; on lit en tête : *État sommaire de la Bibliothèque d'après le catalogue qui en existe, dont on a suivi les divers articles;* puis à la fin : «Certifié le présent état sommairement extrait «avec fidélité du Catalogue général rédigé sous les yeux de M. Pichault, mon «prédécesseur, en 1776; déclare que, s'il existe des livres de manque et des «ouvrages dépareillés, cela ne vient que de la négligence de ceux qui dans «les diverses époques ont été chargé (*sic*) de la garde de la bibliothèque. «P. CHAUVIER, général.» Une feuille détachée comprend sous ce titre, *Livres inscripts sur le Catalogue et qui ne se trouvent pas dans la Biblioteque*, l'énumération de 151 volumes[6].

L'ordre des Mathurins portait pour armoiries : d'argent à une croix pattée de gueules et d'azur, à une bordure aussi d'azur, chargée de huit fleurs de lis d'or; l'écu timbré de la couronne royale de France, et deux cerfs blancs[7] pour sup-

[1] Thiéry, *Guide des amateurs et des étrangers*, t. II, p. 316.

[2] J. Dubreul, *Theatre des antiquitez de Paris*, p. 374.

[3] Bibliothèque Mazarine, manuscrits, n° 3262.

[4] Bibliothèque Mazarine, manuscrits, n° 3263.

[5] Bibliothèque de l'Arsenal, manuscrits, n° 845.

[6] Archives de l'Empire, série S, carton numéro 4241.

[7] Un jour que Jean de Matha et Félix de Valois s'entretenaient auprès d'une fontaine, ils aperçurent un cerf d'une grande blancheur qui portait au milieu de sa ramure une croix rouge et bleue.

ports [1]. La croix pattée se rencontre parfois frappée en or, soit sur les plats des volumes, soit sur le dos entre chaque nerf.

Quant aux inscriptions manuscrites, elles sont fréquentes et surtout fort détaillées; voici les formules les plus usitées :

EX LIBRIS CANONICORUM REGUL. S^{ti} MATURINI PARISIENSIS, ORD. SS^{mae} TRINITATIS RED. CAPT.

EX BIBLIOTHECA CANONICORUM REGULARIUM S^{ti} MATURINI PARISIENSIS ORDINIS SS^{mae} TRINITATIS REDEMPTIONIS CAPTIVORUM.

EX BIBLIOTHECA DOMUS S^{ti} MATHURINI PARISIENSIS.

On sait que, depuis le XIIIe siècle, l'Université tenait ses assemblées solennelles dans le couvent des Mathurins. Il a été supprimé en 1790; l'église fut démolie peu de temps après, et les autres bâtiments ont disparu lors des récents travaux entrepris dans ce quartier.

[1] P. Helyot, *Histoire des ordres monastiques*, t. II, p. 312.

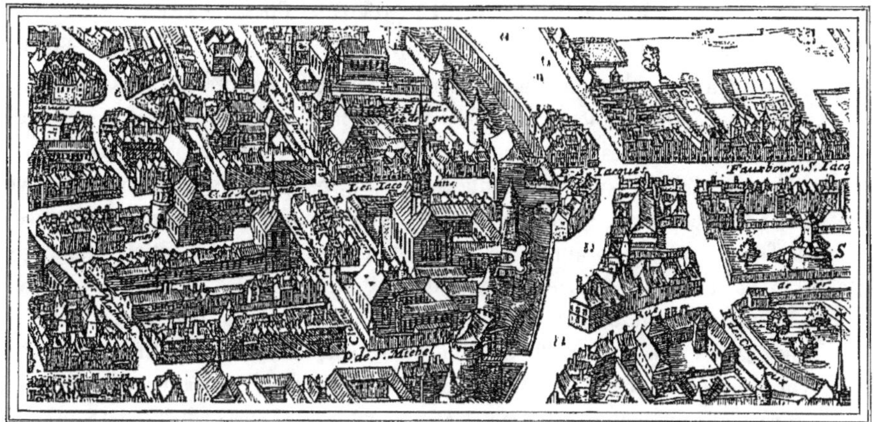

Fac-simile héliographique. Plan de Math. Mérian (1615).

JACOBINS DE LA RUE SAINT-JACQUES.

L'ordre des Frères Prêcheurs fut fondé à Toulouse en 1215 par saint Dominique, qui envoya presque aussitôt à Paris sept de ses religieux. Ceux-ci louèrent d'abord une maison située près de l'évêché[1]; mais, dès l'année 1218, Jean de Saint-Alban, médecin de Philippe Auguste[2], leur donna un ancien hospice à moitié ruiné, où se retiraient ordinairement les pèlerins de Saint-Jacques[3], et qui était situé grande rue Saint-Benoît, *magnus vicus Sancti Benedicti*[4]. Grâce à l'activité des nouveaux religieux, leur chapelle acquit bientôt une telle réputation qu'elle donna son nom à la rue qu'elle occupait et à l'ordre qui la desservait[5].

Saint Louis vit avec plaisir la prospérité des Jacobins; il leur fit élever un couvent convenable, choisit parmi eux trois de ses confesseurs[6], et, en mourant, leur légua une partie des volumes qu'il avait réunis à la Sainte-Chapelle[7].

Le monastère possédait déjà une petite bibliothèque; car, en 1260, dix ans avant la mort de saint Louis, un docteur de Sorbonne, célèbre par son érudition, et que nous connaissons seulement sous le nom de Laurentius Anglus,

(1) J. Dubreul, *Theatre des antiquitez de Paris*, p. 378.

(2) Chomel, *Essai historique sur la médecine en France*, p. 62 et 175.

(3) Du Cange, *Glossarium mediæ et infimæ latinitatis*, au mot *Jacobitæ*.

(4) *Cartulaire de Notre-Dame de Paris*, t. IV, p. 385.

(5) Crevier, *Histoire de l'Université de Paris*, t. I, p. 320.

(6) G. Brice, *Description de Paris*, t. IV, p. 41.

(7) «Libros vero nostros quos tempore decessus «nostri in Francia habebimus, præter illos qui ad «usum capellæ pertinent, legamus Fratribus Prædicatoribus et...» (*Testamentum Ludovici IX*, dans Du Chesne, *Hist. Francorum scriptores*, t. V, p. 438.)

avait légué aux Jacobins tous ses livres [1]. Les religieux s'efforçaient, par leurs propres travaux, d'augmenter le nombre de leurs manuscrits; ils les communiquaient avec un louable empressement, et en favorisaient l'étude et la copie. C'est là que saint Thomas d'Aquin et Albert le Grand allèrent chercher un paisible asile pour rédiger leurs commentaires sur les *Sentences*. Saint Thomas y revint, sur la fin de sa vie, écrire sa *Somme contre les Gentils*. Le cardinal Hugues de Saint-Cher, contemporain de Laurentius Anglus, choisit des collaborateurs pour sa concordance des différents textes de la Bible parmi les Dominicains, et ceux-ci lui prêtèrent un si utile concours, que l'ouvrage porta longtemps le titre de *Concordantiæ Sancti Jacobi*[2]. Un peu plus tard, nous voyons Richard de Bury vanter l'érudition et le zèle de ces religieux, qui, dit-il, travaillaient sans relâche à corriger, commenter, éclaircir et compiler toutes sortes d'ouvrages, « qui diversorum voluminum correctionibus, expositionibus, tabulationibus ac compilationibus, indefessis studiis incumbebant[3]. » Chez les Dominicains, plus que partout ailleurs, ajoute-t-il, nous avons rencontré une bienveillante communication des manuscrits; nous félicitons ces possesseurs intelligents et généreux. Le mot *intelligents* est de trop : cette libéralité était, au contraire, une inconséquence flagrante de la part d'un ordre qui combattait déjà par le fer et par le feu tout mouvement de la pensée. Le fait est remarquable.

Dans la suite, la règle des Jacobins devint inexorable sur ce point. Les religieux qui voulaient s'instruire étaient soumis à une surveillance sévère, et ne pouvaient rien étudier, rien écrire sans l'avis d'un religieux désigné à cet effet. En dehors des Frères qui avaient obtenu une dispense spéciale, nul ne devait s'occuper de philosophie païenne, des sciences profanes ou des arts dits libéraux, « quas liberales vocant. » Jeunes ou vieux, il fallait s'en tenir aux livres de théologie; mais on recommandait de lire et de méditer ceux-ci sans cesse, le jour et la nuit, au couvent et en voyage, même d'en retenir par cœur de nombreux passages. Quand un prieur reconnaissait dans un religieux des dispositions spéciales pour l'enseignement, il devait l'envoyer à l'université la plus renommée, à celle de Paris principalement, où chaque province entretenait deux ou trois étudiants. Ceux-ci, avant de partir, recevaient de leur couvent trois ouvrages : une Bible, un exemplaire de l'*Histoire ecclésiastique* de Pierre Comestor et les *Sentences* de Pierre Lombard; c'était donc encore là, comme au XIIIe siècle[4], l'encyclopédie des connaissances humaines pour le clergé régulier.... Les religieux qui s'adonnaient à l'étude étaient dispensés de la plupart des offices religieux. Un local spécial leur était réservé, dans lequel ils pouvaient avoir entre eux des conférences, éclaircir des doutes,

(1) *Domus et societatis Sorbonicæ historia*, bibl. de l'Arsenal, manuscrits in-f°, n° 132, 2e part. p. 29.

(2) L'abbé Le Beuf, *De l'état des sciences en France depuis la mort du roi Robert*, page 143.

(3) R. de Bury, *Philobiblion*, cap. VIII.

(4) Voyez ci-dessus, page 17, note 9.

discuter des questions..... Dans leurs cellules, ils étaient autorisés à écrire, à lire, à travailler même pendant la nuit..... Nul ne devait interpréter les Psaumes ou les Prophètes dans un autre sens que celui qu'avaient admis et approuvé les saints commentateurs. La règle défendait encore de vendre les livres appartenant soit à la communauté, soit aux religieux, à moins que ce ne fût pour en appliquer le prix à l'achat d'autres ouvrages. Aucun travail composé par un religieux ne pouvait être publié sans avoir été examiné avec soin par des délégués du chef de l'Ordre ou du Chapitre provincial[1].

Ces minutieuses précautions rendent difficile à expliquer la décadence complète où était tombée la bibliothèque de ce couvent au XVIe siècle. Il semble cependant impossible d'en douter, quand on lit le testament de Claude d'Espence, dicté par lui le 13 mai 1571. Ce savant docteur de Sorbonne légua tous ses livres au cardinal de Lorraine, en priant «ledit seigneur cardinal bailler de sadite bibliotheque aux Freres Prescheurs de la ville de Paris, POUR LEUR LIBRAIRIE FUTURE, «ce qu'il s'ensuit de leur saint Thomas..... » Les Jacobins acquirent ainsi :

Summa theologiæ, cum commento Cajetani[2];

Opuscula ejusdem sancti Thomæ, cum commentariis super Cantica, Job, Joannis Evangelium et Apocalypsim;

[1] «Quoniam circa studentes diligens est adhibenda cautela, aliquem specialem fratrem habeant «sine cujus licentia non scribant quaternos : nec «audiant lectiones, et qui circa eos in studio corrigenda viderit corrigat; et si vires ejus excedat, «prælato proponat. In libris gentilium philosophorum non studeat, et si ad horam suscipiat, seculares scientias non addiscat, nec artes quas liberales vocant : nisi aliquando circa aliquos magister «ordinis, vel capitulum generale, vel prior provincialis, vel capitulum provinciale voluerit taliter «dispensare; sed tantum libros theologicos tam «juvenes quam alij legant. Ipsi vero in studio taliter sint intenti, ut de die, de nocte, in domo, in «itinere legant aliquid vel aliquid meditentur, et «quidquid poterunt retinere corde tenus nitantur. «Curet prior provincialis, ut si habuerit aliquos «utiles ad studendum qui possint et in brevi esse «apti ad regendum, mittere ad studium ad loca «ubi viget studium extra suas provincias, de diffinitorum capituli provincialis vel majoris partis eorum consilio et assensu..... Tres autem fratres «mittantur Parisios de qualibet provincia ad studium..... Statuimus ut quælibet provincia fratribus suis missis ad studium ad minus in tribus «libris teneatur providere, videlicet in Biblia, Historiis scholasticis et Sententiis, et ipsi in his tam «in textu quam in glosis studeant et intendant..... «Circa eos autem qui student taliter, dispensetur a «prælato, ne propter officium vel aliquid aliud de «facili a studio retrahantur, vel impediantur. Locus «vero proprius secundum quod a magistro studentium videbitur statuatur; in quo post prandium «vel vesperas vel alio etiam tempore prout vacabit «ad dubitationes vel quæstiones proponendas vel «collationes faciendas ipso præsente conveniant, et «uno querente seu proponente alij taceant ne loquentem impediant..... In cellis vero scribere, «legere, orare, dormire, et etiam de nocte vigilare «ad lumen possunt qui voluerint propter studium... «Nullus fratrum nostrorum legat in Psalmis vel Prophetis alium sensum litteralem nisi quem sancti «approbant et confirmant. Libri ordinis seu fratrum «non vendantur, nisi pretium eorum in alios libros «seu scripta convertatur. Nulla etiam scripta facta «vel composita a fratribus aliquatenus publicetur, «nisi per fratres peritos, quibus magister ordinis vel «prior provincialis commiserit, diligenter fuerint «examinata.» (*Constitutiones fratrum ordinis predicatorum S. Dominici*, distinctio 2, caput XIIII *De studentibus*, p. 49 à 51.)

[2] Thomas de Vio, dit Cajetanus, général de l'ordre des Dominicains, mort en 1534. Son commentaire sur la *Somme* de saint Thomas était très-

Summa ejusdem contra Gentiles, cum commento Ferrariensis [1];
Catena aurea super Evangelia;
Item, super epistolas Pauli, cum quodlibetis super libros de Anima, Ethicorum et Politicorum [2].

La collection des Jacobins s'accrut fort lentement; nous n'en trouvons trace nulle part jusqu'en 1643, où le P. Jacob déclare qu'elle «est bien plus belle «pour ses livres imprimés et manuscrits que non pas quant à la structure [3].» Elle ne renfermait cependant encore, en 1721, que 8,000 volumes; mais elle avait deux bibliothécaires, les PP. Maignent et Sabbatier [4].

Le duc d'Orléans, fils du Régent, qui s'était retiré à Sainte-Geneviève, laissa par testament (1752) ses collections à cette abbaye, et sa bibliothèque à l'ordre de Saint-Dominique, sans vouloir désigner d'une manière formelle le couvent qu'il entendait en gratifier : «Je donne et legue, dit-il, tous mes livres, à la re«serve des catalogues manuscrits dont j'ay disposé cy dessus, à l'ordre de Saint «Dominique. Je luy laisse pareillement tous les manuscrits des ouvrages que j'ay «composés, soit qu'ils soient copiés ou non, finis ou non, les originaux et les «copies, avec liberté aux superieurs generaux de l'ordre de réunir tant les livres «que les manuscrits dans une même maison, ou de les distribuer en plusieurs, «selon qu'ils jugeront plus avantageux pour le progrès des études dans leur «Ordre. Je leur laisse aussy la liberté de faire imprimer les ouvrages que j'ay «composés, en y faisant telles corrections et changemens qu'ils jugeront à propos, «étant également content, soit qu'ils parroissent tels que je les ay composés, «soit qu'ils servent seulement de materiaux aux ouvrages que les particuliers «de cet ordre jugeront à propos de composer sur des matieres pour lesquelles «ils pourront leur estre utiles. Je ne veux par ces legs que marquer ma venera«tion pour cet Ordre qui a rendu de grands services à l'Eglise, et qui enseigne «la doctrine de saint Thomas, que je crois la meilleure de touttes les opinions qui «se soutiennent dans l'Ecole. Pour l'execution de l'article cy dessus, aussitot après «l'ouverture de mon testament, on fera avertir le superieur de la maison du no«viciat rue Saint-Dominique et le bibliotequaire, et l'on leur remettra la clef de «la biblioteque..... [5]» Ce legs donna lieu à de très-vifs démêlés entre les disciples de saint Dominique; ils avaient alors trois maisons à Paris, et chacune prétendait à la donation. Elle fut définitivement adjugée au couvent de la rue Saint-Jacques [6].

répandu; il a eu plus de six éditions pendant le XVIe siècle.

(1) Peut-être le commentaire de Hugues, évêque de Ferrare, mort en 1212.

(2) *Testament de Claude d'Espence*, dans J. de Launoy, *Academia Parisiensis illustrata*, t. I, p. 347.

(3) L. Jacob, *Traicté des plus belles bibliotheques*, p. 520.

(4) G. Wallin, *Lutetia Parisiorum erudita sui temporis*..... p. 119.

(5) *Testament de tres haut, tres puissant et tres excellent prince monseigneur Loüis d'Orleans..... premier prince du sang*; bibliothèque de Sainte-Geneviève, manuscrits.

(6) *Journal des Savants*, n° de décembre 1782.

A l'époque de la Révolution, le monastère des Jacobins couvrait tout l'espace compris entre les rues des Cordiers, Saint-Jacques et Sainte-Hyacinthe; mais, bien que la bibliothèque comptât réellement alors plus de cinq cents ans d'existence, elle ne possédait encore que 14,000 volumes imprimés[1] et environ 250 manuscrits[2]. Depuis longtemps, d'ailleurs, on y admettait sans difficulté les gens de lettres[3].

Cette bibliothèque était placée au-dessus de la chapelle, et divisée en deux parties. La première comprenait l'ancienne collection de la Maison et les ouvrages d'un usage fréquent. Il paraît, au reste, que l'extérieur des volumes n'était pas en harmonie avec leur utilité; car «on apercevoit bien que les acquéreurs, «peu riches, n'avoient que le goût des études spécialement propres à leur état «et à leur situation[4].» La seconde partie, beaucoup plus riche que la précédente, se composait de la bibliothèque léguée par le duc d'Orléans. «Plusieurs «volumes, dit le prieur, sont reliés en maroquin, dorés sur tranche, ornés de «filets et de dentelles, et quelques-uns fort rares et d'éditions choisies; presque «tous sont de bon usage et peuvent se lire avec plaisir et profit. On aperçoit «que le prince, théologien, littérateur, auteur, formoit son cabinet en homme «de goût, et achetoit en homme riche..... Les parties dominantes sont les «sciences ecclésiastiques, l'histoire naturelle, la médecine, l'histoire profane, les «recueils littéraires et les langues étrangères[5].»

Les manuscrits étaient rassemblés dans un cabinet placé à la suite de la bibliothèque; on y voyait encore ceux qui avaient été légués au couvent par saint Louis[6].

Nous ne connaissons aucun catalogue des livres de cette Maison. En 1790, le prieur déclara qu'il n'en existait point, «attendu qu'il y avoit très-peu de temps «qu'il l'avoit mise en ordre[7].»

On remarquait encore dans cette bibliothèque un grand fauteuil de cuir noir que les religieux conservaient avec une véritable vénération, et qui passait pour avoir appartenu et servi à saint Thomas d'Aquin[8].

Presque tous les volumes provenant de ce couvent portent une marque fort

[1] Archives de l'Empire, n° F[17] 1203. — Thiéry, *Guide des amateurs et des étrangers*, t. II, p. 274, dit 15 ou 16,000; les religieux en déclarèrent 12,000, puis 12,200; après vérification, il s'en trouva d'abord 11,293 et ensuite 14,000.

[2] *Procès-verbal de l'état des biens de MM. les religieux dominicains de la rue Saint-Jacques. May 1790.* Archives de l'Empire, série S, carton numéro 4228.

[3] Durey de Noinville, *Dissertation sur les bibliothèques*, p. 48.

[4] *Procès-verbal de l'état des biens de MM. les religieux dominicains, etc.* Archives de l'Empire, série S, carton n° 4228.

[5] *Procès-verbal de l'état des biens, etc.* Archives de l'Empire, série S, carton n° 4228.

[6] Thiéry, *Guide des amateurs et des étrangers*, t. II, p. 274.

[7] *Procès-verbal de l'état des biens, etc.* Archives de l'Empire, série S, carton n° 4228.

[8] Piganiol de la Force, *Description historique de Paris*, t. V, p. 471. — G. Brice, *Description*

laide, et très-mal imprimée sur un petit carré de papier que l'on collait au verso de la couverture. La formule est toujours la même; mais la disposition des lignes varie ainsi suivant les formats :

EX
BIBLIOTHECA
F. PRÆDICA-
TORUM
Sti JACOBI.

ou bien :

EX BIBLIOTHECA
FF. PRÆDICATORUM
Sti JACOBI.

Enfin l'inscription suivante se trouve en tête de quelques manuscrits anciens :

ISTE LIBER EST SANCTI JACOBI PARISIENSIS DE ORDINE PREDICATORUM. QUICUMQUE EUM AB EADEM ECCLESIA ALIENAVERIT AUT SUBRIPUERIT, SIVE TITULUM ISTUM DELEVERIT, ANATHEMA SIT. AMEN.

Ce couvent fut supprimé en 1790. Les bâtiments, après avoir successivement servi de prison, d'école et de caserne, ont été récemment démolis.

de Paris, t. III, p. 78. — G. Wallin, *Lutetia Parisiorum erudita sui temporis*, p. 90. — *Journal des Savants*, n° de décembre 1782. — C'est donc par erreur que Leprince, *Essai historique sur la bibliothèque du roi*, place cette relique chez les Jacobins de la rue Saint-Honoré.

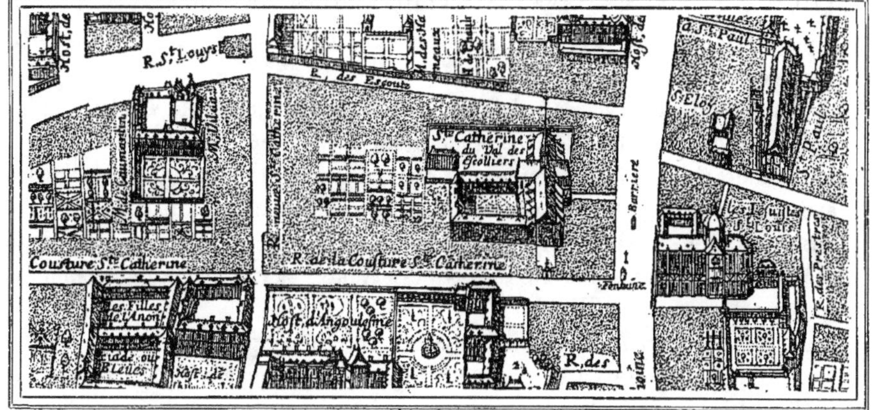

Fac-simile héliographique. Plan de J. Gomboust (1652).

SAINTE-CATHERINE DU VAL DES ÉCOLIERS.

Il y avait à Paris, en 1201, quatre docteurs très-célèbres et très-renommés, « celeberrimi et famosissimi professores[1], » qui se nommaient Guillaume, Richard, Évrard et Manassès. D'un commun accord, ils résolurent d'abandonner la capitale, et se retirèrent dans le diocèse de Langres, au fond d'un val environné de bois et de fontaines. Dès leur arrivée, « une belle fontaine commença à sourdre « et jetter eau claire en abondance[2]; » ils prirent ce prodige en bonne part, et bâtirent aussitôt quelques cellules, ainsi qu'une petite chapelle dédiée à sainte Catherine. De plus, « l'humilité, qui est le fondement de la vie spirituelle, » engagea nos quatre docteurs à « reprendre le nom d'Escoliers, pour leur estre un memo- « rial perpetuel que les plus grands hommes et les plus advancez à la perfection « chrestienne trouvent tousjours de quoy apprendre, et que tous cheminent asseu- « rément par la voye d'humilité[3]. » Ces détails étaient nécessaires pour expliquer le nom qu'adopta la nouvelle congrégation : Sainte-Catherine du Val des Écoliers, « Sancta Catharina Vallis Scholarium. »

Mais les reclus du diocèse de Langres ne tardèrent pas à regretter le séjour de Paris, et Manassès fut député pour aviser aux moyens d'y fonder un établissement. Il s'aboucha avec un honnête bourgeois, Nicolas Gibouin, qui leur donna trois arpents de terre qu'il possédait hors des murs, près la porte Baudet[4] (an-

[1] *De ordine Vallisscholarium*, dans Labbe, *Bibliotheca manuscriptorum librorum*, t. I, p. 391.

[2] J. Dubreul, *Theatre des antiquitez de Paris*, p. 655.

[3] Denys Lecointre, *Histoire abbregée de l'origine et institution de l'ordre du Val des Écoliers*, p. 22.

[4] On lit dans le nécrologe de l'établissement : « Anniversarium Nicolai dicti Giboyni et uxoris « ejus, qui nobis dederunt totum istud porpri- « sium. »

cienne place Baudoyer). L'emplacement était donc trouvé, mais non les fonds nécessaires pour construire.

Les sergents de la garde[1] de saint Louis se ressouvinrent alors qu'en 1214, à la bataille de Bouvines, ils avaient fait vœu, si Dieu leur donnait la victoire, de fonder une église en l'honneur de sainte Catherine; ils s'entendirent facilement avec nos religieux, et, sur leur terrain, élevèrent le monument qu'ils avaient promis à l'Éternel[2]. Saint Louis posa, en 1229, la première pierre de l'église, accorda de nombreuses faveurs à ses desservants, et leur légua une somme de 40 livres[3].

Le prieuré eut aussitôt une bibliothèque. Il dut ses premiers volumes à Guillaume, qui lui laissa en mourant un Corps de théologie annoté, et une belle Bible; cette donation fut mentionnée en ces termes sur le nécrologe : «Anniversa-«rium domni Guillelmi dicti le Breton[4], qui fecit construi refectorium nostrum, «hospitium, scholas... et dedit nobis Corpus theologiæ glossatum, et pulchram «Bibliam[5].» Évrard, à son tour, légua aux religieux, vers 1270, une *Somme des fêtes,* en tête de laquelle ils écrivirent : «Incipit Summa de festis, quam fecit frater «Evrardus, quondam prior B. Catharinæ Parisiensis, ordinis Vallis Scholarium, «magister theologicæ facultatis[6].» Bien d'autres donations succédèrent nécessairement à celle-ci, puisque, dès 1288, la bibliothèque de la maison possédait près de trois cents ouvrages dont les religieux dressèrent le catalogue. On y remarquait le traité *De universo* de Guillaume, soixante et quinzième évêque de Paris[7], plusieurs écrits de saint Thomas d'Aquin, le commentaire de Pierre de Tarentaise[8] et celui de Gilles Colonne[9] sur les *Sentences* de Pierre Lombard. Le P. Échard, qui a vu ce curieux catalogue, nous en a rapporté les premières lignes. Il commençait ainsi :

«Anno Domini 1288, in die jovis ante nativitatem B. Mariæ Virginis, habebamus «in nostro armariolo Parisiensi libros inferius nominatos et compilatos : præsen-«tibus fratribus Laurentio de Pollengio, Jacobo de Brugis, Joanne de Castellione, «Girardo de Trecis, Jacobo de Vertuto, Joanne de Braio. Habebamus. ...» Se-

[1] «Servientes regis in armis,» dit le *Gallia christiana,* t. VII, col. 851 et 852; c'était une véritable garde royale qui ne quittait jamais le souverain. Elle avait été instituée par Philippe Auguste.

[2] Crevier, *Histoire de l'Université de Paris,* t. I, p. 329.

[3] «Item legamus domui Vallis Scholarium Paris. «XL libr. distribuendas secundum discretionem et «ordinationem executorum nostrorum.» (*Testamentum Ludovici IX,* dans A. Du Chesne, *Historiæ Francorum scriptores,* t. V, p. 439.)

[4] Ne pas le confondre avec Guillaume le Breton, poëte et historien, auteur de la *Philippide,* mort peu après 1226. Celui dont il est ici question était clerc du Temple.

[5] *Gallia christiana,* t. VII, col. 853.

[6] *Ibid.* col. 856.

[7] Guillaume d'Auvergne, évêque de Paris en 1248. Son traité *De universo* (Du tout) renferme l'exposition complète de sa doctrine théologique; Guillaume était réaliste.

[8] Pape en 1276 sous le nom d'Innocent V.

[9] Ou Gilles de Rome (Ægidius Romanus), général de l'ordre des Augustins. Il mourut en 1316, et légua tous ses livres au couvent des Grands-Augustins de Paris. (Voyez plus loin.)

quuntur codices manuscripti circiter trecenti, et inter theologos scholasticos sic legitur : « Item habebamus scriptum fratris Thomæ super I Sententiarum, in « uno volumine. Item scriptum ejusdem fratris super II et III Sententiarum, in « uno volumine. Item scriptum ejusdem fratris super quartum Sententiarum, cum « aliquibus quæstionibus, in uno volumine. Item Summam ejusdem fratris, divisam « in tribus voluminibus. Item summam ejusdem fratris contra Gentiles, in uno « volumine. Item librum Guillelmi, episcopi Parisiensis, de universo. Item habe- « bamus die prædicta scriptum fratris Petri de Tarentasia super IV Sententiarum, « in uno volumine. Item scriptum fratris Ægidii de Augustinis super I Sententia- « rum in uno volumine.....[1] »

Le couvent de Sainte-Catherine fut cédé, en 1629, aux chanoines réguliers de Sainte-Geneviève[2]. Des lettres patentes du 23 mai 1767 ordonnèrent la démolition de l'église et du prieuré[3], sur l'emplacement desquels allait être établi le marché public qui existe encore, et qui a conservé le nom de *Sainte-Catherine*. Pour dédommager les religieux, on leur permit de s'installer rue Saint-Antoine, dans les bâtiments de la Maison professe des Jésuites, devenus libres depuis l'expulsion de l'Ordre en 1762. La belle galerie que les Jésuites avaient établie pour abriter leur riche collection[4] n'avait pas été modifiée; on y voyait même encore une partie des ouvrages que Ménage, Ch. Guyet et le P. Daniel avaient légués à la Maison professe, et qui, sans doute à cause de cette origine, avaient été respectés[5]. Les chanoines installèrent leurs livres dans cette salle; mais ils n'y restèrent pas longtemps.

La bibliothèque de la ville de Paris, placée depuis dix ans dans l'ancien hôtel Lamoignon, rue Pavée, commençait à s'y trouver à l'étroit, et cherchait un local plus vaste et plus accessible au public. Elle jeta les yeux sur la galerie de la rue Saint-Antoine, et, le 23 septembre 1772, un traité fut passé entre les chanoines de Sainte-Catherine d'une part, et le prévôt des marchands et les échevins de l'autre. Les religieux abandonnèrent à la Ville, « à commencer du 1er janvier, et « pour autant de temps que la Ville le désirera, la jouissance du vaisseau de leur « bibliothèque, ensemble de deux pièces ou cabinets y contigus, à l'effet d'y placer « la bibliothèque de la Ville, et ce moyennant la somme de 1,200 livres de « loyer par chacun an[6]. » La Ville s'engageait, en outre, à choisir désormais son bibliothécaire et son sous-bibliothécaire parmi les chanoines de la congrégation; mais cette clause ne reçut jamais son exécution.

Nous ne savons où les religieux transportèrent alors leur bibliothèque. Elle

(1) J. Echard, *Sancti Thomæ Summa suo auctori vindicata*, p. 433.

(2) *Gallia christiana*, t. VII, col. 856.

(3) Lerouge, *Curiosités de Paris et de ses environs*, t. I, p. 324.

(4) Voyez plus loin la notice consacrée à cette bibliothèque.

(5) J. L. A. Bailly, *Notices historiques sur les bibliothèques anciennes et modernes*, p. 126.

(6) Archives de l'Empire, série H, n° 1875.

survécut toutefois à ce changement de local, car elle renfermait, au moment de la Révolution, 8,388 volumes ainsi divisés :

1,046 volumes in-folio,
1,232 — in-quarto,
840 — in-octavo,
4,456 — in-douze et in-seize,
86 — manuscrits,

le reste en ouvrages doubles ou incomplets. Le prieur du couvent, qui nous fournit ces renseignements, ajoute : « Parmi les manuscrits reliés, il n'y a d'ancien que « celui des sermons d'Évrard, prieur de Sainte-Catherine, qui vivait en 1267; il « y a aussi un collectaire d'une admirable écriture, il est de 1677. Les autres « manuscrits sont nouveaux, et ne contiennent que de la théologie, de la philo- « sophie, de la morale et de la piété [1]. »

Le dernier bibliothécaire de cette Maison fut le P. Gerbault [2].

[1] *État détaillé des biens mobiliers et immobiliers du prieuré de Saint-Louis-Sainte-Catherine, 19 février 1790.* Archives de l'Empire, série S, carton n° 1013.

[2] Thiéry, *Guide des amateurs et des étrangers*, t. I, p. 702.

Les religieux de Sainte-Catherine avaient fait exécuter, pour leurs volumes, un fer qui doit avoir été très-rarement employé, car nous ne l'avons rencontré que sur un seul ouvrage, l'*Histoire de Sainte-Catherine du Val des Écoliers*[1]. Sur cette marque, fort jolie et gravée avec soin, figurent une épée et une roue (voyez au bas de la page précédente), instruments du martyre de sainte Catherine. En général, les volumes provenant de ce couvent sont seulement reconnaissables aux deux lettres

qui varient de grandeur suivant les formats, et qui sont frappées sur le dos entre chaque nerf de la reliure.

Les inscriptions manuscrites sont elles-mêmes peu fréquentes; toutes celles que nous avons vues sont ainsi conçues :

EX LIBRIS Ste CATARINÆ PARISIENSIS.

et ordinairement accompagnées de ces mots : TABL. RAY. suivis d'un chiffre.

[1] Bibliothèque de l'Arsenal, *Histoire*, n° 324.

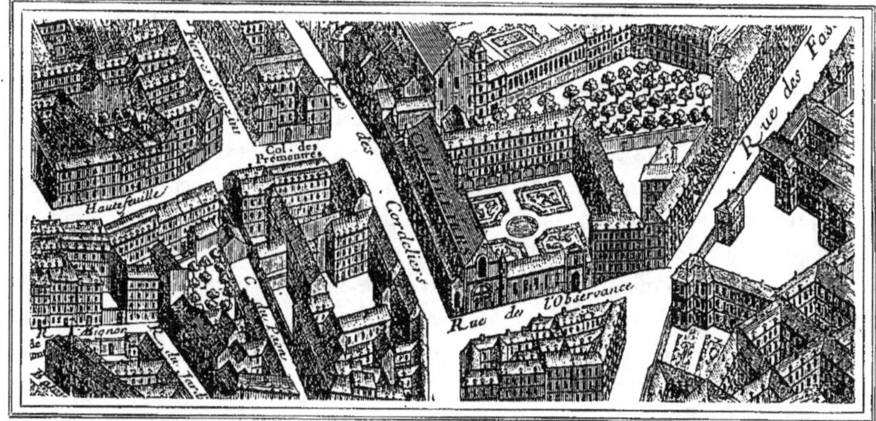

Fac-simile héliographique. Plan dit de Turgot (1739).

CORDELIERS.

Le musée Dupuytren, situé rue de l'École-de-Médecine, exactement en face de la rue Hautefeuille, a été installé dans le réfectoire des Cordeliers. Ce couvent occupait tout l'emplacement qui s'étend aujourd'hui jusqu'à la rue Antoine-Dubois (ancienne rue de l'Observance) : l'École pratique, la Clinique et la place de l'École-de-Médecine ont été pris sur le terrain que couvraient ses vastes bâtiments.

Les Cordeliers, frères mineurs de Saint-François d'Assise, vinrent à Paris vers 1217 [1]; mais ils ne réussirent à s'y installer définitivement que sous le règne de saint Louis. Ce prince les protégea, les enrichit [2], et jeta les fondements de leur bibliothèque, en leur léguant une partie des volumes qu'il avait réunis à la Sainte-Chapelle [3].

Ce premier fonds reçut, vingt ans après, un accroissement considérable, dû à la libéralité d'un opulent prélat, le cardinal Jean Cholet, dit *de Nointel*. Par son testament, daté du 29 novembre 1289, il légua ses livres de logique et de physique à Pierre de Souvions, son chapelain et son pénitencier, sous la condition qu'après la mort de celui-ci ils seraient transmis au couvent des Cordeliers. Jean Cholet laissait, en outre, à cette Maison toutes ses œuvres des Pères de l'Église, tels que saint Augustin, saint Hilaire, etc. [4]

[1] J. Dubreul, *Theatre des antiquitez de Paris*, p. 390.

[2] Voyez Piganiol de la Force, *Description historique de Paris*, t. VII, p. 4 et 5.

[3] «Libros vero nostros, quos tempore decessus «nostri in Francia habebimus... legamus fratribus «Prædicatoribus et fratribus Minoribus Paris..... » (*Testamentum Ludovici IX*, dans A. Du Chesne, *Historiæ Francorum scriptores*, t. V, p. 438.)

[4] «De libris meis sic ordino..... Libros autem

De nombreuses donations particulières succédèrent certainement à celle-ci; mais nous n'avons retrouvé la trace que d'une seule. Un magnifique psautier, couvert de charmantes miniatures, avait été offert par saint Louis à Guillaume de Mesmes, un de ses chapelains; celui-ci le laissa à son neveu Renaut de Mesmes, qui le légua au monastère des Cordeliers, où il voulut être enterré. Longtemps après, les religieux ayant besoin d'argent, et ne possédant sans doute aucun autre objet précieux, songèrent à se défaire de ce volume, qui devait leur être d'autant plus cher que le pieux roi s'en était servi. Le 14 juillet 1381, il fut mis aux enchères et adjugé, moyennant 140 francs, à un clerc de la chapelle de la reine Blanche. Tous ces faits sont attestés par la note suivante, écrite en tête du volume : « Ce livre fust au Roy sainct Louis, qui en la fin de ses jours le donna à « Messire Guillaume de Mesme, son premier chapellain, lequel Messire Guillaume « le donna, au jour de son trespas, à Messire Renaut de Mesme, son neveu, qui « depuis le donna à l'eglise et convent des Cordeliers de Paris, où il se fist enterrer; « et là a demeuré grant temps, jusques au temps de Maistre Thomas de Cussi, « cordelier et liseur dudit convent. Et je ledit frere Thomas, pour la necessité « dudit convent, ay vendu ledit Psautier en plein marchié au plus offrant sept « vingt et quatre francs, le 14. jour du mois de juillet l'an 1381. Et en signe de « verité, je ledit frere Thomas ay mis mon signet manuel en ce present Sautier : « Frere Thomas de Cussi. Et l'achepta Messire Jean, clerc de la chappelle de la « Royne Blanche[1], pour ladite Royne. Frere Thomas de Cussi[2]. »

Les Cordeliers montrèrent dans la suite plus d'attachement pour les livres; ils s'appliquèrent à augmenter leur bibliothèque, qui, au commencement du XVIe siècle, renfermait 9,000 volumes et était devenue « une des plus grandes et des plus « accomplies de toute la France[3]. » Un incendie l'anéantit presque complétement le 19 novembre 1580. Par suite de quelque imprudence[4], il éclata dans l'église, qu'il réduisit en cendres, ainsi que le cloître et la bibliothèque; on put cependant sauver quelques volumes, entre autres les précieux manuscrits qui provenaient du legs de saint Louis[5].

On vint de tous côtés au secours des religieux. Henri III et la famille de Thou se chargèrent de faire réédifier l'église; Catherine de Médicis entreprit de reconstituer la bibliothèque. Elle donna aux Cordeliers plusieurs manuscrits grecs d'une

« philosophicos, tam logicos quam naturales, fratri « Petro de Souions, capellano et pœnitentiario meo « do et lego; ita ut post ipsum ad conventum fra- « trum Minorum Parisiensium revertantur. . Origi- « nalia autem mea, videlicet Augustini, Hilarii et alia, « lego conventui fratrum Minorum Parisiensium. » (Fr. Duchesne, *Hist. des cardinaux*, t. II, p. 225.)

(1) Sans doute Blanche de Navarre, deuxième femme de Philippe VI, morte le 5 octobre 1398.

(2) Ph. Labbe, *L'abregé royal de l'alliance chronologique de l'histoire sacrée et profane, etc.* t. I, p. 627.

(3) L. Jacob, *Traicté des plus belles bibliotheques qui ont esté dans le monde*, p. 584.

(4) Voyez François Gonzague, *De origine Seraphicæ religionis*, p. 118.

(5) Thiéry, *Guide des amateurs et des étrangers*, t. II, p. 369.

grande valeur[1], et son exemple eut de nombreux imitateurs. Parmi eux figure au premier rang le R. P. Jean de la Haye, prédicateur ordinaire d'Anne d'Autriche et procureur général des Cordeliers. Bien qu'il ait été oublié par tous les recueils biographiques, c'était un homme instruit; on lui doit quarante volumes in-folio[2], assez estimés de son temps, mais tenu depuis en médiocre estime, notamment par le docte Richard Simon. Jean de la Haye avait réuni une bibliothèque, riche surtout en ouvrages de théologie; elle renfermait, vers 1643, 4,000 volumes[3], et, quinze ans plus tard, plus de 6,000[4], y compris des manuscrits latins presque tous inédits[5]. Jean de la Haye mourut au mois d'octobre 1661, dans le couvent des Cordeliers, auquel depuis longtemps il avait abandonné tous ses livres. Nous avons trouvé à la Bibliothèque impériale le catalogue de cette collection; il forme un volume in-quarto fort mal écrit. On lit sur le premier feuillet, *Catalogue des livres de nostre biblioteque, 1646;* et en tête du second, *Catalogue des livres de la Biblioteque du R^d^ Pere de la Haye.* A partir du 47e feuillet, il semble que le catalogue des livres de J. de la Haye soit terminé, et qu'on ait inscrit à la suite, année par année, les ouvrages qu'acquérait le couvent; ces listes commencent à 1649 et vont jusqu'en 1653[6]. Un nouveau catalogue de la bibliothèque des Cordeliers fut dressé en 1674; il se compose de 28 feuillets in-folio d'une écriture affreuse et très-serrée; c'est peut-être l'œuvre du théologien Pierre Pelhestre, qui était vers cette époque bibliothécaire de la Maison. Ce catalogue a pour titre : *Inventaire de la Biblioteque du grand convent des Religieux de l'observance de Saint François d'Assise, de la quantité, de la qualité des livres, et de l'ordre dans lequel ils se sont trouvez a l'avenement au deuxieme gardienat du pere Pierre Buisson, 1674, suivant les tabletes et buffets des deux salles, en commençant par la premiere tablete prez la porte de l'entrée a main gauche, marquée par le tiltre* Patres græci, *et continuant jusqu'à la dix septieme prez la porte de la chambre des Archives*[7], *chacune desdites tabletes composée de sept rayons, fors celle qui est au dessus de la porte du R. P. confesseur de la Reyne, laquelle n'est que de trois rayons*[7]. Le nombre des volumes inscrits sur cet inventaire paraît être de 6 à 7,000; Michel de Marolles pouvait donc déjà, avec quelque raison, appliquer l'épithète de «grande» à cette collection[8].

Au commencement du XVIIIe siècle, la bibliothèque du couvent des Cordeliers possédait, suivant Georges Wallin, 10,000 volumes imprimés et 50 manus-

[1] Durey de Noinville, *Dissertation sur les bibliothèques*, p. 54.

[2] Piganiol de la Force, *Description historique de Paris*, t. VII, p. 20.

[3] L. Jacob, *Traicté des plus belles bibliotheques*, p. 579.

[4] Sauval, *Recherches sur Paris*, t. III, p. 52.

[5] Legallois, *Traitté hist. des bibliotheques*, p. 136.

[6] Bibliothèque impériale, manuscrits, fonds des Cordeliers, n° 103.

[7] Bibliothèque impériale, manuscrits, fonds des Cordeliers, n° 11.

[8] La Cordeliere est grande.....

(Mich. de Marolles, *Paris, ou description succincte et neantmoins assez ample de cette grande ville*, p. 46.)

crits[1]. Elle avait pour bibliothécaire François-Nicolas Vaulcher, qui eut l'idée d'en dresser un autre catalogue; mais il abandonna promptement cette entreprise, car la majeure partie du volume est restée en blanc; il est intitulé : *Catalogus alphabeticus authorum quorum scripta extant in Bibliotheca fratrum Minorum regularis observantiæ magni conventus Parisiensis, inceptus a fratre Francisco Nicolao Vaulcher, sub moderamine sapientissimi magistri nostri L. Duval. Anno Domini 1719*[2]. Ce titre semblait cependant promettre un travail complet, et, dans l'introduction qui le suit, l'auteur déclare encore qu'il a eu pour but de rendre service à lui-même et aux personnes qui se servent de la bibliothèque[3].

Cette tentative fut renouvelée plus tard avec un plein succès par un docteur de Sorbonne, nommé Bonhomme[4], alors bibliothécaire des Cordeliers, et il en résulta un très-beau catalogue composé de 7 volumes in-quarto, sous ce titre : *Catalogue des livres de la Bibliotheque des Religieux Cordeliers du grand couvent de Paris*[5]. Il est rédigé par ordre de matières; « on a suivi l'ordre observé dans le catalogue de la « Bibliotheque du Roi pour les parties *alors* imprimées, et si on s'en est quel« quefois écarté, c'est pour donner plus de jour aux différentes subdivisions et aux « classes particulieres de livres qui se trouvent plus ou moins en nombre[6]. »

D'après la *Déclaration* faite en 1790 par le prieur de la Maison, le local qu'occupait la bibliothèque se composait de deux grandes salles et de deux cabinets. La première salle était entourée de seize armoires à portes grillées, et renfermait les ouvrages relatifs à l'Écriture Sainte. La seconde, composée de « vingt et « une divisions en planches et rayons, » réunissait le droit civil et le droit canonique, les grammairiens, les philosophes, l'histoire, etc. Dans le premier cabinet étaient classés des volumes in-douze de toutes matières. Le second cabinet contenait : « 1° les archives du couvent; 2° deux armoires grillées remplies de livres « appelés *Mélanges;* 3° une autre armoire qui recèle les heterodoxes; 4° deux « autres petites armoires de manuscrits, où il n'y a rien d'ancien ni de prétieux. » Le mobilier, fort simple, se composait de deux grandes tables couvertes de tapis, des portraits des hommes illustres de l'Ordre, et de quatre vieux globes célestes et terrestres[7].

On trouve, au cabinet des estampes de la Bibliothèque impériale, quatre grandes planches qui représentent sous ses différents aspects le couvent des Cor-

(1) G. Wallin, *Lutetia Parisiorum erudita sui temporis*, p. 121.

(2) Bibliothèque Mazarine, manuscrits, n° 3284.

(3) « Cum pergratum ac perutile futurum mihi et « aliis bibliothecam scrutantibus duxerim, nos au« thorum necnon operum ex quibus bibliotheca hæc « coalescit, ad manum habere notitiam; omnino ut « huic scopo satisfacerem, authores sub alphabetico « proprii, adoptivi, vel impositi nominis ordine dis« tribuere : una et operum cujuscumque summam « proponere censui; idque in hoc indice sic prose« quor..... » (*Introduction* en tête du catalogue.)

(4) Il rédigea ensuite le catalogue de la bibliothèque de l'Université.

(5) Bibliothèque Mazarine, manuscrits, nos 3158 à 3164.

(6) *Avertissement* en tête du catalogue.

(7) *Déclaration des biens meubles et immeubles du*

deliers; et sur l'une d'elles la place qu'occupait la bibliothèque est indiquée. Ces quatre vues, fort grossièrement gravées, sont l'œuvre d'un cordelier nommé Rocheran. Au bas de celle que nous reproduisons, on lit : *Prospect Oriental des batimens du Grand Convent des Pères Cordeliers de Paris qui se voyent du jardin.* Et en tête : « Au tres reverend pere André Houbereau, docteur en theologie de la fa« culté de Paris, cy devant pere gardien et lecteur general au grand convent « des PP. Cordeliers, conseiller et prédicateur du Roy, pere de la province de « France parisienne, diffiniteur de tout l'Ordre de St François, ministre provin« cial de la grande province de Touraine, et commissaire, né en icelle du R^me, « P. general. F. René Rocheran, son tres humble religieux, et profes de la dite « province, D. D. D.[1]. »

Le dernier bibliothécaire du couvent des Cordeliers fut le R. P. Burté[2]. Nous ne savons s'il fut complice du prieur qui déclara à la municipalité que la Maison possédait 11,000 volumes seulement[3], et qu'il n'y avait pas de catalogue[4]. Thiéry, en 1787, attribuait au couvent 24,000 volumes[5]; cependant, vérification faite, on n'en trouva que 17,614[6].

Ce couvent fut supprimé en 1790. La salle d'étude de théologie pour les novices servit presque aussitôt aux réunions du fameux district des Cordeliers. Plus tard, on organisa, dans cette Maison, un des dépôts littéraires destinés à centraliser les livres confisqués dans les monastères et chez les émigrés[7].

grand couvent des Cordeliers de Paris. Archives de l'Empire, série S, carton n° 4161.

(1) Bibliothèque impériale, estampes, *Topographie de Paris,* 6e arrondissement, 21e quartier.

(2) Thiéry, *Guide des amateurs et des étrangers,* t. II, p. 369.

(3) *État général des livres des Maisons ecclesiastiques et relligieuses du département de Paris, d'après les déclarations reçues.* Archives de l'Empire, série M, n° 797.

(4) *Déclaration des biens meubles, etc.* Archives de l'Empire, série S, n° 4161.

(5) Thiéry, *Guide des amateurs et des étrangers,* t. II, p. 369.

(6) *Recensement détaillé des livres des bibliothèques du département de Paris.* Archives de l'Empire, série M, n° 797.

(7) A. Lenoir, *Description historique des monuments réunis au musée des monuments français,* p. 2.

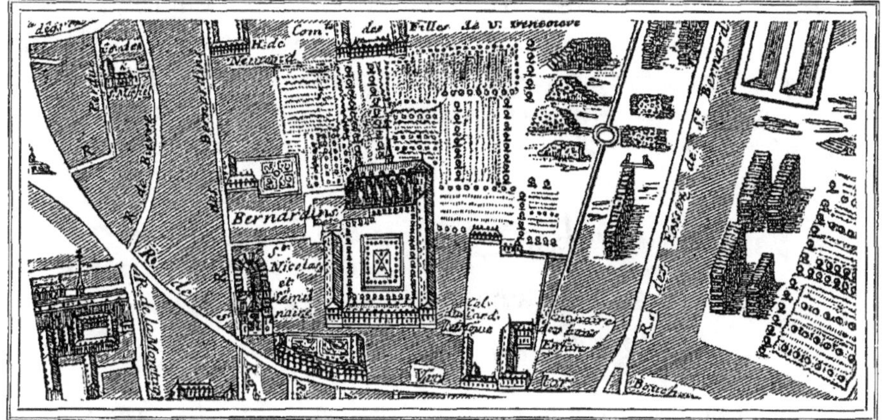

Fac-similé héliographique. Plan de Lacaille (1714).

COLLÉGE DES BERNARDINS.

Étienne de Lexington (*Stephanus de Lexintona*), abbé de Clairvaux, obtint d'Innocent IV, en 1244, l'autorisation d'ouvrir un collége où l'on enseignerait la théologie. Son but était de fermer la bouche aux moines mendiants, qui raillaient ceux de Clairvaux, les traitant d'ignorants, «homines nullius litteraturæ,» et plus adonnés à la cuisine qu'à l'étude, «culinæ magis deditos quam scholarum exer-«citiis[1].» Le nouvel établissement s'éleva sur un terrain assez vaste dépendant du clos du Chardonnet, «de Carduneto[2].» Dès 1320, il fut cédé à l'ordre de Cîteaux[3].

Mais les bâtiments alors menaçaient ruine. Le pape Benoît XII, qui avait appartenu à cette congrégation, entreprit de les faire reconstruire à ses frais[4], et la première pierre fut posée le 24 mai 1338. Il mourut trop tôt pour voir la fin des travaux, que le cardinal Guillaume Curti, dit Leblanc (*Albus*), se chargea de continuer. Il paraît du reste qu'à cette époque le collége possédait déjà une bibliothèque, car une inscription, qui était placée près de la porte de l'église, nous apprend que Guillaume Curti, «quondam cardinalis, doctor theologiæ, Tho-«losanus natione, Cisterciensis religione, ecclesiam ad perfectionem qualem obti-

(1) *Histoire littéraire de la France*, t. XVI, p. 54, et t. XIX, p. 13. — Crevier, *Histoire de l'Université de Paris*, t. I, p. 490.

(2) Ainsi nommé à cause des nombreux chardons qui y croissaient, «a carduis quibus abundabat,» dit Dubreul, *Theatre des antiquitez de Paris*, p. 469.

(3) Voyez dans Félibien, *Histoire de Paris*, t. III, p. 163, les lettres patentes portant confirmation de cette cession.

(4) G. Brice, *Description de Paris*, t. II, p. 431.

«net produxit, et Bibliothecam insignivit[1].» Nous avons retrouvé à la bibliothèque Mazarine un des volumes que le cardinal légua au collége des Bernardins; c'est un beau manuscrit in-folio, sur vélin, qui contient une glose sur les *Paraboles* et l'*Ecclésiaste*. On lit à la fin[2] :

Cette bibliothèque eut de très-bonne heure un règlement qui nous a été conservé par Félibien[3], et qui était ainsi conçu[4] : «Aucun écolier, à l'exception des «bacheliers, des professeurs et des confesseurs, ne doit avoir les clefs de la biblio-«thèque, et ceux-ci ne peuvent la recevoir que des mains du proviseur. Celui «qui aura perdu sa clef sera forcé par le Conseil de renouveler, à ses frais, toutes «les autres clefs et la serrure. Celui qui quittera le collége doit, sous peine d'ex-«communication, remettre sa clef au proviseur. Celui auquel on confiera une clef «devra, avant tout, comme les nouveaux venus, payer deux sous parisis, destinés «à la réparation des volumes, suivant la décision du Conseil; et le proviseur, sous «peine d'excommunication, rendra un compte fidèle de cet argent. Quiconque, «soit en entrant dans la bibliothèque, soit en la quittant, aura laissé la porte «ouverte, ou n'aura point refermé un livre dont il se sera servi, ou, après avoir

(1) J. Dubreul, *Theatre des antiquitez de Paris*, p. 471. — Piganiol de la Force, *Description historique de Paris*, t. V, p. 333. — Sauval, *Histoire de Paris*, t. II, p. 373. — Seb. Munster, *La cosmographie universelle de tout le monde*, édition revue par Belleforest, t. Ier, p. 193.

(2) «Istum librum legavit dominus Guillermus «Curti, bone memorie, quondam cardinalis Albus, «scolaribus sancti Bernardi, Parisius, sub tali «pacto quod pro nullo amoveatur de libraria.» (Bibliothèque Mazarine, manuscrits, n° T 123.)

(3) Félibien, *Histoire de Paris*, t. III, p. 177.

(4) «Nulli scholares, nisi duntaxat bacchalaurei, «determinatores et confessores, librariæ claves ha-«beant, quas non aliunde nisi de manu provisoris «recipiant. Qui clavem suam perdiderit, cogatur per «concilium alias omnes et serram, expensis suis, «renovare. Recedens a collegio, sub pœna excom-«municationis, clavem suam provisori dimittat. «Antequam vero quis clavem recipiat, duos solidos «parisienses, reparationi librorum, secundum de-«terminationem concilii, applicandos, provisori sol-«vat, sicut et noviter venientes; de quibus quidem «pecuniis provisor ipse, sub pœna etiam excommu-«nicationis latæ sententiæ, fidelem concilio reddat ra-«tionem. Quicumque dictæ librariæ, sive intrando, «sive exeundo, ostium apertum dimiserit, vel libros «aperiens apertos dimiserit, aut quoscumque extra-«neos, nisi semper cum eis præsens fuerit, introdu-«cere præsumpserit, clavis eidem penitus auferatur, «nec sibi nisi pro arbitrio provisoris restituatur. «Nullus, cujuscumque status, officii vel gradus «fuerit, librum extra librariam, pro se vel pro «altero, in collegio aut extra, quacumque causa, «nisi forte causa reparationis, sub pœna gravissima «extrahere præsumat. Vinum autem provisori et «subpriori interdicimus, quamdiu aliquis liber extra «librariam aliter fuerit. Librum vero seu libros ejus-«dem librariæ qui perdiderit seu destruxerit, ad con-«dignam satisfactionem per concilium compellatur.»

« introduit des étrangers, ne sera pas resté constamment avec eux, se verra aussitôt « privé de sa clef, qui ne lui sera restituée que sur la décision du proviseur. Que « personne, quels que soient ses fonctions, son état ou son grade, n'ose emporter, « sous aucun prétexte, pour lui ou pour un autre, dans le collége ou ailleurs, un « livre de la bibliothèque, à moins que ce ne soit pour cause de réparation : il « s'exposerait aux peines les plus sévères. Nous interdisons le vin au proviseur et « au sous-prieur aussi longtemps qu'un livre sera absent de la bibliothèque sans « raison valable. Celui qui aura égaré ou détruit un ou plusieurs volumes de la bi- « bliothèque sera cité devant le Conseil pour donner une satisfaction convenable. »

Le collége des Bernardins était très-pauvre, ses revenus suffisaient à peine à couvrir les frais d'exploitation; il était cependant administré avec une remarquable économie, si l'on en juge par cet exposé de la nourriture des élèves : « Un servi- « teur, nommé *Claviger*, donne le pain et une chopine de vin à chaque repas; un « autre serviteur, cuisinier, donne, les jours de chair, à chacun et à chaque repas, « une demi-livre de bœuf boüilli, et les jours maigres, deux œufs en cocque ou « deux harangs rostis[1]. » On comprend que des gens obligés de se condamner à un pareil régime n'aient pas trouvé le moyen d'augmenter beaucoup leur biblio- thèque; aussi, bien que le collége fût resté en exercice jusqu'au moment de la Révolution, il ne possédait encore à cette époque que 7 manuscrits et environ 600 volumes. Le proviseur s'exprime ainsi dans l'*État* qu'il dut fournir, en mars 1790, à la municipalité de Paris : « La bibliothèque du collége est composée : « 1° de 400 volumes in-douze et in-octavo, presque tous dans le genre ascétique « et moral; il n'y a que très-peu de livres d'histoire ou de littérature; 2° il s'y « trouve encore 200 volumes in-folio de théologie ou des saints Pères, sur quoi « on observera que les éditions sont des premières qui aient été faites lors du « renouvellement des lettres; 3° les manuscrits sont au nombre de 7, et consistent « en légendes, missels, commentaires sur l'Écriture sainte, etc.[2]. » Lors de l'ap- position des scellés, qui eut lieu le 1er février suivant, on constata encore que « la plupart des volumes étaient dépareillés et de mauvaises éditions[3]. »

Nous n'avons trouvé aucune marque, aucune estampille, aucune inscription même qui puissent se rapporter à la bibliothèque des Bernardins.

Les bâtiments de ce collége étaient très-beaux et très-vastes, on remarquait surtout le réfectoire et les dortoirs; une partie de ces derniers a été conservée, et était, tout récemment encore, occupée par une école gratuite d'enseignement mutuel.

[1] *Brief estat du gouvernement du college des Bernardins à Paris*, p. 14.

[2] *État des meubles, etc. du collége des Bernardins de Paris* (19 mars 1790). Archives de l'Empire, série S, carton n° 3658. — [3] *Procès-verbal d'apposition de scellés sur la bibliothèque du collége des Bernardins*. Archives de l'Empire, série S, carton n° 3658.

Fac-simile héliographique. Plan de Vassalieu (1609).

SAINTE-CHAPELLE DU PALAIS.

En 1239, l'empereur Baudouin donna à saint Louis un grand nombre de très-précieuses reliques; on y remarquait : la couronne d'épines de Jésus-Christ, un fragment de la vraie croix, du sang de Notre-Seigneur, ses langes, un morceau de la pierre de son sépulcre, du lait de la Vierge, la verge de Moïse, etc. etc. [1]. Pour abriter de pareils trésors, ce n'était pas trop d'un chef-d'œuvre d'architecture : le roi fit construire la Sainte-Chapelle par Pierre de Montereau [2].

Ce monument eut la gloire d'abriter une des premières bibliothèques publiques qui aient existé en Europe.

Geoffroy de Beaulieu, conseiller intime, aumônier et confesseur de saint Louis, raconte que ce prince, étant en Palestine, entendit parler d'un soudan sarrasin qui faisait soigneusement rechercher, transcrire à ses frais et placer dans sa bibliothèque les livres de toute espèce qui pouvaient être utiles aux savants de son pays, et les leur communiquait sans difficulté toutes les fois qu'ils en avaient besoin [3]. D'après le même chroniqueur, saint Louis, enthousiasmé de cette idée songea à la réaliser en France dès qu'il y fut de retour.

(1) «Dedimus domino Regi spontaneo et gratuito «dono... sacrosanctam spineam coronam Domini, «partem de ligno sanctæ crucis, item de sanguine «Domini nostri J. C. pannos infantiæ Salvatoris... «magnam partem de lapide sepulchri D. N. J. C... «de lacte beatæ Mariæ Virginis... virgam Moysi...» (Acte de donation, dans Cl. Malingre, *Antiquités de Paris*, p. 81.)

(2) Toutes les pièces officielles concernant la fondation de la Sainte-Chapelle se trouvent dans Félibien, *Histoire de Paris*, t. III, p. 119 et suiv.

(3) «Audivit fidelis rex, dum adhuc esset ultra «mare, de quodam magno Sarracenorum soldano, «qui omnia librorum genera, quæ necessaria esse «poterant philosophis sarracenis, diligenter facie«bat inquiri, et sumptibus suis scribi, et in ar-

La plupart des historiens qui se sont occupés de Louis IX ont reproduit ce récit, sans qu'aucun ait pensé à faire remarquer combien il est étrange qu'un roi aussi intelligent et aussi lettré ait été en Orient emprunter à un Sarrasin une idée qui, quatre cents ans auparavant, était venue tout naturellement à l'esprit de son prédécesseur Charlemagne.

Quoi qu'il en soit, Louis IX se mit à l'œuvre avec une ardeur extrême. Il fit copier tous les livres des saintes Écritures qu'on put trouver dans les différentes abbayes; il refusait même de les acheter, comprenant combien il était utile d'en multiplier les exemplaires [1]. Saint Louis, est-il besoin de le dire, réservait exclusivement son zèle pour les ouvrages bien et dûment reconnus orthodoxes; à l'égard des autres, il usait d'un moyen aussi simple qu'énergique. «En effet, dit «l'abbé Le Beuf, il ordonna, pour le progrès de la théologie chrétienne, la re«cherche des livres du Thalmud que les théologiens de Paris avoient condamnés, «et il commanda que, de tout le royaume, on les apportât à Paris pour les «brûler [2].»

Quand saint Louis eut fait transcrire de nombreux traités de saint Augustin, de saint Ambroise, de saint Jérôme, de saint Grégoire et d'autres auteurs orthodoxes, ajoute notre texte, il les plaça à la Sainte-Chapelle, dans une salle à la fois sûre et commode, qui était contiguë à celle où l'on conservait les reliques. Puis, aussitôt la petite collection installée, il la mit à la disposition de tous ceux qui voulaient y venir étudier. Lui-même s'y rendait parfois durant ses heures de loisir, et, s'il s'y trouvait à côté de quelques serviteurs encore peu lettrés, il leur traduisait en français les passages latins qu'ils ne pouvaient comprendre [3].

Pas un seul des autres écrivains contemporains du saint roi n'a dit un mot de l'existence de cette bibliothèque. On ne possède donc sur ce sujet que le court passage de Geoffroy de Beaulieu. Les auteurs qui ont parlé des livres de la Sainte-Chapelle ont, dès lors, dû se borner à paraphraser de leur mieux le thème un peu ingrat que leur offrait le treizième siècle. En l'absence d'autres documents, nous reproduirons quelques fragments de ces amplifications.

«mario suo recondi, ut literati eorum librorum «copiam possent habere, quoties indigerent.» (Gaufridus de Bello Loco, *Sancti Ludovici vita, conversatio et miracula*, p. 43.)

[1] «Concepit quod, revertens in Franciam, om«nes libros Sacræ Scripturæ, quos utiles et autenticos in diversis armariis abbatiarum invenire va«leret, transcribi sumptibus suis faceret... Potius «autem volebat de novo facere libros scribi, quam «emere jam conscriptos : dicens, quod hoc modo «sacrorum librorum numerus et utilitas copiosius «augebatur.» (Gaufridus de Bello Loco, *Sancti Ludovici vita, conversatio et miracula*, p. 44.)

[2] Le Beuf, *De l'état des sciences en France depuis la mort du roi Robert*, p. 135.

[3] «Locum aptum et fortem ad hoc ædificari «fecit, scilicet Parisius in capellæ suæ thesauro, «ubi plurima originalia tam Augustini, Ambrosii, «Hieronymi atque Gregorii, nec non et aliorum or«thodoxorum doctorum libros sedule congregavit: «in quibus, quando sibi vacabat, libenter studebat et «aliis ad studendum libenter concedebat... Quando «studebat in libris, et aliqui de familiaribus suis «erant præsentes, qui litteras ignorabant, quod «intelligebat legendo proprie et optime noverat co«ram illis transferre in gallicum de latino.» (Gau-

Les Bollandistes s'expriment ainsi :

Inter alia bona quæ in regnum inducere studuit rex sanctus, litterarum studia promovere conatus est, magnamque ea intentione bibliothecam hoc tempore colligere exorsus est, ut narrat Gaufridus [1].

On lit dans Félibien :

Lorsque S. Louis estoit encore en Orient, il entendit parler d'un seigneur sarrazin d'Egypte qui faisoit transcrire tous les meilleurs livres de philosophie qui se pouvoient trouver, pour l'usage des jeunes gens du pays. Cet exemple le porta, à son retour en France, à faire la mesme chose, à l'égard des Saintes Escritures et des ouvrages des saints Peres, dont il fit copier un grand nombre d'exemplaires sur ceux qu'il avoit trouvez en diverses abbayes. Il aima mieux en faire transcrire de nouveau que d'en acheter de tout escrits, afin d'en augmenter l'utilité avec le nombre. Il fit construire exprès à Paris, au tresor de la Sainte Chapelle, un lieu commode et sûr, où il renferma sa nouvelle bibliotheque, composée des plus excellens auteurs, et laissa aux gens de lettres la liberté d'aller consulter ces sources de la saine doctrine. Lui-mesme s'y enfermoit souvent pour y estudier dans ses heures de loisir; et l'on a remarqué qu'il lisoit bien plus volontiers les ouvrages des saints Peres que tous les escrits des meilleurs docteurs de son tems; ce qui suffit pour monstrer l'excellence et la délicatesse de son goust sur les ouvrages d'esprit [2].

Voici maintenant le récit de Crevier :

Il (saint Louis) forma une bibliothéque, et il en prit l'idée sur l'exemple des princes sarrasins, qu'il avoit appris dans sa première croisade avoir amassé un grand nombre de livres pour l'utilité des philosophes de leur secte et de leur nation. Il fut piqué d'une sainte émulation : il reconnut avec douleur la vérité de cette parole de l'Évangile : «Les enfans du siècle sont plus prudens par rapport à leur objet que les enfans de lumière;» et il résolut de leur enlever cet avantage. De retour en son royaume il fit visiter les anciennes abbayes, pour en tirer les ouvrages des Pères et des auteurs ecclésiastiques, qu'il faisoit transcrire à son usage, et à l'usage de ceux qui désiroient comme lui de s'instruire, et auxquels il les prêtoit très volontiers. Attentif à la propagation de la doctrine, il vouloit, non pas que l'on achetât pour lui des livres déjà écrits, mais que l'on en fît de nouvelles copies, afin de multiplier les instrumens de la science. Il plaça les livres qu'il avoit ainsi acquis dans le trésor de la Sainte Chapelle fondée par lui dans son palais, et, lorsqu'il avoit des momens libres, il prenoit plaisir à s'y renfermer pour vaquer à la lecture [3].

Dom Liron abrége beaucoup :

Loüis fut toûjours fort attaché à la lecture des Ecritures Saintes et des livres des anciens Pères. Il fit copier un grand nombre d'exemplaires de l'Ecriture et des bons auteurs, dont il forma une bibliothèque à la Sainte Chapelle [4].

Fleury, l'abbé Racine, Deslandes et Velly insistent surtout sur le caractère de publicité que saint Louis imprima à son utile fondation :

Il amassa soigneusement plusieurs exemplaires dans lesquels il étudioit volontiers quand il

fridus de Bello Loco, *Sancti Ludovici vita, conversatio et miracula*, p. 44.)

[1] *Acta sanctorum*, 25 augusti, t. V, p. 442.

[2] Félibien, *Histoire de Paris*, t. Ier, p. 358.

[3] Crevier, *Hist. de l'Univ. de Paris*, t. II, p. 36.

[4] J. Liron, *Bibliothèque chartraine*, p. 112.

en avoit le loisir, et les donnoit volontiers aux autres pour s'en servir... Quand il étudioit en presence de quelqu'un de ceux qui étoient familiers avec lui, et qui n'étoient pas lettrez, il leur expliquoit ce qu'il lisoit, le traduisant de latin en françois avec beaucoup de justesse (1).

Il résolut donc, à son retour en France, de faire transcrire à ses dépens tous les livres ecclésiastiques authentiques et utiles qu'il pourroit trouver dans les bibliothèques de diverses abbaïes, afin que lui tout le premier, les gens de lettres et les religieux qui avoient accès auprès de lui, y pussent étudier, tant pour leur utilité propre que pour l'édification du prochain (2).

Il employa de grandes sommes d'argent à faire copier les Saintes Ecritures et les ouvrages des Pères qui languissoient dans différentes abbayes, ignorés de ceux même qui les possédoient. Il choisit ensuite un lieu dans le trésor de la Sainte Chapelle où il renferma tous ces exemplaires, avec permission aux curieux de les venir consulter et d'en extraire les plus beaux endroits (3).

Saint Louis conçut le dessein de fournir au trésor de la Sainte Chapelle une bibliothèque où tout le monde eût la liberté d'entrer et d'étudier. Il y venoit quelquefois seul, sans toute la suite de la royauté, aux heures que les affaires lui laissoient libres, et se faisoit un plaisir d'expliquer des endroits difficiles à ceux qui vouloient en profiter, et qui souvent prenoient ses leçons sans sçavoir que ce maître si complaisant étoit le Roi (4).

Voici enfin comment s'expriment les auteurs de l'*Histoire littéraire de la France :*

Ce fut en Orient que S. Louis conçut l'idée de se former une bibliothèque à Paris. Ayant appris qu'un soudan d'Égypte faisait de toutes parts rassembler, transcrire et traduire les livres des anciens philosophes, il résolut d'entraîner les chrétiens à suivre un exemple qu'ils auraient dû donner. Il fit donc copier les livres de l'Ancien et du Nouveau Testament, et plusieurs ouvrages des Pères de l'Église. Il rassembla ces livres à la Sainte Chapelle de Paris, et voulut que cette bibliothèque fût accessible aux savants, aux professeurs, aux étudiants même : c'est en France, peut-être même en Europe, le premier exemple d'une bibliothèque publique (5).

Fidèle à son dessein de multiplier les manuscrits, saint Louis faisait copier à ses frais la plupart des extraits dont avait besoin pour composer ses ouvrages Vincent de Beauvais, son lecteur et le précepteur de ses fils (6). M. Petit-Radel en a conclu qu'en relevant avec soin les noms de tous les auteurs mentionnés dans Vincent de Beauvais, on obtiendrait « le catalogue de la bibliothèque de saint Louis (7). » Cette assertion est évidemment très-hasardée. La haute position qu'occupait le lecteur du roi le mettait à même de se procurer des livres ailleurs qu'à la Sainte-Chapelle; dès le XIIIe siècle, plusieurs particuliers, et surtout une grande quantité

(1) Fleury, *Histoire ecclésiastique*, t. XVII, p. 496.

(2) L. Racine, *Abrégé de l'histoire ecclésiastique*, t. V, p. 400.

(3) Deslandes, *Histoire critique de la philosophie*, t. III, p. 285.

(4) Velly, *Histoire de France*, t. V, p. 203.

(5) *Histoire littéraire de la France*, t. XVI, p. 34. — On peut voir encore : Leprince, *Essai historique sur la bibliothèque du roi*, p. 4 ; — D'Auvigny, etc. *Histoire de Paris*, t. Ier, p. 269.

(6) « Insuper etiam in sumptibus ad eadem scripta « conficienda liberaliter interdum mihi subsidia præ« buistis. » (Vincentius Belvacensis, *De consolatione*, prologus.) — « Frater Vincentius Belvacensis scripsit « quatuor magna specula... beato Ludovico Fran« corum rege ei libros ministrante. » (E. Martène, *Veterum scriptorum et monumentorum amplissima collectio*, t. VI, p. 363.)

(7) Petit-Radel, *Recherches sur les bibliothèques anciennes et modernes*, p. 125.

d'abbayes en possédaient; elles ne s'en dessaisissaient pas facilement [1], mais aucune n'en eût refusé communication, sur le lieu même, au précepteur du roi futur. Enfin, si l'on adoptait l'opinion de M. Petit-Radel, deux lignes d'un ouvrage quelconque, trouvées par Vincent de Beauvais dans un manuscrit, suffiraient pour faire admettre que l'ouvrage tout entier existait à la bibliothèque de saint Louis.

Dans sa véritable encyclopédie, Vincent de Beauvais a mentionné, entre autres, les auteurs suivants : Vitruve, *cité là pour la première fois;* Calpurnius; Festus Avienus; Maximianus; Chalcidius, *commentateur de Platon;* Symmaque; Justin; Plotin; Pline, *ses lettres;* Columelle; Platearius, *médecin contemporain;* Caius Pomponius; Papinien; Ulpien; Marcien; Herennius; Modestinus, *jurisconsulte du IIIe siècle;* J. César, *sous le nom de Julius Celsus;* Plutarque; Ésope; Platon; Cicéron; Galien; Sénèque, *ses tragédies;* Salluste; Horace; Ovide; Virgile; Valère Maxime; Lucain; Macrobe; Quintilien; Porphyre; Claudien, etc.

Que saint Louis, qui, nous l'avons vu, ne voulait point acheter de manuscrits, ait eu le temps de faire copier tous ces ouvrages, c'est une hypothèse absolument insoutenable; tout au plus pourrait-on admettre que chacun des auteurs que nous venons de nommer était représenté dans la bibliothèque du roi par quelque fragment; et encore cette concession nous paraîtrait-elle à peine justifiée par les documents dont nous disposons. D'ailleurs, il faut le remarquer, Geoffroy de Beaulieu parle de livres saints, de Pères de l'Église, et nullement d'auteurs profanes.

Saint Louis, en mourant, partagea les ouvrages réunis à la Sainte-Chapelle entre les quatre communautés religieuses qu'il affectionnait le plus : les Jacobins et les Cordeliers de Paris, l'abbaye de Royaumont et les Jacobins de Compiègne. Le roi exceptait seulement de ce legs les livres consacrés à l'usage spécial de sa chapelle [2].

L'histoire de la bibliothèque établie à la Sainte-Chapelle s'arrête donc ici [3], car

[1] Voyez les lettres si curieuses de Loup de Ferrières, *Liber epistolarum*, Paris, 1588, in-8°; et surtout l'excellente édition donnée par Baluze.

[2] «Libros vero nostros quos tempore decessus «nostri in Francia habebimus, præter illos qui ad «usum capellæ pertinent, legamus Fratribus Præ«dicatoribus et Fratribus Minoribus Paris. abbatiæ «Regalis Montis et Fratribus Prædicatoribus Comp. «secundum discretionem et ordinationem executo«rum nostrorum, eisdem æquis portionibus divi«dendos : præter illos libros quos dicti Fratres «Prædicatores Compend. jam habent.» (*Testamentum Ludovici IX regis*, dans A. Du Chesne, *Historiæ Francorum scriptores*, t. V, p. 438.)

[3] Au-dessus de la sacristie, on conserva cependant jusqu'à la Révolution, dans deux chambres superposées, la précieuse collection connue sous le nom de *Trésor des chartes*. L'origine de ces archives remonte au règne de Philippe-Auguste. On trouvera leur histoire complète dans les ouvrages suivants : L. Dessalles, *Le trésor des chartes, sa création, ses gardes et leurs travaux*, Paris, 1844, in-4°. — Hurtaut et Magny, *Dictionnaire historique de la ville de Paris*, t. II, p. 247 et suiv. — Thiéry, *Guide des amateurs et des étrangers voyageurs à Paris*, t. II, p. 18 et suiv. — *Mémoires de l'Académie des inscriptions*, t. XVI, p. 166-175. — Bonamy, *Mémoire historique sur le trésor des*

aucun essai de reconstitution ne semble avoir été fait dans la suite. Nous avons vainement interrogé à cet égard toutes les pièces conservées aux Archives de l'Empire et les anciens nécrologes de la Sainte-Chapelle. Ceux-ci, d'ailleurs très-curieux et très-complets sous d'autres rapports, ne renferment aucune donation où l'on voie figurer des livres. Le premier de ces nécrologes, volume in-folio sur vélin, d'une magnifique exécution, est à la bibliothèque Mazarine, où il porte, parmi les manuscrits, le n° T 207; le second appartient à la Bibliothèque impériale; il est également sur vélin, d'une belle écriture, et a pour titre : *Ce livre est le livre des obitz ou anniversaires fondez en la Saincte Chappelle du Palays Royal, lesquelz ont fait et celebre ordinairement chascun an en icelle Saincte Chappelle. Et le quel livre est double. Et est ce present livre le double du nouvel livre des obitz ou anniversaires de ceste Saincte Chappelle seulement; et non pas le double de l'ancien livre des obitz ou anniversaires d'icelle Saincte Chappelle. Et aussi cedit present livre est sans prejudice dudit ancien livre desditz obitz ou anniversaires* [1].

La Sainte-Chapelle renfermait encore, à l'époque de la Révolution, plusieurs ouvrages liturgiques d'un prix inestimable, presque tous reliés avec le plus grand luxe, couverts d'or et garnis de perles et de pierreries. On trouve quelques-uns d'entre eux mentionnés dans l'*Histoire du diocèse de Paris*, de l'abbé Le Beuf [2], dans l'*Histoire ecclésiastique de la Cour*, de R. du Peyrat [3], et dans la plupart des *Guides* imprimés depuis le XVIe siècle. La liste exacte et en quelque sorte officielle a été publiée, en 1790, par le député Morand, dans son *Histoire de la Sainte-Chapelle*. Il y cite, entre autres volumes précieux, cinq manuscrits des Évangiles, dont l'un portait cette inscription : « Ce livre a été donné par Charles V, roi de France, « fils du roi Jean, en 1379. » La couverture, dit Morand, « est toute en plaques « d'or du poids de huit marcs, et enrichie de trente-cinq saphirs d'Orient, vingt-« quatre rubis balais, trente émeraudes et cinquante-quatre perles. » Un autre texte des Évangiles, écrit en lettres d'or et orné de miniatures, était revêtu de plaques d'or rehaussées de douze saphirs, vingt-six émeraudes, dix rubis, deux agates et soixante perles [4].

En dehors de ces admirables volumes, la Sainte-Chapelle ne possédait, en 1790, qu'un très-petit nombre de manuscrits. Outre les deux nécrologes cités plus haut, nous n'avons rencontré comme provenant de cette église que les deux ouvrages suivants : *Compte de recette de la Sainte-Chapelle de Paris, de 1440 à 1451*, in-folio sur vélin [5]; et *Commendationes defunctorum ad usum Sanctæ Capellæ Parisiensis*,

chartes et sur son état actuel, Paris, 1770, in-4°. — *Table des chartes et titres du trésor de la Sainte-Chapelle;* Bibliothèque impériale, manuscrits, fonds de Saint-Victor, n° 1096.

[1] Bibliothèque impériale, manuscrits, fonds de la Sainte-Chapelle, n° 2.

[2] Édition Cocheris, t. II, p. 536.

[3] Page 522.

[4] Page 49 et suivantes.

[5] Bibliothèque impériale, manuscrits, fonds de la Sainte-Chapelle, n° 1.

in-4°, sur vélin[1]. Quelques Évangiles et Missels ont aussi été mentionnés par M. Léopold Delisle[2].

Ces volumes ne portent ni estampille, ni inscription manuscrite. On lit cependant au verso de la couverture du nécrologe conservé à la bibliothèque Mazarine :

POUR LA SAINTE CHAPELLE DU PALAIS, A PARIS;

mais ces mots ont certainement été écrits à la fin du XVIIe siècle.

[1] Bibliothèque impériale, manuscrits, fonds de la Sainte-Chapelle, n° 3.

[2] Voyez son *Inventaire des manuscrits conservés à la Bibliothèque impériale sous les n°s 8823 à 11503 du fonds latin.*

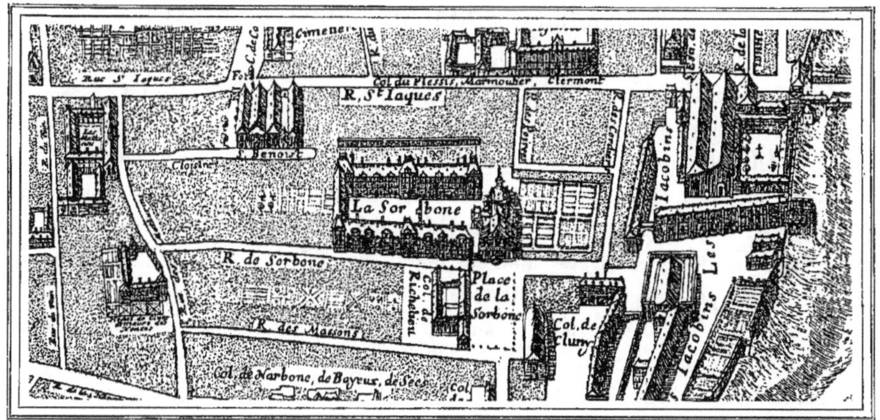

Fac-simile héliographique. — Plan de J. Gomboust (1652).

COLLÉGE DE SORBONNE.

I.

Nous avons dit que, jusqu'au treizième siècle, l'instruction publique à Paris resta concentrée dans le cloître de l'église Notre-Dame. L'antiquité de cette école, sa situation, le souvenir des éminents professeurs qui l'avaient illustrée, tout avait concouru à lui conserver une prééminence qui ne disparut que lentement, et dont quelques vestiges, respectés par le temps, subsistaient encore cinq siècles plus tard [1].

Sous l'administration équitable, régulière et ferme de saint Louis, la France, jusque-là sans cesse en lutte, commença à respirer et à penser. Le calme au dedans, la confiance dans l'avenir, l'influence des révélations littéraires dues aux premières croisades, toutes ces causes réunies produisirent un irrésistible élan des esprits vers l'étude, et des milliers d'écoliers de tout âge et de toute condition affluèrent à Paris. La vieille école du cloître fut débordée. Ses rivales, l'abbaye de Saint-Victor et celle de Sainte-Geneviève, virent tripler le nombre de leurs auditeurs; des maîtres particuliers, Geoffroy de Poitiers, Guillaume d'Autun, Guillaume Lenoir, Gérard d'Abbeville, Gérard de Courtray, ouvrirent de nouveaux établissements; en même temps, deux ordres mendiants, les Jacobins et les Cordeliers, qui venaient de s'établir dans la capitale, s'efforçaient d'attirer à eux les étudiants, et menaçaient ainsi d'imprimer à l'instruction publique un caractère de plus en plus monacal. D'un autre côté, cette affluence sur un même

[1] Voyez ci-dessus, page 2.

point d'une jeunesse enthousiaste, pleine d'ardeur pour la science, mais facile à entraîner, turbulente, et souvent presque sans ressources, était une cause continuelle de querelles et de troubles. Les écoliers, entassés dans les rues sombres et étroites de la Cité, s'y trouvaient sans cesse en contact avec le rebut de la société; les lieux de débauche touchaient les salles de cours[1]. Les propriétaires mettaient à un si haut prix leur malsaine hospitalité, que l'Université voulut se charger de taxer les loyers; mais les bourgeois réclamèrent, et il fallut une bulle pontificale pour régler la question[2].

C'est à ce moment qu'un chapelain de saint Louis, nommé Robert, eut la pensée d'installer dans une même maison un certain nombre de professeurs et d'étudiants; idée alors toute nouvelle, mais qui fut rapidement adoptée, et dont la réalisation servit de type à tous les colléges qui s'établirent ensuite.

L'immense renommée qu'acquit cette création a fait rechercher quels mobiles avaient guidé le fondateur. On a cru qu'il voulut venir en aide à l'école du cloître de Notre-Dame, et combattre ainsi l'influence croissante du clergé régulier. On a dit aussi que, réfléchissant aux difficultés de toute nature qu'il avait dû vaincre pour parvenir au grade de docteur, il chercha à aplanir la voie devant les étudiants pauvres, et surtout à éloigner d'eux les dangereuses tentations qui les sollicitaient. Il y eut certainement un peu de tout cela dans la pensée de Robert, comme dans celle de tous les hommes dévoués, qui, aux siècles suivants, imitèrent son exemple; mais il serait déraisonnable d'affirmer, ainsi qu'on l'a fait, qu'il se laissa déterminer d'une manière exclusive par l'une ou par l'autre de ces considérations.

Robert était né le 9 octobre 1201; on l'appelle en latin *Robertus Sorbonensis, de Sarbona, de Seurbona, de Sorbonia, de Sorbonio*, et enfin *de Sorbona*, qui a prévalu. De là de nombreuses hypothèses sur l'endroit qui l'a vu naître. Les uns se prononcent pour un bourg situé près de Sens, et qui, dans les anciens pouillés, est appelé *de Serbonis;* les autres proposent le village de Sorbon dans le pays d'Arras; ils fondent leur assertion sur ce que Robert fut chanoine de Cambrai, et que la plupart de ses premiers coopérateurs étaient Flamands ou Artésiens. L'opinion aujourd'hui la plus répandue le fait naître à Sorbon, près Rethel, dans le diocèse de Reims.

D'abord chanoine de Cambrai, Robert fut présenté à la cour de saint Louis par le comte d'Artois, frère du monarque. Robert était instruit et avait le titre de docteur. Un passage de l'histoire de Joinville[3] semble prouver qu'il était de basse extraction, mais qu'il sut plaire au saint roi, qui l'admit plusieurs fois à sa table et en fit un de ses chapelains, peut-être même un de ses confesseurs[4].

[1] Voyez plus loin notre *notice sur la bibliothèque de la Faculté de médecine.*

[2] Voyez ci-dessus, page 3.

[3] Joinville, *Histoire de saint Louis*, édit. Fr. Michel et P. Paris, p. 10.

[4] «Erat Robertus doctor theologus, Ludovico

Pour réaliser sa généreuse pensée et fonder le collége qu'il rêvait, Robert ne manquait donc pas d'appuis. Il s'adressa à saint Louis, et, en février 1250, par un acte dont la teneur nous a été conservée, le monarque concéda à son chapelain, «ad opus scholarium qui inibi moraturi sunt,» une maison et des écuries situées «in vico de Coupegueule[1], ante palatium Thermarum.» La date de cette charte, aujourd'hui perdue, a soulevé de nombreuses controverses[2]. J. Dubreul[3], qui a vraisemblablement copié l'original, et après lui Duboulay[4], Ét. Pasquier[5] et le président Hénault[6] s'accordent sur l'année 1250. Il est vrai qu'à cette époque saint Louis était en Orient; l'acte aurait donc été souscrit par la reine Blanche sur un ordre du roi; c'est l'opinion de Ladvocat[7], ancien bibliothécaire de la Sorbonne et très au fait de son histoire. Il faut remarquer aussi que, dans cette pièce, Robert est qualifié de chanoine de Cambrai, dignité qu'il ne possédait déjà plus en 1253.

Les avis sont également partagés au sujet du lieu précis où était situé l'immeuble donné par saint Louis. Suivant d'anciens historiens de Paris[8], la rue Coupegueule ou Coupegorge était ainsi appelée «à cause des meurtres et massacres qui s'y fai-«soient fort souvent;» on permit donc, quelques années après, aux hôtes du collége, de la fermer à ses deux extrémités pendant la nuit : de là le nom de rue des Portes ou des Deux-Portes (*vicus ad portas* ou *ad duas portas*) qui lui fut ensuite donné; enfin, quand l'établissement eut acquis quelque célébrité, elle changea encore une fois de dénomination et devint la rue de Sorbonne (*vicus de Sorbonia* ou *de Sorbonio*). Mais Sauval, Piganiol de la Force et Jaillot affirment, au contraire, que ces trois noms désignent trois voies différentes, et que la rue Coupegueule descendait de la rue des Poirées à la rue des Mathurins, entre une rue qui devint la rue de Sorbonne et la rue des Maçons; cette dernière opinion paraît la plus vraisemblable.

Une fois pourvu d'un local, Robert voulut s'assurer des coopérateurs parmi les hommes les plus instruits de son temps. Il en trouva plusieurs à la cour même : Guillaume de Chartres, chanoine de Saint-Quentin et chapelain du roi; Robert de Douai, chanoine de Senlis et médecin de Marguerite de Provence, femme de saint Louis; les cardinaux Geoffroy de Bar, doyen de l'Église de Paris, et Guillaume

«regi a secretis confessionibus eidemque charissi-«mus.» (Cl. Héméré, *Sorbonæ origines, disciplina, viri illustres, etc.* p. 12; bibliothèque de l'Arsenal, manuscrits, n° 133.)

(1) Ce mot est toujours écrit en français au milieu de cette charte latine; c'était sans doute le nom déjà attribué à cette rue par l'usage.

(2) Voyez, entre autres, l'*Histoire littéraire de la France*, t. XIX, p. 295, et Jaillot, *Recherches critiques sur Paris, quartier Saint-André-des-Arts*, p. 136 et suiv.

(3) J. Dubreul, *Theatre des antiquitez de Paris*, p. 464.

(4) *Historia Universitatis Parisiensis*, t. III, p. 223-238.

(5) *Recherches sur la France*, t. Ier, p. 917.

(6) *Abrégé chronologique de l'histoire de France*, édit. de 1778, t. Ier, p. 247.

(7) *Dictionnaire historique*, v° Sorbon.

(8) J. Dubreul, *Theatre des antiquitez de Paris*, p. 464. — Lemaire, *Paris ancien et nouveau*, t. II, p. 452.

de Brai, archidiacre de Reims[1] : ceux-ci aidèrent Robert de leurs conseils et de leur bourse. D'autres se chargèrent de diriger l'enseignement; ce furent surtout : Guillaume de Saint-Amour, Odon de Douai, Laurent l'Anglais, Gérard de Reims, Géraud d'Abbeville, Raoul de Courtray, Régnauld de Soissons[2], Godefroy Desfontaines[3], Henri de Gand, Pierre de Limoges[4], Odon de Castres, Siger de Brabant, Poncard et Arnoul de Hasnède[5]. Le nouveau collége fut ouvert en 1253; c'est la date qui nous semble la plus exacte et celle que fournit d'ailleurs le nécrologe de l'établissement; on y lit sous la rubrique du 25 août : «Fundata fuit «domus nostra anno 1253 a Roberto de Sorbona, confessore regis[6].»

Moins de cinq ans après, il fallut déjà s'occuper d'agrandissements. Saint Louis venait d'appeler à Paris les Frères de la Sainte-Croix, et songeait à les établir rue Coupegueule, dans des maisons qui lui appartenaient et qui étaient contiguës au collége. Robert, de son côté, possédait plusieurs propriétés situées rue de la Bretonnerie, sur la paroisse de Saint-Jean-en-Grève, «in vico de Britonaria, in pa«rochia Sancti Joannis de Gravia;» il les abandonna aux nouveaux religieux, qui s'y installèrent, et le Roi, en échange, lui donna les maisons qu'il avait dans la rue Coupegueule, et même «quasdam alias sitas in fine alterius vici eidem oppo«siti[7];» il l'autorisait en outre à clore ces deux rues, «claudere duos vicos do«mos includentes prædictas[8].»

Un nouvel échange eut lieu cinq ans après. Saint Louis offrit à Robert une maison de la rue Coupegueule et toutes celles qu'il possédait encore dans la rue des Maçons, *in vico Lathomorum;* Robert lui donna quelques propriétés sises rue de l'Hirondelle et rue Saint-Jacques. L'acte est daté de décembre 1263; nous remarquons que Robert y prend le titre de chanoine de Notre-Dame de Paris, et que l'échange est dit consenti «ad opus congregationis pauperum magistrorum «Parisius in theologia studentium[9].» Cependant Robert de Douai, qui venait de mourir, avait légué la somme alors considérable de 1,500 livres au nouveau collége[10].

(1) Ladvocat, *Dictionnaire historique*, v° Sorbon.

(2) Le même, *ibid.*

(3) *Histoire littéraire de la France*, t. XXI, p. 550.

(4) J. Echard, *Sancti Thomæ Summa suo auctori vindicata*, p. 414.

(5) Cl. Héméré, *Robertus de Sorbona, doctor devotus, etc.* Bibliothèque impériale, manuscrits, fonds de la Sorbonne, n° 1247.

(6) *Necrologium Sorbonæ*, in-4°, sur vélin; Bibliothèque impériale, manuscrits, fonds de la Sorbonne, n° 1280. Une copie de ce nécrologe se trouve à la bibliothèque Mazarine, manuscrits, n° 576. — A. Chevillier écrivait en 1694 : «L'ancien nécrologe, «exposé dans la sacristie, étoit écrit sur une longue «feuille de parchemin qui se rouloit autour d'une «colonne de bois, et representoit chaque mois l'un «aprés l'autre.» *De l'origine de l'imprimerie de Paris*, p. 416.

(7) Sans doute celle qui devint la rue de Sorbonne.

(8) Voyez l'acte d'échange, daté de février 1258, dans J. Dubreul, *Theatre des antiquitez de Paris*, p. 465, et dans Lemaire, *Paris ancien et nouveau*, t. II, p. 453.

(9) J. Dubreul, *Theatre des antiquitez de Paris*, p. 465.

(10) Cl. Héméré, *Sorbonæ origines, etc.* p. 24. — Chomel, *Essai historique sur la médecine en France*,

L'appui de l'Église ne lui manquait pas non plus. Alexandre IV, en 1259, l'avait déclaré utile à la religion et aux lettres, et recommandé à la générosité des prélats, des abbés, des fidèles même. Urbain IV, en 1261, avait tenu un langage semblable. Enfin, en avril 1268, une bulle de Clément IV approuva encore l'établissement, et régla les rapports de cette communauté avec l'Église. L'acte commence par ces mots : «Clemens episcopus, servus servorum Dei, dilecto filio «provisori pauperum magistrorum, et ipsis magistris in theologica facultate stu«dentibus, in vico ad portas ante palatium de Thermis, Parisius, sub communi «vita degentibus, salutem et apostolicam benedictionem.» Robert y est donc officiellement reconnu comme proviseur, mais le pape exige que son successeur ne puisse être nommé qu'avec l'approbation de l'archidiacre et du chancelier de l'église de Paris, des docteurs en théologie, des doyens de la Faculté de droit et de la Faculté de médecine, du recteur de l'Université et des procureurs des quatre Nations[1].

Les agrandissements continuaient. Un évêque d'Apt donnait deux maisons de la rue de l'Hirondelle, et Guillaume de Chartres cinq maisons de la rue des Maçons. De plus, Robert acheta, en 1271, à Guillaume de Cambrai, chanoine de Saint-Jean-de-Maurienne, une vaste propriété qui s'étendait depuis les bâtiments du collége jusqu'à la rue des Poirées. Son but était d'y transférer une partie de l'école du cloître Notre-Dame, celle où se donnaient les leçons élémentaires destinées à préparer les jeunes clercs aux études théologiques. Cet établissement s'appela la Petite-Sorbonne, puis le collége de Calvi; nous verrons plus tard comment il devint le collége du Plessis.

Robert mourut le 15 août 1274[2], après avoir rempli pendant vingt ans les fonctions de proviseur. Il avait eu le temps de voir sa précieuse fondation prospérer et grandir, devenir même une des puissantes assises de la jeune Université parisienne. Vers 1270, les différentes spécialités représentées dans l'enseignement s'étaient séparées et constituées en Facultés distinctes; la Faculté de droit s'était installée au clos Bruneau, la Faculté des arts, rue du Fouare, et la Sorbonne était devenue le chef-lieu de la Faculté de théologie.

Quatre ans avant sa mort, Robert avait rédigé son testament[3], par lequel il léguait au collége tous ses biens immeubles amortis, et les autres à son ami

p. 246. — Riolan, *Curieuses recherches sur les escholes en médecine*, p. 92. — Le testament de Robert de Douai était conservé avec les archives de la Maison, et on lit dans le nécrologe, à la date du 20 mai : «Obiit magister Robertus de Duaco, cle«ricus, qui dedit ad fundandum domum mille et «quingentas libras.»

[1] Lemaire, *Paris ancien et nouveau*, t. II, p. 456.

[2] «Obijt anno Domini 1274, die assumptionis «beatæ Virginis, magister Robertus de Sorbonio, «canonicus Parisiensis, fundator domus hujus.» — (*Necrologium Sorbonæ*, 15 augusti.)

[3] «Actum anno Domini 1270, in die Sancti Mi«chaelis.» Ce testament figure dans le cartulaire de la Sorbonne; Bibliothèque impériale, manuscrits, fonds de la Sorbonne, n° 1272. Il a été reproduit par Du Cange, dans ses *Observations sur les mémoires de Joinville*, p. 36.

Geoffroi de Bar, chanoine de Notre-Dame, puis cardinal. Mais, aussitôt après la mort de Robert, Geoffroi les donna à l'établissement, «congregationi pauperum «magistrorum seu ipsis pauperibus magistris Parisius in theologica facultate stu-«dentibus[1].» On en a conclu que le legs du fondateur à Geoffroi de Bar n'avait été qu'un fidéicommis[2].

Ce qui nous reste des écrits de Robert, ses commentaires sur la Bible, ses sermons, etc. sont loin de dénoter un théologien de premier ordre; c'était donc surtout un esprit généreux, net et pratique, et ces qualités se montrent à un haut degré dans les statuts[3] qu'il rédigea pour son établissement; ceux-ci, d'ailleurs, fruit d'une longue expérience, ont été conservés presque intacts jusqu'à l'anéantissement de la Sorbonne en 1790.

Nous avons dit que le collége de Calvi, créé par Robert dans le but de compléter son œuvre, avait été consacré à l'enseignement élémentaire. Il fallait, en effet, pour être admis à la Sorbonne, avoir le grade de bachelier, soutenir une thèse appelée *Robertine*, et obtenir la majorité des suffrages dans trois scrutins.

Les membres de la communauté étaient divisés en deux classes : les hôtes et les associés, les *hospites* et les *socii*.

Les *hospites* trouvaient dans la Maison tous les moyens de s'instruire, mais ne prenaient aucune part à son administration; ils pouvaient étudier dans la bibliothèque, mais n'en avaient point la clef; ils devaient quitter l'établissement dès qu'ils étaient parvenus au grade de docteur, et n'avaient droit qu'au titre de *bachelier* ou de *docteur de la Maison de Sorbonne.*

Les *socii* s'intitulaient *bacheliers* ou *docteurs de la Maison et Société de Sorbonne;* tout dans le collége était géré par eux, mais, quels que fussent leur âge ou leur grade universitaire, l'égalité la plus absolue régnait entre eux, «omnes sumus «sicut socii et æquales,» disaient les anciens Sorbonistes. Les *socii* qui étaient riches payaient à l'établissement une somme égale à celle que recevaient les *socii* pauvres ou *socii bursales*. Dès l'origine, les *socii* furent au nombre de trente-six; chacun avait sa chambre ou son petit logement, et, comme on le voit par le registre du procureur, son couvert d'argent, dû à la libéralité de Robert. Quelques-uns des docteurs étaient tenus de s'appliquer particulièrement à l'étude des cas de conscience; cette spécialité une fois établie, on s'adressa de tous côtés au collége, et c'est là en réalité ce qui rendit sa réputation européenne.

La première dignité de la Maison était celle de proviseur; après la mort de Robert, on élut à sa place Guillaume de Montmorency, alors chanoine de Notre-Dame et docteur. Presque toutes les fonctions actives reposaient sur le prieur, pris

[1] *Mémoire historique sur la Sorbonne*. Archives de l'Empire, série S, n° 6211.

[2] Cl. Héméré, *Sorbonæ origines, etc.* p. 32.

[3] Bibliothèque impériale, manuscrits, fonds de la Sorbonne, n° 1280, p. 1.

ordinairement parmi les *socii* les plus jeunes, mais il ne pouvait rester en charge qu'une année. On choisissait, au contraire, parmi les plus âgés quatre senieurs (*seniores*), chargés de régler les affaires difficiles et de maintenir les anciens usages. Venaient ensuite le procureur, le bibliothécaire, les professeurs, le conscripteur, etc. On désignait sous le nom de *prima mensis* l'assemblée tenue régulièrement par les *socii* le premier de chaque mois. Enfin la Sorbonne avait pour patronne sainte Ursule, du moins à dater du XIVe siècle, car la chapelle élevée par Robert était, croit-on, sous l'invocation de la Vierge[1].

A l'époque où fut fondée la Sorbonne, les livres, encore fort rares et fort chers, étaient hors de la portée des étudiants; presque tous devaient donc se contenter des cahiers qu'ils écrivaient pendant les cours sous la dictée de leurs professeurs. La plupart des établissements consacrés à l'instruction s'efforçaient, il est vrai, de réunir des bibliothèques qu'en général ils mettaient à la disposition des écoliers, comme l'avaient fait, dès 1271, les chefs de l'école du cloître[2]; cette généreuse pensée fut adoptée par l'abbaye de Saint-Victor, par la Sorbonne et sans doute par d'autres communautés. Robert, qui, nous le verrons, aimait les livres, ne pouvait se montrer indifférent à cet égard; aussi nous dit-on qu'il « avoit eu soin de « rassembler à son collége tous les livres nécessaires à des théologiens, et d'y éta- « blir un bibliothéquaire[3]. »

Une note précieuse, qui se trouve à la fin d'un des catalogues de la Maison, déclare cependant que c'est en 1289 seulement qu'y fut organisée une bibliothèque « pro libris cathenatis ad communem sociorum UTILITATEM[4]. »

Il faut sans doute faire remonter jusqu'à cette année la rédaction de son premier catalogue. Conservé aujourd'hui parmi les manuscrits de la bibliothèque de l'Arsenal[5], ce document remplit 8 pages in-folio à deux colonnes et a pour titre :

L'année suivante, on décida qu'à la fin de chaque volume on inscrirait l'époque

[1] Le Beuf, *Histoire de la ville et du diocèse de Paris*, t. Ier, p. 240 et suiv.

[2] Voyez ci-dessus, p. 8 et suiv.

[3] Ladvocat, *Dictionnaire historique*, v° Sorbon.

[4] Bibliothèque de l'Arsenal, manuscrits, n° 855, p. 223.

[5] Bibliothèque de l'Arsenal, manuscrits, n° 855, p. 237.

de son entrée dans l'établissement [1]. On acheva aussi la rédaction d'un nouveau catalogue, beaucoup plus complet que le précédent, et qui est maintenant relié dans le même volume.

En tête se trouve une longue préface, *doctrina tabulæ* [2], où l'auteur expose les motifs qui l'ont porté à entreprendre ce travail, et le plan qu'il a suivi. Elle débute par ces paroles de l'Ecclésiaste [3] : *Sapientia abscondita et thesaurus invisus, que utilitas in utrisque?* Ce n'est là qu'une épigraphe, ou plutôt un véritable texte approprié au sujet comme en choisissent les prédicateurs; il s'agit, il est vrai, d'une préface, mais nous sommes au treizième siècle et en pleine terre théologique. L'auteur se nomme très-modestement : moi, dit-il, Jean, du présent collége de Sorbonne autrefois l'un des plus humbles de tous les membres, *quondam inter ejus cetera membra unum de minimis.* Il expose que voyant les livres s'accumuler, mais rester trop souvent inutiles, soit à cause de leur grand nombre, soit par l'absence ou l'insuffisance des titres, il s'est mis courageusement à l'œuvre, quoique seul, et a entrepris, sur le plan qui lui a paru le meilleur, de dresser le catalogue de la bibliothèque commune. Il l'offre donc au collége, espérant qu'il sera utile à tous ses hôtes.

Ce travail, le plus ancien peut-être de tous les catalogues méthodiques, est fait avec soin, et prouve une connaissance assez profonde de la littérature de cette époque. L'auteur débute par le *trivium,* qui comprend la grammaire, la rhétorique et la logique; il passe ensuite au *quadrivium,* où se trouvent les éléments des sciences : arithmétique, astronomie, musique, alchimie, géométrie et médecine. Vient ensuite la partie religieuse, où se succèdent les textes sacrés, les concordances et les commentaires. Puis, l'énumération des œuvres de saint Augustin ouvre la longue série des *originalia* de chacun des Pères de l'Église : Ambroise, Anselme, Athanase, Basile, Jean Chrysostome, Cyrille, Grégoire, Jérôme, Origène, etc. Les docteurs modernes ne sont pas oubliés, et coudoient les anciens; ce sont, entre autres, Bède, Boèce, Alcuin, Hugues et Richard de Saint-Victor, etc. Sans mauvaise intention certainement, les chroniques sont réunies aux miracles, et placées bien près des vers sybillins; la liste se termine par la jurisprudence et les sermonnaires. Dans chacune de ces sections, au moins pour les plus nombreuses, les auteurs sont classés dans un ordre alphabétique d'ailleurs assez peu rigoureux; et, ce qui est bien autrement important, le titre de chaque ouvrage est accompagné des premiers mots du texte.

[1] «Et fuit tunc ordinatum per magistros in «theologia, quod in omnibus libris de cetero in «domo recipiendis annum Domini inscribatur.» (Bibliothèque de l'Arsenal, manuscrits, n° 855, p. 223.) Cette note, ainsi que les quatre autres dont nous donnons le *fac-simile,* ont été connues de Cl. Héméré, qui les cite dans son *Sorbonæ, origines, disciplina, viri illustres, etc.* p. 165; cet ouvrage, qui est resté inédit, mériterait d'être publié.

[2] Voyez à la fin de cette notice.

[3] Chap. xx, v. 32.

La bibliothèque renfermait alors mille dix-sept volumes [1], parmi lesquels figurent seulement quatre ouvrages en français, qui sont catalogués ainsi :

Romancium de rosa : Mainte gens dient.
Romancium quod incipit : Miserere mei, Deus.
Romancium de decem præceptis, sine rigmo, et dicitur gallice : Le livre roiaus de vices et virtus. Incipit : Ce sont le .x commandemens.
Exortatio quædam in gallico ad beguinas et filias spirituales : Li prophetes [2].

Dans le catalogue dressé l'année précédente, il n'y avait qu'un seul livre en français : *Romancium de rosa.*

Deux ans après, en 1292, la collection tout entière avait une valeur de trois mille huit cent douze livres dix sols huit deniers [3].

La bibliothèque, séparée des lieux habités, mesurait quarante pas de longueur sur douze de largeur, et était éclairée par trente-huit petites fenêtres. Tous les livres de prix étaient attachés au mur, mais par des chaînes assez longues pour qu'ils pussent s'ouvrir sur des pupitres, au nombre de vingt-huit, dressés à distances égales dans la galerie [4].

(1) Bibliothèque de l'Arsenal, manuscrits, n° 855, p. 223.

(2) Bibliothèque de l'Arsenal, manuscrits, n° 855, p. 319.

(3) Bibliothèque de l'Arsenal, manuscrits, n° 855, p. 223.

(4) «Fuit ædificium antiquæ bibliothecæ mono-«stegum, firmum, solidum, longum 40, latum 12 ;

Les docteurs de la Sorbonne inscrivaient presque toujours en tête ou à la fin de chaque volume son prix d'estimation et le nom de la personne qui l'avait donné au collége. A l'aide de ces indications, jointes à celles que nous fournissent le nécrologe de l'établissement et deux précieux manuscrits consacrés à l'histoire de la Sorbonne, nous allons essayer de donner la liste des premiers bienfaiteurs de cette bibliothèque devenue si célèbre; la plupart d'entre eux étaient membres de la communauté, mais nous ne citerons que ceux sur lesquels nous avons trouvé quelque renseignement positif et ceux auxquels il nous a été possible d'assigner une date certaine.

Robert de Douai avait désigné le fondateur de la Sorbonne pour exécuteur testamentaire; outre la somme de 1,500 livres qu'il légua au collége, il lui laissa sans doute aussi des volumes, car, en tête du feuillet de garde d'un commentaire sur les Prophètes, nous avons trouvé la note suivante : «Iste liber est pauperum «magistrorum Parisius in theologica facultate studentium, ex legato magistri «Roberti de Duaco [1].»

Nous rencontrons ensuite un sieur Nicaise de la Planche (*Nicasius de Planca*), qui vécut «circa annum 1260, et legavit nonnullos libros» au collége[2].

Puis, en suivant, autant que possible, l'ordre chronologique :

Jean de Gondricourt, chanoine de Liége, mort en 1262, lègue à l'établissement sa Bible[3].

En décembre 1264, un sieur Nicolas lui lègue plusieurs volumes, parmi lesquels nous remarquons un missel, un bréviaire noté, quelques collectaires, les *Sentences* de Pierre Lombard, etc. L'original de son testament, écrit sur vélin, est conservé aujourd'hui aux Archives de l'Empire[4].

Guillaume de Montreuil (*Guillelmus de Monasteriolo*), *socius*, qui mourut vers 1270, légua au collége plusieurs livres d'histoire[5].

L'année suivante, Milon de Corbeil, chanoine de Notre-Dame, laissa à la Sorbonne cent livres parisis[6], et un beau missel à la fin duquel on lit : «Iste liber

«et, quo tutius esset ab incendij periculo vicinæ «cujusque domus conflagrantis, a quovis habita«culo sufficienti distantia recessit..... Fuerunt «autem pulpita viginti octo, distincta per alpha«beti litteras, atque ita ordinata ut intervallum «mediocre singula divideret voluminibus onusta «catenulis....» (Cl. Héméré, *Sorbonæ origines, disciplina, viri illustres, etc.* p. 162.)

[1] Bibliothèque impériale, manuscrits, fonds de la Sorbonne, n° 94.

[2] *Domus et Societatis Sorbonicæ historia*, bibliothèque de l'Arsenal, manuscrits, n° 132, p. 52.

[3] «Anno 1262, mortuus est Joannes de Gondricuria, canonicus Leodiensis, qui Societati Sorbonicæ biblia sua testamento concessit; libros «vero philosophicos, quotquot habuit, Petro ex fra«tre nepoti.» (*Domus et Societatis Sorbonicæ historia*, p. 24.)

[4] Archives de l'Empire, série M, carton n° 75, pièce 129.

[5] *Domus et Societatis Sorbonicæ historia*, p. 61.

[6] «Obiit magister Milo de Corbolio, qui legavit «isti congregationi c lib. paris.» (*Necrologium Sorbonæ*, 13 junii.) — Cet obit se trouve aussi, mais à la date du 17 juillet, dans le nécrologe de Notre-Dame de Paris.

« est collegij pauperum magistrorum Parisius in theologia studentium, ex legato « magistri Milonis de Corbolio [1]. »

Enfin Eudes ou Odon, chancelier de l'église de Paris, puis évêque de Tusculum, qui mourut en 1273, légua à la bibliothèque un volume de ses propres sermons : « Sermones venerabilis Patris Odonis, episcopi Tusculani [2], ex legato « M. Odonis, episcopi Tusculani, » lit-on sur le catalogue de 1290.

Nous arrivons ainsi à l'année 1274, époque de la mort du fondateur. Robert, riche, instruit, ami des lettres, avait rassemblé une bibliothèque assez nombreuse qu'il laissa, comme tout le reste de ses biens, à son collége. Nous avons vu à la Bibliothèque impériale vingt et un manuscrits provenant de ce legs; ils sont reconnaissables à l'inscription suivante placée en général sur l'un des feuillets de garde [3] :

Iste liber est collegij pauperum magistrorum in theologia studentium ex legato magistri roberti de sorbona.

On y remarque plusieurs volumes de sermons [4], les *Sentences* de Pierre Lombard [5], le traité *De universo* de Guillaume d'Auvergne [6], la *Somme* de Raymond de Pennafort [7], les *Dialogues* de saint Grégoire [8], et surtout une belle Bible in-folio, sur vélin, qui fut écrite en 1270, et qui passe pour avoir été donnée à Robert par le roi saint Louis [9].

Nous ne pouvons fournir la date exacte de la mort des huit personnages dont les noms suivent, mais nous sommes certain que tous furent contemporains de Robert.

Évrard ou Gérard *de Dijona*, chanoine de Saint-Quentin, « nominatur in fine « multorum librorum quos Sorbonæ legavit [10]. » Le seul de ces volumes que nous ayons retrouvé porte à la fin ces mots : « . . . ex legato Eurardi de Dijona, cano« nici Sancti Quentini [11]. »

Gerard, Geraud, Gerod ou Geroud d'Abbeville, un des premiers professeurs de

[1] Bibliothèque impériale, manuscrits, fonds de la Sorbonne, n° 389.

[2] Aujourd'hui à la Bibliothèque impériale, manuscrits, fonds de la Sorbonne, n° 784.

[3] Voyez à la Bibliothèque impériale, dans le fonds de la Sorbonne, les manuscrits inscrits sous les n°s 1, 35, 44, 62, 85, 101, 108, 153, 159, 272, 289, 377, 402, 404, 444, 758, 805, 817, 1345, 1722, 1742.

[4] Bibliothèque impériale, manuscrits, fonds de la Sorbonne, n°s 805 et 817.

[5] Bibliothèque impériale, manuscrits, fonds de la Sorbonne, n°s 402 et 404.

[6] *Ibid.* n° 444.

[7] *Ibid.* n° 758.

[8] *Ibid.* n° 272.

[9] *Ibid.* n° 1.

[10] *Domus et Societatis Sorbonicæ historia,* bibliothèque de l'Arsenal, manuscrits, n° 132, p. 47.

[11] Bibliothèque impériale, manuscrits, fonds de la Sorbonne, n° 115.

la Maison, fut intimement lié avec Robert, qui, en 1270, souscrivit comme témoin son testament (1). Le nécrologe mentionne ainsi sa mort, à la date du 8 novembre : « Obiit magister Geraudus de Abbatis Villa, qui nobis legavit plurima volumina « librorum tam in theologia quam in philosophia, et omnia ornamenta quæ per- « tinent ad capellam. » La Bibliothèque impériale possède trente-quatre volumes provenant de ce legs (2) ; l'inscription placée à la fin de chacun d'eux ne donne aucun renseignement sur ce professeur, qui contribua pour une large part à la fondation de la bibliothèque.

Ponchard, Ponsard ou Poncard, dit *de Sorbonne*, fut un des premiers *socii* de la Maison (3) ; il lui laissa quelques volumes dont trois sont aujourd'hui à la Bibliothèque impériale (4). Sur l'un d'entre eux, qui contient le traité *De sacramentis* de Hugues de Saint-Victor, on lit : « Iste liber est pauperum magistrorum in theologia « studentium, in domo quam fundavit R. de Sorbonia commorantium, ex legato « Poncardi de Sorbonia (5). » L'inscription placée sur les deux autres manuscrits présente quelques variantes.

Arnoul de Asnede ou de Hasnede, qui vivait vers 1278 (6), donna au collége un volume des *Sentences* de Pierre Lombard, à la fin duquel est écrit : « Hec sen- « tentie empte sunt per manus magistri Arnulphi de Hasneda ad usum magistro- « rum de Sorbona (7). »

Gérard de Reims, professeur à la Sorbonne (8), lui légua, entre autres ouvrages, ses sermons (9) et un commentaire sur le troisième livre des *Sentences* : « Iste liber « est pauperum magistrorum in theologica facultaté studentium, ex legato Gerardi « de Remis, » lit-on en tête de ce dernier volume (10).

Joseph de Bruges, chanoine de Tournay, lui laissa plusieurs traités de saint Denis l'Aréopagite : « . . . ex legato domini Josephi de Brugis, canonici Torna- « censis (11). »

Les trois donations qui suivent sont postérieures à la mort de Robert.

Siger de Brabant ou de Courtray, doyen de Notre-Dame de Courtray, qui

(1) Claude Héméré a reproduit ce testament presque en entier dans ses *Sorbonæ origines, disciplina, viri illustres, etc.* p. 171. Il commence ainsi : « Ego Gerardus de Abbatisvilla... sanus et incolu- « mis mente e corpore, anno Domini 1270, primo « die lunæ post inventionem sancti Firmini marty- « ris... testamentum meum condidi in modum « qui sequitur... »

(2) Fonds de la Sorbonne, nos 14, 26, 30, 49, 50, 80, 81, 90, 109, 110, 129, 167, 173, 183, 188, 201, 219, 250, 264, 271, 284, 287, 291, 294, 300, 346 A, 357, 367, 370, 422, 443, 501, 665, 754.

(3) Claude Héméré, *Vita Roberti de Sorbona*; Bibliothèque impériale, manuscrits, fonds de la Sorbonne, n° 1247.

(4) Fonds de la Sorbonne, nos 64, 293, 349.

(5) Bibliothèque impériale, manuscrits, fonds de la Sorbonne, n° 349.

(6) *Domus et Societatis Sorbonicæ historia*, p. 49.

(7) Bibliothèque impériale, manuscrits, fonds de la Sorbonne, n° 479.

(8) Ladvocat et Moreri, v° Sorbon.

(9) J. Echard, *Bibliotheca scriptorum ordinis prædicatorum*, t. I, p. 479.

(10) Bibliothèque impériale, manuscrits, fonds de la Sorbonne, n° 607.

(11) *Ibid.* n° 220.

mourut vers la fin du XIIIe siècle, et auquel M. Victor Le Clerc a consacré un long article dans l'*Histoire littéraire de la France*[1], légua à la Sorbonne, dont il avait été longtemps *socius*, huit volumes, qui ne parvinrent à leur destination que le 30 mai 1341[2]. Trois de ces ouvrages sont aujourd'hui à la Bibliothèque impériale[3].

Jean *de Essonis* mourut en 1280, et légua au collége «aliquot libros[4].»

Gilles de Tyllya, Tillia ou Tyllia, de Gand, laissa, quelques années après, «multos libros» à la Maison. Son nom est écrit d'une manière différente sur trois de ces volumes, les seuls que nous ayons pu examiner[5].

Après la mort de Robert, on avait élu pour proviseur son ami Guillaume de Montmorency, chanoine de Notre-Dame et curé de Saint-Séverin. Celui-ci mourut en 1284, et légua au collége 100 livres tournois et des volumes qui furent estimés 50 livres 38 sols[6]; on lit en tête d'un de ces ouvrages : «Iste liber est «pauperum magistrorum domus de Sorbona studentium in theologia, ex legato «magistri Guillelmi de Montemorenciaco, quondam succentoris Parisiensis et «provisoris secundi domus predicte[7].»

En 1285, Simon Widelin, chantre de l'église d'Arras, légua au collége un manuscrit contenant plusieurs traités de Sénèque et de Richard de Saint-Victor; on écrivit en tête : «Iste liber est collegij pauperum magistrorum in theologia Pari- «sius studentium, ex legato domini Symonis Vydelin, cantoris ecclesie Atrebati;» et à la fin : «Istum librum Senecæ.... erogavit dominus Simon Vydelin, cantor «Atrebatensis, magistri de domo magistri Roberti de Sorbonia, tali conditione «quod non vendatur et remaneat in dicta domo ad usum dictorum magistro- «rum... Datum anno Domini M° CC° octmo quinto, die beati Mathie[8].»

L'année suivante, Raoul de Châteauroux, «multos codices legavit Societati «Sorbonæ[9].» Un seul est à la Bibliothèque impériale; il porte au commencement et à la fin ces mots : «Iste liber est... ex legato magistri Radulphi de Castro «Radulphi[10].»

La même année, legs important dû à Guillaume *de Monciaco novo*[11], *socius* de la

[1] *Histoire littéraire de la France*, t. XXI, p. 96.

[2] «Anno Domini M. CCC. XLJ venerunt ad socios «domus de Sorbona VIIJ volumina sancti Thome, ex «legato magistri Sigeri de Cortraco, decani ecclesie «beate Marie Cortracensis et quondam socii hujus «domus.» (*Necrologium Sorbonæ*, 30 maij.)

[3] Fonds de la Sorbonne, nos 525 A, 543, 550.

[4] *Domus et Societatis Sorbonicæ historia*, bibliothèque de l'Arsenal, manuscrits, n° 132, p. 131.

[5] Bibliothèque impériale, manuscrits, fonds de la Sorbonne, nos 84, 459, 478.

[6] «Anniversarium magistri Guilelmi de Monte- «morenciacho, quondam succentoris Parisiensis, «provisoris domus de Sorbona, qui legavit c libr. «turon. et libros ad valorem L libr. XXXVIIJ s.» (*Necrologium Sorbonæ*, 2 martij.)

[7] Bibliothèque impériale, manuscrits, fonds de la Sorbonne, n° 275.

[8] *Ibid.* n° 354.

[9] *Domus et Societatis Sorbonicæ historia*, p. 54.

[10] Bibliothèque impériale, manuscrits, fonds de la Sorbonne, n° 480.

[11] Peut-être Moussy-le-Neuf, aujourd'hui dans le département de Seine-et-Marne.

Maison et chanoine de Notre-Dame[1]; on lit sur l'un de ces volumes : « Iste liber « est. . . ex legato magistri Guilelmi de Monciaco novo, quondam canonici Pari- « siensis, qui legavit illud tali conditione quod non venderetur, sed exponeretur « in usus scholarium theologorum quandiu posset durare[2]. »

La même année, legs de Jean Claramboud, de Gonesse, ancien *socius*; les volumes portent ces mots : « Iste liber est. . . ex legato magistri Johannis Claram- « boudi de Gonessia, quondam socij domus. Anno Domini Mº ccº lxxxº vjº[3]. »

En 1288[4], legs d'Étienne d'Abbeville, chanoine d'Amiens; on lit en tête d'un de ces volumes : « Ista biblia est pauperum magistrorum de Sorbona, ex legato « domini Stephani de Abbatis Villa, canonici Ambianensis, et fuit asportata ad « domum anno Domini Mº ccº lxxxº viijº, circa festum beati Martini hiemalis, cum « aliis libris nomine ipsius intitulatis[5]. »

Vers 1290[6], mourut Godefroy Desfontaines, qui avait été successivement chanoine de Liége, de Cologne et de Paris, puis chancelier de l'Université[7], et qui passait pour une des lumières de son époque, « sua ætate insigne lumen, » dit le P. Échard[8]. Suivant le nécrologe, il légua à la Maison « omnes libros suos « scholasticos[9]; » et ils étaient nombreux, car nous en avons retrouvé dix-sept à la Bibliothèque impériale[10]. L'inscription qui les accompagne est ordinairement conçue en ces termes : « . . . ex legato magistri Godefridi de Fontibus[11]. »

La fin du xiiie siècle nous présente encore :

Simon de Vely, de Velly ou de Velli, contemporain de Pierre de Villepreux[12], troisième proviseur[13]. Il légua au collége une somme de 10 livres et le commentaire de saint Thomas sur le livre des *Sentences*[14]; ce volume est aujourd'hui à la Bibliothèque impériale[15].

[1] L'obit de son frère, *Joannes de Monciaco novo*, figure dans le nécrologe de Notre-Dame, iij nonas februarij.

[2] Bibliothèque impériale, manuscrits, fonds de la Sorbonne, nos 61, 82, 113, 151, 155, 164, 185.

[3] Bibliothèque impériale, manuscrits, fonds de la Sorbonne, nos 121, 274, 492.

[4] J. Echard, *Bibliotheca scriptorum ordinis prædicatorum*, t. Ier, p. 441.

[5] Bibliothèque impériale, manuscrits, fonds de la Sorbonne, nº 3. — Cette inscription a été reproduite par J. Echard, *Sancti Thomæ Summa suo auctori vindicata*, p. 411. — Pour d'autres volumes légués par Étienne d'Abbeville, voyez dans le fonds de la Sorbonne les nos 4, 16, 55, 199, 401, 521 A.

[6] *Histoire littéraire de la France*, t. XXI, p. 550.

[7] Le Beuf, *De l'état des sciences en France depuis la mort du roi Robert*, p. 137.

[8] *Sancti Thomæ Summa suo auctori vindicata*, p. 413.

[9] *Necrologium Sorbonæ*, 29 octobris.

[10] Fonds de la Sorbonne, nos 11, 70, 131, 144, 218, 251, 254, 259, 314, 321, 328, 398, 520, 527 A, 546, 563, 641.

[11] Bibliothèque impériale, fonds de la Sorbonne, nº 11.

[12] *Petrus de Villa Petrosa* resta en fonctions de 1284 à 1299.

[13] *Miscellanea Sorbonica*, bibliothèque de l'Arsenal, manuscrits, nº 134, p. 337.

[14] « Obiit magister Symon de Velli, qui legavit « domui x libras et Summas Thome. » (*Necrologium Sorbonæ*, 21 aprilis.)

[15] Manuscrits, fonds de la Sorbonne, nº 540.

Robert Bernard, de Normandie, ancien *socius*, mort après 1293[1], légua à la Sorbonne 32 livres parisis et plusieurs volumes[2].

Le 10 septembre 1294, mourut Étienne de Besançon, général de l'ordre des Dominicains, et l'un des hommes les plus instruits de son temps[3]. Il légua à la Sorbonne, où il avait été *socius*, un nombre considérable de volumes[4]; les inscriptions qui se trouvent sur chacun d'eux ne diffèrent guère entre elles que par la forme donnée au nom du défunt; on l'appelle indifféremment *Stephanus Bisuntinus, de Bisuntio, de Bissuntio, de Byssuncio* et *de Gebennis*[5].

Un ancien *socius*, que l'on nomme tantôt *Guillelmus e Pulchro*[6], tantôt *Guillelmus Epulchre*[7], laissa aussi quelques volumes au collége.

Le médecin Gaultier *de Alneto*[8], légua à l'établissement des volumes[9] qui ne portent que cette inscription : «Iste liber est. . . . ex legato magistri Galteri «de Alneto, medici[10].»

Les douze donations qui suivent sont contemporaines de *J. de Vallibus*[11], quatrième proviseur, qui exerça ces fonctions de 1299 à 1315.

Guillaume «*Amici dulcis*, vulgo Amidoux»[12] légua à la Sorbonne la moitié de ses livres[13]; nous n'avons pu en retrouver aucun.

Gui de Bretagne, ancien *socius*, légua deux manuscrits au moins, sur lesquels figure son nom : «. . . . . . ex legato magistri Guidonis Britonis, quondam socij «istius domus[14].»

Berner de Nivelle (*Bernerus de Nivella*), chanoine de Saint-Martin de Liége, «legavit collegio Sorbonico plurimos libros,» dit Cl. Héméré[15], «25 volumina,» dit le nécrologe[16]. Huit d'entre eux sont aujourd'hui à la Bibliothèque impériale[17].

Guillaume de Feuquières (*Guillelmus de Feugueriis*) donna ensuite plusieurs volumes à la Maison[18]. On lit en tête de l'un d'eux, les postilles du dominicain Pierre de Scala sur saint Mathieu, une note curieuse qui prouve qu'à certaines époques

(1) *Domus et Societatis Sorbonicæ historia*, p. 132.

(2) «Magister Robertus Bernardus de Normannia «legavit domui 32 libr. paris. et plurimos libros.» (*Necrologium Sorbonæ*, 5 novembris.)

(3) Voyez l'*Histoire littéraire de la France*, t. XX.

(4) «Die 10 septembris, obiit magister Stephanus «de Gebennis, canonicus de S. Quintino, socius «domus, qui legavit domui iiij^{xx} libras et multos «libros.» (*Necrologium Sorbonæ*.)

(5) Bibliothèque impériale, manuscrits, fonds de la Sorbonne, n°s 3, 13, 20, 36, 69, 83, 104, 112, 114, 122, 157, 162, 192, 270, 331, 424, 469, 544, 585, 586, 596, 597, 610, 624, 756.

(6) *Domus et Societatis Sorbonicæ historia*, p. 66.

(7) Bibl. imp. mss. fonds de la Sorbonne, n° 578.

(8) D'Aulnay en Normandie, ou plutôt de Lannoy en Flandre.

(9) *Domus et Societatis Sorbonicæ historia*, p. 132.

(10) Bibliothèque impériale, manuscrits, fonds de la Sorbonne, n° 163.

(11) Sans doute Jean Desvallées.

(12) *Domus et Societatis Sorbonicæ historia*, p. 70.

(13) «Obitus magistri Guillelmi Amidous, Nor«mani, quondam socij hujus domus, qui legavit «domui medietatem librorum suorum.» (*Necrologium Sorbonæ*, 7 octobris.)

(14) Bibliothèque impériale, manuscrits, fonds de la Sorbonne, n°s 548 et 699.

(15) *Domus et Societatis Sorbonicæ historia*, p. 62.

(16) 17 junij.

(17) Bibliothèque impériale, manuscrits, fonds de la Sorbonne, n°s 77, 140, 150, 165, 529, 536, 738, 751.

(18) *Domus et Societatis Sorbonicæ historia*, p. 49.

la collection de la Sorbonne fut fort négligée. L'auteur anonyme de cette note déclare qu'il a trouvé le volume par terre, couvert de moisissures et de poussière, ainsi que beaucoup d'autres dans la bibliothèque; jugeant qu'il pouvait lui être utile, il l'emporta chez lui, mais avec l'intention formelle de le rendre à ses légitimes possesseurs. Il supplie donc ses exécuteurs testamentaires de le restituer[1], ce qui eut lieu comme l'indique une seconde note.

Pierre d'Auvergne (*Petrus de Alvernia* ou *de Albernia*), mort en 1305[2], légua aussi quelques volumes au collége[3].

L'année suivante, une donation beaucoup plus considérable fut due à Pierre de Limoges, chanoine d'Évreux, que Cl. Héméré qualifie de «magnus astrologus[4].» Le nécrologe dit qu'il légua à la Maison plus de cent vingt volumes[5], parmi lesquels nous pouvons citer ses propres sermons[6], plusieurs traités de Raymond Lulle[7], le martyrologe d'Usuard[8], le *Rationale divinorum officiorum* de Durand de Mende[9], et surtout le célèbre ouvrage de Jérôme de Moravie sur la musique[10].

En 1310, Nicolas de Bar-le-Duc (*Nicolaus de Barroducis*) «legavit, dit le nécrologe, multos libros[11] et multam pecuniam[12].»

Autre legs fait à la Sorbonne par Gilles de Mentenai, chanoine de Saint-Aimé de Douai; un des volumes porte ces mots : «Iste liber est. . . ex legato Egidij de «Mentenai, canonici Sancti Amati de Douacho[13].»

Pierre de Farbu ou de Farbie lègue encore plusieurs commentaires sur la *Somme* de saint Thomas d'Aquin[14].

Gérard d'Utrecht, ancien *socius*, laisse au collége des manuscrits[15] pour une valeur de 40 livres parisis, et quelques volumes à douze boursiers de la Maison[16].

[1] «Hoc volumen invenj prostratum humi, situ «et pulvere obductum, in parva biblioteca domus «Sorbonice, una cum permultis alijs. Quod quum «vidj posse esse mihi usuj, transtuli, ea tamen in«tentione ut aliq(uando) restituer(etur), teste illo «qui omnia novit. Quare rogo obtestorque exequu«tores postreme voluntatis mee hoc predicte domui «restituere.» (Bibliothèque impériale, manuscrits, fonds de la Sorbonne, n° 128.)

[2] *Domus et Societatis Sorbonicæ historia*, p. 50.

[3] Bibliothèque impériale, manuscrits, fonds de la Sorbonne, n° 197.

[4] *Domus et Societatis Sorbonicæ historia*, p. 51.

[5] «Obiit magister Petrus de Lemovicis, quon«dam socius domus, canonicus Ebroicensis, qui «legavit domui plus quam vj^{xx} volumina.» (*Necrologium Sorbonæ*, 2 novembris.)

[6] Bibliothèque impériale, manuscrits, fonds de la Sorbonne, n° 786.

[7] Bibliothèque impériale, manuscrits, fonds de la Sorbonne, n°s 759, 761, 762.

[8] *Ibid.* n° 396 C.

[9] *Ibid.* n° 399.

[10] Le Beuf, *De l'état des sciences en France à la mort du roi Robert*, p. 116.

[11] Bibliothèque impériale, manuscrits, fonds de la Sorbonne, n°s 562, 625, 669.

[12] *Necrologium Sorbonæ*, 18 maij.

[13] Bibliothèque impériale, manuscrits, fonds de la Sorbonne, n° 198.

[14] *Ibid.* n°s 523, 539, 599.

[15] *Ibid.* n°s 68, 633.

[16] «Obiit magister Gerardus de Trajecto, quon«dam hujus domus socius, qui legavit domui li«bros suos ad valorem quadraginta libr. paris. «Legavit etiam aliquos libros suos duodecim bur«sariis domus de Sorbona.» (*Necrologium Sorbonæ*, 23 marcij.)

Guillaume *Pantemoysi*[1] lègue aussi une Bible et un manuscrit de la *Somme* de saint Raymond[2].

Vers la même époque, le célèbre Raymond Lulle remit à la Sorbonne un précieux volume contenant quinze traités écrits par lui; on lit en tête : «Libros prenominatos posuit magister Raymundus Lulle in custodia domui Sorboni Parisius «incathenatos[3].»

Nous pouvons mentionner encore : Étienne d'Auvergne, qui légua à la Maison «plures libros[4];» Thomas *Hybernicus*, qui «compilavit manipulum florum quem «demisit nobis, et multos alios libros legavit[5];» Clarin de Saulieu (*Clarinus de Sedeloco*), Jean *de Poliaco* ou *de Poilliaco*, Hugues de Durso et Regnier de Cologne, tous quatre anciens *socii*, auxquels la Sorbonne dut quelques bons manuscrits[6].

En 1334, l'énergique dominicain Durand de Saint-Pourçain, évêque de Meaux, légua au collége ses propres commentaires sur les *Sentences* de Pierre Lombard; on lit à la fin de chaque volume : «Iste liber est. . . . ex legato reverendi patris «domini Durandi de Sancto Porciano, bone memorie, quondam episcopi Mel- «densis, doctoris in theologia, ab eodem patre compilatus, ordinis predicatorum «fratrum[7].»

Enfin, en 1334[8], Jean de Lausanne, curé de l'église Saint-Christophe, dans la Cité, légua encore à la Sorbonne deux très-beaux manuscrits, en tête desquels on lit : « . . . . . .ex legato magistri Johannis de Lausana, curati sancti Christophori «in Civitate Parisiensi[9].»

Avant de continuer cette nomenclature, nous devons dire un mot de l'organisation qui, peu à peu, avait été donnée par les Sorbonistes à leur bibliothèque.

Dès 1321, un règlement très-sommaire avait été rédigé et mis en vigueur[10].

(1) *Domus et Societatis Sorbonicæ historia*, p. 70.

(2) *Necrologium Sorbonæ*, 15 junij.

(3) Bibliothèque impériale, manuscrits, fonds de la Sorbonne, n° 760.

(4) *Domus et Societatis Sorbonicæ historia*, p. 48.

(5) *Necrologium Sorbonæ*, 28 julij.

(6) Bibliothèque impériale, manuscrits, fonds de la Sorbonne, n°s 243, 524 A, 525, 712, 684, 686, 559.

(7) Bibliothèque impériale, manuscrits, fonds de la Sorbonne, n°s 631 et 635.

(8) Son obit est dans le nécrologe de Notre-Dame de Paris, à la date du 29 novembre.

(9) Bibliothèque impériale, manuscrits, fonds de la Sorbonne, n°s 116 et 269.

(10) «Anno Domini M° CCC° XXI°, tempore Jacobi «Benedicti de Dacia, tunc latoris rotuli, ad utilita- «tem domus et ad meliorem custodiam librorum, «fuit per provisorem nostrum magistrum Hani- «baldum ordinatum, et per magistros Thomam de «Anglia, Sillerinum de Sancto Augustino, Nicho- «laum Beyart et alios magistros in compoto confir- «matum : ut nullus liber prestetur extra domum «alicui, nec socio, nec extraneo, sub juramento, «nisi super vadium amplius valens et in re que ser- «vari potest pura, auro, argenteo, vel libro; et hec «vadia serventur in cista ad hoc deputata.

DE LIBRARIIS.

«Item, quod de omni scientia et de libris omnibus «in domo existentibus, saltem unum volumen quod «melius, ponatur ad cathenas in libraria communi, «ut omnes possint videre. . . si unum. . . volumen, «quia bonum secunde divinius est quam bonum «unius, et ad hoc astringatur quilibet habens hujus «librum ponendum in libraria quod. . . cum tradat.

«Item, circa custodiam librorum vagancium, «per socios fuit ordinatum quod custodes illorum

La première question qui y soit résolue est celle du prêt des livres au dehors. On exige un gage supérieur au prix du volume et d'une conservation facile, soit en or, soit en argent, soit même un autre livre; une fois cette formalité remplie, l'ouvrage peut être prêté, non-seulement à un *socius*, mais aussi à un étranger. Les bibliothécaires étaient élus par les Sorbonistes eux-mêmes, mais ils ne devaient confier leur clef à personne. Ils étaient responsables des livres perdus ou détruits pendant le temps de leur exercice; autrement, ajoute-t-on, leur titre de conservateurs ne serait qu'un vain mot, «aliter frustra dicuntur custodes.» On décide qu'une foule de manuscrits sans valeur et non reliés, tels que les cahiers des étudiants, *reportationes*, et d'anciens sermons seront vendus, donnés ou échangés. Comme plusieurs ouvrages autrefois inscrits ne se retrouvaient pas, on recommande de mieux conserver les livres à l'avenir et de dresser un nouveau catalogue. Outre le catalogue général, on exige qu'un registre spécial mentionne, avec le nom de chacun des bibliothécaires, les ouvrages qui lui sont plus particulièrement confiés; pour ces livres, comme pour ceux qui sont prêtés hors de la bibliothèque, on ne doit pas se contenter du titre de l'ouvrage, il faut transcrire aussi les premiers mots du second feuillet, afin qu'on ne puisse changer un manuscrit contre un autre de même apparence et de moindre valeur.

Ce règlement fut revu et complété peu d'années après, et la nouvelle rédaction mérite, sous tous les rapports, d'être reproduite; malheureusement l'écriture du manuscrit qui nous sert ici de guide est en deux endroits indéchiffrable[1].

«eligerentur per socios, et non quilibet alteri daret «clavem ad voluntatem suam, et quod aliquam ra«tionem redderent de libris tempore sue custodie «perdi is, aliter frustra dicuntur custodes.

«Item, quia multi jacent ibi libri parvi valoris, «non ligati, solum occupantes locum, sicut reporta«tiones et antiqui sermones, fuit ordinatum quod «darentur beneficiariis nostris qui possent esse ad «usum eorum, et alii juxta ordinacionem sociorum «ad hoc deputatorum venderentur sociis de domo, «vel aliis si aliquid offerretur pro eis, et de illa pe«cunia emerentur alii libri deficientes nobis.

«Item, quia multi libri qui aliquando fuerant «intus inventi non sunt modo, fuit ordinatum ut «fieret novum registrum super libris nunc existen«tibus, ut diligentius custodiantur in posterum.

«Item, quod librarii renovent registrum, et scri«bant super singulos sub proprio nomine libros «quos habent. Non enim sufficit scribere : talis cus«todit talem librum; quia sic primus recipiens nichil «restituens liberabitur, et de secundo frequenter «nichil petitur, et perduntur libri.

«Item, non sufficit scribere : talis habet talem «librum vi librarum vel hujus, nisi scribat etiam «sic in registro : incipit secundo folio sic vel sic; «ne fiat fraus in commutando librum majoris precii «in librum ejusdem speciei, minoris tamen precii, «vel si perdere unus non restitueretur pejor.

«Item, ut ista diligentia circa libros proficiatur, «eligantur novi librarii qui ad hec implenda sint «solliciti.»

(Bibliothèque impériale, manuscrits, fonds de la Sorbonne, n° 1280, p. 9.)

[1] «I. Nemo e Societate non togatus pileatusque «bibliothecam ingreditor.

«II. Pueris et vulgo illiterato ne aperitor.

«III. Viris honestis et eruditis in eam introdu«cendis, unus saltem e Societate admissionalis esto, «comitiva.... eorum pro foribus præstolatur.

«IV. Clavis bibliothecæ socius apud se caute ser«vato, nulli alieno concredito.

«V. In bibliothecam, quovis tempore, non ignis «aut lumen inferuntur.

«VI. Volumen, inconsulta Societate, nullum bi«bliotheca exportator.

«VII. Si quis ultrum pulpito in usum eduxerit,

I. Aucun membre de la Société n'entrera dans la bibliothèque sans être revêtu de sa robe et de son bonnet.

II. Elle sera interdite aux enfants et aux gens illettrés.

III. Si des personnes recommandables et instruites demandent à y pénétrer, un des *socii* devra leur servir d'introducteur, mais leurs valets resteront à la porte.

IV. Chaque *socius* conservera sa clef de la bibliothèque avec soin, et ne la prêtera à personne.

V. En aucun temps, on n'apportera ni feu ni lumière dans la bibliothèque.

VI. On ne devra emporter de la bibliothèque aucun volume sans le consentement de la Société.

VII. Avant de placer un volume sur un pupitre pour s'en servir, on commencera par en enlever la poussière; on s'en servira honnêtement, puis on le remettra fermé à sa place.

VIII. Il est interdit d'écrire sur les volumes, d'y faire aucune rature, de plier aucun feuillet.

IX. Qu'on écrive ou qu'on lise, on ne doit interrompre personne, soit en causant, soit en marchant.

X. Autant que possible, le silence doit régner dans la bibliothèque comme en un lieu auguste et sacré.

XI. Les livres dont les doctrines sont condamnées, les écrits d'une lecture dangereuse, ne seront confiés qu'au professeur de théologie; encore devra-t-il s'en abstenir si les besoins d'une argumentation ou d'une controverse ne le forcent à y avoir recours.

XII. Le professeur lui-même ne doit donc pas les lire par pure curiosité, de peur que le poison ne le pénètre.

XIII. Si quelqu'un le fait néanmoins, qu'il soit puni d'une réprimande.

Sans qu'on puisse s'appuyer à cet égard sur des textes positifs, nous croyons que TOUTES les bibliothèques créées à cette époque étaient publiques, mais non cependant dans le sens que nous attachons aujourd'hui à ce mot. Le premier venu n'y était évidemment pas accueilli avec cette facilité déplorable qui a transformé en cabinets de lecture ou en banals chauffoirs nos grandes collections bibliographiques. Une bibliothèque était alors un endroit consacré au travail sérieux, un lieu *sacer et augustus*, comme dit le règlement que nous venons de citer, et ceux-là seuls y avaient accès qui étaient réellement en état de profiter des ressources qu'elles offraient. Pour la Sorbonne en particulier, ce fait peut être établi d'une manière incontestable. Nous avons trouvé un argument décisif sur ce point dans

« pulverem aut deformitatem quamcumque prius « abstergito, eodem utitor honeste, tum ordini et « loco clausum restituito.

« VIII. Nulla litura aut nota nulla, ne complica- « tione foliorum librum deformato.

« IX. Scribens, legensne, nulla aliorum collocu- « tione aut ambulatione interpellator.

« X. Silentio, quantum licebit, locus sacer et au- « gustus esto.

« XI. Damnatæ doctrinæ scripta soli magisterio « theologiæ... cursores periculosa lectione, nisi pre- « mat argumentandi resultandique necessitas, absti- « nento.

« XII. Magister quidem ita legito ut absit curio- « sitas, ne noceat venenum.

« XIII. Si quis faxit secus, merito reprehensione « castigator. »

(Cl. Héméré, *Sorbonæ origines, disciplina, viri illustres, etc.* Bibliothèque de l'Arsenal, manuscrits, n° 133.)

le testament de Gérard d'Abbeville, mort en 1270; en voici textuellement la première phrase : «D'abord, je lègue aux séculiers étudiant en théologie, tant «à ceux qui font partie de la communauté établie dans la maison fondée par «Robert de Sorbon qu'aux autres lettrés séculiers, un corps théologique dans «lequel j'étudiais et je lisais.....[1]» Le règlement de 1321 ordonne que l'on exige de l'emprunteur un gage supérieur au prix du volume, soit or, soit argent, soit un autre livre, mais, sous cette condition, il autorise le prêt des ouvrages au dehors, non-seulement pour un *socius*, mais même pour un étranger sous serment, «extraneo sub juramento.» Enfin l'article II du règlement dont nous venons de donner le texte dit, en termes exprès, que la bibliothèque sera interdite aux enfants et aux personnes illettrées, «pueris et vulgo illiterato,» restriction tout à fait inutile si les Sorbonistes seuls y eussent été admis. On pouvait d'ailleurs alors, sans grand danger, accorder ainsi à tous les lettrés une généreuse hospitalité dans les bibliothèques : l'Église, qui les avait créées, presque seule aussi en profitait. Tout changea dès que la science commença à se répandre au dehors des cloîtres et des autels; et de ces bibliothèques scolaires ou conventuelles, qui étaient d'un si facile accès au XIIIe siècle, une seule peut-être, celle de l'église Notre-Dame, resta à la disposition des étudiants.

A l'époque où nous sommes parvenus, on venait de dresser un nouveau catalogue de la bibliothèque. Ce travail, qui date de 1338, remplit deux cent vingt-trois pages in-folio [2], et est tout différent de celui de 1290. Au lieu de commencer par le *trivium* et le *quadrivium*, il donne la première place à la théologie; au lieu d'indiquer les premiers mots du texte de chaque ouvrage, il donne ceux du second ou de l'avant-dernier feuillet, peut-être parce qu'on regardait le premier et le dernier comme trop exposés à la destruction. En revanche, il a sur son aîné deux avantages inestimables au point de vue de l'histoire : chaque volume est suivi de son prix d'estimation, et, en général, du nom du donateur. Les ouvrages les plus précieux, ceux dont la lecture ou le prêt était interdit, sont accompagnés de cette mention *cathenatus;* d'autres, et en grand nombre, du mot *defficit.* Dans la section des *Libri in gallico*, par exemple [3], sur dix articles trois seulement semblent avoir été conservés; les sept autres portent en marge le triste mot *defficit* [4].

Sorbonistes et étrangers continuaient cependant à enrichir la collection du collége, et nous mentionnerons encore quelques-unes des donations dont nous avons pu retrouver la trace.

[1] «In primis lego scholaribus theologiæ sæ-«cularibus, tam in communitate domus magistri «Roberti de Sorbona quam alijs litteratis sæculari-«bus, unum corpus theologicum in quo studebam «et legebam.» (Cl. Héméré, *Sorbonæ origines, etc.* p. 171.) — *Legere* est pris ici dans le sens de *docere.*

[2] Bibliothèque de l'Arsenal, manuscrits, n° 855, p. 2 à 223.

[3] Bibliothèque de l'Arsenal, manuscrits, n° 855, p. 221.

[4] Nous reproduisons plus loin la table des matières et un extrait de ce catalogue.

Jean de Mareuil, ancien *socius*, qui mourut vers 1338 [1], légua à la Maison *plures libros*, dit le nécrologe [2]. Un seul est aujourd'hui à la Bibliothèque impériale; on lit sur l'avant-dernier feuillet : « Iste liber est pauperum magistrorum domus « de Sorbona Parisius in theologia studentium, ex legato magistri Johannis de « Marolio, quondam socii domus [3]. »

Vers 1343 [4], Gilles de Aldenard fit à la Maison des libéralités assez importantes [5]. Le nécrologe ne dit pas s'il s'y trouvait des livres; mais un commentaire de P. Lombard sur le psautier, qui est conservé à la Bibliothèque impériale, porte ces mots : « Iste liber est... ex legato magistri Egidij de Aldenardo [6]. »

Une donation plus considérable fut due, vers la même époque, à Jacques de Padoue, qui, sur les volumes légués par lui, est qualifié de professeur dans les Facultés des arts, de médecine et de théologie : « Iste liber est pauperum magis- « trorum de Sorbona, ex legato magistri Jacobi de Padua, in artium, medecine et « theologie facultatibus professoris [7]. »

En 1354, Germain de Narbonne, docteur en théologie, et Étienne Séguin, docteur en médecine, tous deux chanoines de l'église de Narbonne, léguèrent plusieurs volumes à la Sorbonne. On garde aux Archives de l'Empire l'original de la procuration qui fut donnée par le proviseur en exercice, Pierre, cardinal de Saint-Martin *in montibus*, à l'effet de prendre possession de ce legs [8].

En 1360, un Parisien, nommé Jean Gorré, laissa encore à la Maison plusieurs volumes, à la fin desquels on lit : « Iste liber est.... ex legato magistri Johannis « Gorré, de Parisius, doctoris in theologia, quondam doctoris hujus domus, anno « M° CCC° 60 [9]. » Un de ces volumes présente une particularité curieuse, et dont l'explication est assez embarrassante. Il renferme le commentaire d'Adam de Wodron sur le livre des *Sentences*, et nous ne croyons pas que cet ouvrage ait jamais été suspect d'hétérodoxie; on trouve cependant au bas du premier feuillet ces mots : « Iste liber est pauperum magistrorum de Sorbona, ex legato magistri Johannis « Gorré, de Parisius. Datus ad visitandum domino primo presidenti, ex precepto « domini nostri regis, anno Domini mil^mo cccc° LXXIIJ°, mensis aprilis, die septima « ante Pasca. » Puis au-dessous : « Iste liber est de magna libraria et fuit extractus « mense aprili, anno mil^mo. cccc. LXXIIJ, ante Pascha, et fuit tunc traditus in manibus « domini primi presidentis.... [10]. » Dans quel but ce volume fut-il confié au pre-

[1] *Domus et Societatis Sorbonicæ historia*, Bibliothèque de l'Arsenal, manuscrits, n° 132, p. 70.

[2] *Necrologium Sorbonæ*, 5 augusti.

[3] Bibliothèque impériale, manuscrits, fonds de la Sorbonne, n° 590.

[4] *Domus et Societatis Sorbonicæ historia*, p. 65.

[5] *Necrologium Sorbonæ*, 28 septembris.

[6] Bibliothèque impériale, manuscrits, fonds de la Sorbonne, n° 71.

[7] Bibliothèque impériale, manuscrits, fonds de la Sorbonne, n°s 214, 215, 334, 594, 612, 626, 749.

[8] Archives de l'Empire, série M, carton n° 75, pièce n° 130.

[9] Bibliothèque impériale, manuscrits fonds de la Sorbonne, n° 693.

[10] Bibliothèque impériale, manuscrits, fonds de la Sorbonne, n° 707.

mier président? Pourquoi ce prêt eut-il lieu par ordre du roi? Peut-être avons-nous retrouvé ici un des rares survivants de l'excommunication prononcée, sous Louis XI, contre les ouvrages de philosophie nominaliste [1]; nous reviendrons sur ce fait dans la notice consacrée à la bibliothèque du collége de Navarre.

Vers la même époque, donation, sans doute peu importante, due à Adalbert Rankon, d'Erycin en Bohême [2]; on lit sur un volume qui lui a appartenu et qui devint la propriété du collége : «Iste liber fuit ad usum magistri Adalberti Ran-«konis de Ericinio in Boemia [3].»

En 1372, Jean de Saint-Lucien, ancien *socius*, bachelier en théologie et chanoine de Bayeux, légua à la Sorbonne un certain nombre de volumes, à la fin desquels on écrivit : «Hunc librum magister Johannes de Sancto Luciano, bacha-«larius in theologia, socius de Sorbona, diocesis Rothomagensis, canonicus Baio-«censis, legavit in suo testamento collegio pauperum magistrorum studentium in «theologia de Sorbona, anno Domini M° CCC° LXXIJ° [4].»

La Sorbonne dut encore à Jean de Clermont, chanoine de Loudun, mort vers 1380 [5], un beau bréviaire à l'usage de Rome; mais, dit le nécrologe, ce volume fut vendu quarante francs [6].

Guillaume de Servavilla, docteur en théologie et chantre de Notre-Dame, laissa au collége des biens meubles et des livres. Nous avons trouvé aux Archives de l'Empire la procuration, datée du 17 novembre 1385, qui fut fournie par le proviseur pour obtenir délivrance de ce legs [7].

Le sous-proviseur, Étienne de Chaumont, mort à la fin de février 1399 [8], légua à la Sorbonne un manuscrit contenant les *Questions* du franciscain anglais Eliphat, et un traité de philosophie naturelle. On lit à la fin du volume cette inscription amphibologique : «Iste liber est pauperum magistrorum collegij «Sorbone, ex legato magistri Stephani de Calvomonte, magistri in theologia «et socij hujus domus, in quo continentur questiones Eliphati et quidam «tractatus de philosophia naturali; anno Domini 1399°, die penultima februa-«rij, obiit dictus magister, et voluit quod incathenaretur in magna libraria Sor-«bone [9].»

Nous avons rencontré à la bibliothèque Mazarine [10] un document très-précieux pour l'histoire de la Sorbonne au quinzième siècle, et qui, dans les diverses

[1] De Launoy, *Navarræ gymnasii historia*, t. I, p. 188.

[2] *Domus et Societatis Sorbonicæ historia*, p. 83.

[3] Bibliothèque impériale, manuscrits, fonds de la Sorbonne, n° 530.

[4] *Ibid.* n° 106.

[5] *Domus et Societatis Sorbonicæ historia*, p. 122.

[6] «Die octava januarii, obitus magistri Joannis «de Claromonte, qui legavit domui pulchrum bre-«viarium ad usum romanum, quod fuit venditum «pro 40 franc.» (*Necrologium Sorbonæ.*)

[7] Archives de l'Empire, série M, n° 75, pièce n° 131.

[8] Il est inscrit dans le nécrologe à la date du 17 décembre.

[9] Bibliothèque impériale, manuscrits, fonds de la Sorbonne, n° 691.

[10] Manuscrits, n° 576.

chroniques manuscrites de la Maison, est désigné sous le nom de *Regestum bibliothecæ*. C'est un registre in-quarto, écrit sur vélin, qui commence en 1402 et se termine vers 1530; les nombreux bibliothécaires élus entre ces deux époques y inscrivaient le nom des docteurs et des bacheliers *socii* auxquels ils remettaient une clef de la bibliothèque, le titre des livres que ceux-ci empruntaient, les sommes payées par eux, etc. il fallait alors donner quatre blancs pour les clefs et six blancs pour le bibliothécaire.

On trouve dans ce volume, malheureusement fort difficile à déchiffrer, des renseignements qu'il serait impossible de se procurer ailleurs. Il nous fournit, par exemple, la date d'un legs de livres fait au collége par un sieur Jean Ladorée, maître ès arts et bachelier en théologie : il avait été reçu *hospes* en 1395, et le 18 janvier 1411 il rendit les clefs de la bibliothèque.

On y voit mentionnés aussi comme bienfaiteurs de cette collection deux contemporains de *Robertus de Croso*, douzième proviseur[1].

Le premier, nommé *Jean Brout*, était né à Bergues en Flandre, avait le titre de docteur en théologie et mourut chanoine d'Harlebeck. Du consentement de Gabriel, son frère, il légua à l'établissement un très-bel exemplaire, en trois volumes, des commentaires de Nicolas de Lyra sur la Bible[2]; on lit en tête du dernier feuillet : « Iste liber est..... ex legato bone memorie viri magistri Johannis « Brout, oriundi de Bergis in Flandria, magistri in theologia, quondam canonici « Herlebeicensis in Flandria et socij hujus dicti collegij. Etiam ex legato aut de « consensu Gabrielis fratris sui[3]. »

Nous ne connaissons du second que son nom : Jean de Deventer. La Bibliothèque impériale possède deux volumes qui proviennent de son legs, et qui portent pour toute inscription ces mots : « Istum librum legavit magister Johannes « de Dauentria[4]. »

Un Rouennais, Jean du Mesnil, maître ès arts et bachelier en théologie, mort le 6 septembre 1413, laissa à la Sorbonne deux commentaires sur le livre des *Sentences*; on écrivit à la fin de chacun d'eux : « Iste liber est de collegio Sorbone, « ex legato magistri Johannis de Mesnillo, magistri in artibus et bacalarij in theo- « logia, de Rothomago in Normania, cujus anima requiescat in pace. Predictus « magister Johannes, socius hujus domus, obiit vj die septembris, anno Domini « M° CCCC° XIII[5]. »

Le 11 avril 1415, mourut un savant professeur, devenu évêque de Senlis, et

[1] Il mourut en 1412.

[2] Cette libéralité est mentionnée aussi dans le nécrologe : « Obitus magistri Johannis Brout, socii « hujus domus, qui legavit, sicut frater suus ma- « gister Gabriel, postillæ de Lira in tribus volumi- « nibus. » (*Necrologium Sorbonæ*, 7 novembris.)

[3] Bibliothèque impériale, manuscrits, fonds de la Sorbonne, n°s 176 et 178.

[4] Bibliothèque impériale, manuscrits, fonds de Sorbonne, n°s 200 et 694.

[5] Bibliothèque impériale, manuscrits, fonds de la Sorbonne, n°s 616 et 673.

qui est appelé tantôt Pierre Plaru [1], tantôt Pierre Plaoul. Il légua à la Sorbonne une charmante Bible latine ornée de délicieuses miniatures, et un volume des concordances de la Bible [2]. Ces deux ouvrages sont aujourd'hui à la Bibliothèque impériale; on lit sur le premier : «Iste liber est.... ex legato reverendi in «Christo patris domini Petri Plaoul, episcopi Silvanectensis quondam, et in sacra «pagina professoris eximii, dictæque domus socii, qui obiit anno Domini 1415, «11 aprilis; inhumati cum egregio atque memorandæ recordationis viro magistro «Petro Lombardi, Parisiorum antistite, apud Sanctum Marcellum Parisiensium, in «via quæ ducit ad arborem Bridani [3].» La note inscrite sur l'autre ouvrage [4] diffère fort peu de celle qui précède.

La même année, Guillaume Cherviau ou Cerveau donna à la Sorbonne une maison qu'il possédait dans la rue Saint-Jacques, et le traité d'Albert le Grand sur les louanges de la Vierge [5]; on inscrivit à la fin du volume ces mots : «Hunc librum dedit librarie magister Guillermus Cherviau, anno Domini «1415to [6].»

Vers la même époque, le *socius* Jean de Pont-Croix, docteur en théologie et chanoine de l'église Notre-Dame, laissa au collége le commentaire de Nicolas de Lyra sur la Bible [7], en trois volumes, qui sont aujourd'hui à la Bibliothèque impériale [8].

En 1433, mourut à Tournay Henri Goethals, appelé aussi Henri de Lewis, savant théologien qui remplit de nombreuses missions diplomatiques, et fut successivement chanoine, archiprêtre, trésorier et doyen de la cathédrale de Saint-Lambert à Liége. Il avait fait ses études à la Sorbonne, et il lui légua deux beaux volumes renfermant des gloses sur saint Jean et sur saint Luc; on lit à la fin de chacun d'eux : «Iste liber est pauperum scolarium de Sorbona, ex legato magistri «Henrici de Lewis in Brabantia, canonici Leodyensis, magistri in sacra theologia, «quondam socij de Sorbona [9].»

Pendant toute cette période, les Sorbonistes paraissent avoir veillé avec un soin extrême sur leur bibliothèque. Outre les nombreuses donations qui l'enrichis-

[1] Voyez le *Gallia christiana*, t. X, p. 1432.

[2] «Obituarium Petri Plaoul, episcopi Silvanec-«tensis, et socij hujus domus, qui legavit quinqua-«genta libras parisienses, et Bibliam et concordan-«tias, valentes octoginta sex libras parisienses.» (*Necrologium Sorbonæ*, 8 martii.)

[3] Bibliothèque impériale, manuscrits, fonds de la Sorbonne, n° 1287.

[4] *Ibid.* n° 10.

[5] «Obiit magister Guillelmus Cerveau.... qui «dedit huic collegio domum suam sitam in ma-«gno vico Sancti Jacobi..... et librum de laudi-«bus Virginis.» (*Necrologium Sorbonæ*, 16 junij.)

[6] Bibliothèque impériale, manuscrits, fonds de la Sorbonne, n° 522.

[7] «Hac die fiat missa pro magistro Johanne de «Pontecrucis, canonico Parisiensi, quondam socio «hujus domus... qui dedit postillam Nicholai de «Lira super totam Bibliam.» (*Necrologium Sorbonæ*, 16 maij.) — Son obit se trouve aussi dans le nécrologe de Notre-Dame, le 2 des nones de mars.

[8] Bibliothèque impériale, manuscrits, fonds de la Sorbonne, nos 174, 175, 177.

[9] *Ibid.* nos 142, 152.

saient sans cesse, la Maison faisait exécuter à ses frais des manuscrits; c'est au moins ce qui résulte d'une note que nous avons trouvée à la fin d'un commentaire de saint Ambroise sur l'Évangile de saint Luc [1]. Le règlement dont nous avons donné le texte était appliqué dans toute sa rigueur. Ainsi, en octobre 1431, maître Alard Palenc, alors prieur, désira obtenir l'autorisation d'emporter pour quelque temps dans sa chambre deux ouvrages, parmi lesquels se trouvait le commentaire d'Eustrate, métropolitain de Nicée, sur les *Éthiques* d'Aristote. Conformément à l'article 6 du règlement [2], Palenc s'adressa aux *socii*, et, pour appuyer sa demande, fit remarquer que ses fonctions ne lui permettaient guère de se livrer à l'étude que le matin et le soir, aux heures où la bibliothèque n'était point ouverte. Alard Palenc obtint la permission qu'il sollicitait [3]; et, l'année suivante, il fit accorder la même faveur à maître Bertrand de Vaudelle, qui voulait emprunter un commentaire sur les *Métamorphoses* d'Ovide [4]. Du reste, Alard Palenc venait alors d'être nommé bibliothécaire [5].

La concession d'une des clefs de la bibliothèque était également soumise encore aux formalités ordinaires, et l'opportunité de la demande discutée par les *socii* dans leurs réunions périodiques [6]. Le prieur semble avoir rempli au sein de ces utiles assemblées, *in aula*, dit notre texte, les fonctions de secrétaire; car on trouve dans les registres tenus par lui une analyse des résolutions prises à chaque séance. Nous y voyons que, le 15 janvier 1531, il fut ordonné, pour assurer la garde et la conservation des livres, que, dans le délai de huit jours et sous peine d'une amende d'une bourse, le bibliothécaire ferait nettoyer et fermer tous les livres, frotter la bibliothèque, et qu'il aurait à rendre compte de l'état des choses, afin que la Maison pût s'occuper des réparations et des reliures devenues nécessaires [7].

[1] Bibliothèque impériale, manuscrits, fonds de la Sorbonne, n° 213.

[2] Voyez ci-dessus, page 239.

[3] «Anno quo supra, die 5ª octobris, supplicavit «magister Alardus Palenc prior, quatenus magistri «dignarentur sibi concedere duos libros de magna «libraria, quibus posset se juvari in lecturam «Ethicæ quam in die sequenti erat incepturus, videlicet commentum Eustratii et Gherardi Odonis; «allegans majus studium suum fore de sero et «mane, quibus non patebat ad magnam librariam «aggressus. Cujus supplicatio fuit concessa modo «et forma consuetis.» (*Regesta priorum Sorbonæ*, Bibliothèque impériale, manuscrits, fonds de la Sorbonne, n° 1271, p. 2.)

[4] «Anno eodem, die vero Sancti Ludovici, sup«plicavit magister Alardus in aula pro magistro «Bertaudo de Vaudello, pro quodam libro papireo «magnæ librariæ, in quo continetur quædam ex«positio supra metamorphoseos, et fuit supplicatio «concessa modo et forma consuetis.» (*Regesta priorum Sorbonæ*, p. 16.)

[5] «Anno eodem, die vero vigesima octava martij, «fuit electus in librarium magister Alardus Palenc.» (*Regesta priorum Sorbonæ*, p. 12.)

[6] «Anno quo supra, die 17ª decembris, ma«gister Jacobus Carpentier supplicavit pro clave «librariæ. Quæ supplicatio modo consueto fuit con«cessa.» (*Regesta priorum Sorbonæ*, p. 3.)

[7] «Anno quo supra, die 15ª januarii, fuerunt «ordinatæ et conclusæ, ex deliberatione omnium «magistrorum, quæ sequuntur :

«Primo..... Secundo, ordinatum fuit, ad tui«tionem et custodiam meliorem faciendam libro«rum librariæ, quod parvi librarii, sub pœna unius «bursæ, haberent infra octo dies mundare et sco-

On ne s'en tint pas là. Le 12 février suivant, tous les maîtres se réunirent dès le matin dans la chapelle, et, d'un commun accord, arrêtèrent, relativement à la conservation des livres, les dispositions suivantes, dont nous traduisons presque littéralement le texte [1] :

« Toute personne qui entrera dans la bibliothèque devra aussitôt fermer la porte; et, si elle introduit un ou plusieurs étrangers, elle devra encore, aussitôt après leur entrée, fermer la porte. Si cette personne sort, elle fermera la porte, quand même il resterait quelqu'un dans la bibliothèque; le tout, sous peine d'une amende de six deniers.

« Toute personne qui se sera servi d'un livre doit, avant de se retirer, fermer le livre, en employant les moyens ordinaires. Ce qui fut ordonné, parce que plusieurs personnes avaient coutume de laisser les livres ouverts; ceux-ci sont alors exposés à tous les accidents qui peuvent en résulter, couverts de poussière et fort endommagés. De même, lorsque quelqu'un introduira une personne étrangère dans la bibliothèque, il veillera à ce que les livres dont cette personne ou ces personnes se seront servies soient fermés, comme il est dit ci-dessus; sinon,

« bare libros et librariam, et omnes libros claudere, « et inferre statum librorum communitati, ut ipsa « provideat de aliquibus cooperturis et ligaturis. » (*Regesta priorum Sorbonæ*, p. 3.)

[1] « Anno Dominj mille^{mo} cccc^{mo} xxxj°, die xij° februarij, magistro Alardo Palenc existente priore, « pro salute librorum magne librarie, fuerunt concorditer ab omnibus magistris de mane in cappella « congregatis ordinata que sequuntur.

« Primo, quod quilibet intrans magnam librariam statim hostium claudat, et, si quem vel « quos extraneum vel extraneos in dictam librariam « introducat, statim etiam post ipsorum ingressum « hostium claudat; et similiter quando exit, eciamsi « qui alij in dicta libraria remanerent; sub pena « sex denariorum.

« 2° Quod quilibet, dum discedit de aliquo libro « in quo studuit, claudat eo modo quo claudj po- « test; quod ideo fuit ordinatum quoniam plures « solebant dimittere libros apertos, et tunc, tam per « pulveres quam etiam alia accidentia evenientia ex « defectu clausure, multipliciter dampnificabantur. « Et similiter, si quis aliquem extraneum introduxe- « rit in libraria, sit sollicitus quod librj in quibus « talis vel tales, si plures fuerint, studuerint, clau- « dantur modo dicto. Alias solvat ille penam quam « incurrisset si ipsemet dimisisset libros apertos. Est « autem dicta pena sex denariorum pro quolibet li- « bro; et si plures librj fuerint dimissi apertj, mul- « tiplicabitur pena secundum multiplicationem li- « brorum, semper pro quolibet sex denariorum.

« 3° Quod cum aliquis introducit aliquem extra- « neum, ille idem cum dicto extraneo in libraria « remaneat, nisi alius adesset quj de suo consensu « posset cum dicto extraneo remanere. Quod si ille « quj introduxerit extraneum recederet et dimitte- « ret illum extraneum in libraria cum aliquo de « domo sine consensu illius qui est de domo, in- « curret penam sex denariorum.

« Per hec ordinata, ut prefertur, noluerunt ma- « gistrj infrangere ordinationes alias factas concer- « nentes dictam librariam, que sunt hec, videlicet :

« Si quis dimittat hostium apertum et neminem « de domo in dicta libraria dimiserit, solvat unam « bursam.

« Item, si quis dimiserit aliquem extraneum so- « lum in libraria, sic quod nullus de domo maneat « cum eo vel cum eis, si plures fuerint, solvat eciam « unam bursam.

« Ymo voluerunt quod dicte ordinationes inviola- « biliter observarentur, et cum hijs voluerunt pre- « dictas observari, eo quod secundum eventum no- « vorum malorum oportet nova remedia adhibere. »

(*Ordinatio multum bona pro salute librorum magne librarie;* Bibliothèque impériale, manuscrits, fonds de la Sorbonne, n° 1280, p. 20. Reproduit avec quelques variantes dans les *Regesta priorum Sorbonæ*, p. 9.)

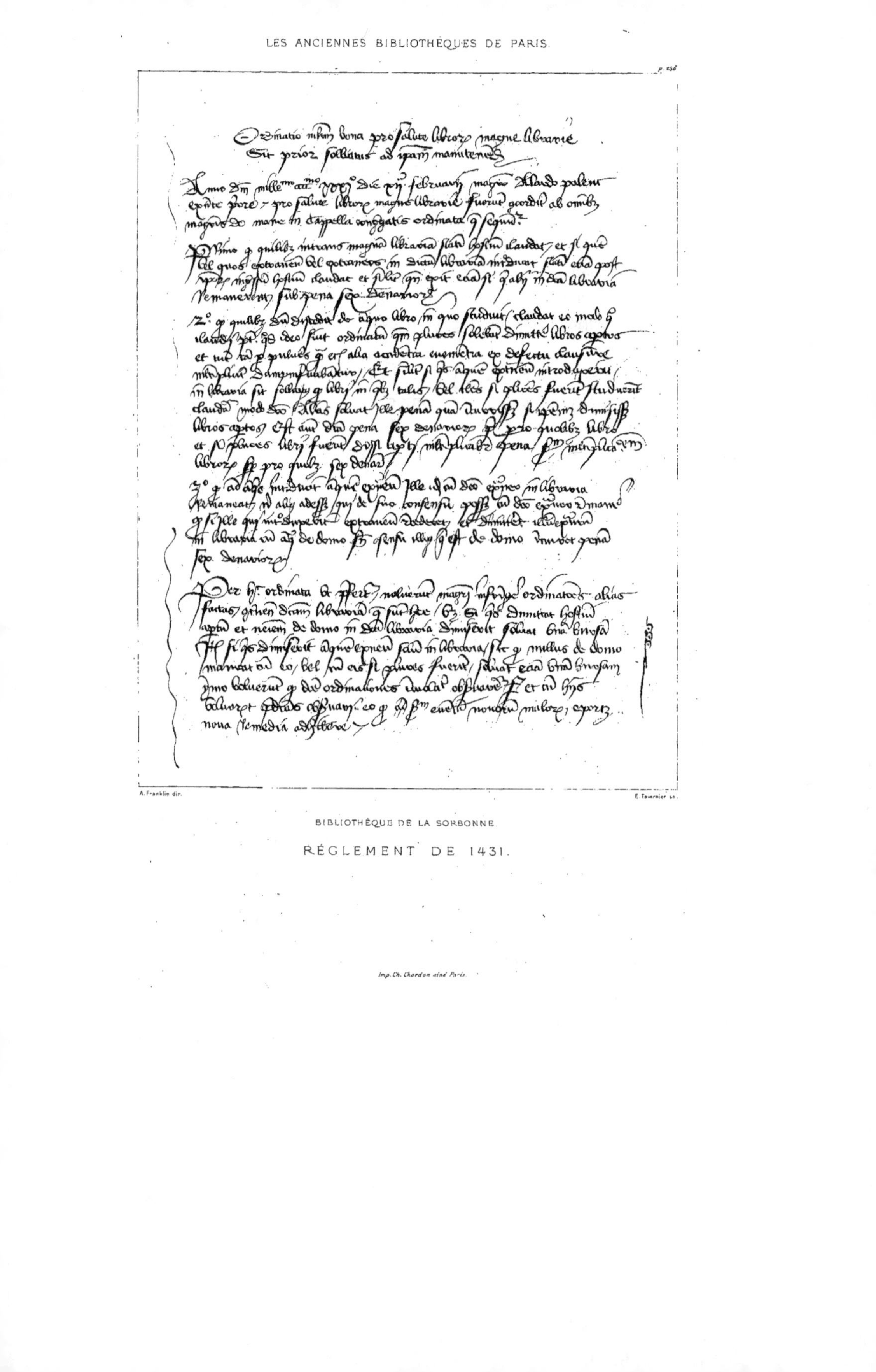

p. 256

A. Franklin dir.

E. Tavernier sc.

BIBLIOTHÈQUE DE LA SORBONNE.

RÈGLEMENT DE 1431.

Imp. Ch. Chardon aîné Paris.

on lui infligera la peine qu'il eût encourue s'il avait lui-même laissé les livres ouverts. Cette peine sera une amende de six deniers pour chaque volume laissé ouvert; si plusieurs volumes ont été laissé ouverts, l'amende se multipliera par le nombre de volumes, à raison de six deniers pour chacun.

« Si quelqu'un introduit un étranger dans la bibliothèque, il ne devra pas le quitter, à moins qu'il n'y ait là quelqu'un qui consente à rester avec l'étranger. Mais, si celui qui a introduit un étranger dans la bibliothèque s'éloignait et le laissait avec une personne de la Maison sans s'être assuré que cette dernière consent à accompagner l'étranger, l'introducteur encourrait une amende de six deniers.

« Par ces dispositions, les maîtres n'ont pas entendu abroger l'ancien règlement, qui était ainsi conçu :

« Celui qui laisse ouverte la porte de la bibliothèque, lorsqu'il n'y reste plus personne de la Maison, payera une bourse.

« Celui qui aura laissé un étranger seul dans la bibliothèque payera aussi une bourse.

« Les maîtres ont ordonné, en outre, que les anciens règlements fussent inviolablement observés, et qu'en même temps on se conformât aux derniers, attendu qu'à des maux nouveaux il faut de nouveaux remèdes. »

Les docteurs ne tardèrent guère à prouver que ce règlement ne resterait pas lettre morte et serait sévèrement appliqué en toute occasion. Dès le 4 avril, on constata que, la veille au soir, la porte de la bibliothèque avait été laissée ouverte. Des commissaires furent désignés pour faire une enquête, et, sur leur rapport, les bibliothécaires furent condamnés à une amende de six deniers; de plus, on réduisit à un quart la portion de vin de maître Jean Rivière, qui était sorti de la salle le dernier[1]. Le 2 mai suivant, on punit le prieur Devremeu, parce que, avant de partir pour aller voir ses parents, il ne rendit pas la clef et les livres qui lui avaient été confiés; ou du moins parce que celui qu'il avait chargé de faire cette restitution ne s'en acquitta pas en temps utile[2]. Il en fut de même, le 9 octobre, pour maître Jean du Pont, qui avait emporté chez lui un manuscrit et ne l'avait pas rapporté à l'époque fixée; on lui accorda cependant encore un délai de huit jours[3].

[1] « Anno quo supra, 4ᵃ aprilis, sunt dati deputati ad sciendum veritatem quis dimiserat librariam apertam, et quia compertum est quod fuerat dimissa aperta in sero precedente, librarii fuerunt puniti ad sex denarios; qui vero ultime recesserat de libraria eodem sero, scilicet magister Joannes Riviere, fuit punitus ad unam quartam vini. » (*Regesta priorum Sorbonæ*, p. 22.)

[2] « Die 2ᵃ mensis maii, fuit punitus dominus prior Devremeu, quia non reddidit clavem et libros quos habebat de parva libraria tempore debito postquam recesserat ad parentes; vel saltem ille cui commiserat, non fecit debitum suum tempore requisito post recessum suum. » (*Regesta priorum Sorbonæ*, p. 22.)

[3] « Die nona octobris, punitus fuit magister Joannes de Ponte, quia portaverat, contra statuta collegii, ad domum suam scedem quæ in parva libraria erat scripta sub defuncto magistro Alardo Palenc, ac etiam quia dictum librum non reddidit

Deux bibliothécaires, Thomas Kessel[1] et Guillaume de Paris[2] s'étaient déjà succédé au collége quand, en 1433, mourut Alard Palenc. Dans sa chambre, située au-dessus de la cuisine, il laissait un certain nombre de volumes dont la Sorbonne se montra fort embarrassée. Elle désirait vivement les garder, cela est évident, mais elle craignait les réclamations d'un oncle du défunt. Pour gagner du temps, elle décida que tous ces livres seraient provisoirement déposés dans un coffre qui était placé derrière le grand autel, au fond de la chapelle[3]. Ils y restèrent, oubliés ou non, l'année suivante, quand on vendit le mobilier d'Alard[4].

Puis, en 1435, quelques maîtres ayant demandé à emprunter des livres de droit qu'il avait eu en sa possession, on arrêta que ces ouvrages leur seraient prêtés sur récépissé, dès qu'ils auraient fait connaître à quel titre ils pouvaient les intéresser[5]. Enfin, en octobre 1442, aucune réclamation ne s'étant sans doute produite, la Sorbonne se décida à dresser l'inventaire de tous ces livres[6], et à les vendre. Au nom du collége, Jean Rivière, Guillaume de Paris et Pierre Corii les cédèrent à Denis Courtillier, «alter quatuor librariorum principalium almæ «matris Universitatis Parisiensis;» celui-ci reconnut dans l'acte qu'il avait conclu le marché «non vi, dolo, metu, non coactus, non deceptus, sed ex sua sponta-«nea voluntate.» Voici, avec les prix d'estimation, le titre des premiers volumes qui figurent sur cet inventaire :

Quidam parvus tractatus	12 d. p.
Commentum veteris logice	2 s. p.
Proporciones Procli	6 s. p.
Rethorica nova Tullij	3 s. p.
Commentum Alberti supra librum de causis	4 s. p.
Quædam quæstiones ethicorum	12 d. p.

Le 25 mars 1434, Guillaume de Paris, devenu grand procureur du collége,

«tempore debito, insuper et fuit conclusum quod «redderet infra octo dies.» (*Regesta priorum Sorbonæ*, p. 25.)

(1) «Die annunciationis B. Mariæ Virginis fuit «electus in librarium magister Thomas Kessel.» (*Regesta priorum Sorbonæ*, p. 21.)

(2) «Die annunciationis B. Mariæ Virginis, anno «Domini 1433, fuit electus in librarium magister «Guillemus de Parisius.» (*Regesta priorum Sorbonæ*, p. 31.)

(3) «Die octava aprilis, fuit deliberatum per ma-«gistros collegii quod libri reperti in camera de-«functi magistri Alardi Palenc, sita supra coquinam, «quam pro nunc inhabitat magister Guillemus de «Parisius, ponerentur in capella, in archa quæ est «retro magnum altare, pro majori securitate, cum «inventario dictorum librorum, quorum aliqui «pertinent avunculo præfati magistri Alardi.» (*Regesta priorum Sorbonæ*, p. 31.)

(4) *Regesta priorum Sorbonæ*, p. 68.

(5) «Die 26ª septembris, conclusum est quod illis «qui conquæruntur libros aliquos juris quos habe-«bat in dispositum magister Alardus Palenc tra-«derentur, facta prius debita informatione quod «fuissent illi libri et quod pertinuissent illis pro «quibus conquærebantur, et præterea quod habe-«retur ad debonerationem littera de recepisse.» — (*Regesta priorum Sorbonæ*, p. 42.)

(6) *Inventaire et prisée des livres de M. Alard Palanc, trouvez en la chambre de M. Guillaume de Paris, vendus à Denis Courtillier, libraire, par MM. de la Rivière, Paris et Corii, écoliers, demeu-*

fut remplacé, comme bibliothécaire, par Jean de Châtillon [1]. Quelques jours auparavant il avait présenté au Conseil la supplique d'un médecin, maître Rouland Tisserand, qui désirait obtenir le prêt d'un ouvrage d'astrologie intitulé *De Judiciis*. Sur l'avis conforme du sous-proviseur, la demande fut accordée, mais aux conditions suivantes : maître Tisserand fournirait, soit en livres, soit en vases d'argent, une caution équivalente à deux fois le prix de l'ouvrage, et le volume serait inscrit sous le nom d'un *socius* qui consentirait à répondre pour l'emprunteur [2].

Tandis que le Conseil maintenait ainsi les sévères traditions de la Maison, les bibliothécaires montraient au contraire assez peu de zèle dans l'accomplissement de leurs fonctions. Le 18 septembre 1436, ils furent condamnés à une amende de trois blancs, parce qu'il avait été prouvé qu'ils faisaient ouvrir et fermer la bibliothèque par leurs clercs. Pendant que les *socii* étaient en séance, un autre clerc s'empara des clefs, s'introduisit dans la petite bibliothèque, et y déroba des livres pour une valeur de 60 sols. Il demanda grâce et restitua tous les ouvrages qu'il avait volés. On usa de douceur avec lui, et on lui permit de se retirer, sans que l'affaire eût été ébruitée hors du collége [3].

Jean Soquet, élu bibliothécaire le 25 mars 1436 [4], eut l'année suivante pour successeur Guillaume de Paris [5], qui remplit alors ces fonctions pour la seconde fois, et qui prit l'initiative de réformes assez importantes. Le 1er avril 1437, les maîtres s'assemblèrent dans la chapelle pour entendre un rapport du prieur sur l'état de la bibliothèque [6]. Celui-ci exposa que les livres de la petite bibliothèque

rant au Collége de Sorbone. Archives de l'empire, série M, n° 133.

[1] «Fuit electus ad officium librariatus magister «Guillelmus de Parisius; in crastino vero, prius «quam acceptaret, objectum est quod non esset «capax, quia erat magnus procurator; idcirco, «rursum celebrata nova electione, electus fuit ma-«gister Johannes de Castiliono.» (*Regesta priorum Sorbonæ*, p. 39.)

[2] «Diē 4a mensis marcii, magister Guillelmus «de Parisiis, procurator magnus collegii, suppli-«cavit in aula, ex parte magistri Roulandi Textoris, «doctoris in medicina, quod collegium vellet con-«cedere dicto magistro Roulando quemdam librum «astrologiæ de magna libraria intitulatum *de Judi-«ciis*. Qui quidem liber concessus [est] eidem Tex-«toris ex parte magistrorum collegii, etiam de «consensu domini subprovisoris, usque ad festum «beati Johannis Baptistæ proxime futurum, cum «conditionibus consuetis, videlicet quod dictus «Textoris dabit vadium ad duplum, sive in libris, «sive in tasseis argenteis, et quod dictus liber scri-«beretur supra aliquem socium collegii, scilicet «supra magistrum Guillelmum de Parisiis, qui res-«pondit pro eo.» (*Regesta priorum Sorbonæ*, p. 36.)

[3] «Die 18a septembris fuerunt puniti duo li-«brarii quilibet ad tres albos, eo quod mittebant «clericos suos ad claudendum et apperiendum li-«brariam. Occasione cujus fuit unus de aliis clericis «qui, ex perversa et callida voluntate, ceperit præ-«dictas claves, quodam die, tempore disputationum «in aula, introivit parvam librariam, et furatus est «libros usque ad valorem 60 s.; occasione cujus «fuit deliberatum quod expelleretur. Et quia peni-«tuit et restituit omnes libros quos ceperat, dul-«citer actum est cum ipso, nec fuit scandalizatus «extra collegium, sed recessit post.» (*Regesta priorum Sorbonæ*, p. 48.)

[4] «Die annunciationis gloriosæ Virginis Mariæ, «fuit electus in librarium magister Johannes So-«quet.» (*Regesta priorum Sorbonæ*, p. 52.)

[5] «Die annunciationis beatæ Mariæ Virginis, «electus fuit in librarium magister Guillelmus de «Parisius.» (*Regesta priorum Sorbonæ*, p. 58.)

[6] «Prima die aprilis congregati fuerunt ma-«gistri in capella post missam supra statu libraria-

étaient dans un tel désordre qu'il était impossible d'en savoir le nombre, la valeur ni l'objet; que les ouvrages de médecine, de théologie, de logique, de droit étaient confondus à ce point que nul ne pouvait désigner ou trouver le livre qu'il désirait, ni vérifier si un ouvrage qu'il avait eu autrefois existait encore.

Le prieur ajouta que les doubles étaient en très-grand nombre, tandis que le collége n'avait pas le moyen de faire faire aux maisons qu'il possédait les réparations nécessaires pour les rendre au moins habitables; que non-seulement la Sorbonne n'avait pas d'argent, mais qu'elle devait plus de 48 livres à un ancien procureur, et que les travaux indispensables réclamés par les maisons, la chapelle et les écoles avaient été estimés à la somme de 1,000 francs et plus; et il y avait peut-être dans la petite bibliothèque trente Bibles et quarante textes de Sommes théologiques.

On proposa donc de vendre quelques-uns de ces livres superflus pour payer les réparations urgentes.

Il fut décidé à l'unanimité :

1° Que tous les livres de la petite bibliothèque seraient classés séparément selon la matière dont ils traitent, et chacune des divisions indiquée par une inscription spéciale;

2° Que, comme l'avait déjà demandé le proviseur, on dresserait un nouvel inventaire des livres ainsi classés;

«rum, et propositum fuit per priorem qualiter in «parva libraria erant libri in tantum confusi, quod «nullus sciverat numerum nec qualitatem, nec quid«ditatem librorum, et quod libri medicinales, theo«logicales, logicales et de jure erant ita ad invicem «mixti, quod nullus scire poteratnec in venire librum «quem petebat, et quilibet ignorabat utrum liber «quem alias habere voluit reperiretur in parva li«braria.

«Propositum etiam fuit qualiter libri de una «materia fuerant aliqui nimis multiplicati, et col«legium multis indiguit pro reparationibus neces«sariis domorum duntaxat ad inhabitandum, et «quod apud collegium nullæ fuerant pecuniæ, «ymo debebat collegium antiquo procuratori som«mam 48 libr. et ultra, et reparationes necessariæ «domorum, capellæ et scholarum taxatæ fuerant «ad sommam mille francorum et amplius per ju«ratos Regis.

«Dictum fuit quod forte erant in parva libraria «30 Bibliæ et 40 textus Summarum.

«1° Positum fuit in deliberatione utrum expe«diret vendere aliquot illorum librorum pro dictis «necessariis reparationibus faciendis, et tunc fuit «concorditer deliberatum per magistros capellæ «quod omnes libri de parva libraria existentes de «una materia ponerentur in una archa et in uno «loco distincto ab aliis, cum annotatione quod in «tali loco essent tales libri.

«2° Quod omnes libri sic distincti ponerentur in «inventario de novo faciendo, quoniam hoc etiam «requisiverat dominus provisor.

«3° Quod omnes libri magnæ librariæ inventa«riarentur, quoniam inventarium magnæ librariæ «inchoatum fuit, sed imperfectum quidem, et fac«tum fuerat per priorem dicti collegii cum magnis «laboribus, qui fuit adjutus principaliter ab ali«quibus hospitibus et sociis dicti collegii.

«Item, deliberatum fuit quod expediet aliquos «libros parvæ librariæ vendere superfluos et nimis «multiplicatos pro necessariis reparationibus fa«ciendis, dummodo ad hoc interveniret concessus «domini provisoris, cui dicta conclusio fuit signifi«cata per dominum priorem; qui suum concessum «dare distulit supra hoc, sed prius petivit inventa«rium parvæ librariæ et magnæ. Quæ inventaria «postea sibi per priorem fuerunt apportata; qui ante«quam daret supra hiis suum concessum, dixit se «velle visitare dicta inventaria, et quod ad hoc ut am«plius actum erat.» (*Regesta priorum Sorbonæ*, p. 59.)

3° Que l'on achèverait l'inventaire de la grande bibliothèque, travail qui avait été commencé avec beaucoup de zèle par un des prieurs, aidé de quelques *hospites* et de quelques *socii*.

Il fut convenu que l'on vendrait plusieurs des nombreux livres inutiles de la petite bibliothèque, afin de payer, avec leur produit, les réparations devenues indispensables.

Mais cette vente ne pouvait avoir lieu sans l'autorisation du proviseur, et le prieur se chargea de lui communiquer la décision du Conseil. Le proviseur différa de donner son approbation, voulant qu'auparavant on lui remît l'inventaire de la grande et de la petite bibliothèque; le prieur les lui apporta. On ne put encore obtenir son consentement : il déclara qu'il voulait examiner ces inventaires et réfléchir aux mesures à prendre.

Les années qui suivent ne furent marquées par aucune décision importante relativement à la bibliothèque; nous devons cependant mentionner les noms de trois bibliothécaires : Pierre Corii, élu en 1442[1]; Jean de Allies, en 1448[2], et Jean de Ecconte, en 1459[3]. Cette même année, Guillaume Pomier, curé de Saint-Germain-le-Vieux[4], donna à la Sorbonne les sermons de Jordan[5] et ceux de Jacques de Voragine. L'acte de donation, qui fut reproduit en entier dans les registres du collége, mérite d'être conservé; nous traduisons textuellement :

Moi, Guillaume Pomier, maître en théologie, curé de l'église paroissiale de Saint-Germain-le-Vieux, en la Cité de Paris, je déclare que j'ai légué et donné, que je lègue et donne par mon testament aux maîtres, boursiers et *socii* du collége de Sorbonne, les sermons de Jordan en deux volumes, écrits sur parchemin. Le premier volume commence au premier dimanche de l'Avent et va jusqu'à Pâques; le second commence à la fête de Pâques et va jusqu'à l'Avent. Item, j'ai légué au même collége par mondit testament, les sermons de Voragine, écrits également sur parchemin, en un volume, qui contient les sermons du dimanche pour toute l'année, et même des sermons pour plusieurs fêtes. Je veux et ordonne que ces livres ou volumes soient attachés à l'aide de chaînes dans la bibliothèque. Ils ne pourront ni ne devront être vendus ou aliénés, mais ils resteront dans la bibliothèque pour servir à la communauté et à tous ceux qui en auront besoin; je m'en réserve cependant l'usage pendant ma vie. Après mon décès, lesdits boursiers et maîtres pourront réclamer à mes exécuteurs testamentaires lesdits livres comme appartenant à eux boursiers et au collége. En foi de quoi j'ai apposé sur cet acte ma signature et le sceau de ma cure susdite. L'an du seigneur 1459, le vingt-sixième jour du mois de septembre. *Signé* G. POMIER[6].

[1] *Regesta priorum Sorbonæ*, p. 65.

[2] *Regesta priorum Sorbonæ*, p. 67.

[3] *Regesta priorum Sorbonæ*, p. 79.

[4] Cette église a été démolie en 1802.

[5] Sans doute Raymond Jordan, dit le savant idiot, *sapiens idiota*.

[6] «Copia cedulæ donationis magistri nostri «Guillelmi Pomier.

«Ego Guillelmus Pomier, magister in theologia, «curatus ecclesiæ parochialis Beatissimi Germani «Veteris in Civitate Parisiensi : confiteor legasse et «dedisse, lego et do per testamentum meum ma-«gistris, bursariis et consociis collegii Sorbonæ, «sermones Jordani in duobus voluminibus scriptis «in pergameno, quorum primum volumen incipit a «dominica prima Adventus usque ad Paschas, et

Dix ans après, un ancien *socius*, Jean Tinctor, chanoine de Tournay et professeur au collége de Cologne[1], légua à la Sorbonne plusieurs ouvrages; on lit à la fin de l'un d'entre eux qui est aujourd'hui à la Bibliothèque impériale : «Iste «liber est pauperum magistrorum et scholarium collegij Sorbone in theologica fa«cultate Parisius studentium, ex legato magistri Johannis Tinctoris, Coloniensis, «et quondam socij hujus domus de Sorbona[2].»

Dans l'intervalle de ces deux donations, Luc Desmoulins[3] (*Lucas de Molendinis*), Reginald du Brule[4], Jean Chenart[5] et Guillaume Fichet[6] s'étaient succédé comme bibliothécaires. Celui-ci fut remplacé en mars 1471 par Jean de Lapierre (*Johannes de Lapide*)[7], qui avait rempli précédemment les fonctions de prieur, et dont nous aurons à reparler.

On continuait à se montrer fort sévère pour le prêt des livres au dehors, et les prélats eux-mêmes devaient se soumettre à la loi commune. En 1473, l'évêque de Beauvais ayant voulu emprunter un volume, le Conseil exigea qu'avant tout on demandât l'autorisation du proviseur et qu'on s'assurât que l'ouvrage existait en double dans la bibliothèque; l'évêque devait, en outre, fournir un autre volume qui eût au moins deux fois la valeur de celui qu'il empruntait et qui resterait enchaîné à la place de ce dernier jusqu'au jour de la restitution. Le prélat trouva sans doute ces conditions un peu dures, car il ne donna pas suite à sa demande[8]. Quatre ans après, le Conseil infligea une amende à l'un des docteurs, maître Denis Bourgeois, qui avait quitté le collége pour une dizaine

«secundum volumen incipit a festo Paschæ usque «ad Adventum Domini. Item, eidem collegio legavi «per dictum testamentum meum sermones de Vo«ragine, scriptos etiam in pergameno, in uno volu«mine, in quo continentur sermones dominicales «totius anni et etiam sermones festorum nonnul«lorum per annum. Quos libros sive quæ volumina «volo et ordino quod affigantur in catenis in libra«ria; et non poterunt nec debebunt in posterum «vendere sive alienare præfata volumina et dictos «libros, sed manebunt in libraria, servientes com«munitati et hiis omnibus qui indigebunt, retento «tamen usu dum vita mihi erit comes. Et poterunt «dicti bursarii et magistri, post obitum meum, «repetere ab executoribus meis præfatos libros tan«quam suos et dicto collegio pertinentes.

«In cujus rei testimonium, signetum meum ma«nuale, cum sigillo præfatæ curæ meæ, huic ce«dulæ apposui.

«Anno Domini 1459°, die vicesima sexta mensis «septembris.

«Signata est G. Pomier.»

(*Regesta priorum Sorbonæ*, p. 81.)

[1] *Domus et Societatis Sorbonicæ historia*, p. 165.

[2] Bibliothèque impériale, manuscrits, fonds de la Sorbonne, n° 655.

[3] *Regesta priorum Sorbonæ*, p. 84, 92, 94, 97 et 105.

[4] *Regesta priorum Sorbonæ*, p. 98.

[5] *Regesta priorum Sorbonæ*, p. 106 et 108.

[6] *Regesta priorum Sorbonæ*, p. 110 et 111. En 1464, année où il fut nommé prieur, les registres l'appellent *G. Phichetus*, *Vichetus* en 1468, et *Fischetus* en 1470.

[7] *Regesta priorum Sorbonæ*, p. 115.

[8] «Die 17 aprilis 1473, deliberatum fuit quod «episcopo Belvacensi concederetur liber beati Dio«nisii, si in libraria duplatus reperiretur, habito «primo consensu domini provisoris, tali pacto quod «præfatus episcopus dabit aliquem alium librum «meliorem ad minus in duplo, qui incathenabitur «in dicta libraria, loco illius, quousque præfatum «librum reposuerit tempore sibi assignato per col«legium. Non prosequutus est præfatus episcopus «ad habendum præfatum librum, et ideo non ha«buit.» (*Regesta priorum Sorbonæ*, p. 120.)

de jours sans restituer auparavant des livres à lui prêtés [1]. Mais ces actes de sévérité n'empêchaient pas encore tous les abus, puisque, en 1476, la Sorbonne recouvra un volume qui, longtemps auparavant, avait été soustrait dans la bibliothèque par un médecin qu'un docteur de la Maison avait pourtant accompagné [2].

Il semble qu'à cette époque les legs de livres fussent devenus moins fréquents que dans le passé; peut-être aussi le souvenir ne nous en a-t-il pas été aussi fidèlement conservé. En 1476, maître Fabien Chartier légua au collége une *Vie du Christ*, qui, nous ne savons pourquoi, fut déposée «in coffro thesauri [3].» En 1480, Thomas Troussel, ancien *socius*, docteur en théologie, pénitencier et chanoine de Notre-Dame, laissa à la Sorbonne la *Somme* du franciscain Astesano, en deux volumes qui sont aujourd'hui à la Bibliothèque impériale [4], la *Somme* de Bartholin et les *Sermons* de J. de Torquemada sur saint Paul [5]; ces ouvrages furent aussitôt enchaînés dans la librairie [6].

Depuis longtemps déjà on songeait à reconstruire la bibliothèque, qui menaçait ruine. Le danger devint si pressant en 1480, que, le 12 mai, les *socii* furent convoqués pour en délibérer. Ils reconnurent que les ressources du collége ne pouvaient suffire aux frais de travaux aussi coûteux, et qu'il fallait demander des secours au dehors. Maître Jean Roer, qui avait trois fois déjà rempli les fonctions de bibliothécaire [7], fut donc député auprès du proviseur pour le prier d'aller voir un certain cardinal d'Autun [8] qui jadis avait promis de s'associer à l'entreprise [9]. Cette démarche eut un plein succès, car, quelques jours après,

[1] «Die 6ª marcii (1478), conclusum fuit quod «magister Dyonisius Burgensis, qui in recessu ejus «non restituit libros collegio quos a collegio habuerat, puniretur in ejus reditu. — Decima 6ª marcii, «supplicavit magister Dyonisius Burgensis, de quo «supra fit mentio, in ejus reditu solvendo unam «bursam, absque hoc, quod condemnaretur, habere «abolitionem; cujus supplicatio fuit concessa.» (*Regesta priorum Sorbonæ*, p. 137.)

[2] «Die sabbati ante Quinquagesimam, retulit «magister noster Lucas quod quidam liber esset «sibi traditus, quem alias per quemdam medicum «intrantem cum magistro librariam fuit clandestine «asportatus.» (*Regesta priorum Sorbonæ*, p. 126.)

[3] «Die 1ª aprilis, placuit collegio quod liber de «vita Christi, quem nobis legaverat magister Fabia«nus Aurigarii, nuper defunctus, depositus in custo«diam in manibus magistri Dominici, reponeretur in «coffro thesauri.» (*Regesta priorum Sorbonæ*, p. 131.)

[4] Manuscrits, fonds de la Sorbonne, nᵒˢ 682, 683.

[5] On a vu plus haut, p. 26, que Th. Troussel légua également des volumes à l'église Notre-Dame et à l'église Saint-Marcel.

[6] «Insuper placuit quod ex singulis Nationibus «singuli ad numeros unus accederent ad executores «piæ memoriæ magistri nostri Thomæ Troussel... «qui haberent recipere libros legatos; scilicet Sum«mam Actantii in duobus voluminibus, et Bartho«lini Summam, et sermones de Turre Cremata su«per explanationes Pauli in duobus voluminibus, «quod factum fuit; et placuit ut libri incathena«rentur et ponerentur in magna libraria.» (*Regesta priorum Sorbonæ*, p. 143.)

[7] *Regesta priorum Sorbonæ*, p. 121, 126, 130, 134.

[8] Sans doute Jean Rolin, évêque d'Autun et cardinal, mort en 1483.

[9] «Die 12ª mensis maii, convocatum fuit col«legium per priorem supra edificatione novæ li«brariæ, et visum est sociis, cum tam sumptuosum «opus ex facultatibus ipsius collegii, sed alieno auxi«lio, proficisci non posset, quod domino provisori «persuaderetur quathenus visitaret reverendum in «Christo patrem dominum cardinalem Eduensem, «qui, alias, ad hoc opus perficiendum promiserat «suas manus adjuvantes porrigere, et ad hoc fuit

tandis qu'on était à table, Jean Roer raconta que le cardinal avait très-favorablement accueilli la demande du collége et venait d'envoyer au proviseur une somme de cent francs pour commencer les travaux [1]. On se mit à l'œuvre aussitôt : un marché fut conclu avec le maçon Guillaume Bigner, puis le prieur posa la première pierre des fondations, et donna au maçon, de la part du collége, un écu d'or au soleil comme pourboire, «ad potandum» [2].

On avait compté sur d'autres libéralités, et elles arrivaient, mais lentement. Le 13 juin, Jean Gambier, bibliothécaire en fonctions [3], et Alexandre, bedeau de la Faculté de théologie, tous deux exécuteurs testamentaires de maître Luc Desmoulins, ancien bibliothécaire de la Maison, remirent au collége quarante écus d'or que le défunt avait légués pour faire des réparations à la bibliothèque ou aux ornements de la chapelle; la somme tout entière fut appliquée aux frais des nouvelles constructions [4]. Un mois après, Jean de Martigny, principal du collége de Bourgogne, offrit de fournir toutes les poutres nécessaires à l'édifice; il demandait seulement, en retour, à avoir droit aux suffrages, prières et bienfaits de la Sorbonne, et aussi qu'on lui ferait remise de quelques arrérages qu'il devait pour le loyer d'une maison située vers la porte Saint-Germain [5]. Ces conditions furent acceptées [6]; et, peu de jours après, par les soins de Jean Roer, les

«deputatus magister noster Johannes Roer.» (*Regesta priorum Sorbonæ*, p. 148.)

[1] «Post paucos diés retulit in mensa præfatus «magister noster Rouer, quod dominus provisor, «suo suasu, visitaverat præfatum patrem dominum «cardinalem in sui presentia, porrexeratque illi «supplicationem præfatam ex parte collegii; cui «supplicationi reverendus in Christo pater annuit, «et centum franchos pro inicio promisit se daturum, «quos post modum juxta promissum contulit.» (*Regesta priorum Sorbonæ*, p. 148.)

[2] «Die 12ª mensis maii, Guillelmus Bigner, la«thomus, cum quo convenerunt dominus provisor «et socii collegii, incipit edificare predictum opus «librariæ. In inceptione cujus prior posuit primum «lapidem fundi, et post hujusmodi inceptionem «dedit lathomo ad potandum unum scutum auri «ad solem, ex parte collegii.» (*Regesta priorum Sorbonæ*, p. 148.)

[3] *Regesta priorum Sorbonæ*, p. 147.

[4] «Die 13ª mensis junii, recepit procurator «collegii 40ª scuta auri a magistro nostro Joh. «Gambier et domino Alexandri, bidello facultatis «theologiæ, executoribus testamenti defuncti ma«gistri nostri Lucæ de Molendinis, de veneranda «nacione Normaniæ, quæ legaverat collegio pro «reparatione librariæ vel ornamentorum capellæ, «ut annumeraretur suffragiis, orationibus et bene«factis collegii; et fuit applicata dicta pecunia ad «præfatum opus librariæ.» (*Regesta priorum Sorbonæ*, p. 148.)

[5] La porte Saint-Germain était située à l'extrémité de la rue des Cordeliers (rue de l'École-de-Médecine), entre la rue du Paon et le passage du Commerce, à l'endroit qu'indique aujourd'hui une fontaine. Le collége de Bourgogne occupait l'emplacement de l'école de médecine actuelle.

[6] «Die 13ª julii exposuit magister noster Johan«nes Roeri in prandio, coram omnibus sociis, qua«liter post multas persuasiones per eum factas, «magister Johannes de Martigniaco, magister prin«cipalis collegii Burgundiæ, obtulit et offerebat pro «constructione novæ librariæ decem vel undecim «magnas trabes, aut saltem tot quot sufficerent pro «sustentatione edificii; hiis tamen conditionibus «appositis, quod esset annumeratus in suffragiis, «orationibus et cunctis benefactis collegii, ut ce«teri speciales benefactores dicti collegii; item etiam «quod sibi remitterentur et defalcarentur aliqua ar«reragia in quibus tenebatur collegio de quadam «domo sita juxta suum collegium versus portam «Sancti Germani. Quæ oblatio, cum suis conditio«nibus, fuit omnibus sociis grata, et grate accep«tata, rogaveruntque præfatum magistrum nostrum

poutres entrèrent au collége [1]. Pendant deux ans, presque toutes les assemblées des *socii* eurent pour objet la reconstruction de la bibliothèque, et l'examen des nombreuses difficultés auxquelles donnait lieu l'exécution des travaux.

Le 8 avril 1481, il est décidé qu'on ne payera le maçon qu'après avoir fait mesurer la profondeur et la hauteur des murs. Cet examen achevé, on lui donnera de l'argent, mais modérément, et de manière que le collége reste toujours son débiteur; car, dans le cas contraire, on pourrait redouter qu'il ne laissât la construction inachevée. On s'occupa, le même jour, d'une maison dite *de la Pie,* en raison de son enseigne; on refusa de faire un bail aussi long que le demandait le locataire, mais «on convint que le procureur dissimulerait avec lui et le payerait de belles paroles, dans la crainte que ce locataire n'empêchât l'écoulement des eaux de la nouvelle bibliothèque [2].» Autre réunion le 13 juin; les vérifications ordonnées dans la séance précédente avaient fait constater la «honteuse» conduite du maçon; il avait trompé le collége sur la profondeur des fondations; et, en outre, il s'était servi de plâtre au lieu d'employer exclusivement, comme on en était convenu, la pierre et le ciment jusqu'au niveau du sol. Il dut réparer le dommage à dire d'experts [3].

Ces travaux semblent avoir été achevés vers la fin de 1483. Maître Dominique était alors bibliothécaire [4]. Il avait succédé au zélé Jean Roer, mort en 1480, et qui avait donné à la Sorbonne les *Questions* de saint Thomas d'Aquin *sur le mal;* ce volume est aujourd'hui à la Bibliothèque impériale, et on lit à la fin : «Hunc «librum questionum de malo, compilatarum a doctore sancto de Aquino, emit «Johannes Roerij, socius in collegio Sorbone, et propriis solvit pecuniis venditorj, «die ultima martij, anno Domini 1480. J. ROERIJ [5].» Mentionnons encore ici deux

«Roer, ut præstatæ oblationis executionem prose-«quatur, quod pollicitus est facere.» (*Regesta priorum Sorbonæ,* p. 149.)

[1] «Post paucos dies, procurante magistro nostro «Roer, fuerunt præfatæ trabes usque ad murum, «unde ad collegium deportatæ, juxta pollicita.» (*Regesta priorum Sorbonæ,* p. 149.)

[2] «Statim post Pascha, die martis post Quasi-«modo, sed quæ fuit 8ª aprilis, congregati fuerunt «socii super negotiis collegii, super multis articulis, «et.... 7° quod non dentur pecuniæ lathomo «quousque fuerit mensurata profunditas et altitudo «murorum librariæ; qua mensuratione facta, da-«buntur ei pecuniæ, moderate tamen, ita ut simus «semper debitores usque ad operis consummatio-«nem, ne forsan dictus lathomus, si nobis debitor «esset, opus incompletum relinqueret.... Fuit et «conclusum de duabus domibus, videlicet de domo «ad Picam, quæ non daretur ad ita longos annos «sicut petebat quidam habitator illius domus; sed «dictum est quod procurator dissimularet cum eo, «dando ei bona verba, ne forsan ille impediret stil-«licidia aquarum novæ librariæ.» (*Regesta priorum Sorbonæ,* p. 155.)

[3] «Decima 3ª junii, articulus fuit de lathomo «qui nos turpiter decepit in fundamentis muri an-«terioris ejusdem librariæ, primum quoad funda-«menti profunditatem, secundum quoad hoc quod «debuit facere fundamentum usque ad terræ su-«perficiem omnino de lapidibus et semento, posuit «tamen dictus lathomus loco sementi et calcis plas-«trum, in gravem jacturam domus. Ideo conclu-«serunt unanimiter quod, ad arbitrium juratorum «in illa arte, cogeretur dictus lathomus reparare «damnum.» (*Regesta priorum Sorbonæ,* p. 156.)

[4] *Regesta priorum Sorbonæ,* p. 155 et 175.

[5] Bibliothèque impériale, manuscrits, fonds de la Sorbonne, n° 565.

autres donations qui paraissent se rapporter à la même époque. Jean Bouhale, écolâtre et chanoine d'Angers, docteur en droit civil et en droit canon, légua au collége les opuscules de saint Bernard et un volume des lettres d'Yves de Chartres provenant de la vente de maître Jean Daveluys, promoteur de l'évêque d'Angers; il avait écrit à la fin du premier de ces ouvrages, qui est aujourd'hui à la bibliothèque Mazarine [1] : «Presentem librum ego Johannes Bouhale, utriusque juris «doctor, scribi feci Turon. anno Domini M° CCCC^{mo} LX°.» Le second, conservé à la Bibliothèque impériale, porte cette inscription : «Pro Johanne Bouhale, utrius-«que juris doctore, scolastico Andegavensi, qui emit presentem librum de exe-«cutore magistri Johannis Daveluys, promotoris episcopi Andegavensis, mense «augusto, anno Domini M° CCCC^{mo} LX°. BOUHALE [2].» De son côté, Richard Palefroy, *socius* en 1481 [3], et mort en 1483 [4], laissa à la Sorbonne un recueil de pièces théologiques qui avaient été copiées par lui; on lit sur l'avant-dernier feuillet du volume : «De dono magistri Richardj Palefroy, quondam socij hujus domus,» et à la fin : «Iste liber pertinet Ricardo Palefroy, ab eodem scriptus [5].»

Deux faits assez graves occupèrent le Conseil pendant les derniers mois de l'année 1483. Le bibliothécaire Dominique perdit la clef de la bibliothèque et celle de la chapelle; malgré l'importance de la faute [6], il fut traité avec une grande indulgence : il offrit vingt sols parisis qui furent acceptés, et on ordonna que cette décision servirait de règle pour l'avenir en pareille circonstance [7]. Enfin, au mois d'octobre, la Sorbonne put disposer d'une petite somme qu'elle venait de recevoir à titre de restitution. Un religieux qui, dans sa jeunesse, avait été accueilli au collége, avait abusé de cette hospitalité pour dérober dans la bibliothèque plusieurs volumes, qu'il vendit ensuite. Tourmenté plus tard par le remords, il résolut d'en rendre au moins le prix. On arrêta que cet argent serait employé en achats de livres, soit manuscrits, soit imprimés, si l'on en pouvait trouver à bon marché [8].

(1) Bibliothèque Mazarine, manuscrits, n° 909.

(2) Bibliothèque impériale, manuscrits, fonds de la Sorbonne, n° 436.

(3) *Regestum bibliothecæ Sorbonicæ*, p. 123. — *Domus et Societatis Sorbonicæ historia*, p. 213.

(4) «Obiit magister Richardus Palefroy, socius, «anno Domini M CCCC LXXXIIJ, qui multa bona fecit «huic collegio.» (*Necrologium Sorbonæ*, 6 februarii.) — En mai 1482, R. Palefroy avait loué au collége une maison située rue des Poirées, entre la petite Sorbonne et le collége de Cluny; le bail est conservé aux Archives de l'Empire, série S, n° 6211.

(5) Bibliothèque impériale, manuscrits, fonds de la Sorbonne, n° 1390.

(6) «Die vigesima 7ª septembris, fuerunt socii «congregati supra tribus articulis. . . 2us articulus «fuit de clavibus librariæ et capellæ, quas ma-«gister noster Dominicus amisit, et quantum ad «hoc placuit facere ipsum judicem, eo quod ipse «cognoscit consuetudines collegii.» (*Regesta priorum Sorbonæ*, p. 174.)

(7) «Die 28ª ejusdem mensis, magister noster «Dominicus obtulit viginti solidos parisienses pro «clave bibliothecæ quam amiserat, et conclusum «fuit quod, si predictus magister pro illo precio «absolveretur, alii quoque, si casus similis con-«tingeret, similiter pro illo precio absolverentur.» (*Regesta priorum Sorbonæ*, p. 177.)

(8) «Die 17ª octobris deliberaverunt socii in «aula quod de quibusdam pecuniis existentibus in «parva libraria, quas restituit quidam religiosus,

Voici la première fois que cette expression de *libri impressi* figure dans notre texte; mais nous allons voir que, depuis longtemps déjà, la Sorbonne devait posséder plus d'un précieux spécimen de l'admirable découverte de Gutenberg. Il nous faut pour cela revenir de quelques années en arrière.

II.

Le plus ancien livre imprimé qui porte une date certaine est le Psautier de Mayence exécuté par Gutenberg, Fust et Schæffer en 1457. Douze ans après, la France ne renfermait encore aucun établissement typographique. L'initiative partit de la Sorbonne, qui devait dans la suite se montrer si ardente persécutrice de l'imprimerie. Le prieur Jean Heynlin ou de la Pierre[1] et le bibliothécaire Guillaume Fichet[2] eurent le courage de braver la résistance qu'opposaient à l'introduction de l'art nouveau près de six mille industriels, copistes, enlumineurs, etc. En 1469, ils appelèrent de Mayence Ulric Gering[3], Michel Friburger et Martin Crantz, et les installèrent dans le local même de la Sorbonne. C'est là, *in ædibus Sorbonæ*, que parut, en 1470, le premier livre imprimé à Paris, les lettres de Gasparino de Bergame, revues et publiées par Jean Heynlin, sous ce titre : *Gasparini Bergamensis epistolarum opus, per Joannem Lapidarium, Sorbonensis scholæ priorem, multis vigiliis ex corrupto integrum effectum, ingeniosa arte impressoria in lucem redactum.* On trouve à la fin de ce volume huit vers qui célèbrent la gloire de la Ville de Paris et l'hospitalité accordée par elle aux trois imprimeurs mayençais : «Protectrice des Muses, royale cité de Paris, toi qui ré-«pands la lumière de la science sur tout l'univers, comme le soleil l'éclaire de «ses rayons, accueille cet art d'écrire, invention presque divine, que l'Allemagne «vit naître, et qui te revient de droit. Voici ces livres, premiers produits créés «par notre industrie sur la terre de France, et dans ton palais; maître Michel, «maître Ulric, maître Martin les ont imprimés, et vont en exécuter d'autres[4].»

«qui cum in juventute sua moram faceret in hac «domo, ipse cum quibusdam aliis rapuerunt aliquos «libros et alienaverunt : quoque quod de dicta pe-«cunia emerentur libri impressi aut alii, si pos-«sent inveniri in bono foro.» (*Regesta priorum Sorbonæ*, p. 161.)

[1] «Incipit prioratus magistri Johannis de La-«pide, Alemani, anno Domini 1467.» (*Regesta priorum Sorbonæ*, p. 108.) — «Incipit prioratus ma-«gistri Johannis de Lapide, Alemani, anno Domini «1470.» (*Regesta priorum Sorbonæ*, p. 111. — Il fut bibliothécaire en 1471, *Regesta, etc.* p. 115.

[2] «Anno Domini 1468, die annunciationis B. «M. V. fuit electus in parvum librarium magister «noster Guillielmus Vicheti.» (*Regesta priorum Sorbonæ*, p. 110.)

[3] Le nom de Gering n'a pas été plus respecté que celui de G. Fichet dans nos registres, car on l'appelle indifféremment *Gerinx, Guerinch, Guering, Guerincg, Guérin, Guarin, etc.*

[4] Ut sol lumen, sic doctrinam fundis in orbem,
Musarum nutrix, regia Parisius.
Hinc prope divinam tu, quam Germania novit,
Artem scribendi suscipe, promerita.
Primos ecce libros quos hæc industria finxit
Francorum in terris, ædibus atque tuis.
Michael, Udalricus Martinusque magistri
Hos impresserunt, et facient alios.

L'année suivante, Gering et ses associés publièrent un traité de rhétorique composé par Guillaume Fichet; la dédicace de l'auteur au cardinal Bessarion se termine ainsi : «Ædibus Sorbonæ scriptum impressumque, anno uno et septuagesimo quadringintesimo supra millesimum,» et on lit à la fin de l'ouvrage[1] :

In Parisiorum Sorbona conditæ Ficheteæ rhetoricæ finis, Roberti Gaguini sequitur panagericus in auctorem.

G. Fichet partit pour Rome en 1471, et Heynlin regagna l'Allemagne en 1475; vers la même époque, les trois imprimeurs quittèrent le collége et transportèrent leurs presses rue Saint-Jacques, dans une maison qui lui appartenait et qui avait pour enseigne un soleil d'or. Enfin, en mars 1483, ils se rapprochèrent de la Sorbonne, qui leur loua par bail à vie, au prix de 9 livres par an, une maison dite *du Buis*, «ad buxum,» et attenante au collége[2]; Gering y plaça son enseigne du *Soleil d'Or* et s'associa avec un Strasbourgeois nommé Berthold Rembold. «Gering, «dit A. Chevillier, étant ainsi revenu près des Docteurs, s'unit avec eux d'une si «étroite amitié qu'elle dura toute sa vie. Comme il n'étoit point engagé dans le «mariage, il les visitoit souvent, se faisant un plaisir de converser avec eux, et un «honneur d'être à leur compagnie[3]. Il leur communiquoit ses desseins et les con«sultoit sur les ouvrages d'imprimerie qu'il entreprenoit et dont il faisoit present «à leur biblioteque. Ce fut un avantage pour cette Societé, qui, ayant toûjours «été pauvre, a eu besoin en tout tems de trouver des amis qui eussent le pouvoir «et la volonté de la secourir dans ses necessitez[4].» Gering, en effet, tenait même sa bourse à la disposition du collége. En 1493, l'ancien bâtiment de la bibliothèque, qui depuis si longtemps menaçait ruine, s'écroula; et, comme la Sorbonne manquait d'argent pour le faire reconstruire, Gering donna une somme de 50 livres[5]. La communauté reconnut ce bienfait en recevant le vieil imprimeur au nombre des hôtes (*hospites*) de la Maison, titre qui, comme nous l'avons dit, lui conférait le droit d'y loger, d'être nourri à la table des docteurs et de travailler dans la bibliothèque; par acte du 21 mai 1494, passé devant notaires, le collége accorda «à Ulry Guerin un bûcher par bas, deux chambres faisant les «second et tiers étages, et tout le dessus, le tout ayant vûë sur ruë[6].»

(1) Bibliothèque Mazarine, incunables, n° 10230.

(2) *Regesta priorum Sorbonæ*, p. 175.

(3) «Itaque ab officina sua, quam in vico Sor«bonæ erexerat, sub horam cibi capiendi, in «aulam quotidie bonus Guarinus, laïco habitu, «ventitabat, exceptus serena fronte sociorum.....» (Cl. Héméré, *Sorbonæ origines, disciplina, viri illustres, etc.* page 58; voyez encore page 131.)

(4) A. Chevillier, *De l'origine de l'imprimerie de Paris*, p. 84.

(5) A. Chevillier, *De l'origine de l'imprimerie de Paris*, p. 84.

(6) L'acte est dans A. Chevillier, *De l'origine de l'imprimerie de Paris*, p. 86.

Gering mourut en 1510 [1]. Par son testament daté de 1504, il partageait ses biens entre la Sorbonne et le collége de Montaigu. La Sorbonne eut une somme de 8,500 livres, à laquelle il faut ajouter le produit de la vente de l'imprimerie et «d'un riche fond de livres en feuilles [2].» Mais c'est surtout à la bibliothèque que profitèrent l'intelligente initiative prise par Heynlin et l'intimité de Gering avec les docteurs; pendant longtemps, aucune collection ne l'emporta sur celle de la Sorbonne pour les produits si précieux et devenus rapidement si rares des premières années de l'imprimerie. La bibliothèque Mazarine possède deux des nombreux volumes qui furent donnés au collége par Gering; ce sont deux exemplaires du Psautier de 1494; on lit au commencement du premier: «Ex dono Udalrici «Gering typographi [3],» et en tête du second: «Ex dono domini Udalrici Guerin. «Orate pro eo. Sorbona [4].»

Quelques autres donations de livres se rapportent à cette période. En 1496, François Perez ou Fernand, originaire de Tolède en Espagne, donna à la Sorbonne, dont il était devenu prieur, un manuscrit des Décrétales, à la fin duquel on écrivit: «Iste liber est pauperum magistrorum de Sorbona, in theologica fa-«cultate studentium; ex dono magistri Francisci Perez, alias Fernandj, Hispani «Toletani, socii hujus domus et prioris ejusdem. Anno millesimo quadringente-«simo nonagesimo sexto [5].» Deux ans après, Jean Dumont, chanoine de Mâcon, et prieur de la Sorbonne, où il mourut le 23 mai 1498, lui laissa plusieurs volumes, dont chacun porte une inscription spéciale; on lit en tête de deux commentaires anonymes sur les *Sentences* de P. Lombard: «Ex dono Joannis de «Monte, socij hujus domus, canonici Matisconensis, qui obijt in hac domo 23 maij, «in anno Domini 1498... [6];» à la fin d'une glose de Grégoire de Rimini se trouve une note qui indique que Dumont l'avait achetée avec deux autres ouvrages pour 8 écus d'or [7]. Enfin les lignes suivantes, qui figurent à la fin de la *Somme* de Guillaume d'Auxerre, prouvent que la bibliothèque consentait parfois à des échanges: «Istud volumen comparavi per commutationem quorumdam alio-«rum librorum ex collegio Sorbone. Volo quod redeat ad collegium, et quod ex-«pensis meis reddatur collegio... Do ad usum pauperum scolasticorum famosis-«simi collegij Sorbone, in quo ego Jo. de Monte resedi per longa tempora, et «bina vice gessi prioratum. In honorem et gloriam Dei [8].»

[1] Sa mort est ainsi enregistrée dans le nécrologe: «Obitus Ulrici Gering, civis ac typographi «Parisiensis, insignis benefactoris hujus domus, pro «quo missa solemnis et duæ privatæ de defunctis.» (*Necrologium Sorbonæ*, 23 augusti.)

[2] A. Chevillier, *De l'origine de l'imprimerie de Paris*, p. 90.

[3] Bibliothèque Mazarine, incunables, n° 11886**.

[4] Bibliothèque Mazarine, incunables, n° 11886*.

[5] Bibliothèque impériale, manuscrits, fonds de la Sorbonne, n° 729.

[6] Bibliothèque impériale, manuscrits, fonds de la Sorbonne, n° 722.

[7] Bibliothèque impériale, manuscrits, fonds de la Sorbonne, n° 659.

[8] Bibliothèque impériale, manuscrits, fonds de la Sorbonne, n° 414. — Voyez encore les n°s 672, 720 et 722.

Le bibliothécaire de la Sorbonne était alors Thomas Faverel. Il eut pour successeur ou pour collègue Josse Clichtou, savant docteur, et l'un des premiers qui ait écrit contre Luther; Clichtou fut élu après sa licence, en novembre 1505 (1).

En 1523, nouvelle donation due à Philippe Grivel, *socius* de la Maison, docteur en théologie et principal du collége de Cambrai, comme nous l'apprend cette inscription : «Pro libraria Sorbonica; ex dono magistrj nostrj Grivellj, doc«toris theologi, primarij collegij Cameracensis et socij Sorbonicj (2).» Une libéralité beaucoup plus considérable que les précédentes fut faite à la Sorbonne en 1527 par le *socius* François Guillebon; sur un très-grand nombre de volumes provenant du collége, on rencontre son nom, tantôt écrit par lui-même (3),

tantôt ajouté sur le titre par la gratitude des donataires: «Ex dono Francisci «Guillebon, socij Sorbonici (4).» Les docteurs firent plus encore; ils collèrent au verso de la couverture de presque tous les volumes l'inscription suivante, imprimée à part, sans beaucoup de soin d'ailleurs, sur une bande de papier :

EX dono Mag. Fräcisci Guillebon,
Parrhisini, socij sorbonici, &
Doctoris Theolog.

Mentionnons encore, dans leur ordre chronologique, quatre donations qui semblent avoir été fort peu importantes. On lit sur le premier feuillet d'un exemplaire des *Institutes* de Justinien (Venise, 1484, in-folio): «Dedit M. Antonius «Demochares, doctor ac socius Sorbonicus, anno Domini 1548 (5);» sur le titre des *Questiones subtilissimæ* d'Albert le Grand : «Ex dono M. Michaelis Barthelemy, «doctoris ac socij Sorbonicj, anno 1548 (6);» sur les Proverbes de Salomon, en hébreu et en latin: «Dedit Johannes Canchiacus, socius Sorbonicus, anno 1548, «quo tempore bibliothecam in ordinem redigebat (7);» enfin, au commencement et à la fin d'un *index* des œuvres de saint Thomas (Venise, 1497, in-fol.) : «Ex «dono magistri Fursei de Cambray, socij Sorbonici, anno 1549 (8).»

Bien que ces différentes donations émanent toutes de membres de l'établisse-

(1) *Regestum bibliothecæ Sorbonicæ*, p. 129.

(2) Bibliothèque impériale, manuscrits, fonds de la Sorbonne, nos 628, 630, 638, 678, 701, 718.

(3) Bibliothèque Mazarine, nouveau fonds, philosophie, in-4°, n° 209.

(4) Bibliothèque Mazarine, nouveau fonds, littérature, n° 29.

(5) Bibliothèque Mazarine, incunables, n° 2818 B.

(6) Bibliothèque Mazarine, incunables, n° 3772 B.

(7) Bibliothèque Mazarine, nouveau fonds, théologie, in-8°, n° 786.

(8) Bibliothèque Mazarine, incunables, n° 1587 F*.

ment, la réputation de ce *famosissimi collegii*, comme disait Jean Dumont, et le mérite de la fondation déjà trois fois centenaire de Robert de Sorbon, étaient reconnus non-seulement de la France entière, mais de l'étranger. Vers l'époque qui nous occupe, Luther écrivait : « C'est à Paris que se trouve la plus célèbre et la plus « excellente école. Il y a une foule d'étudians, dans les 20,000 et au delà. Les « théologiens y ont à eux le lieu le plus agréable de la ville, une rue particulière « fermée de portes aux deux bouts ; on l'appelle la Sorbonne. » Le célèbre réformateur, il est vrai, ne s'arrête pas là ; il ne saurait oublier que la Sorbonne est depuis longtemps l'un des plus fermes soutiens de l'orthodoxie catholique, et il ajoute : « Peut-être, à ce que j'imagine, tire-t-elle son nom de ces fruits de cor- « miers (*sorbus*) qui croissent sur les bords de la mer Morte, et qui présentent au « dehors une agréable apparence ; ouvrez-les, ce n'est que cendres au dedans. « Telle est l'Université de Paris, elle présente une grande foule, mais elle est la « mère de bien des erreurs[1]. »

Durant l'année 1542, la Sorbonne ne s'occupa de sa bibliothèque que pour ordonner l'acquisition de nouvelles chaînes destinées à attacher les volumes sur les tables. Un premier achat eut lieu le 13 avril[2] ; on en eut deux cents autres le 17 novembre[3]. Les sept années suivantes présentent seulement quelques sages mesures relatives à la conservation des livres. Le 6 avril 1546, on rappelle aux *socii* qu'ils doivent fermer les volumes après s'en être servi, et qu'il est interdit d'y rien écrire ou d'y souligner des passages[4]. Le 28 mars 1549, recommandation est faite au bibliothécaire de dénoncer les docteurs qui changeraient de place les volumes ou qui les laisseraient ouverts[5].

Nous n'avons plus guère à mentionner, jusqu'à la fin du XVIe siècle, que les nombreuses mutations qui eurent lieu dans le service de la bibliothèque. Sur Robert Thiboust et Jean Paradis, bibliothécaires de 1571 à 1573, nous ne possédons aucun renseignement. Jacques de Cueilly, qui leur succéda en 1574, laissa dans la Maison un souvenir plus durable ; il fit le voyage de Rome, poussa même jusqu'à Jérusalem, et rapporta de ces excursions des curiosités, des reliques et des livres qu'il donna au collége[6]. Les docteurs renouvelèrent pour lui

[1] J. Michelet, *Mémoires de Luther*, t. II, p. 108.

[2] « Tredecima die mensis aprilis... jusserunt « catenas emi ad alligandos libros scamnis biblio- « thecæ, et negotium datum fuit magistro Tussano. » (*Regesta priorum Sorbonæ*, p. 15 ; bibliothèque impériale, manuscrits, fonds de la Sorbonne, n° 1274.)

[3] « Decimo septimo die novembris... ducentas « catenas emi jusserunt pro bibliotheca. » (*Regesta priorum Sorbonæ*, p. 19.)

[4] « Die 6ª aprilis, dictum fuit... et admonendos « esse omnes socios, ne in posterum relinquant li- « bros bibliothecæ apertos, et ne notis quibusdam « vel lineis aliquid notent in eisdem libris. » (*Regesta priorum Sorbonæ*, p. 62.)

[5] « Vigesimo octavo die martii... De bibliotheca « communi conclusum fuit quod ejus claviger dili- « genter observaret qui in ea libros apertos relin- « querent aut eorum ordinem perturbarent, et fide- « liter Societati nomina deferret. » (*Regesta priorum Sorbonæ*, p. 89.)

[6] « Laudata est ab omnibus magistri nostri de « Cueilly præclara in domum Sorbonicam voluntas « ac liberalitas, qui acta conciliorum Florentini et « Tridentini, nec non calendarium Gregorianum,

ce qu'ils avaient fait pour Guillebon; la mention suivante fut placée au verso de la couverture des volumes provenant de sa libéralité :

Ex Legato Magistri nostri Iacobi de Cueilly Socii huiusce domus, & Ecclesæ Sancti Germani Autissiodor. Parocchi vigilantissimi.

Un passage de la *Cosmographie* de Seb. Munster, dont Belleforest venait de donner une nouvelle édition, nous montre comment les écrivains de cette époque appréciaient la collection réunie à la Sorbonne. On y lit : «De marque est la «biblioteque, une des plus belles et rares qui soyent en Paris, et en laquelle on «voit des livres autant anciens et en toute facultez qu'on sçache guere trouver «ailleurs [1].»

J. de Cueilly eut pour successeur Marguerin de la Bigne, le savant éditeur de la *Bibliothèque des Pères;* il s'efforça de remédier au désordre qui s'était introduit dans la collection [2]. On doit croire qu'il ne réussit pas complétement, puisque, en 1578, il fut décidé que l'on demanderait à l'évêque de Paris, et même au Pape, s'il le fallait, une menace d'excommunication contre les personnes qui dérobaient des livres dans la bibliothèque [3].

Des bibliothécaires qui exercèrent ensuite nous ne connaissons guère que les noms; ce sont : Guillaume Lucain, Boinvilliers, Guillaume Davoyne [4], Boucher [5], Tissart [6], Jean Saulmon ou Salmon [7], Antoine Patin [8], Sylvius *a Petraviva* [9], Robert Viseur [10], Nicolas du Mesnil [11], Jean Filesac [12], Guillaume Chesnart [13], Rodolphe Pazil [14], Michel Mauclerc [15], Thomas Blangy [16], André Duval [17], Michel Aubry [18], Nicolas de Blairie [19], Claude de la Saulsaye [20], Philippe de Gamaches [21],

«græce scripta et a se Roma delata, ad perpetuum «bibliothecæ ornamentum, simul etiam quasdam «sanctorum reliquias quas Hierosolimis in illa sua «tam celebri peregrinatione detulerat, cum aliis «quæ satis negligenter antehac domi servabantur, «theca honestiori suis sumptibus conficienda quan-«tocius..... libentissime obtulit.» (*Regesta priorum Sorbonæ*, p. 333.

(1) Seb. Munster, *Cosmographie universelle*, édition revue par Fr. de Belleforest, 1575, in-folio, t. Ier, p. 194.

(2) *Regesta priorum Sorbonæ*, p. 272.

(3) «Deinde statutum fuit habendam esse ex-«communicationem ab episcopo Parisiensi, aut a «summo Pontifice, si fit necessarium, adversus eos «qui furtim rapiunt libros bibliothecæ.» (*Regesta priorum Sorbonæ*, p. 289.)

(4) *Regesta priorum Sorbonæ*, p. 297.

(5) *Regesta priorum Sorbonæ*, p. 310.

(6) *Regesta priorum Sorbonæ*, p. 304.

(7) *Regesta priorum Sorbonæ*, p. 318.

(8) *Regesta priorum Sorbonæ*, p. 327 et 328.

(9) Il était Piémontais. (*Regesta priorum Sorbonæ*, p. 335.)

(10) Il était né à Amiens. (*Regesta priorum Sorbonæ*, p. 344.)

(11) *Regesta priorum Sorbonæ*, p. 352.

(12) *Regesta priorum Sorbonæ*, p. 358.

(13) *Regesta priorum Sorbonæ*, p. 369.

(14) *Regesta priorum Sorbonæ*, p. 386.

(15) *Regesta priorum Sorbonæ*, p. 386.

(16) *Regesta priorum Sorbonæ*, p. 400.

(17) *Regesta priorum Sorbonæ*, p. 400.

(18) *Regesta priorum Sorbonæ*, p. 409.

(19) *Regesta priorum Sorbonæ*, p. 418.

(20) Il était d'Orléans. (*Regesta priorum Sorbonæ*, p. 423.)

(21) Il avait été prieur en 1596. (*Regesta priorum*

Michel Boucher[1], Augustin de la Rue[2], Nicolas Ysambert[3], Louis Messier[4], Eustache Asseline[5], Julien[6], Haouet[7], Demay[8], Garnier[9], Jérôme Parent[10], Louis Messier[11], de Montreuil[12], Jacques Messier[13], Jacques Charton[14] et Élie Du Fresne de Mincé[15].

Nous arrivons ainsi à l'année 1632. Mais quelques faits bons à noter s'étaient produits dans l'intervalle. En 1615, on avait décidé que les volumes cesseraient d'être enchaînés sur les tables; on n'osait cependant pas encore renoncer définitivement à ce vieil usage, car on voulait que les chaînes fussent conservées, «afin «que l'on pût, au besoin, les employer plus tard[16].» Deux ans après, on autorisa le bibliothécaire à faire restaurer ou relier de nouveau douze volumes dont nous avons les titres; dans le nombre, se trouvent trois anciens catalogues qui sont ainsi décrit :

«Item, un indice manuscrit des livres du collége de Sorbonne, couvert de bois, «qui se commence au premier feuillet : *Biblia ex legato magistri Galti*, et au der-«nier feuillet escrit : *Originalia Hilarii*, in-folio.

«Item, un autre indice manuscrit et couvert de bois, qui se commence au pre-«mier feuillet en lettres rouges : *Isti sunt libri venerabilis collegii pauperum magis-«trorum de Sorbona*, et au dernier feuillet : *Quædam themata et sermones*, in-folio.

«Item, alius indiculus bibliothecæ Sorbonicæ, in-4°[17].»

Ces trois catalogues, déjà précieusement conservés[18], furent reliés en un seul volume, qui est aujourd'hui à la bibliothèque de l'Arsenal[19]; nous l'avons décrit plus haut[20].

Sorbonæ, p. 429.) Par son testament, du 21 août 1625, il légua au collége une rente de 50 livres «pro «emendis libris in ornamentum bibliothecæ et usum «Societatis.» (*Regesta priorum Sorbonæ*, p. 659.)

(1) *Regesta priorum Sorbonæ*, p. 436.

(2) Il était né à Paris. (*Regesta priorum Sorbonæ*, p. 442.)

(3) *Regesta priorum Sorbonæ*, p. 451 et 456. La Bibliothèque impériale possède un manuscrit des lettres de saint Jérôme, en tête duquel on lit : «Legavit Sorbonæ N. Ysambertus, doctor et profes-«sor regius;» fonds de la Sorbonne, n° 221.

(4) Il était de Paris. (*Regesta priorum Sorbonæ*, p. 465 et 466.) Nous avons trouvé sur un volume cette inscription : «Ex dono S. M. N. Lud. Mes-«sier;» bibliothèque Mazarine, nouveau fonds, théologie, in-8°, n° 1320.

(5) Il était né à Paris. (*Regesta priorum Sorbonæ*, p. 488.)

(6) *Regesta priorum Sorbonæ*, p. 488.

(7) *Regesta priorum Sorbonæ*, p. 499.

(8) *Regesta priorum Sorbonæ*, p. 513.

(9) *Regesta priorum Sorbonæ*, p. 519, 521 et 534.

(10) *Regesta priorum Sorbonæ*, p. 544, 550 et 584.

(11) *Regesta priorum Sorbonæ*, p. 588.

(12) *Regesta priorum Sorbonæ*, p. 590.

(13) *Regesta priorum Sorbonæ*, p. 596, 604, 611 et 618.

(14) *Regesta priorum Sorbonæ*, p. 623.

(15) *Regesta priorum Sorbonæ*, p. 639, 646, 662, 670, 674, 679, 694, 700.

(16) «... Eximendas esse catenas quibus hacte-«nus nostræ bibliothecæ libri fuerunt concathenati, «et in loco quodam ejusdem bibliothecæ asservan-«tur, ut, si in posterum necessariæ videantur, iis-«dem utamur.» (*Regesta priorum Sorbonæ*, p. 590.)

(17) *Regesta priorum Sorbonæ*, p. 601.

(18) «Hos tres indices S. M. N. Parent accepit ex «arca minoris bibliothecæ Sorbonicæ, præsente S. «M. N. Ysambert, procuratore magno.» (*Regesta priorum Sorbonæ*, p. 601.)

(19) Manuscrits in-folio, n° 855.

(20) Voyez pages 227 et suiv. et 240.

Constatons ici que la Sorbonne avait alors pour relieur, *compactor librorum*, le sieur de Hacqueville, qui demeurait rue Saint-Jacques, à l'enseigne de Saint-Georges [1]. Nous trouvons fort peu de donations à mentionner pendant cette période; citons pourtant celles de deux bibliothécaires, Élie Du Fresne de Mincé et Jérôme Parent. Nous ne connaissons du premier que cette inscription, qui figure sur un volume aujourd'hui à la bibliothèque Mazarine : «Legavit domui Sorbo-«nicæ Elie Du Fresne de Mincé, socius Sorbonicus, decanus sacræ facultatis [2].» Il existe, au contraire, de très-nombreux représentants de la libéralité faite par le second; tous portent ces mots, placés en général au milieu du titre : «Hieron. «Parent, Parisinus, doctor et socius Sorbonicus, legavit, et 12 decembris 1637 «obijt [3].» Nous ne possédons aucun renseignement sur un docteur nommé Étienne Du Puys, qui légua plusieurs volumes au collége, comme le prouve cette inscription assez fréquente : «Stephanus Du Puys, Parisinus, doctor et socius Sor-«bonicus, bibliothecæ Sorbonicæ legavit, et obiit 26 decembris 1636 [4].»

Claude Morel, qui devint prédicateur ordinaire du roi, et se montra l'un des plus ardents adversaires du jansénisme, fut nommé bibliothécaire en 1633 [5] et prorogé dans cette charge quatre années de suite [6]. Il eut pour successeur le savant historien de l'Université de Paris, Claude Héméré, que nous avons eu quelque peine à reconnaître sous l'étrange orthographe dont notre texte défigure son nom; il est cité d'abord sous la dénomination d'*Emery* [7]; viennent ensuite Hemmery [8], Emmeret [9] et Esmeré [10], toutes les formes enfin, excepté la vraie. En 1642, on lui adressa des remercîments pour le zèle extrême qu'il avait apporté à rétablir l'antique règlement de la bibliothèque, qui fut de nouveau unanimement confirmé. On décida donc que désormais tout *socius* aurait le droit de posséder une clef de la collection; mais on exigea en même temps que les serrures et les clefs seraient changées, de peur qu'il ne fût fait mauvais usage des anciennes clefs qui avaient été abandonnées sans soin de tous côtés par des personnes devenues étrangères à la Maison [11].

(1) «... De Hacqueville, librorum compactor, «in vico Sancti Jacobi, ad insigne Sancti Georgii.» (*Regesta priorum Sorbonæ*, p. 702.)

(2) Bibliothèque Mazarine, nouveau fonds, littérature, n° 3680.

(3) Voyez Bibliothèque impériale, manuscrits, fonds de la Sorbonne, n° 389; bibliothèque Mazarine, incunables, n° 24936 B; et nouveau fonds, littérature, n°s 1726 et 3218.

(4) Bibliothèque Mazarine, nouveau fonds, littérature, n° 1600.

(5) *Regesta priorum Sorbonæ*, p. 707.

(6) *Regesta priorum Sorbonæ*, p. 713, 719, 722, 729.

(7) *Regesta priorum Sorbonæ*, p. 740.

(8) *Regesta priorum Sorbonæ*, p. 748.

(9) *Regesta priorum Sorbonæ*, p. 763.

(10) *Regesta priorum Sorbonæ*, p. 769.

(11) «Actæ sunt gratiæ S. M. N. ac D. Esmeré, ob «restitutas, summa cum diligentia, bibliothecæ Sor-«bonicæ regulas, quas universa Societas auctoritate «sua confirmatas voluit. Propterea eadem Societas «cuilibet e sociis in Sorbona commorantibus præfatæ «bibliothecæ clavium apud se retinendarum potesta-«tem fecit; ita tamen ut deinceps seræ et claves im-«mutentur, ne quis pristinis clavibus ab iis qui ex-«cesserunt e Sorbona relictis passim ac minus caute «servatis abutatur.» (*Regesta, priorum Sorb.* p. 769.)

A cette époque, la bibliothèque de la Sorbonne était, suivant le témoignage du Père Louis Jacob, «très-bonne et très-belle[1]; » elle allait bientôt se trouver plus que doublée.

A la fin de l'année 1607, Richelieu s'était fait recevoir en même temps *hospes* et *socius* de la Sorbonne[2]; il eut bientôt le titre de proviseur et voulut signaler son administration par un bienfait digne de la haute position qu'il occupait en France. Les bâtiments du collége, soumis, depuis le XIIIe siècle, à des restaurations continuelles, étaient dans un état de délabrement qui inspirait parfois de sérieuses inquiétudes; le cardinal entreprit de les reconstruire entièrement à ses frais, et la première pierre du nouvel édifice fut posée, en son nom, le 18 mars 1627, par François de Harlay, archevêque de Rouen[3]. Richelieu, le 30 juillet de l'année précédente, avait approuvé tous les plans, qui couvraient un espace beaucoup plus considérable que n'en occupait la vieille Sorbonne; de nombreuses expropriations, dont le détail nous a été conservé, eurent donc lieu dans la rue des Poirées, la rue Saint-Jacques, la rue des Mathurins, la rue des Maçons et la rue des Cordiers où l'on acheta pour 40,000 livres tournois le collége des Dix-Huit[4]. Un autre collége, celui de Calvi ou petite Sorbonne, qui, comme nous l'avons dit, datait de Robert, disparut également, et sur ses ruines s'éleva la chapelle actuelle, dont Richelieu posa lui-même la première pierre, le 15 mai 1635.

Lors de la mort du cardinal, en décembre 1642, les travaux n'étaient pas terminés; et, dès le 24, une députation de la Sorbonne se rendit auprès des exécuteurs testamentaires pour s'entendre avec eux, «qui cum eis agerent de pro«movendis et absolvendis reliquis ædificiis, » disent les registres de la Maison[5]. On les renvoya à la duchesse d'Aiguillon, nièce du défunt, et chargée de l'administration des biens pendant la minorité d'Armand de Vignerot[6]; la Sorbonne demandait que, conformément aux termes du testament laissé par Richelieu, la duchesse fît achever la construction de la maison et de la chapelle, bâtir le collége qui devait remplacer celui de Calvi, et entreprendre les réparations[7]. Les

[1] L. Jacob, *Traicté des plus belles bibliothèques*, p. 563.

[2] «Anno 1607, in pervigilio omnium sancto«rum.... super supplicatione D. D. Armandi du «Plessis de Richelieu, reverendissimi episcopi Lu«cionensis, supplicantis ad hospitalitatem et societa«tem simul, annuit Societas, habita ratione ejus «dignitatis episcopalis. » (*Regesta priorum Sorbonæ*, p. 512.)

[3] *Copie du procès-verbal de la première pierre fondamentale de la grande salle de la maison de Sorbonne, posée par M. Fr. de Harlay, archevêque de Rouen, pour le cardinal de Richelieu.* Sur vélin. Archives de l'Empire, série S, carton n° 6212.

[4] *Extrait des prisées et estimation des maisons et jardins appartenant à divers particulliers, estans dans lestendue du dessein de la maison et colleige royal de Sorbonne. Lesdites estimations faites par les experts desnommez aux rapportz qui en ont esté faitz en execution de l'arrest du conseil du septiesme septembre mil six cens quarente un, sur requeste presentée au Roy par l'Eminentissime cardinal duc de Richelieu et de Fronsac...* Archives de l'Empire, série S, carton n° 6211.

[5] *Regesta priorum Sorbonæ*, p. 772.

[6] Voyez, à la fin de cette notice, un extrait du testament de Richelieu.

[7] «...In iis vero placuit Societati per aliquos

députés furent reçus le 1er août par Mme d'Aiguillon, qui, après les avoir entendus, déclara qu'elle n'avait nullement l'intention d'accorder tout ce qu'on lui réclamait[1]. Elle ne se montra pas plus accommodante dans deux nouvelles entrevues qui eurent lieu durant l'année 1644.

Les docteurs prirent cependant sur eux de faire continuer les travaux, et décidèrent que l'on commencerait la construction de la bibliothèque sur les plans proposés par Jacques Lemercier, si toutefois les murs étaient assez forts pour supporter le poids qui leur était destiné[2]. Mais cette détermination avait, selon toute apparence, été prise à la suite d'une nouvelle importante que nous allons faire connaître.

Richelieu avait eu, pour secrétaire d'abord, puis pour surintendant[3], un brave prêtre nommé Michel Le Masle, sieur Desroches, qui, élevé à la dignité de chanoine et de chantre de Notre-Dame, finit par devenir un personnage considérable[4]. Deux passions remplirent sa vie, celle qu'il ressentit pour son illustre maître et celle qu'il eut pour les livres. Dès 1642, sa bibliothèque était «fort estimée pour «la bonté et multitude de ses livres[5];» les contemporains semblent même avoir eu en général pour cette collection beaucoup plus de respect que pour son possesseur. On lit dans la *Rymaille sur les plus célèbres bibliotières de Paris* :

> Les livres de des Roches ont belle couverture,
> Mais leur Maistre n'en donne science ni lecture[6].

Michel de Marolles n'est guère plus enthousiaste :

> La Sorbonique est grande, où la Richelienne
> Est entrée en partie, et toute celle encor
> De Des Roches Le Masle, acquise avec son or[7].

Sur la plupart de ces livres «tres bien conditionnez,» dit Lemaire[8], l'abbé

«deputatos urgere illustrissimam ducissam Desguil-«lon, Emin. Card. Richelii, Sorbonæ nostræ provi-«soris, præcipuam hæredem declaratam, ut, juxta «voluntatem avunculi per testamentum expressam, «ædificia domus et sacelli absolvat, construat col-«legium, reparet damna, etc.» (*Regesta priorum Sorbonæ*, p. 778.)

(1) «Domini deputati proposuerunt Societati ob-«tulisse articulos petitionum illustrissimæ dominæ «ducissæ Desguillon, quæ, post lecturam illorum «et examen factum, declaravit non esse sibi in «animo omnibus articulis satisfacere....» (*Regesta priorum Sorbonæ*, p. 779.)

(2) «... Construendam esse bibliothecam juxta «ideam propositam a D. Mercier architecto, modo «tamen id ferre possint muri domus.» (*Regesta priorum Sorbonæ*, p. 799.)

(3) Avenel, *Lettres, instructions, etc. du cardinal de Richelieu*, t. I, p. 19.

(4) Voyez Tallemant des Réaux, *Historiettes*, t. III, p. 394, note.

(5) L. Jacob, *Traicté des plus belles bibliothèques*, p. 537.

(6) Vers 69 et 70.

(7) *Paris ou description succincte et neantmoins assez ample de cette grande ville*, p. 45.

(8) Lemaire, *Paris ancien et nouveau*, t. II, p. 460.

Desroches, en vrai bibliophile, avait fait placer ses armoiries, tantôt collées dans l'intérieur du volume, ordinairement sur le verso du feuillet de garde,

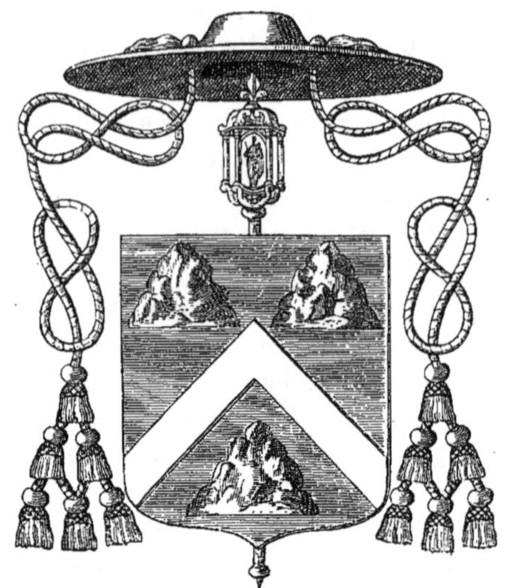

tantôt frappées en or sur les plats,

tantôt même reproduites sur le dos des volumes entre chaque nerf,

Le Masle, avant de mourir, se préoccupa d'assurer le sort de ces chers volumes. Il se disait que c'était un bonheur bien rare pour une bibliothèque de survivre à son maître; que, souvent partagée entre plusieurs héritiers, elle perd son importance et son nom[1]; aussi résolut-il de l'offrir tout entière au collége que Richelieu avait protégé. Le 24 décembre 1644, il écrivit en ce sens à la Sorbonne, qui accueillit la proposition avec transport. Il fut décidé que l'on adresserait des remercîments «à cet homme si généreux.» Non-seulement l'âge présent, ajoute le procès-verbal, mais encore la postérité proclameront combien la Société lui doit de reconnaissance, et aussi longtemps que le nom de la Sorbonne aura quelque valeur elle publiera, avec les expressions de la plus vive gratitude, qu'elle conserve le souvenir d'un si grand bienfait[2]. L'acte officiel de donation fut dressé le 16 mars 1646. Le Masle, sieur Desroches, y déclare «qu'ayant recongneu depuis longtemps les grands et signalez services que Messieurs les venerables docteurs en theologie de la Maison et Societé de Sorbonne «ont rendu et rendent continuellement à l'eglise de Dieu, tant par la pureté et «solidité de leur doctrine que par l'innocence et l'integrité singuliere de leurs «moeurs, il avoit tousjours eu une estime et une veneration tres particuliere «pour eux, et n'avoit jamais rien tant souhaitté que de leur en donner des marques «et des tesmoignages certains et assurez;» aussi, «sur l'advis qu'il avoit eu que «la bibliothecque de Sorbonne n'estoit pas remplie de tous les livres necessaires «à une compagnie sy sçavante et sy illustre que la leur, de son bon gré, franche «et libre vollonté,» il donne au collége toute sa bibliothèque, «ensemble les armoires, tablettes et autres meubles et ustancilles de ladicte bibliothecque.» Il n'entend cependant s'en dessaisir qu'après sa mort, mais il la conserve jusque-là

[1] «Rara bibliothecarum fœlicitas est ut totæ «dominis suis ac possessoribus supersint. Dum «enim post eorum obitum in plures dividuntur «hæredes, hac partium distractione pristini corpo«ris decus et nomen amittunt. Id ego quum metue«rem...» (Note en tête du *Bibliothecæ Rupesianæ catalogus;* bibliothèque Mazarine, manuscrits, n° 3246 A.)

[2] «Anno 1644, in pervigilio festi natalis Do«mini.... statutum est iterandas esse munificentis«simo viro gratias, cui non ætas modo præsens, «sed omnis etiam retro posteritas sese obstrictam «profitebitur, quamdiu aliquo erit pretio Sorbonæ «nomen, memorem tanti beneficii animum effusa «gratulatione devovendum.» (*Regesta priorum Sorbonæ*, p. 793.)

à titre de dépôt seulement, et s'engage à l'augmenter jusqu'à son dernier jour au profit de la Sorbonne [1]. En tête du catalogue qui fut alors dressé [2], Michel Le Masle fit écrire et signa de sa main une nouvelle déclaration de sa volonté à cet égard.

Les docteurs obtinrent plus encore. Par acte daté du lendemain, Michel Le Masle, « voulant encore donner moyen, pour le temps à venir, non seulement de con- « server sa bibliotheque en l'estat auquel elle est, mais aussy de l'augmenter des bons « livres qui seront imprimés de nouveau ou des anciens qui pourroient y man- « quer; pour tesmoigner tousjours de plus en plus la grande affection qu'il a pour « ladicte compagnie, » il ajoute à sa précédente donation une rente de 4,000 livres, sur laquelle 800 livres devront être prises chaque année « pour donner à celuy « de la mesme societé residant dans icelluy college, qu'elle choisira et nommera « pour estre bibliothequaire et avoir le soing des livres de Sorbonne... desirant « neantmoins icelluy sieur donateur que Mre Hubert Le Masle, son cousin, qui « estudie maintenant en theologie, soit preferé à tous autres au cas qu'il se rende « capable d'estre admis et soit receu de ladicte societé; ou bien se reservant pen- « dant sa vie de choisir et nommer à ladicte charge de bibliothequaire celuy de « ladicte societé qu'il voudra [3]. »

Suivant le P. L. Jacob, Michel Le Masle entendait que sa bibliothèque fût conservée après sa mort dans un local spécial, et ouverte « à ceux qui y voudroient « étudier [4]. » Nous ne trouvons rien de semblable dans les actes authentiques que nous venons de citer, ni dans les procès-verbaux des séances des docteurs [5]. Au reste, nous verrons bientôt que, quand même la Sorbonne eût accepté cette condition, il est fort peu probable qu'elle se fût décidée à l'exécuter. Elle ne se montra cependant point ingrate; on lui accorda la même faveur que cent trente-six ans auparavant avait obtenue Ulric Gering : un vote unanime lui accorda le titre de *socius* et la faculté de loger dans le collége [6].

Mme d'Aiguillon continuait à se montrer intraitable. Ne voulant pas débourser d'argent, elle avait d'abord offert aux docteurs (1er mars 1647) de leur céder un certain nombre de maisons situées près du Palais-Royal, « circa palatium regium « sitas [7]. » Après examen, la Sorbonne n'avait pas cru devoir accepter, et elle commençait à menacer la duchesse de s'adresser au chancelier de France [8];

(1) Acte original sur parchemin de la donation de Michel Le Masle. Archives de l'Empire, série M, carton n° 75, pièce n° 138.

(2) *Bibliothecæ Rupesianæ catalogus*, 18 novembre 1646, in-folio, sur papier. Bibliothèque Mazarine, manuscrits, n° 3246 A.

(3) Acte original de la donation de Michel Le Masle. Archives de l'Empire, série M, carton n° 75, pièce n° 135.

(4) L. Jacob, *Traicté des plus belles bibliothèques*, p. 537.

(5) Voyez *Regesta priorum Sorbonæ*, p. 801 et 802.

(6) A. Chevillier, *De l'origine de l'imprimerie de Paris*, p. 89.

(7) *Regesta priorum Sorbonæ*, p. 814.

(8) *Regesta priorum Sorbonæ*, p. 826.

bientôt on parla de mettre tous les biens de Mme d'Aiguillon sous la main du roi [1]. Une députation fut enfin chargée d'aller consulter des avocats; et, le 13 avril 1650, il fut décidé que l'on userait, vis-à-vis de la duchesse, de la plus grande rigueur, et que l'affaire une fois ainsi commencée serait menée à fin [2].

Pendant ces discussions, les travaux de la bibliothèque avaient marché, et l'on s'occupait déjà des embellissements intérieurs. Les Archives de l'Empire possèdent à cet égard un document assez curieux, daté du 25 octobre 1647, c'est le *Plan de l'ouvrage de peinture à faire à la bibliotheque.* Au-dessous d'un joli plan colorié, on lit : *Devis de ce qu'il convient faire de peinture à la voulte de la bibliotheque de la Maison de Sorbonne.* « Premierement, elle sera bien preparée et imprimée de gris « à huille, puis couchée de bleu d'email en couleur, avec des nuages et petits « enfans vollants en l'air, les uns tenans des petits ecriteaux, et les autres tenans « des cartels aux deux bouts de ladicte voulte, et d'autres dans le milieu; dans « lesquels cartels il sera ecrit ce qu'il plaira à Messieurs les Directeurs; et pour « l'aticque qui est au dessus de la corniche regnant tout au pourtour de la dicte « bibliotheque, elle sera aussy peinte, sçavoir les fonds des compartimens de « grys, et les isteaux qui forment les compartimens seront peints de blanc, et la « corniche au dessus aussy, avecq quelques filets jaunes; et dans les ronds qui « font la separation des paneaux seront peints des..... tous bien et deument « faicts et de bonne couleur à huile, moiennant le prix et somme de sept livres « pour chacune toise quarrée, et cinquante livres pour les eschafaudages [3]. » Ces travaux furent exécutés par Sanson Letellier, « maitre pintre, » et coûtèrent 899 livres, qui furent payées le 25 octobre 1647. Un an après, une commission fut chargée de proposer les mesures nécessaires pour l'ornementation et l'administration de la bibliothèque [4]; puis, le bibliothécaire Morel, successeur d'Héméré, dut, aidé par qui il voudrait, commencer la rédaction du catalogue [5].

A la même époque, le *socius* Charles-François Talon, curé de Saint-Gervais, légua à la Sorbonne « tous ses livres, et la somme de mil livres pour employer à « l'usage de telz livres qu'il sera jugé à propos pour mettre à la bibliotecque [6]; »

(1) *Regesta priorum Sorbonæ,* p. 838.

(2) «... Ut summo jure agatur cum illustrissima « domina ducissa d'Esguillon, et res incepta ad « exitum perducatur. » (*Regesta priorum Sorbonæ,* p. 846.)

(3) Archives de l'Empire, série M, carton n° 75, pièce n° 140.

(4) « Die sabbati 4ª octobris, Societas deputatos « voluit S. M. N. de Mincé, Bachelier, Petier et Mo- « rel, ut videant quæ necessaria sint ad nostræ bi- « bliothecæ tum ornamentum, tum gubernatio- « nem, proximisque comitiis referant. » (*Regesta priorum Sorbonæ,* p. 829.)

(5) « 4ª die junii. Ad contextandum catalogum « librorum bibliothecæ deputatus est S. M. N. Mo- « rel, qui ad illud opus assumat quos voluerit. » (*Regesta priorum Sorbonæ,* p. 848.)

(6) 27 *septembre* 1651. *Extrait du testament de Charles Talon, prestre, docteur de Sorbonne, par lequel il donne tous ses livres et mille livres à la Sorbonne.* Archives de l'Empire, série M, carton n° 75, pièce n° 141.

l'inscription suivante fut collée au verso de la couverture de tous les volumes provenant de cette libéralité :

CAROLVS FRANCISCVS TALON
Doctor & Socius Sorbonicus
legauit Bibliothecæ Sorbonicæ.

De même que la bibliothèque, la chapelle était alors à peu près terminée, car Mme d'Aiguillon venait d'envoyer des tableaux destinés à orner le dessus des autels; la pudeur des docteurs s'était même trouvée offensée de certaines nudités qui y figuraient, et le procureur reçut la mission de s'entendre avec la duchesse pour faire corriger ou enlever ces tableaux[1]. Il est probable que Mme d'Aiguillon ne refusa pas cette satisfaction à la Sorbonne; mais elle ne lui en accorda du moins point d'autre, et il fallut décidément en venir à un procès, qui se prolongea pendant plus de vingt ans.

Dans l'intervalle, les docteurs réussirent à arracher à leur créancière un gage d'une valeur considérable; nous voulons parler de la bibliothèque du cardinal.

Richelieu, comme son successeur Mazarin, était grand ami des livres; il avait rassemblé une bibliothèque «admirable[2],» et la mort le surprit au moment où il allait lui donner un local splendide dans l'hôtel[3] qu'il faisait élever près du palais Cardinal, sa demeure habituelle[4]. Par ses ordres, le savant polyglotte[5] Jacques Gaffarel, son bibliothécaire, et Jean Tilemann Stella avaient parcouru l'Europe, réunissant les meilleurs ouvrages et les plus précieux manuscrits, «ce «qu'ils firent si heureusement, ajoute le Père L. Jacob, que cette bibliothèque a «été admirée par tous ceux qui ont eu la connoissance des bons livres[6].» Richelieu, qui, en bibliographie comme en politique, se préoccupait assez peu du choix des moyens, avait d'abord confisqué à son profit la bibliothèque de la ville de La Rochelle[7]; il s'était emparé ensuite de huit cents manuscrits rapportés du Levant par M. de Brèves, et que Louis XIII paya tant bien que mal.

(1) «Deputatus est dominus procurator qui ad«eat illustrissimam ducissam d'Aiguillon, propter «quasdam nuditates quæ in tabellis, sive jam alta«ribus impositis, sive imponendis, conspiciuntur; «et cum illa vel de tollendis ejusmodi tabellis vel «reformandis agat.» (*Regesta priorum Sorbonæ*, p. 849.)

(2) Mich. de Marolles, *Paris ou description succincte et neantmoins assez ample de cette grande ville*, p. 42.

(3) G. Brice, *Description de Paris*, t. Ier, p. 237.

(4) «Item, je donne et legue audit Armand de Vi«gnerot, mon petit nepveu, aux clauses et condi«tions des institutions et substitutions qui seront «cy apres apposées, ma bibliotecque, non seulle«ment en l'estat auquel elle est à present, mais en «celuy auquel elle sera lors de mon deceds, decla«rant que je veux que elle demeure au lieu ou j'ay «commancé à la faire bastir dans l'hostel de Riche«lieu, joignant le pallais Cardinal.» (*Testament du cardinal de Richelieu;* Archives de l'Empire, série S, carton n° 6212.)

(5) Voyez le *Mercure galant*, n° de janvier 1682, p. 159.

(6) L. Jacob, *Traicté des plus belles bibliothèques*, p. 478.

(7) De Guignes, *Réponse à la lettre de M. Gayet de Sansale*, dans le *Journal des Savants*, n° de mai

La lecture du testament de Richelieu, dicté par lui sept mois avant sa mort, nous révèle tout l'attachement qu'il portait à sa bibliothèque et le brillant avenir qu'il lui réservait, car il avait dessein de l'ouvrir au public dès qu'elle aurait été installée dans les bâtiments alors en construction. Le cardinal lègue toute sa collection à son petit-neveu Armand de Vignerot; cependant il entend qu'avant de lui être remise un inventaire minutieux soit dressé sous la surveillance de deux docteurs de Sorbonne, qui en conserveront un exemplaire et feront tous les ans un récolement complet des volumes [1] : ce sont là à peu près les seuls droits que le cardinal accorde sur sa bibliothèque à la Maison de Sorbonne. Mais il ordonne, en outre, que ses livres soient confiés à un bibliothécaire dont il assure le traitement [2], et qui devra surveiller attentivement la collection, «la tenir en bon estat, «et y donner l'entrée à certaines heures du jour aux hommes de lettres et d'erudi«tion, pour veoir les livres et en prendre communication dans le lieu de ladite «bibliotecque, sans transporter les livres ailleurs [3].» Dans le cas où le cardinal n'aurait point nommé de bibliothécaire avant son décès, il veut que la Sorbonne présente trois candidats à Armand de Vignerot, qui sera tenu de choisir l'un d'entre eux [4]. Déjà gravement malade, hors d'état même de signer son testament [5], Richelieu entre ensuite dans les détails les plus minutieux relativement à la conservation des livres, au balayage de la salle; il fixe le chiffre de la somme à employer pour les gages d'un gardien, et même pour l'achat des balais [6]. Il

1788, p. 304. — L. Jacob, *Traicté des plus belles bibliothèques*, p. 480.

(1) «Et d'autant que mon dessein est de rendre «ma biblioteque la plus accomplie que je pourray, «et la mettre en estat qu'elle puisse non seullement «servir à ma famille, mais encores au publicq, je «veux et ordonne qu'il en soit fait ung inventaire «general lors de mon decedz par telles personnes «que mes executeurs testamentaires jugeront à pro«pos, y appellant deux docteurs de la Sorbonne, «qui seront deputez par leur corps pour estre pre«sens à la confection dudit inventaire; lequel estant «fait, je veulx qu'il en soit mis une coppie en ma «bibliotecque, signée de mesdits executeurs tes«tamentaires et desdits docteurs de Sorbonne, et «qu'une autre coppie soit pareillement mise en la«dite maison de Sorbonne, signée ainsy que dessus. «Et affin que ladite bibliotecque soit conservée «en son entier, je veux et ordonne que ledit inven«taire soit recollé et veriffié tous les ans par deux «docteurs qui seront deputez de la Sorbonne.» (*Testament du cardinal de Richelieu;* Archives de l'Empire, série S, carton n° 6212.)

(2) «Et qu'il y ait un bibliotecquaire qui en ayt «la charge, aux gages de mil livres par an, les«quelz gages et appointemens je veux estre pris «par chacun an par preference à toutes autres «charges, de quartier en quartier, et par advance, «sur le revenu des arrentemens des maisons basties «et à bastir à l'entour du parcq du pallais Cardinal, «lesquelles ne font part dudit pallais.» (*Testament du cardinal de Richelieu.*)

(3) *Testament du cardinal de Richelieu.*

(4) «Et en cas qu'il n'y ait aucun bibliotecquaire «lors de mon decedz, je veux et ordonne que la «Sorbonne en nomme trois audit Armand de Vigne«rot, et à ses successeurs qui seront ducs de Ri«chelieu, pour choisir celuy des trois qu'ilz jugeront «le plus à propos; ce qui sera tousjours observé lors «qu'il sera necessaire de mettre un nouveau biblio«tecquaire.» (*Testament du cardinal de Richelieu.*)

(5) «Mondit seigneur le cardinal n'ayant peu «ecrire ny signer sondit testament de sa main, à «cause de sa maladie et des abscez survenus sur son «bras droict.» (*Testament du cardinal de Richelieu.*)

(6) «Et d'aultant que pour la conservation du «lieu et des livres de ladite bibliotecque, il sera «besoin de netoyer souvent, j'entendz qu'il soit

ordonne enfin que 1,000 livres soient consacrées tous les ans à tenir la bibliothèque au courant des publications nouvelles, et veut que les acquisitions de cette nature soient faites sur l'avis de trois docteurs de la Sorbonne [1].

Aussitôt après la mort du cardinal, le libraire Blaise fut chargé de dresser l'inventaire de cette collection; il agit de concert avec Geoffroy, alors bibliothécaire de Richelieu [2]. Cet inventaire, qui porte la date de 1643, forme deux volumes in-folio, dont une copie existe à la bibliothèque Mazarine; on lit à la fin : «Fin de la description de la gallerie, ensemble des aultres livres blancs [3] et reliez «qui nous ont esté montrez par le sieur Geofroy; lesquelz nous avons inventoriez de jour en jour en sa presence, ainsi qu'il est enoncé cy dessus; et a ledit «sieur Geoffroy signé en nostre minute le troisiesme jour dudit mois de juing de «la presente année 1643. Achevé le vingt deuxiesme dudit mois de juing dicte «année [4].» Deux ans après, sur les instances de Mme d'Aiguillon, la Sorbonne désigna deux de ses docteurs, Claude Héméré et de Flavigny, pour rédiger le catalogue de la collection [5]. Cependant, en 1648, la duchesse, qui peut-être commençait à être inquiète, s'adressa au lieutenant civil; et celui-ci ordonna qu'un nouvel inventaire serait dressé par les soins de Geoffroy et de l'avocat Desclos. Ce travail a pour titre : *Inventaire en forme de recollement des livres, volumes et cahiers qui se sont treuvés dans la salle de la bibliotecque de l'hostel de Richelieu à Paris, suivant et en vertu de l'ordonnance rendue par mons^r le lieutenant civil, en datte du vingt huictiesme jour de janvier mil six cens quarante huict, apposée au bas de la requeste à luy presentée par madame la duchesse d'Aiguillon en qualité d'administratrice de la personne et biens de monsieur le duc de Richelieu, son nepveu, legataire general et particulier de*

«choisy par mondit nepveu ung homme propre «à cet effect, qui sera obligé de ballayer tous les «jours une fois ladite bibliotecque, et d'essuyer «les livres et les armoires dans lesquelles ilz seront; «et pour luy donner moyen de s'entretenir et de «fournir les ballays et autres choses necessaires «pour ledit netoyement, je veux qu'il ayt quatre «cens livres de gaiges par an, à prendre sur le «mesme fondz que ceux dudit bibliotecquaire, et «en la mesme forme; ce qui sera fait, ainsy que «ce qui concerne ledit bibliotecquaire, par les «soins et par l'auctorité de mondit nepveu et de «ses successeurs en la possession dudit hostel de «Richelieu.» (*Testament du cardinal de Richelieu.*)

[1] «Et d'aultant qu'il est necessaire, pour maintenir une bibliotecque en sa perfection, d'y mettre «de temps en temps les bons livres qui seront «imprimez de nouveau, ou ceux des anciens qui «y peuvent manquer, je veux et ordonne qu'il «soit employé la somme de mil livres par chacun «an en achapt de livres, par l'advis des docteurs «qui seront deputez tous les ans pour faire l'inventaire de ladite bibliotecque; laquelle somme «de mil livres sera pareillement prise par preferance à toutes autres charges, excepté celles des «deux articles cy dessus, sur ledit revenu des arentemens des maisons qui ont esté et seront basties «allentour du palais Cardinal.» (*Testament du cardinal de Richelieu.*)

[2] L. Jacob, *Traicté des plus belles bibliothèques publiques et particulières*, p. 485.

[3] Brochés.

[4] Bibliothèque Mazarine, manuscrits, n°s 3216 et 3216 A.

[5] «Nominati sunt S. M. N. Hemere et de Flavi«gny, variarum linguarum peritia, librorum notitia «præstantissimi, qui recensionis librorum biblio«thecæ eminentissimi olim cardinalis ducis Richelii, «provisoris et restauratoris nostri.... jam id illus«trissima ducissa de Aiguillon postulante, quod «cardinalis eminentissimus testamento jusserat.» (*Regesta priorum Sorbonæ*, p. 808.)

deffunct monseigneur l'eminentissime cardinal duc de Richelieu et de Fronsac, son grand oncle. Ledit inventaire et recollement faict par moy François Desclos, advocat en Parlement, à ce commis par ladite ordonnance, et en presence tant de M. Jacques Geoffroy, bibliothequaire, qui a faict l'exhibition desdits livres, volumes et cahiers, que de M. Pierre Gaultray, requerant pour madite dame, ainsy qu'il ensuict [1].

Cependant le petit-neveu de Richelieu, pas plus que sa tutrice, n'avaient pour les livres le même goût que le cardinal, et ils se souciaient assez peu des trésors bibliographiques qu'ils tenaient de lui ; ils laissèrent donc la collection où elle était, et ne s'inquiétèrent nullement de faire exécuter les prescriptions qui leur avaient été imposées. Suivant Tallemant des Réaux, « Fourille, grand mareschal « des logis, voulut à toute force en avoir la clef quand le Roy alla loger au Palais; « on y trouva pour sept à huit mille livres de livres. » Il ajoute : « Ce fat de La Serre « y loge presentement, et y a fait je ne sçay quel taudis [2]. »

La Sorbonne, longtemps complice de ce désordre, ne songea à y mettre un terme que quand elle comprit à quel point ses intérêts étaient engagés dans la question. Elle rappela alors au duc de Richelieu, devenu majeur, que son grand-oncle avait accordé à la Société certains droits sur cette bibliothèque; qu'il avait, en outre, ordonné le payement de sommes assez importantes destinées à l'entretien de la collection, aux appointements d'un bibliothécaire et aux gages d'un gardien [3] ; puis, comme elle s'y attendait, n'obtenant rien sur ces différents points, rien sur les réclamations déjà si anciennes qu'elle avait faites pour son propre compte, elle résolut de s'emparer de cette riche collection. Avant tout, elle devait elle-même se mettre en règle. Conformément aux termes du testament sur lequel elle s'appuyait, elle désigna, le 6 février 1655, trois docteurs : Cl. Morel, de Flavigny et Menessier, parmi lesquels le jeune duc devait choisir un bibliothécaire [4]. Avec ou sans la participation du duc, Claude Morel fut nommé [5], et un sieur Cochinat dut remplir les fonctions de gardien [6]. Le duc de Richelieu défendit assez mollement une collection à laquelle il ne tenait guère ; tout son souci fut d'en tirer le meilleur parti possible. Les choses traînèrent en longueur, on s'adressa à des arbitres, puis au Parlement, et la question ne se trouva définitivement résolue que par un arrêt du 14 février 1660; en voici le texte : « La Cour... a ordonné « et ordonne que les livres de ladite bibliotheque dudit feu cardinal duc de Ri- « chelieu, tablettes et autres choses en dependans, estant de present en un lieu « destiné par ledit feu cardinal duc de Richelieu, seront portez, à la diligence

[1] Bibliothèque impériale, manuscrits, fonds de la Sorbonne, n° 1268.

[2] Tallemant des Réaux, *Historiettes*, t. II, p. 54.

[3] Voyez *Regesta priorum Sorbonæ*, p. 903.

[4] « Nominati sunt viva voce tres e S. M. N. « nempe S. M. N. Morel, de Flavigny et Menes- « sier, e quibus unus assumeretur et eligeretur ab « illustrissimo duce Richelæo, qui curam haberet « bibliothecæ defuncti eminentissimi cardinalis Ri- « chelæi, juxta testamentum ipsius. » (*Regesta priorum Sorbonæ*, p. 903.)

[5] Voyez *Regesta priorum Sorbonæ*, p. 905.

[6] *Journal des Savants*, n° de mai 1788, p. 300.

« desdits de Sorbonne et aux frais dudit duc de Richelieu, en la Maison de Sor-« bonne, pour y demeurer à perpetuité et être annexez à la bibliotheque d'icelle. « A condamné et condamne ledit duc de Richelieu payer auxdits de Sorbonne la « somme de trente mille livres, pour être employée aux logement, accommode-« ment, ornemens et necessitez de ladite bibliotheque, et de payer annuellement « à ladite Maison de Sorbonne, à commencer du 1er octobre dernier passé, la « somme de six cens livres, rachetable de douze mille livres, pour les appointe-« mens d'un bibliothecaire tel que lesdits de Sorbonne adviseront de commettre, « lesquels appointemens seront payez par lesdits de Sorbonne audit Morel, biblio-« thecaire, sa vie durant; et après son deceds seront lesdits appointemens payez par « lesdits de Sorbonne au bibliothecaire qui sera nommé par eux. Ensemble sera « payé par ledit duc de Richelieu audit Morel la somme de onze cens livres, à « laquelle ont esté moderez tous les arrerages par luy pretendus du passé. Et ce « faisant, a dechargé ledit duc de Richelieu, ensemble les maisons basties et à bastir « à l'entour du palais Cardinal qui ne font point partie dudit palais, du surplus « des appointemens dudit bibliothecaire et autres charges portées par ledit testa-« ment touchant ladite bibliotheque. Même pourra ledit duc de Richelieu disposer « du lieu où est ladite bibliotheque et autres places et maisons circonvoisines des-« tinées pour le bastiment de l'hotel de Richelieu, et les vendre si bon luy semble, « à la charge que les deniers en provenant seront, avant tous autres, employés au « payement des sommes ci-dessus et de celles portées par la sentence arbitrale « rendue entre les parties le 22 septembre dernier, et au parachevement des ba-« timens et ouvrages de Sorbonne aussi enoncés en ladite sentence arbitrale...[1] »

La bibliothèque tout entière était donc attribuée à la Sorbonne; le duc devait, en outre, 30,000 livres pour les dépenses d'appropriation dans les bâtiments du collége, et une rente de 600 livres pour les appointemens du bibliothécaire. On a vu que la Sorbonne s'était fait donner, de plus, le mobilier qui garnissait la bibliothèque du cardinal; c'était peine à peu près superflue, car voici de quoi il se composait alors :

Ensuivent les tablettes et meubles qui se sont trouvés es deux chambres de ladicte bibliothecque.

« Premierement, sept tablettes peintes en verd, de sept pieds de largeur ou « environ, à cinq rangées de planches sans aucune façon ny ornement, avec le « fond de bois, le tout tel quel.

« Cinq autres demy tablettes de mesme qualité.

[1] On trouve cet arrêt, écrit sur vélin, aux Archives de l'Empire, série S, carton n° 6212. Il a été publié dans la *Réponse de M. de Guignes à la lettre de M. G. de Sansale*, insérée au *Journal des Savants*, n° de mai 1788, p. 300. Il figure aussi dans la brochure suivante : *Memoire touchant le differend qui est entre monsieur Morel, bibliothecaire de la Maison de Sorbonne, de la fondation de M. le cardinal de Richelieu, et le sieur Chevillier, aussi bibliothecaire de ladite maison.*

« Plus, quattre tablettes doubles de simples ais de deux pieds et demy de « haulteur, dix huict pieds de longueur ou environ.

« Plus, cinq tablettes sans enfoncement, à cinq rangées de planches.

« Plus, une grande table de bois de chesne tirante par les deux bouts, assize « sur son chassy.

« Plus, deux autres petites tables à demy rompues dont les bouts se tirent.

« Plus, un marchepied de bois de sapin et une eschelle telle quelle.

« Item, deux chaires avec trois tabourets tels quels.

« Plus, un pulpitre de bois de sapin [1]. »

Heureusement les livres avaient été plus respectés que les meubles. Presque tous étaient d'une admirable conservation; un grand nombre d'entre eux, surtout parmi les in-folio, portaient de riches reliures en maroquin rouge, aux armes du cardinal : *d'argent à trois chevrons de gueules.*

La marque que nous donnons ici,

et que Mazarin fit copier, a été d'un usage assez rare.

[1] Note à la suite de l'*Inventaire* dressé en 1660; bibliothèque Mazarine, manuscrits, n° 1944 N.

Voici le fer qui se rencontre le plus fréquemment.

C'est celui que Mazarin fit aussi imiter et placer de préférence sur ses livres.

La forme suivante,

plus jolie et d'une exécution plus soignée, a été aussi très-souvent employée.

On la trouve parfois, un peu modifiée dans la forme, placée entre chaque nerf sur le dos soit des in-folio et des in-quarto,

soit même des volumes de plus petits formats :

La Sorbonne dressa bientôt un nouvel inventaire[1] des volumes, et l'année

[1] Cet inventaire existe à la Bibliothèque impériale, manuscrits, fonds de la Sorbonne, n° 1269. Une copie, qui provient de la Sorbonne, est conservée à la bibliothèque Mazarine, manuscrits, n° 1944 N; on lit en tête : *Copie d'inventaire des livres de la bibliotheque de feu M. le cardinal de Richelieu, qui ont été trouvez en l'hostel de Richelieu, et de là transportez en la maison de Sorbonne au mois de juillet de l'année mil six cens soixante, par arrest du Parlement de la même année.* Puis au verso du titre : «L'an mil six cens soixante, le douzieme «juillet, environ les sept heures du matin, sur l'advis «qui a été donné, à la diligence et de la part de «M^{rs} les prieur, docteurs et bacheliers de la Maison «et Société de Sorbonne, à Mrs Philippe Guneau «et Charles François de Saint Vaast, nottaires et «gardenottes du Roy en son Châtelet de Paris, «qu'ils avoient été nommez d'office par le procez «verbal de Me Pierre Catinat, conseiller du Roy en la «Cour de Parlement, commissaire en cette partie, «d'allé au commencement du sixieme des presens «mois et an et autres jours suivans, pour proceder «à l'inventaire et description des livres, tablettes, «tableaux et autres meubles de la bibliotheque de «deffunt Mgr le Cardinal duc de Richelieu, en exe«cution de l'arrest dudit Parlement du quatorzieme «jour de febvrier audit an mil six cens soixante, «donné entre lesdits sieurs de Sorbonne, d'une part, «et hault et puissant seigneur Armand Jean du «Plessis, duc de Richelieu, pair et general des ga«lères de France, legataire general et particulier du«dit defunt cardinal de Richelieu, son oncle, d'autre «part, et qu'à cette fin lesdits nottaires eussent «à se transporter ledit jour, lieu et heure en l'hostel «appellé de Richelieu, proche le palais Cardinal, dans «une grande salle au bout de laquelle y a un salon «et un cabinet à costé d'iceluy, dans lesquels sont «les livres, tablettes et tableaux et autres meubles «de ladite bibliotheque, lesdits nottaires se sont «transportez dans ladite grande salle, et après l'ou«verture desdits salon et cabinet, faite de l'ordon«nance dudit sieur Catinat, a été par lesdits not«taires commencé l'inventaire et description des«dits livres, tablettes et autres meubles dependans «de ladite bibliotheque trouvez es dits lieux, et ce «en la presence dudit sieur Catinat, commissaire «en cette partie, à la requeste et diligence de «Mrs Elie de Mincé, Claude Morel et Barthelemy Le «Blond, docteurs et deputez de ladite Maison de «Sorbonne, en la presence de Mr Pierre Ferry, agent «des affaires dudit seigneur duc de Richelieu, de «Mr Jacques Jannau, substitut de M^r le procureur «general, pour estre lesdits livres et autres meubles «incessamment portez en ladite Maison de Sorbonne,

même ils furent transportés au collége. Ainsi se trouvèrent éludées toutes les volontés si minutieusement exprimées par Richelieu au sujet de sa chère bibliothèque; car les docteurs se gardèrent bien de rendre la collection publique, malgré l'engagement tacite qu'ils semblaient avoir pris en l'acceptant.

Mais cet immense accroissement de richesses n'avait pas été prévu lors de la reconstruction de la bibliothèque. Il fallut donc aussitôt songer à l'agrandir. Le 14 août, on nomma quatre commissaires, qui durent examiner la question avec des architectes et présenter le plus tôt possible un rapport au Conseil [1]. Comme toujours, l'affaire traîna en longueur, et les travaux ne purent commencer qu'en 1662 [2]. On s'occupait aussi de donner à la bibliothèque une organisation plus complète : quatre docteurs, chargés de rédiger un nouveau catalogue de la collection [3], étaient autorisés à s'adjoindre, pour hâter le travail, un homme habile, «et, si possible, universel [4];» on songeait à choisir deux étudiants en théologie, et à leur partager, pendant toute la journée, la surveillance de la bibliothèque [5]; enfin on décidait à la fois la vente des livres doubles ou inutiles [6] et un achat assez considérable d'ouvrages en langue hébraïque [7].

Plus que jamais il fallait maintenant apporter un soin extrême dans le choix d'un bibliothécaire. Gaudin, indiqué dès 1658 par Michel Le Masle, fut élu le

«suivant et au desir dudit arrest, à mesure qu'ils «seront inventoriez. Etant arresté qu'après cette «vacation ledit Le Blond, qui est procureur de la- «dite Maison de Sorbonne, assistera seul à la conti- «nuation du present inventaire, de la part desdits «sieurs de Sorbonne. Le tout aux dires, declarations, «requisitions et protestations respectives des par- «tyes portées et inserées dans le procez verbal «dudit sieur Catinat, selon et ainsi qu'il en suit. «Et ont lesdits sieurs de Mincé, Morel, Le Blond, «Ferry, et Regnard, substitut, signé la minutte «de la presente intitulation d'inventaire demeurée «vers ledit de Saint Vaast, l'un des nottaires sous- «signez.»

(1) «Definitum est consulendos esse architectos «circa ideam et sumptus edificandæ bibliothecæ. «Qui hujus rei curam haberent deputati sunt SS. «MM. NN. Roullié, de Gamaches, Leblond, Gasto «Chamillard, cum procuratore, ita ut quampri- «mum tum ipsi, tum architecti ea de re referent in «comitiis Societati.» (*Regesta priorum Sorbonæ*, p. 18; Archives de l'Empire, série MM, registre n° 271.)

(2) Voyez *Regesta priorum Sorbonæ*, p. 14 et 16.

(3) «Rogati sunt SS. MM. NN. Morel, Gaudin, «Boisleau et de Reveillon, ut quamprimum sump- «tibus domus describerent catalogum librorum bi- «bliothecæ nostræ, librosque descriptos ordine suo «collocarent.» (*Regesta priorum Sorbonæ*, p. 18.)

(4) «Rogati sunt SS. MM. NN. Gaudin, Boileau «et de Reveillon, ut virum quemdam peritum, et «si fieri posset catholicum, quærerent, sibi adjuto- «torem in disponendis bibliothecæ libris et des- «cribendo eorum catalogo.» (*Regesta priorum Sorbonæ*, p. 24.)

(5) «Visum est seligendos esse primis comitiis «duos theologiam studentes qui, ad majorem li- «brorum nostrorum securitatem et ordinem, al- «ternatim maneant in bibliotheca, alter matutinis «horis integris, alter integris vespertinis.» (*Regesta priorum Sorbonæ*, p. 24.)

(6) «Nominati sunt SS. MM. NN. Gaudin, Boi- «leau, Chevillier, cum domino procuratore, qui «libros superfluos seligant, quos pecunia commu- «tent.» (*Regesta priorum Sorbonæ*, p. 38. Voyez aussi p. 45.)

(7) «Rationem habendam supplicationis factæ a «S. M. N. de Flavigny, et ideo mittendam quam- «primum summam mille ducentarum libellarum «ad S. M. N. Capelain, ad emendos exquisitos «libros, præsertim hæbræos, qui in nostra biblio- «theca desiderantur.» (*Regesta priorum Sorbonæ*, p. 45.)

24 mars 1661 [1]. Mais Gaudin ne voulait pas consentir à venir loger dans l'établissement. Après plusieurs sommations restées inutiles, son remplacement fut résolu, et, le 22 mai 1665, André Chevillier, le savant historien de l'imprimerie de Paris, fut désigné pour remplir ses fonctions [2]. Chevillier donna presque aussitôt sa démission, sur les réclamations de Gaudin, que la Sorbonne déclara déchu de tous ses droits si, dans le délai de huit jours, il n'était pas venu occuper la chambre qui lui était destinée [3]. Gaudin s'adressa alors au Parlement, et obtint un arrêt favorable [4]. Les docteurs finirent par transiger : Gaudin consentit à renoncer, moyennant une somme de 400 livres, au titre de bibliothécaire [5], qui fut rendu à Chevillier; celui-ci, d'ailleurs, n'avait pas cessé, quoique démissionnaire, de remplir tous les devoirs de cette charge.

Pendant ces discussions, les travaux de la bibliothèque avaient marché fort lentement. On venait pourtant de décider que les livres seraient provisoirement déposés dans une maison dépendante du collége, et dont le locataire serait congédié [6]. On arrêta aussi que les clefs de la bibliothèque seraient changées [7]; on en remit une à chaque *socius*, même à ceux qui ne logeaient pas au collége, même à ceux qui habitaient près de Paris et y venaient fréquemment; mais on exigeait que les premiers quand ils retournaient dans leur famille, les seconds quand ils s'installaient pour longtemps à la campagne, remissent leur clef au bibliothécaire [8]; tous d'ailleurs étaient tenus, conformément au serment qu'ils avaient prêté, de ne confier leur clef à personne, pas même à un *hospes* de la Maison [9].

Mentionnons en passant deux donations d'une certaine importance et qui datent de l'année 1667. Un *socius*, Pierre de Blanger, procureur de la Sorbonne et devenu chanoine de Saint-Marcel, acheta au Chapitre de cette église deux magnifiques manuscrits in-folio contenant des Vies de saints écrites au XIe siècle, et il les

[1] «S. M. N. Gaudin, designatus hujus domus «bibliothecarius ab illustrissimo viro domino Le «Masle, priore Desroches, nostræ bibliothecæ ins«tauratore munificentissimo, minor claviger via «scrutini pro more renunciatus est.» (*Regesta priorum Sorbonæ*, p. 9.)

[2] «Solvendum honorarium S. M. N. Gaudin, «bibliothecario; Societas via scrutini nominaret «aliquem e sociis qui curam librorum in poste«rum gerat; qua quidem via statim electus fuit S. «M. N. Chevillier.» (*Regesta priorum Sorbonæ*, p. 54.)

[3] *Regesta priorum Sorbonæ*, p. 65 et 66.

[4] *Regesta priorum Sorbonæ*, p. 67.

[5] *Regesta priorum Sorbonæ*, p. 73 et 75.

[6] «Nihil immutandum esse in domo illa in «quam transferendos esse libros posterioribus co«mitiis Societas censuit; ejiciendum autem quam «citissime fieri poterit ejus inquilinum:» (*Regesta priorum Sorbonæ*, p. 56.)

[7] *Regesta priorum Sorbonæ*, p. 60.

[8] «Voluit Societas ut novæ claves bibliothecæ «darentur sociis solis et omnibus, tum iis qui de«gunt in domo, tum etiam aliis qui commorantur «Parisiis extra domum, iis denique qui quandoque «Lutetiam adventant; ita tamen ut cum redibunt «ad sua, aliique cum rus proficiscentur ad multum «tempus, reddant claves domino bibliothecario.» (*Regesta priorum Sorbonæ*, p. 82.)

[9] «Ut quilibet socius sit memor jurisjurandi «quod præstitit cum est ad Societatem admissus, «neque alteri extraneo, vel hospiti, clavem biblio«thecæ commodet.» (*Regesta priorum Sorbonæ*, p. 81.)

donna au collége; on lit à la fin de ces volumes : « Emptum ex capitulo S. Marcelli Parisiensis, Petrus de Blanger, doctor et socius Sorbonicus, domus Sorbonæ procurator et Sancti Marcelli canonicus, dono dedit bibliothecæ Sorbonicæ, anno Christi 1667[1]. » Le 17 mai de la même année, Chevillier signa le reçu d'environ deux cents volumes qui venaient d'être légués à la Sorbonne par Pierre Roullié, curé de l'église Saint-Barthélemy; on conserve aux Archives de l'Empire le catalogue de ces ouvrages, il est compris dans l'*Inventaire faict apres le decedz de venerable et discrette personne messire Pierre Roullié, docteur de Sorbonne, curé de l'église paroissiale Saint Barthelemy... receu par Guillot, nottaire au Chastelet de Paris, le 14 juillet 1666*[2].

On dut, l'année suivante, ajouter au règlement un article fort sévère, qui portait qu'aucun livre ne pourrait plus être prêté hors de la bibliothèque, même aux *socii*, à moins que ceux-ci ne fissent d'abord approuver leur demande par le Conseil, et ne reçussent les volumes des mains du bibliothécaire; ils devaient, en outre, lui en signer un reçu sur un registre spécial[3]. La négligence du président du Parlement de Paris semble avoir été la cause de cette mesure. On lui avait prêté un manuscrit intitulé *Liber constitutionum monialium domus Dei*, et il mettait si peu d'empressement à le restituer, qu'une députation composée de huit docteurs fut chargée d'aller le lui redemander[4]. Il reçut, au reste, les envoyés « cum omni humanitate, » et leur rendit le volume; il exprima aussi le vœu que la Sorbonne en offrît une copie aux religieux de l'Hôtel-Dieu, qui, à ce qu'il paraît, ne possédaient même pas un exemplaire de leurs Constitutions[5].

Chevillier s'occupait alors de mettre à part les doubles que les deux donations de Michel Le Masle et de Richelieu avaient multipliés dans la bibliothèque. Son dessein était de les vendre, et ce projet rencontra d'abord quelque opposition[6]; Chevillier finit cependant par l'emporter. Il venait d'ailleurs de terminer[7] un nouveau catalogue qui forme quatorze volumes in-folio écrits avec un très-grand soin. On lit en tête du premier volume : *Catalogus librorum omnium utriusque bibliothecæ Sorbonicæ, servato alphabeti simul et materiæ ordine*[8]; le quatorzième

[1] Bibliothèque impériale, manuscrits, fonds de la Sorbonne, n° 1282 et 1283.

[2] Archives de l'Empire, série M, carton n° 75, pièce n° 144.

[3] « Statuit Societas nemini in posterum nisi socio commodandos esse libros bibliothecæ nostræ; neque ulli socio esse commodandos nisi supplicet in aula, et libros accipiet e manibus domini bibliothecarii, cui chirographum in libro ad id destinato dare tenebitur. » (*Regesta priorum Sorbonæ*, p. 108.)

[4] « Morel, Gaudin, de Lestocq et Desperriers adjuncti sunt Porcher, Gillot, Chevillier et Bourser, antea deputatis in aula, ut adeant quamprimum illustrissimum senatus principem, petituri ab ipso librum constitutionum monialium domus Dei, quem ipsi commodavit Societas. » (*Regesta priorum Sorbonæ*, p. 108.)

[5] *Regesta priorum Sorbonæ*, p. 110.

[6] *Regesta priorum Sorbonæ*, p. 112, 142, 146.

[7] Maichelius, *Introductio ad historiam literariam de præcipuis bibliothecis*, p. 86.

[8] Bibliothèque Mazarine, manuscrits, n° 1944 et A-L.

volume est consacré à l'*Index generalis auctorum et librorum qui tredecim tomis catalogi utriusque bibliothecæ Sorbonicæ continentur*. Nous avons retrouvé encore une autre table générale écrite de la main de Chevillier et qui se rapporte à un catalogue que nous ne possédons plus; elle est intitulée : *Index generalis auctorum et librorum qui prioribus quatuor tomis catalogi utriusque bibliothecæ Sorbonicæ continentur* [1]. Les huit premières pages sont consacrées à une préface aujourd'hui sans intérêt, et qui est adressée «Lectori Sorbonico.»

Le lundi 2 mars 1671, un sinistre menaça de détruire tout l'établissement. Le feu se déclara, vers neuf heures du soir, dans l'un des quatre grands pavillons. «Le très-sage maître Bétille alla aussitôt, avec un grand sentiment de dévotion, «promener l'adorable sacrement de l'eucharistie dans la partie supérieure de la «cour [2];» d'autres s'empressèrent de chercher du secours. Quand on se rendit maître de l'incendie, le pavillon où il avait pris naissance était presque entièrement consumé [3]; mais la bibliothèque, quoique contiguë, avait pu être préservée. On prit alors toutes les mesures nécessaires pour prévenir le retour d'un semblable malheur. Dès le 5, il fut interdit d'allumer du feu dans les salles [4], et on fit visiter toutes les cheminées [5]; le 11, on ordonna de boucher avec du plâtre celles de la bibliothèque [6].

Chevillier se plaignait depuis longtemps que les anciens statuts de la bibliothèque ne fussent plus observés, «quod non observarentur statuta et regulæ quæ «spectant bibliothecam [7];» on l'autorisa à refondre ceux qui avaient été adoptés depuis l'origine de l'établissement, et à présenter un projet de règlement définitif. Ce travail fut achevé le 31 décembre 1676. Non-seulement le Conseil l'approuva, mais il ordonna qu'il serait imprimé et que chaque *socius* en recevrait un exemplaire [8].

[1] Bibliothèque Mazarine, manuscrits, cote n° 3259.

[2] «Die lunæ 2ª martii, hora nona serotina... «cum animadvertisset Societas aliquam ædificio«rum domus Sorbonicæ partem igne comburi, no«minavit S. M. N. Betille, qui statim, in comitatu «omnium sociorum, venerandum eucaristiæ sacra«mentum in area superiori, summo devotionis «sensu, circumferret.» (*Regesta priorum Sorbonæ*, p. 148.)

[3] Lemaire, *Paris ancien et nouveau*, t. II, p. 459. — Voyez aussi la pièce intitulée *Sorbona incensa*, dans les *Opera omnia* de Santeuil, t. Iᵉʳ, p. 150.

[4] «Prohibuit Societas ne deinceps, propter im«minens bibliothecæ nostræ periculum, in aula «æstivali accenderetur ignis.» (*Regesta priorum Sorbonæ*, p. 151.)

[5] «Statutum est accurate inspiciendos esse ca«minos, tum bibliothecæ nostræ, tum sacelli proxi«mos, atque imprimis caminum culinæ æstivalis.» (*Regesta priorum Sorbonæ*, p. 151.)

[6] «Statutum est gypso obturanda esse ora «duorum caminorum bibliothecæ nostræ.» (*Regesta priorum Sorbonæ*, p. 155.)

[7] *Regesta priorum Sorbonæ*, p. 191.

[8] «Die jovis ultima decembris. Retulerunt do«mini deputati se in unum collegisse leges biblio«thecæ, secundum conclusiones ea de re latas; «atque ad majorem claritatem eas divisisse in «duodecim articulos. Quos cum legissent, de iis «deliberatum est, et singulos probavit et confir«mavit Societas. Deinde, gratiis actis iisdem DD. «deputatis, eos rogavit ut leges illas inviolabiliter «observari curarent; ac preterea typis mandari vo«luit, et earum exemplar unicuique socio tradi. Se-

Ce règlement était conçu en ces termes [1] :

RÈGLEMENT DE LA BIBLIOTHÈQUE DE LA SORBONNE.

I. Que nul Sorboniste ne pénètre dans la bibliothèque, s'il n'est en robe et en bonnet carré. En entrant et en sortant, qu'il ait soin de fermer la porte.

II. En lisant, qu'on ne trace aucune ligne, soit à l'encre, soit à la mine de plomb, soit au crayon rouge, qu'on n'écrive absolument rien sur les livres; qu'on ne plie aucun feuillet; que sur un livre ouvert on n'en place point un second, de peur que la poussière qui serait restée sur le dos de l'un ne s'applique sur les pages de l'autre.

III. Quand on aura cessé de lire, qu'on ne laisse pas le livre ouvert, qu'on ne le dépose ni sur une table, ni sur les fenêtres, ni sur les autres volumes restés en place, ni dans quelque

«quuntur autem duodecim leges illæ. . . » (*Regesta priorum Sorbonæ*, p. 235.)

(1) LEGES BIBLIOTHECÆ SORBONICÆ.

«I. Sorbonicus ad bibliothecam non accedat, «nisi ornatus toga et pileo quadrato. Dum ingredi«tur aut egreditur, diligenter ostium claudat.

«II. Inter legendum, non ducantur lineæ atra«mento, plumbo, vel minio, nec quicquam quo«modocunque scribatur in libris; non complicentur «etiam eorum folia; neque libro aperto alius impo«natur, ne pulvis ex hujus tergo alterius paginis «adhærescat.

«III. Cum aliquis legerit, non relinquat librum «apertum; non projiciat ad mensam vel ad fenes«tras; non eum ponat super libros in forulis col«locatos, aut alicubi occultum habeat; sed ordini «suo, et eidem in quo erat loco, restituat.

«IV. Silentium in bibliotheca servetur, nec quis«quam in ea deambulet, vel librum alta voce le«gat, aut ita disserat cum alio ut legentibus moles«tus sit.

«V. Unusquisque memor sit jusjurandi (*sic*) «quo apposita sanctis Evangeliis manu coram al«tari se adstrinxit : nec ullum unquam e biblio«theca librum, sive atramentaria, scalas, sedilia et «alia quæ in ea sunt, ad cubiculum suum nec alio «transferat, etiam ad brevissimum tempus; neque «foliola ulla aut tabulas libris detrahat.

«VI. Cum exteri ad visendam bibliothecam ad«venerint, qui fores aperuerit non omnes pro«miscue admittat : si quis vero admiserit, iis co«mitem se adjungat, servos ingressu prohibeat, et «caveat ne voce et pedibus strepitus excitetur.

«VII. Si famulus dominum quærat, vel exterus «de negotio aliquo socium alloqui voluerit, qui «ostium recludet, nec famulum, nec exterum indu«cat in bibliothecam, sed moneat socium; socius «vero foris eos audiat.

«VIII. Cum ad januam pulsatur, illius sit, qui «Societatis ordine postremus est, eam reserare, «quamvis remotissimus sit.

«IX. Socius qui externum adduxerit ut aliquid «scribat vel legat (quod raro fieri debet), cum illo «maneat donec exierit; nec sinat eum ad forulos «ascendere, libros recognoscere et extrahere ex «ordine suo; sed socius ipse extrahat, et deinde «locis suis reponat. E codicibus manu scriptis, nisi «consulta Societate, nihil exscribi permittat.

«X. Ad bibliothecam, cum dies deficit, cande«lam accensam deferre nemini liceat, quocunque «prætextu.

«XI. Singuli socii et soli clavem habeant Qui «longe ab urbe habitant, aut diuturni temporis «iter ingrediuntur, reddant eam D. bibliothecæ «præfecto, iterum ab illo accepturi, cum venerint. «Socius clavem bibliothecæ alteri non commodet, «sive extraneo, sive etiam hospiti : si secus fecerit, «jure clavis excidat.

«XII. Nemini commodentur libri nisi socio. Hic «vero prius supplicet, et syngraphiam tradat D. «bibliothecæ præfecto, a quo liber extrahatur e «loco suo, et observetur an tabulas contineat, et «pictas vel cælatas imagines. Qui aliquos accepe«rit bibliothecæ libros, ab urbe non recedat, an«tequam reddiderit.»

Ce règlement existe manuscrit dans les *Regesta priorum Sorbonæ*, p. 235 et 239. Les exemplaires imprimés sont composés de quatre pages in-4° d'une exécution très-soignée; nous en avons trouvé un aux Archives de l'Empire, série M, carton n° 75, pièce n° 154, et un autre à la bibliothèque Mazarine, n° 12186.

coin obscur; mais qu'on le remette à son rang et à l'endroit précis qu'il occupait sur les rayons.

IV. Le silence doit régner dans la bibliothèque : que personne donc ne s'y promène, n'y lise à haute voix, ou n'y cause assez haut pour gêner les lecteurs.

V. Que chacun se souvienne du serment qu'il a prêté devant l'autel, la main étendue sur les saints Évangiles : que personne n'emporte donc jamais, soit dans sa chambre, soit ailleurs, rien de ce qui appartient à la bibliothèque, ni livres, ni encriers, ni échelles, ni siéges, même pour le temps le plus court, et que les feuillets et les figures des volumes soient scrupuleusement respectés.

VI. Quand des étrangers viennent visiter la bibliothèque, que le docteur qui a ouvert la porte ne les y reçoive pas tous indistinctement. S'il leur accorde l'entrée, qu'il les accompagne, qu'il veille à ce que les domestiques restent dehors, et à ce qu'on n'entende ni la voix ni les pas des visiteurs.

VII. Si un domestique demande son maître, ou si un étranger veut parler à l'un des *socii*, celui qui a la garde de la porte ne laissera entrer ni le domestique ni l'étranger; mais il avertira le lecteur, qui ne pourra les entretenir qu'au dehors.

VIII. Quand on frappe à la porte, c'est à celui qui occupe le rang le moins élevé dans la Maison à aller ouvrir, fût-il le plus éloigné de la porte.

IX. Le *socius* qui aura introduit une personne étrangère, en vue de quelque recherche (ce qui doit avoir lieu rarement), restera avec elle jusqu'à ce qu'elle parte; il ne lui permettra pas d'approcher des rayons, d'examiner les livres ou de les changer de place; il les lui donnera lui-même, et les remettra ensuite à leur rang. Il ne doit laisser prendre aucun extrait des manuscrits sans l'autorisation de la Société.

X. Il n'est permis à personne d'entrer, sous quelque prétexte que ce soit, dans la bibliothèque avec de la lumière.

XI. Les *socii*, mais eux seuls, ont chacun une clef de la bibliothèque. Ceux qui demeurent loin de Paris, et ceux qui sont sur le point d'entreprendre un long voyage, la remettront au bibliothécaire, qui la leur rendra à leur retour. Le *socius* ne confiera sa clef à personne, pas même à un *hospes*, sous peine de perdre son droit à la clef.

XII. Les livres ne seront prêtés qu'aux *socii*. Celui qui désirera emporter un ouvrage en donnera reçu au bibliothécaire, qui prendra le volume, vérifiera s'il contient des portraits, des miniatures ou des gravures. Celui à qui on aura confié des livres ne devra pas s'éloigner de Paris sans les avoir auparavant restitués.

Une nouvelle vente de livres inutiles eut lieu en 1681 ; on ordonna seulement que l'opération n'aurait pas lieu publiquement, et que l'argent qui en proviendrait serait appliqué à l'achat d'autres ouvrages[1]. Le résultat de cette mesure ne satisfit sans doute pas la Sorbonne; car, en décembre 1691, on résolut d'aliéner encore des volumes, et il fut décidé que, cette fois, la vente serait annoncée par des affiches[2]. On prit en même temps un parti assez étrange : plusieurs des

[1] «Divendendos esse libros inutiles, non quidem publice, sed ea conditione ut pecunia, quæ ex illa divenditione percipietur, in alios libros emendos insumatur. Qui huic rei invigilent nominati sunt SS. MM. NN. Delameth, de Lestocq, Gillot et Chevillier bibliothecarius.» (*Regesta priorum Sorbonæ*, p. 314.)

[2] «Vendendos esse omnes libros inutiles et superfluos qui sunt in minore bibliotheca, et hanc venditionem esse publicis programmatibus denun-

livres dont on allait se défaire portaient sur les plats les armes du cardinal de Richelieu; on n'enleva point ces armoiries, mais on ordonna qu'elles seraient frappées sur un nombre égal d'autres volumes [1].

La bibliothèque fut un peu oubliée pendant les années qui suivirent, sans doute en raison des embarras financiers qui paraissent, vers cette époque, avoir assailli la Sorbonne. Les fonds réservés jusqu'alors pour la bibliothèque n'étaient plus payés exactement [2], et le bibliothécaire avait bien de la peine à obtenir une somme de 100 écus pour l'acquisition de quelques ouvrages [3].

Chevillier mourut le 8 avril 1700, après avoir rempli pendant trente-cinq ans les fonctions de bibliothécaire; il unissait à l'amour des lettres une charité vraiment évangélique, et il alla jusqu'à vendre ses livres pour secourir les pauvres [4]. On lui doit la conservation d'un exemplaire du précieux *Speculum humanæ salvationis* gravé sur bois à Harlem par Laurent Coster avant les premiers essais de Gutenberg [5]. Cet exemplaire avait appartenu à un bibliophile éclairé, M. de Balesdens; les libraires chargés de la vente de sa bibliothèque ne comprirent pas la valeur de ce volume, qui fut mêlé à un lot prisé 4 livres; Chevillier passant un jour sur le quai de la Tournelle le vit à l'étalage, l'acheta presque pour rien [6], et le donna plus tard à la Sorbonne. Après qu'il eut achevé le grand catalogue en quatorze volumes dont nous avons parlé, il entreprit la rédaction d'un catalogue spécial, qui devait embrasser tous les ouvrages de la bibliothèque écrits en faveur des protestants [7]; nous n'avons pas retrouvé ce travail, resté sans doute inachevé. Berthe fut élu le 21 mai 1700 pour remplacer Chevillier [8], et on lui alloua, comme à son prédécesseur, un traitement de 800 livres [9].

«ciandam ad kalendas januarii.» (*Regesta priorum Sorbonæ*, p. 83; Archives de l'Empire, série MM, registre n° 272.)

[1] «... Et quoniam inter eos libros multi sunt «insigni stemmate eminentissimi cardinalis Riche«lii, si quando contigerit alios libros emi, totidem «signabuntur eodem stemmate eminentissimi car«dinalis.» (*Regesta priorum Sorbonæ*, p. 86.)

[2] «Censuit Societas persolvendam esse annuatim «summam trecentarum libellarum bibliothecæ de«bitam, cum res domus patientur, rogavitque S. «M. N. procuratorem ut describat memoriale quo «constet quid ex arreragiis debeatur bibliothecæ.» (*Regesta priorum Sorbonæ*, p. 119.)

[3] «Cum ab uno e SS. MM. NN. postulatum «fuisset ut, ad emendos in usum bibliothecæ libros «qui prodeunt de die in diem, numerarentur S° «M° N° Chevillier, bibliothecario domus, nummi «centum, censuit Societas esse numerandos, si ta«men id viderentur pati res domus, post auditas «ipsius rationes proxime reddendas a S° M° N° Ra«bouin.» (*Regesta priorum Sorbonæ*, p. 126.)

[4] Ladvocat, bibliothécaire de la Sorbonne, *Dictionnaire historique*, t. I, p. 197.

[5] Cette opinion, très-accréditée au seizième siècle, et depuis entièrement abandonnée, a trouvé récemment un avocat fort compétent dans M. Aug. Bernard. (Voyez son *Histoire de l'imprimerie* et le *Batavia* d'Adrien Junius.)

[6] A. Chevillier, *De l'origine de l'imprimerie de Paris*, p. 281. — J. M. Guichard, *Notice sur le Speculum humanæ salvationis*, p. 40. Il y en avait un autre exemplaire dans la bibliothèque des Célestins de Paris.

[7] A. Chevillier, *De l'origine de l'imprimerie de Paris*, p. 227.

[8] «Die veneris 21ª maii, electus est via scru«tinii bibliothecæ præfectus S. M. N. Berthe.» (*Regesta priorum Sorbonæ*, p. 204.)

[9] «Sancivit Societas tribuendum esse novo bi-

La Sorbonne recevait alors de toutes parts un grand nombre de volumes; mais ces donations ne sauraient être mentionnées ici; nous signalerons cependant celle du *socius* Nicolas Petit-Pied, conseiller au Châtelet, puis sous-chantre et chanoine de Notre-Dame, qui enrichit la Sorbonne de plusieurs ouvrages rares et précieux[1].

Berthe donna sa démission le 10 avril 1713[2] en ces termes :

« Je soussigné, prêtre, docteur et bibliothécaire de la Maison et Société de « Sorbonne, promets de me démettre, et me démets à présent, si besoin est, entre « les mains de ladite Maison et Société, pour le premier jour d'octobre prochain, « de la place de bibliothécaire dont elle m'a honoré, au cas et supposé qu'elle « me fasse l'honneur de m'élever à la place de professeur qui vaquera au même « jour par la démission de Monsieur Bourrel, curé de Saint Paul[3]. Fait en Sor« bonne, ce dixième avril mil sept cent treize[4]. »

Mais la place de bibliothécaire de la Sorbonne était devenue fort recherchée, et de nombreux compétiteurs se mettaient sur les rangs; le remplacement de Berthe, indiqué au procès-verbal du Conseil dès le 26 juin[5], fut successivement ajourné au 8[6], puis au 12[7], puis au 24[8], et enfin au 26 juillet[9]. On décida d'abord qu'on n'élirait, comme par le passé, qu'un seul bibliothécaire; que cette charge serait donnée à vie, et que celui qui la remplirait ne pourrait être ni professeur, ni procureur du Collége, ni posséder aucun bénéfice obligeant à résidence; son traitement continuerait à être de 800 livres, mais 500 seulement devaient lui être payées jusqu'au jour où tous les volumes seraient en ordre et le nouveau catalogue achevé[10]. On fit encore une innovation : on décida de nommer deux inspecteurs de la bibliothèque, dont les fonctions dureraient deux ans seulement[11]. Le 26 juillet, Salmon fut élu bibliothécaire au second tour de scru-

« bliothecario idem honorarium quo prius fruebatur S. M. N. Chevillier, nempe 800 libellarum. » (*Regesta priorum Sorbonæ*, p. 203.)

(1) Voyez à la Bibliothèque impériale, manuscrits, fonds de la Sorbonne, les n° 1051 à 1069, 1072 à 1090, 1118 à 1125, 1204 *bis*, 1213, 1841; et l'*Année littéraire*, 1788, t. II, p. 33.

(2) « Die 10ª aprilis, rata et approbata fuit bibliothecæ abdicatio facta S. M. N. Berthe. » (*Regesta priorum Sorbonæ*, p. 384.)

(3) Berthe fut cependant nommé le jour même, 10 avril. (*Regesta priorum Sorbonæ*, p. 384.)

(4) *Regesta priorum Sorbonæ*, p. 385.

(5) *Regesta priorum Sorbonæ*, p. 386.

(6) *Regesta priorum Sorbonæ*, p. 388.

(7) *Regesta priorum Sorbonæ*, p. 390.

(8) *Regesta priorum Sorbonæ*, p. 390.

(9) *Regesta priorum Sorbonæ*, p. 391.

(10) « Habita sunt comitia generalia eaque extraordinaria prævia ad electionem bibliothecarii, in « quibus statutum est :

« 1° Unicum bibliothecarium eligendum, eumque perpetuum, qui nec professor nec procurator, nec aliquod beneficium habens obligans ad residentiam; quod si electus fuerit ejusmodi, « vacabit bibliothecarii officium, nisi prædicta officia aut beneficium dimiserit, aut dimittere promiserit.

« 2° Assignatæ sunt octingentæ libellæ bibliothecario, quarum quingentæ tantum ipsi tribuentur donec ordinati libri et confectus catalogus bibliothecæ. Residuum autem inserviet ad « impensas necessarias pro conficiendo catalogo. » (*Regesta priorum Sorbonæ*, p. 389 et 390.)

(11) « . . . . Nominandos duos inspectores bibliothecæ, et hoc ad biennium, qui in pervigilio Circumcisionis de his referent quæ ad bibliothecam « pertinent. » (*Regesta priorum Sorbonæ*, p. 390.)

tin[1], et, le 13 du mois suivant, de la Rue et Danès choisis pour inspecteurs[2]. Dès le 31 décembre 1715, le catalogue promis par Salmon était terminé, et son traitement lui fut alors payé en entier[3].

Nous avons retrouvé à la bibliothèque Mazarine un manuscrit fort curieux[4], qui fut commencé par Salmon, et qui renferme, année par année, depuis 1713 jusqu'à la fin de 1765, les comptes que rendait à la Sorbonne le bibliothécaire en exercice.

Pour la période de 1713 à 1715, la recette s'élève à 2,621 livres 8 sols 6 deniers. Mille livres avaient été remises au bibliothécaire par Brillon, procureur du collége, le reste provenait de la vente de nombreux ouvrages, parmi lesquels figurent plusieurs exemplaires de l'*Histoire de l'imprimerie* publiée par Chevillier, et que celui-ci avait légués à la Sorbonne. La dépense se monte à 3,152 livres 15 sols, employés en achats de livres, sauf ce dernier article : «Pour ancre (*sic*), «coton, bouteille, cornets[5], depuis le mois d'octobre 1713 jusqu'à ce jour : «4 livres 7 sols.» On lit à la fin : «Le présent chapitre de dépense, compris en «cinq articles cy-dessus, a été calculé par nous députés par la Societé, et nous «avons trouvez que lesdits cinq articles montent à la somme totalle de trois mil «cent cinquante-deux livres quinze sols; partant la dépense excède la recette de «la somme de cinq cent trente-une livres six sols six deniers, qui sont dues à «M. le Bibliotequaire. Fait en Sorbonne, ce 11 may 1715, arresté par Mrs Du«bourg[6] et Danès.»

Le deuxième compte va de mai 1715 à juin 1718. La recette avait été de 2,020 livres 11 sols 3 deniers, et la dépense de 1,744 livres 1 sol 9 deniers. En dehors des acquisitions de livres, nous rencontrons les articles suivants :

Pour deux écritoires de maroquin	4 l.	8 s.	
Pour un plateau	1	5	
Pour avoir fait mettre des roulettes à l'échelle	2	5	6 d.
Pour des noms mis sur le dos des livres	1		
Pour crocheteurs et porteurs	4	17	
Pour des écriteaux	1		
Pour dorures de 23 in-fol. de Roccaberti	6	18	6
Pour cordons mis aux fenestres, 34 aulnes à 2 s.	3	8	
Pour avoir fait raccommoder les écritoires	2	10	

(1) «Die mercurii 26a mensis julii... tentata se«cunda scrutinii vice, electus est S. M. N. Salmon.» (*Regesta priorum Sorbonæ*, p. 391.)

(2) «Die sabbati 13a decembris, inspectores bi«bliothecæ Sorbonicæ nominati sunt de la Rue et «Danes.» (*Regesta priorum Sorbonæ*, p. 396.)

(3) «Audito S. M. N. Dubourg, nomine DD. «deputatorum pro bibliotheca, visum est ex æqui«tate esse, confecto et absoluto catalogo quem op«taverat Societas, S. M. N. Salmon bibliothecario «reddere trecentas libellas quæ erant in suspenso.» (*Regesta priorum Sorbonæ*, p. 423.)

(4) Bibliothèque Mazarine, manuscrits, cote n° 3170.

(5) Encriers.

(6) Dubourg avait été adjoint aux inspecteurs de la bibliothèque le 31 décembre 1713. (*Regesta priorum Sorbonæ*, p. 413.)

B. de Montfaucon allait alors commencer la publication de son *Antiquité expliquée*, et le libraire, tenant à s'assurer d'avance le recouvrement des sommes immenses que devait coûter cet admirable ouvrage, avait proposé au monde savant, «orbi litterario,» une souscription. Il annonçait cinq volumes contenant six cents feuilles d'impression et plus de mille planches gravées, et offrait l'exemplaire pour 200 livres, dont la moitié serait payée d'avance. Salmon exposa le fait au Conseil, qui l'autorisa à effectuer le premier versement de 100 livres[1]. Pendant la même année 1716, on régularisa le revenu de la bibliothèque : 500 livres furent mises annuellement à la disposition du bibliothécaire pour pourvoir à toutes les dépenses[2]. L'année suivante, plusieurs réparations eurent lieu dans la galerie; on refit le plafond, qui fut peint de couleur dite *petit-gris*[3], et l'on proposa de construire, au-dessus de l'endroit où s'arrêtaient les tablettes, une galerie formant saillie, où l'on pût placer des volumes de petits formats[4].

Le troisième compte commence en juin 1718 et s'arrête le 15 août 1719. La dépense s'élève à 1,837 livres 13 sols 3 deniers, et figure cette fois avant la recette, qui est seulement de 1,241 livres 10 sols.

Quatrième compte, d'août 1719 à août 1720 : dépense, 1,356 livres 13 sols 6 deniers; recette, 1,536 livres 15 sols, qui se composent du produit de la vente d'un certain nombre d'ouvrages légués au collége par l'ancien bibliothécaire Berthe, et de 1,000 livres reçues «de M. le procureur de la maison de Sorbonne pour «l'achapt des livres et dépense de la bibliotheque.»

[1] «Die 14ª mensis augusti... Cum exposuis«set S. M. N. Salmon, bibliothecarius domus, jam «a multis annis concinnari opus ubi ea omnia ex«planantur quæ antiquitatem spectant, sub hoc «titulo *Antiquitas explanatione et schematibus illus«trata.* Subscriptiones autem D. Bernardus de «Montfaucon et bibliopolæ proponunt orbi littera«rio, et meliorem subscribentibus quam cæteris «conditionem offerunt; hanc scilicet, ut ab iis liber «ille minore sit pretio comparandus. Cum autem «e re bibliothecæ sit, illa quinque volumina sex«centis foliis impressis, ac præterea tabulis insculp«tis plusquam mille constantia, habere in majori «charta, et rogasset D. bibliothecarius Societatem «ut ipsa quamprimum a vigilantissimo procura«tore domus numerari centum libellas jubeat, quæ «media pars est solutionis, atque totidem dari «statuat ad emendum illud opus ubi absolutum «erit; quod pretium deferet ipse ad bibliopolas, «quorum nominibus munitas cautiones accipiet, «sicque liber ille ad Sorbonicam librorum su«pellectilem ornandam et amplificandam accedet. «Annuit Societas postulationi S. M. N. Salmon «bibliothecarii, approbavitque subscriptionem pro«positam.» (*Regesta priorum Sorb.* p. 433 et 434.)

[2] «Conceduntur quingentæ libellæ singulis an«nis persolvendæ ex pecunia domus, et tradendæ «D° bibliothecario ad emendos libros et alias «minores impensas faciendas quæ ad dictam bi«bliothecam pertinent, ex consilio duorum depu«tatorum pro bibliotheca; ea lege ut rationem «reddat singulis annis tum accepti tum impensi «dictus D^us bibliothecarius.» (*Regesta priorum Sorbonæ*, p. 439.)

[3] «Probavit Societas oblitum, juxta mentem de«putatorum, tabulatum superius bibliothecæ colore «leucophæo, vulgo *petit-gris.*» (*Regesta priorum Sorbonæ*, p. 445.)

[4] «Cum proposuissent nonnulli construendum «esse in superiori parte bibliothecæ projectum ali«quod tabulatum in quo ordinarentur minoris vo«luminis libri, nominavit Societas... qui inquire«rent de commodo et incommodo ejus tabulati.» (*Regesta priorum Sorbonæ*, p. 445.)

D'août 1720 à mai 1722, la dépense s'éleva à 1,332 livres 1 sol. La bibliothèque achetait alors par souscription les ouvrages suivants:

L'*Histoire de France* du P. Daniel,
Le *Dictionnaire de la Bible* du P. Calmet,
Le *Spicilége* de Luc d'Achery,
Les *Analectes* de Mabillon,
Le *Biblia sacra* du P. Lelong.

La recette fut de 355 livres 10 sols; la Maison devait donc 977 livres 9 sols au bibliothécaire. Suivant G. Wallin, la Sorbonne possédait alors trente mille volumes imprimés et deux mille manuscrits dont huit cents provenaient de Richelieu [1].

Le dixième compte embrasse les années 1722 à 1724; la dépense excède encore de 1,098 livres 9 sols la recette.

A la fin de 1724, le bibliothécaire avait avancé à la Maison 1,570 liv. 17 sols 7 deniers; il était temps de s'arrêter dans cette voie; il y fut en effet pourvu par l'exercice 1725-1727, qui commence ainsi : «Par le depoüillement des comptes «de la Maison, il paroit que, depuis le 31 decembre 1726, la Maison a paié à «la biblioteque cinq cent cinquante livres au delà des cinq cens livres qu'elle a, «ledit jour 31 decembre 1726, ordonné être paiées à Mr le bibliotequaire par «chacun an, laquelle somme de cinq cent cinquante livres a été donnée à la «biblioteque par conclusion de la surveille de Noël 1727. Plus, la Maison a ar«rêté que Mr le bibliotequaire seroit paié de la somme de 844 livres 1 sol 7 de«niers qui lui sont dubs par le finito du present compte; mais elle n'a jugé à «propos de donner à la biblioteque, pour la presente année qui echoira au pre«mier du mois d'octobre 1728, que la somme de cent vingt cinq livres qui com«posera le premier article de recette du prochain compte, lequel sera desormais «rendu chaque année dans la même forme que ceux de la Maison.» On remarque dans la recette les sommes payées au collége par deux libraires pour leur loyer, dont le produit était attribué à la bibliothèque; un autre libraire, le sieur Cailleau, devait seulement, pour prix de sa location, un exemplaire de tous les ouvrages qu'il publiait.

Salmon, ardent bibliophile, possédait une fort jolie bibliothèque [2]; elle ne lui fit cependant pas négliger celle du collége, car il entreprit une révision complète

[1] G. Wallin, *Lutetia Parisiorum erudita sui temporis*... p. 117.

[2] Jordan, *Histoire d'un voyage littéraire*, p. 111. Le catalogue en a été publié en 1737 sous le titre : *Bibliotheca Salmoniana;* en tête se trouve l'éloge de Salmon. G. Brice disait, en 1725, des docteurs de la Sorbonne : «Parmi eux, il y en a plusieurs qui «ont des bibliothèques particulières assez nom«breuses, mais que l'on ne voit pas aussi commo«dément que la grande, qui est commune à toute «la Maison.» (Brice, *Description de Paris*, t. III, p. 173.)

du catalogue de Chevillier[1]. Suivant Ladvocat, qui l'a très-probablement connu, Salmon était un homme excellent, grand ami surtout des jeunes gens, qu'il guidait dans leurs études, et auxquels, ce qui est plus rare, « il prêtoit ses livres avec « plaisir[2]. »

Son dernier compte s'arrête à la fin de 1734; il mourut au milieu de l'année suivante, et fut remplacé le 9 septembre 1736 par Henri-Michel Guédier de Saint-Aubin, patient travailleur, qui, dit Ladvocat, « connoissoit le grec, l'hébreu, l'an-« glois, l'italien, et toutes les sciences relatives à la théologie et à la morale[3]. » Il rédigea le catalogue des manuscrits de la Sorbonne; ce travail, écrit tout entier de sa main, forme un volume in-folio qui a pour titre : *Catalogus manuscriptorum Sorbonicorum, in duas partes divisus, quarum prior continet codices a domo Sorbonica comparatos, posterior complectitur eos qui de bibliotheca Richeliana in Sorbonicam translati fuere; a S. M. N. Guedier de Saint-Aubin, bibliothecæ Sorbonicæ præfecto, elaboratus, et manu sua scriptus*[4].

Les comptes de ce bibliothécaire sont rédigés avec plus de soin que les précédents, mais ne présentent aucune particularité remarquable.

Guédier de Saint-Aubin mourut le 25 septembre 1742, et on lui donna pour successeur Jean-Baptiste Ladvocat, que son *Dictionnaire historique* et sa *Grammaire hébraïque* ont rendu célèbre. Ce n'est certainement pas par lui qu'ont été écrits les comptes de sa gestion, car ils sont couverts de fautes d'orthographe. Le premier d'entre eux contient sous ce titre, *Depense extraordinaire faites pour la bibliotheque à l'occasion du nouvel arrangement des livres et du catalogue*, des détails assez curieux que nous devons reproduire.

Donné a Mr Guerin, jmprimeur, pour avoir fournis les jnstrumens d'imprimerie necessaire pour cacheter et estampiller les livres de la bibliotheque, six livres sept sols, cy	6 l.	7 s.	
Donné au garçon jmprimeur pour avoir montré la manière de s'en servir, vingt quatre sols	1	4	
Une bouteille a drogue d'imprimerie, six sols		6	
Un petit plat à colle avec un pinceau, trois sols six denier		3	6 d.
Douze ecritoires pour la bibliotheque, a quinze sols chacune, neuf livres, cy	9		
Un couteau d'yvoire pour couper le papier, vingt sols	1		
Trois caniff a huit sols chacun, et deux vieux pour faire repaser	1	6	
Six paquets de plumes a quatre sols chacun, vingt quatre sols	1	4	
Une boutaille a encre, huit sols		8	
Deux pintes d'encre a une livres douze sols la pinte	3	4	
Pour le papier qui a servi a completer le catalogue et a etiquer les livres,			

[1] Maichelius, *Introductio ad historiam literariam de præcipuis bibliothecis*, p. 86.

[2] Ladvocat, *Dictionnaire historique*, t. II, p. 682.

[3] Ladvocat, *Dictionnaire historique*, t. I, p. 645.

[4] Bibliothèque de l'Arsenal, manuscrits, cote n° 856 A.

les marquer, et a faire les brochure nécessaire, cinq livres quinze sols six deniers . . . . 5 l. 15 s. 6 d.

Pour de la colle, de l'huile, du noir d'Allemagne 14

Pour un ouvrier qui a netoyer les livres 1 4

Pour quatorze livres de cartes a prendre des etiquest des livres, quarante sols, cy 2

Pour ceux qui ont apporté les livres donné a la bibliot. et pour les colpolteurs qui en ont apporté d'acheptó. 2

A Mr Audebert, pour les alphabets et les chiffres qu'il a fait faire pour marquer et etiqueter les livres, dix-neuf livres 19

Il n'y a rien à mentionner dans les comptes qui suivent, sauf pourtant la régularité de leur division.

La Recette comprend en général quatre chapitres. Dans le premier figurent toujours les 500 livres accordées par la Maison pour l'entretien de la bibliothèque, ainsi que les rentes annuelles qui lui revenaient; nous avons dit déjà que la Sorbonne louait des magasins à différents libraires, et que le prix de ces loyers était attribué à la bibliothèque. Le deuxième chapitre se compose des sommes provenant de la vente des livres doubles ou inutiles; on se défaisait ainsi chaque année de cinquante à soixante ouvrages. Le troisième est la liste des volumes donnés à la Maison, soit par leur auteur, soit par des particuliers; ils sont classés dans l'ordre des formats, et leur nombre est parfois assez considérable, nous avons compté jusqu'à cent cinquante volumes offerts pendant une seule année.

La Dépense se divisait également en quatre chapitres : 1° *Livres achetés pour la bibliothèque :* cette liste renferme ordinairement de cent à cent cinquante volumes, et chacun est accompagné du prix d'achat. 2° *Livres reliés pour la bibliothèque :* en 1745, la reliure des in-folio coûtait 3 livres, celle des in-quarto 1 livre 10 sols, et celle des in-octavo 10 sols; en 1762, la reliure des manuscrits se payait ainsi : 3 livres 5 sols pour les in-folio, 1 livre 10 sols pour les in-quarto, et 15 sols pour les in-octavo; on indiquait parfois sur le feuillet de garde des volumes l'époque où ils avaient été reliés[1]. 3° *Souscriptions prises pour la bibliothèque :* presque toutes les grandes collections se publiaient par souscriptions, et en 1743 la Sorbonne recevait ainsi les *Annales* de Baronius, les magnifiques éditions de saint Justin et de saint Ambroise données par les Bénédictins, les *Actes* de Rymer et les *Scriptores rerum gallicarum.* 4° *Autres dépenses faites par la bibliothèque:* ce chapitre comprend presque exclusivement les menues dépenses de plumes, d'encre, de papier, etc.

Ladvocat resta bibliothécaire jusqu'à sa mort, arrivée le 29 décembre 1765; il eut pour successeur Adhenet. La bibliothèque de la Sorbonne, regardée depuis long-

[1] Voyez, entre autres, à la bibliothèque Mazarine, nouveau fonds : jurisprudence, in-8°, n°s 33 et 343; philosophie, in-8°, n° 1552.

temps comme «l'une des plus riches de l'Europe[1],» renfermait à cette époque environ trente mille volumes[2], et un généreux ecclésiastique allait l'enrichir encore. François-Xavier-Valentin Jarry de Loiré, «prêtre du diocèse de la Rochelle, docteur en «théologie de la Faculté de Paris et de la Maison de Sorbonne, directeur spirituel de «l'école militaire,» légua au collége, par son testament du 16 septembre 1766[3], «cinq cent volumes de livres a choisir dans tous ses livres ;» aussi rencontre-t-on souvent sur des volumes marqués au timbre de la Sorbonne cette inscription :

EX LEGATO S. M. N. DELOIRÉ SOCII DILECTISSIMI.

Le choix des volumes fut fait par le libraire Barrois, qui reçut 126 livres pour ce travail[4].

La bibliothèque de la Sorbonne avait alors acquis une telle réputation, que les monarques étrangers qui passaient à Paris s'y rendaient en grande cérémonie. Le prince Alexandre de Kourakin, ambassadeur de Russie, l'avait visitée vers 1740, et lui avait fait donner par le csar une Bible en langue russe imprimée à Moscou[5]. En 1768, ce fut le tour du roi de Danemark; il fut reçu par l'archevêque de Paris comme proviseur de la Maison, et par le duc de Richelieu comme héritier du fondateur; on «le régala, dit Bachaumont, d'une thèse soutenue quelques «minutes en sa présence.» En parcourant la bibliothèque, «le monarque demanda «s'il y avait une Bible en danois, et, d'après la réponse négative, il promit d'en «envoyer une[6].»

Adhenet fut remplacé comme bibliothécaire par Mercier, qui resta en charge depuis 1772 jusqu'au 30 septembre 1780. Il eut pour successeur Jean-Baptiste Cotton des Houssayes; ce dernier n'exerça que quelques années, et mourut en 1783; il légua à la Sorbonne un certain nombre de volumes qui portent cette inscription : «Ex legato S. M. N. Coton des Houssayes, colendissimi socii et bi«bliothecæ præfecti, fato functi anno 1783.» L'année suivante, Jean Thomas Aubry, curé de Saint-Louis-en-l'Île, laissa aussi au collége plusieurs volumes, parmi lesquels se trouvaient d'assez curieux manuscrits[7]; sur chacun d'eux figure un *ex libris* gravé avec beaucoup de soin.

Antoine-Augustin-Lambert Gayet de Sansale succéda à Cotton des Houssayes,

(1) Durey de Noinville, *Dissertation sur les bibliothèques*, p. 49.

(2) Jordan, *Histoire d'un voyage littéraire*, p. 112. — Sauval disait seulement dix-huit mille en 1724; *Histoire de Paris*, t. III, p. 52.

(3) Il est conservé aux Archives de l'Empire, série M, carton 75, pièce n° 151.

(4) «Domino Barrois, pro præstita opera in de«lectu librorum quos Societati legavit S. M. N. de «Loiré, 126 liv.» (Archives de l'Empire, H 2743, cap. VIII.)

(5) S. de Valhebert, *l'Agenda du voyageur à Paris*, p. 71.

(6) *Mémoires secrets dits de Bachaumont*, 24 novembre 1768, t. IV, p. 153.

(7) Voyez, à la Bibliothèque impériale, dans le fonds de la Sorbonne, les manuscrits cotés n°s 1193 à 1197.

et fut le dernier bibliothécaire qu'ait eu la Sorbonne. Voici donc, par ordre chronologique, la liste de ceux dont nous avons retrouvé les noms :

1431.
ALARD PALENC[1].

1432.
THOMAS KESSEL.

1433.
GUILLAUME DE PARIS[2].

1434.
JEAN DE CHATILLON.

1435.
GUILLAUME DE PARIS.

1436.
JEAN SOQUET.

1437.
GUILLAUME DE PARIS.

1442.
PIERRE CORII.

1448.
JEAN DE ALLIES.

1459.
JEAN DE ECCANTE[3].

1460 à 1463.
LUC DESMOULINS[4].

1464.
RÉGINALD DE BRULE.

1465.
LUC DESMOULINS.

1466.
HENRI DU QUESNOY[5].

1467.
JEAN CHENART.

1468.
GUILLAUME FICHET[6].

[1] Prieur en 1430, mort en 1433.
[2] Procureur du collége en 1434.
[3] Prieur en 1460.
[4] Prieur en 1459, mort le 20 février 1479. Il légua au collége 40 écus d'or pour réparations à la bibliothèque.
[5] Prieur en 1467.
[6] Prieur en 1464.

1470.
GUILLAUME FICHET.

1471.
JEAN HEYNLIN[1].

1472.
JACQUES BACLET.

1474.
JEAN ROER[2].

1476.
JEAN ROER.

1478.
JEAN ROER.

1479.
DOMINIQUE BÉGIN.

1480.
JEAN GAMBIER.

1482 à 1483.
DOMINIQUE BÉGIN.

150..
THOMAS FAVEREL.

1505.
JOSSE CLICHTOU.

1571.
ROBERT THIBOUT.

1573.
JEAN PARADIS.

1574.
JACQUES DE CUEILLY.

1576.
MARGUERIN DE LA BIGNE.

1577.
GUILLAUME LUCAIN[3].

1578.
BONVILLIERS.

1579.
GUILLAUME DAVOYNE.

[1] Prieur en 1467 et 1470, mort après 1496. — [2] Prieur en 1471, mort en 1480. — [3] Sous-prieur en 1576.

1580.
BOUCHER.

1581.
TISSART.

1582.
BOUCHER.

1583.
JEAN SALMON.

1584.
ANTOINE PATIN.

1585.
SYLVIUS A PETRAVIVA (1).

1586.
ROBERT VISEUR (2).

1587.
NICOLAS DU MESNIL.

1588.
JEAN FILESAC.

1589.
GUILLAUME CHESNART.

1590.
RODOLPHE PAZIL.

1591.
MICHEL MAUCLERC.

1592.
THOMAS BLANGY.

1593.
ANDRÉ DUVAL.

1594.
MICHEL AUBRY.

1595.
NICOLAS DE BLAIRIE.

1596.
CLAUDE DE LA SAULSAYE (3).

1597.
PHILIPPE DE GAMACHES (4).

1598.
MICHEL BOUCHER.

(1) Il était Piémontais.
(2) Il était né à Amiens.
(3) Il était né à Orléans.
(4) Prieur en 1596.

1599.
Augustin DE LA RUE[1].

1600 à 1601.
Nicolas YSAMBERT.

1602.
Louis MESSIER[2].

1604.
Eustache ASSELINE[3].

1605.
JULIEN.

1606.
HAOUET.

1607.
DEMAY.

1608 à 1609.
GARNIER.

1610 à 1614.
Jérôme PARENT.

1615.
Louis MESSIER et DE MONTREUIL.

1616 à 1619.
Jacques MESSIER.

1620.
Jacques CHARTON.

1621 à 1632.
Elie DU FRESNE DE MINCÉ.

1633 à 1637.
Claude MOREL.

1638 à 1643.
Claude HÉMÉRÉ.

1644 à 1654.
Claude MOREL.

1654.
PORCHER.

1656.
LE CAPELAIN.

1661 à 1665.
GAUDIN.

(1) Il était né à Paris. — (2) Il était né à Paris. — (3) Il était né à Paris.

1665 à 1700.
ANDRÉ CHEVILLIER.

1700 à 1713.
BERTHE.

1713 à 1736.
FRANÇOIS SALMON.

1736 à 1742.
GUÉDIER DE SAINT-AUBIN.

1742 à 1765.
JEAN-BAPTISTE LADVOCAT.

1766 à 1772.
ADHENET.

1772 à 1780.
MERCIER.

1780 à 178..
J. B. COTTON DES HOUSSAYES.

178. à 1792.
A. A. L. GAYET DE SANSALE.

Gayet de Sansale paraît avoir apporté un zèle extrême dans l'exercice de ses fonctions ; car sur un nombre immense de volumes provenant de la Sorbonne on rencontre de longues notes littéraires et bibliographiques entièrement écrites de sa main[1]. Il donna quelques ouvrages à l'établissement. Nous avons lu ces mots sur un volume imprimé : « Ex dono S. M. N. Gayet de Sansale, Bibl. Sorb. præfecti, « 1788[2] ; » et la Bibliothèque impériale possède un manuscrit en tête duquel figure cette inscription : « Ce manuscrit très prétieux est un suplément de la règle « des religieuses de la Visitation Ste Marie : il a été rédigé et écrit par la mère « Faure, une des premières disciples de St François de Sales et de Ste Chantal. Les « bontés constantes qu'a eu St François de Sales pour mon arrière grand père « Antoine Rambaud, gentilhomme du Dauphiné, qu'il avoit ramené à la foi catho- « lique, qu'il avoit établi à Lyon, qu'il y visitoit souvent, ont lié ma famille avec « les dames Ste Marie, parmi lesquelles on comptoit plusieurs filles et petites filles « de ce sr Rambaud. Je suis encore dépositaire d'une croix pectorale de St Fran-

[1] Une de ces notes, qui figure en tête d'un texte des *Décrétales* (aujourd'hui à la Bibliothèque impériale, fonds de la Sorbonne, n° 1625), le signale comme écrit sur peau humaine. Même mention, mais moins affirmative, au sujet d'une Bible latine du XIIIe siècle (Bibliothèque impériale, fonds de la Sorbonne, n° 1357). En revanche, Gayet de Sansale, signale comme écrite sur peau d'agneau d'Irlande mort-né, une Bible charmante, aussi remarquable par l'élégance des caractères que par la blancheur et la finesse du vélin (Bibliothèque impériale, fonds de la Sorbonne, n° 1297), et que l'abbé Rive croyait écrite sur peau de femme.

[2] Bibliothèque Mazarine, nouveau fonds, jurisprudence, in-8°, n° 113.

« çois de Sales. Je l'ai été de ce manuscrit, que je donne bien volontiers à la bi-« bliothèque de Sorbonne. 1789. GAYET DE SANSALE B. D. S.[1]. » Enfin le dernier bienfaiteur de cette bibliothèque fut certainement l'abbé Dans, chanoine de la cathédrale de Beauvais, qui, en 1790, lui donna deux beaux manuscrits[2].

On sait que la Sorbonne possédait alors, comme au temps de sa fondation, des logements pour trente-six *socii*. Au rez-de-chaussée se trouvaient les salles de cours, et la vaste galerie où l'on soutenait la fameuse thèse dite *Sorbonique*, et où avaient lieu les réunions solennelles des docteurs. Au-dessus[3], dans le corps de logis qui s'étend à gauche de la chapelle, régnait la bibliothèque, longue de 20 toises sur 5 de large[4]; « le vaisseau, dit Sauval, est voûté, et au degré qui y « monte sont plusieurs rencontres d'arêtes fort hardies[5]. » A chaque extrémité se trouvait une cheminée monumentale ornée d'un grand portrait en pied : celui de Richelieu d'un côté et de l'autre celui de son secrétaire Michel Le Masle[6]; la première cheminée supportait encore un magnifique buste en bronze du cardinal, exécuté par Jean Varin et donné à la Sorbonne par la duchesse d'Aiguillon[7]. Cette salle a subi des modifications qui la rendent aujourd'hui méconnaissable. Elle a été coupée par un plafond, de manière à former deux étages : l'un servait tout dernièrement encore d'habitation à M. Cousin, qui y avait établi sa précieuse bibliothèque; l'autre est occupé par M. Maret, professeur de la Faculté de théologie.

Derrière l'église, dans un bâtiment qui donnait sur les jardins, on trouvait « une « autre petite bibliothèque, » beaucoup moins nombreuse que la précédente, et où il semble qu'étaient conservés les anciens manuscrits datant de l'origine du collége[8]. Jordan dit qu'elle n'était « pleine que de vieux bouquins et de vieilles « éditions de théologiens[9]; » mais, suivant Leprince, « elle ne laissoit pas d'être « composée de livres rares et singuliers[10]. »

Il est impossible de déterminer d'une manière certaine le nombre de volumes que possédait la Sorbonne. Nous avons dit qu'on lui en attribuait vers le milieu du XVIIIe siècle un peu plus de trente mille; le prieur, dans la *Déclaration* qu'il dut fournir en 1790 ne déclara cependant que 2,199 manuscrits, et 25,367 volumes imprimés, qui étaient ainsi distribués[11] :

(1) Bibliothèque impériale, manuscrits, fonds de la Sorbonne, n° 1261.

(2) *Ibid.* n°s 1181 et 1265.

(3) *Le Voyageur fidèle, etc.* p. 290.

(4) Leprince, *Essai historique sur la bibliothèque du roi*, p. 349.

(5) Sauval, *Histoire de Paris*, t. I, p. 466.

(6) Piganiol de la Force, *Description historique de Paris*, t. VI, p. 341.

(7) Leprince, *Essai historique sur la bibliothèque du roi*, p. 352.

(8) Lemaire, *Paris ancien et nouveau*, t. II, p. 460. — « On y voit plusieurs volumes où le nom « des boursiers de diverses nations qui les ont don-« nés sont écrits. » (Piganiol de la Force, *Description historique de Paris*, t. VI, p. 347.)

(9) Jordan, *Histoire d'un voyage littéraire fait en France, en Angleterre et en Hollande*, p. 112.

(10) Leprince, *Essai historique sur la bibliothèque du roi*, p. 352.

(11) Archives de l'Empire, série M, carton n° 797.

Grande pièce	in-folio	4,871	12,325
	in-quarto	3,204	
	in-douze	3,387	
	mêlés	863	
Petite bibliothèque au premier	in-folio	2,426	7,059
	in-quarto	1,833	
	in-douze	2,567	
	mêlés	233	
Petite bibliothèque au second	in-folio	746	5,983
	in-quarto	370	
	in-douze	2,458	
	mêlés	2,409	

Un autre document officiel tendrait à faire supposer que les docteurs revinrent sur leur première déclaration et avouèrent trente-six mille volumes [1]. Cependant, lors du recensement détaillé qui eut lieu l'année suivante, on constata seulement la présence de 28,224 volumes [2].

On a vu que les docteurs avaient toujours repoussé l'idée d'ouvrir leur bibliothèque au public. Gayet de Sansale écrivait à M. de Guignes en 1788 : « Quoique « notre bibliothèque ne soit pas publique, on y accueille tous ceux qui veulent « puiser dans les sources [3]. » L'année précédente, un *Guide dans Paris* annonçait que « l'entrée en était toujours libre pour messieurs les curieux et les étrangers [4] ; » mais l'*Almanach royal* continuait à ne pas faire figurer la bibliothèque de la Sorbonne parmi celles où le public avait un libre accès [5]. La Révolution elle-même échoua devant l'entêtement des docteurs sur ce point. Le 16 janvier 1791, le Comité d'instruction publique ordonna à la Maison de Sorbonne de mettre immédiatement sa bibliothèque à la disposition du public. Les docteurs cherchèrent d'abord à gagner du temps; puis Gayet de Sansale écrivit au Comité : il déclara que, les livres n'étant pas protégés par des grillages, et « le bibliothécaire ayant beaucoup « d'autres occupations, » la Sorbonne demandait à n'ouvrir sa bibliothèque que le mercredi et le samedi. A quoi un des membres du Comité répondit : « Le biblio- « thécaire fait le saint homme de chat. Si on avoit exigé d'eux, il y a quatre ans, de « rendre leur bibliothèque publique, ils n'auroient pas manqué d'excommunier les « gens [6]. »

[1] *État général des livres de 162 maisons ecclésiastiques et religieuses du département de Paris, selon les déclarations reçues.* Archives de l'Empire, série M, carton n° 797.

[2] *Recensement détaillé des livres des bibliothèques du département de Paris.* Archives de l'Empire, série M, carton n° 797.

[3] Gayet de Sansale, *Lettre à M. de Guignes,* publiée dans l'*Année littéraire*, t. II (1788), p. 32.

[4] Thiéry, *Guide des amateurs et des étrangers voyageurs à Paris,* t. II, p. 341.

[5] *Almanach royal,* année 1789, p. 501.

[6] Archives de l'Empire, n° F^{17} 1163.

Si la Sorbonne eût obéi, peut-être sa bibliothèque eût-elle été respectée et mise au nombre de celles que la Révolution conserva; les docteurs la perdirent pour l'avoir trop défendue. Le 27 août 1791, Ameilhon vint en prendre possession au nom de la municipalité :

L'an mil sept cent quatre vingt onze, le mercredi vingt sept avril, huit heures du matin. Nous, Jacques Joseph Hardy, officier municipal et commissaire à l'administration des Domaines nationaux, assisté de M. Hubert Paschal Ameilhon, bibliothécaire de la municipalité et commissaire en cette partie, sommes transportés en la bibliothéque de la maison de Sorbonne, sise rüe de Sorbonne; où étant, s'est présenté M. Antoine Augustin Lambert Gayet de Sansale, dépositaire de ladite bibliothéque, auquel nous avons déclaré que, conformément aux ordres du directoire du département de Paris, en date du seize avril present mois, nous allions faire procéder en notre presence aux recollement et denombrement tant des livres imprimés que manuscrits, cartes, estampes, etc. contenues en la bibliothéque et dans les deux depots où il nous a successivement conduits; recensement auquel nous avons procédé ainsi qu'il suit, et conformément aux feuilles annexées au present procès verbal, et signées par nous *ne varietur*.

Et le jeudi vingt huit, audit an, nous, commissaire susnommé, assisté comme dessus, avons clos le present procès verbal, déclarant à mondit Sr Gayet de Sansale, en lui remettant les clefs des bibliotheque et depots ci dessus indiqués, qu'il se trouve personnellement garant et responsable des livres contenus dans lesdits depots. Ce qu'il a accepté, à la charge par nous de l'autoriser à employer les moyens qu'il jugera convenables pour assurer ledit depot. Ce à quoi nous avons consenti. Et attendu qu'il est deux heures sonnées, nous avons clos le present, et mesdits sieurs susnommés ont signé avec nous.

J. J. Hardy. Gayet de Sansale.

Ameilhon [1].

Un décret du 5 avril 1792 supprima la Sorbonne; mais la bibliothèque resta intacte dans son local jusqu'à la fin de 1795, comme le prouve cette lettre adressée le 12 brumaire an IV par Ameilhon, alors conservateur du dépôt littéraire de Louis-la-Culture, « au citoyen Ginguené, commissaire de la commission exécutive du « comité d'instruction publique : »

Citoyen,

Je suis averti que la maison de Sorbonne est louée depuis le 18 vendémiaire dernier, et qu'il est indispensable d'en faire enlever au plus tôt les deux bibliothèques qui sont encore dans ce local, parce que l'adjudicataire est pressé de jouir, et qu'il serait en droit de répéter sur la nation des indemnités considérables pour sa non-jouissance.

Je ne vois d'autre difficulté à procéder sur-le-champ au déménagement de la petite bibliothèque qui occupe un corps de bâtiment particulier sur le jardin, que celle de se procurer des voitures pour en faire le transport.

Quant à la grande bibliothèque, celle qui contient les manuscrits et les meilleurs livres, je crois devoir, avant d'opérer son déplacement, vous faire quelques observations.

Le vaisseau qui la renferme est un des plus beaux qu'on puisse voir en ce genre. Le plancher

[1] *Procès-verbal et remise de la bibliothèque à M. Ameilhon;* Archives de l'Empire, série M, n° 797.

est parqueté et bien conservé. Les tablettes et les boiseries qui les accompagnent ont été exécutées avec soin, et on n'y a pas épargné la dépense. Enfin cette pièce, par sa grandeur et son ensemble, présente un aspect véritablement imposant...

AMEILHON,
Conservateur du dépôt littéraire de Louis la Culture [1].

Le déménagement eut cependant lieu presque aussitôt; les volumes imprimés furent distribués entre les différentes bibliothèques publiques, et les manuscrits allèrent presque tous enrichir la Bibliothèque nationale, où ils forment aujourd'hui un fonds spécial qui comprend environ deux mille volumes.

Les catalogues de la bibliothèque de la Sorbonne sont très-nombreux. Nous avons mentionné à leur date les plus importants et nous pouvons citer encore :

Catalogi prima pars, continens codices manuscriptos a domo Sorbonica comparatos [2]. Un volume in-folio.

Tabula in universum indicans libros singularum disciplinarum [3]. Un volume in-folio, XVIIe siècle.

Inventaire des livres imprimés de la grande bibliothèque de Sorbonne [4]. Un volume in-quarto, XVIIIe siècle. On lit sur le feuillet de garde : « Inventaire des livres de la « grande bibliotecque. — Cet inventaire a été fait et écrit par M. Foulques, cha-« pelain de Sorbonne. »

Inventaire des livres imprimés de la petite bibliotéque de Sorbonne [5]. Deux volumes in-quarto.

Inventaire, sans titre, qui n'est que le brouillon du précédent [6].

Catalogue, sans titre [7]. Vingt-trois volumes in-folio.

Catalogue, sans titre [8]. Deux volumes in-folio; on a écrit sur le feuillet de garde : « Monsieur l'abbé Riballier [9] m'a dit que ce catalogue a été fait par M. Foulques, « chapelain de la Maison. »

On trouve sur les anciens manuscrits provenant de la Sorbonne de très-nombreuses inscriptions. Presque tous portent le nom de la personne qui les a donnés au collége, et la mention est alors conçue en ces termes :

ISTE LIBER EST PAUPERUM MAGISTRORUM PARISIUS IN THEOLOGIA STUDENTIUM, EX LEGATO OU *EX DONO.....*

A partir du XVIe siècle, cette formule tend sans cesse à se simplifier. Elle se résume d'abord en ces mots :

SORBONICUM COLLEGIUM PAUPERUM STUDENTIUM;

(1) Archives de l'Empire, n° F17 1203.

(2) Bibliothèque de l'Arsenal, manuscrits, n° 856 B.

(3) Bibliothèque Mazarine, manuscrits, n° 3286.

(4) Bibliothèque Mazarine, manuscrits, n° 3166.

(5) Bibliothèque Mazarine, manuscrits, nos 3168 et 3169.

(6) Bibliothèque Mazarine, manuscrits, n° 3167.

(7) Bibliothèque de l'Arsenal, manuscrits, n° 857.

(8) Bibliothèque Mazarine, manuscrits, nos 3150 et 3151.

(9) Grand-Maître du collége Mazarin, de 1765 à 1785.

puis devient

EX BIBLIOTHECA SORBONICA,

qui se rencontre même sur des volumes imprimés.

La Sorbonne ne marqua ses livres d'aucune estampille jusqu'au milieu du XVIIIe siècle ; les docteurs adoptèrent en 1743 [1] un timbre fort simple, et qui varie seulement de grandeur, suivant qu'il est destiné aux volumes in-folio :

aux in-quarto :

ou aux in-octavo :

Une marque presque semblable était parfois frappée en or sur le dos des volumes :

Mais elle y est souvent remplacée par les mots,

BIBLIOTHÈQUE
DE
SORBONNE,

placés entre les deux derniers nerfs de la reliure.

[1] Voyez ci-dessus, p. 290.

Quoi qu'en ait dit Ameilhon dans la lettre que nous avons reproduite plus haut, les bâtiments de la Sorbonne restèrent inoccupés pendant la Révolution. Vers 1820, des savants et des artistes obtinrent d'y avoir, comme aujourd'hui à l'Institut, des logements et des ateliers; enfin, en 1821, la Sorbonne devint le chef-lieu de l'Académie de Paris, et les Facultés des lettres, des sciences et de théologie y furent installées. On y organisa alors une bibliothèque qui porta longtemps le nom de *Bibliothèque de la Sorbonne*, bien qu'elle n'ait jamais eu rien de commun avec celle dont nous venons d'esquisser l'histoire; on lui a restitué depuis 1861 son vrai titre, celui de *Bibliothèque de l'Université*.

PRÉFACE ET TABLE DES MATIÈRES DU CATALOGUE

DRESSÉ EN 1290[1].

DOCTRINA TABULE.

Sapientia abscondita et thesaurus invisus, que utilitas in utrisque? *Ecclesiastes.*

Absconditur autem sapientia non solum in cordibus sapientum qui de accepto sapientie talento alijs prodesse non curant, sed absconditur etiam multiplex sapientia et scientia in codicibus antiquorum doctorum, qui, non solum hominibus suj temporis, sed et insuper futuris, sue doctrine rivulos ob majus consequendum premium conati sunt scribendo, multis laboribus et vigilijs, impartirj.

Quorum quidem librj licet apud multos et a multis in suis bibliothecis habentur, attamen, vel propter multitudinem voluminum, vel propter multorum librorum in uno sepe volumine contentorum, vel etiam ob defectum tituli librorum, ab habentibus ignorantur. Quos tamen vel aliquos illorum si se habere noscerent, et ubi, ardentius in eis studerent, et memorie diligentius commendarent.

Quod ego, Johannes, presentis collegij de Sorbona quondam inter ejus cetera membra unum de minimis, ac minus utile ad officia corporis exsequentia, in presenti domo videns accidere, et quod minus tolerabile erat, in libraria communj, in qua, licet multitudo librorum, quasi de qualibet scientia esset, omnibus exposita ad studendum, difficile tamen quilibet invenire potuit quod querebat : huic difficultati vel defectuj remedium desiderans adhibere, et viam ad inveniendum in dicta libraria cuilibet librum vel scientiam de qua quereret cupiens, si quoquomodo fieri posset commode preparare, non veritus utilitatem propriam communj utilitati postponere, sciens quod bonum quanto communius tanto divinitus, et quoniam quod mihi laboro mecum moritur, quod vero laboro alijs non moritur in eternum, aggressus sum solus modo meliore quem excogitare poteram super multitudine librorum dicte librarie tabulam ordinare, in qua, ut reor, quilibet, si tamen presentis tabule sciverit processum, facile et cito poterit invenire de quacunque scientia sibi studere placuerit et cujus modi vel cujus auctoris librum videre voluerit, dum tamen sit in presenti libraria, per proprium titulum, vel dicti libri principium, inspecta presenti tabula, sine longa inquisitione poterit reperire.

Et sic labor meus, ut spero, non tantummodo erit utilis mihi, sed et omnibus exquirentibus disciplinam.

Invenitur enim in libris antiquorum et maxime sanctorum thesaurus infinitus hominibus, quo qui usi sunt, participes facti sunt amicitie Dei, propter discipline dona commendati, ut dicitur Sapientie vij°. Suscipiat ergo pie hanc tabellulam venerandum collegium, corrigendo si quid in ea erratum sit, et quod deficit apponendo, eadem caritate et sollicitudine qua extitit a principio laborata.

Est igitur ordo et processus presentis tabule talis ut sequitur. Primo in ea signantur libri

[1] Bibliothèque de l'Arsenal, manuscrits in-folio, n° 855, p. 247 et 248. (Voyez ci-dessus, p. 228.)

A. Franklin dir.

E. Deschamps sc.

BIBLIOTHÈQUE DE LA SORBONNE

Préface et table des matières du Catalogue de 1290.

grammaticales cum auctoribus et poetis, demum logicales, etc. ut videbis inferius per titulos assignatum. In hiis etiam ubi multitudo librorum est vel auctorum, ordinem alphabeti secundum litteras observavi.

Libri grammaticales.
Auctores et poete.
Libri logicales et scripta cum questionibus eorumdem.
Libri naturales et scripta cum questionibus eorumdem.
Libri morales philosophorum, cum scriptis Aristotelis, cum aliis Senece et Tullii, etc.
Libri quadruviales, primo de arismetica et sic cono... astronomie, musice, alkimie, geometrie.
Libri medicinales.
Libri de canone scripture sacre, et concordantie hystorie scolastice.
Postille seu expositiones scripture sacre secundum ordinem librorum.
Originalia beati Augustini secundum ordinem alphabeti.
Epistole Augustini secundum ordinem litterarum a quibus incipiunt persone quibus scribit.
Originalia beati Ambrosii et epistole.
Originalia Anselmi et epistole.
Originalia Athanasii, Alcuini, Albini, Antonii, Agnelli, Alani.
Originalia beati Bernardi.
Epistole ejusdem.
Originalia Boecii de Theo...
Originalia Basilii, Bede, Berengarii, beate Silvestris, sancti Benedicti.
Originalia Crisostomi et epistole.
Originalia Johannis Cassiani, Cassiodori, Cyrilli, Claudiani et Fredellj, Gilberti.
Originalia beati Gregorii.
Originalia beati Hylarii.
Originalia Haymonis, Hyldegardis.
Originalia Hugonis de Sancto Victore.
Originalia beati Jeronimi.
Epistole ejusdem secundum ordinem litterarum.
Originalia Innocentii vel Lotharii.
Originalia Ysidori, presbiteri Hispalensis.
Originalia Origenis.
Originalia Prudentii, Paschasii, Prosperi, Procli.
Originalia Ricardi de Sancto Victore.
Liber sibille.
Tabule et flores et originalium.
Errores diversi condempnati.
Cronice et miracula, romancia vel libri in gallico.
Summe morales et tractatus modernorum doctorum.
Sermones et omelie beati Augustini.
Sermones beati Bernardi.
Sermones Fulgentii, Ysidori.
Sermones Johannis episcopi.
Sermones Leonis pape.
Sermones beati Maximi episcopi.

Omelie Origenis.
Sermones sancti Severiani.
Questiones theologice et scripta super sententias.
Libri juris et tabule.
Distinctiones ad predicandum.
Sermones usuales ad predicandum.
Libri Raymundi philosophi.

EXTRAIT ET TABLE DES MATIÈRES

DU CATALOGUE DRESSÉ EN 1338[1].

LIBRI GRAMMATICALES.

1. Hugucius, cum quodam libello sine nomine. Incipit in 2° folio : « dicimus vacat quia defficit. »

2. In uno.

3. In uno volumine liber Oracij, quidam liber sermonum, poetica, epistole, ex legato M. G. de Abbatisvilla. Incipit in secundo folio : « sicut fratres, » in penultimo : « carmen. »
Precium, sex sol.

4.

5.

6. Grecismus. Incipit in secundo folio : « Quod sequitur, » in penultimo : « 1. vel a. »
Precium, decem sol.

7.

8.

9. Abreviacio Prisciani majoris, ex legato M. G. de Abbatisvilla. Incipit in secundo folio : « unde pleni, » in penultimo : « terrogatam. »
Precium, decem sol.

10. Summa Britonis de vocabulis, ex legato domini Stephani de Abbatisvilla. Incipit in secundo folio : « Certabilium, » in penultimo : « tua ; » excepto quaterno de propositionibus grecis.
Precium, viginti sol.

11. Ovidius sine titulo. Incipit in secundo folio : « At Phebus, » in penultimo : « ignoto. »
Precium, duodecim sol.

12. Questiones grammaticales. Incipit in secundo folio : « me, » et in penultimo : « ponatur. »
Precium, duorum sol.

13. Architrelnus. Incipit in secundo folio : « incola, » in penultimo : « conjugij pacem. »
Precium, quatuor sol.

[1] Bibliothèque de l'Arsenal, manuscrits, in-folio, n° 855, p. 2 et suiv. Voyez ci-dessus, p. 240.

14. Alexander, ex legato M. G. de Abbatisvilla. Incipit in secundo folio : «Sicut puer,» in penultimo : «ver quoque.»
Precium, quinque sol.

15. Epistole Oracij. Incipit in secundo folio : «Sicut recte,» in penultimo : «in vacuo.»
Precium, sexdecim denar.

16. Barbarismus et primus liber elenchorum. Incipit in secundo folio : «per partes,» in penultimo : «differt.»
Precium, duodecim den.

17. Derivaciones quedam collecte, ex legato domini Stephani de Abbatisvilla. Incipit in secundo folio : «et cartilago,» penultimo : «sed pes.»
Precium, duorum sol.

18. Priscianus major, ex legato M. Aldenulphi, prepositi Sancti Odomari. Incipit in secundo folio : «p. vacat.»

19. Questiones grammaticales parvule. Incipit in secundo folio : «que est secundum veram,» in penultimo . . . . .
Precium, sex den.

20. Virgilius, ex legato prepositi Sancti Odomari. Incipit in secundo folio : «non ego,» in penultimo : «et Germana.»
Precium, viginti sol.

21.

22. Lucanus, ex legato ejusdem. Incipit in secundo folio : «nec sero,» in penultimo : «aspice pauperi.»
Precium, decem sol.

23. Liber commediarum Terencii Affry. Incipit in secundo folio : «moraretur,» in penultimo : «sive loci.»
Precium, quinque sol.

24.

25. Balduinus cecus de Ysengrino, ex legato predicti. Incipit in secundo folio : «denique,» in penultimo : «offensam.»
Precium, quatuor sol.

26. Juvenalis, ex legato M. G. de Abbatisvilla. Incipit in secundo folio : «quicquid,» in penultimo : «sauromate.»
Precium, duorum sol.

27. Barbarismus, cum commento Remigij, ex legato ejusdem. Incipit in secundo folio : «corrupcio,» in penultimo : «radicatur.»
Precium, octo sol.

28. Stacius Thebaïdeos et Achilleydos, ex legato ejusdem. Incipit in secundo folio : «tristibus,» in penultimo : «et jam.»
Precium, octo sol.

29. Bucolica, Georgica Maronis Virgilij, ex legato ejusdem. Incipit in secundo folio: «nec mala,» in penultimo: «torta comma.»
Precium, quatuor sol.

30. Ovidius de Tristibus et de Ponto, ex legato predicto. In secundo folio : «ut titulo,» in penultimo : «et pudet.»
Precium, sex sol.

31.

32. Ovidius de Fastis, ex legato domini Stephani de Abbatisvilla. Incipit in secundo folio: «solus,» penultimo : «uechus.»
Precium, trium sol.

33. In uno volumine Donatus parvus, Donatus imperatoris, Barbarismus, ex legato M. G. de Abbatisvilla. Incipit in secundo folio : «quem genitivum,» in penultimo: «dicat.»
Precium, quatuor sol.

34. Priscianus abreviatus, ex legato ejusdem. Incipit in secundo folio : «et a. vel e.» in penultimo : «sapientis.»
Precium, quatuor sol.

35. Lucanus, ex legato ejusdem. Incipit in secundo folio: «indignata,» in penultimo : «perdidimus.»
Precium, quinque sol.

36. Cathenatus[1].

37. Item. Salustius. Incipit in secundo folio : «magnus,» in penultimo : «hinc.»
Precij, III solidorum.

38. Cathenatus.

39. Cathenatus.

40. In uno volumine quedam grammaticalia et quedam de jure, et postille super Apochalipsim. Incipit in secundo folio : «aperte,» in penultimo: «non possunt.»
Precium, octo sol.

41.

42. In hoc volumine continentur Algorismus, compotus metrificatus, Ysopus, cum quodam alio auctore, ex legato M. G. de Fontibus. Incipit in secundo folio: «et arbores,» in penultimo : «firmabo.»
Precium, duorum sol.

43. Cathenatus.

44. Auctores Catho, Theodolus, remedium Thobias, ex legato ejusdem. Incipit in secundo folio : «non eodem,» in penultimo : «grata.»
Precium, novem sol.

45.

[1] Ce mot est toujours écrit en marge.

46. Item. Liber invectivarum Claudiani, ex legato M. Petri de Lemovicis. Incipit in secundo folio : «justitia,» in penultimo : «aggredimur.»
Precium, viginti sol.

47. Auctor de nupciis Christi et Ecclesie, ex legato ejusdem. Incipit in secundo folio : «Balnatus,» in penultimo : «levite.»
Precium, sex sol.

48. Item. Liber Liricorum, ex legato M. Petri de Lemovicis. Incipit in secundo folio : «secus,» in penultimo : «capula.»
Precium, duodecim sol.

49. Barbarismus, cum expositione ejus et notulis super Priscianum, ex legato ejusdem. Incipit in secundo folio : «rixamus,» in penultimo : «hujus negotiator.»
Precium, decem sol.

50.

51. Bucolica Virgilii et Eneida, ex legato ejusdem. Incipit in secundo folio : «nil nostri,» in penultimo : «assistunt.»
Precium, viginti sol.

52. Ovidius Methamorphoseos, ex legato ejusdem. Incipit in secundo folio : «jussit,» in penultimo : «quod de Dardano.»
Precium, duodecim sol.

53. Cathenatus.

54. Item. De tractatu dyalectice, notabilia super Priscianum minorem et super priorem, cum quibusdam aliis, ex legato magistri Johannis de Essonia. Incipit in secundo folio : «contra predicta,» in penultimo : «omni.»
Precium, sexdecim sol.

55. Cathenatus.

56. Summa Britonis, ex legato M. Stephani de Gebennis. Incipit in secundo folio : «vel non recto,» penultimo : «toris vectigalium.»
Precium, quinquaginta sol.

57. Scripta Roberti super secundum minoris. Incipit in secundo folio : «dicit dicto prepositum,» in penultimo : «quamvis.»
Precium, decem sol.

58. Cathenatus.

58. Item. Poema Oracii et ejus epistole, cum quibusdam aliis. Incipit in secundo folio : «Virgilio,» in penultimo : «quos.»
Precium, quatuor sol.

59. Item. Summa Britonis. Incipit in secundo folio : «servum,» penultimo : «Jus.»
Precium, sexaginta sol.

60. Item. Liber Eneidos. Incipit : «Arma virumque cano,» incipit in secundo folio : «scuta,» in penultimo : «Eneas.»
Precium, trium sol.

61. Item. Quedam expositiones difficilium vocabulorum....... 3 sexterni. Incipit in secundo folio: «regio,» penultimo: «famosque.»
Precium, quinque sol.

62. Item. Juvenalis. Incipit: «semper ego,» in secundo folio: «ex quo,» in penultimo: «invidiam.»
Precium, quatuor sol.

63. Item. In uno volumine quedam summa grammaticalis; item, Boetius, de consolatione philosophie; item, aliqua acta sibille; item, figure metrorum; item, regule de constructione. Incipit in secundo folio: «pratum,» in penultimo: «in propria.»
Precium, sex sol.

64. Item. Lucanus. Incipit in secundo folio: «machina,» in penultimo: «quid refert.»
Precium, quatuor sol.

65. Item. Lucanus. Incipit in secundo folio: «impleat,» in penultimo: «quos erat.»
Precium, trium sol.

66. Item. Equivoca. Incipit in secundo folio: «laxatur,» in penultimo: «terra.»
Precium, duorum sol.

67. Item. Marcianus de Capella de septem artibus. Incipit in secundo folio. «tantum marito,» in penultimo: «nostra.»

68. Item. Juvenalis, cum scriptis ejusdem. Incipit in secundo folio: «navigio,» in penultimo: «habita desuper.»

69. Item. Liber de nupciis Mercurii et philologie. Incipit in secundo folio: «firmamentum,» in penultimo: «Saturno.»
Precium, trium solid.

70. Item. Auctores grammaticales, ex legato magistri Petri de Lemovicis. Incipit in secundo folio: «nudum,» in penultimo: «hoc centum.»
Precium, quinque solid.

TABULA SUPER REGISTRUM.

EXTRAIT

DU

TESTAMENT DU CARDINAL DE RICHELIEU[1].

Pardevant Pierre Falconis, notaire royal en la ville de Narbonne, fut present en sa personne Eminantissime Armand Jean du Plessis, cardinal duc de Richelieu et de Fronsac, pair de France, commandeur de l'ordre du Sainct Esprit, grand maistre, chef et surintendant general de la navigation et commerce de ce royaume, gouverneur et lieutenant general pour le Roy en Bretagne; lequel a fait entendre au dict notaire l'avoir mandé en l'hostel et la vicomté de la dite ville, où il est à present en son lict malade, pour recevoir son testament et ordonnance de derniere volonté en la maniere qui ensuit.

Je Armand Jean du Plessis de Richelieu, cardinal de la saincte Eglise Romaine, declare qu'ayant plû à Dieu, dans la grande maladie en laquelle il a permis que je sois tombé, de me laisser l'esprit et le jugement aussi sains que je les ay jamais eus, je me suis resolu de faire mon testament et ordonnance de derniere volonté.

. . . .

Lors que mon ame sera separée de mon corps, je desire et ordonne qu'il soit enterré dans la nouvelle eglise de la Sorbonne de Paris, laissant aux executeurs de mon testament cy après nommez de faire mon enterrement et funerailles ainsi qu'ils l'estimeront plus à propos.

. . . .

Je donne et legue à Madame la Duchesse d'Eguillon, ma niece, fille de defunct René de Vignerot et de Dame Françoise du Plessis, ma sœur aisnée, outre ce que je luy ay donné par son contract de mariage, et en ce que je l'institué mon heritiere, sçavoir : la maison où elle loge à present, vulgairement appellée le Petit Luxembourg, scize au faux bourg S. Germain, joignant le Palais de la Reine Mere du Roy.

. . . .

Item, je donne et legue audit Armand de Vignerot, mon petit nepveu, aux clauses et conditions des institutions et substitutions qui seront cy apres apposées, ma bibliotecque, non seullement en l'estat auquel elle est à present, mais en celuy auquel elle sera lors de mon deceds, declarant que je veux que elle demeure au lieu où j'ay commancé à la faire bastir dans l'hostel de Richelieu, joignant le pallais Cardinal : et d'autant que mon dessein est de rendre ma bibliotecque la plus accomplie que je pourray, et la mettre en estat qu'elle puisse non seullement servir à ma famille, mais encores au publicq, je veux et ordonne qu'il en soit fait ung inventaire general lors de mon decedz par telles personnes que mes executeurs testamentaires jugeront à propos, y appellant deux docteurs de la Sorbonne, qui seront deputez par leur corps pour estre presens à la confection dudit inventaire; lequel estant fait, je veulx qu'il en soit mis une coppie en ma bibliotecque, signée de mesdits executeurs testamentaires, et desdits docteurs de la Sorbonne, et qu'une autre coppie soit pareillement mise en ladite Maison de Sorbonne, signée ainsy que dessus.

Et affin que ladite bibliotecque soit conservée en son entier, je veux et ordonne que ledit inventaire soit recollé et veriffié tous les ans par deux docteurs qui seront deputez de la Sor-

[1] Copie sur papier, XVIIe siècle. Archives de l'Empire, série S, carton n° 6212. Voyez ci-dessus, p. 265 et suiv.

bonne, et qu'il y ait un bibliotecquaire qui en ayt la charge, aux gages de mil livres par an; lesquelz gages et appointemens je veux estre pris par chacun an par preference à toutes autres charges, de quartier en quartier, et par advance, sur le revenu des arrentemens des maisons basties et à bastir à l'entour du parcq du pallais Cardinal, lesquelles ne font part dudit pallais; et je veux et entends que, moyennant lesdiz mil livres d'appointemens, il soit tenu de conserver ladite bibliotecque, la tenir en bon estat, et y donner l'entrée à certaines heures du jour aux hommes de lettres et d'erudition, pour veoir les livres et en prendre communication dans le lieu de ladite bibliotecque, sans transporter les livres ailleurs. Et en cas qu'il n'y ait aucun bibliotecquaire lors de mon decedz, je veux et ordonne que la Sorbonne en nomme trois audit Armand de Vignerot, et à ses successeurs qui seront ducs de Richelieu, pour choisir celuy des trois qu'ilz jugeront le plus à propos; ce qui sera tousjours observé lors qu'il sera necessaire de mettre un nouveau bibliotecquaire.

Et d'aultant que, pour la conservation du lieu et des livres de ladite bibliotecque, il sera besoin de netoyer souvent, j'entendz qu'il soit choisy par mondit nepveu ung homme propre à cet effect, qui sera obligé de ballayer tous les jours une fois ladite bibliotecque, et d'essuyer les livres et les armoires dans lesquelles ilz seront; et pour luy donner moyen de s'entretenir et de fournir les ballays et autres choses necessaires pour ledit netoyement, je veux qu'il ayt quatre cens livres de gaiges par an, à prendre sur le mesme fondz que ceux dudit bibliotecquaire, et en la mesme forme; ce qui sera fait, ainsy que ce qui concerne ledit bibliotecquaire, par les soins et par l'auctorité de mondit nepveu et de ses successeurs en la possession dudit hostel de Richelieu.

Et d'aultant qu'il est necessaire, pour maintenir une bibliotecque en sa perfection, d'y mettre de temps en temps les bons livres qui seront imprimez de nouveau, ou ceux des anciens qui y peuvent manquer, je veux et ordonne qu'il soit employé la somme de mil livres par chacun an en achapt de livres, par l'advis des docteurs qui seront deputez tous les ans par la Sorbonne pour faire l'inventaire de ladite bibliotecque; laquelle somme de mil livres sera pareillement prise par preferance à toutes autres charges, excepté celles des deux articles cy dessus, sur ledit revenu des arentemens des maisons qui ont esté et seront basties allentour du pallais Cardinal.

Je declare que mon intention et volonté est, en cas que lors de mon deceds ledit Armand de Vignerot, ou celuy de ses freres à son defaut qui viendra à ma succession en vertu de ce mien testament, ne soit encore majeur, que ma niepce la Duchesse d'Eguillon ait l'administration et conduitte tant de sa personne que desdits biens que je luy donne, jusques à ce qu'il soit venu en aage de majorité, sans que madite niepce la Duchesse d'Eguillon soit tenue d'en rendre aucun compte audit Armand de Vignerot ny à quelque personne que ce soit.

. . . .

Mon intention est que les executeurs de mon testament et madite niepce la Duchesse d'Eguillon ayent le maniment durant trois ans, à conter du jour qu'il aura pleu à Dieu disposer de moy, des deux tiers du revenu de tout mon bien, l'autre tiers demeurant à mesdits heritiers, pour estre lesdits deux tiers employez au payement de ce qui pourroit rester à acquitter de mes debtes, de mes legs, et à la despense des bastimens que j'ay ordonné estre faits et achevez, sçavoir : de l'eglise de la Sorbonne de Paris, ornemens et ameublemens d'icelle; de ma sepulture, que je veux estre faite en ladite eglise suivant le dessein qui en sera arresté par ma niepce la Duchesse d'Eguillon et M. des Noyers du College de Sorbonne, suivant le dessein que j'en ay arresté avec Monsieur des Noyers et le sieur Mercier, architecte; à l'achapt des places necessaires tant pour l'edification dudit College que pour le jardin de la Sorbonne, suivant les prisées et estimations qui en ont esté faictes; comme encore à la despense de l'hostel de Richelieu que j'ay ordonné estre fait joignant le Palais; de la biblioteque dudit hostel, dont les fondations sont jettées, laquelle je prie Monsieur des Noyers de faire soigneusement achever, suivant le dernier dessein et devis arrestez avec Tiriot, maistre masson, et de faire acheter tous les livres qui y manqueront.

. . . .

Et d'autant qu'à cause de madite maladie et des abcez survenus sur mon bras droict, je ne puis ecrire ny signer, j'ay fait ecrire et signer mon present testament, contenant seize feuillets et la presente page, par ledit Pierre Falconis, notaire royal, aprés m'en estre fait faire lecture distinctement et intelligiblement.

Faict audit hostel de la Vicomté, le vingt-troisiesme jour du mois de may l'an 1642, avant midy.

Signé Falconis.

CONTRAT DE DONATION PASSÉ, LE 16 MARS 1646, ENTRE MICHEL LE MASLE ET LE COLLÉGE DE SORBONNE[1].

Pardevant les notaires et gardenottes du Roy nostre sire en son Chastellet de Paris soubz signez, fut present en sa personne Messire Michel Le Masle, sieur Desroches, conseiller du Roy en ses conseilz, chantre et chanoine de l'eglise de Paris, demeurant au cloistre de ladicte eglise. Lequel a dict : Qu'ayant recongneu depuis longtemps les grands et signalez services que Messieurs les venerables docteurs en theologie de la Maison et Societé de Sorbonne ont rendu et rendent continuellement à l'Eglise de Dieu, tant par la pureté et solidité de leur doctrine que par l'innocence et l'integrité singuliere de leurs mœurs, il avoit tousjours eu une estime et une veneration tres particuliere pour eux, et n'avoit jamais rien tant souhaitté que de leur en donner des marques et des tesmoignages certains et assurez; mais que, n'ayant pu jusques icy rencontrer les occasions favorables, en attendant que Dieu luy fist la grace d'en trouver de telles qu'il les souhaittoit, sur l'advis quil avoit eu que la bibliothecque de Sorbonne n'estoit pas remplie de tous les livres necessaires à une compagnie sy sçavante et sy illustre que la leur; de son bon gré, franche et libre vollonté, il recongnoissoit et confessoit, comme par ces presentes il recongnoist et confesse, avoir donné, ceddé, quitté, transporté et dellaissé par donnation entre vifz, pure, simple et irrevocable, en la meilleure forme et maniere que faire se peult du tout, des maintenant à tousjours, à ladicte Societé et Maison de Sorbonne, ce acceptant par venerables et scientiffiques personnes Maistres Jacques Hennequin, Charles François Talon, Jean Rousse, Jacques Charton et Claude Morel, docteurs de ladicte Societé de Sorbonne, à ce presens, depputtez à cet effect par ladicte Societé, par acte d'assemblée d'icelle de la veille de Noel mil six cens quarante quatre, dont est apparu aux notaires soubz signez et qui est demeuré attaché à la minutte des presentes pour y avoir recours quand besoin sera, et estre transcript en fin des expeditions qui en seront delivrées, toutte la bibliothecque qui appartient de present audict sieur donnant, composée de plusieurs volumes de livres et autres choses mentionnées au memoire et description qui en a esté faict, signé dudict sieur Desroches, aussy attaché à la minutte des presentes apres avoir esté paraphé desdictes partyes comparantes et des notaires soubz signez pour y avoir recours. Du contenu auquel memoire, ensemble des armoires, tablettes et autres meubles et ustancilles de ladicte bibliothecque, et à l'usage d'icelle, ledict sieur donnateur a faict tradition et dellivrance

[1] Acte original, sur vélin. Archives de l'Empire, série M, carton n° 75, pièce 138. Voyez ci-dessus, page 268.

ausdicts sieurs, acceptans au nom de ladicte Societé et Maison de Sorbonne. A laquelle acceptante comme dessus ledict sieur donnateur a pareillement faict donnation, ainsy que dict est, de tous et chacuns les autres volumes de livres, globes, chartes et autres choses, dont ladicte bibliothecque, appartenances et deppendances d'icelle, tant pour le present que pour l'advenir. Sinon que pour faciliter l'effect du desseing qu'a ledict sieur donnateur d'augmenter ladicte bibliothecque en faveur de ladicte Societé et Maison de Sorbonne, suivant la presente donnation et pour l'execution d'icelle, lesdicts sieurs acceptans ont consenty que ladicte bibliothecque demeure par forme de depot en la maison dudict sieur donnateur sa vie durant tant qu'il luy plaira, et qu'il en ayt l'usage par maniere de simple usuffruict seullement, lequel ledict sieur donnateur s'est constitué tenir à tiltre de precaire de ladicte Societé de Sorbonne, pour estre ledict usuffruict estaint et finy par le decedz dudict sieur donnateur, sy plutost il ne s'en desiste; et en l'un desdicts cas et en chacun d'iceux estre ladicte bibliothecque, appartenances et deppendances d'icelle, tant en livres qu'aultres choses generallement quelconques qui la concernent à present et concerneront au temps du decedz ou dudict desistement, transportées en ladicte Maison de Sorbonne et y demeurer à perpetuité. Ceste donnation faicte par les causes et considerations cy dessus exprimées et parce que telle est la vollonté et intention dudict sieur donnant. Et pour, sy besoin est, faire insinuer ces presentes au greffe des insinuations du Chastellet de Paris, et partout ailleurs où besoin sera, les partyes ont contitué leur procureur le porteur d'icelles, luy en donnant pouvoir...... Faict et passé en la maison dudict sieur Desroches, scize au cloistre Nostre Dame, sus declarée, l'an mil six cens quarante six, le seiziesme jour de mars aprés midy. Et ont lesdictes parties signé la minutte des presentes demeurée par devers et en la possession de Parque, l'un des notaires soubz signez.....

GAULTIER, PARQUE.

CONTRAT DE DONATION PASSÉ, LE 17 MARS 1646, ENTRE MICHEL LE MASLE ET LE COLLÉGE DE SORBONNE[1].

Pardevant les notaires gardenottes du Roy nostre sire en son Chastellet de Paris soubsignez, fut present en sa personne Messire Michel Le Masle, conseiller du Roy en ses conseilz, chantre et chanoyne de l'eglise de Paris, prieur des Rosches, Nostre Dame des Champs, Longpont, et Montdidier, demeurant au cloistre de ladicte eglise de Paris. Lequel a dict: Qu'ayant desir de faire la fondation cy aprés declarée en l'eglise de la Maison et College de Sorbonne à Paris, et par contract passé pardevant les notaires soubz signez, le jour d'hier seiziesme du present mois, ayant faict don de toutte sa bibliotheque aux venerables prieurs, docteurs et bacheliers de ladicte Maison et Societé de Sorbonne, voulant encore donner moyen pour le temps à venir, non seulement de la conserver en l'estat auquel elle est, mais aussy de l'augmenter des bons livres qui seront imprimés de nouveau ou des anciens qui pourroient y manquer, pour tesmoigner tousjours de plus en plus la grande affection qu'il a pour ladicte compagnie; de son bon gré, pure, franche et libre volonté, icelluy sieur des Roches a donné, ceddé, quitté, transporté et delaissé, et par ces presentes donne, cedde, quitte, transporte et delaisse par donnation entre vifz, pure, simple et irrevocable, en la meilleure forme et maniere que faire se peult, du tout des maintenant à tousjours, et promect garentir, fors du faict du prince, à ladicte Societé et Maison de

[1] Acte original, sur vélin. Archives de l'Empire, série M, carton n° 75, pièce 135. Voyez ci-dessus, page 269.

Sorbonne, ce acceptant par venerables et scientiffiques personnes maistres Jacques Gaudin, prieur de Sorbonne, Louis Messier, Claude Henriot, Jacques Hennequin, Charles François Talon, Jean Rousse, Jacques Charton, Hierosme Bachelier, Jean Pottier, Claude Morel, Valerien de Flavigny, Louis Bougrain, Charles Meusnier, Alexandre de Hodenq, Antoine Levesque, Charles de Gamache, Martin Grandin, Jacques de Saincte Beufve, Jean de Bragelongne, Charles Mallet, Charles Gobinet, François Le Vasseur, Jean Jacques Dorat, Mathurin Queras, et Barthelemy Le Blond, tous docteurs et bacheliers de ladicte Maison et Societé de Sorbonne, assemblez en icelle en la maniere accoustumée au subject cy après, à ce presens et acceptans pour ladicte Maison et Societé et successeurs à l'advenir. C'est assçavoir une rente de quatre mil livres tournois annuelle et perpetuelle, vendue et constituée audict sieur Desroches par Messieurs les prevost des marchans et eschevins de la ville de Paris, à prendre sur les trois cens mil livres de rente du scel par contract passé pardevant.....[1] notaires audict Chastellet de Paris, le vingt-huictiesme jour d'aoust mil six cens vingt huict, duquel a esté baillé coppie ausdictz sieurs, pour de ladicte rente de quatre mil livres jouir, faire et disposer par ladicte Societé comme de chose à elle appartenante, sinon que ledict sieur donnateur s'en reserve l'usufruit pendant sa vye, se constituant des à present tenir et posseder ledict usuffruit de ladicte Societé de Sorbonne à tiltre de precaire; voulant et entendant qu'après son deceds ledit usufruit soit reuny et consolidé avecq la proprieté de ladicte rente de quatre mil livres. Ceste donnation ainsy faicte à ladicte reserve et retention d'usufruit, et à la charge que lesdictz sieurs de Sorbonne ont promis et promettent pour eux et leurs successeurs de faire les choses qui ensuivent : asçavoir de faire celebrer en leur eglise à l'intention dudict sieur donnateur, tous les jours à perpetuité, à commancer du jour du decedz d'icelluy sieur donnateur, une messe basse qui sera celebrée par celluy de ladicte Societé residant actuellement dans ledict College de Sorbonne, qu'elle choisira et nommera pour celebrer ladicte messe pour le temps qu'elle jugera à propos, et à qui elle donnera par an la somme de quatre cens livres à prendre sur le revenu et arrerages de ladicte rente. Comme aussy sera pris tous les ans sur le mesme revenu et arrerages d'icelle rente une autre somme de huict cens livres pour donner à celluy de la mesme Societé resident comme dessus dans icelluy College, qu'elle choisira et nommera pour estre bibliothequaire et avoir le soing des livres de Sorbonne, aux charges et conditions que ladicte Societé jugera à propos; desirant neantmoins icelluy sieur donnateur que Mre Hubert Le Masle, son cousin, qui estudie maintenant en theologie, soit preferé à tous autres, au cas qu'il se rende capable d'estre admis et soit receu en ladicte Societé; ou bien se reservant pendant sa vie de choisir et nommer à ladicte charge de bibliothequaire celuy de ladicte Societé qu'il voudra : et le surplus du revenu de ladicte rente sera employé par lesdictz sieurs de Sorbonne en achapt de livres selon le choix qu'en feront de temps en temps les prieur et quatre plus anciens residans en icelluy College avecq ledict bibliothequaire. Et affin que la presente donnation soit de plus grande force et vertu, les partyes ont accordé et consenty icelle estre insinuée au greffe des insinuations dudict Chastelet de Paris, et partout ailleurs où besoing sera, pourquoy faire ont constitué leur procureur le porteur des presentes, luy donnant tout pouvoir en pareil cas requis, et d'en retirer tous actes necessaires.

Faict et passé en ladicte Maison de Sorbonne, l'an mil six cens quarante six, le samedy dix septiesme jour de mars aprés midy.

Signé Vaultier, Parque.

[1] Deux mots sont restés en blanc.

NOTE PLACÉE EN TÊTE DU CATALOGUE DE LA BIBLIOTHÈQUE
DE MICHEL LE MASLE (1).

Rara bibliothecarum fœlicitas est ut tota dominis suis ac possessoribus supersint. Dum enim post eorum obitum in plures dividuntur hæredes, hac partium distractione pristini corporis decus et nomen amittunt. Id ego cum metuerem, cuperemque præsertim prodesse Sorbonæ, quæ me jampridem studio et affectu Sorbonicum, communicato Societatis suæ honore, totum sibi nuper devinxit, hanc librorum supellectilem, quanta est ac futura est, ejus scriniis consecravi, ac nunc quoque ex animo voveo atque consecro. Ratus nimirum non alibi sanctius aut fœlicius quam in illa divinæ sapientiæ omnigenæque eruditionis Arce reponi asservarique posse.

Datum Parisiis, anno R. S. H. 1646, die vero nov. 18ª.

M. Le Masle (2).

(1) *Bibliothecæ Rupesianæ catalogus.* Bibliothèque Mazarine, manuscrits, nᵒˢ 3246 et 3246 A. Voyez ci-dessus, p. 268. — (2) Cette signature est autographe.

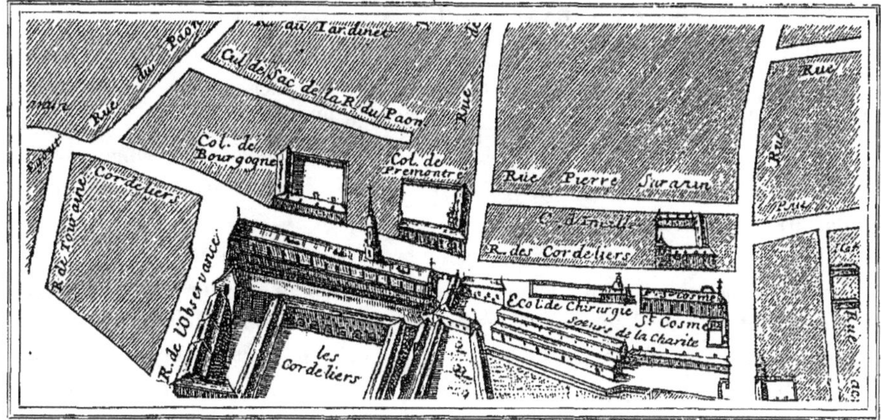

Fac-similé héliographique — Plan de Lacaille (1714).

COLLÉGE DES PRÉMONTRÉS.

Au coin de la rue Hautefeuille et de la rue de l'École-de-Médecine (ancienne rue des Cordeliers) se trouve aujourd'hui un estaminet à qui sa forme a fait donner le nom de *Café de la Rotonde* : il est établi dans le sanctuaire même de l'église des Prémontrés, convertie en propriété particulière sous la Révolution.

C'est dans le bourg de Prémontré, au diocèse de Laon, que ces religieux ont été institués en 1120 par saint Norbert. Jean de Roquignies, devenu abbé en 1247, résolut de fonder à Paris un établissement qui pût servir de collége aux jeunes chanoines de l'Ordre. Le troisième samedi après la Trinité de l'an 1252, il acheta, dans la rue Hautefeuille, un grand bâtiment, «la maison appelée Pierre Sarrazin[1].» Sœur Guillemette, *soror Guillerma*, abbesse de Saint-Antoine-des-Champs, lui céda, trois ans plus tard, neuf autres maisons qui s'élevaient entre la rue des Étuves[2], la rue Hautefeuille et la rue Pierre-Sarrazin[3].

[1] Jaillot, *Recherches topographiques sur Paris*, quartier Saint-André-des-Arcs, p. 90.

[2] Elle allait de la rue des Cordeliers à la rue Mignon en passant entre les Prémontrés et le collége de Bourgogne; elle traversait donc la rue du Petit-Paon, que notre plan indique sous le nom de cul-de-sac de la rue du Paon, mais qui débouchait alors dans la rue Hautefeuille. La rue des Étuves fut supprimée de très-bonne heure; elle ne figure pas sur le plan dit *de tapisserie* qui date de 1540.

[3] L'acte de vente a été publié par Dubreul, *Theatre des antiquitez de Paris*, p. 471. On peut consulter encore : Sauval, *Histoire de Paris*, t. II, p. 66; Grancolas, *Histoire de l'Église et de l'Université de Paris*, t. II, p. 66.

D'autres acquisitions, faites de 1256 à 1289, étendirent le collége jusqu'à la rue des Cordeliers; mais la construction de l'église ne fut commencée qu'en 1618[1]. Il est probable que le collége possédait déjà une bibliothèque; aucun auteur n'en a parlé, mais, depuis plus de cent ans, les Prémontrés avaient songé à réunir des livres dans leurs couvents, et les Statuts de l'Ordre avaient déterminé les devoirs du bibliothécaire.

Il devait conserver les livres, et même les corriger, s'il en était capable; ouvrir et fermer la bibliothèque; aider au besoin les religieux dans leurs lectures. Il s'entendait avec le chantre pour les lectures de l'église, et réglait celles du réfectoire. Avec l'assentiment de l'abbé ou du prieur, il pouvait prêter les livres de la bibliothèque, en exigeant un reçu de l'emprunteur. Enfin il devait avoir une liste exacte et, autant que possible, savoir le nombre des livres qui étaient commis à sa garde[2].

Les Statuts de l'Ordre furent revus en 1630 et considérablement modifiés; le paragraphe relatif aux fonctions du bibliothécaire subit alors des changements importants. Voici quelle fut la nouvelle rédaction à laquelle on s'arrêta :

I. Le bibliothécaire doit soigneusement conserver les livres qui lui sont confiés, les tenir toujours en bon état; au moins une fois tous les quinze jours, les battre pour en enlever la poussière, et veiller attentivement à ce que l'humidité ou toute autre cause ne les détériore.

II. S'il constate la disparition d'un volume, et qu'il ne puisse le retrouver, il en avertira le prieur, qui s'efforcera de le faire rentrer à la bibliothèque.

III. Il aura un catalogue de tous les livres qui sont commis à ses soins.

IV. Il ne prêtera aucun livre sans un reçu en forme, et sans l'autorisation de l'abbé, ou, en son absence, du prieur.

V. Il placera ensemble les livres traitant de matières identiques, et veillera à ce que chaque volume ait son titre inscrit extérieurement.

VI. Il aura un catalogue des livres défendus; s'il trouve un volume de cette nature, il le fera savoir à l'abbé et suivra ses instructions.

VII. Il conservera la bibliothèque propre et en bon ordre; et, dans ce but, la nettoiera et la balayera fréquemment[3].

[1] Piganiol de la Force, *Description historique de Paris*, t. VII, p. 57.

[2] «Ad armarium libros custodire pertinet, et, «si sciverit, emendare; armarium librorum, cum «necesse fuerit, claudere et aperire; lectiones, si «ad hoc idoneus fuerit, terminare; quid in ecclesia «legendum, cum cantore, si necesse fuerit, con«cordare; et, quando ibi minus legitur, legenti in «refectorio demonstrare; libros commodatos acci«pere, cum necesse fuerit, et nostros querentibus «commodare, sed non sine licentia abbatis, vel «prioris, abbate absente, et non sine memoriali «competenti. Debet etiam noticiam habere, et nu«merum, quantum potest, librorum qui sunt ei ad «custodiendum commissi.» (*Statuta ordinis Premonstratensis*, 1505, in-4°, gothique; distinctio II, caput VII, *De armario*.)

[3] DE BIBLIOTHECARIO.

«I. Bibliothecarius libros sibi commissos dili«genter custodiat, eos nitidos servet, et dilapsum in «eos pulverem, singulis ad minùs quindenis, semel «excutiat; et ne aliqua humiditate, vel quavis alia «re corrumpantur, studiose provideat.

Michel de Marolles, en 1677, déclare que les Prémontrés possédaient «de «bons livres[1]; » et, moins de dix ans après, un docteur en théologie, nommé Bonaventure de Thévenot, leur laissa sa bibliothèque, qui était bien choisie, assez nombreuse, et renfermait même des manuscrits. Sur la plupart des volumes provenant de cette libéralité, les chanoines écrivirent le nom du collége d'abord, puis la mention suivante : «Ex Bibliotheca (*ou* manuscriptis) quam «dedit nobis Nobilis ac Venerabilis Dominus Bonaventura de Thevenot, Parisiensis «sacerdos et doctor. 1685[2]. »

La bibliothèque des Prémontrés ne paraît pas s'être enrichie beaucoup pendant le dix-huitième siècle; car, à l'époque de la Révolution, elle ne possédait que 1,823 volumes, qui se subdivisaient ainsi :

124 volumes in-folio.
296 ——— in-quarto.
1,400 ——— de petits formats.
3 manuscrits[3].

Ces derniers, ajoute le prieur, «ne sont d'aucun mérite.»

Nous ne connaissons qu'un seul catalogue de cette collection; c'est un cahier in-folio, très-mal écrit, où les livres sont classés par ordre de matières, et qui a pour titre : *Catalogue des livres de la bibliothèque du collége de Prémontré*[4]. Tous ces ouvrages furent transportés, le 18 germinal an IV, au dépôt littéraire de la rue de Lille[5].

L'Ordre des Prémontrés avait pour armoiries : d'azur, semé de France, à deux crosses en sautoir[6]. Sur l'élégant *ex libris* qu'avait adopté le collége de la rue Hautefeuille on trouve ces armoiries unies à d'autres, parmi lesquelles figurent celles de l'Université.

«II. Si librum aliquem deprehendat ablatum, «nec reperire queat, indicet priori, qui adlaborabit, «ut, si fieri potest, recuperetur.

«III. Omnium librorum custodiæ suæ traditorum catalogum habeat.

«IV. Absque abbatis, vel, eo absente, prioris «licentia, et sine memoriali competenti, nemini li«brum aliquem commodet.

«V. Cujusque facultatis libros simul componat, «et singulis libris titulos extrinsecus inscribat.

«VI. Librorum prohibitorum indicem habeat, et «si quem prohibitum deprehenderit, significet ab«bati, et quod abbas jusserit faciat.

«VII. Bibliothecam mundam servet, et bene «compositam, et ob id frequentius eam expurget «et verrat.»

Statuta candidi et canonici ordinis Præmonstratensis, renovata anno 1630, p. 192, *De bibliothecario.*)

[1] Michel de Marolles, *Paris ou description succincte et neantmoins assez ample de cette grande ville*, p. 47.

[2] Voyez entre autres, à la bibliothèque Mazarine : manuscrits n°s H 545 et L 1364; nouveau fonds, théologie, in-4°, n° 162, et nouveau fonds, théologie, in-8°, n° 1589.

[3] *Déclaration des biens et revenus du collége de Prémontré.* Archives de l'Empire, série S, carton n° 4342.

[4] Archives de l'Empire, série S, carton coté n° 4342.

[5] Archives de l'Empire, n° F17 1164.

[6] Hélyot, *Histoire des ordres monastiques*, t. II, p. 164.

L'*ex libris* des Prémontrés se rencontre fort rarement,

mais presque tous leurs volumes portaient des inscriptions manuscrites très-détaillées; nous citerons seulement les deux suivantes :

COMMUNITATIS VENERABILIS SACRAMENTI PARISIENSIS PRÆMONSTRATENSIS ORDINIS.

CANONICORUM REGULARIUM ORDINIS PRÆMONSTRATENSIS VENER. SACRAMENTI PARISIENSIS IN SUBURBIO SAN-GERMANO.

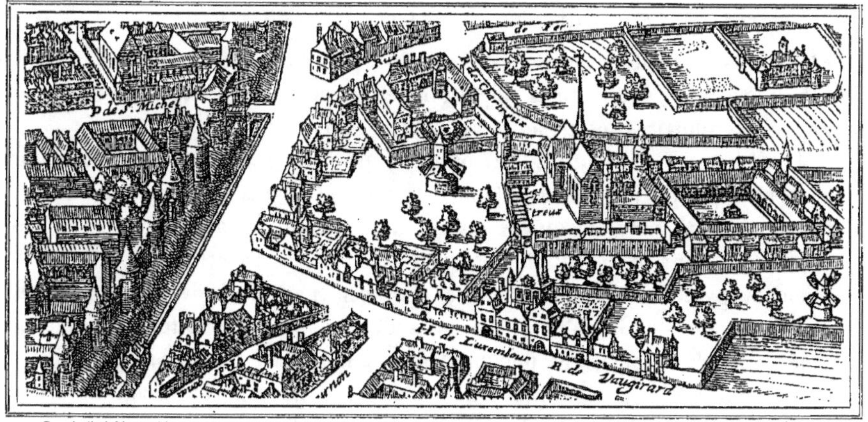

Fac-simile héliographique. Plan de Math. Mérian (1615).

MONASTÈRE DES CHARTREUX.

Les Chartreux, institués par saint Bruno, existaient depuis cent soixante et dix ans, lorsque, en 1257, saint Louis fit venir cinq moines de cet Ordre et les plaça provisoirement à Gentilly [1]. Dès l'année suivante, ils obtinrent de s'installer dans la banlieue de Paris, au château de Vauvert [2], «locum et domum de Valle «Viridi,» dit la charte de fondation, demeure inhabitée depuis longtemps, et que la superstition populaire regardait comme hantée par de «malings esprits [3].» La présence des Chartreux suffit, à ce qu'il paraît, pour faire disparaître subitement ces hôtes incommodes.

Saint Louis conçut dès lors une haute idée de la sainteté de ces moines, et leur accorda sur-le-champ sa protection spéciale, des rentes et des terres. De nouvelles donations firent bientôt de cette Maison un des plus vastes monastères de Paris; les bâtiments et leurs dépendances en vinrent à couvrir à peu près toute la partie du jardin du Luxembourg aujourd'hui comprise entre le boulevard Saint-Michel (formé par la rue d'Enfer et la rue de l'Est), la rue de l'Ouest et la première des trois nouvelles rues qui ont été percées à travers la grande allée. Suivant un de nos anciens historiens, Dieu avait accordé aux Chartreux, «entre «autres merveilles,» une faveur exceptionnelle, «qui semble petite, mais d'au-

(1) Piganiol de la Force, *Description historique de Paris*, t. VII, p. 215.

(2) E. Duboulay, *Hist. Univ. Paris*, t. III, p. 360.

(3) J. Dubreul, *Theatre des antiquitez de Paris*, p. 346.

« tant plus admirable qu'elle est generalle par tout l'Ordre : lesquels religieux « Dieu n'a point voulu qu'ils soïent affligez et inquietez de ces puantes bestioles « appellées punaises, et en a exempté toutes leurs cellules[1]. »

Les Chartreux, il faut le dire, paraissent sous bien des rapports avoir mérité cette prérogative. Pendant longtemps, l'amour des livres les fit seul déroger parfois au vœu de pauvreté qu'ils s'étaient imposé; et l'on raconte que Gui, comte de Nevers, leur ayant offert des vases d'argent, ils l'avertirent qu'ils préféreraient du parchemin[2]. Aussi Guibert de Nogent pouvait-il, dès le XIIe siècle, dire des Chartreux de Grenoble : « Ils se soumettent à une étroite pauvreté, et en « même temps ils amassent une opulente bibliothèque : moins ils possèdent de « pain matériel, et plus ils prodiguent leur peine pour acquérir cette nourriture « qui ne périt point, mais qui dure éternellement[3]. »

La première Règle qu'ait eue les Chartreux fut rédigée, en 1110, par Guigues, leur cinquième prieur. C'est un document précieux pour l'histoire littéraire de cette époque : outre qu'il montre l'importance attachée déjà par ces religieux à l'étude et à l'instruction, on y trouve une liste très-complète des instruments dont se servaient alors les copistes dans les couvents. Pour expliquer la présence de cette énumération, rappelons que, les Chartreux ne devant jamais quitter leur cellule, on avait soin de réunir dans chacune d'elles tous les objets de première nécessité, même le petit nombre d'ustensiles avec lesquels ils étaient tenus de préparer leur nourriture. La Règle de Guigues s'exprime ainsi[4] :

Pour écrire, qu'ils aient de l'encre, de la craie, deux pierres ponces, deux encriers, un canif, deux rasoirs ou grattoirs pour racler le parchemin, un compas, un poinçon, un fil à plomb, une règle, une planche à régler, des tablettes et un style. Si un frère a une autre profession (ce qui arrive rarement chez nous, car, autant que possible, nous enseignons l'écriture à

(1) Malingre, *Les antiquitez de la ville de Paris*, p. 410.

(2) Millin, *Antiquités nationales, ou recueil de monuments, etc.* t. V, p. 67.

(3) « Cum in omnimoda paupertate se deprimant, « ditissimam tamen bibliothecam coaggerant : quo « enim minus panis hujus copia materialis exube- « rant, tanto magis illo qui non perit, sed æternum « permanet, cibo, operose insudant. » (Guibertus de Novigento, *De vita sua*, lib. I, cap. XI.)

(4) « II. Ad scribendum vero, scriptorium, cretam, « pumices duo, cornua duo, scalpellum unum, ad « radenda pergamena novaculas sive rasoria duo, « punctorium unum, subulam unam, plumbum, « regulam, postem ad regulandum, tabulas, gra- « phium. Quod si frater alterius artis fuerit (quod « apud nos raro valde contingit, omnes enim pene « quos suscipimus, si fieri potest, scribere doce- « mus), habebit artis suæ instrumenta convenientia.

« III. Adhuc etiam libros ad legendum de arma- « rio accipit duos, quibus omnem diligentiam cu- « ramque præbere jubetur, ne fumo, ne pulvere, « vel alia qualibet sorde maculentur. Libros quippe, « tamquam sempiternum animarum nostrarum ci- « bum, cautissime custodiri et studiosissime volu- « mus fieri; ut, quia ore non possumus, Dei verbum « manibus prædicemus.

« IV. Quot enim libros scribimus, tot nobis veri- « tatis præcones facere videmur, sperantes a Domino « mercedem pro omnibus qui per eos vel ab errore « correcti fuerint, vel in catholica veritate profece- « rint, pro cunctis etiam qui vel de suis peccatis et « vitiis compuncti, vel ad desiderium fuerint patriæ « cœlestis accensi. »

(*Consuetudines Domni Guigonis, prioris Carthusiæ*; caput XXVII, *De ustensilibus cellæ*.)

presque tous ceux que nous recevons); on lui fournira les instruments nécessaires à l'exercice de son art.

Il reçoit encore, pour lire, deux volumes de la bibliothèque; il est tenu de les conserver avec une attention et un soin extrêmes, de peur que la fumée, la poussière ou toute autre souillure ne les salisse. Nous voulons, en effet, qu'une prudence et un zèle minutieux soient apportés à la garde et à la confection des livres, éternelle nourriture de nos âmes; afin que, dans les moments où nous ne pouvons honorer la parole de Dieu par nos lèvres, nous le fassions au moins par nos mains.

Autant nous écrivons de livres, autant nous créons à notre profit de panégyristes de la vérité, et nous espérons du Seigneur une récompense proportionnée au nombre de ceux qui auront été, par eux, ramenés de leurs erreurs ou affermis dans la foi catholique, de ceux même qui auront eu honte de leurs péchés et de leurs vices, ou qui auront été enflammés du désir de la patrie céleste.

Un article, ajouté plus tard, régla les mesures à prendre pour empêcher la lecture des livres défendus. « Considérant le danger qu'offre pour les âmes de tous « les hommes, à quelque état et à quelque condition qu'ils appartiennent, la lec- « ture et l'usage des ouvrages défendus, nous ordonnons que chaque prieur visite « ou fasse visiter, avec tout le soin possible, tous les livres qui se trouvent dans « leur couvent [1]. »

L'austérité des Chartreux devint, avec le temps, plus apparente que réelle. Dès le XVIIe siècle, chaque religieux avait son domestique; les cellules s'étaient métamorphosées en appartements fort commodes et composés de trois pièces; la plus reculée servait de chambre à coucher, la seconde de salon « pour recevoir les amis, » la première enfin était le cabinet de travail, et on y voyait une bibliothèque [2]. C'est ce qui a fait dire à Michel de Marolles :

Derriere Luxembourg, les Chartreux solitaires,
Après avoir long temps prié Dieu de concert,
Assemblez à l'église où leur cœur est ouvert,
Ont leur provision de livres necessaires.

Ils en ont donc beaucoup; car beaucoup de cellules
Se trouvent dans leur cloistre où tout est en repos,
Sans bruit que de la besche [3], ou du tout à propos,
Hors les jours qu'on pourroit en faire des scrupules [4].

Chacune de ces bibliothèques avait, au reste, fort peu d'importance. Celle de

[1] « Animadvertentes periculum animarum quod « omnibus, omnium statuum et conditionum, homi- « nibus provenit ex prohibitorum librorum lectione « et usu, ordinamus quod omnes priores libros om- « nes, qui in suis domibus habentur, quam dili- « gentissime fieri poterit, per se aut alios ex suis « idoneos visitent. » (*Nova collectio statut. ord. Carthus.* pars II, caput III, § 18, p. 19, *De officio prioris.*)

[2] *Journal d'un voyage fait à Paris en 1657*, publié par A. P. Faugère, p. 107.

[3] Chaque religieux possédait un jardin qu'il cultivait lui-même.

[4] Michel de Marolles, *Paris ou description succincte et neantmoins assez ample de cette grande ville* (1677), p. 47.

Dom Montanier, par exemple, qui mourut au couvent le 23 décembre 1791, comprenait seulement, suivant l'inventaire officiel, 34 volumes in-folio, 24 in-quarto, et 100 de différents formats, «reliés tant en veau qu'en parchemin, et traitant «divers sujets de dévotion, prisé le tout ensemble 90 livres[1].» Ce ne peut donc être à ces petites collections qu'ont fait allusion les écrivains qui ont parlé de la «celebrité[2]» et des richesses[3] de la bibliothèque des Chartreux. Il y avait en effet dans le couvent, outre ces collections particulières, une bibliothèque commune, qui était placée à la suite de l'appartement occupé par le prieur; elle comprenait trois salles, et renfermait, aux termes de la déclaration du prieur, 1,800 volumes in-folio, 7 à 800 in-quarto et 1,800 in-octavo et in-douze[4]; on n'y voyait aucun manuscrit ancien, mais parmi les in-folio figuraient un grand nombre d'ouvrages d'architecture et de recueils d'estampes[5].

Lorsque, en 1791, Ameilhon, bibliothécaire de la municipalité, se présenta au couvent pour saisir la bibliothèque, le prieur s'efforça de présenter cette collection comme lui appartenant et ne tombant pas plus sous le coup de la loi que les livres trouvés chez chaque religieux. Cette allégation était fausse de tous points. Les volumes déposés dans les cellules étaient si bien la propriété du monastère, qu'à la mort d'un religieux ils se transmettaient à son successeur en même temps que la cellule, ou bien étaient réunis à la bibliothèque du prieur. Celui-ci déclara en outre que, «de notoriété constante dans la maison, il avoit acheté de ses deniers «personnels, et à l'instant de sa profession, pour 1,500 livres de volumes, qui «composoient la majeure partie de sa bibliothèque[6].» L'insistance des Chartreux parut d'abord devoir obtenir quelque succès; et, comme le prouve la pièce suivante, Ameilhon hésita à opérer la saisie.

L'an mil sept cent quatre vingt unze, le mardy neuf aout, neuf heures du matin, nous Laurent Stouf, officier municipal, assisté de M. Hubert-Pascal Ameilhon, bibliothécaire de la municipalité et commissaire en cette partie, nous sommes transportés en la maison des ci-devant Chartreux; où étant, s'est présenté Dom Félix de Nonant, supérieur de ladite communauté, auquel nous avons fait part du sujet de notre mission, en lui demandant de nous introduire dans la bibliothèque de la communauté. Sur quoi, il nous a déclaré qu'il n'existoit aucune bibliothèque commune à l'usage de la communauté; que chacun des religieux avoit seulement une modique

[1] *Inventaire des biens meubles de Dom Montanier.* Archives de l'Empire, série S, carton n° 3948.

[2] L. Jacob, *Traicté des plus belles bibliothèques*, p. 504.

[3] Leprince, *Essai historique sur la bibliothèque du roi*, p. 364.

[4] *Déclaration de Félix Prosper de Nonant, prieur de la Chartreuse de Paris, 3 mars 1790.* Archives de l'Empire, série S, carton n° 3948.

[5] *Notte des livres de principes d'architecture, grands atlas, histoires romaines et autres, contenant diverses estampes précieuses, trouvés chez les RR. PP. Chartreux de Paris, dans la bibliothèque attenante à l'appartement de Dom Prieur; la majeure partie desquels est en volumes in-folio.* (160 volumes environ.) Archives de l'Empire, série S, carton n° 3948.

[6] *Inventaire du mobilier et effets précieux de la Maison des Chartreux.* Archives de l'Empire, série S, carton n° 3948.

bibliothèque à son usage particulier et indispensablement nécessaire à leur institut; qu'il avoit, lui, également à son usage une bibliothèque particulière composée de trois pièces, dont il avait fait sa déclaration lors de l'inventaire précédemment fait dans la maison; et nous ayant de suite introduits dans les susdites pièces, nous sommes entrés dans la principale, composée de trois parties de bibliothèque garnies en volumes in-folio et in-quarto qui nous ont paru être d'environ quinze à seize cents volumes; les deux autres pièces, dans lesquelles nous sommes ensuite entrés, sont composées, la première d'un seul corps de tablettes garnies de livres in-douze et in-octavo, et la seconde composée de trois parties garnies également de livres semblables. Sur l'observation à nous faite par mondit sieur supérieur que lesdites bibliothèques ne pouvoient être regardées comme bibliothèques communes à la communauté, nous n'avons pas jugé à propos de mettre mondit sieur Ameilhon en possession pour en faire l'inventaire, jusqu'à ce qu'il en ait été autrement ordonné, ainsi que sur chacune des bibliothèques particulières des religieux. Et ont lesdits sieurs Ameilhon et prieur signé avec nous officier municipal.

L. STOUF. — F^e FELIX DE NONANT. — AMEILHON [1].

Les religieux n'avaient cependant qu'une confiance assez limitée dans l'avenir; car l'un d'eux essaya de sauver les cent huit volumes qui composaient la bibliothèque de sa cellule, en les faisant enlever par la voiture du blanchisseur du couvent [2].

Les événements semblèrent d'abord donner tort à ces craintes. Une lettre signée d'Ormesson, et écrite au nom des comités réunis d'administration ecclésiastique et d'aliénation des biens nationaux, autorisa Ameilhon à se contenter d'un inventaire général qui serait fourni par le prieur [3]. Celui-ci déclara que dans *sa* bibliothèque « et dans toutes celles des religieux se trouvoient environ onze mille sept cent qua- « rante volumes, tous livres de piété, et presque tous les mêmes dans chaque cel- « lule [4]. »

Ces volumes finirent par subir le sort commun : ils furent saisis et transportés dans les dépôts littéraires; mais, à la suite de l'inventaire qui fut fait alors, on constata la présence de 10,976 volumes seulement [5].

Nous ne connaissons aucune estampille de la bibliothèque des Chartreux; les inscriptions manuscrites sont même très-rares sur les livres qui proviennent de cette collection.

Constatons, en terminant, que le chanoine J. Descordes, dont la riche bibliothèque servit de premier fonds à celle du cardinal Mazarin [6], était enseveli dans le cimetière de cette Maison [7].

[1] Archives de l'Empire, série S, carton coté n° 3948.

[2] *Inventaire du mobilier et effets précieux de la Maison des Chartreux.* Archives de l'Empire, série S, carton n° 3948.

[3] Archives de l'Empire, série M, carton coté n° 797.

[4] *Inventaire du mobilier et effets précieux de la Maison des Chartreux.* Archives de l'Empire, série S, carton n° 3948.

[5] *Recensement détaillé, par formats, des livres des bibliothèques du département de Paris.* Archives de l'Empire, série M, carton n° 797.

[6] A. F. *Préface du catalogue de la bibliothèque Mazarine, etc.* p. 19.

[7] G. Brice, *Description de Paris*, t. III, p. 151.

La destruction des bâtiments occupés par les Chartreux a permis d'étendre le jardin du Luxembourg et d'élargir les rues qui l'entourent. On a démoli récemment les derniers vestiges de ce couvent; c'était une maison qui servait de passage entre la grande allée du Luxembourg et la rue d'Enfer, où elle portait le n° 46.

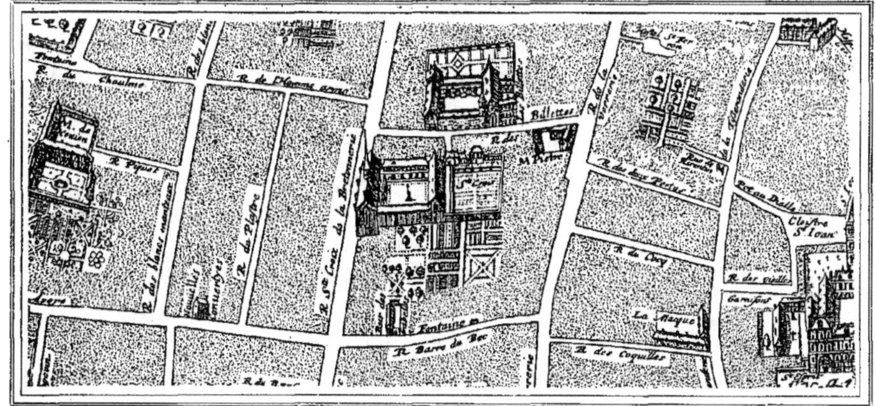

Fac-simile héliographique. Plan de J. Gomboust (1652).

PRIEURÉ DE SAINTE-CROIX-DE-LA-BRETONNERIE.

Les frères de la Sainte-Croix, *fratres Cruciferi* ou *de Sancta Cruce,* furent institués au commencement du XIIIe siècle par Théodore de Celles, chanoine de Liége. Ce fut saint Louis qui les appela à Paris en 1258.

Cinq ans auparavant, son chapelain, Robert de Sorbon, avait créé, rue Coupegueule ou Coupegorge, le collége qui porta son nom et devint si célèbre par la suite. Saint Louis songeait à installer ses nouveaux religieux dans plusieurs maisons qu'il possédait au même endroit; mais Robert de Sorbon, dont la fondation exigeait déjà des agrandissements, échangea ces bâtiments contre d'autres qui lui appartenaient et qui étaient situés rue de la Bretonnerie. Les religieux de Sainte-Croix s'établirent ainsi sur la rive droite de la Seine : « Magister Robertus de Sor-« bona, dit l'acte d'échange [1], contulit fratribus de Sancta Cruce quasdam domos « quas emerat, sitas Parisius in vico de Britonaria. »

Le premier indice que nous ayons rencontré de l'existence d'une bibliothèque dans cette Maison date de 1331. A la fin d'un beau manuscrit sur vélin, qui porte le nom du couvent et qui renferme des commentaires sur les psaumes, on lit ce

[1] Reproduit dans Dubreul, *Theatre des antiquitez de Paris*, p. 465, et dans Lemaire, *Paris ancien et nouveau*, t. II, p. 453.

qui suit : « Ce livre des pseaulmes de David a esté achepté soixante quatre livres « tournoys par curiosité pour mettre en leur bibliothecque, en l'année mil trois « cens trente un, par Robert Barroy [1]. »

Une acquisition plus importante, en raison des circonstances qui l'accompagnèrent, fut faite, le 13 mars 1477, par les religieux, curieux sans doute de posséder un spécimen des produits si vantés de l'imprimerie naissante. L'ancien collaborateur de Gutenberg, Pierre Schœffer, qui était resté établi à Mayence, venait d'imprimer un commentaire sur la *Cité de Dieu* de saint Augustin [2], et un traité intitulé *Fasciculus temporum;* ces deux ouvrages se vendaient onze francs, mais on consentit à les livrer pour quatre francs au frère convers Jean Balduym, stipulant au nom du couvent. Ces faits sont attestés par une inscription trouvée sur l'un des volumes [3], et communiquée à M. Petit-Radel par Van Praet [4]. Le motif de la remise considérable qui fut faite aux religieux vaut la peine d'être remarquée; la note que nous venons de citer s'exprime ainsi : « Quia per aliquod « spacium temporis gazophilacium et gazas ipsius impressoris conservavimus intus « in hoc conventu. » On n'ignorait pas en effet que, dès 1475, Pierre Schœffer et son associé Conrad Heinlif avaient à Paris un dépôt des livres qu'ils imprimaient à Mayence; on voit maintenant que ce dépôt était établi chez les religieux de Sainte-Croix. Ajoutons que Statteren, le commis des deux imprimeurs, étant mort, le fisc s'empara de tous les volumes, en vertu du droit d'aubaine, et les fit vendre; il fallut une ordonnance de Louis XI (21 avril 1475) pour faire restituer à Schœffer les 2,425 écus 3 sols tournois qu'avaient produits les enchères.

Au reste, dans ce monastère comme dans tous les autres, la bibliothèque s'enrichit surtout par des donations particulières, et fort peu au moyen d'achats faits sur les fonds de la Maison. La bibliothèque Mazarine possède une partie des registres de dépenses tenus par le procureur des frères de Sainte-Croix, et le plus court de tous les paragraphes est toujours celui qui est consacré à l'acquisition de « parchemin, papier, vernis [5], plumes, relieure de livres et enlumineure, « et aultres choses convenables à l'escripture. » Encore va-t-on voir que la majeure

[1] Bibliothèque Mazarine, manuscrits, n° 92.

[2] Celui de Thomas de Valois et de Nicolas Triveth.

[3] « Hoc volumen, commentum videlicet super « libros beati Augustini *De civitate Dei,* cum suo « textu, una cumque illo libro qui intitulatur *Fasci-* « *culus temporum,* emimus ab impressore de Mo- « guncia, ut patet in rubrica superiori, a quo pro- « cessit exordium omnium impressorum et impres- « surarum totius orbis, precio quatuor francorum; « quos frater Joannes Balduym, conversus hujus « conventus, acquisivit ab ejusdem consanguineis « et notis. Et quum præscripta duo volumina po- « tioris et pluris precii extiterant, ut pote undecim « francorum, quia per aliquod spatium temporis « gazophilacium et gazas ipsius impressoris conser- « vavimus intus in hoc conventu. Quæ universa ex « integro recepit, idcirco illud quod defuit precio « memorato undecim francorum, nobis contulit « anno Domini M° CCCC° septuagesimo septimo, « mensis martii die tertia decima. Et sic notum sit « cunctis quum liber iste pertinet nobis fratribus « Sanctæ Crucis conventus Parisiensis. »

[4] Petit-Radel, *Recherches sur les bibliothèques anciennes et modernes,* p. 225.

[5] Encre.

partie de la somme ainsi dépensée s'applique soit aux registres de comptabilité du couvent, soit aux ouvrages liturgiques nécessaires pour le service divin.

Le total de ce chapitre s'élève, pour l'année 1524, à 33 livres 8 sols 3 deniers, qui se répartissent de la manière suivante :

Payé en plumes acheptées a diverses fois, tant pour le comptouer que pour lescripture, la somme de.. XIII s. p.

Item, en vernix rose, matieres a faire de lancre rozette, et coulleurs de diverses sortes acheptez en lad. année pour lescripture.............. XLIIII s. p.

Item, pour quatre douzaines et demye de parchemin, c'est assavoir deux douzaines et demye de vellin pour lescripture, et le surplus pour le comptouer.. IIII liv. IIII s. p.

Item, en papier pour le comptouer durant lad. année............ LIII s. VI d. p.

Item, pour deux espingles dargent baillez a lad. escripture......... IX s. VII d. p.

Item, payé a ung escripvain quj a monstré a aucuns des religieux, par lordonnance de frere Jaques Tyreau, lors soubz prieur.............. XX d. p.

Item, pour ung compas acheptė aussi pour lad. escripture......... XX d. p.

A Jehan le clerc, enlumineur et relieur de livres, tant pour avoir enluminé et relié le psaultier escript par frere Noel, que pour avoir faict quelques lettres au legendier de tempore escript par frere Nicole Courtin.... XXIII liv. X d. p.

La dépense fut encore moindre pendant l'année suivante; en voici le détail :

Pour lachapt de sept douzaines de grant velin, au pris de vingthuit solz parisis la douzaine, pour le livre de frere Nicole Courtin............. IX liv. XVI s. p.

Item, pour lenlumineure du lectionnaire de tempore faict par led. Courtin, et du graduel aschevé par frere Noel, en comprenant aucunes histoires[1] faictes esd. livres.................................... VI liv. III s. VII d. p.

A Jehan le clerc pour la relieure desd. graduel et lectionnaire, et d'un antiphonier, a esté payé pour cecy.............................. XI liv. I s. p.

Item, pour demy cent de plumes pour escripre................. IIII s. X d. p.

Pour quatre rames de papier pour le comptouer, c'est assavoir deux rames du pareil de celluy du greffe de parlement et les deux aultres moindres.. XLIIII s. X d. p.

Item, pour deux petitz livretz, dont lun est le stille des requestes du palais, laultre le guidon des notaires............................ II s. X d. p.

En lachapt de deux aiz pour relier ung livre, et a ung quidam pour avoir apporté aucuns livres de la Chaise Dieu......................... III s. VII. d. p.

Nous ne citerons du compte de 1526 que les articles suivants :

A Jehan le clerc, enlumineur, pour avoir relié, garny et acoustré de nouveau ung psaultier de parchemin............................ XXXVI s. p.

Item, pour lachapt du grant coustumier de France............... XX s. p.[2]

[1] Enluminures. — [2] Bibliothèque Mazarine, manuscrits, n° 1286 A.

On voit que l'accroissement de la bibliothèque n'aurait pas été rapide si les religieux n'eussent compté pour l'enrichir que sur les revenus du couvent; au reste, les frères de Sainte-Croix mendiaient encore à cette époque. Mais les Constitutions de l'Ordre s'efforcèrent de suppléer à la pauvreté ou à l'indifférence des monastères, et, par une exception assez rare, elles ordonnèrent que, « pour augmenter le nombre des livres de la bibliothecque, et avoir ceux qui y sont necessaires pour les conferences, ceux qui seroient receus en la congregation y mettroient un livre. » Elles voulaient, en outre, que chaque bibliothèque fût pourvue de deux catalogues, et qu'aucun volume ne pût être transporté hors de la Maison. La clef de la bibliothèque ne devait être confiée qu'à des membres de la congrégation, et encore ce prêt était-il soumis à de sévères formalités, car les emprunteurs devaient donner « un billet signé de leur main, avec promesse de rapporter la clef ou l'envoyer le soir au bibliothequaire; et quelque livre venant à estre perdu par le peu de soin de celuy qui aura la clef et le livre, sera obligé d'en donner un autre semblable; et ceux qui auront charge de la bibliotheque estans certains que le livre est perdu, ils pourront en prendre un chez le libraire et le faire payer à celuy qui l'aura perdu[1]. »

Ces sages prescriptions ont été longuement développées dans un *Commentaire* sur la Règle des frères de Sainte-Croix, travail très-original qui fut publié à Cologne en 1632. Nous traduirons en entier le passage relatif à la conservation des livres; il constitue un des chapitres les plus curieux de l'histoire des bibliothèques dans les couvents :

« La bibliothèque est le vrai trésor d'un monastère; sans elle, suivant Thomas à Kempis[2], « il est comme une cuisine sans casserolles, une table sans mets, un puits sans eau, une rivière sans poissons, un manteau sans vêtements, un jardin sans fleurs, une bourse sans argent, une vigne sans raisins, une tour sans gardes, une maison sans meubles. » Et de même que l'on conserve soigneusement un bijou dans une cassette bien fermée, à l'abri de la poussière et de la rouille; de même la bibliothèque, suprême richesse du couvent, doit être attentivement défendue contre l'humidité, les rats et les vers. L'empereur Aurélien, entre autres règlements rela-

[1] *Commencement, institution, regles et statuts de la Congregation de l'Exaltation de la Saincte Croix pour la propagation de la Foy;* chap. XVI, *De la bibliotheque,* p. 161. — Le chapitre commence ainsi : « La Congregation aura une bibliotheque, de laquelle les secretaires auront l'intendance; il y aura un inventaire de tout ce qui y sera, l'original sera conservé par le secretaire de la Congregation qui sera actuellement en charge, et une copie authentique sera tousjours reservée dans la bibliotheque, et un autre entre les mains du directeur. » Le chapitre XVII a pour titre : *Des chartres et papiers importans de la Congregation;* ceux-ci devaient être conservés dans « un coffre fort fermant à trois diverses clefs; » dont l'une restait entre les mains du directeur, les deux autres entre celles du gouverneur et du secrétaire, « et le coffre sera mis en la garde du premier et plus ancien administrateur qui sera en charge, et de toutes les pieces qui seront mises dans ledit coffre seront faits deux inventaires signez des officiers de la Congregation. »

[2] Les citations que nous guillemetons sont en italiques dans le texte.

tifs à sa sévère discipline militaire, a dit : « Que les armes des soldats soient tenues « propres; » nous, souffrirons-nous que les armes de notre milice spirituelle soient attaquées par les taches, par la poussière, par une souillure quelconque? Ceux qui se servent des livres, qui les manient et les feuillètent, doivent donc veiller scrupuleusement à ne pas les déchirer, les tacher ou les détruire. A cet égard, Moïse, l'ami de Dieu, pourrait nous servir d'exemple : quand il eut achevé de réunir les articles de la Loi en un volume, il le remit aux Lévites, en leur disant : « Prenez ce livre, et placez-le à côté de l'arche de l'alliance du Seigneur votre « Dieu. » Par ces paroles, ajoute à Kempis à l'endroit que nous avons déjà cité, Moïse ordonnait aux Lévites « de conserver précieusement le livre de la Loi dans « l'arche de Dieu, toute dorée et bien fermée. Nous devons donc garder avec une « grande prudence et une sollicitude incessante la bibliothèque des écrivains sacrés, « la préserver des atteintes de la poussière, du feu et de l'humidité, des entreprises « des voleurs, du bruit des disputes, de la boue des chaussures, des ravages des « vers, de toute tache et de toute déchirure. Celui-là, en effet, n'est pas digne « de lire un livre sacré, qui ne sait pas le bien protéger et néglige de le remettre « à sa vraie place. Si tu veux étudier un livre, prends-le sur tes bras comme le « juste Siméon enleva l'enfant Jésus pour l'embrasser. Après ta lecture, ferme le « livre, etc. » Ainsi parle le pieux et vénérable à Kempis. Saint Isidore, qui a rendu d'immenses services dans l'organisation des couvents, déclare coupable d'une faute légère « celui qui n'aura pas scrupuleusement remis les livres à leur « place. » Même sanction chez les chanoines du Saint-Sauveur contre « celui qui « aurait maltraité ou n'aurait pas soigneusement rangé les livres à lui confiés. » Saint Pacôme avait dit déjà : « Que personne ne laisse un livre ouvert en se ren- « dant au réfectoire. » C'est encore l'avis de saint Ephrem de Syrie, qui, en quelques mots, mais d'une grande clarté, exhorte au soin des livres : « Si, dit-il, tu « as dans ta cellule un livre du couvent, ne l'abandonne pas négligemment, mais « qu'il soit toujours fermé avec soin, et conserve-le comme une chose du Seigneur. » Pierre Damien recommande aux religieux de son Ordre de prendre les précautions nécessaires pour ne pas détériorer leurs meubles, et il ajoute : « Qu'ils « veillent surtout attentivement sur les livres sacrés, que jamais leurs mains ne « s'étendent sur l'écriture, que jamais la fumée ne noircisse les pages, que jamais « on ne les approche du feu. » Dans ces passages et dans bien d'autres, les saints Pères ont flétri la négligence avec laquelle beaucoup de personnes se servent des livres sacrés [1]. »

Malgré ces sages exhortations, les frères de Sainte-Croix, même lorsque,

[1] *Lucerna splendens super candelabrum sanctum, id est solida ac dilucida explanatio Constitutionum sacri ac canonici ordinis FF. Sanctæ Crucis, ex sacræ Scripturæ testimoniis, sacrorum conciliorum et decretorum medullis, sanctorum Patrum floribus... opera et studio R. P. F. Godefridi a Lit, Cruciferorum;* caput XVI, p. 153.

devenus riches, ils cessèrent de mendier, n'eurent jamais une bien grande passion pour les livres. Leur bibliothèque, oubliée par tous les historiens, ne renfermait encore, au moment de la Révolution, que trois mille volumes [1].

Nous ne connaissons qu'un seul catalogue des livres de ce couvent. C'est un registre in-folio de 104 pages, écrit avec beaucoup de soin, et qui est aujourd'hui conservé aux Archives de l'Empire. Il porte la date de 1778 et a pour titre : *Catalogue des Livres de la Bibliotéque de Sainte Croix de la Bretonnerie;* il est rédigé suivant l'ordre des matières, et chacune des divisions est signée par le prieur et par le bibliothécaire nommé Maillart [2].

On trouve fréquemment sur les plats des livres reliés la jolie marque que nous reproduisons :

Nous ne l'avons jamais rencontrée dans l'intérieur des volumes, où les religieux se contentaient d'inscriptions manuscrites.

La plus fréquente est celle-ci :

EX BIBLIOTHECA S. CRUCIS PARISIENSIS.

On voit encore sur les plus anciens manuscrits les deux suivantes :

ISTE LIBER EST FRATRUM SANCTE CRUCIS PARISIUS IN VICO DICTO LA BRETONNERIE.

LIBER RELIGIOSORUM FRATRUM ORDINIS SANCTE CRUCIS PARISIUS IN VICO DICTO LA BRETONNERIE.

[1] *Recensement détaillé des livres des bibliothèques du département de Paris.* Archives de l'Empire, série M, n° 797. — [2] Archives de l'Empire, série M, n° 794.

Par ordre de la municipalité, les scellés furent apposés sur la bibliothèque de cette Maison le 12 janvier 1791 ; on les enleva le 13 août suivant[1], et les livres se trouvèrent alors à la disposition d'Ameilhon. Un état détaillé du mobilier et des ouvrages que renfermait la bibliothèque avait été dressé par le prieur, mais il nous a été impossible de retrouver ce document.

Les bâtiments du monastère de Sainte-Croix devinrent propriétés particulières en 1793, et sur une partie de leur emplacement on a ouvert le passage Sainte-Croix-de-la-Bretonnerie.

[1] Les procès-verbaux de ces deux opérations sont aux Archives de l'Empire, série S, carton n° 996.

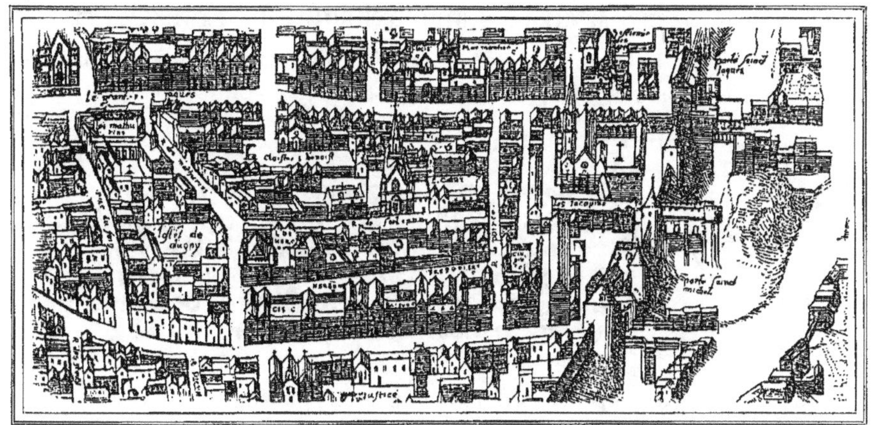

Fac-simile héliographique. Plan dit de Ducerceau (1560).

COLLÉGE DU TRÉSORIER.

Les démolitions entreprises pour le percement du boulevard Saint-Michel viennent de faire disparaître une petite rue très-courte, nommée rue Neuve-Richelieu, et qui allait de la rue de la Harpe à la place Sorbonne. C'est là qu'en 1268 Guillaume de Saône (*Guilelmus de Saana*), trésorier de l'église de Rouen, établit un collége destiné à vingt-quatre pauvres étudiants[1], qui devaient être originaires du pays de Caux[2], et que l'on désigna longtemps sous le nom de *Calets*[3].

Les Statuts, rédigés par le fondateur, sont datés du dimanche après l'Assomption de l'année 1280[4]. Ils créaient une forme de direction toute républicaine : le plus ancien des boursiers était chef de la Maison, et il ne pouvait prendre aucune décision importante sans l'avis de ses confrères[5].

Dans l'origine, le collége renferma douze boursiers théologiens et douze *artistes*, c'est-à-dire étudiants de la Faculté des arts, qui embrassait alors toutes les connaissances sauf la théologie et le droit. De là, la création de deux bibliothèques : l'une, dite MAGNA LIBRARIA, destinée sans doute aux théologiens ; l'autre, PARVA LIBRARIA, réservée aux artistes.

[1] J. Dubreul, *Theatre des antiquitez de Paris*, p. 477. — Crevier, *Histoire de l'Université de Paris*, t. II, p. 161.

[2] Genebrard, *Chronographia*, p. 653.

[3] Du latin *Caletæ*, habitants du pays de Caux.

[4] Piganiol de la Force, *Description historique de Paris*, t. VI, p. 319.

[5] Duboulay, *Hist. Univ. Paris.* t. III, p. 396.

Les Archives de l'Empire possèdent un précieux catalogue de ces deux bibliothèques; il est daté de 1437, et porte pour titre [1] :

Ce catalogue s'occupe d'abord de la grande bibliothèque,

qui comprenait cent quarante trois volumes; on lit à la fin : *Explicit inventarium librorum in magna libraria existentium.* Il donne ensuite la liste des livres de la petite bibliothèque : *Incipit inventarium librorum existentium in parva libraria;* elle renfermait cent quarante-six volumes. Vient enfin le catalogue des ouvrages à l'usage de la chapelle : *Sequitur inventarium librorum capelle.*

Les livres provenant du collége du Trésorier sont fort rares. Nous avons cependant retrouvé à la bibliothèque Mazarine un manuscrit in-folio sur vélin, exécuté en 1454, qui contient les Épîtres de saint Paul, et qui prouve que les élèves s'occupaient réellement d'enrichir la bibliothèque de l'établissement. On lit à la fin de ce manuscrit [2] :

[1] «Anno Domini M° CCCC° XXXVII° fuit innovatum «inventarium sequens de bonis collegij Thesaurarii Rothomagensis, in vico Sanctorum Cosme et «Damianj, Parisiensis, prope portam Sancti Mi-«chaelis, per quondam bone memorie virum magis-«trum Guillelmum de Saane fundati, in modum «qui sequitur in hoc libello.» (Archives de l'Empire, série M, carton n° 194.)

[2] «Iste liber fuit finitus per manus Johannis «Masseri, septima die mensis augusti, anno Do-

Il est probable que ce Nicolas Demara était alors le boursier désigné pour remplir les fonctions de proviseur.

Les premiers Statuts de ce collége furent modifiés en 1678 par l'Université[1], qui consacra deux articles du nouveau règlement à la conservation des livres de la Maison. Le premier recommande aux boursiers de garder fidèlement les livres qui leur seraient prêtés; le second leur défend de les jamais laisser sortir de l'établissement[2].

Le collége du Trésorier fut, en 1763, réuni au collége Louis-le-Grand; les derniers vestiges de ses anciens bâtiments ont été récemment démolis.

«minj M° cccc^me quinquagesimo quarto, pro venerabili ac discreto viro magistro Nicholao Demara, licenciato in theologia et bursario venerabilis collegij Thesaurariorum Rothomagensis.» (Bibliothèque Mazarine, manuscrits, n° T 205.)

(1) Félibien, *Histoire de Paris*, t. III, p. 288.

(2) «X. Quod fideliter custodietis libros aut alia bona quæ vobis mutuo dabuntur in custodia.....

«XIV. Quod libros vobis accomodatos extra domum cuipiam non dabitis.»

CATALOGUE DE LA BIBLIOTHÈQUE DU COLLÉGE DU TRÉSORIER

DRESSÉ EN 1437 [1].

ANNO DOMINI M° CCCC° XXXVII° FUIT INNOVATUM INVENTARIUM SEQUENS DE BONIS COLLEGII THESAURARII ROTHOMAGENSIS, IN VICO SANCTORUM COSME ET DAMIANI [2], PARISIENSIS, PROPE PORTAM SANCTI MICHAELIS, PER QUONDAM BONE MEMORIE VIRUM MAGISTRUM GUILLELMUM DE SAANE FUNDATI, IN MODUM QUI SEQUITUR IN HOC LIBELLO.

PRIMO DE LIBRIS IN MAGNA LIBRARIA EXISTENTIBUS.

PRIMUM PULPITUM VERSUS VICUM LATOMORUM [3] CONTRA PARIETEM CONTINET VOLUMINA SEQUENTIA.

Primum volumen Legende auree [4]. Incipiens in primo folio : « Eductore, » et finiens in penultimo : « unctiones. »

Secundum volumen textus Aristotelis Moralium. Incipiens in secundo folio : « igitur perscructandi, » et finiens in penultimo : « Respirat. »

Ethicorum.	Rethoricorum	Economica.
Politicorum.	Magna moralia.	De vita Aristotelis.
Decretorum.	De secretis secretorum.	Epistola Aristotelis ad Alexandrum.

In isto volumine hæc continentur.

Aliud volumen commenti Averroys supra decem libros Phisicorum [5]. Incipit secundo folio : « Et oportet, » et finit in penultimo : « immortales. »

Supra libros Phisicorum.
Supra libros parvorum naturalium [6].
Supra libros de anima.

} In isto volumine hæc continentur.

Aliud volumen commenti Politicorum [7] supra decem libros. Incipit in secundo folio : « videbimus, » et finit in penultimo : « primum primo. »

Aliud volumen Summe Guillelmi Altissiodorensis [8] supra tres primos libros Summarum. Incipit in secundo folio : « simplicitas, » et finit in penultimo : « ipsa. »

(1) Archives de l'Empire, série M, carton n° 194. On trouvera ci-dessus, p. 13 et suiv. 176 et suiv. des renseignements sur les auteurs et les ouvrages cités dans le catalogue; nous n'y renvoyons en note que pour quelques traités importants.

(2) Devenue la rue de la Harpe.

(3) La rue des Maçons. Elle n'est pas nommée sur le plan de Du Cerceau, mais elle est très-nettement indiquée; c'est la voie, parallèle à la rue de Sorbonne, dans laquelle se trouve le mot *trésorier*.

(4) De Jacques de Voragine, mort en 1298.

(5) Cette traduction d'Aristote, par le médecin arabe Averrhoès, fut la seule connue pendant plusieurs siècles.

(6) Voyez ci-dessus, p. 16, note 3.

(7) D'Aristote.

(8) Guillaume d'Auxerre, l'un des plus célèbres professeurs de Paris au commencement du XIII° siècle.

Aliud volumen Summe Egidii de Roma [1] supra decem libros Phisicorum. Incipit folio secundo : «de Yride,» et finit in penultimo : «continuus oportet.»

Aliud volumen de naturis rerum. Incipit in secundo folio : «Quod celeste est,» et finit in penultimo : «Juramentum.»

Aliud volumen, postille supra Genesim G. de Mitildone. Incipit in secundo folio : «sancti sed terra,» et finit in penultimo : «qui dominum.»

Supra Genesim. Supra Lamentationes. Supra Johannem.	In isto volumine hec continentur.

Aliud volumen, postille supra Genesim. Incipit in secundo folio : «magister,» et finit in «penultimo : moventur.»

Supra Genesim. Supra Exodum. Supra Leviticum. Supra Numeros. Supra Deuteronum. Supra Josue. Supra Judicum.	Supra Ruth. Supra Paralipemen. Supra Esdra. Supra Judith. Supra Esther. Supra Job. Supra Psalterium.	In isto volumine hec continentur.

Aliud volumen, postille supra Mathæum, etc. Incipit in secundo folio : «Auditus,» et finit in penultimo : «et vidi etc.»

Exempla moralia. Supra Mathæum. Supra Lucam Bonaventura.	In isto volumine hec continentur.

Aliud volumen, postille supra Proverbia scilicet. Incipit in secundo folio : «Est scientia,» et finit in penultimo : «tanguntur duo primo.»

Supra Proverbia. Supra Ecclesiastes. Supra Ecclesiastici.	In isto volumine hec continentur.

Aliud volumen, postille supra Epistolas Pauli ad Romanos scilicet. Incipit in secundo folio : «arguendo,» et finit in penultimo : «si amplius.»

Ad Romanos. Ad Corinthios. Ad Galatas. Ad Ephesios. Ad Philippenses. Ad Colocenses.	Ad Thessalonicenses. Ad Thimothenses. Ad Titum. Ad Philomenem. Ad Hebreos.	In isto volumine hec continentur.

Et hec de libris in isto pulpito contentis.

[1] Gilles Colonna, archevêque de Bourges, qui laissa sa bibliothèque au couvent des Grands-Augustins. (Voyez ci-dessous.)

SCANNUM SEQUENS CONTINET VOLUMINA SEQUENTIA, VERSUS ORTUM[1] INCIPIENDO.

Primum volumen primi scripti sancti Thome supra Summas. Incipit secundo folio : «Reducuntur,» et finit in penultimo : «Deo.»

Aliud volumen secundi scripti sancti Thome supra Summas. Incipit in secundo folio : «Plura principia,» et finit : «obediendum.»

Aliud volumen tertii scripti sancti Thome supra Summas. Incipit in secundo folio : «Et creaturam,» et finit in penultimo : «novele.»

Aliud volumen quarti scripti sancti Thome supra Summas. Incipit in secundo folio : «Sanctificatur,» et finit in penultimo : «non se.»

Aliud volumen prime partis secunde partis[2] sancti Thome. Incipit in secundo folio : «Et in hiis,» et finit in penultimo : «perseverantia ea.»

Aliud volumen secunde secunde partis sancti Thome. Incipit in secundo folio : «tam humana,» et finit in penultimo : «necessaria.»

Aliud volumen Summe contra gentiles. Incipit in secundo folio : «tantum vera,» et finit in penultimo : «Redduntur.»

Aliud volumen prime partis et prime secunde partis. Incipit in secundo folio : «humana sed,» et finit in penultimo : «ad justificationem.»

Aliud volumen de viciis et virtutibus[3]. Incipit in secundo folio : «Ludum et de,» et finit in penultimo : «notandum quod est.»

Et hec de hac parte presentis pulpiti.

DE ALTERA PARTE EJUSDEM SCANNI, INCIPIENDO VERSUS ORTUM.

Primum volumen, moralitas Gregorii pape supra Job, continens XXXV libros[4]. Incipit in secundo folio tabule : «quod primi,» et finiens in penultimo tabule : «moralis. lx. cap. x.»

Aliud volumen tabule originalium. Incipit in secundo folio : «quia in eo,» et finit in penultimo : «feneravit.»

Aliud volumen Summe Jacobi de Altavilla[5] supra quatuor libros Summarum. Incipit in secundo folio : «Et judei,» et finit in penultimo : «prius ad exitum.»

[1] *Versus hortum*, du côté du jardin.

[2] La *première* SECONDE de saint Thomas d'Aquin.

[3] Voyez ci-dessus, p. 16, note 5.

[4] C'est le plus ancien et le meilleur des ouvrages de Grégoire le Grand.

[5] Mort en 1393.

Aliud volumen Augustini. Incipit in secundo folio : «non a corpore,» et finit in penultimo : «ex quo omnia per quem omnia.»

Augustinus decem questionum.
——— de vera essencia.
——— super Genesim ad litteram.
——— de conflictu viciorum.
——— de vera et falsa pœnitentia.
——— de spiritu et littera.
——— de bono conjugali.
——— de tribus diebus.
——— de hono.... de qua non t.
——— de utilitate credendi.
——— de Ecclesie dogmatibus.
Augustinus de fide rerum visibilium.
——— de natura boni.
——— de vera religione.
——— de mirabilibus sacre Scripture.
——— de jejunio sabbati.
——— de magistro.
——— de videndo Deum ad probandum.
——— de esse deitatis Dei.
——— ad Orosium.
——— de sexto musice.

In isto volumine hec continentur.

Aliud volumen continens XXI litteras parciales. Incipit in secundo folio : «illi continue,» et finit in penultimo : «non solum ab earum.»

Gesta XII patriarcharum.
De incarnatione verbi.
Monologion.
De sollicitudinibus.
De veritate.
De fermento et azimo epistola.
De concordia presciencie Dei gratie, et libero arbitrio.
De sacramentis Ecclesie.
De gramatico.
Prosologion.
Cassiodorus de anima.
De libertate arbitrii.
De casu dyaboli.
Cur Deus homo.
De conceptu Virginis.
De processu Spiritus sancti.
Anselmi epistole quinque.
Prophecie Sibille.
Ierarchia angelica commentata.
De mistica theologia.
De divinis nominibus.

In isto volumine hec continentur.

Aliud volumen continens IV litteras. Cujus secundum folium incipit : «ciatur iniquitas,» et penultimum finit : «vox de.»

Liber confessionum Augustini, libri XIII.
Augustinus supra Genesim ad litteram, libri XII.
Epistola Augustini contra Julianum hereticum, libri VI.
Augustinus contra quinque hereses.

Aliud volumen de Civitate Dei Augustini XXII librorum. Incipit in secundo folio : «et debellare,» et finit in penultimo : «tabule neuter.»

Aliud volumen continens XXVIII libros Augustini. Incipit in secundo folio : «non est,» et finit in penultimo : «ita eorum manu.»

De spiritu et littera.
De heresibus.
Contra Manicheum libri II.
De LXXX tribus questionibus.
De bono conjugali.
De tribus diebus.
Ad Honoratum.
De utilitate credendi.
De conflictu viciorum et virtutum.
De vera et falsa penitentia.

De vera innocentia.
De libero arbitrio libri III.
De vera religione.
De quantitate anime.
De Agone christiano.
De Ecclesie dogmatibus.
De fide rerum invisibilium.
De natura boni.
Encheridion.
De fide ad Petrum.
De decem cordis.
De mirabilibus sacre Scripture.
De jejunio sabbati.
De magistro.
De videndo Deum ad probandum.
De esse divinatis Dei.
Ad Orosium.
De sexto musice.

Aliud volumen continens XXII libros Augustini. Incipit in secundo folio : «non quid sit,» et finit in penultimo : «pietatis pax.»

De Trinitate libri VIII.
De baptismo parvulorum libri II.
Epistola Augustini ad Marcellinum.
De unico baptismo.
Yponosticon.
Sermo Arrianorum.
Contra Arrianorum perfidiam.
De mendacio.
Contra mendacium.
De cura pro mortuis agenda.
De vita et origine anime ad Renatum.
De eadem ad Petrum.
De eadem ad Vincentium.
Contra adversos legum et prophetarum.
De beata vita.
Contra Fortunatum.
De opere monacorum.
De duabus animabus.
De immortalitate anime.
Sermo de pastoribus et ovibus.
De XII abusibus seculi.
De Agone christiano.

In isto volumine hec continentur.

Aliud volumen continens X libros Augustini. Incipit in secundo folio : «intelligit exponit,» et finit : «negligentia sicut.»

De doctrina christiana.
LXXXIII questionum.
De bono conjugali.
De nupciis et concupiscentia ad vitam conjugum.
De adulterinis et conjugiis.
De sancta virginitate.
De professu sancte viduitatis.
Retractationum libri II.
Damascene libri IV.
De anima et spiritu.

Aliud volumen continens XIIII libros. Incipit in secundo folio : «Augustino,» et finit in penultimo : «corporali;» in quo :

Plures epistole Augustini ad diversos.
Liber de videndo Deum.
Commonitionum Augustini ad Fortunatum.
De Trinitate.
De doctrina christiana.
Simbolum ab Augustino.
De perfectione justicie.
De natura et gratia.
Enchiridion.
De gratia et libero arbitio.
De correctione et gratia.
De predestinatione sanctorum.
De bono perseverantie.
Augustinus supra Genesim.

In isto volumine hec continentur.

Aliud volumen continens XVIII libros. Incipit in secundo folio : «quibus utendum,» et finit in penultimo : «in corruptores prope.»

De doctrina christiana.
De decem cordis.

Liber retractationum.
Liber de gene. adversus Manicheos.
Liber confessionum.
Contra Faustum.
Liber de fide ad Petrum.
Liber de cura pro mortuis agenda.
De Agone christiano.
De vita christiana.
In isto volumine continentur predicta.

Augustinus ad comitem.
Prefatio super Eunuqum Marci.
Gregorius super Ezechiel in omeliis.
Seneca in epistolis.
Gregorius in registro.
Gregorius in omeliis.
Gregorius in dyalogo.

SCANNUM SEQUENS CONTINET VOLUMINA SEQUENTIA, ET INCIPITUR VERSUS ORTUM.

Primum volumen concordanciarum Biblie [1]. Incipit in secundo folio : «beneficium,» et finit in penultimo : «Jacob.»

Aliud volumen concordanciarum Biblie. Incipit in secundo folio : «fons,» et finit in penultimo : «quodcumque.»

Aliud volumen concordanciarum Biblie. Incipit in secundo folio : «premere», et finit in penultimo : «Remissionem tunc.»

Aliud volumen concordanciarum Biblie. Incipit in secundo folio : «in tuum vi,» et finit in penultimo : «de Absalon.»

Aliud volumen concordanciarum Biblie. Incipit in secundo folio : «fodere,» et finit in penultimo : «primogenitus.»

Aliud volumen secunde partis Biblie. Incipit in psalterio secundo folio : «tu labore,» et finit penultimo : «Bethpheloth.»

Aliud volumen prime partis Biblie. Incipit in secundo folio : «mea videbo,» et finit penultimo : «umbraculi.»

Aliud volumen psalterii glosati. Incipit in secundo folio : «in miserere,» et finit penultimo : «spiritualiter omnia.»

Aliud volumen Hugonis de Sac... et vita beati Bernardi. Incipit secundo folio : «quartus,» et finit penultimo : «in specula.»

Aliud volumen sancti Augustini de verbis Domini super Matheum 23. Item liber angelice ierarchie Augustini. Incipit secundo folio : «esterno die,» et finit penultimo : «in Deum rede.»

DE ALTERA PARTE SCANNI, INCIPIENDO VERSUS ORTUM.

Primum volumen primi Scoti [2] supra Summas. Incipit secundo folio : «et sub qua,» et finit penultimo : «fruatur ibidem.»

Aliud volumen secundi et tertii Scoti supra Summas. Incipit secundo folio : «quia questiones,» et finit penultimo : «humectatam.»

[1] Voyez ci-dessus, p. 17, note 10. — [2] Michel ou Duns Scot.

Aliud volumen quarti Scoti supra Summas. Incipit secundo folio : «utrobique,» et finit penultimo : «erit eis.»

Aliud volumen primi Bonaventure supra Summas. Incipit folio secundo : «divine potentie,» et finit penultimo : «predictum est.»

Aliud volumen secundi Bonaventure supra Summas. Incipit secundo folio : «assiliatur cause,» et finit penultimo : «qui vovet.»

Aliud volumen tertii Bonaventure supra Summas. Incipit in secundo folio : «creaturam,» et finit penultimo : «desiderare.»

Aliud volumen quarti Bonaventure supra Summas. Incipit in secundo folio : «fastiditus,» et finit in penultimo : «tristitia.»

Aliud volumen prime partis et secunde supra duarum Summarum Alexandri de Halis[1]. Incipiens secundo folio : «tempus de,» et finiens penultimo : «servavit illa.»

Aliud volumen primi Alexandri de Halis supra primam Summarum. Incipit secundo folio : «questio est de,» et finit : «sicut medii.»

Aliud volumen tertii Alexandri de Halis supra tertiam Summarum. Incipit : «ad reprobabili«tatem,» et finit penultimo : «hominis filius.»

Aliud volumen textus Summarum. Incipit secundo folio : «sed conferunt,» et finit penultimo : «moveantur.»

TERTIUM SCANNUM SEQUENS CONTINET VOLUMINA QUE SEQUUNTUR, INCIPIENDO VERSUS ORTUM.

Primum volumen Catholicon. Incipit secundo folio : «pro et est,» et finit penultimo : «Aprilis.»

Aliud volumen Johannis supra Bibliam et Summe Britonis[2]. Incipit secundo folio : «magis acceptat,» et finit penultimo : «VII°.»

Aliud volumen expositionis supra IIII^or evangelistas. Incipit secundo folio : «ad eum dictum est,» et finit penultimo : «Tiberii.»

Aliud volumen de veritate et de providentia Dei. Incipit secundo folio : «quos igitur,» et finit penultimo : «ejus servam.»

Aliud volumen expositionum glose ordinarie supra primas quatuor epistolas Pauli. Incipit secundo folio : «Dei sumus,» et finit penultimo : «scilicet non.»

Aliud volumen XII prophetarum cum expositione glose ordinarie. Incipit secundo folio : «fit carnaliter,» et finit penultimo : «populum.»

Aliud volumen quolibetorum 16, cum tractatu de principalibus phisicis, continens quatuor libros. Incipit secundo folio : «est principium,» et finit penultimo : «proprie scilicet.»

(1) Alexandre de Halès ou Alès, mort en 1245. — (2) Sans doute Hervé le Breton, ou Hervé de Nedellec, dominicain, mort en 1323.

DE ALTERA PARTE SCANNI, INCIPIENDO VERSUS ORTUM.

Primum volumen Summe Astenxis[1]. Incipit secundo folio : «ad arbitrium,» et finit penultimo : «ab animabus.»

Aliud volumen textus Decreti. Incipit secundo folio : «denique,» et finit penultimo : «et animam.»

Aliud volumen Summe confessorum. Incipit secundo folio : «de katecismo,» et finit penultimo : «q. LXXIe.»

Aliud volumen textus Decretalium glose. Incipit secundo folio : «videlicet prius,» et finit penultimo : «textus post latas.»

Aliud volumen expositionis supra Decretum. Incipit secundo folio : «nudam rerum,» et finit penultimo : «et jočulariter.»

Aliud volumen textus quatuor evangelistarum cum glosa ordinaria. Incipit secundo folio : «in multis,» et finit penultimo : «in me sc.»

Aliud volumen distinctionum Mauricii[2]. Incipit secundo folio : «XXII,» et finit penultimo : «beneficii.»

Aliud volumen Epistolarum Pauli, cum glosis ordinariis. Incipit secundo folio : «dirimens,» et finit penultimo : «qui hoc se.»

Ad Romanos.
Ad Corinthios.
Ad Galatas.
Ad Ephesios.
Ad Philipenses.
Ad Colocenses.
Ad Thessalonicenses.
Ad Thimotheum.
Ad Philomenem.
Ad Hebreos.

In isto volumine continentur.

QUARTUM SCANNUM SEQUENS CONTINET VOLUMINA QUE SEQUUNTUR, VERSUS ORTUM INCIPIENDO.

Primum volumen de Lira[3] supra Novum Testamentum. Incipit secundo folio : «Christus est,» et finit penultimo : «laudate eum.»

Aliud volumen Jordani[4] supra evangelia dominica usque ad pascha. Incipit secundo folio : «evangelia,» et finit penultimo : «alia proficere.»

Aliud volumen Philippi de Monte Calerio[5] supra evangelia usque ad pascha. Incipit secundo folio : «ascendit,» et finit penultimo : «puritatis.»

[1] La *Somme* du minorite Astesano, mort en 1330.

[2] C'est le *Dictionnaire* du dominicain irlandais Maurice.

[3] Voyez ci-dessus, p. 13, note 1.

[4] Sans doute Raymond Jordan, dit *sapiens idiota*.

[5] Plus connu sous le nom de *Philippus de Janua*, mort vers 1336.

Aliud volumen policrathicon. Incipit secundo folio : «accedens,» et finit penultimo : «illustretur.»

Aliud volumen alphabeti narrationum. Incipit secundo folio : «relicta cella,» et finit penultimo : «Tytus.»

Aliud volumen Egidii de Roma supra primam Summarum. Incipit secundo folio : «et dissentirent,» et finit penultimo : «in principio.»

Aliud volumen Guillelmi Altissiodorensis supra quatuor libros Summarum. Incipit secundo folio : «prius ejus,» et finit penultimo : «duas facies.»

Aliud volumen Armacani[1] de questionibus Armenorum, cum terminatore nostro de Lira ad videndum. Incipit secundo folio : «Johannes,» finit penultimo : «eumdem.»

Aliud volumen de laudibus virginis Marie. Incipit secundo folio : «si necesse fuit,» et finit penultimo : «Virgine illa.»

Aliud volumen de universo Guillelmi Parisiensis[2]. Incipit secundo folio : «hoc est non,» et finit penultimo : «per hanc intentionem.»

Et hec de ista parte scanni.

DE ALTERA PARTE HUJUS PULPITI, VERSUS ORTUM INCIPIENDO.

Primum volumen quolibetorum IX Henrici de Gandavo[3], cum rationibus contra mendicantes. Secundo folio : «ad Deum,» et penultimo : «utilitatem.»

Aliud volumen ultime partis Henrici de Gandavo. Incipit secundo folio : «esse Dei,» et finit penultimo : «cum aliis.»

Aliud volumen quolibetorum sancti Thome et de Gandavo. Incipit secundo folio : «necesse ut,» et finit penultimo : «solummodo id.»

Aliud volumen, exameron quatuor libri Bede[4] supra Genesim. Incipit secundo folio : «sed familiari,» et finit penultimo : «de operibus.»

Aliud volumen Egidii de Roma de regimine principum[5]. Incipit secundo folio : «alium finem,» et finit penultimo : «contra.»

Aliud volumen hystorie Trojane. Incipit secundo folio : «Diis porrectas,» et finit penultimo : «Polyxenam.»

Aliud volumen Prosperi de vita contemplativa et de occulto moniali. Incipit secundo folio : «regnent,» et finit penultimo : «fortitudines.»

(1) Richard Fitz-Ralph, dit Richard d'Armagh, archevêque d'Armagh, en Irlande, mort vers l'an 1360.

(2) C'est le traité *de Universo* de Guillaume d'Auvergne, évêque de Paris en 1248.

(3) Henri Gæthals, dit Henri de Gand, archidiacre de Tournay, mort en 1293.

(4) Bède dit *le Vénérable*. On trouve à la fin de son *Hist. ecclesiastica* la liste de tous ses ouvrages.

(5) C'est le principal ouvrage de Gilles Colonna.

Aliud volumen tractatus ad componendum sermones, atque tractatus contra mendicantes. Secundo folio : «sententia sensuum,» et finit penultimo : «cognitonis b. 2.»

Aliud volumen de exemplis Biblie de Hanape[1], cum aliis exemplis. Secundo folio : «de me,» et finit penultimo : «juxta ipsum.»

Aliud volumen sermonum in quadragesima. Incipit secundo folio : «de eleemosine,» et finit penultimo : «describuntur.»

Aliud volumen questionum Durandi[2] supra primam Summam. Secundo folio : «fine homo,» et finit penultimo : «motum.»

QUINTUM SCANNUM SEQUENS CONTINET VOLUMINA SEQUENTIA, VERSUS ORTUM INCIPIENDO.

Primum volumen Summe tertie partis sancti Thome. Incipit secundo folio : «opere maxime,» et finit penultimo : «sanguine.»

Aliud volumen questionum de Argentina supra quatuor libros Summarum. Incipit secundo folio : «quia essem,» et finit penultimo : «omne illud.»

Aliud volumen de propositionibus componendis, de materiis generalibus, cum quadam brevi collatione Decretalium. Secundo folio : «et quis,» et finit penultimo : «vicarii.»

Aliud volumen de doctrina Scotii. Incipit secundo folio : «solemnis uti,» et finit penultimo : «habet esse medium.»

Boetius de doctrina scolarium.
Seneca de 4^{or} virtutibus cardinalibus.
Secundus Philippus.
De regimine cordis et de secreto secretorum.
De memoria rerum difficilium.
De inventione scientiarum.
De quinque essenciis.
De speculatorum miraculis.
Alexander de intentu et interitu.
De unitate et uno.
De diffinitionibus Isaac.
Alpharabius de divisione scienciarum.
Augustinus de invisibilibus Dei.
Augustinus de differentia anime et spiritus.
Commentator de superbia orbis.

In hoc volumine predicta continentur.

Aliud volumen de expositionibus epistolarum plurium, cum quadam brevi expositione textus primi Summarum. Secundo folio : «vita etiam,» et finit penultimo : «vocat.»

Aliud volumen i. q. supra tres primos libros Summarum unius doctoris de ordine Minorum. Secundo folio : «quod secundum se,» et penultimo : «et unus.»

Aliud volumen de missa, et dictus liber de gemma anime. Incipit secundo folio : «deinde altare,» et finit penultimo : «Dei non ad.»
Primus liber tractat de missa et Ecclesia ejusque ministris;
Secundus liber tractat de reliquis horis;
Tertius liber tractat de solemnitatibus totius anni;
Quartus liber tractat de concordia officiorum.

[1] Nicolas de Hanapes, dernier patriarche latin de Jérusalem, mort en 1291. — [2] Le dominicain Durand de Saint-Pourçain.

Aliud volumen hystorie scolastice[1]. Incipit secundo folio : «totum,» et finit penultimo : «fratrum predicatorum VI.»

Aliud volumen de Tarentasia[2] supra quartum Summarum. Incipit secundo folio : «supra medicamenta,» et finit penultimo : «in tabula dispensari.»

DE ALTERA PARTE SCANNI EJUSDEM, INCIPIENDO VERSUS ORTUM.

Primum volumen de virtutibus. Incipit secundo folio : «ad compatiendum,» et finit penultimo : «quin Deo.»

Aliud volumen de expositionibus primorum librorum Biblie usque ad librum Regum. Incipit secundo folio : «luxuriam,» et finit penultimo : «nasorum.»

Aliud volumen de malo, de potentia Dei, de veritate. Incipit secundo folio : «aer erat,» et finit penultimo : «ab eterno.»

Aliud volumen de quolibetis Ricardi[3]. Incipit secundo folio : «quam infinitus,» et finit penultimo : «q. quartus 1.»

Aliud volumen Aureoli[4] supra primum Summarum. Incipit secundo folio : «iis, z. est,» et finit penultimo : «repugnat.»

Aliud volumen Aureoli supra secundum, tertium et quartum Summarum. Incipit secundo folio : «sed per morem,» et finit penultimo : «alteri libro.»

Aliud volumen de virtutibus. Incipit secundo folio : «de variis modis,» et finit penultimo : «sunt debi.»

Aliud volumen de missa, de instructione confessorum, de sermonibus, de medicina, etc. Secundo folio : «est anima,» et penultimo : «lavandi.»

Aliud volumen de sermonibus dominicalibus completis, cum pluribus aliis. Secundo folio : «. . gnage trouv. . .» et penultimo : «minime.»

Aliud volumen de sermonibus dominicalibus. Secundo folio tabule : «anima C. VIII,» et finit penultimo : Dei XXIIIIe.»

SEXTUM SCANNUM SEQUENS CONTINET VOLUMINA QUE SEQUUNTUR, INCIPIENDO VERSUS ORTUM.

Primum volumen expositionum supra Ysaiam et duodecim prophetas, cum septem libris super Apocalypsim. Incipit secundo folio : «scilicet ratione,» et finit penultimo : «vindicatur.»

Aliud volumen Deuteronomi, cum glosis ordinariis. Secundo folio : «mense,» et finit penultimo : «veneremur.»

Aliud volumen Josue et Judicum. Incipit secundo folio : «si eum temptans,» et finit penultimo : «in terram.»

(1) Voyez ci-dessus, p. 17, note 9.

(2) Voyez ci-dessus, p. 198, note 8.

(3) Sans doute Richard de Saint-Victor.

(4) Le cordelier Pierre d'Auriol, archevêque d'Aix.

Aliud volumen Summe Abel. Incipit secundo folio : «Timor,» et finit penultimo : «fligetur item.»

Aliud volumen Summe magistri Jo. Beleth, de Ecclesiæ institutionibus. Incipit secundo folio : «feriam,» et finit penultimo : «persequebantur.»

Aliud volumen Ysaie, cum glosis ordinariis. Incipit secundo folio : «cione eorum,» et finit penultimo : «gentibus.»

Aliud volumen, Esdreas, Thobia, Judich, Hester, Ruth. Incipit in secundo folio : «nimis tantum,» et finit in penultimo : «et dedit.»

Et hec de hac parte presentis scanni.

DE ALTERA PARTE EJUSDEM SCANNI, INCIPIENS VERSUS ORTUM.

Primum volumen, Ysidori [1] decem libri. Incipit secundo folio : «Jam solve,» et finit penultimo. : «versus primi.»

Aliud volumen Genesis, cum glosis ordinariis. Incipit secundo folio : «perpetuam,» et finit penultimo : «tui verbis.»

Aliud volumen Machabeorum, cum glosa ordinaria. Incipit secundo folio : «misit ad,» et finit penultimo : «quum ex.»

Aliud volumen Job, cum glosa ordinaria. Incipit secundo folio : «tilitasque,» et finit penultimo : «deserti per.»

Aliud volumen quatuor librorum Regum. Incipit secundo folio : «fecit Salomon,» et finit penultimo : «in terra et ser.»

Et hec de libris in predicto scanno existentibus.

ALIUD PULPITUM PENDENS CONTRA PARIETEM VERSUS AULAM CONTINET VOLUMINA SEQUENTIA.

Primum Ezechielis volumen et Canticum canticorum. Incipit secundo folio : «Ezechiel propheta,» et finit penultimo : «in agrum.»

Aliud volumen prophetarum majorum et minorum, Actus apostolorum appositi cum expositionibus. Incipit secundo folio : «et quia non,» et finit penultimo : «ipsum.»

Aliud volumen distinctionum supra Psalterium, et ibi tractatur de virtutibus cardinalibus. Secundo folio : «in claustris,» et finit penultimo : «dominus.»

Aliud volumen Parabolarum Salomonis, Ecclesiastes, Canticus et Ecclesiastici. Incipit secundo folio : «notandum,» et finit penultimo : «retardi.»

Aliud volumen Paralipomenon X libri, cum glosa ordinaria. Incipit secundo folio : «quum barbara,» et finit penultimo : «remitte.»

[1] Isidore de Séville.

Aliud volumen Jeremie et Treni cum glosa. Incipit secundo folio : «misit dominus,» et finit penultimo : «noster.»

Aliud volumen Bernardi de d. d. ad Eugenium supra causam, etc. de regimine domus. Incipit secundo folio : «cetur de,» et finit penultimo : «horarum.»

Aliud volumen de vita sancti Bernardi. Incipit secundo folio : «singula,» et finit penultimo : «oculis.»

Aliud volumen Levitici, cum glosa. Incipit secundo folio : «ille adversarius,» et finit penultimo : «erexit quod.»

PULPITUM PENDENS CONTRA PARIETEM VERSUS GRADUS CONTINET VOLUMINA QUE SEQUUNTUR.

Primum volumen Pastoralis Gregorii [1] et omeliarum supra Ezechiel. Incipit in secundo folio : «quod aliter,» et finit penultimo : «zeli dis.»

Aliud volumen Breviloquii pauperis et de officiis ecclesiarum cum testamentis XII patriarcharum. Incipit secundo folio : «sapiens,» et finit penultimo : «malum.»

Aliud volumen distinctionum fratris Nicolai de Gorham [2], ordinis predicatorum, cum pluribus sermonibus. Secundo folio : «appa,» et penultimo : «quod.»

Aliud volumen Damascene, etc. Incipit secundo folio : «prehensibile,» et finit penultimo : «hii qui prope.»

Damascene libri quator.
Monologion Ancelmi.
Prosologion Ancelmi.
Ancelmus de incarnatione Verbi.
Cur Deus homo, ab Ancelmo libri.
Ancelmus de veritate.
Ancelmus de libertate arbitrii.
Ancelmus de casu dyaboli.
Ancelmus de processu Spiritus sancti.
Ancelmus de conceptu Virginis.
Ancelmus de concordia presciencie et predestinationis et gratie Dei cum libero arbitrio.
Liber de regulis theologie.
Extractiones de libris Hugonis qui dicuntur scola virtutum.

In isto volumine predicta continentur.

Aliud volumen Damascene. Incipit secundo folio : «non sunt,» et finit penultimo : «inter unas.»

Damascene libri quatuor.
De spiritu et anima.
Ierarchia angelica.
Ecclesiastica opus suum committit.
De divinis nominibus.
Epistole Dyonisii q. X.
De mystica theologia.
Boetius de Trinitate.
De dogmatibus.

In isto volumine predicta continentur.

Aliud volumen figurarum Gerardi Odonis supra Bibliam. Incipit secundo folio : «florida,» et finit penultimo : «Deo gratias.»

[1] Voyez ci-dessus, p. 14, note 11. — [2] Nicolas de Gorran, confesseur de Philippe IV.

Figure Odonis Gerardi supra Bibliam.
Moralitates Holcot.
Ymagines Fulgentii.
Enigmata Aristotilis.
Declamationes Senece.
Tabula moralitatum.
Summa de viciis et virtutibus.
Tabula ejusdem Summe.

In isto volumine predicta continentur.

Aliud volumen concordanciarum, cum aliquibus sermonibus. Incipit secundo folio : «in palatio,» et finit penultimo : «item XV°.»

Aliud volumen omeliarum beati Gregorii[1] libri duo. Incipit secundo folio : «subruat,» et finit penultimo : «tua domine.»

Aliud volumen Augustini ad Eutropium. Incipit secundo folio : «racione,» et finit penultimo : «se forti.»

Augustinus Eutropio de perfectione justicie, de filio prodigo.
De natura et gratia.
Ad Valentinianum.
De libero arbitrio.
De corruptione et gratia.
De predestinatione sanctorum.
Breves epistole ad diversos.
Jeronimus in questionibus super Genesim.
Simbola ad Damasum papam.
De Seraphin et calculo.
Augustinus ad Johannem et econtra.
Jeronimus ad Eliodorum.
Ad Nepomucenianum de vita clericorum.
Ad Paulinum de institutione clericorum.
Ad Paulinum de diversis hystorie libris.
Ad Damascum presbiterum de diversis questionibus.
Ad Pammachium de optimo genere interpretandi, et quam plures alie ad diversos et diversas.
Ambrosius de viduis.

Aliud volumen Pastoralis Gregorii. Incipit secundo folio : «impugnant,» et finit penultimo : «vidi.»

Pastorale Gregorii. — Item, liber de operibus infancie Salvatoris a beato Ambrosio, libri duo. — Summa de penitentia et instructione sanctorum. — Item, questiones breves supra quartum Summarum.

Aliud volumen beati Gregorii. Incipit secundo folio : «quia multis curis,» et finit penultimo : «comi.»

Aliud volumen textus Boetii de consolatione, cum glosa[2]. Incipit secundo folio : «vestes,» et finit penultimo : «et mea.»

Aliud volumen questionum, in papiro, inter asseres. Incipit secundo folio : «ymo pernotandum,» et finit penultimo : «concessis.»

Aliud volumen questionum Gerardi super Ethicam. Incipit secundo folio : «factione,» et finit penultimo : «probata.»

Explicit inventarium librorum in magna libraria existentium.

INCIPIT INVENTARIUM LIBRORUM EXISTENTIUM IN PARVA LIBRARIA, IN MAGNIS ALMARIOLIS CAPELLE.

Primum volumen est una Biblia cooperta de panno cerico. Incipit secundo folio : «sapientias,» et finit penultimo : «concilium eorum.»

[1] Voyez ci-dessus, p. 15, note 14. — [2] Voyez ci-dessus, p. 17, note 4.

Aliud volumen, alia Biblia in magno volumine signata B. Incipit secundo folio : «Ezechiel,» et finit penultimo : «requiescis.»

Aliud volumen, alia Biblia in magno volumine signata C. Incipit secundo folio : «veniam,» et finit penultimo : «altera.»

Aliud volumen, alia Biblia in magno volumine signata D. Incipit secundo folio : «circumdabor,» et finit penultimo : «arcus conspec.»

Aliud volumen, alia Biblia in magno volumine signata E. Incipit secundo folio : «victori populo,» et finit penultimo : «vocem tube.»

Aliud volumen, alia Biblia signata F. Incipit secundo folio : «liber in apostolici,» et finit penultimo : «gladio sedentis.»

Aliud volumen, alia Biblia, signata G. Incipit secundo folio in textu : «sed ad sensum,» et finit penultimo : «redemptionis.»

Aliud volumen, alia Biblia, in littera currenti, signata H. Incipit secundo folio : «at et perfigeratus,» et finit penultimo : «manibus est.»

Alia Biblia, in qua legitur in aula, signata J. Incipit secundo folio : «litteras veneris,» et finit penultimo : «luctus neque clamor.»

Aliud volumen, alia Biblia metrificata a Petro Comestore. Incipit secundo folio : «prima facta,» et finit penultimo : «ille Deo.»

Aliud volumen, hystoria scolastica. Incipit secundo folio : «dies adian,» et finit penultimo : «sarmenta.»

Aliud volumen hystoria scolastica. Incipit secundo folio : «de illa autem,» et finit penultimo : «non ausi ingredi.»

Aliud volumen textus Summarum. Incipit secundo folio : «essentia,» et finit penultimo : «hec de pe.»

Aliud volumen textus Summarum. Incipit secundo folio : «Deus caritas,» et finit penultimo : «non possunt.»

Aliud volumen textus Summarum. Incipit secundo folio : «quo modo in,» et finit penultimo : «et non posse.»

Aliud volumen textus Summarum. Incipit secundo folio : «guntur uterum Deus,» et finit penultimo : «quod sicut.»

Aliud volumen textus Summarum. Incipit secundo folio : «tudo et potentia,» et finit penultimo : «sit omnium.»

Aliud volumen textus Summarum. Incipit secundo folio : «uni genere,» et finit penultimo : «pretii prima.»

Aliud volumen textus Summarum. Incipit secundo folio : «sit unius solus,» et finit penultimo : «prius judicium.»

Aliud volumen textus Summarum in duobus voluminibus. Quorum secundum folio primi incipit : «nerit finem et penam,» et finit : «supra sicut;» secundum folio secundi voluminis incipit : «fieret hominis,» et penultimum desinit : «non erit.»

Aliud volumen expositionis litteralis supra textus Summarum. Incipit secundo folio : «....o-rem,» et penultimum finit : «esse non potest.»

Aliud volumen Guillelmi Altissiodorensis supra quatuor libris Summarum. Incipit secundo folio : «de differentia pretii,» et finit penultimo : «amenia.»

Aliud volumen primum Summarum Bonaventure. Incipit secundo folio : «domine,» et finit penultimo : «et oppositum.»

Aliud volumen secundum Summarum de Bonaventura. Incipit secundo folio : «Queritur hic,» et finit penultimo : «tres fines.»

Primum volumen hujus pagine est primum et secundum supra primum et secundum Summarum. Incipit secundo folio : «ad immaculative,» et finit penultimo : «sanabiliores.»

Aliud volumen supra quartum Summarum. Incipit secundo folio : «ex hoc pro,» et finit penultimo : «dolor contritionis.»

Aliud volumen, Summa Aureoli supra primum Summarum. Incipit secundo folio : «et physica vel,» et finit penultimo : «est Deus.»

Aliud volumen primum Scoti. Incipit secundo folio : «mortalibus et immortalibus,» et finit penultimo : «ad istud futurum.»

Aliud volumen supra tertium et quartum Summarum. Incipit secundo folio : «agens per voluntatem,» et finit penultimo : «lel contrahere.»

Aliud volumen Summa Philippi cancellarii Parisiensis [1]. Incipit secundo folio : «unum sic esset,» et finit penultimo : «prius si con.»

Aliud volumen, questiones parve super Summas. Incipit secundo folio : «anagogia vero,» et finit penultimo : «inimici tui.»

Aliud volumen, questiones super tertium Summarum. Incipit secundo folio : «anima et corpore,» et finit penultimo : «legis.»

Aliud volumen, expositiones Epistolarum Pauli. Incipit secundo folio : humiliari,» et finit penultimo : «seculorum amen.»

Aliud volumen, expositiones aliarum Epistolarum Pauli. Incipit secundo folio : «Paulus servus,» et finit penultimo : «ad vitam eternam.»

Aliud volumen, Psalterium glosatum, in magno volumine. Incipit secundo folio : «cum persuasione, et finit penultimo : «terras vel.»

Aliud volumen, Psalterium glosatum, in magno volumine. Incipit in secundo folio : «quia fiet,» et finit penultimo : «sancti sunt.»

[1] Philippe dit *de Grève*, chancelier de l'église de Paris en 1218.

Aliud volumen, glosa Ancelmi[1] supra Psalterium. Incipit secundo folio : «vel dicat,» et finit penultimo : «corripienda.»

Aliud volumen expositionis supra Matheum et Lucam. Incipit secundo folio : «incarnari,» et finit penultimo : «judicet quod.»

Aliud volumen, alia expositio super Matheum et Marcum. Incipit secundo folio : «divina gratia,» et finit penultimo : «Christi quotidie.»

Aliud volumen, alia expositio super Matheum. Incipit secundo folio : «a .. ipsius,» et finit penultimo : «Jacobi et sa.»

Aliud volumen, alia expositio super Matheum. Incipit secundo folio : «de qui est,» et finit penultimo : «transmigrantibus.

Aliud volumen, Matheus et Marcus cum glosa ordinaria. Incipit secundo folio : «ges ad quos,» et finit penultimo : «Marcus evan.»

Aliud volumen, alia expositio super Marcum et Lucam. Incipit secundo folio : «et videt,» et finit penultimo : «qui natus.»

Aliud volumen, Marcus cum glosa Jeronimi. Incipit secundo folio : «temptationem,» et finit penultimo : «solidamur.»

Aliud volumen, Marcus cum glosa ordinaria. Incipit secundo folio : «hystoriam,» et finit penultimo : «creature.»

Aliud volumen, Apocalipsis Johannis, cum glosa ordinaria. Incipit secundo folio : «et exterius,» et finit penultimo : «omnibus.»

Aliud volumen, Actus Apostolorum, Apocalipsis, Epistole Jacobi, Petri, Johannis et Jude, cum glosa ordinaria. Incipit secundo folio : «vinum murum,» et finit penultimo : «adversa.»

Aliud volumen, expositio pulchra supra Lucam et Johannem. Incipit secundo folio : «plete et,» et finit penultimo : «amare os s.»

Aliud volumen, Epistole Jacobi, Petri, Johannis et Jude, cum glosa. Incipit secundo folio in textu : «diu exi,» et finit penultimo : «in futuro.»

Aliud volumen, Epistole Jacobi, cum Apocalipsi glosata. Incipit secundo folio : «subdit qualiter,» et finit penultimo : «claritate.»

Aliud volumen, Epistole Jacobi, Petri, Johannis et Jude, cum glosis. Incipit secundo folio : «sufficit tibi,» et finit penultimo : «inviam.»

Aliud volumen, Epistole Jacobi, Petri, Johannis et Jude, cum glosa interlecturi. Incipit secundo folio in textu : «unum apud,» et finit penultimo : «ante eorum.»

Et hec de libris existentibus in hoc almariolo.

[1] Saint Anselme, archevêque de Cantorbéry.

Primum volumen hujus pagine est quedam expositio supra Genesim. Incipit secundo folio : «justi in,» et finit penultimo : «perficitur.»

Aliud volumen, Exodus cum glosa ordinaria. Incipit secundo folio : «supra Egyptum,» et finit penultimo : «nugos ta.»

Aliud volumen, expositiones super libros Exodi, Levi, Numerorum, Deuteronom. Incipit secundo folio : «quod Abrahe,» et finit penultimo : «temporaneam.»

Aliud volumen, liber Numerorum cum glosa bona. Incipit secundo folio in glosa : «prima mansio,» et finit penultimo : «explicit.»

Aliud volumen Proverbiorum, Ecclesiastes, Sapientia, Canticus et Ecclesiastici, cum glosa. Incipit secundo folio in glosa : «malicia,» et finit penultimo : «in medio.»

Aliud volumen, Isaias cum glosa. Incipit in secundo folio : «reditum populi,» et finit penultimo : «textus blandiatur.»

Aliud volumen, liber XII parvorum prophetarum. Incipit secundo folio in glosa : «naturam,» et finit penultimo : «veniat diem.»

Aliud volumen concordanciarum. Incipit secundo folio : «genus c. VI,» et finit penultimo : «XXVII, a. b.»

Aliud volumen concordanciarum. Incipit secundo folio : «fidem IIII ep,» et finit penultimo : «XXVII f.»

Aliud volumen concordanciarum. Incipit secundo folio : «XIIII C,» et finit penultimo : «Matheus XXIII G.»

Aliud volumen est Legenda aurea, cujus secundum folio incipit : «cognitionis divine,» et penultimum : «desinit concussit.»

Aliud volumen de virtutibus[1]. Incipit secundo folio : «quod invitat,» et finit penultimo : «celorum vena.»

Aliud volumen de viciis. Incipit secundo folio : «in mercatoribus,» et finit penultimo : «et «est anima.»

Aliud volumen de viciis. Incipit secundo folio : «quartum ea,» et finit penultimo : «corporis.»

Aliud volumen, Epistole Augustini de Judeis, commonitionum de doctrina, de bona persone. Incipit secundo folio : «possideo,» et finit penultimo : «falsa et.»

Aliud volumen Augustini de pastoribus, et contra XXIII libri Augustini. Incipit secundo folio : «ecce qui sequitur,» et finit penultimo : «non quod peccatum.»

Aliud volumen, Epistole beati Bernardi. Incipit secundo folio : «pene soli,» et finit penultimo : «ruit sed.»

Aliud volumen, Gesta sanctorum, perpetue et felicitatis itinerarium et didascalicio. Incipit secundo folio : «jam nullam,» et finit penultimo : «benedictum.»

[1] Sur le livre *De vitiis et virtutibus*, voyez ci-dessus, p. 16, note 5.

Aliud volumen, liber omeliarum, de legato Mathei, Joannis potage. Incipit secundo folio : «divine gratie;» et finit penultimo : «effulgenti.»

Aliud volumen continens multa volumina inter que est de laudibus Virginis Marie. Incipit secundo folio : «beate Virginis,» et finit penultimo : «vel filii qui.»

Aliud volumen de mistico sompnio Nabugodonosoris. Incipit in secundo folio : «statum,» et finit penultimo : «crucem.»

Aliud volumen, liber beati Eusebii. Incipit secundo folio : «et exultatione,» et finit penultimo : «sic trans.»

Aliud volumen de operibus magistri Johannis Parvi, disputationes Virginis. Incipit secundo folio : «dilitant,» et finit penultimo : «proterias an.».

Aliud volumen liber Ysidori. Incipit secundo folio : «ipse totus,» et finit penultimo : «tamen dum.»

Aliud volumen, Guillelmus Parisiensis de esse et de sacris. Incipit secundo folio : «ipso «certum,» et finit penultimo : «Antequam dominum.»

Aliud volumen, liber Bernardi de precepto et dispensatione, Galfridus supra Cantica et Bernardus supra Cantica. Incipit secundo folio : «de adjutorio,» et finit penultimo : «bono in.»

Aliud volumen, epistole Dictammis. Incipit secundo folio : «dicere animo,» et finit penultimo : «compositionis.»

Aliud volumen, liber de arte dittandi. Incipit secundo folio : «nobiles,» et finit penultimo : «regias.»

Aliud volumen, Rethorica, sine asseribus, cum libro Abel. Incipit in secundo folio : «tamen jam,» et finit penultimo : «rapinam in ho.»

Aliud volumen, Epistole Leonis, in parvo volumine albo. Incipit secundo folio : «quum partis,» et finit penultimo : «salvat.»

Et hec de isto almariolo volumina quæ scripta sunt.

Primum volumen hujus pagine liber Sermonum in magno volumine sine ordine. Incipit secundo folio : «decertavit,» et finit penultimo : «plenum.»

Aliud volumen, sermones f. g. Lugdunensis supra dominicas. Incipit secundo folio : «poterit ibi,» et finit penultimo : «coram omnibus.»

Aliud volumen beati Bernardi de secretis. Incipit secundo folio : «suis plaga,» et finit penultimo : «amoris quod.»

Aliud volumen, sermones dominicales in bona littera. Incipit secundo folio : «prius tunc,» et finit penultimo : «impatientes aliis.»

Aliud volumen, sermones dominicales, in magno volumine. Incipit secundo folio : «lapidem,» et finit penultimo : «susceptione.»

Aliud volumen, sermones de secretis. Incipit secundo folio : «et Judeus,» et finit penultimo : «nec firmiter.»

Aliud volumen, sermones de secretis. Incipit secundo folio : «vidi C,» et finit penultimo : «fortior sum.»

Aliud volumen sine asseribus, sermones sancti Augustini de omni materia. Incipit secundo folio : «sancti Augustini,» et finit penultimo : «perfectionem.»

Aliud volumen, sermones de Tornaco [1] ad opus status. Incipit secundo folio : «querit constituere,» et finit penultimo : «ignominiam.»

Aliud volumen, hystoria Trojana, sine asseribus, in papiro. Incipit secundo folio : «servavit ardorem,» et finit penultimo : «lesit eumdem.»

Aliud volumen, liber Decretalium. Incipit secundo folio : «communis est,» et finit penultimo : «ecclesia non po.»

VOLUMINA SEQUENTIA SUNT SINE ASSERIBUS.

Aliud volumen supra Genesis, Exodi et Numerorum. Incipit secundo folio : «Deos sicut,» et finit penultimo : «tertiam habet.»

Aliud volumen, postille supra XII prophetas bis et supra Ysaiam. Incipit secundo folio : «malo,» et finit penultimo : «juxta Tirum.»

Aliud volumen, Job glosatum. Incipit secundo folio : «vidit quippe,» et finit penultimo : «ut debet generaliter.

Aliud volumen, postille supra Johannem. Incipit secundo folio : «filiorum in Jacobo,» et finit penultimo : «de monumento in.»

Aliud volumen, sermones et postille supra Jacob, Joseph, Petrus et Juda. Incipit secundo folio : «clamat,» et finit penultimo : «utriusque.»

Aliud volumen Paralipomenon, in tribus codicibus, cum glosa. Incipit secundo folio : «uxorem alteram,» et finit penultimo : «holocaustorum.»

Aliud volumen, postilla super Summas et super Apocalypsim. Incipit secundo folio : «ron est,» et finit penultimo : «nive candidiores.»

Aliud volumen, postilla supra Summas. Incipit secundo folio : «illum qui est,» et finit penultimo : «debentur isti.»

Aliud volumen, Summa cancellarii Parisiensis supra secundum et tertium Summarum. Incipit secundo folio : «sicut esse Gregorio,» et finit penultimo : «superadditionem.»

Aliud volumen questiones supra quartum Summarum. Incipit secundo folio : «stimulis tunc,» et finit penultimo : «malum hominis.»

[1] Le franciscain Guibert de Tournay, mort en 1270, et le dominicain flamand Guillaume de Tournay, mort en 1293, ont laissé tous deux des sermons assez estimés.

Aliud volumen, Seneca ad Lucillum. Incipit secundo folio : «anima in animabus,» et finit penultimo : «noluit.»

Aliud volumen, Breviloquium pauperis Bonaventure (1). Incipit secundo folio : «qui ex,» et finit penultimo : «poterit Deus.»

Aliud volumen, Breviloquium artis geomancie. Incipit secundo folio : «cui debet fieri questio,» et finit penultimo : «fortunam.»

Aliud volumen, philosophica, cantica, cum opusculis aliis sancti Thome. Liber ma. Hug. ad so. vo. nubere. Secundo folio : «Christus,» et finit penultimo : «post.»

Aliud volumen, sermones et liber de penitentia. Incipit in secundo folio : «integro, auctoritas,» et finit penultimo : «assit gener.»

Aliud volumen, sermones dominicales, cantica pro et de sanctis. Incipit secundo folio : «hinc «est quod,» et finit penultimo : «unde ecclesiastici.»

Aliud volumen fratris Anthonii. Incipit secundo folio : «Dominans,» et finit penultimo : «sermone de conse.»

Aliud volumen, ordo judicarius, inter asseres. Incipit secundo folio : «aliquis in,» et finit penultimo : «in domino notum.»

Aliud volumen concordancie parve quasi inutiles, in VII codicibus.

Aliud volumen, synodia episcopalia.

Aliud volumen, in VIII codicibus religatum, de juridictione ecclesiastica. Incipit secundo folio : «gravaminibus,» et finit penultimo : «facere reum.»

Cronica notabilis, in uno rotulo magno de pargameno, faciens mentionem de generationibus Adam, Noe, etc. de constitutione Troye et destructione ejusdem, de constitutione regnorum Francie et Anglie, et qui reges regnaverunt et quantum, et de generationibus eorum, de constitutione summorum pontificum a Christo usque nunc.

Primum volumen hujus pagine est liber Ovidii metamorphoseos. Incipit secundo folio : «imminet,» et finit penultimo : «sui que.»

Aliud volumen, Precianus, in magno volumine. Incipit secundo folio : «sicut in distinctiva,» et finit penultimo : «ban dona.»

Aliud volumen, Precianus. Incipit secundo folio : «singulis dictionibus,» et finit penultimo : «et suppina.»

Aliud volumen, Precianus. Incipit secundo folio : «compositioni,» et finit penultimo : «hiis genus.»

Aliud volumen, Precianus, in parvo volumine. Incipit secundo folio : «mis ita,» et finit penultimo : «viginti annorum.»

(1) C'est sans doute son *Biblia pauperum*.

Aliud volumen, Precianus, sine asseribus. Incipit secundo folio : «datum in ore,» et finit penultimo : «debemus esse ali.»

Aliud volumen, expositio Preciani. Incipit secundo folio : «per illam partem,» et finit penultimo : «prope quidem hii.»

Aliud volumen, questiones Preciani, libri Porphirii, etc. Incipit secundo folio : «constructio rerum,» et finit penultimo : «continent.»

Aliud volumen, commentum sancti Thome supra libros Ethicorum. Incipit secundo folio : «in bonum,» et finit penultimo : «melodiis.»

Aliud volumen, commentum Petri de Sancto Amore. Incipit secundo folio : «dicti precognitis,» et finit penultimo : «quod si op.»

Aliud volumen textus Logice [1]. Incipit secundo folio : «que de uno,» et finit penultimo : «incontinentes.»

Aliud volumen textus nove Logice. Incipit secundo folio : «et bonum,» et finit penultimo : «ciborum.»

Aliud volumen textus Thopicorum. Incipit secundo folio : «abit sicut,» et finit penultimo : «dicamus.»

Aliud volumen textus Elenchorum, cum aliis nove Logice. Incipit secundo folio : «a c e d,» et finit penultimo : «posse non est.»

Aliud volumen textus Elenchorum. Incipit secundo folio : «quidem sunt,» et finit penultimo : «disciplinam.»

Aliud volumen scriptum Egidii supra libros Elenchorum. Incipit secundo folio : «intelligat,» et finit penultimo : «est ulterius.»

Aliud volumen, Theoremeta Egidii, etc. Incipit secundo folio : «genere,» et finit penultimo : «competentem.»

Aliud volumen textus Phisicorum, in magno volumine, continens XXIX volumina. Incipit secundo folio : «sicut enim,» et finit penultimo : «nimium.

Aliud volumen textus Ethicorum, continens XXI volumina. Incipit secundo folio : «quod queritur,» et finit penultimo : «animam.»

Aliud volumen textus Phisicorum, cum glosa, continens XI volumina. Incipit secundo folio : «visibile,» et finit penultimo : «et sicut.»

Aliud volumen textus de anima, etc. continens XIII volumina. Incipit secundo folio : «et unumquodque,» et finit penultimo : «inceptionem.»

Aliud volumen textus Mathematice. Incipit secundo folio : «hunc divinis,» et finit penultimo : «necesse autem.»

[1] D'Aristote, comme les ouvrages suivants.

Aliud volumen, textus parvus de anima. Incipit secundo folio : «est considerare,» et finit penultimo : «alioquin est mos.»

Aliud volumen textus phisice antique. Incipit secundo folio : «re que complebitur,» et finit penultimo : «urit ma.»

Aliud volumen commentum Alberti de spiritu et respiratione, cum pluribus aliis. Incipit secundo folio : «per longas,» et finit penultimo : «consciam.»

Aliud volumen textus de anima, et Ethica vetus et nova. Incipit secundo folio : «num anime,» et finit penultimo : «quod oportet.»

Aliud volumen, commentum Egidii, cum aliis. Incipit secundo folio : «quod trinarius,» et finit penultimo : «est aliquod.»

Aliud volumen de astronomia, sine asseribus. Incipit secundo folio : «quod factum,» et finit penultimo : «violavit.»

Aliud volumen, questiones, in papiro, supra aliquos libros Ethicorum. Incipit secundo folio : «nunquam delectatio,» et finit penultimo : «aliqua.»

Aliud volumen glose Claudii Claudiani(1). Incipit secundo folio : «consulente,» et finit penultimo : «cantor Gregorius.»

EXPLICUUNT QUE SCRIPTA SUNT DE LIBRIS SEU VOLUMINIBUS EXISTENTIBUS IN PARVA LIBRARIA, IN CAPELLA, IN MAGNIS ALMARIOLIS.

(1) Le poëte latin Claudien.

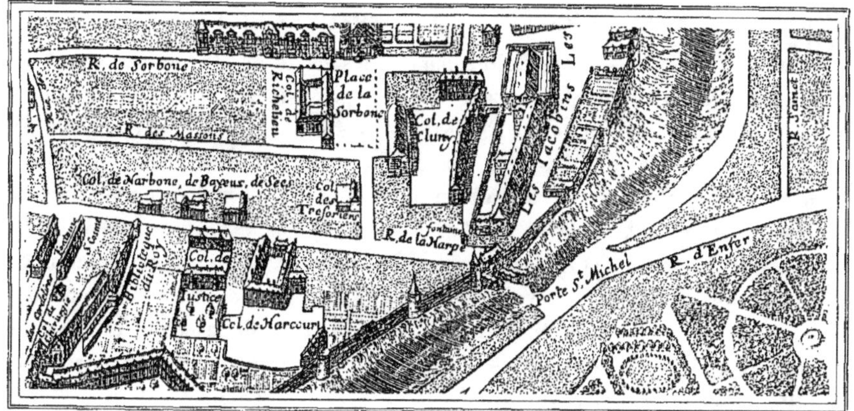

Fac-simile héliographique.

Plan de J. Gomboust (1652).

COLLÉGE DE CLUNY.

Ce collége fut fondé en 1269 par Yves de Vergi (*Yvo Vergiacus*), vingt-cinquième abbé de Cluny[1]. Il acheta un terrain qui était situé à gauche de la place actuelle de la Sorbonne, l'entoura de fortes murailles, puis y bâtit la cuisine, le réfectoire, le dortoir et la moitié du cloître[2].

L'abbaye de Cluny se faisait déjà distinguer par ses lumières, et l'on possède un acte daté de 1257 qui constate qu'Yves lui avait donné un manuscrit des Évangiles pour être lus au réfectoire, et vingt-deux autres volumes qui devaient être attachés à des chaînes scellées dans le mur du cloître[3]. Le même esprit se révèle dans les Statuts dressés pour le collége, en 1308, par Henri de Fautrières (*Henricus de Fauteriis*), et l'on y trouve des dispositions très-claires et très-sages sur l'usage à faire de la bibliothèque. L'auteur de ces Statuts ordonne que les livres appartenant à l'établissement soient conservés avec fidélité et avec soin par le sous-prieur, ou par l'un des boursiers, apte à ces fonctions, et que désigneront le prieur et le sous-prieur. Ces livres devront être distribués chaque année par le sous-prieur aux écoliers, sans acception de personne, et eu égard seulement aux matières

[1] Duboulay, *Hist. Univ. Paris.* t. IV, p. 122.

[2] Piganiol de la Force, *Description historique de Paris*, t. VI, p. 365.

[3] «..... Item, librum expositionum Evangeliorum ad legendum in refectorio. Item, posuit in claustro XXII volumina librorum qui tenentur catenis.» (*Bibliotheca Cluniacensis*, p. 1667. Voyez aussi le *Gallia christiana*, t. III, col. 194.)

qu'ils étudieront : les élèves de théologie et les élèves de logique recevaient donc des ouvrages différents. On inscrira sur un registre spécial le titre de chaque ouvrage prêté, le nom de l'élève à qui il aura été confié, et la date exacte du prêt. Chaque année, le jour des Cendres, un inventaire fidèle sera fait, en présence de tous les écoliers, par le prieur ou le sous-prieur; et la distribution aura lieu de nouveau suivant les règles établies ci-dessus [1].

Le collége avait déjà un local spécial pour la bibliothèque; sa construction était due à Yves de Chasant, neveu du fondateur, qui acheva l'œuvre entreprise par son oncle [2]. On lisait en effet au-dessus de la porte de la chapelle l'inscription suivante : «Yvo secundus, abbas Cluniacensis, primi fundatoris nepos, hanc ædem «Divæ Virgini sacram, capitulum, et alteram claustri medietatem fecit, cum «bibliotheca. Æterna pace fruitur. Amen [3]. »

Nous ne possédons pas d'autres renseignements sur cette bibliothèque, qu'on ne trouve mentionnée dans aucun ouvrage postérieur aux *Antiquitez de Paris* de J. Dubreul. Les livres qui en proviennent, et qui sont d'ailleurs fort rares, ne portent ni estampille ni inscriptions manuscrites; nous croyons cependant pouvoir lui attribuer cette marque :

que nous avons rencontrée sur un volume aujourd'hui conservé à la bibliothèque de l'Arsenal [4].

(1) «Item, quia juxta verbum Senecæ, turpis est «lectura quæ per negligentiam fit, quæ tanto est «reprehensibilior, quanto res amissa magis est uti«lior et necessaria, statuentes præcipimus libros «communes dictæ domus per suppriorem loci, aut «per unum scholarium idoneum, a priore et sup«priore deputandum, tute, diligenter et fideliter «custodiri; distribuique sine acceptione persona«rum per suppriorem studentibus, secundum fa«cultates et scientias quas actualiter audiunt, vide«licet theologiam audientibus libros theologicos, «et logicam audientibus logicales; recepientes vero «libros hujusmodi, nomina seu titulos librorum, «annum, diem receptionis et nomen recipientis in «scedula in communi registro redigenda scribant. «Singulis autem annis, ad diem Cinerum, vocatis «omnibus studentibus in domo per priorem vel «suppriorem, certum inventarium de libris hujus«modi fiat, et in loco communi; in quibus loco et «die, anno quolibet, distributio dictorum librorum «fiat modo et forma superius annotatis. »

(2) Sauval, *Recherches sur Paris*, t. II, p. 373. — Crevier, *Hist. de l'Univ. de Paris*, t. II, p. 158.

(3) J. Dubreul, *Theatre des antiquitez de Paris*, p. 473.

(4) *Sciences et arts*, n° 2555.

Le collége de Cluny fut fermé et vendu en 1795. Le peintre David établit alors son atelier dans la chapelle qui en dépendait, et c'est là que Napoléon vint voir le tableau du Sacre[1]. Les travaux entrepris pour le percement du boulevard Saint-Michel ont tout dernièrement fait disparaître les derniers vestiges de ce collége.

[1] A. Bonnardot, dans la *Revue universelle des arts*, t. VIII, p. 208.

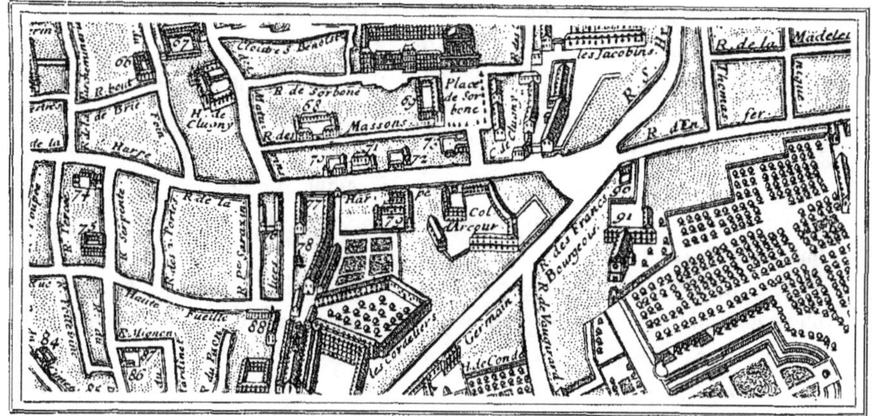

Fac-simile héliographique. Plan de Jaillot (1717).

COLLÉGE D'HARCOURT[1].

Raoul d'Harcourt (*Radulphus de Harcuria*), archidiacre des églises de Rouen et de Coutances, «ayant sur son vieil aage arresté sa demeure à Paris, dont il estoit «chanoine[2], prenoit grand plaisir de voir les diverses fondations des colleges et «maisons d'estude que l'on faisoit en son temps en l'Université[3].» Il résolut de donner son nom à un établissement du même genre; et, en 1280, il acheta dans ce but plusieurs maisons situées dans la rue Saint-Côme, *in vico Sancti Comæ, versus portam quæ dicitur Porta Inferni*[4].

Raoul d'Harcourt mourut avant d'avoir pu mettre la dernière main à cette utile fondation, et il chargea par testament son frère Robert d'achever son œuvre. Celui-ci exécuta ponctuellement les instructions qui lui avaient été laissées, rédigea, en 1311, les Statuts du collége, et les fit approuver, l'année suivante, par le pape et par l'évêque de Paris.

[1] PLAN. N[os] de renvoi : 66, col. de Me Gervais. — 67, les Maturins. — 68, l'hôtel de la Feriere. — 69, colege de la Sorbonne. — 70, colege de Sees. — 71, colege de Bayeux. — 72, colege de Narbonne. — 73, colege des Tresoriers. — 74, colege de Tours. — 75, l'hôtel de la Serpente. — 76, colege d'Inville. — 77, S. Cosme. — 78, ecole de Chirurgie. — 79, colege de justice. — 84, colege de Boissi. — 85, cimetiere S. André. — 86, colege Mignon. — 87, colege de Gramont. — 88, colege de Premontré. — 90, colege du Mans. — 91, seminaire S. Louis.

[2] A la Sainte-Chapelle du Palais.

[3] J. Dubreul, *Theatre des antiquitez de Paris*, p. 477.

[4] Devenue Porte-Saint-Michel.

Tout porte à croire que Raoul d'Harcourt ou son frère donnèrent quelques volumes à l'établissement qu'ils venaient de créer, car il est fait mention d'une bibliothèque dès les Statuts de 1311, qui règlent ainsi les mesures à prendre pour sa conservation :

Art. LI. Chaque élève fera serment de veiller sur les livres appartenant au collége comme s'ils lui appartenaient en propre, et de ne les prêter à personne hors de la Maison.

Art. LII. Il sera rédigé chaque année un inventaire de tous les livres de l'établissement; on s'efforcera de retrouver ceux qui seraient égarés, et l'on aura soin d'ajouter sur l'inventaire ceux qui auraient été achetés depuis l'année précédente[1].

Cette bibliothèque s'enrichit assez vite par de nombreuses donations. La plus ancienne que nous connaissions provient d'un chantre de l'église de Bayeux, nommé Jean Lefèvre; on lit en effet, à la fin d'un manuscrit in-folio des *Sermons* de saint Bernard, la note suivante : « Hoc volumen beati Bernardi legavit librarie « collegij Haricurie, bone memorie defunctus magister Johannes Fabri, Baiocensis « succentor[2]. »

C'est là le seul souvenir que nous ayons pu recueillir de toutes les libéralités qui durent être faites à cette bibliothèque du XIVe au XVIIe siècle. A partir de cette époque, elles prennent une réelle importance, et sont dues surtout à des proviseurs de l'établissement. Par son testament du 15 juin 1657, Pierre Padet laissa au collége une somme considérable, et il y ajouta « tous les livres, tablettes et « ustanciles servans ausdits livres, pour estre mis et conservez en la biblioteque. » Il ordonna, en outre, qu'un traitement de soixante livres serait alloué au bibliothécaire; celui-ci devait être choisi parmi les boursiers et nommé pour trois ans seulement[3].

Le 6 octobre 1679, un autre proviseur, Thomas Fortin, légua au collége une rente de cent livres « à luy dûë par l'Hostel-Dieu de Paris, pour estre ladite rente « employée, selon la prudence des proviseur et principal, à acheter des livres, « plumes, papier, écritoires[4]. »

La bibliothèque renfermait alors environ cinq mille volumes, dont le catalogue fut dressé en 1696. Ce document forme un volume in-folio, sur papier, qui est conservé aux Archives de l'Empire, il a pour titre : *Bibliotheca Harcuriana, in ordi-*

(1) « LI. Item, quilibet jurabit libros domus sicut « suos fideliter custodire, nec extra domum alicui « commodare.

« LII. Item, statuimus quod de omnibus li-« bris. ... fiat inventorium..... et si contingat ali-« quid deficere, diligenter requiratur, et si quid de « novo fuerit acquisitum, in inventorio fideliter re-« ponatur. » (E. Duboulay, *Historia Universitatis Parisiensis*, t. IV, p. 153.)

(2) Bibliothèque Mazarine, manuscrits, n° T 308.

(3) Piganiol de la Force, *Description historique de Paris*, t. VI, p. 376. — E. Duboulay, *Historia Universitatis Parisiensis*, t. IV, p. 155.

(4) *Arrest de la cour de Parlement, contenant règlement général pour la conduite, discipline et administration du collége d'Harcourt*, 27 juin 1703, p. 8.

Bibliotheca
Harcuriana,
In ordinem ac rursum
Jamdudum Iterum
atque Iterum Intermissum
~~et ta~~ tandem anno Millesimo
Sexcentesimo Nonagesimo
Sexto redintegratum disposita,
Seruatis proportione magnitudinis,
Situ Conuenienti, Materiei Similis
proximitate ~~et~~ varietatis distinctione
singulorum librorum, quos praecise
Numerus cuilibet affixus Indicat.

A. Franklin dir.

E. Deschamps sc.

BIBLIOTHÈQUE DU COLLÈGE D'HARCOURT.

Titre du Catalogue de 1696

nem ac usum jamdudum iterum atque iterum intermissum, et tandem anno millesimo sexcentesimo nonagesimo sexto redintegratum, disposita. Servatis proportione magnitudinis, situ convenienti, materiei similis proximitate, et varietatis distinctione singulorum librorum, quos præcise numerus cuilibet affixus indicat[1].

Cette collection ne semble pas avoir été surveillée avec beaucoup de soin. Sur le catalogue que nous venons de citer, on trouve, en marge d'un nombre assez considérable d'inscriptions, le mot *deest*, et rien ne prouve qu'on se soit inquiété de combler ces lacunes. Il en était probablement de même des autres parties de l'administration, car, en juin 1703, à la suite d'une visite faite par le chancelier de l'Université Edme Pirot, le Parlement revit et réforma les anciens Statuts du collége. Le paragraphe qui était consacré à la bibliothèque fut ainsi modifié :

L'élection du bibliothecaire se fera en la manière portée par le testament du sieur Padet.

Il aura une chambre auprès de la bibliotheque, si faire se peut.

Il tiendra ladite bibliotheque ouverte pour les regens et boursiers theologiens du college, aux jours et heures qui seront reglés par le proviseur, et mesme à d'autres jours et heures, en cas de besoins particuliers, et si ledit proviseur le juge ainsi à propos.

Il se chargera des livres, dont il sera fait deux catalogues, l'un desquels sera mis dans les archives et l'autre dans la bibliotheque.

Le proviseur et le prieur visiteront de temps en temps ladite bibliotheque pour voir si les livres ne se dissipent point, et s'ils sont en bon estat, et ils s'en feront rendre un compte exact par le bibliothequaire, en presence de toute la communauté, au moins une fois par année; et ledit bibliothequaire recevra pour son honoraire, par chacun an, la somme de soixante livres leguée par le sieur Padet[2].

Un mémoire qui fut publié au mois de juin 1780, en faveur du proviseur du collége d'Harcourt, nous apprend que l'établissement avait alors pour bibliothécaire un sieur Colas[3].

Bien que ce collége ait prospéré jusqu'à la Révolution, la bibliothèque fut certainement fort négligée dans les derniers temps. Le 26 ventôse an IV, le citoyen Alligre, « commissaire du bureau du domaine national du département de la « Seine, » n'y trouva que deux mille huit cents volumes, qu'il fit transporter au dépôt littéraire de la rue de la Santé[4].

Nous ne connaissons aucune estampille au nom du collége d'Harcourt. Les inscriptions même sont rares sur les livres qui en proviennent, nous n'en pouvons citer qu'une seule, que nous avons trouvée en tête d'un ancien manuscrit :

PRO VENERABILI COLLEGIO HARCURII.

En revanche, le collége possédait deux fers, reproduisant tous deux les armes

(1) Archives de l'Empire, série MM, n° 453.

(2) *Arrest de la cour du Parlement, contenant règlement général pour la conduite, discipline, etc. du collége d'Harcourt.*

(3) *Mémoire pour le sieur Duval, proviseur et principal du collége d'Harcourt,* Paris, 1780, in-4°.

(4) Archives de l'Empire, carton n° F[17] 1194.

de l'établissement : *de gueules à deux fasces d'or,* et qu'un grand nombre de volumes portent sur les plats.

La plus petite de ces marques

est la moins fréquente.

La seconde figure sur presque tous les ouvrages donnés en prix aux élèves;

elle est parfois accompagnée des lettres H C entrelacées et frappées sur le dos du volume entre chaque nerf.

Les bâtiments du collége d'Harcourt furent démolis peu de temps après la Révolution, et reconstruits en 1814; on les convertit alors en maison d'arrêt, puis on y installa l'École normale. Une ordonnance royale de 1820 leur restitua leur destination primitive avec le titre de Collége Saint-Louis; la façade de cet établissement vient d'être refaite pour l'alignement du boulevard Saint-Michel.

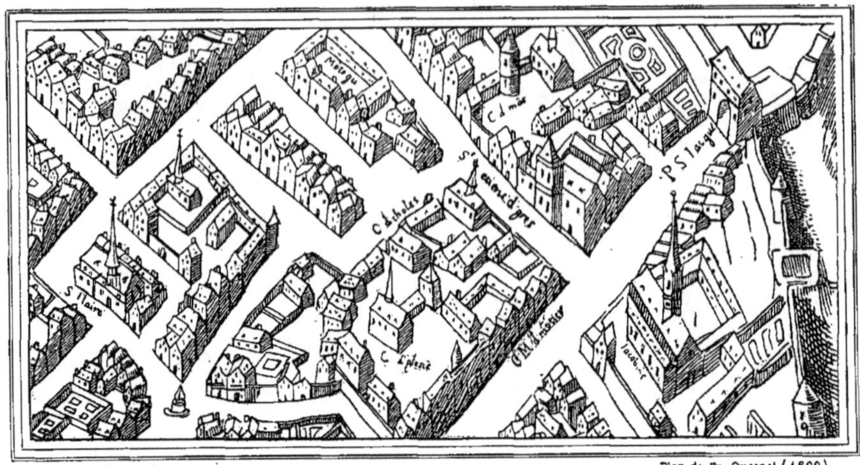

Fac-simile héliographique — Plan de Fr. Quesnel (1609).

COLLÉGE DES CHOLETS.

Le cardinal Jean Cholet, dit de Nointel, mourut le 2 août 1291. Il laissait par testament une somme considérable destinée à faire les frais d'une croisade contre le roi d'Aragon; mais celui-ci se soumit avant qu'on eût même commencé la campagne. Évrard de Nointel et Gérard de Saint-Just, exécuteurs testamentaires du cardinal, employèrent les fonds laissés par lui à l'achat de plusieurs maisons de la rue Saint-Symphorien-des-Vignes[1], *Sanctus Symphorianus in vineis*, et y installèrent, vers 1292, un collége qui prit le nom du testateur; le collége donna lui-même plus tard son nom à la rue où il était situé. Les deux exécuteurs testamentaires rédigèrent, en 1295, les Statuts de l'établissement, qui furent approuvés par Boniface VIII[2].

Jean Cholet avait possédé une assez nombreuse collection de livres, dont il disposa en faveur des étudiants pauvres de Paris, de quelques amis particuliers et

[1] Après la fondation du collége, elle devint la rue des Cholets, et c'est ainsi qu'elle est désignée, en 1540, sur le plan dit *de tapisserie*. Mais Gomboust, en 1652, lui restitua son nom de Saint-Symphorien, et la plupart des plans postérieurs à cette date l'ont imité. Cependant, quand elle fut détruite, vers 1847, pour la construction de la bibliothèque actuelle de Sainte-Geneviève, elle avait, depuis plus de cinquante ans, repris son nom primitif.

[2] Félibien, *Histoire de Paris*, t. III, p. 301.

surtout du couvent des Cordeliers [1]. Le nouveau collége ne put donc compter, pour se former une bibliothèque, sur celle qu'avait laissée son fondateur; cependant on trouve presque aussitôt parmi les fonctionnaires de l'établissement des *librarii* ou bibliothécaires, qui étaient élus par les boursiers et ne pouvaient rester plus d'une année en exercice [2]. En outre, Claude Héméré, qui malheureusement ne cite pas ses sources, nous fournit une preuve évidente de l'existence d'une bibliothèque dans cette Maison en 1319. Il raconte qu'à cette époque Nicolas de Saint-Just, grand-maître du collége de Navarre [3] et doyen de Saint-Quentin en Vermandois, emprunta à la bibliothèque des Cholets un volume des livres saints, qu'il garda toute sa vie, mais dont il songea du moins à ordonner par testament la restitution [4].

Ce mode de prêt était fort en usage au collége des Cholets; certains ecclésiastiques en vinrent même, à ce qu'il paraît, à s'attribuer ainsi, leur vie durant, la presque totalité de la bibliothèque de la Maison. En présence de faits aussi étranges, on serait tenté de croire que des prêts de ce genre, dans un siècle où les livres étaient si rares et si chers, n'étaient pas entièrement gratuits. Nous n'avons pourtant aucune preuve à produire en faveur de cette supposition; le seul contrat de prêt que nous possédions est parfaitement en règle et ne contient pas une seule clause susceptible d'être interprétée en ce sens. Par acte du 25 janvier 1411, Pierre Plaru ou Plaoul, évêque de Senlis, reconnaît avoir emprunté aux prieur et maîtres du collége des Cholets dix-huit manuscrits dont on transcrit les titres. Il promet sur l'honneur, et sous la garantie de tous ses biens présents et futurs, que lesdits ouvrages seront restitués au collége soit par lui, soit par ses exécuteurs testamentaires ou ses héritiers [5]. Disons de suite que ce furent en effet les exécuteurs testamentaires de Pierre Plaru qui, le 8 mai 1415 [6], re-

[1] Voyez le texte de son testament dans Fr. Duchesne, *Histoire des cardinaux françois*, t. II, p. 225; il est analysé dans l'*Histoire littéraire de la France*, t. XX, p. 120.

[2] J. Dubreul, *Theatre des antiquitez de Paris*, p. 490.

[3] Voyez De Launoy, *Academia Parisiensis illustrata*, t. II, p. 890.

[4] «... Nicolaum a Sancto Justo, doctorem Parisiensem et protogymnasiarcham Navarræ, opimo quamquam sacerdotio divitem, erat enim decanus S. Quintini Viromandensis, eduxisse bibliotheca collegij Cholethei sacrorum Bibliorum volumen, eoque usum quamdiu vixit, assentientibus collegialibus, imperasseque testamento ut liber eidem bibliothecæ redderetur.» (Cl. Héméré, *De academia Parisiensi*, p. 54.)

[5] «Nos, Petrus, miseratione divina Silvanectensis episcopus, universis presentes licteras inspecturis, salutem in Domino. Notum facimus nos recepisse et habuisse, causa mutui, a venerabilibus viris priore et magistris collegij Cholectorum, Parisius fundati, libros qui sequuntur, videlicet... Quos quidem libros bona fide et sub obligatione omnium bonorum nostrorum, presentium pariter et futurorum, per nos, vita comite, aut saltem per executores aut heredes nostros, promittimus integraliter et plenarie dicto collegio restituere. In quorum testimonium sigillum nostrum presentibus duximus apponendum. Anno Domini millesimo quadringentesimo undecimo, die vicesima quinta mensis januarij.» (Archives de l'Empire, série M, n° 111.)

[6] Pierre était mort le 11 avril (*Gallia christiana*, t. X, col. 1432). Il légua quelques manuscrits à la Sorbonne; voyez ci-dessus p. 244.

CONTRAT PASSÉ ENTRE LE COLLÈGE DES CHOLETS ET L'ÉVÊQUE DE SENLIS.

(1411).

mirent ces ouvrages à « maistres Jehan de Monstrelet et Jehan Baudouin, escolliers « de Cholet, et comme procureurs du colleige d'icellui lieu. » Un des volumes, celui qui est désigné sous le titre *Martiniana*, manquait; mais les délégués du collége ne s'en déclarèrent pas moins « quittes et contens[1]. »

Voici la liste des ouvrages que la bibliothèque du collége des Cholets avait prêtés à l'évêque de Senlis :

Quartum sancti Thome, cujus secundum folium incipit : « gnari habitus in nobis, » et penultimum folium : « ad tercium sic proceditur; » et sunt due tabule in fine.

Item, Sommam Altissiodorensem[2], cujus secundum folium : « sic non inter, » et penultimum : « finem et pro illo. »

Item, Sommam magistri Johannis Galensis, cujus secundum folium : « septima distinctio est, » et penultimum : « amantissime frater. »

Item, Hystoriam scolasticam[3], cujus secundum folium : « nisi quod quidem, » et penultimum : « Paulum de fide. »

Item, quasdam questiones, cujus secundum folium : « demones de corporibus, » et penultimum : « ergo quod propter eam. »

Item, concordancias, cujus secundum folium : « Za. XIII a, » et penultimum : « Josue XII° e. »

Item, Manipulum florum[4], cujus secundum folium : « minerit commisisse, » et penultimum : « utrum sit suus. »

Item, Distinctiones Mauricij[5], cujus secundum folium : « nota quod abissus, » et penultimum : « inspiratio. »

Item, unum legendarium, cujus secundum folium : « tatem insectatur, » et penultimum : « pro illo carnem. »

Item, quemdam librum de grossa lictera, in quo sunt quatuor misse, cujus secundum folium : « vovebunt, » et penultimum : « die sabbati. »

Item, quoddam parvum missale, in quo sunt plures misse communes, cujus secundum folium : « in variis, » et penultimum : « Deus qui beatum Petrum. »

Item, aliud missale in parvo volumine, cujus secundum folium : « lationem scripturarum, » et penultimum : « in illo tempore. »

Item, aliud missale magnum, cujus secundum folium : « cuncta salus, » et penultimum : « vitam et requiem. »

Item, quoddam manuale novum, cujus secundum folium : « lis suis, » et penultimum : « diri et conservari. »

Item, quasdam cronicas de regibus Francorum[6], comitum Tholosani, et cathalogum ponti-

[1] *Reconnaissance de la remise des livres, etc.* au dos de la pièce précédente.

[2] *Summa theologica in quatuor libros distributa*, par Guillaume d'Auxerre (*Guillelmus Altissiodorensis*), théologien scolastique, professeur à Paris, mort en 1230.

[3] *Scholastica historia super Novum Testamentum*, par Pierre Comestor, chancelier de l'église de Paris, mort en 1198. C'est un récit de l'histoire sainte depuis la Genèse jusqu'aux Actes des apôtres. Peu d'ouvrages ont joui d'une plus grande vogue au moyen âge. (Voyez ci-dessus, p. 17.)

[4] *Manipulus florum, seu historia Mediolani, ab origine urbis usque ad annum 1371*, par Galvaneo Fiamma.

[5] *Distinctiones super omnia fere nomina, seu dictionarium Scripturæ divinæ*, par le théologien irlandais Maurice.

[6] Peut-être l'ouvrage d'Aimoin, *Chronica de gestis Francorum a Pharamundo ad Pepinum.*

ficum Romanorum, in eodem volumine, cujus secundum folium : «secundus rex Clodio,» et penultimum : «anno Domini;» et sequuntur in fine abreviata ejusdem libri.

Item, Martinianam[1], cum antiquis exemplis, cujus secundum folium : «attendat exemplo,» et penultimum : «excommunicationem.»

Item, ordinarium ad usum Silvanectensem, cujus secundum folium : «minora festa,» et penultimum : «beatus servus.»

Item, breviarium ad usum Silvanectensem, cujus secundum folium : «pauper,» et penultimum folium : «erit corpus[2].»

Les pertes que cette bibliothèque dut éprouver par la mauvaise foi ou la négligence de ses emprunteurs furent comblées en 1463. Nicole de Cocquerel, chanoine d'Amiens et fondateur à Paris d'une école qui n'eut qu'une existence éphémère, laissa au collége des Cholets tous ses biens; et dans le nombre il y avait des livres, car nous avons retrouvé à la Bibliothèque impériale une belle Bible in-folio sur vélin, en tête de laquelle on lit[3] :

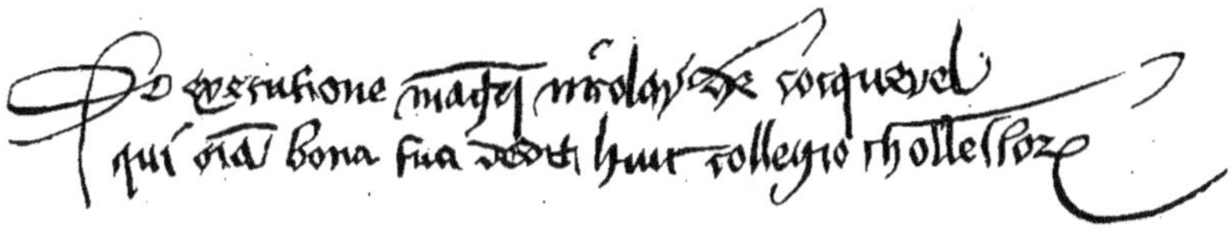

A la fin sont ces mots : *Est collegij Choletorum.*

Vingt ans après, le nécrologe du collége mentionnait la présence de divers volumes enchaînés, soit dans la chapelle, soit dans la librairie, et estimés soixante-huit livres treize sols parisis[4].

Là s'arrête pour nous l'histoire de cette bibliothèque, car les autres traces de son existence que nous avons rencontrées se réduisent à deux inscriptions manuscrites extraites de volumes qui lui ont appartenu.

L'une :

EX BIBLIOTHECA DOMUS CHOLETHORUM,

figure sur un ouvrage imprimé au xve siècle[5].

[1] *Liber dictus Martiniana de concordantia Decretorum et Decretalium*, par Martin, dit *le Polonais*. Sur sa personne, ses ouvrages et leurs différents titres, voyez ci-dessus, p. 4.

[2] Archives de l'Empire, série M, n° 111.

[3] «De executione magistrj Nicolaj de Cocquerel, «qui omnia bona sua dedit huic collegio Chollettorum.» (Bibliothèque impériale, manuscrits, fonds de la Sorbonne, n° 2.)

[4] «Diversa volumina seu libros, in libraria et «capella incathenatos, ad valorem seu appretiationem sexaginta octo librarum XIII s. parisienses.» (Archives de l'Empire, série M, n° 112.)

[5] Bibliothèque Mazarine, incunables, n° 1566 B.

L'autre :

EX BIBLIOTHECA DOMUS CHOLETEAE.

se trouve en tête du célèbre catalogue de la bibliothèque de Richard de Fournival[1].

L'emplacement qu'occupait le collége des Cholets fut peu à peu envahi par les colléges de Louis-le-Grand et de Sainte-Barbe. Les derniers vestiges de la rue des Cholets ont disparu lors de la construction de la nouvelle bibliothèque Sainte-Geneviève[2].

[1] Bibliothèque de l'Université, manuscrits, n° S, l. 11, 1.

[2] Alf. de Bougy, *Histoire de la bibliothèque de Sainte-Geneviève*, p. 25.

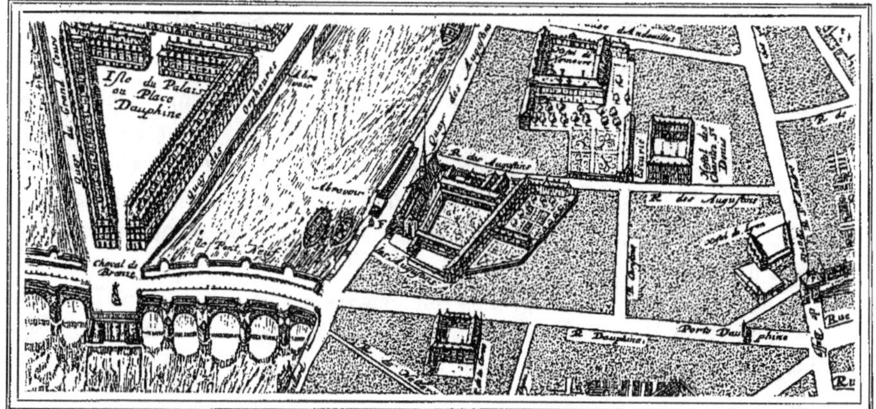

Fac-simile héliographique. Plan de J. Gomboust (1652).

COUVENT DES GRANDS-AUGUSTINS.

L'ordre des ermites de Saint-Augustin date du xiiie siècle. Quelques-uns de ces religieux vinrent s'installer à Paris sous le règne de saint Louis, qui, dit Joinville, « leur fist fère un moustier dehors la porte de Montmartre[1]. » Ce petit monastère comprenait seulement « quandam domum cum jardino[2]; » il touchait à la porte Saint-Eustache, et s'étendait jusqu'à la voie appelée aujourd'hui rue des Vieux-Augustins.

Les religieux quittèrent bientôt cette résidence. Dès 1285, leur prieur général acheta pour eux une maison et un assez vaste terrain situés entre la porte Saint-Victor et la rue de Bièvre, espace encore inculte et couvert de chardons, qui portait le nom de *Cardinetum*[3]. Mais le quartier était pauvre et les aumônes peu abondantes; les Augustins durent changer encore une fois de demeure.

En 1293, ils vendirent leurs propriétés du clos du Chardonnet, et achetèrent aux frères Sachets[4] le couvent que ceux-ci possédaient sur le bord de la Seine.

[1] Joinville, *Vie de saint Louis*, édit. Michaud, p. 322.

[2] Charte du xiiie siècle, citée par J. Dubreul, *Theatre des antiquitez de Paris*, p. 416.

[3] Piganiol de la Force, *Description historique de Paris*, t. VII, p. 118.

[4] Les frères Sachets ou Sacs, en latin *Saccarii*, *Saccitæ* ou *Saccati*, avaient été ainsi nommés parce qu'ils étaient vêtus d'une robe sans ceinture en forme de sac. (Voyez dans Dubreul, *Theatre des antiquitez de Paris*, p. 418, et dans Félibien, *Histoire de Paris*, t. III, p. 206, la *Charte de fondation du*

Ils s'en contentèrent d'abord; puis, devenus riches, le firent reconstruire d'une manière somptueuse; il finit par couvrir à peu près tout l'emplacement aujourd'hui compris entre les rues Dauphine, Christine et des Grands-Augustins. Le nom de ces religieux est également resté au quai sur lequel était situé leur couvent. Celui-ci se composait, de ce côté, d'un vaste bâtiment éclairé par quinze fenêtres en ogive, au-dessous desquelles étaient installées de nombreuses boutiques de libraires.

Il est probable que les Augustins commencèrent vers cette époque à se former une bibliothèque. Suivant leur propre déclaration, elle «se composa alors des «livres que les religieux achetoient de leur pécule et qu'ils laissoient en mou«rant[1].»

Le doute, en tout cas, n'est plus permis à partir de 1316. Le 22 décembre de cette année mourut à Rome Gilles Colonna (*Ægidius Romanus*), archevêque de Bourges et général de l'ordre des Augustins. Il avait toujours eu une prédilection particulière pour le couvent de Paris; aussi ordonna-t-il par testament que son corps y serait transporté, et, en témoignage de sa constante affection, il lui laissa sa bibliothèque, «suam bibliothecam sane amplam,» dit Aubert Lemire, qui déclare l'avoir vue[2].

La collection des Augustins s'augmenta peu à peu. Nous ne croyons pas que le couvent ait jamais accordé dans ce but des fonds spéciaux; mais les donations faites à la bibliothèque, soit par des religieux, soit par des étrangers, y suppléaient. L'obituaire de la Maison[3] est muet à cet égard. En revanche, on avait soin d'inscrire, autant que possible, sur chaque volume le nom de la personne qui l'avait procuré au couvent; ces renseignements se trouvent même sur un catalogue de la collection qui fut dressé en 1790, et que possède aujourd'hui la bibliothèque de l'Arsenal[4]. Malheureusement, ces noms, n'étant accompagnés d'aucune désignation spéciale, ne sauraient guère être utilisés pour l'histoire de la bibliothèque. Les seuls documents dont nous puissions faire usage seront donc des inscriptions trouvées par nous sur des volumes provenant du couvent, et on comprend que le nombre de ces découvertes soit, malgré toutes nos recherches, nécessairement bien restreint.

En 1369, un religieux nommé Jean de Montmor, licencié en droit, offrit au

couvent des Sachets, aujourd'huy des Grands-Augustins; elle est datée de novembre 1261.)

[1] *État des revenus, charges et mobilier du grand couvent du collége général des Augustins de Paris.* Archives de l'Empire, série S, carton n° 3632.

[2] «Bibliothecam suam, quam sane amplam Lu«tetiæ me videre anno 1610 memini, reliquit mo«nasterio sui ordinis, ea in urbe a se excitato.» (Aub. Miræus, *Bibliotheca ecclesiastica,* 1re partie, p. 254. — Voyez encore sur ce legs C. Curtius, *Virorum illustrium ex ordine eremitarum Sancti Augustini elogia,* p. 77, et aux Archives de l'Empire le carton coté S 3632.)

[3] Bibliothèque impériale, manuscrits, fonds des Grands-Augustins, n° 69.

[4] *État et catalogue de la bibliothèque des Grands-Augustins de Paris.* Bibliothèque de l'Arsenal, manuscrits, n° 839 G.

couvent un bel exemplaire in-folio sur vélin du traité *De virtutibus et vitiis* de Pierre le Chantre. On lit en tête de ce manuscrit[1] :

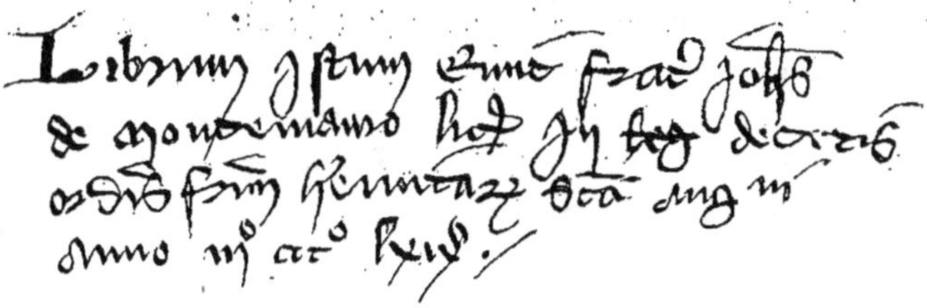

En 1415, deux personnes qui n'appartenaient pas au couvent, Jean Chomery, secrétaire du duc d'Orléans, et Mathieu Savary, clerc du comte de Vertus[2], donnèrent à la bibliothèque le *Milleloquium Augustini* de Barthélemy d'Urbin, en deux volumes in-folio ornés de jolies miniatures. La note suivante fut placée à la fin du premier volume[3] :

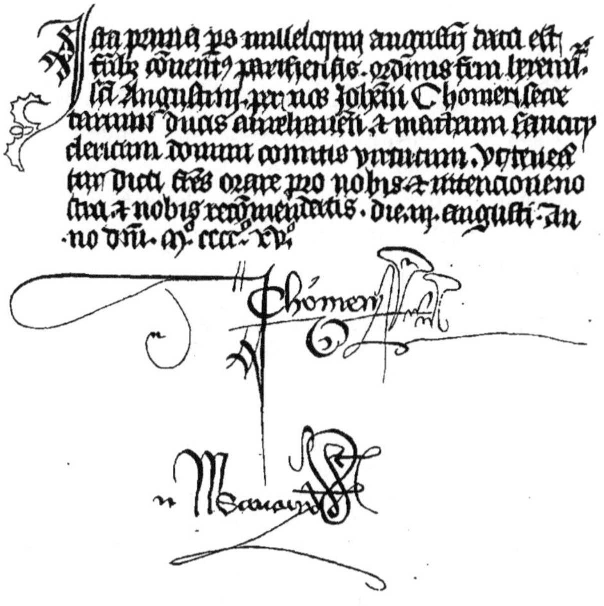

[1] «Librum istum emit frater Johannes de Mon-«temauro, licenciatus in decretis, ordinis fratrum «heremitarum Sancti Augustini. Anno m° ccc° «lxix°.» Bibliothèque (Mazarine, manuscrits, cote n° H 426.)

[2] Sans doute Philippe, comte de Vertus, dernier fils de Louis duc d'Orléans; il était encore mineur, car il mourut, à peine âgé de vingt ans, en 1420.

[3] «Ista prima pars Milleloquij Augustinj data

Dix-huit ans après, Clément de Fauquembergue ou de Faulquenbergue, chanoine de Notre-Dame de Paris, doyen d'Amiens et greffier du Parlement, donna aux Augustins un commentaire sur les *Sentences* de Pierre Lombard [1]. Cet ecclésiastique, qui légua quelques ouvrages à la cathédrale de Paris [2], semble avoir été un des rares bibliophiles du xve siècle.

Enfin, en 1504, le P. Archange de Florence laissa encore au couvent un exemplaire en vélin de la *Somme* de saint Thomas d'Aquin.

Une note écrite à la fin du volume [3]

nous apprend qu'en retour de cette libéralité les religieux devaient célébrer, pour le repos de l'âme du défunt, deux messes hautes, et que la première fut dite le 27 juin.

La bibliothèque des Grands-Augustins, fort délaissée pendant tout le xve siècle, devint, en 1634, l'objet d'une réorganisation complète; on trouve parfois sur des volumes cette inscription :

EX BIBLIOTHECA PATRUM AUGUSTINIENSIUM MAJORIS CONVENTUS PARISIENSIS, RENOVATA ANNO DOMINI 1634 [4].

«est fratribus conventus Parisiensis ordinis fratrum «heremitarum Sancti Augustinj per nos Johannem «Chomeri, secretarium ducis Aurelianensis, et Matheum Savary, clericum domini comitis Virtutum, «ut teneantur dicti fratres orare pro nobis et intencione nostra, et nobis recommendatis. Die iij augusti, anno Domini m° cccc° xv°. J. Chomery, M. Savary.» (Bibliothèque impériale, manuscrits, fonds des Grands-Augustins, n° 43.)

(1) On lit sur le volume : «Iste liber est de libris «magistri Clementis de Fauquembergue, decani «Ambianensis, grapherij Parlamenti, donatus con«ventui religiosorum Beati Augustini Parisiensis. «Clemens.» (Bibliothèque Mazarine, mss. n° T 326.)

(2) Voyez ci-dessus, page 23.

(3) «Nota quod anno Domini m° quingentesimo «iiij°, magister noster Archangelus de Florentia «dedit istum librum conventuj Parisiensi ordi«nis fratrum heremitarum Sancti Augustini, tali «pacto quod conventus celebraret duas altas missas «pro deffuncto; quarum prima fuit dicta xxvij «mensis junij, secunda vero dicta fuit quarta «jullij.» (Bibliothèque Mazarine, manuscrits, cote n° T 378.)

(4) Voyez, entre autres, à la bibliothèque Mazarine, le manuscrit coté n° H 558.

A la même époque, il fut dressé un inventaire des archives du couvent[1]. Nous ne savons si l'on fit en même temps un catalogue de la bibliothèque; nous n'en avons, dans tous les cas, trouvé aucune trace. Mais nous mentionnerons encore une donation qui paraît avoir été considérable, et qui fut due à un auditeur de la Chambre des comptes, nommé Léonard Tardi. On rencontre en effet, assez fréquemment, des volumes provenant du monastère des Grands-Augustins, et qui portent la marque du couvent sur l'un des plats, et sur l'autre celle-ci :

Parfois ces deux marques sont remplacées par des inscriptions formées de gros caractères et également frappées en or. On lit alors d'un côté du volume ces mots :

L. TARD.

et de l'autre :

S. AUG. PA.

La bibliothèque du couvent des Grands-Augustins était installée « dans un « superbe vaisseau bien éclairé[2]. » Germain Brice ajoute que la salle « régnoit « au dessus d'un des dortoirs[3], » et l'exactitude de ce renseignement nous a

[1] *Inventaire des archives du couvent de Paris de l'ordre de N. P. S. Augustin, divisé en quatre parties... Composé en l'année 1634.* (Bibliothèque impériale, manuscrits, fonds des Grands-Augustins, n° 69.)

[2] Thiéry, *Guide des amateurs et des étrangers voyageurs à Paris*, t. II, p. 468.

[3] G. Brice, *Nouvelle description de Paris*, t. IV, p. 108.

été confirmée par un plan tracé à la main que nous avons trouvé au cabinet des estampes de la Bibliothèque impériale,

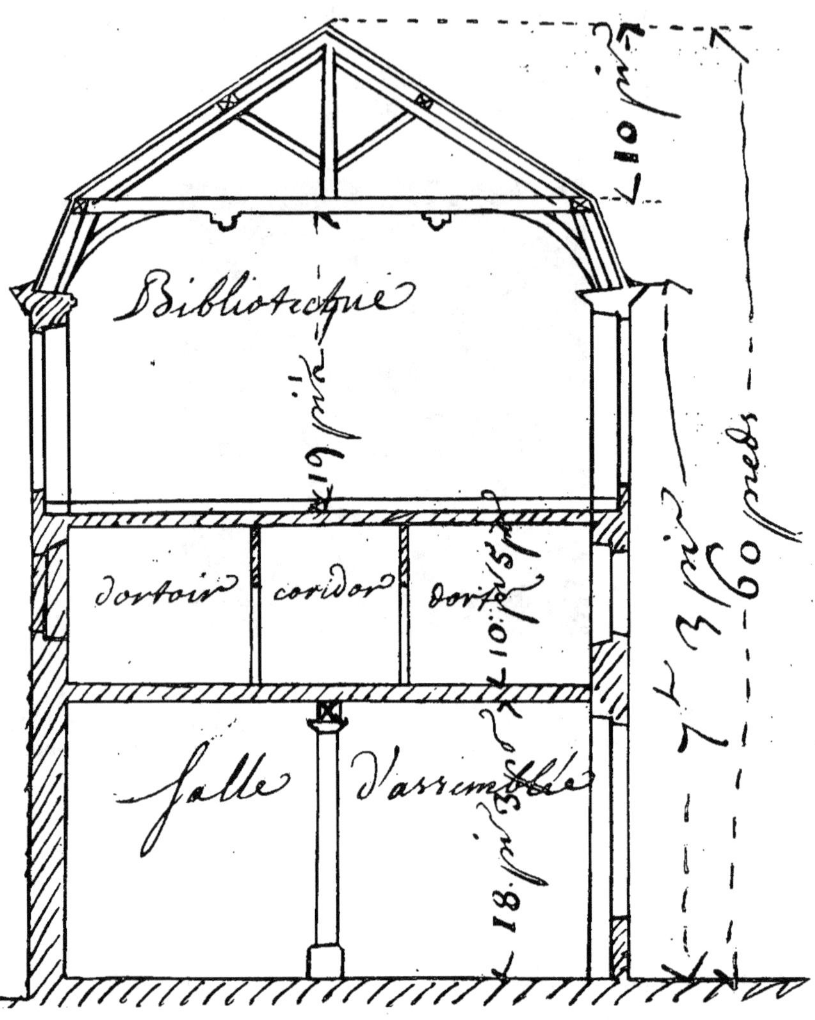

dans la précieuse collection dite *Topographie de Paris*. Cette galerie était entourée de boiseries, et des portes grillées protégeaient les volumes; on y voyait aussi deux beaux globes exécutés par Coronelli, et plusieurs portraits de religieux augustins. Voici, au reste, l'inventaire officiel qui fut dressé, en 1790, du mobilier de cette bibliothèque :

ÉTAT DES MEUBLES ET EFFETS DE LA BIBLIOTHÈQUE.

Une boiserie simple, bien composée, garnie de portes grillées.

Dix paires de rideaux de coton pour les dix grandes croisées.

Quatre grandes tables à tiroir, garnies de leurs tapis verts.

Deux grandes tables sans tiroir, peintes.

Deux grands globes, l'un terrestre, l'autre céleste, par un minime italien, avec leurs supports en bois peint et leurs rideaux très-mauvais.

Un petit vaisseau sous verre, donné par M. Louis Emeric Cloming, de la Rochelle.

Une petite chambre noire d'optique, avec quelques mauvaises estampes.

Un grand pupitre un peu endommagé.

Deux grandes échéles roulantes.

Deux marches pieds.

Un grand bureau à tiroir.

Deux petites armoires en forme de bureaux.

Quatre chaises et un fauteuil en velour d'Utrech rouge.

Un fauteuil en jong à demi dossier.

Le cabinet, garni de coffres en bois peint, d'une table sous la croisée et de plusieurs rayons attachés au mur.

Huit banquetes.

Douze tableaux, presque tous portraits des religieux morts dans le couvent.

Quatre petits bustes en plâtre [1].

La collection renfermait alors dix-huit mille cinq cent cinquante volumes, y compris quatre cent vingt-six manuscrits [2], et elle avait pour bibliothécaires les révérends pères Charles Hervier et Nadaud, qui, dit Thiéry, « se faisoient un plaisir d'y admettre les gens de lettres [3]. » Elle possédait d'ailleurs peu d'ouvrages vraiment curieux; on citait seulement une très-belle Bible sur vélin remplie de vignettes et de miniatures, les Bibles polyglottes de Lejay et de Walton, la *Bibliothèque des Pères* publiée par les Bénédictins, la collection byzantine [4], et une histoire manuscrite de l'Ordre du Saint-Esprit, en dix volumes in-folio, par le P. Bouges [5].

Nous ne connaissons aucune estampille provenant de la bibliothèque des Grands-Augustins; mais ces religieux avaient fait exécuter deux fers que l'on

[1] *État et catalogue de la bibliothèque des Grands-Augustins de Paris.* Bibliothèque de l'Arsenal, manuscrits, n° 839 G.

[2] *État des revenus, charges et mobiliers, etc.* Archives de l'Empire, série S, carton n° 3632.

[3] Thiéry, *Guide des amateurs et des étrangers voyageurs à Paris*, t. II, p. 468.

[4] *État des revenus, charges et mobilier du grand couvent du collége général des Augustins de Paris.* Archives de l'Empire, série S, carton n° 3632.

[5] Aujourd'hui à la Bibliothèque impériale, manuscrits, fonds des Grands-Augustins, n° 82. — On sait que c'est dans le couvent des Grands-Augustins que se tenaient les réunions solennelles de l'Ordre du Saint-Esprit. Deux grandes salles avaient été magnifiquement décorées dans ce but, et le P. Bouges fut longtemps chargé de les montrer aux étrangers qui visitaient le couvent. (Voyez Piganiol de la Force, *Description historique de Paris*, t. VII, p. 155.)

trouve frappés, tantôt en or, tantôt en noir, sur les plats des volumes. Celui que nous croyons le plus ancien est fort simple.

Le second, d'une composition assez soignée, mais que l'on rencontre beaucoup plus rarement que le précédent, représente saint Augustin aux côtés duquel sont

agenouillés deux religieux; une inscription placée au-dessous de l'un d'eux désigne Gilles Colonna, le plus célèbre des docteurs de l'Ordre.

Presque tous les volumes portent, en outre, des inscriptions manuscrites. Voici les plus usitées :

EX BIBLIOTHECA AUGUSTINIANA MAJORIS CONVENTUS PARISIENSIS.

EX COMMUNI BIBLIOTHECA PATRUM AUGUSTINIENSIUM MAJORIS CONVENTUS PARISIENSIS.

EX BIBLIOTHECA AUGUSTINIANA MAJORIS CONVENTUS ET COLLEGII PARISIENSIS.

Le couvent des Grands-Augustins, qui avait été plusieurs fois le théâtre de graves désordres, fut, comme tous les établissements de ce genre, supprimé en 1790. On y conserva la bibliothèque jusqu'à l'année suivante, et, le 14 novembre 1791, Ameilhon écrivait au Directoire de Paris : « J'ai reçu des ordres « pour déménager la bibliothèque des Grands-Augustins, quai de la Vallée, parce « que ce local est demandé par l'administration pour servir au travail des assignats [1]. » C'est là, en effet, que furent installées les presses de Didot, qui avaient provisoirement été déposées dans une des cours.

Il ne reste plus aucune trace de ce couvent. Déjà, sous Henri IV, la rue Dauphine avait été ouverte sur une portion de l'enclos des religieux [2]. Vers 1797, une grande partie des jardins fut absorbée par la création de la rue du Pont-de-Lodi; et, en 1811, on démolit les bâtiments pour établir la vaste halle qui, jusqu'au commencement de cette année (1867), servait de marché à la volaille.

[1] Archives de l'Empire, série M, carton n° 797. — [2] Lestoile, *Journal de Henri IV*, 6 février 1607.

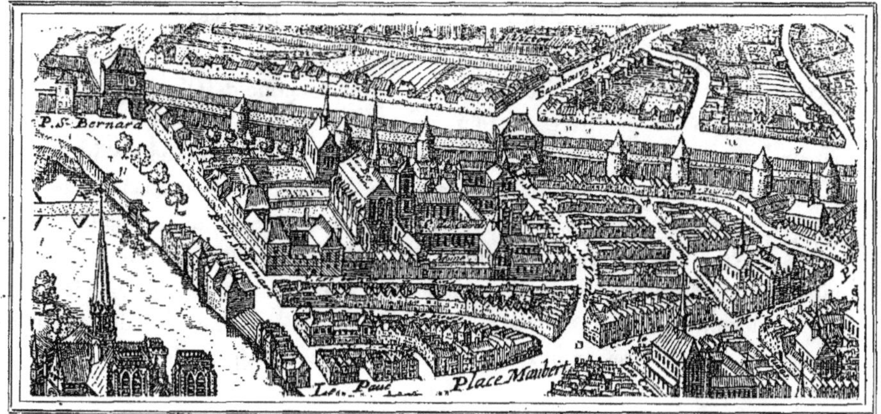

Fac-simile héliographique. Plan de Math. Mérian (1615).

COLLÉGE DU CARDINAL LEMOINE.

En 1302, Jean Lemoine (*Johannes Monachus*), cardinal et légat du pape Boniface VIII, acheta dans la rue Saint-Victor, au lieu dit *le Clos-du-Chardonnet,* plusieurs bâtiments que les Grands-Augustins venaient d'abandonner[1], et il y créa un collége assez vaste pour recevoir 100 écoliers[2]. Par une prévoyance bien rare alors, et qui dans la suite sauva l'établissement, il ne voulut pas établir la valeur des bourses d'après les monnaies de l'époque, mais suivant un poids déterminé de métal d'argent[3]. Ce collége, enrichi par un grand nombre de donations particulières, prospéra jusqu'à la Révolution; on cite parmi ses professeurs Turnèbe, Buchanan et Muret[4], et parmi ses élèves Guillaume Farel et Calvin[5]. Il fut presque entièrement reconstruit en 1757[6].

Le collége du Cardinal Lemoine eut, dès l'origine, une bibliothèque qui, selon toute apparence, lui fut fournie par le fondateur; il est certain, du moins, que quatre cents ans plus tard on y conservait encore un de ses ouvrages. Dans les Statuts qu'il rédigea en 1302, il prit toutes les mesures nécessaires pour assurer la conservation de cette petite collection. Il ordonne d'abord que la porte en soit

[1] Voyez ci-dessus, p. 379.

[2] J. Dubreul, *Theatre des antiquitez de Paris,* p. 492.

[3] Crevier, *Histoire de l'Université de Paris,* t. II, p. 215.

[4] G. Brice, *Description de Paris,* t. II, p. 456.

[5] Piganiol de la Force, *Description historique de Paris,* t. V, p. 300.

[6] Thiéry, *Guide des amateurs et des étrangers voyageurs à Paris,* t. II, p. 147.

fermée au moyen de deux clefs conservées par deux boursiers théologiens. Il veut encore que, chaque année, pendant la première semaine de Quadragésime, une inspection générale des livres ait lieu, en présence du grand maître, du prieur, des procureurs et des théologiens, et que l'on en fasse alors le récolement d'après le dernier inventaire : si des livres manquent, qu'on s'informe des causes de leur absence; et si de nouveaux ont été achetés, qu'on les ajoute au catalogue[1].

Ces sages mesures furent confirmées dans d'autres Statuts datés de 1313. En outre, pour réformer sans doute un abus qui avait été signalé, un article additionnel défendit, sous les peines les plus sévères, à tout boursier de prêter au dehors aucun des livres appartenant au collége, quelque garantie que pût offrir l'emprunteur[2].

L'organisation de ce collége fut modifiée en 1544 par un arrêt du Parlement, qui de dix-huit porta à vingt-quatre le nombre des boursiers. Un des paragraphes de cet arrêt nous montre que la bibliothèque créée par le cardinal Lemoine avait été bien négligée depuis deux siècles. « Elle est, y est-il dit, à présent inu« tile, et ne sert ausdits estudians, pource qu'il n'y a en icelle aucuns livres exquis, « et non imprimez. » Et, comme de la salle qu'elle occupait « on pouvoit commo« dement faire deux ou trois bonnes chambres, » la Cour ordonna « que les livres y « estans seroient transportez de ladite librairie, et mis au lieu nommé *le Thresor*, « et icelle appliquée à usage de chambre pour le logement desdits boursiers[3]. »

Cette bibliothèque se releva cependant au siècle suivant, et le catalogue en fut rédigé en 1695 par l'un des boursiers, nommé Claude. Ce travail, où l'on a suivi l'ordre des matières, forme un volume in-folio qui a pour titre : *Catalogus librorum in bibliotheca domus Cardinalitiæ contentorum, anno 1695*. On lit à la fin : « Hic « catalogus confectus et absolutus est die ultimo maij an. 1695, opera Claudij « (scholastici Cardinalitii). » Ces deux derniers mots ont été plus tard effacés et remplacés par ceux-ci : « Bonnedame, hujus domus doctoris et socij[4]. »

La collection jouissait certainement alors d'une certaine notoriété, car Chevillier alla la consulter avant d'écrire son histoire de l'imprimerie de Paris. Parmi les ouvrages rares qu'il y a trouvés, il cite :

(1) « Item statuo ut in libraria dicte domus sint « due claves, per duos theologos conservandæ; et « quod singulis annis, prima septimana Quadragesime, fiat ostensio librorum, presentibus magistro, priore, procuratoribus et theologis dicte do« mus; et fiat comparatio ad inventarium antea de « dictis libris factum. Et si contingat libros deficere, « ipsi diligenter requirantur. Si novi fuerint acqui« siti, in inventario ponantur. » (*Statuta collegii Cardinalitii*, art. XIX, et Félibien, *Histoire de Paris*, t. V, p. 609.)

(2) « Statuimus et ordinamus ut nullus scholaris « dictæ domus, sive sit de majoribus, sive de mino« ribus, attentet commodare librum dictæ domus, « etiam sub pignore, seu cautione quacumque; et « hoc mandamus sub debito juramenti. Et qui« cumque de dictis scholaribus hoc statutum non « servaverit, sit privatus omni commodo dictæ « domus. » (*Quartum statutum collegii Cardinalitii, factum Avenione, anno 1313.*)

(3) *Arrest donné le quinziesme janvier* M. D. XLIV *pour la reformation du college du cardinal Lemoine*, article LVII.

(4) Bibliothèque Mazarine, manuscrits, n° 3203.

Guidonis de Monte Rocherii manipulus curatorum. Parisius, per magistrum Udalricum Gering, anno Domini 1478, die vero 4 mensis junij. In-quarto [1].

Une Bible latine, in-folio, sans lieu ni date, et qui remontait également aux premières années de l'imprimerie [2].

Glossa aurea nobis priori loco super sexto Decretalium libro tradita per Reverendissimum D. Dominum Johannem Monachum, Picardum, sacrosanctæ Romanæ Ecclesiæ presbyterum cardinalem ac vicecancellarium meritissimum. Jean Petit, 1535, in-folio [3]. Cet ouvrage de Jean Lemoine, fondateur du collége, eut longtemps une vogue immense.

Au moment où éclata la Révolution, un bachelier de la Maison, nommé Soher, venait de dresser avec beaucoup de soin un nouveau catalogue de la collection. Rédigé par ordre de matières, ce travail remplit un volume in-folio qui est aujourd'hui conservé à la bibliothèque Mazarine; il comprend 2,475 ouvrages en comptant les doubles, et même les manuscrits, qui sont confondus avec les imprimés. On lit en tête : *Catalogue des livres de la bibliothèque du Collége du Cardinal Le Moine. Fait par les soins de Mr Soher, bachelier de la Maison et Société dudit Collége en 1784. Sous la grande maîtrise de Louis Beauduin, docteur en théologie de la Faculté de Paris* [4].

Le collége du Cardinal Lemoine ne marquait ses livres d'aucune estampille; nous n'avons pas même rencontré d'inscriptions manuscrites au nom de cet établissement.

Après 1789, les jardins du collége furent vendus et transformés en chantiers de bois de chauffage. Les bâtiments, devenus propriétés particulières, ont été récemment démolis pour livrer passage à une rue, qui porte le nom du Cardinal-Lemoine.

(1) A. Chevillier, *De l'origine de l'imprimerie de Paris*, p. 70. — Ce *Manuel des curés*, composé par Gui de Montrocher, eut près de cinquante éditions dans les trente dernières années du XVe siècle; la plus ancienne, imprimée en 1471, est à peu près introuvable aujourd'hui.

(2) A. Chevillier, *De l'origine de l'imprimerie de Paris*, p. 74.

(3) A. Chevillier, *De l'origine de l'imprimerie de Paris*, p. 324.

(4) Bibliothèque Mazarine, manuscrits, n° 3204.

Fac-simile héliographique. Plan de Fr. de Belleforest (1575).

COLLÉGE DE NAVARRE[1].

L'École polytechnique s'élève sur un emplacement qui, depuis plus de cinq siècles, voit, sans interruption, se succéder des professeurs et des élèves, et ce serait une énumération vraiment curieuse que celle de tous les hommes éminents qui, depuis 1315 jusqu'à nos jours, ont puisé là les éléments de leur grandeur.

Jeanne de Navarre, comtesse de Champagne et femme de Philippe le Bel, légua, par son testament du 24 mars 1304, les fonds nécessaires à la construction et à l'entretien d'un collége destiné à recevoir soixante et dix boursiers[2]. Les exécuteurs testamentaires[3] vendirent l'hôtel de Navarre[4] et achetèrent un vaste terrain

[1] Plan. Nos de renvoi : 11, la place Maubert. — 13, le mont et carrefour Saincte Genevieſve. — 14, Saincte Genevieſve. — 15, porte et fauxbourgs S. Marceau. — 17, porte et faux bourgs S. Victor. — 30, college de Navarre. — 40, les Bernardins. — 55, la Tournelle, port. — 57, college de Montagu. — 63, quay de la Tournelle. — 64, les grands degrez. — 73, S. Hylaire. — 74, college des Lombards. — 75, college de Boncour. — 76, college du Cardinal le Moyne.

[2] Voyez l'acte de fondation, dans Félibien, *Histoire de Paris*, t. III, p. 317.

[3] Ils étaient au nombre de huit, mais deux seulement d'entre eux paraissent s'être occupés de la fondation du collége; ce sont Gilles de Pontoise, abbé de Saint-Denis, et Simon Testu, qui devint évêque de Meaux.

[4] Cet hôtel était situé à l'extrémité de la rue Saint-André-des-Arcs, près de la porte de Buci.

situé presque au sommet de la montagne Sainte-Geneviève; la première pierre de la chapelle fut posée le 2 avril 1309, et dès 1315 les autres bâtiments furent en état de recevoir les écoliers.

Ce collége eut aussitôt une bibliothèque. Dubreul déclare que «la royne fondatrice l'enrichit d'une excellente librairie[1];» Durey de Noinville confirme cette assertion, et parle des «anciens manuscrits que légua la reine Jeanne[2].» Le testament de cette princesse ne renferme aucune clause de ce genre; on y lit seulement ces mots : «Et s'il y a aucune chose de surcroist desdits deux mil livres «de rente, ils seront reservez et gardez pour achepter livres de gramaire, de «logique, de philosophie et de divinité, pour mettre au commun proufit des «povres escholiers pour estudier[3].» Dans le *Statutum speciale fundationis Navarricæ,* cette phrase est littéralement traduite en latin. On voit donc que Jeanne ne légua aucun volume à la Maison dont elle ordonnait la fondation; mais ses exécuteurs testamentaires «la fournirent de tout ce qui étoit nécessaire à un «collége, et y établirent une bibliothèque qu'ils composèrent des meilleurs ma-«nuscrits qu'ils purent trouver; car l'imprimerie n'étoit pas encore inventée,» ajoute naïvement Leprince[4], qui copie mot pour mot Piganiol de la Force[5].

Henri de Sponde s'est également trompé quand il a attribué à Pierre d'Ailli la création de cette bibliothèque[6].

Pierre d'Ailli ne fut nommé qu'en 1384 grand maître du collége; mais celui-ci lui dut des améliorations si importantes, qu'une inscription placée dans la chapelle le qualifiait de *secundus fundator*[7]. Il fit construire un nouveau bâtiment divisé en douze grandes chambres, et qui sur les registres de l'établissement conserva longtemps le nom de *Domus Alliaci*[8]. Enfin, quand il mourut, en 1420, il légua à ce collége, dont il avait été un des premiers élèves[9], sa bibliothèque tout entière; c'était, à ce qu'il paraît, une collection précieuse, au moins si l'on s'en rapporte au témoignage d'Aubert Lemire, qui déclare l'avoir vue, «quam magna cum voluptate aliquando vidi,» écrit-il[10]. Nous avons retrouvé à la bibliothèque Mazarine un volume provenant de ce legs, et c'est précisé-

[1] J. Dubreul, *Theatre des antiquitez de Paris,* p. 495.

[2] Durey de Noinville, *Dissertation sur les bibliothèques,* p. 50.

[3] E. Duboulay, *Historia Universitatis Parisiensis,* t. IV, p. 74.

[4] Leprince, *Essai historique sur la bibliothèque du roi,* p. 352.

[5] Piganiol de la Force, *Description historique de Paris,* t. V, p. 183.

[6] «Spondanus in Annalibus ecclesiasticis pro-«didit ab eo (P. d'Ailli) extructam esse bibliothe-«cam; sed aberrat...» (De Launoy, *Navarræ gymnasii historia,* t. II, p. 475.)

[7] De Launoy, *Navarræ gymnasii historia,* t. Ier, p. 134.

[8] De Launoy, *op. cit.* t. II, p. 475.

[9] «Educati et eruditi (P. d'Ailli et J. Gerson) a «primis annis in regali collegio Navarræ, paren-«tem scholam grata et liberali recordatione semper «amplexati ac venerati sunt.» (Cl. Héméré, *De academia Parisiensi,* p. 135.)

[10] A. Miræus, *Bibliotheca ecclesiastica,* t. Ier, cap. CDLIV, p. 265.

ment le commentaire de P. d'Ailli sur les *Sentences* de Pierre Lombard; on lit à la fin[1] :

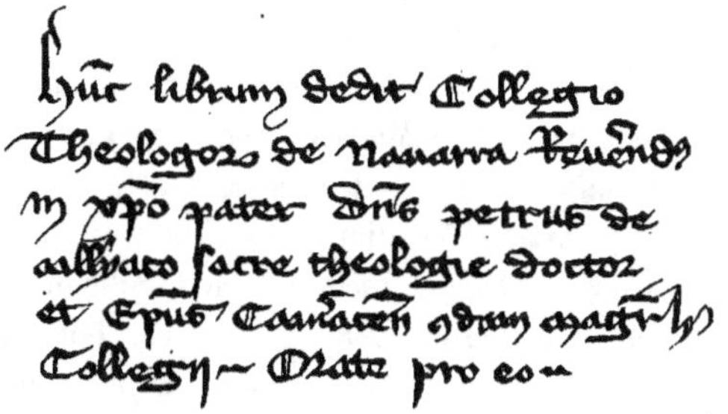

Le P. Jacob nous apprend que les professeurs et les anciens élèves du collége donnaient presque toujours à la bibliothèque un exemplaire des ouvrages qu'ils composaient[2]. Nous avons, en effet, rencontré, sur un grand nombre d'anciens manuscrits, des mentions destinées à conserver la mémoire de ces libéralités; il est assez rare qu'elles soient accompagnées d'une date, mais l'histoire du collége de Navarre écrite par de Launoy, un de ses grands maîtres, permet souvent d'y suppléer. La plus ancienne donation de ce genre que nous puissions citer est due à un sieur Nicolas *Laginius* ou *de Laginiis*, qui était élève au collége en 1352[3]; le volume porte ces mots : « Istum librum reddidit domui de Navarra magis- « ter Nicholaus de Laginiis[4]. » Vers la même époque, un personnage alors célèbre, Réginald Fréron, premier médecin de Charles VI, donna au collége un beau missel in-folio, sur lequel on écrivit[5] :

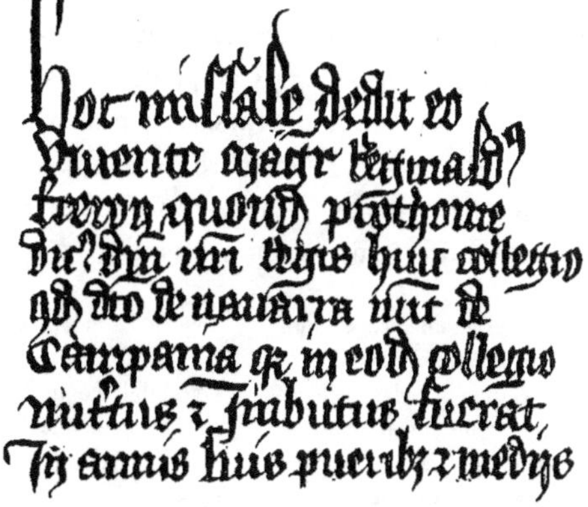

(1) « Hunc librum dedit collegio theologorum de « Navarra reverendus in Christo pater dominus « Petrus de Allyaco, sacre theologie doctor et epi- « scopus Cameracensis, quondam magister hujus « collegij. Orate pro eo. » (Bibliothèque Mazarine, manuscrits, n° 324.)

(2) L. Jacob, *Traicté des plus belles bibliothèques*, p. 547.

(3) De Launoy, *Navarræ gymnasii historia*, t. II, p. 896.

(4) Bibliothèque Mazarine, manuscrits, n° 325.

(5) « Hoc missale dedit, eo vivente, magister Re-

Un sieur Jean Alexandre, grammairien au collége en 1376[1], et qui remplit sans doute ensuite les fonctions de portier, laissa à l'établissement un nombre assez considérable de manuscrits qui portent tous cette mention : « Pro libraria « regalis collegij Navarre, de dono M. Alexandri, quondam janitoris ejusdem[2]. » Un maître ès arts, nommé Pierre Médard, légua en 1385 à la Maison un beau volume in-folio sur vélin estimé 15 francs, et qui fut enchaîné dans la bibliothèque après avoir reçu cette inscription : « Iste liber, qui intitulatur Abbreviatum « Adamj, emptus est de quindecim francis collegio theologorum de Campania, alias « de Navarra, ad usum librarie ejusdem, legatus per bone memorie virum ma- « gistrum Petrum Medardj, magistrum in artibus, cujus anima in pace requiescat; « et fuit incathenatus in eadem libraria anno Domini M° CCC° oct^{mo} quinto, secun- « dum morem Gallicorum[3]. » Guillaume Leduc, élève en 1391[4], et devenu président au Parlement, légua au collége une très-belle Bible in-folio sur vélin, comme l'indique cette note placée à la fin du volume : « Bibliam istam legavit collegio Navarræ « defunctus bone memorie magister Guillermus Ducis, quondam scolaris dicti col- « legij, et tandem quartus presidens Parlamenti; anima cujus in pace requiescat. « Amen[5]. » Nous pouvons citer encore parmi les bienfaiteurs de la bibliothèque Pierre *de Parrochia*, maître des grammairiens en 1396[6]; il offrit un manuscrit d'Aristote dont l'origine est ainsi indiquée : « Iste liber est theologis collegij de « Campania, ex legato magistri Petri de Parrochia, quondam magistri gramma- « ticorum dicti collegij[7]. » Jean Héliot, chanoine de Châlons et mort au mois de janvier 1410, légua aussi à la bibliothèque deux volumes en tête desquels on lit : « Istud volumen legavit in suo testamento magister Johannes Helioti, quondam « canonicus Cathalanensis et socius bursarius hujus domus, ad incathenandum « ipsum in libraria theologorum collegij Campanie, alias Navarre, cum alio volu- « mine per ipsum legato. Qui obijt die mensis januarij, anno Domini millesimo « CCCC° decimo; orate pro eo[8]. » Le célèbre Jean Gerson doit figurer aussi sur cette liste[9]. Enfin un sieur Pierre *Dierrius* ou *de Dierreio*, qui était professeur de l'établissement vers 1396[10], et qui mourut après 1429[11], lui légua un certain

« ginaldus Freron, quondam prothomedicus domini « nostri regis, huic collegio, quondam dicto de Na- « varra, nunc de Campania, quia in eodem collegio « nutritus et imbutus fuerat in annis suis pueribus et « mediis. » (Biblioth. Mazarine, manuscrits, n° 241.)

[1] De Launoy, *Navarræ gymnasii historia*, t. Ier, p. 96.

[2] Bibliothèque Mazarine, manuscrits, n°s 21, 74, 700 et 1275.

[3] Bibliothèque Mazarine, manuscrits, n° 418.

[4] De Launoy, *Navarræ gymnasii historia*, t. Ier, p. 99.

[5] Bibliothèque Mazarine, manuscrits, n° 35.

[6] De Launoy, *Navarræ gymnasii historia*, t. Ier, p. 100.

[7] Bibliothèque Mazarine, manuscrits, n° 1276.

[8] Bibliothèque Mazarine, manuscrits, n° 905.

[9] L. Jacob, *Traicté des plus belles bibliothèques*, p. 547.

[10] Il fut en outre curé de l'église Saint-André-des-Arcs, chanoine de la Sainte-Chapelle, doyen de la Faculté de théologie, et vice-chancelier de l'Église de Paris. M. Jules Quicherat, qui le cite dans son *Procès de Jeanne d'Arc*, l'appelle Pierre de Dierre ou Dierré.

[11] De Launoy, *Navarræ gymnasii historia*, t. Ier, p. 100, et t. II, p. 908.

nombre de volumes, reconnaissables à cette inscription : « De legato magistri Petri « de Dyerreyo, quondam hujus collegij Navarre magistri [1]. »

Il y eut alors un moment d'arrêt. Pendant les troubles qui ensanglantèrent la minorité de Charles VI, le collége de Navarre fut ruiné, et la bibliothèque à peu près anéantie par les Bourguignons [2], malgré les efforts réunis de Raoul de la Porte [3] et de Nicolas de Clamenges, tous deux anciens élèves de la Maison. Ce dernier remplissait alors les difficiles fonctions de proviseur; il s'efforça presque aussitôt de reconstituer la bibliothèque, et, dans ce but, légua au collége ses propres livres, qui portent aujourd'hui cette inscription [4] :

Cet exemple fut suivi. En 1437, un sous-maître, nommé Nicolas Dauchy, légua à la bibliothèque un volume des œuvres de saint Thomas d'Aquin, sur lequel on écrivit : « Hunc librum contulit et donavit librarie theologorum collegij Navarre « magister Nicolaus Dauchy, in artibus magister, et bacchalarius in theologia, « submagister artistarum collegii Navarre, eapropter associatus precibus collegii, « anno Domini M° CCCC° XXXVII° [5]. » Robert Cibole, chancelier de Notre-Dame de Paris et proviseur du collége, semble avoir partagé ses livres entre ces deux établissements; nous avons dit plus haut quels volumes il laissa à la cathédrale [6]; on lit sur ceux que reçut le collége [7] :

(1) Biblioth. Mazarine, manuscrits, n°s 291 et 649.

(2) Leprince, *Essai historique sur la bibliothèque du roi*, p. 352.

(3) B. Hauréau, *Histoire littéraire du Maine*, t. Ier, p. 174.

(4) « Hunc librum legavit magister Nicolaus de « Clamengiis librarie theologorum collegij Campanie, « alias Navarre. » (Bibl. Mazarine, manuscrits, n° 864.)

(5) Bibliothèque Mazarine, manuscrits, n° 369.

(6) Voyez page 23.

(7) « Hunc librum legavit huic librarie bone me- « morie magister Robertus Cybolle, hujus venerobi- « lis collegii provisor et insignis ecclesie Beate Marie « Parisiensis cancellarius. Cujus anima requiescat in « pace. Amen. » (Bibliothèque Mazarine, manuscrits, n° 487.)

Un sieur Jean Hue, qui était professeur de théologie[1], légua presque aussitôt au collége un beau volume in-folio sur vélin, à la fin duquel sont ces mots : « Explicit repertorium materiarum theologie ex operibus doctoris sancti Thomæ de « Aquinio, legatum librarie nostre theologorum regalis collegij Navarre Parisien- « sis, anno Domini 1462, per Mr Jo. Hue[2]. » Le célèbre Gilles Charlier y ajouta son commentaire sur les *Sentences* de Pierre Lombard, deux volumes in-folio encore inédits, et dont l'origine est ainsi indiquée[3] :

Ex dono famosissimi in sacra pagina professoris
magistri egidij carlerij decani et canonici
cameracensis meritissimi de cameraco oriundi;
Orate pro eo singuli
qui intus legetis;

Le collége travaillait aussi à recouvrer sa splendeur passée, et rencontrait de puissants protecteurs. En 1459, Charles VII, rentré en possession de son royaume, avait donné des ordres pour la restauration complète de l'établissement. Les travaux ne furent cependant commencés que vers 1464, sous Louis XI[4]. Jean Raulin, le futur réformateur de Cluny, devint grand maître; il n'épargna rien pour rendre à cette Maison son ancien éclat[5], et entreprit même de réédifier le bâtiment de la bibliothèque[6]. Mentionnons ici un fait assez curieux que Launoy rapporte sans aucun étonnement : en 1473, l'évêque d'Avranches, le confesseur de Louis XI et le président du Parlement se rendirent à la bibliothèque du collége de Navarre, se firent représenter tous les ouvrages émanant des nominalistes, et les chargèrent de chaînes afin d'en empêcher la lecture[7]. Cette rigueur ne fut pas générale, et de Launoy oublie de nous dire pourquoi elle tomba précisément sur le collége de Navarre. Il faut sans doute en chercher la cause dans les tendances de Pierre d'Ailli et de G. Charlier vers les doctrines gallicanes exposées dans plusieurs ouvrages d'Ockam qu'ils avaient traduits et commentés. On peut supposer que le collége était resté fidèle à ces traditions, et qu'il fut dénoncé comme un des plus dangereux foyers du nominalisme. Quoi qu'il en

[1] De Launoy, *Navarræ gymnasii historia*, t. Ier, p. 211.

[2] Bibliothèque Mazarine, manuscrits, n° 386.

[3] « Ex dono famosissimi in sacra pagina professoris magistri Egidij Carlerij, decani et canonici « Cameracensis meritissimi, de Cameraco oriundi. « Orate pro eo singuli qui intus legetis. » (Bibliothèque Mazarine, manuscrits, nos 329 et 330.)

[4] Piganiol de la Force, *Description historique de Paris*, t. V, p. 184.

[5] Leprince, *Essai historique sur la bibliothèque du roi*, p. 353.

[6] « Fundamenta hujus ædificii, quod amplissi- « mum est, prius jacta fuerant a Joanne Raulino. » (De Launoy, *Navarræ gymnasii hist.* t. Ier, p. 206.)

[7] « Anno 1473, Abrincensis episcopus, regis « confessarius, princeps senatus, in bibliothecam se « conferunt, et libros nominalium vinculis constrin- « gunt, et prohibent ne legantur. » (De Launoy, *Navarræ gymnasii historia*, t. Ier, p. 188.)

soit, les volumes enchaînés recouvrèrent leur liberté huit ans après; le prevôt de Paris vint alors déclarer, au nom du roi, que «chacun pouvoit y étudier qui vouloit.»

Faute d'argent, les nouveaux bâtiments du collége s'élevaient avec une extrême lenteur. On s'adressa encore au Roi, et, en 1496, Charles VIII accorda une somme de deux mille quatre cents livres destinée à activer les travaux[1]. Plusieurs historiens, de Launoy entre autres, trompés par cette circonstance, ont présenté Charles VIII comme le véritable fondateur de la bibliothèque du collége de Navarre. Cette assertion devait, au reste, paraître d'autant plus vraisemblable que le grand maître, pour témoigner sa reconnaissance au monarque, avait fait placer sa statue dans un des angles de la salle et son monogramme à toutes les fenêtres. «Cujus et nomen μονόγραμμον in bibliothecæ vitro centies depingitur, «et statua in occidentali turbinati parietis cono erecta conspicitur,» dit de Launoy[2]. Raulin parvint à retrouver une partie des manuscrits provenant de l'ancienne bibliothèque[3]. Louis Pinelle, son successeur, continua son œuvre, et c'est sous lui que fut achevée, en 1506, la construction, *eleganti architectura*, de la galerie destinée aux livres[4]. Enfin, cinq ans après, on obtint de Louis XII une somme de deux cents livres, qui fut employée à établir un escalier à vis pour conduire à la bibliothèque[5].

Les donations ne se ralentissaient pas. Jean Piri, principal des grammairiens, laissait au collége, en 1499, un grand nombre de volumes qui portent aujourd'hui cette mention : «Pro libraria regalis collegij Navarre, dono magistri Andree «Piri, nuper principalis grammaticorum ejusdem collegij, 1499[6].» Quatre ans plus tard, Jacques Ortis offrait un volume d'Aristote, à la fin duquel on lit : «Hic «liber datus est per magistrum Jacobum Ortis, socium communitatis theologorum, «ad reponendum in libraria hujusce regalis collegij Campániæ, alias Navarræ, «anno Domini 1503°. Jacobus Ortis[7].» Mais la plus considérable de toutes les libéralités faites à cette époque fut due à Jean Rivolle, sous-maître des grammairiens, qui, par acte du 22 décembre 1515[8], donna au collége sa très-précieuse bibliothèque, où figurait, entre autres raretés, la célèbre Bible de 1462[9]. Sur

[1] «Carolus VIII dedit libellas bis mille quadringentas, quibus bibliotheca et scholæ theologorum «jam instauratæ absolverentur.» (De Launoy, *Navarræ gymnasii historia*, t. Ier, p. 206.)

[2] De Launoy, *Navarræ gymnasii historia*, t. II, p. 475.

[3] D'Auvigny, *Histoire de Paris*, t. V, p. 488.

[4] «Anno 1506, bibliothecam Navarræ, in aca«demia Parisiensi, quam Raulinus inchoarat, con«summavit eleganti architectura, atque perfecit.» (Cl. Héméré, *De academia Parisiensi*, p. 140.)

[5] «Anno MDXI, ad III idus septembris, Lu«dovicus XII curavit scalas in cochleam circum«actas ædificari, quibus ad bibliothecam ire«tur, ob idque libellas ducentas dedit collegio.» (De Launoy, *Navarræ gymnasii historia*, t. Ier, p. 237.)

[6] Bibliothèque Mazarine, manuscrits, nos 316, 323, 474, 1230 et 1332.

[7] Bibliothèque Mazarine, incunables, n° 3810 A.

[8] L'original est conservé aux Archives de l'Empire, série S, carton n° 6540.

[9] Elle appartient aujourd'hui à la bibliothèque Mazarine.

chacun des nombreux volumes qui appartenaient à Rivolle, on eut la patience d'inscrire avec beaucoup de soin la note suivante : « Le present volume a esté « donné a la librairie du colliege royal de Champaigne, dit de Navarre, fondé a « Paris, par venerable et discrete personne Maistre Jehan Rivolle, jadiz soubz « maistre des grammairiens dudit colleige, avec d'autres volumes, pour l'augmen- « tation de la fondation par luy faicte audict colleige de ung De Profundis que les « maistres, proviseur, boursiers et chappellains dudit colleige sont tenuz dire en « la fin de chascune procession de l'an qui se fait par eulx, en faisant stacion sur « la tumbe dudit Rivolle, qui est en la nef de la chapelle dudit colleige. Et ce, « oultre et pardessus la somme de deux cens livres tournoys et ung calice d'argent « doré de fin or semé de fleurs de liz, pesant six marcs demy, six gros d'argent, « que ledict Rivolle a baillez pour convertir en rente pour l'entretenement de la- « dicte fundation ; dont ledit Rivolle, pour ce present, a requis ausditz notaires et « signer de noz seingz manuelz, le samedj xxij^e jour de decembre mil cinq cens et « quinze. Signé GELOUIN et BERNARD [1]. » Mentionnons encore les donations faites, en 1540, par Jean Orcin [2] et par le grand maître Jean Papillon [3]. Enfin, le 2 octobre 1541, mourut Jacques Merlin, ancien boursier de l'établissement et chanoine de Paris ; il partagea sa bibliothèque entre l'église Notre-Dame [4] et le collége de Navarre, et laissa à ce dernier un nombre considérable d'ouvrages de droit civil et de droit canonique [5], sur lesquels on lit : « Ex dono D. Jacobi Merlin, « doctoris theologi, canonici et penitentiarij Parisiensis, quondam bursarij theo- « logorum dicti collegij. Obiit 2 octobris 1541. Requiescat in pace [6]. »

Vers cette époque, le célèbre théologien Josse Clichtou obtint au collége de Navarre la jouissance d'une chambre, où il logeait pendant ses séjours à Paris. Il se montra reconnaissant de cette faveur, et, par son testament, daté du 17 septembre 1543, il laissa à l'établissement dix volumes, qu'il autorisait Louis Lasseré, alors proviseur de la Maison, à choisir parmi ses livres, le laissant libre d'y ajouter tous ceux qu'il croirait dignes de figurer dans la bibliothèque du collége [7]. Nous

(1) Bibliothèque Mazarine, manuscrits, n°s 52, 365, 409, etc.

(2) On lit à la fin des volumes : « Pro J. Orcin, « canonico ecclesie Aurelianensis, et quondam ma- « gistro artium Navarre Parisiensis, et ejus dono pro « libraria dictj collegij. » (Bibliothèque Mazarine, manuscrits, n°s 381 et 397 ; incunables, n° 915 I.)

(3) « Ex dono D. Papilionis, magni magistri col- « legij Navarricj. »

(4) Voyez ci-dessus, p. 31.

(5) « Jacobus Merlin, legatis Navarræ collegio, « cujus socius fuerat, permultis utriusque juris vo- « luminibus..... » (De Launoy, *Navarræ gymnasii historia*, t. II, p. 668.)

(6) Bibliothèque Mazarine, manuscrits, n°s 444, 447 et 908 ; incunables, n°s 2483 A, 2469 B, 2821 D à 2828 A, 3007 Q, etc. etc.

(7) On lit en effet dans son testament : « Præterea « ordino et constituo quod decem volumina ex li- « bris meis, alia a supradictis in hoc testamento, « reserventur et tradantur regali collegio Navarræ « apud Parisios, ex dono meo, ad reponendum illa « in ejusdem collegii bibliotheca et non ad alium « usum ; et ea quidem ac alia volumina, quæ et « qualia venerabilis dominus magister Ludovicus « Lasseré, sedulus et fidelis provisor ejusdem domus « Navarræ, voluerit deligere atque secernere ex toto « librorum meorum acervo et numero, et quæ ju-

n'avons retrouvé qu'un seul volume provenant de ce legs; il porte cette inscription : «Ex dono magistri Jodoci Clichtouej, doctoris theologi et canonici Carno-«tensis.»

Le collége de Navarre, «le plus beau de Paris,» suivant Sauval[1], compta parmi ses élèves un nombre considérable d'hommes qui parvinrent à de hautes positions dans la politique et dans les lettres. En effet, dit Dubreul, «la plus grand «part des jeunes princes, seigneurs et gentilshommes sont coustumierement «nourris et instruits en ce college plustost qu'en autre[2].» Nous citerons, entre autres, le cardinal Raimond Pérault, qui, en 1502, donna au collége plusieurs reliques longtemps conservées dans la chapelle; le cardinal Louis de Bourbon, qui offrit deux cents livres pour faire lambrisser le cloître; Nicolas Oresme, Ramus, Jean de Courtecuisse, Claude de Guise; deux rois de France, Henri III et Henri IV; Richelieu, Jean de Gagni, Gui Coquille, Pierre Danes, Daniel de Cosnac, et Bossuet[3], dont Cornet, alors grand maître, pressentit le génie[4].

Fr. de Belleforest disait en 1575: «Ce que je voy en icelle maison de plus «rare est la librairie, laquelle ne doibt guere grand chose a celle de Saint Victor, «soit en nombre de livres ou en bonté et rareté de volumes des auteurs de toutes «sciences et de toutes langues[5].»

Cet éloge, déjà exagéré à l'époque où écrivait Belleforest, l'était devenu plus encore un demi-siècle plus tard; car la bibliothèque du collége fut fort négligée jusqu'en 1637, époque où mourut à Aix le savant Nicolas-Claude Fabri de Peiresc. Il avait consacré une partie de son immense fortune à réunir une très-précieuse collection de livres, qui, après sa mort, fut transportée à Paris pour y être vendue[6]. La Maison de Navarre ne laissa pas échapper cette occasion de réparer sa longue inaction; elle acheta presque toute la bibliothèque de Peiresc[7], et doubla ainsi la valeur de la sienne[8].

«dicaverit digna reponi in eadem bibliotheca Na-«varrica, ut illic semper affixa maneant, ad usum «studentium et literatorum.» (A. Chevillier, *De l'origine de l'imprimerie de Paris*, p. 417.) — De Launoy semble n'avoir pas connu ce testament; voyez son *Navarræ gymnasii historia*, t. Ier, p. 273.

[1] Sauval, *Histoire de Paris*, t. II, p. 374.

[2] J. Dubreul, *Theatre des antiquitez de Paris*, p. 495.

[3] On peut citer encore: Georges d'Aubusson de la Feuillade, François de Harlay, l'orientaliste Jean Gagnier, le jurisconsulte A. G. J. Gautier, Leclerc de Juigné, archevêque de Paris en 1789; le théologien Étienne Godart, l'ingénieur Héron de Villefosse, mort en 1852; Jullien de Paris, fondateur de la *Revue encyclopédique;* André Chénier, Marie-Joseph Chénier, Étienne Geoffroy-Saint-Hilaire, etc. etc.

[4] Bossuet, plein de gratitude pour son ancien maître, prononça son oraison funèbre.

[5] Seb. Munster, *la Cosmographie universelle de tout le monde*, édit. publiée par Fr. de Belleforest, t. Ier, p. 194.

[6] Legallois, *Traitté des bibliothèques de l'Europe*, p. 122.

[7] Durey de Noinville, *Dissertation sur les bibliothèques*, p. 50.

[8] «C'est ce qu'il y a de meilleur,» dit Piganiol de la Force, *Description historique de Paris*, t. V, p. 184.

Malheureusement cet élan fut le dernier; l'administration retomba dans l'incurie, et, en 1676, Michel de Marolles pouvait dire de la bibliothèque :

La Navarre assez forte est pourtant négligée;
Dans les vieux de l'Eschole elle avoit son crédit,
Mais l'étude à présent n'en fait point de débit,
Et dans ses manuscrits elle est peu ménagée [1].

Il faut cependant mentionner encore un legs assez important que lui fit, en 1706, Charles-François Richer, docteur de Navarre et doyen de l'église de Meaux : il laissa aux théologiens du collége trois cents volumes [2], dont le catalogue fut rédigé à part sous ce titre : *Catalogus particularis librorum quos testamento suo legavit bibliothecæ theologorum regiæ Navarræ D. D. Carolus Franciscus Richer, sacræ facultatis doctor e regia Societate et decanus ecclesiæ Meldensis, anno Domini 1706* [3].

A partir de ce moment, bien que la bibliothèque du collége de Navarre, riche de huit mille volumes [4], fût encore mise au nombre de celles qui avaient « quelque « réputation [5], » elle cesse de s'augmenter, et son histoire se résume dans l'énumération des catalogues que rédigèrent successivement ses bibliothécaires.

Étienne Milanges, le plus ancien que nous puissions citer, dressa, en 1708, un catalogue qui forme un volume in-folio écrit avec assez de soin; il a pour titre : *Catalogus generalis bibliothecæ theologorum regiæ Navarræ, a S. M. N. Stephano Milanges, doctore et bibliothecario Navarrico, tum primum confectus, et in ordinem digestus, anno Domini 1708.* A la suite se trouve le catalogue spécial de quelques ouvrages en double ou destinés à être échangés, et qui étaient conservés dans des armoires grillées : *Catalogus peculiaris librorum qui asservantur in armariis cancellatis bibliothecæ theologorum regiæ Navarræ, vel quia duplices, vel quia commutandi* [6].

Vers 1721, le bibliothécaire Pierre Davolé ou Davollé [7] entreprit de refondre entièrement ce travail, et l'étendit assez pour former dix volumes in-folio, qui sont ainsi divisés :

Catalogus bibliothecæ regiæ Navarræ, juxta ordinem materiarum digestus, cura et studio S. M. N. Petri Davolé, doctoris Navarrici, propœnitentiarii ecclesiæ Parisiensis, et hujus regiæ Domus bibliothecarii. Cooperante maxime et potissimum adjuvante

(1) Mich. de Marolles, *Paris, ou description succincte et neantmoins assez ample de cette grande ville*, p. 46.

(2) Savoir : 61 vol. in-folio, 49 in-quarto et 190 in-douze.

(3) Bibliothèque Mazarine, manuscrits, n° 3139.

(4) G. Wallin, *Lutetia Parisiorum erudita sui temporis*, p. 121.

(5) Diderot, etc. *Encyclopédie*, t. II, p. 237.

(6) Bibliothèque Mazarine, manuscrits, n° 3139.

(7) Il légua peut-être sa bibliothèque personnelle à l'Oratoire; car, sur deux volumes qui ont certainement appartenu à cette congrégation, nous avons trouvé au verso de la couverture l'*ex libris* suivant :

EX LIBRIS
Petri Davollé,
Sacræ Facultatis Parisiensis
Doctoris, Socii Navarrici,
Regiæ Domus Navarricæ
Bibliothecarii, et Ecclesiæ Parisiensis Propœnitentiarii.

meritissimo licentiato domino Hercule Marradoco cognato meo. Davollez. 6 volumes in-folio.

Table alphabétique par noms d'auteurs (sans titre). 2 volumes in-folio.

Codices manuscripti, cum indice alphabetico ad calcem. 1 volume in-folio.

Index, ordine alphabetico digestus, codicum manuscriptorum bibliothecæ regiæ Navarræ. 1 volume in-folio[1].

Un nouveau catalogue fut dressé, en 1741, par le bibliothécaire Gabriel Masson. C'est un volume in-folio, aujourd'hui conservé à la Bibliothèque impériale; il est rédigé par ordre de matières, se compose de 268 feuillets numérotés, et a pour titre : *Catalogue des livres de la biblioteque du college de Navarre, dressé par moi nouveau bibliothecaire dudit college; fini et collationné le 1er d'aout 1741.* Masson. On lit sur la couverture en parchemin : *Catalogue des livres de la biblioteque du college de Navarre, deposé au greffe de la chambre, suivant l'arrest de lad. chambre du 26 juin 1743;* et à la fin : « Je soussigné, nouveau bibliothecaire du college de « Navarre, certifie a nos seigneurs des comptes le present inventaire et catalogue « de la bibliotheque dudit college veritable. A Paris, ce 12 septembre 1741. « Masson[2]. »

Il faut sans doute conclure de ces deux dates que la Cour des comptes avait demandé communication de ce catalogue en 1741, mais n'en exigea le dépôt au greffe qu'en 1743.

Gabriel Masson mourut le 10 avril 1743. Il eut pour successeur Charles-Marie Latest, démissionnaire le 1er mai 1749, et Jean-Baptiste Bernard, qui resta en fonctions jusqu'au 25 décembre 1776. Ces faits sont attestés par une longue note placée en tête d'un autre catalogue des livres du collége, volume in-folio sans titre réel, et que possède aujourd'hui la bibliothèque Mazarine[3]. Le dernier bibliothécaire de la Maison fut un docteur nommé Briquet[4].

On ne trouve point d'estampille sur les volumes provenant du collége de Navarre; mais presque tous portent des inscriptions écrites à la main. Sur les manuscrits très-anciens, on lit ordinairement au commencement et à la fin ces mots :

PRO LIBRARIA REGAL. COLLEGII CAMPANIÆ, ALIAS NAVARRÆ[5], PARIS. FUNDATI.

On rencontre encore :

ISTE LIBER EST DE LIBRARIA THEOLOGORUM COLLEGII NAVARRÆ, PARISIIS. IBI REDDATUR.

[1] Bibliothèque Mazarine, manuscrits, nos 3129 à 3138.

[2] *Ibid.* manuscrits, fonds latin, n° 9371.

[3] Bibliothèque Mazarine, manuscrits, n° 3140.

[4] *La France ecclésiastique pour 1787*, p. 441.

[5] Des lettres patentes de Charles V interdirent à l'établissement de prendre le titre de *collége de Champagne.*

ISTE LIBER EST PRO COLLEGIO NAVARRE IN MONTE SANCTE GENOVEFE.

ISTE LIBER PERTINET LIBRARIE THEOL. REGALIS COLLEGII NAVARRE.

ISTE LIBER EST DE DOMO SCOLARIUM DE NAVARRA AD USUM THEOLOGORUM EJUSDEM DOMUS.

BIBLIOT. THEOLOG. REG. NAVARRÆ.

BIBLIOTHECÆ COLLEGII REGIÆ NAVARRÆ.

La Révolution suspendit l'enseignement au collége de Navarre, et l'École polytechnique y fut installée en 1794. Le seul des bâtiments primitifs qui soit encore debout est précisément celui qui renfermait la bibliothèque. Au rez-de-chaussée se trouvait la salle des actes, où Bossuet a été reçu docteur; on l'a coupée en deux dans le sens de la hauteur par un plancher : en bas sont installées les salles d'escrime, et au premier la bibliothèque actuelle de l'école. Au-dessus était la bibliothèque du collége, qui a été convertie en salle de dessin. Elle est éclairée par une série de fenêtres très-étroites et très-rapprochées entre elles, de sorte que fort peu de volumes auraient pu trouver place le long des murs; pour remédier à cet inconvénient, on les avait adossés les uns aux autres au milieu de la pièce, qui se trouvait ainsi partagée dans toute sa longueur par une cloison formée de livres [1].

[1] Beguillet et Poncelin, *Histoire de Paris*, t. III, p. 183.

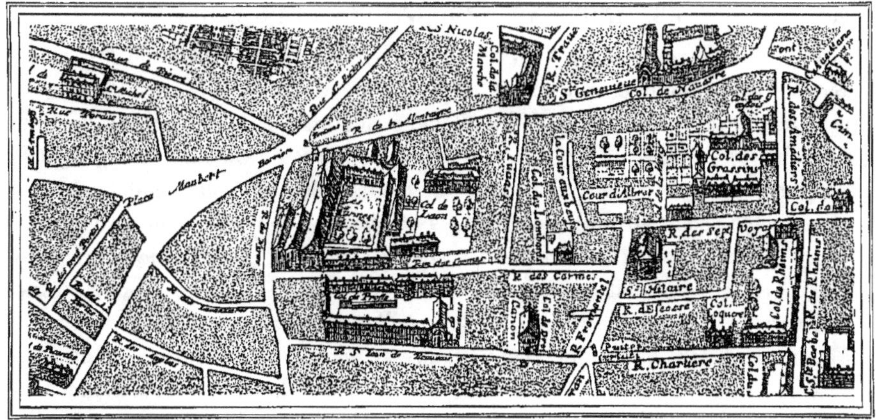

Fac-similé héliographique. Plan de J. Gomboust (1652).

COLLÉGE DE LAON.

Le collége de Laon fut fondé en 1313 par Gui de Laon (*Guido de Lauduno*), trésorier de la Sainte-Chapelle, et Raoul de Presle (*Radulphus de Prælis*), clerc du roi, pour des boursiers des diocèses de Laon et de Soissons[1]. Mais la désunion se mit, on ne sait trop à quelle occasion, entre ces deux classes d'écoliers, et il fallut les séparer[2]. On dédoubla l'établissement, qui forma dès lors deux colléges distincts, celui de Laon et celui de Presles ou de Soissons, tous deux contigus et situés entre la rue du Clos-Bruneau, devenue rue Saint-Jean-de-Beauvais, et la rue des Carmes, alors appelée rue Saint-Hilaire, « inter vicum Sancti Hilarii et vicum « clausi Brunelli[3]. » En 1339, Gérard de Montaigu, avocat général au Parlement de Paris, voulut être le bienfaiteur du collége de Laon. Il lui légua, entre autres biens, une maison située rue de la Montagne-Sainte-Geneviève, à la condition que l'établissement y serait transporté[4]. Dubreul, qui dit avoir consulté les registres de ce collége, et qui analyse les nombreuses libéralités que lui fit Gérard de Montaigu, ne mentionne pas parmi elles le don de sa bibliothèque. Il est cependant certain que le collége de Laon possédait plusieurs ouvrages qui avaient appartenu à son bienfaiteur. L'un d'eux portait même une mention

(1) Piganiol de la Force, *Description historique de Paris*, t. V, p. 168.

(2) E. Duboulay, *Historia Universitatis Parisiensis*, t. IV, p. 168.

(3) Lemaire, *Paris ancien et nouveau*, t. II, p. 483.

(4) J. Dubreul, *Theatre des antiquitez de Paris*, p. 364 et 502.

fort curieuse et qui montre quel prix on attachait aux livres dans le xive siècle. En tête de ce volume se trouvait le contrat de vente qui avait été passé entre le vendeur et l'acheteur, par-devant deux notaires, en 1332. On y voit que « Geoffroy de Sainct Liger, l'un des clercs libraires et qualifié tel, recognoist « et confesse avoir vendu, ceddé, quitté et transporté, vend, cedde, quitte et « transporte, soubs hypotheque de tous et chacun ses biens, et garentie de son « corps mesme, un livre intitulé *Speculum historiale in consuetudines Parisienses,* « divisé et relié en quatre tomes couverts de cuir rouge, à noble homme Messire « Gerard de Montagu, advocat du Roy au Parlement, moyennant la somme de « quarente livres parisis, dont ledit libraire se tient pour content et bien payé[1]. »

Vers la fin du xviie siècle, un sieur H. N. Cordier laissa quelques volumes au collége de Laon, comme le prouve cette mention : « Hic liber pertinet ad colle-« gium Laudunense, ex dono magistri H. N. Cordier, 1683[2]. »

On trouve aussi parfois sur les volumes qui proviennent de cet établissement l'inscription suivante :

EX COLLEGIO LAUDUNENSE.

Le collége de Laon fut dans la suite dirigé par des religieux de la Maison de de Saint-Sulpice[3], et, sous le nom de Communauté ou Séminaire de Laon, subsista jusqu'à la Révolution.

[1] G. Naudé, *Additions à l'hist. de Louis XI*, p. 43.

[2] Bibliothèque Mazarine, incunables, n° 3467 B.

[3] Thiéry, *Guide des amateurs et des étrangers*, t. II, p. 285.

Fac-simile héliographique. Plan de Vassalieu (1609).

COLLÉGE DE MONTAIGU.

Le collége de Montaigu, qui compta Érasme et Calvin parmi ses élèves, fut fondé en 1314, dans la rue des Sept-Voies[1], par Gilles Aicelin, archevêque de Rouen, qui était issu de l'ancienne famille des Montaigu[2]. Cet établissement fut longtemps cité pour l'austérité de sa règle et la dureté de sa discipline : les écoliers ne devaient «boire vin ni manger chair,» et leurs repas se composaient généralement d'«un harent ou d'un œuf, plus, pour le dessert, un morceau de «fourmage;» aussi n'y était-on admis comme élève qu'après avoir prouvé qu'on était «fort et robuste[3].» Ajoutons que «la verge n'estoit jamais espargnée aux «faineans lasches à l'estude[4],» ce qui avait fini par transformer ce collége en une vraie maison de correction.

Sa bibliothèque paraît avoir eu pour fondateur un de ses proviseurs, dont la réputation de sévérité est venue jusqu'à nous, le terrible Pierre Tempête, que Rabelais appelle «le grand fouetteur de Montaigu.» Par son testament de novembre 1530, il laissa au collége une somme de trois cents livres tournois et

(1) Le plan de Vassalieu ne la nomme point; elle passait entre l'abbaye de Sainte-Geneviève et le collége de Montaigu.

(2) Sauval, *Histoire de Paris*, t. II, p. 375.

(3) Voir, dans les Statuts de 1480, les articles 5 et 11.

(4) J. Dubreul, *Theatre des antiquitez de Paris*, p. 507.

« vingt volumes de sa librairie[1]. » Nous ne possédons d'ailleurs pas d'autre renseignement sur cette libéralité.

Ulric Gering, un des trois imprimeurs qui vinrent vers 1470 s'établir à Paris, était enterré dans la chapelle de ce collége[2], dont il avait été l'un des bienfaiteurs[3]. Mais ni Dubreul, ni Malingre, qui l'appellent Uldericus Guernich, ne nous disent si parmi les biens qu'il légua à l'établissement se trouvaient quelques-unes des précieuses productions de l'imprimerie naissante.

Aucun écrivain n'a mentionné la bibliothèque de ce collége; il n'en est pas parlé non plus dans un inventaire manuscrit des propriétés de l'établissement qui fut dressé en 1622[4]. Elle recevait cependant encore des legs au XVIIe siècle, comme l'indique cette mention que nous avons trouvée sur un volume publié en 1601 : « Dominus Galens, hujus libri legitimus possessor, testamento cessit com« munitati pauperum collegii Montis acuti[5]. »

On rencontre assez fréquemment dans les bibliothèques publiques des volumes et des manuscrits qui ont appartenu à cette Maison. Tous portent sur le titre une inscription dont la formule varie peu; en voici trois exemples :

COMMUNITATIS PAUPERUM COLLEGII MONTIS ACUTI PARIS.

EX BIBLIO. MONTIS ACUTI.

PRO COLLEGIO MONTIS ACUTI.

Cet établissement subsista jusqu'en 1792; il fut à cette époque transformé en hôpital, puis en prison. Les bâtiments furent démolis en 1844, et sur leur emplacement s'élève aujourd'hui la bibliothèque Sainte-Geneviève.

(1) J. Dubreul, *Theatre des antiquitez de Paris*, p. 510.

(2) E. Duboulay, *Historia Universitatis Parisiensis*, t. V, p. 918.

(3) Ulric Gering partagea ses biens entre la Sorbonne et le collége de Montaigu. (Voyez A. Chevillier, *De l'origine de l'imprimerie de Paris*, p. 89, et ci-dessus, p. 259.)

(4) *C'est le papier memorial en forme d'inventaire des tiltres et enseignemens, des revenus, rentes et domaines appartenant à la communaulté des pauvres escolliers estudians du college de Montagu, 1622.* Bibliothèque impériale, manuscrits, fonds français, n° 5411.

(5) Bibliothèque Mazarine, nouveau fonds, théologie, in-8°, n° 816.

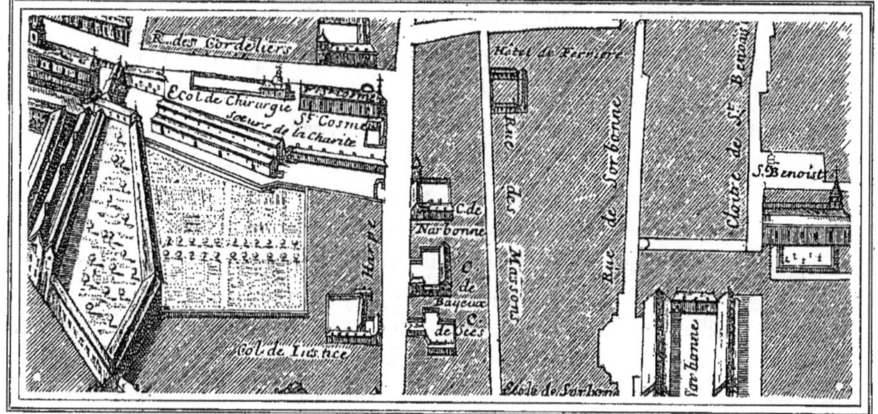

Fac-simile héliographique. Plan de Lacaille (1714).

COLLÉGE DE NARBONNE.

Bernard de Farges, archevêque de Narbonne, possédait dans la rue Saint-Cosme, aujourd'hui rue de la Harpe, une vaste maison qui s'étendait jusqu'à la rue des Maçons. En 1316, il la convertit en un collége, où il recueillit neuf pauvres écoliers de son diocèse[1].

Selon toute apparence, ces neuf écoliers étudiaient déjà depuis quelque temps à Paris, aux frais de l'archevêque de Narbonne, mais sans y former un collége régulier; cette généreuse tradition remontait au siècle précédent. En effet, dans le testament de Pierre Ameil, archevêque de Narbonne, daté du 13 des calendes de mai 1238, on lit que, avant de partir pour la terre sainte, il donne tous ses livres de théologie aux écoliers qu'il entretient à Paris, sous la condition qu'ils n'en aliéneront ni hypothéqueront aucun; il n'excepte de ce legs que sa Bible[2].

Le collége de Narbonne eut de nombreux bienfaiteurs, parmi lesquels on cite

[1] J. Dubreul, *Theatre des antiquitez de Paris*, p. 511.

[2] «Nos, Petrus, Dei gratia Narbonensis archiepiscopus, in nostra sana et bona memoria constituti, volentesque proficisci in expeditione contra gentem paganam......... Omnes libros nostros theologiæ, excepta Biblia quæ est apud Narbonam, dimittimus scolaribus quos tenemus Parisius, ita quod habeant usum tantum, nec eos aliquo modo alienare vel impignorare valeant.» (*Gallia christiana*, t. VI, instrumenta, col. 64.)

le jurisconsulte Amblard Cerene, et le pape Clément VI, qui, sous le nom de Pierre Roger, y avait été élevé [1].

Il n'est pas fait mention de bibliothèque dans les premiers Statuts de cette Maison, qui furent rédigés en 1317 par le fondateur. Mais, le 16 août 1379, Jean, évêque de Narbonne, en donna de nouveaux, beaucoup plus étendus[2], et où l'on trouve plusieurs dispositions relatives aux livres que possédait alors le collége. La bibliothèque devait être défendue par de bonnes serrures, dont le prieur, le procureur et quelques collègues éprouvés pouvaient seuls posséder les clefs. Les livres, ceux même de la chapelle, devaient autant que possible être enchaînés. Ils ne devaient, sous aucun prétexte, être vendus, ni sortir de l'établissement; et, dans la Maison même, ils ne pouvaient être prêtés que sur la remise d'un gage équivalent. Quiconque leur causait par imprudence le moindre dommage était condamné à une amende de six deniers; et quiconque laissait un étranger seul dans la bibliothèque payait cinq sols [3].

Le collége de Narbonne fut ruiné par la suppression d'un prieuré dont les revenus lui étaient affectés; en 1735, le principal et le procureur l'occupaient seuls, tous les boursiers avaient disparu [4]. Il fut entièrement reconstruit en 1760, et réuni trois ans après à l'Université.

Ce qui restait des anciens bâtiments de ce collége a été démoli lors de la création du boulevard Saint-Michel.

(1) E. Duboulay, *Historia Universitatis Parisiensis*, t. IV, p. 182.

(2) Félibien, *Histoire de Paris*, t. V, p. 663.

(3) «Item, jurabunt quod libros vel pecunias do-«mus nemini concedent extra domum ullo modo; «nec intra domum, nisi equipolenti pignore reposito «sub clavi et custodia communi; nec pro bursis «solvendis libros, ciphos, calices, thesaurum seu «alias res domus quocumque modo alienabunt... «Item, volumus quod omnes libri cathenentur, quan-«tum fuerit possibile, tam in libraria quam in ca-«pella vel aula, quæ fideliter claudantur cum bo-«nis seris, nec sit facilis aditus in libraria vel choro «capelle; sed solum prior, procurator et quidam «alii probati socii inde portent claves. Si quis li-«brariam vel capellam, seu fenestras cum periculo «eorum apertas, vel alias libros male tractatos re-«linquant, in sex denariis puniantur. Nullus etiam «introducat extraneum in libraria, nisi in eadem «secum presens assistat, sub pœna quinque soli-«dorum.»

(4) D'Auvigny, etc. *Histoire de Paris*, t. V, p. 448.

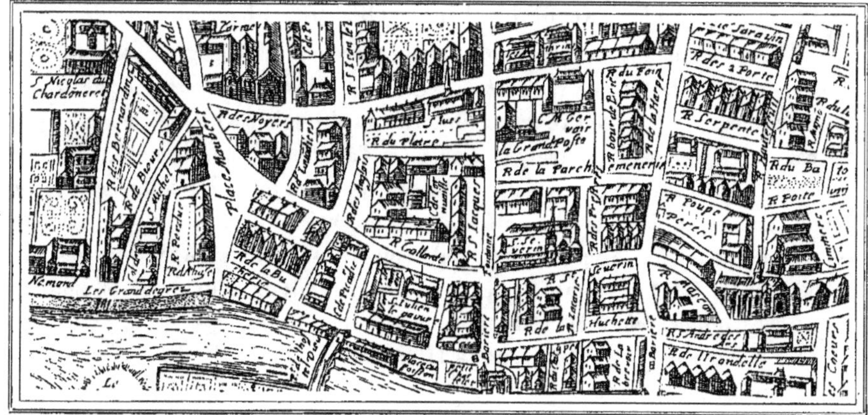

Fac-similé héliographique. Plan de Berey (1654).

COLLÉGE DE CORNOUAILLES.

Par son testament, en date du lundi avant l'Ascension de l'an 1317, Galeran Nicolaï, dit de Grève (*de Gravia*), clerc breton, légua une partie de ses biens pour être employés au soulagement des écoliers de son pays qui étudiaient à Paris[1]. Ses exécuteurs testamentaires crurent bien interpréter sa volonté en fondant un collége où l'on n'admettait que des élèves originaires du diocèse de Cornouailles[2], et qui prit le nom de *Collegium Corisopitense*. Les écoliers furent d'abord recueillis dans un local que leur prêta Geoffroy du Plessis.

Vers 1379, Jean de Guistry, médecin de Charles V, chanoine de Paris et de Cornouailles, et qui peut être regardé comme le second fondateur de l'établissement, ajouta quatre bourses aux cinq qui existaient déjà, installa les élèves dans une maison qu'il acheta pour eux[3] rue des Plâtriers (*in vico Plasteriorum*), aujourd'hui rue du Plâtre, et leur laissa un peu plus tard tous ses biens par testament[4].

[1] Piganiol de la Force, *Description historique de Paris*, t. V, p. 356.

[2] Lerouge, *Curiosités de Paris*, t. I, p. 440.

[3] Riolan, *Curieuses recherches sur les escholes en médecine*, p. 197.

[4] Ce testament est conservé aux Archives de l'Empire. A la suite se trouve un très-curieux inventaire des biens laissés par de Guistry; il commence ainsi : «Cy après s'ensuit le compte des biens «de l'execution de bonne memoire feu maistre Jehan

Cette Maison eut de très-bonne heure une bibliothèque; on peut s'en convaincre par la lecture de ses Statuts, «qui sont escrits en un tres ancien livre de «parchemin, qui a esté tiré de sa librairie, où il estoit enchaisné, comme appert «par la couverture, retenant la boucle et l'atache de la chaisne [1].» Nous n'y lisons pourtant que deux articles où il soit question de la bibliothèque : le premier arrête que le coffre du collége sera conservé soit dans la chapelle, soit dans la bibliothèque [2]; le second veut qu'il soit dressé inventaire de tous les biens appartenant à l'établissement, y compris les livres, tant ceux de la bibliothèque que ceux qui servent à la célébration du culte [3].

Ce collége fut, en 1763, réuni à l'Université; une partie des bâtiments qu'il occupait existe encore.

«de Guistry, que Dieu absolve, maistre en medicine, «phisicien du Roy, jadis chanoine de Paris et de «Cornouailles..... qui trespassa la veille de la feste «Sainte Catherine, au moys de novembre l'an de «grace 1379.» (Archives de l'Empire, série M, carton n° 116, pièce n° 6.) Nous ne voyons figurer sur cet inventaire aucun livre.

(1) J. Dubreul, *Theatre des antiquitez de Paris*, p. 546.

(2) «..... Item, habebunt ipsi scholares unam «arcam communem et fortem, quæ erit in eorum «libraria vel in capella; supra quàm arcam erunt «tres fortes claves.»

(3) «Item, inventarium bonorum mobilium ip«sorum scholarium, scilicet librorum tum in eo«rum libraria existentium, et librorum et ornamen«torum ecclesiasticorum, et omnium ustensilium «domus...»

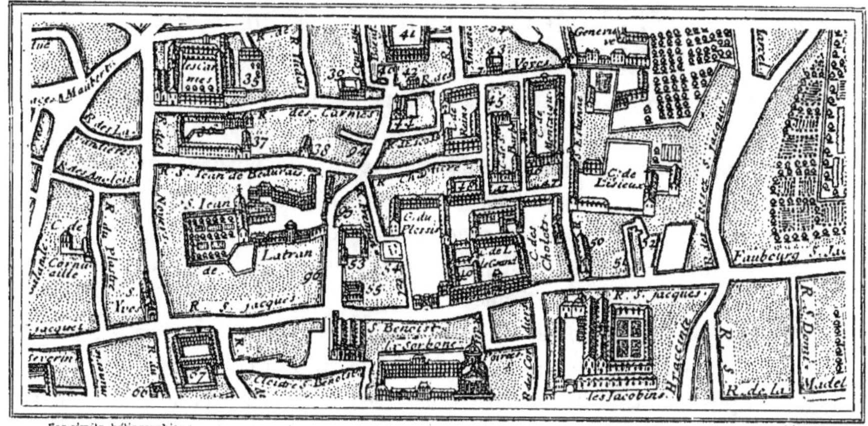

Fac-simile héliographique. Plan de Jaillot (1717).

COLLÉGE DU PLESSIS[1].

Geoffroi du Plessis-Balisson, notaire apostolique et secrétaire de Philippe le Long, possédait rue Saint-Jacques une vaste maison, dans laquelle il installa, en 1323[2], quarante écoliers. Les nombreux bienfaits qu'il avait reçus de l'abbé de Marmoutiers le décidèrent à lui donner la direction de l'établissement qu'il venait de fonder et à lui permettre de transmettre cette charge à ses successeurs[3]. Les Statuts rédigés par le fondateur furent revus, en 1455, par l'abbé Hervé; l'article xx, ajouté par lui, ordonne que tous les livres du collége, à l'exception de ceux d'un usage journalier, soient enchaînés dans la bibliothèque et dans la chapelle, et il interdit, sous les peines les plus sévères, de les détacher, de les prêter

[1] Plan. Nos de renvoi : 35, colege de Laon. — 36, colege de Presle. — 37, colege de Beauvais. — 38, ecole de Droit. — 39, colege des Lombards. — 40, cour d'Albret. — 41, colege des Grassins. — 42, colege de la Mercy. — 43, colege de Fortet. — 44, S. Hilaire. — 45, rue de Reims. — 46, rue des Chiens. — 47, rue S. Siphorien. — 48, colege du Mans. — 49, colege de Marmoutier. — 50, S. Estienne des Grecs. — 51, rue de la Bretonnerie. — 52, petit marché de la Porte S. Jacques. — 53, colege Royal. — 54, cimetiere S. Benoist. — 55, colege de Cambray. — 66, col. de Mlles Gervais. — 67, les Maturins. — 94, rue du Mont St Hilaire. — 95, rue St Jean de Latran. — 96, place de Cambray.

[2] J. Dubreul, *Theatre des antiquitez de Paris*, p. 514.

[3] Duboulay, *Historia Uuniversitatis Parisiensis*, t. IV, p. 191. — Geoffroi du Plessis fonda même, six ans plus tard, un nouveau collége, destiné aux religieux de Marmoutiers qui venaient étudier à Paris.

ou de les emprunter sans le consentement de tous les boursiers[1]. Le collége du Plessis possédait donc déjà une bibliothèque au milieu du XVe siècle.

Plus tard, ces Statuts furent réformés par l'abbé Gui II, qui défendit de jamais laisser un étranger seul dans la bibliothèque. Il recommande de nouveau de ne détacher aucun des livres enchaînés, si ce n'est avec l'autorisation du principal et de tous les boursiers consultés individuellement[2].

Les revenus de ce collége diminuèrent peu à peu[3], et l'on dut, au milieu du XVIIe siècle, le réunir à la Sorbonne[4].

Il rencontra bientôt de puissants protecteurs.

Richelieu avait fait abattre le collége de Calvi, afin de bâtir sur son emplacement l'église de la Sorbonne où il voulait être enseveli; il laissa donc par testament la somme nécessaire pour la reconstruction de l'établissement[5]. Mais ses héritiers, préférant relever une fondation qui se trouvait précisément porter leur nom, se contentèrent de rétablir le collége du Plessis. Nous ne savons ce qu'était devenue à cette époque l'ancienne bibliothèque de ce collége; il est probable qu'elle avait été dissipée. Un nouveau fonds lui fut fourni, vers 1758, par l'abbé Collot, chanoine de Saint-Germain-l'Auxerrois, qui lui légua une collection assez considérable de livres grecs[6]; le collége du Plessis était alors, au témoignage de Crevier, « l'un des plus illustres de Paris par l'éclat des études[7]. »

Nous ne connaissons qu'une seule marque provenant de cette Maison; elle se compose de deux lettres entrelacées,

et on la trouve frappée soit aux quatre coins de la couverture, soit sur le dos des volumes donnés en prix aux élèves.

[1] « Item, omnes libri collegii incatenentur in libraria et capella, exceptis missalibus, nullusque ipsos decatenare audeat vel accomodare, seu apud se tenere, nisi de consensu omnium; alias alienasse reputetur, et reddere compellatur, etiam pro facto graviter puniendus. » (Article XX.)

[2] « Item, nullus audeat quemquam in librariam collegii introducere, nisi personaliter ipsum, quamdiu in eadem libraria stabit, associet. » (Article VIII.) — « Item, nullus consentiat aliquem librum a libraria collegii excathenari, nisi intervenerit consensus magistri et omnium et singulorum bursariorum. » (Article IX.)

[3] Piganiol de la Force, *Description de Paris*, t. V, p. 405.

[4] Crevier, *Histoire de l'Université de Paris*, t. II, p. 275.

[5] G. Brice, *Description de Paris*, t. III, p. 56.

[6] Thiéry, *Guide des amateurs et des étrangers*, t. II, p. 322 et 343.

[7] Crevier, *Histoire de l'Université de Paris*, t. II, p. 273.

Les bâtiments de ce collége, après avoir servi de prison, puis abrité l'École normale, devinrent une annexe du collége Louis-le-Grand; ils ont été récemment démolis[1].

[1] Voyez le journal *L'Intermédiaire*, 1re année, p. 96.

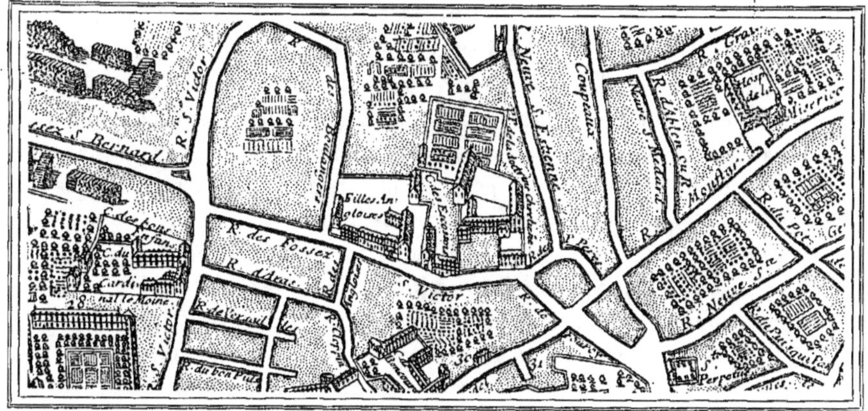

Fac-simile héliographique. Plan de Jaillot (1747).

COLLÉGE DES ÉCOSSAIS[1].

David, évêque de Murray, plaça, en 1323, quatre jeunes Ecossais au collége de Montaigu; puis Jean, son successeur, les transféra rue des Amandiers, dans une maison qui fut convertie en collége. Cet établissement eut ensuite pour bienfaiteur l'évêque de Glascow Jacques de Béthune, ambassadeur de Marie Stuart en France[2]; il obtint de cette princesse diverses libéralités pour ses protégés, et en mourant il leur légua tous ses biens. Robert Barclay, nommé principal vers 1660, acheta, rue des Fossés-Saint-Victor, un assez vaste emplacement, sur lequel s'élevèrent bientôt des constructions où les Écossais s'installèrent d'une manière définitive, et qu'ils occupèrent jusqu'à la Révolution.

Ce collége possédait alors une bibliothèque dont il est très-difficile de déterminer l'importance. D'après un document conservé aux Archives de l'Empire, elle n'aurait renfermé à cette époque que trente volumes imprimés et vingt-cinq manuscrits, parmi lesquels il faut remarquer : les titres relatifs à la fondation de l'établissement, les Heures d'Anne de Bretagne, et le cartulaire de l'église de Glascow[3].

(1) Plan. Nos de renvoi : 28, les Bernardins. — 30, colege de Tournay. — 31, cour de Baviere.

(2) Crevier, *Histoire de l'Université de Paris*, t. II, p. 281.

(3) *Relevé des livres imprimés et manuscrits, et autres objets du collége des Écossois à Paris.* Archives de l'Empire, carton n° F[17] 1192.

D'un autre côté, dans un rapport officiel adressé au Comité d'instruction publique par Dupasquier et Naigeon, on lit ce qui suit : « Nous avons trouvé dans la ci-« devant église du collége des Écossais une quantité de livres entassés les uns sur « les autres, et derrière le chœur, dans la sacristie, une trentaine d'estampes[1]. »

Cette bibliothèque si pauvre possédait le règlement le plus sage, le plus sévère et le plus complet que nous ayons encore rencontré. Ce précieux document figure dans un des manuscrits de la bibliothèque Mazarine, volume in-folio qui a pour titre : *Statuta collegii Scotorum Parisiensis*[2].

Le chapitre IX est tout entier consacré à la bibliothèque du collége[3], qui était placée sous la direction du préfet des études ; celui-ci devait veiller à ce que tous les livres fussent classés avec ordre et inscrits sur deux inventaires, dont l'un restait en la possession du principal, et l'autre entre les mains du

[1] *Rapport adressé le 9 ventôse par les citoyens Dupasquier et Naigeon au Comité d'instruction publique.* Archives de l'Empire, carton n° F17 1189.

[2] Bibliothèque Mazarine, manuscrits, n° 2413.

[3] DE BIBLIOTHECA COLLEGII.

« I. Præfectus studiorum pro tempore ordinarius « erit bibliothecæ custos.

« II. Omnes libri in bibliotheca collegij nomine « inscribantur, et in quibus deest, suppleatur ; et, « quam meliori fieri potest ordine, loculis conser-« ventur.

« III. Inventarii librorum duo serventur exem-« plaria, unum penes primarium, alterum penes « custodem, cui, quando claves traduntur, signifi-« catur ipsum, in annua lustratione et cum officio « decedet, juxta illud inventarium singulorum li-« brorum rationem redditurum.

« IV. Nullus liber a quocunque e bibliotheca ex-« trahatur vel commodetur, nisi post descriptum in « regesto (quod in eum usum in bibliotheca serva-« bitur), manu mutuantis vel custodis, libri titulum, « et nomen ipsius cui mutuo datur, cum nota diei « et mensis, et ordinali bibliothecæ numero.

« V. Cavebit diligenter custos ne libri extraneis « aut omnino foras extra collegium commodentur. « Majori adhuc cautela aget, si de libris rarioribus, « majoris pretii, aut qui pluribus constant volumi-« nibus, primario aut proprimario visum fuerit ali-« quos commodare alicui de cujus fide constat.

« VI. Inventarium sive catalogus librorum, et « regestum librorum mutuo datorum, diligenter a « primario in lustrationibus inspicientur, ne quid « desit, et libros de novo datos vel emptos inven-« tario curabit ascribendos, cum nomine donatorum, « si qui sint.

« VII. Libri hæretici et prohibiti in hac diœcesi « seorsim in tabulario sub clave conserventur.

« VIII. Unicuique socio collegii, in sacris duntaxat « ordinibus constituto, aditus et clavis bibliothecæ « conceditur, post emissum infra scriptum promis-« sum de observandis his statutis. Non tamen ei li-« cebit quemvis librum, etiam in proprios usus, e « bibliotheca extrahere, nisi de licentia custodis, et « descripto prius in regesto mutuatorum libri ti-« tulo ; alteri autem cuicunque libros e bibliotheca « mutuo dare penitus ei licebit.

« IX. Præfectus etiam bibliothecæ cum admitti-« tur, hanc infra scriptam promissionem, perlectis « his statutis, coram primario et procuratore faciet ; « eademque exigetur ab unoquoque cui aliqua bi-« bliothecæ clavis concreditur.

« Ego infrascriptus, spondeo et promitto quod, « omni qua potero cura et diligentia, cavebo ne « libri bibliothecæ hujus quovis modo abstrahantur, « deperdantur, permutentur, deformentur, sive per « me vel per alios ; et quod, si quid horum acciderit « mea vel aliena culpa, superioribus fideliter indi-« cabo ; quodque omnia et singula suprascripta sta-« tuta circa bibliothecæ custodiam exacte observabo, « et ab aliis, in quantum potero, observari curabo. « In cujus rei fidem præsentibus manu propria « subscripsi in dicto collegio, die..... mensis..... « anni..... N. N.

« X. Servetur etiam a præfecto index librorum « omnium classicorum ; habeatque libellum in quo « quoscunque eorum in alumnorum usum dederit « describet. »

bibliothécaire. Celui-ci était responsable : à la fin de chaque année et à l'époque où il cessait ses fonctions, il était tenu de représenter tous les volumes portés sur l'inventaire.

Aucun livre ne devait sortir de la bibliothèque; on n'en pouvait prêter aucun sans que le bibliothécaire ou l'emprunteur inscrivissent sur un registre spécial le titre de l'ouvrage et son numéro d'ordre, le nom de l'emprunteur et la date du prêt. Il était enjoint au bibliothécaire de veiller à ce qu'aucun livre ne fût prêté à des étrangers, ou même ne sortît du collége; sa circonspection devait être plus grande encore s'il s'agissait d'ouvrages rares, de grand prix, ou composés de plusieurs volumes, et que le principal ou son second eussent jugé à propos de confier à quelque personne d'une probité notoire.

Le principal examinait de temps en temps le registre de prêt et même le catalogue, sur lequel il avait soin de faire inscrire les acquisitions nouvelles et les donations de livres, en y joignant, autant que possible, le nom des donateurs.

Les ouvrages composés par des hérétiques et ceux dont la lecture était interdite par l'autorité ecclésiastique devaient être conservés à part et sous clef.

L'entrée de la bibliothèque et la possession d'une clef étaient accordées à tout membre du collége qui avait reçu les ordres, pourvu qu'il promît, dans les termes que nous citerons tout à l'heure, d'observer les statuts de la bibliothèque. Cependant personne ne pouvait emporter de livre sans l'autorisation du bibliothécaire et avant que le volume eût été inscrit sur le registre de prêt.

En entrant en fonctions, le bibliothécaire, après avoir lu les statuts, prenait, en présence du principal et du procureur, l'engagement dont la teneur suit; la même formalité était exigée de tous ceux qui recevaient une clef de la bibliothèque.

Moi soussigné, j'engage ma parole et je promets que je veillerai avec tout le soin et toute l'attention possibles à ce que les livres de cette bibliothèque ne soient, par un moyen quelconque, enlevés, perdus, changés ou détériorés, soit par moi, soit par d'autres; si l'un de ces malheurs arrivait, par ma faute ou par celle d'autrui, j'en instruirai fidèlement les supérieurs. J'observerai scrupuleusement l'ensemble et chacun des statuts ci-dessus exposés relatifs à la conservation de la bibliothèque, et, autant que possible, je veillerai à ce qu'ils soient observés par les autres. En foi de quoi, j'ai, de ma propre main, signé les présentes dans ledit collége, le..... N. N.

Enfin, le bibliothécaire possédait une liste de tous les livres classiques, et devait inscrire sur un registre ceux qu'il délivrait aux élèves.

Malgré ce luxe de précautions, le collége des Écossais ne mettait pas d'estampille sur ses volumes; nous n'avons rencontré également aucune inscription manuscrite qui puisse se rapporter à la bibliothèque de cette Maison.

En 1792, le collége des Écossais fut supprimé et transformé en maison de détention. Un arrêté du 14 mai 1805 accorda aux prêtres dépossédés une maison de la rue des Irlandais, où existe aujourd'hui un établissement dit *séminaire des Irlandais.*

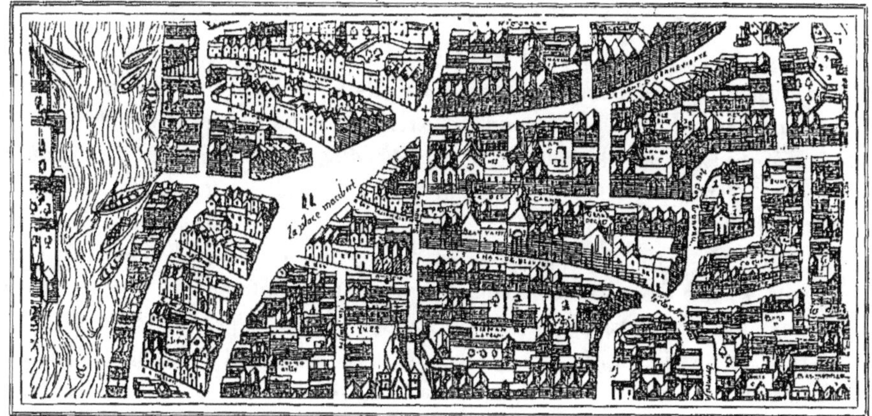

Fac-simile héliographique — Plan dit de Ducerceau (1560).

COLLÉGE DE PRESLES.

Nous avons dit plus haut [1] comment Gui de Laon et Raoul de Presles fondèrent en 1313 un collége, qui, dix ans après, fut dédoublé et forma dès lors deux établissements distincts : le collége de Laon et le collége de Presles. A ce dernier échurent les bâtiments qui donnaient sur la rue Saint-Hilaire (devenue rue des Carmes). Nous ne savons si l'on divisa aussi les livres jusqu'alors possédés en commun, mais il est certain qu'à la fin du xive siècle le collége de Presles avait au moins un commencement de bibliothèque, puisque le duc Louis d'Orléans lui empruntait des volumes. On voit, en 1398, ce zélé bibliophile ordonner de payer aux écoliers du collége une somme de 10 francs «pour le prest et louage d'un «livre en françois, nommé le *Livre de la cité de Dieu*, qu'ils prestèrent à monsei-«gneur le duc pour certain temps, pour y étudier, et d'icelui faire sa volonté [2].»

Pierre Ramus, devenu principal de ce collége en 1545, lui attira momentanément une réelle célébrité, et son intention était de lui constituer une des plus riches bibliothèques qu'eût alors l'Université. Par son testament, daté du mois d'août 1568, il légua aux écoliers pauvres du collége de Presles la moitié de ses livres [3]. Or Ramus, possesseur d'une fortune qui, de nos jours, équivaudrait à

[1] Voyez ci-dessus la notice sur le collége de Laon, p. 405.

[2] L. de Laborde, *Les Ducs de Bourgogne*, t. II, p. 413.

[3] «Bibliothecam et supellectilem reliquam, no-«minaque omnia, semisse, altero pauperibus alum-«nis Prælei gymnasii, altero procuratoribus exe-«cutoribusque mei testamenti.....» (*Testamentum Petri Rami*, dans Ch. Desmaze, *P. Ramus, sa vie, ses écrits, sa mort*, p. 117.)

20,000 francs de rente[1], s'était efforcé « d'amasser tous les bons livres qui se « pouvoient trouver pour accomplir sa magnifique bibliothèque, qui est en grande « réputation parmi les auteurs qui ont écrit sa vie[2]. » Banosius la qualifie en effet d'*exquisitissima*[3], et elle était, dit M. Ch. Waddington, estimée près de mille écus d'or[4]. Elle allait disparaître au milieu du plus affreux forfait qui ait souillé cette époque. Dès 1561, Ramus, convaincu d'être favorable au protestantisme, fut chassé de Paris ; mais la reine mère lui accorda un asile à Fontainebleau, où il put, à l'aide des livres de la bibliothèque du roi, continuer ses travaux de mathématiques[5]. Il erra ensuite de ville en ville jusqu'à la paix d'Amboise, qui lui permit de revenir auprès de ses chers volumes. Il ne jouit pas d'un long repos. Le 26 août 1573, troisième jour de la Saint-Barthélemy, il fut massacré dans le collége de Presles ; sa bibliothèque fut aussitôt livrée au pillage et disparut en moins d'une heure[6]. Plusieurs ouvrages précieux dus à la plume de ce savant homme furent ainsi anéantis pour jamais[7]. Avec Ramus s'éteignit la réputation du collége de Presles, et il n'est plus question de cette Maison jusqu'à l'époque de sa réunion à l'Université.

[1] Ch. Waddington, *Ramus, sa vie, ses écrits et ses opinions*, p. 309.

[2] L. Jacob, *Traicté des plus belles bibliotheques*, p. 596.

[3] Th. Banosius, *Vita Petri Rami*, p. 35.

[4] Ch. Waddington, *Ramus, sa vie, ses écrits*, p. 310.

[5] J. T. Freigius, *P. Rami vita*, p. IX. — Voyez, dans le tome II, notre notice sur la bibliothèque du roi.

[6] Ch. Waddington, *Ramus, etc.* p. 316.

[7] « Post ejus obitum, direpta est a sicariis bo« norum omnium, præsertim librorum, supellex ex« quisitissima. Perierunt etiam multa Rami egregia « doctrinæ monumenta, ut..... » (Th. Banosius, *Vita Petri Rami*, p. 35.)

FIN DU PREMIER VOLUME.

CHANGEMENTS ET CORRECTIONS.

Page 21, ligne 4, *au lieu de :* d'Orgomont, *lisez :* d'Orgemont.

Page 21, ligne 8, *ajoutez :* On lit sur le premier feuillet.

Page 33, ligne 6, *au lieu de :* à la disposition de quelques hommes d'études, *lisez :* à la disposition de tous les étudiants. *Voir page 8.*

Page 33, lignes 17 et 18, *au lieu de :* recommandation d'où l'on peut inférer, etc. *lisez :* recommandation qui ne figure évidemment là que comme un correctif de la déclaration faite l'avant-veille. *Se reporter d'ailleurs pages 8 et suivantes.*

Page 35, ligne 5, *supprimez* le mot *sic.*

Page 61, ligne 16, *au lieu de :* Bouchigny, *lisez :* Louchigny.

Page 69, *supprimez* la note 3.

Page 101, légende du plan, *au lieu de :* 1651, *lisez :* 1615.

Page 125, ligne 23, *au lieu de :* Jacob, *lisez :* Jacques.

Page 225, ligne 22, *supprimez ces mots :* Nous verrons plus tard comment il devint le collége du Plessis.

TABLE DES MATIÈRES.

www.ingramcontent.com/pod-product-compliance
Lightning Source LLC
LaVergne TN
LVHW010529100826
845148LV00001B/130

* 9 7 8 2 0 1 2 6 9 1 5 4 4 *